E – DÉMOCRATIE

Le droit aujourd'hui

La collection « Le droit aujourd'hui » regroupe des études juridiques concernant des problèmes d'actualité nationale et internationale, dans divers domaines (éthique, politique, questions de société…).

Déjà parus

Moustapha KAMARA, Jean Baptiste BERTRAND, avec la collaboration de Samba Thiam et Isabel Falconer, *Le contentieux international du transfert des joueurs, Football et autres sports collectifs, Nouvelle édition revue et augmentée,* 2020.
Béatrice Blohorn-Brenneur (dir.), *Médiation, cultures et religions*, 2020.
Marion Brosset Briand, Antonin Crinon, Élodie Delacoure et Émilie Delcher (dir.), *Le nombre et le droit*, 2020.
Mickaël Le Borloch, *L'application du droit d'auteur aux hyperliens, Analyse de droit français et de droit américain*, 2019.
Romain Feydel, *La société de libre partenariat. Régime juridique et fiscal*, 2019.
Arafat Abi, *La protection des droits des migrants, Interactions entre la protection des droits de l'homme et la protection diplomatique et consulaire*, 2019.
Georges Labrecque, *Les cours d'eau internationaux. Étude jurisprudentielle*, 2019.
Fabien Bottini, *Droits fondamentaux et crise(s) des solidarités*, 2019.
Hadi Azari, *La demande reconventionnelle devant la Cour internationale de Justice,* 2018.
Claire Joachim, *Protection de la qualité des eaux douces au canada et dans l'union européenne, Le partage des compétences,* 2018.
Ianjatiana Randrianandrasana, *Le droit de la protection de la nature à Madagascar : entre centralisme et consensualisme*, 2018.
Wendkouni Judicaël Djiguemdé, *L'aménagement conventionnel de la société commerciale en droit français et en droit OHADA*, 2018.
A. A. Cançado Trindade, *Vers un nouveau* jus gentium *humanisé. Recueil des opinions individuelles du juge A. A. cançado trindade*, 2018.
Fabienne Labelle et Damien Thierry (dir.), *Droit des sites et sols pollués. Bilans et perspectives*, 2018.
Moustapha Kamara (avec la collaboration d'Isabel Falconer et Samba Thiam), *Le contentieux du transfert des joueurs devant la FIFA et le Tribunal arbitral du sport. Guide juridique pratique*, 2017.
Marie Pelé et Cédric Sueur (Coord.), *Questions d'actualité en éthique animale*, 2017.

Tatiana SHULGA-MORSKAYA

E – DÉMOCRATIE

Aménager la démocratie représentative ?

L'Harmattan

DU MÊME AUTEUR

Protection of personal data through implementation of the right to informational self-determination: identifying opportunities and pitfalls, *Internet Governance Forum*, Giganet 2019 Annual Symposium's archive.

La CEDH continue à bâtir l'article 8 « numérique » : le droit à l'oubli des personnes condamnées précisé, *Journal d'actualités des droits européens JADE*, n°13.

Droit d'accès à internet, droit fondamental ? *Politeia*, n°31, p. 273.

Le numérique saisi par le juge, l'exemple du Conseil constitutionnel, *Les nouveaux cahiers du Conseil constitutionnel*, n°57, p. 93.

Avec Chantal Enguehard, De l'annulation d'élections par internet par le moyen des insuffisances du système de vote, *Convergences du droit et du numérique 2017.*

Lauréat du prix « Sciences humaines et sociales » de l'Université de Bordeaux (2018)

5-7, rue de l'Ecole-Polytechnique, 75005 Paris

www.editions-harmattan.fr

ISBN : 978-2-343-19064-8
EAN : 9782343190648

REMERCIEMENTS

Je tiens d'abord à exprimer ma profonde gratitude envers mon directeur de thèse, Monsieur le Professeur Fabrice Hourquebie, avant tout pour la confiance qu'il m'a témoignée en acceptant ce sujet de thèse, mais aussi pour sa disponibilité, son écoute, ses conseils précieux et son soutien permanent tout au long de ce travail.

J'ai aussi une grande pensée pour ma directrice de thèse russe, Madame la Professeure Irina Poberejnaïa. Pour des raisons indépendantes de notre volonté, la cotutelle n'a pas abouti, mais je reste reconnaissante de sa disponibilité, ses conseils et son aide très précieuse.

Je remercie vivement les membres du CERCCLE et en particulier son directeur, Monsieur le Professeur Ferdinand Mélin-Soucramanien, pour son attention et son soutien tout au long de mon parcours de thèse et de master. J'adresse aussi mes remerciements chaleureux à Madame Martine Portillo pour son aide et son attitude toujours très accueillante.

Je tiens à remercier les membres du jury qui m'ont fait l'honneur de siéger à ma soutenance de thèse, et en particulier Madame le Professeur Pauline Türk pour son intérêt à ma recherche et son soutien.

J'exprime ma profonde reconnaissance à Géraldine, Marie, Quentin, Chantal, et Sergueï qui m'ont assistée à la réalisation de ce travail par leurs relectures et leurs conseils.

Ce travail n'aurait pas été accompli sans le soutien de Sebastian que je remercie de m'avoir encouragée et assistée tout ce temps. J'adresse également une immense pensée à toute ma famille.

Enfin, je remercie le Collège universitaire français de Moscou et son ancien directeur Monsieur Guillaume Garreta, l'Ambassade de France en Russie ainsi que Madame Galina Marzak sans lesquels ce projet n'aurait jamais abouti.

SOMMAIRE

LISTE DES ABRÉVIATIONS

AFDC	Association française de droit constitutionnel
AJCA	Actualité Juridique Contrats d'Affaires
AJDA	Actualité Juridique Droit Administratif
AJ Pénal	Actualité Juridique Pénal
al.	alinéa
ANSSI	Agence nationale de la sécurité des systèmes d'information
ARCEP	Autorité de Régulation des Communications Electroniques et des Postes
art.	article
Ass.	Assemblée du contentieux du Conseil d'État
Bull.crim.	Bulletin des arrêts de la Cour de Cassation rendus en matière criminelle
c.	contre
CAA	Cour d'appel de Paris
CAHDE	Comité ad hoc du Conseil de l'Europe sur la démocratie électronique
CAHVE	Comité ad hoc du Conseil de l'Europe sur le vote électronique
Cass.	Cour de cassation
CC	Conseil constitutionnel
CDFUE	Charte des droits fondamentaux de l'Union européenne
CE	Conseil d'Etat
CEDH	Cour européenne des droits de l'homme
CJCE	Cour de justice des Communautés européennes
CJUE	Cour de justice de l'Union européenne
ch.	chapitre
CNCCFP	Commission nationale des comptes de campagne et des financements politiques
CNIL	Commission nationale de l'informatique et des libertés
Comm.EDH	Commission européenne des droits de l'homme
cons.	considérant
Conv.EDH	Convention de sauvegarde des droits de l'homme et des libertés fondamentales
DUDH	Déclaration universelle des droits de l'homme
ECHR	European court of human rights
ECPA	Electronic Communications Privacy Act of 1986

FAI	Fournisseurs d'accès à internet
FBI	Federal Bureau of Investigation
FCC	Federal Communications Commission
G.	guideline (ligne directrice)
Gafam	Google, Apple, Facebook, Amazon, Microsoft pris ensemble
GCHQ	Government Communications Headquarters
IA	Intelligence artificielle
ICE	Initiative citoyenne européenne
IETF	Internet Engineering Task Force
IFES	International Foundation for Electoral Systems
infra	ci-dessous
JOUE	Journal officiel de l'Union européenne
LCEN	Loi pour la confiance dans l'économie numérique
n.s.	nous soulignons
NSA	National Security Agency
OCDE	Organisation de Coopération et de Développement Economiques
OGP	Open Government Partnership
ONG	Organisation non gouvernementale
ONU	Organisation des Nations unies
ORECE	Organe des régulateurs européens des communications électroniques
OSCE	Organisation pour la sécurité et la coopération en Europe
p.	page, pages
par.	paragraphe
PIDCP	Pacte international relatif aux droits civils et politiques de 1966
pr.	principe
pt.	point
RDP	Revue du droit public et de la science politique en France et à l'étranger
Rec.	Recueil Lebon
Rép.civ.	Répertoire de droit civil Dalloz
RFDA	Revue française de droit administratif

RGPD	Règlement (UE) 2016/679 du Parlement européen et du Conseil du 27 avril 2016 relatif à la protection des personnes physiques à l'égard du traitement des données à caractère personnel et à la libre circulation de ces données, et abrogeant la directive 95/46/CE (règlement général sur la protection des données)
RIEJ	Revue interdisciplinaire d'études juridiques
RMCUE	Revue du Marché commun et de l'Union européenne
RSC	Revue de science criminelle et de droit pénal comparé
RTD civ.	Revue trimestrielle de droit civil
RTD Eur.	Revue trimestrielle de droit européen
s.	suivants
supra	ci-dessus
TECE	Traité établissant une constitution pour l'Europe
TIC	Technologies de l'information et de la communication
TFUE	Traité sur le fonctionnement de l'Union européenne
TUE	Traité sur l'Union européenne
UE	Union européenne
URL	Uniform Resource Locator (adresse web)
v.	versus
vol.	volume

A mon père

A Sebastian

Le rapport entre l'Etat et ses membres individuels continuera-t-il à s'analyser en un rapport de commandement et de soumission ? Ou, au contraire, le droit public interne est-il parvenu à l'aube d'une ère meilleure, au cours de laquelle le fonctionnement de l'activité étatique sera assuré, non plus au moyen d'ordres impérieux et de contraintes irrésistibles s'exerçant sur les individus et impliquant l'existence d'une volonté étatique supérieure à eux, mais par le libre jeu des efforts individuels que chaque citoyen sentira le besoin de fournir spontanément et bénévolement en vue de pourvoir à ses propres intérêts dans le cadre de l'unité nationale : efforts qui concourront, dans la mesure où ils convergeront vers des buts communs, à donner satisfaction aux exigences vitales de l'intérêt national ? Domination ou collaboration, dans lequel de ces deux sens se formera le droit de l'avenir ?

Raymond Carré de Malberg,
Contribution à la théorie générale de l'Etat.

Internet est un instrument de lutte contre l'infantilisation des citoyens dans un régime qui est censé leur confier le pouvoir. En ce sens, le web incarne l'avenir de la démocratie.

Dominique Cardon,
La démocratie Internet : promesses et limites.

INTRODUCTION

1. « En régime représentatif, la démocratie est toujours en situation de manque sinon de crise[1] ». Depuis des années, cette dernière se manifeste par plusieurs faits : l'institution centrale de la démocratie représentative, le Parlement, n'est plus le centre du débat politique alors que les partis politiques ne parviennent plus à rassembler les électeurs et à canaliser l'expression politique. Généralement, la classe politique ne suscite plus la confiance du peuple ce qui met en question l'existence même du lien représentatif. Dans ces conditions, la question qui se pose est de savoir comment surmonter cette crise ? Dans ce mélange paradoxal et antinomique qu'est la démocratie représentative, il semble que ce soit précisément sa composante représentative qui est en crise. Une des solutions possibles serait alors de renforcer la composante démocratique qui est défaillante, pour restaurer la balance fragile entre les deux.

2. Une telle démarche n'est pas facile à mettre en œuvre. Depuis longtemps, la démocratie directe, la direction à prendre pour démocratiser le régime, a été jugée utopique et dangereuse. Jean Rivero[2] synthétise les raisons de manière suivante : si l'impossibilité de réunir une nation pour prendre ensemble des décisions politiques est entrée dans le champ du possible grâce aux technologies d'information et de communication (TIC), les autres obstacles - l'impossible unanimité obligeant la minorité se plier à la règle majoritaire, l'impossible participation permanente de tous à la prise de décisions ainsi que la technicité, la rapidité et la dimension parfois planétaire de l'action publique - demeurent toujours insurmontables.

3. Ce constat semble être mis en question aujourd'hui avec l'avènement de la démocratie électronique (e-démocratie) dont les instruments sont en train d'être introduits partout. Les TIC ont perdu leur qualificatif de « nouvelles » et sont devenues partie de la vie quotidienne de la majorité des individus sur la planète. Au fur et à mesure de leur développement, elles permettent non seulement le « dialogue universel » prévu par Rivero, mais aussi font entrer

---

[1] Dominique Rousseau, « De la démocratie continue », in *La démocratie continue : actes du colloque de Montpellier, 2-4 avril 1992*, Paris, L.G.D.J., Bruylant, p. 5-25. p.5.

[2] Jean Rivero, « Introduction », in *La participation directe du citoyen à la vie politique et administrative : travaux des XIIes journées d'études juridiques Jean Dabin*, Paris, Bruylant, p. 7-19. p.10.

dans le champ du possible les moyens de trouver un consensus auprès des membres de groupes très nombreux. A terme, elles pourraient libérer un grand nombre de personnes de leur charge de travail, ce qui leur permettrait potentiellement de s'occuper de la chose publique.

4. Pour l'instant, l'apparition permanente de nouveaux outils numériques de la participation directe des citoyens, englobés par un terme « e-démocratie », provoque plutôt une réflexion pratique que théorique. La recherche dans la matière se limite souvent à des questions de difficultés d'organisation des consultations particulières, de taux de participation, de résultats obtenus et des implications des consultations sur le travail de l'administration. Il manque pourtant une réflexion plus globale, proposant une vue d'ensemble sur la compatibilité de ces outils avec la démocratie représentative qui, malgré l'introduction du suffrage universel et parfois du référendum (ce qu'on appelle la démocratie semi-directe[3]), reste un régime essentiellement représentatif. Ce dernier a été conçu précisément pour exclure la participation directe de l'universalité des citoyens à la prise de décisions politiques. Comme le posait l'abbé Sieyès, « [l]es citoyens qui se nomment des représentants renoncent et doivent renoncer à faire eux-mêmes immédiatement la loi : donc ils n'ont pas de volonté particulière à imposer. [...] S'ils dictaient des volontés, ce ne serait plus cet Etat représentatif ; ce serait un Etat démocratique. [...] Le peuple, je le répète, dans un pays qui n'est pas une démocratie (et la France ne saurait l'être), le peuple ne peut parler, ne peut agir que par ses représentants[4] ». L'introduction d'instruments de la participation directe, fût-elle numérique, semble créer un conflit au sein de ce régime[5], conflit qui pourrait être résolu par un aménagement de la notion de démocratie représentative[6] (pour aller plus loin que la démocratie semi-

---

[3] V. Michel de Villiers, Armel Le Divellec, *Dictionnaire du droit constitutionnel*, Paris, Sirey, 2015. p.314. *Lorsqu'une Constitution accorde une place à la procédure référendaire parallèlement à l'élection de représentants, la démocratie pourra être qualifiée de semi-directe.* ou Serge Guinchard, Thierry Debard, *Lexique des termes juridiques 2016-2017*, 24e édition, Paris, Dalloz, 2016. p.366. La démocratie semi-directe est *une forme de démocratie qui combine la démocratie représentative et la démocratie directe : le pouvoir est normalement exercé par des représentants, mais les citoyens peuvent dans certaines conditions intervenir directement dans son exercice, notamment par le référendum ou par le droit de révocation des élus*. Suivant ces définitions, plusieurs régimes existants peuvent être qualifiés de démocraties semi-directes, par exemple l'américain ou le français.

[4] Emmanuel Sieyès, « Discours sur l'organisation du pouvoir législatif et la sanction royale, 7 septembre 1789, Assemblée nationale constituante », Université Nice Sophia Antipolis. [réf. 20/10/2017], v. : http://bcl.unice.fr/politext/database/Revolution/Sieyes/sieyesTextes.html#S5.

[5] V. par ex. Baldvin Thor Bergsson, Paul Blokker, « The Constitutional Experiment in Iceland », in *Verfassunggebung in konsolidierten Demokratien: Neubeginn oder Verfall eines Systems?*, Nomos Verlag, 2013; Conseil d'État, *Rapport public 2011. Consulter autrement, participer effectivement*, Paris, La documentation française, 2011.

[6] Manuel Arenilla, « Concepts in Democratic Theory », in *E-Democracy. A Group Decision and Negotiation Perspective*, New York, Springer, 2010. p.15-30. p.28.

directe), voire sa substitution par une autre notion, ayant vocation à concilier les exigences de la participation et de la représentation.

5. C'est dans cette optique que cette étude est conçue. Etant donné qu'à ce jour, il n'existe pas de régimes politiques mettant pleinement en œuvre la démocratie électronique, il semble pertinent de se saisir d'une recherche théorique, conceptuelle, pour essayer d'esquisser l'un des concepts possibles de l'e-démocratie. En le faisant, elle va suivre la démarche scientifique habituelle, qui va se décomposer en trois temps : d'abord, la construction de l'objet de la recherche **(Paragraphe 1)**, puis la définition de la problématique **(Paragraphe 2)**, enfin, le choix et la justification de la méthode **(Paragraphe 3)**.

§1. L'objet de la recherche

6. Faute de régimes existants appliquant intégralement l'e-démocratie, il y a lieu de concevoir cette recherche comme tendant à élaborer un concept de régime politique capable d'incorporer principalement les nouveaux outils de l'e-démocratie et, plus généralement, étant en mesure d'accueillir efficacement la participation directe du peuple. Une telle étude théorique doit se faire en comprenant son caractère partiel et provisoire. Car, la mise en œuvre pratique de l'e-démocratie va inévitablement donner lieu à plusieurs manières de la concevoir, en fonction du contexte de l'Etat donné, de sa culture, de son histoire, de la manière de faire la politique, etc. Cette étude s'attache à proposer un concept qui semble potentiellement plus consensuel, surtout à l'étape de transition de la démocratie représentative ; sans pour autant rejeter d'autres notions qui peuvent s'avérer compatibles[7]. Ceci permet de contribuer au débat sur l'avenir de la démocratie et plus précisément, sur la réponse possible à la question posée, à savoir, quel serait le concept de régime politique-type susceptible d'accueillir des nouveaux instruments numériques de participation populaire. En d'autres termes, comment la notion de démocratie électronique peut-elle être construite à partir de la démocratie semi-représentative[8] ?

---

[7] V. en ce sens, par exemple, Partie II, Titre II, Ch.2 sur la démocratie délégative et sa compatibilité avec le concept proposé.

[8] *[O]n parlera de démocratie représentative, puis de démocratie semi-représentative dans la mesure où, à statut juridique identique, le comportement politique du représentant a changé : les partis ont pris l'importance croissante, le retour devant l'électeur vaut compte rendu de mandat, l'alternance au pouvoir signifie révocation d'une majorité. En bref, les pratiques électorales remettent en cause la présomption selon laquelle la volonté des représentants est toujours celle de leurs électeurs.* Michel de Villiers, Armel Le Divellec, *Dictionnaire du droit constitutionnel*, *op. cit.* p.321.

A. La notion de démocratie électronique

7. Selon Frédéric Rouvillois, la démocratie est devenue la victime de son succès. Elle a fini par « devenir, en France, à partir de la seconde moitié du XIX siècle, un lieu commun employé n'importe comment et pour n'importe quoi[9] ». Ainsi, cette notion est utilisée pour désigner le progrès, la justice ou le bien, et ce en tout domaine, même en dehors du champ politique[10]. Cette distorsion du sens est accompagnée, en outre, par la sacralisation du concept[11]. En effet, ne pas adopter la démocratie équivaut à l'heure actuelle à une forme de retard par rapport aux pays développés, alors que tout doute sur sa valeur universelle est considéré comme un sacrilège.

8. Par conséquent, l'étude juridique de la démocratie se complique par cette polysémie du terme, combinée à la sacralisation[12] qui en découle. Il est alors pertinent de revenir au sens initial de la notion. Ainsi, au sens des Athéniens anciens qui avaient créé cette forme de gouvernement et donc, la notion, la démocratie signifie le pouvoir du peuple. En droit, elle signifie la souveraineté, détenue et exercée par le peuple. Autrement dit, « l'identité du sujet et de l'objet du pouvoir, des gouvernants et des gouvernés[13] ». Prise dans ce sens très précis, la démocratie n'existe en droit que si tous les membres de la communauté ont un accès égal au pouvoir politique et peuvent réellement exercer la souveraineté. En outre, Aristote distinguait encore un trait du régime démocratique : « la faculté laissée à chacun de vivre comme il lui plaît[14] », ce qu'on peut aujourd'hui appeler le principe d'autodétermination. Hans Kelsen a donné une définition synthétisant les deux exigences (l'identification gouvernants-gouvernés et l'autodétermination). Il a fait remarquer qu'un régime démocratique devait instaurer un régime juridique d'autonomie, où « les normes sont produites par ceux-là mêmes qui y sont soumis[15] », par opposition à l'hétéronomie, où elles sont produites par d'autres. Suivant ce raisonnement, la démocratie représentative ne constituerait pas un régime purement démocratique. Bernard Manin fait remarquer son paradoxe : « sans avoir évolué de façon manifeste et indubitable, le rapport entre représentants et représentés est maintenant perçu comme démocratique, alors qu'il fut conçu en opposition avec la

---

9 Frédéric Rouvillois, *Droit constitutionnel. 1. Fondements et pratiques*, Paris, Flammarion, 2017. p.207.
10 *Ibid.*
11 Sur la persistance des aspects mythiques du pouvoir politique v. Ferdinand Mélin-Soucramanien, Pierre Pactet, *Droit constitutionnel*, 35e édition, Paris, Dalloz, 2017. p.14-15.
12 Frédéric Rouvillois, *Droit constitutionnel. 1. Fondements et pratiques*, *op. cit.* p.208.
13 Hans Kelsen, *La démocratie : sa nature, sa valeur*, 2e édition, Paris, Dalloz, 2004. p.25.
14 Aristote, *La politique,* Paris, Librairie philosophique de Ladrange, 1874. [réf. 20/10/2017], v. : http://remacle.org/bloodwolf/philosophes/Aristote/tablepolitique.htm. Livre VII, Ch.1, §7.
15 Francis Hamon, Michel Troper, *Droit constitutionnel*, Issy-les-Moulineaux, LGDJ, 2016. p.99.

démocratie[16] ». Selon Jacques Chevallier, le modèle démocratique libéral serait « un équilibre complexe et une tension latente entre les éléments démocratiques et oligarchiques[17] ». Francis Hamon et Michel Troper qualifient la démocratie représentative comme une forme intermédiaire entre la démocratie et l'autocratie[18]. D'ailleurs, ces derniers « ne sont que des types-idéaux, [...] des systèmes que l'on ne rencontre jamais tout à fait dans la réalité. [...] [L]es gouvernements réels se rapprochent plus ou moins de l'un ou de l'autre type[19] ».

9. C'est à partir de ce constat qu'il est possible de concevoir la notion de démocratie électronique : elle serait un régime politique se rapprochant davantage de la démocratie que la démocratie représentative (et la démocratie semi-directe, n'étant qu'un type de démocratie représentative assorti du référendum ou du droit de révocation des élus), qui met en œuvre la souveraineté effective du peuple. Ce dernier dans le cadre de la démocratie représentative, n'est que le détenteur de la souveraineté, alors que son exercice est principalement assuré par les gouvernants en vertu de la délégation découlant de l'élection. Cependant, le concept d'e-démocratie proposé ne vise pas à instaurer la démocratie directe, c'est-à-dire l'exercice permanent de la souveraineté par le peuple. C'est plutôt de la surveillance et du contrôle des pouvoirs publics dont il s'agit ici, alors que l'intervention populaire n'est obligatoire que si elle est nécessaire pour corriger ou contrer les décisions prises (sauf certains cas déterminés). Une telle approche de l'exercice de la souveraineté a été déjà suggérée par Pierre Rosanvallon qui propose le concept de contre-démocratie[20], conçue comme la surveillance du pouvoir politique par le peuple, ou par Dominique Rousseau qui développe une notion de démocratie continue[21], se réalisant par le droit de regard et de contrôle permanent des gouvernants par les gouvernés, et passant essentiellement par le respect des droits fondamentaux assuré par le juge constitutionnel. Ces deux approches servent l'idée selon laquelle le pouvoir politique doit être contrôlé par le peuple souverain et marquent donc la fin de la doctrine du légicentrisme et de l'époque de la souveraineté parlementaire, son corollaire.

10. Ce contrôle peut être effectué de manières différentes. Dominique Rousseau l'envisage plutôt comme un contrôle du pouvoir politique par

[16] Bernard Manin, *Principes du gouvernement représentatif*, Paris, Flammarion, 2012. p.305.
[17] Jacques Chevallier, *L'État post-moderne*, 3e édition, Paris, LGDJ-Lextenso éd., 2008. p.161.
[18] Francis Hamon, Michel Troper, *Droit constitutionnel*, *op. cit.* V. dans le même sens aussi Jean Gicquel, Jean-Éric Gicquel, *Droit constitutionnel et institutions politiques*, 30e édition, Issy-les-Moulineaux, LGDJ, 2016. p.163 et Frédéric Rouvillois, *Droit constitutionnel. 1. Fondements et pratiques*, *op. cit.* p.218.
[19] Francis Hamon, Michel Troper, *Droit constitutionnel*, *op. cit.*
[20] Pierre Rosanvallon, *La contre-démocratie : la politique à l'âge de la défiance*, Paris, Éd. du Seuil, 2008.
[21] V. en ce sens, Dominique Rousseau, « De la démocratie continue », *op. cit.* et Dominique Rousseau *et al.*, *Droit du contentieux constitutionnel*, 9e édition, Issy-les-Moulineaux, LGDJ-Lextenso éditions, 2016.

l'intermédiaire du juge constitutionnel, ce qui d'ailleurs justifie l'avènement et le renforcement de la justice constitutionnelle. Pierre Rosanvallon, quant à lui, a une vision plus directe d'un tel contrôle, avec la surveillance, l'empêchement et le jugement des gouvernants par les gouvernés en tant que ses formes, effectuées par la société[22]. D'après lui, il faut « instituer positivement la défiance[23] », dont on déplore à l'heure actuelle les effets néfastes sur le fonctionnement des régimes de démocratie représentative. Ainsi institutionnalisée, elle devient un pilier du régime, servant de garde-fou et protégeant les intérêts et les droits des gouvernés. Dans le même ordre d'idée, le philosophe allemand Ulrich Beck souligne que « [l]e citoyen, lorsqu'il veut résoudre les problèmes que n'ont su ni prévoir ni éviter les spécialistes, se trouve à nouveau entre leurs mains ! Il n'a donc d'autre solution que de maintenir la délégation, mais en multipliant les dispositifs pour les contrôler et les surveiller[24] ». Dans le cadre du droit constitutionnel, cela signifie que la souveraineté du peuple, maintenant assez théorique et ponctuelle, devient effective et pratique. Elle implique la transformation de certains concepts théoriques bien établis tels que la souveraineté elle-même, le peuple, le mandat représentatif.

11. Sur un plan pratique, l'e-démocratie devra incorporer plusieurs instruments de l'exercice effectif de la souveraineté, qui fonctionneront en ligne. C'est ce que l'adjectif « électronique » veut dire, faisant partie de la notion d'e-démocratie en construction. Ces dernières années en France en effet, il est possible de relever un glissement sémantique de l'électronique vers le numérique. Ce dernier est le terme français, plus précis que la notion anglaise *electronic*, qui veut dire « relatif à ou étant un support par lequel l'information est transmise électroniquement[25] ». Néanmoins, cette thèse retient le mot « électronique », d'abord, parce que c'est un terme d'origine anglaise, mais aussi, parce que la démocratie électronique est le terme universellement utilisé, enfin, pour assurer le lien et la continuité avec les études et le *soft law* internationaux dans la matière, notamment les recommandations du Conseil de l'Europe et les études de l'OCDE.

12. En France, la démocratie électronique est de plus en plus souvent appelée la démocratie numérique[26]. Dans le cadre d'une thèse française, il y a lieu donc d'examiner le sens du terme « numérique », pour mieux comprendre l'origine et la signification du concept de l'e-démocratie. En effet, il serait incorrect de réduire le numérique au seul internet. D'après le Conseil d'Etat,

---

[22] Pierre Rosanvallon, *La contre-démocratie : la politique à l'âge de la défiance*, *op. cit.* p.17.
[23] *Ibid.*
[24] Cité par Michel Callon *et al.*, *Agir dans un monde incertain : essai sur la démocratie technique*, Paris, Seuil, 2001. p.311.
[25] *Definition of electronic,* Merriam-Webster. [réf. 20/10/2017], v.: https://www.merriam-webster.com/dictionary/electronic. *[O]f, relating to, or being a medium [...] by which information is transmitted electronically.*
[26] Le terme de cyberdémocratie est aussi utilisé, mais de manière plus marginale.

le numérique « forme un système d'innovations techniques dont internet permet la mise en réseau[27] », il est sa condition *sine qua non*. Le numérique est donc une notion plus large qu'internet et « se définit comme la représentation de l'information ou de grandeurs physiques (p.ex. images, sons) par un nombre fini de valeurs discrètes, le plus souvent représentées de manière binaire par une suite de 0 et de 1[28] ». Ainsi, il représente un langage universel capable d'exprimer, d'analyser et de systématiser des données *a priori* hétérogènes, des sons et images ou comportements et processus. En outre, le numérique inclut non seulement l'ensemble des innovations techniques, mis en réseau par internet, mais aussi les transformations économiques et sociales qui les accompagnent. Ces trois dimensions du numérique sont donc inséparables et doivent être prises en compte de manière systématique.

13. Le numérique, qui pendant des décennies, était resté cantonné aux seules TIC, se déploie aujourd'hui bien au-delà de leur champ. La robotique, l'intelligence artificielle et les objets connectés deviennent la réalité. En ce qui concerne les transformations économiques et sociales entraînées par le numérique, l'étude du Conseil d'Etat de 2014[29] en distingue les suivantes :

- la transformation d'un nombre croissant de secteurs économiques et l'introduction de modèles d'affaires spécifiques ;
- l'émergence de nouveaux services du Web 2.0 reposant sur l'interaction, la collaboration et le partage ;
- une adoption fulgurante des usages du numérique ;
- une promotion de participation et de transparence dans l'action des pouvoirs publics ;
- le changement d'approche à l'égard de la vie privée.

14. Il en résulte donc que le numérique représente un changement qualitatif dans l'ensemble des activités humaines, y compris celles politiques. C'est ce qui a conduit à l'émergence de la notion de démocratie électronique. Il est alors possible de concevoir cette dernière de plusieurs manières. Le plus souvent, elle se trouve réduite à une panoplie d'instruments numériques de participation populaire. C'est ainsi qu'elle est conçue, notamment par les travaux du Conseil de l'Europe[30]. Il s'agira pour nous d'un régime politique

---

[27] Conseil d'Etat, *Etude annuelle 2014 - Le numérique et les droits fondamentaux*, 2014. [réf. 20/10/2017], v.: http://www.ladocumentationfrancaise.fr/rapports-publics/144000541-etude-annuelle-2014-du-conseil-d-etat-le-numerique-et-les-droits-fondamentaux. p.42.

[28] *Ibid.*

[29] *Ibid.*

[30] V. par ex. Conseil de l'Europe, *Recommandation CM/Rec(2009)1 du Comité des Ministres aux Etats membres sur la démocratie électronique*, Strasbourg, 2009. [réf. 20/10/2017], v.: http://www.coe.int/t/dgap/democracy/activities/ggis/cahde/2009/RecCM2009_1_and_Accomp_Docs/Recommandation%20CM_Rec(2009)1F_FINAL.asp#TopOfPage. ; Conseil de l'Europe, *Exposé des motifs à la Recommandation CM/Rec(2009)1 du Comité des Ministres aux Etats membres sur la démocratie électronique*, Strasbourg, 2009. [réf. 20/10/2017], v.:

mettant en œuvre la souveraineté effective du peuple, lui permettant de surveiller et de contrôler les pouvoirs publics. L'exercice de la souveraineté peut s'effectuer tant par le peuple, à son initiative et par le biais du numérique, que par les représentants, subordonnés au peuple souverain.

15. La notion nouvelle d'e-démocratie ainsi posée nécessite d'être construite, afin de montrer sa pertinence.

B. Construction de l'objet de la recherche

16. Il convient de construire l'objet de la recherche, la démocratie électronique, en trois temps. Dans un premier temps, afin de le contextualiser, la crise de la démocratie représentative sera étudiée **(1)**. Puis, il semble opportun de situer cette crise dans la continuité historique, pour mieux comprendre ses causes et la logique historique de la mise en question du concept de démocratie représentative. Pour le faire, la théorie des vagues de développement du sociologue américain Alvin Toffler sera présentée, afin de montrer que la survivance même du concept de démocratie représentative serait mise en cause par l'avènement de la nouvelle civilisation informationnelle qui exige de nouvelles formes de concevoir la relation gouvernants-gouvernés et un accès élargi au pouvoir politique **(2)**. Enfin, en guise de réponse, un concept d'e-démocratie de contrôle sera proposé, dont les traits essentiels seront dégagés **(3)**.

1. La crise de la démocratie représentative

17. Cette recherche s'inscrit dans la réflexion relative à la crise de la démocratie représentative. Selon Jean-Marie Denquin, depuis les années 1950, « peu de formules ont rencontré un succès égal à la « crise de la représentation[31] ». Jacques Robert fait remarquer que le déclin de la démocratie est un discours récurrent en France depuis 1875[32]. Slobodan Milacic insiste toutefois sur la dimension historique (et non seulement conjoncturelle) du défi devant lequel se trouve la démocratie représentative[33]. Jacques Chevallier soutient que cette crise va au-delà de simples dysfonctions et met en cause la pertinence du modèle d'organisation politique hérité de la

---

http://www.coe.int/t/dgap/democracy/activities/ggis/cahde/2009/RecCM2009_1_and_Accomp_Docs/CM(2009)1_Expla_Memo_to_E-Recommendation_F_FINAL.asp#TopOfPage.

[31] Jean-Marie Denquin, « Pour en finir avec la crise de la représentation », *Jus Politicum* 2010, n°4. [réf. 20/10/2017], v. : http://juspoliticum.com/article/Pour-en-finir-avec-la-crise-de-la-representation-215.html.

[32] Jacques Robert, « La crise de la démocratie, un discours récurrent », in *La démocratie continue : actes du colloque de Montpellier, 2-4 avril 1992*, Paris, L.G.D.J., Bruylant, p. 29-38. p.32 et s.

[33] Slobodan Milacic, « La démocratie représentative devant un défi historique ? », in *La démocratie représentative devant un défi historique*, Bruxelles, Bruylant, 2006. p.4.

modernité : « tout se passe comme si l'ordre politique libéral était désormais confronté à des éléments de déstabilisation, indissolublement liés aux bouleversements de toute nature qui affectent les sociétés contemporaines[34] ». Il sera montré plus loin qu'effectivement, il semble que la crise du modèle de démocratie représentative s'inscrive dans le phénomène historique plus large et ne sera pas surmontée par la voie de petits ajustements du concept.

18. Pour mieux comprendre la nature de la crise, il convient de la déterminer. Slobodan Milacic définit la crise comme « un déclin de légitimité de toutes les principales structures du politique[35] ». Jean-Marie Denquin parle de la « désaffection croissante à l'égard du système politique[36] ». Un travail fondamental a été accompli par Bernard Manin, afin de comprendre la nature de la crise. Après avoir étudié l'histoire du concept de gouvernement représentatif et ses évolutions vers la démocratisation, il note que « [l]e gouvernement représentatif demeure ce qu'il a été depuis sa fondation : un gouvernement d'élites distinctes de la masse de la population [...]. Ce que l'on voit aujourd'hui se dessiner est simplement l'ascension d'une élite d'un type nouveau et le déclin relatif d'une autre[37] ». Selon l'auteur, les nouvelles élites politico-médiatiques qui sont arrivées au pouvoir suscitent encore moins de sentiments d'identification dans leur public. L'écart gouvernants-gouvernés s'accroît davantage ce qui provoque un sentiment de crise[38].

19. Les opinions de la doctrine divergent donc en ce qui concerne la nature et la portée de cette crise dont l'existence est difficile à nier. Jean-Marie Denquin appelle à bien redéfinir le concept de représentation, qui s'est trouvé infléchi, brouillé et submergé, car assimilé à la démocratie[39]. Selon l'auteur, la nouvelle conception de l'élection comme condition nécessaire et suffisante de la démocratie implique que le peuple « n'a plus de volonté qu'électorale[40] ». Les concepts de souveraineté nationale et donc de représentation restent en vigueur, en substituant à la délibération parlementaire la décision exécutive. « L'équation démocratie = élection implique donc un retour en force de la représentation. Car pour que la démocratie puisse se réduire aux élections, il est indispensable d'admettre que la représentation est la démocratie dans l'intervalle entre celles-ci[41] », alors qu'en réalité, le régime représentatif est conçu « dans l'intention consciente d'écarter [...] la démocratie en quelque sens que ce soit[42] ». Ainsi, l'auteur

---

[34] Jacques Chevallier, *L'État post-moderne*, *op. cit.* p.165.

[35] Slobodan Milacic, « L'éclipse de la démocratie ? », in *Nouvelles questions sur la démocratie : actes de la journée d'études du 4 décembre 2009, Sénat, Paris*, Dalloz, p. 123-140. p.126.

[36] Jean-Marie Denquin. « Pour en finir avec la crise de la représentation », *op. cit.*

[37] Bernard Manin, *Principes du gouvernement représentatif*, *op. cit.* p.299-300.

[38] *Ibid.* p.300.

[39] Jean-Marie Denquin. « Pour en finir avec la crise de la représentation », *op. cit.*

[40] *Ibid.*

[41] *Ibid.*

[42] Jean-Marie Denquin, « Que veut-on dire par " démocratie " ? L'essence, la démocratie et la justice constitutionnelle », *Jus Politicum* 2009, n°2. [réf. 20/10/2017], v.:

semble inviter à chercher une nouvelle synthèse entre ces deux notions, pour pouvoir mieux définir la source de la crise et la dépasser.

20. Slobodan Milacic fait remarquer que pour répondre à la crise, le discours nouveau s'ouvre vers une démocratie plus directe. Il s'agit cependant de réformes palliatives, visant seule la fonction délibérative et point décisionnelle, ainsi que le niveau local, alors que c'est au niveau national que les décisions politiques déterminantes sont prises[43].

21. Jacques Chevallier, en montrant le contexte actuel spécifique de la crise de la représentation - un décalage entre une demande forte d'augmentation des capacités politiques et du niveau d'exigences vis-à-vis des gouvernants et une offre incapable d'y répondre -, argumente que « le modèle démocratique libéral connaît dès lors un processus d'adaptation[44] », qui comprend : (1) que l'Etat de droit s'impose de plus en plus aux représentants qui ne sauraient être autorisés à s'affranchir des règles du seul fait de leur légitimité élective ; (2) qu'une conception plus exigeante de la démocratie, établissant de nombreux contrepoids à la concentration du pouvoir, est en train de s'imposer ; (3) que l'explosion des TIC modifie le lien politique, en compensant sa distension ; (4) qu'une conception souple et plus ouverte de la citoyenneté émerge.

22. Patrick Troude-Chastenet[45] se demande dans ce prolongement si les crises ne sont pas consubstantielles à la nature de la démocratie. L'essence même de ce régime serait la résolution des conflits[46]. En ce sens, l'auteur propose de réfléchir à la redéfinition du rapport des citoyens à l'univers politique plutôt qu'à la crise de la démocratie. L'auteur envisage ainsi la démocratie de proximité, les mouvements sociaux et l'avènement des minorités visibles et souligne, dans cette perspective, que « la fiction utile du citoyen électeur doit pouvoir laisser un peu de place à l'individu concret, avec ses appartenances sexuelles, familiales, professionnelles, régionales, ethniques ou religieuses[47] ».

23. Cette recherche contribue à ce débat, en y apportant d'abord la théorie des vagues de développement.

---

http://juspoliticum.com/article/Que-veut-on-dire-par-democratie-L-essence-la-democratie-et-la-justice-constitutionnelle-76.html.

[43] Slobodan Milacic, « L'éclipse de la démocratie ? », *op. cit.* p.136.

[44] Jacques Chevallier, *L'État post-moderne*, *op. cit.* p.174.

[45] Patrick Troude-Chastenet, « La crise de la démocratie représentative : fait nouveau, récurrent ou consubstantiel ? », in *Mélanges à l'honneur de Slobodan Milacic Démocratie et liberté : tension, dialogue, confrontation*, Bruxelles, Bruylant, 2008.

[46] *Ibid.* p.1058.

[47] *Ibid.* p.1069.

2. La théorie des vagues de développement resituant le débat autour de la crise de la démocratie

24. Selon la théorie élaborée par Alvin Toffler dans les années 1980, l'histoire de l'humanité est envisagée comme une succession de vagues de changement. « [L]'espèce humaine avait connu deux grandes vagues de changement dont chacun avait aboli dans une large mesure des cultures ou des civilisations antérieures auxquelles elles avaient substitué des modes de vie inconcevables pour les générations précédentes[48] ». Avant la première vague, la majorité de la population mondiale habitait dans de petits groupes nomades qui subvenaient à leurs besoins par la chasse, la pêche, l'élevage du bétail et la cueillette. Il y a environ 8000 ans, la révolution agricole a commencé, ce qui a donné lieu à la naissance des premières civilisations[49]. En leur sein, la plupart des populations cultivaient la terre qui est devenue le fondement de l'économie, de la culture, de la famille et de la politique. En 1650-1750, la révolution industrielle, amenant la deuxième vague, a commencé. Les collisions entre les deux civilisations ne tarderaient pas à arriver, notamment la guerre de Sécession américaine de 1861-1865 et la révolution russe de 1917. Alors même que ce phénomène se poursuit, un autre, encore plus important est né : la troisième vague. Cette dernière amène la connaissance en tant que ressource centrale de l'économie et ainsi, l'âge de l'information. En outre, ce sera l'âge de la synthèse où, après l'âge de l'analyse de la deuxième vague, la réflexion à grande échelle, la théorie générale, la reconstruction de l'ensemble à partir des pièces détachées s'imposeront[50].

25. Il est important de noter que les civilisations formées par les trois vagues coexistent. Notamment, les pays occidentaux, ayant de nouvelles technologies de la troisième vague et l'économie et les institutions de la deuxième, souffrent de leurs collisions. « Le conflit entre les groupes de la Deuxième et de la Troisième Vague constitue, en réalité, le clivage politique central de la société contemporaine[51] ». En guise d'exemple, il est possible de mentionner la montée contemporaine des nationalismes, idéologie de la deuxième vague.

26. Dans le cadre de cette recherche, il convient de souligner que chaque nouvelle vague crée sa propre manière de vivre ensemble et ainsi, un modèle de régime politique. En ce sens, la théorie montre la corrélation profonde entre l'évolution de la société et la manière de s'organiser politiquement. Dans les

---

[48] Alvin Toffler, Heidi Toffler, *Créer une nouvelle civilisation : la politique de la troisième vague*, Paris, Fayard, 1995. p.19-20.

[49] Par le terme civilisation, l'auteur désigne *la technologie, la vie familiale, la religion, la culture, la politique, les affaires, la hiérarchie, l'autorité, les valeurs, la morale sexuelle et l'épistémologie*, prises ensemble pour caractériser une société. *Ibid.* p.35-36.

[50] Alvin Toffler, *La troisième vague, essai*, Paris, Denoël, 1980. p.166.

[51] Alvin Toffler, Heidi Toffler, *Créer une nouvelle civilisation : la politique de la troisième vague*, *op. cit.* p.29.

civilisations de la première vague, la vie était organisée autour du village où la division du travail était simple et le nombre de classes sociales très limité. La grande famille élargie, avec plusieurs générations sous le même toit, était le centre de l'univers social, au point que l'individu en tant que tel n'avait d'importance que comme membre de sa famille. Il est intéressant de remarquer que le pouvoir politique semblait être conçu en copiant le pouvoir du chef de famille : paternaliste, absolu, avec le mandat à vie. Faute d'infrastructures liant les territoires, il n'y avait pas d'états proprement dits, les territoires ont été divisés en tribus, clans, duchés, principautés, royaumes et autres unités politiques. Les frontières étaient floues, l'étendue du pouvoir politique différait d'une unité à l'autre.

27. La deuxième vague a amené la science, les machines et plus généralement, une nouvelle manière de créer des richesses : la production en usine. A cause du transfert du centre de la production de la terre à l'usine, la structure de la famille change. En outre, ses fonctions clés ont été distribuées entre les institutions spécialisées : les écoles, les hôpitaux et les maisons de repos. Le développement de l'industrie exigeant des travailleurs mobiles, les paysans commencent à émigrer en ville. L'économie exige de plus en plus de travailleurs : les femmes, les minorités ethniques et raciales obtenaient un rôle amélioré et revendiquaient leurs droits. La prolifération de plusieurs institutions et établissements nécessitait leur intégration, l'encadrement et la résolution de conflits. Pour ce faire, la deuxième vague a créé l'Etat-nation et le « grand gouvernement », les organes de pouvoir politique, pour le gérer[52]. L'industrialisme a ainsi provoqué l'arrivée au pouvoir politique des technocrates[53], des bureaucrates, qui formaient les structures hiérarchiques de l'intégration et de la distribution des capitaux. Au cours de la deuxième moitié du XXe siècle, grâce à l'intégration de l'économie au niveau mondial, des dizaines de milliers d'organes du pouvoir politique, théoriquement souverains, se sont retrouvés intégrés en un réseau, en une « supermachine[54] ».

28. La deuxième vague, amenant la standardisation et la massification, s'est basée sur les énergies non renouvelables, ce qui l'a condamnée à l'épuisement. C'est ainsi que la troisième vague prend le relais. Elle va utiliser les sources d'énergie renouvelables et diverses, amenant la démassification, la déconcentration, la décentralisation et la déstandardisation. Sa ressource centrale serait la connaissance au sens large, incluant les données, l'information, les images, les symboles, la culture, l'idéologie et les valeurs[55]. La robotisation des systèmes de fabrication provoque la démassification de la production, accompagnée par la publicité très ciblée. Le « grand public » va

---

[52] Alvin Toffler, *La troisième vague, essai*, *op. cit.*p.107-110.

[53] Sur l'importance des techno-structures bureaucratiques au sein des régimes contemporains v. Ferdinand Mélin-Soucramanien, Pierre Pactet, *Droit constitutionnel*, *op. cit.* p.17.

[54] Alvin Toffler, *La troisième vague, essai*, *op. cit.* p.101-102.

[55] Alvin Toffler, Heidi Toffler, *Créer une nouvelle civilisation : la politique de la troisième vague*, *op. cit.* p.56.

ainsi disparaître. L'approche du travail sera aussi transformée : les entreprises de la troisième vague auront besoin de main-d'œuvre qualifiée, avec une spécialisation de plus en plus poussée et un renouvellement rapide des compétences. Simultanément, les travailleurs effectuant un travail de routine seront remplacés par les robots. De même, le déclin de l'usine et le développement des TIC amèneront au transfert du lieu de travail vers le domicile, ce qui bouleversera le modèle familial. Tous ces changements provoqueront également un changement de régime politique. Dominique Rousseau, en se référant à Karl Marx, soutient qu'en effet, « il existe toujours une relation, qui n'est pas univoque d'ailleurs, entre les données du social et la forme du politique[56] ». Déjà en 1974, Georges Burdeau a fait remarquer que dans les pays développés, la société se trouve en pleine mutation, ce qui doit avoir des conséquences « quant au style et à l'agencement des mécanismes de la vie politique[57] ». Alvin Toffler préconise en ce sens l'émancipation politique des minorités et le déclin concomitant de l'idée de majorité, ainsi que la démocratie semi-directe (conçue comme la démocratie semi-directe au sens juridique mais avec la composante démocratique beaucoup plus renforcée, en utilisant par exemple l'initiative populaire et l'orientation du vote au sein du législatif par les votations populaires) et la division de la décision[58]. Selon lui, « ce que nous appelons aujourd'hui démocratie n'est apparu qu'à partir du moment où le fardeau de la décision a brusquement pris une telle ampleur que l'ancienne élite s'est trouvée dans l'incapacité de le supporter. [...] [L]'ampleur que revêt la démocratie dépend moins de la culture, de l'affrontement des classes cher au discours marxiste, du courage au combat, de la rhétorique et d'une volonté politique, que du poids du fardeau de la décision qui incombe à toutes les sociétés[59] ». A titre d'exemple, il est possible d'évoquer le partage du pouvoir de censure[60] avec les opérateurs internet, qui, à leur tour, partagent ce fardeau de la décision avec leurs utilisateurs, en instaurant des moyens de signaler des propos litigieux ou des

---

[56] Dominique Rousseau, « La démocratie ou le vol de la Joconde », in *Nouvelles questions sur la démocratie : actes de la journée d'études du 4 décembre 2009, Sénat*, Paris, Dalloz, p. 141-146. p.143.

[57] Georges Burdeau, *Traité de science politique. Tome VIII, La démocratie et les contraintes du nouvel âge*, Paris, Librairie générale de droit et de jurisprudence, 1974. p.11. *La société dans laquelle nous sommes engagés depuis le milieu de notre siècle et où l'on s'accorde en général à voir une manière d'être nouvelle des relations humaines, cette société est une société incomplète. Il lui manque une organisation politique procédant de son propre fond et qui, comme telle, reflèterait sa finalité, ses hiérarchies réelles et les modes de régulation adéquats au type particulier des relations humaines qui s'y nouent.*

[58] Alvin Toffler, Heidi Toffler, *Créer une nouvelle civilisation : la politique de la troisième vague*, *op. cit.* p.133 et s.

[59] *Ibid.* p.151.

[60] V. sur la qualification de cette obligation octroyée aux opérateurs Commission nationale consultative des droits de l'homme, *Avis sur la lutte contre les discours de haine sur internet*, 2015. [réf. 20/10/2017], v. : http://www.cncdh.fr/fr/publications/avis-sur-la-lutte-contre-les-discours-de-haine-sur-internet. p.19-20.

référendums des utilisateurs[61]. L'implosion de la décision à l'heure actuelle ouvre donc les perspectives d'une participation politique élargie. Les transformations fondamentales - la diversification, voire l'atomisation de la société, accompagnée par sa numérisation, la réduction de la charge du travail des individus cumulée avec l'augmentation de leur niveau d'instruction, ainsi que la décentralisation et l'implosion de la décision - doivent donc être traduites au niveau politique.

29. Dans cette perspective, il apparaît que la crise de la démocratie représentative s'inscrit dans le processus de la transformation générale des institutions de la deuxième vague. La démocratie représentative n'a donc d'autre choix que de changer profondément. La question est de savoir jusqu'où elle va se transformer. Etant donné que « les valeurs et les coutumes changent plus lentement que les modes de production », il ne semble pas opportun d'envisager l'arrivée prochaine de la démocratie directe. Suivant la dynamique de la troisième vague apportant la synthèse, la démassification et les produits « sur mesure », il est peut-être plus pertinent de réfléchir à une synthèse entre la démocratie représentative et directe, une démocratie semi-directe poussée plus loin vers la démocratie directe, où le peuple se transformerait en un véritable souverain : un régime plus participatif, basé sur l'initiative populaire, qui garde néanmoins la représentation. Ayant plusieurs voies d'action potentiellement ouvertes à la participation populaire, il ne la requiert cependant pas quotidiennement. Tout un chacun pourrait ainsi trouver son propre niveau d'implication aux affaires publiques. Une chose est sûre : le modèle de démocratie de la nouvelle civilisation sera fondé sur le numérique en tant que son support central. La démocratie électronique donc s'impose.

30. Il est important de noter que les transformations économiques profondes déjà en marche - la robotisation de plusieurs emplois de routine et en conséquence, le risque de la perte de leur emploi par de nombreux membres de la société - peuvent reposer prochainement la question de la crise de la démocratie, mais de manière beaucoup plus aiguë. Cette étude envisage alors de contribuer à cette réflexion de demain, en proposant un concept de démocratie potentiellement plus participative, sans pour autant imposer la participation. Il faut noter cependant que l'idée de cette recherche reste simplement d'en esquisser un cadre théorique, sans lien avec un régime existant, et de réfléchir sur les notions fondamentales et les relations conceptuelles entre ses acteurs essentiels.

3. Pour un concept d'e-démocratie de contrôle

31. Cette thèse envisage un concept possible de démocratie s'inscrivant dans ce processus de changements apportés par la troisième vague. Il est

[61] V. par. 694.

possible de concevoir un tel concept de plusieurs manières, notamment en déplaçant le curseur vers plus ou moins de participation. Par exemple, un des concepts possibles qui sera envisagé[62] est la démocratie délégative, apparu pour la première fois au XIXe siècle dans la pensée du professeur de mathématiques anglais Charles L. Dodgson. Elle instaure l'initiative et le référendum électroniques quasi permanents, où tous les citoyens peuvent voter directement ou déléguer leur voix à une autre personne. Il peut y en avoir d'autres. Dans le cadre de cette étude, un concept différent sera proposé, qui ne nécessite pas une participation populaire constante, mais opte pour le contrôle des décisions prises par les pouvoirs publics.

32. Il apparaît qu'un tel concept serait plus adapté à la période transitoire entre le modèle politique existant, la démocratie représentative, et un nouveau modèle, mieux adapté à la nouvelle civilisation dont les contours sont pour l'instant difficiles à saisir complètement. « Le rêve de la démocratie directe n'est peut-être plus inatteignable[63] ». En attendant, *l'idée est de ne pas supprimer les institutions politiques de la démocratie représentative, mais d'instaurer un contrôle effectif du peuple sur leurs décisions*. Le concept reste cependant ouvert à la participation directe du peuple à la prise de décisions politiques, ainsi qu'aux nouveaux outils de l'e-démocratie, susceptibles d'apparaître en perspective, avec le progrès des technologies et des compétences démocratiques de la population. La flexibilité et l'ouverture du concept sont devenues possibles grâce à la pleine application du principe d'autodétermination personnelle, aujourd'hui limité aux certains choix corporels, identitaires et professionnels. En effet, l'autodétermination, conçue comme un principe en vertu duquel l'individu est libre de choisir les traits de son identité, son mode de vie au sens large et d'établir et de développer ses relations avec d'autres individus et le monde extérieur[64], est à la base de toute liberté[65] fondamentale et plus généralement, de la liberté elle-même. Le droit relatif aux droits de l'homme ne fait que refléter le progrès de l'idée de la liberté de l'individu dans les esprits. La démocratie est ainsi l'incarnation de l'idée de liberté au niveau du régime politique, alors que le principe d'autodétermination personnelle l'est au niveau des droits fondamentaux. En ce sens, ce dernier se trouve au fondement du régime instaurant une démocratie effective.

33. Il faut d'ailleurs noter que la doctrine française ne s'accorde pas sur le lien entre la liberté et la démocratie. D'après Frédéric Rouvillois par exemple, « si la notion de démocratie est indissociable du principe d'égalité,

---

62 V. par. 782.

63 Henri Oberdorff, « Internet et les droits fondamentaux du citoyen : vers une cybercitoyenneté », in *La démocratie en un clic ? : réflexions autour de la notion d'e-démocratie Actes du colloque de Nice, 16 novembre 2009*, L'Harmattan, p. 67-91. p.90.

64 V. aussi par. 8 et la définition d'Aristote : *la faculté laissée à chacun de vivre comme il lui plaît.*

65 Jean Rivero, Hugues Moutouh, *Libertés publiques. Tome 1*, Paris, PUF, 2003. p.7.

en revanche elle semble sans rapport nécessaire avec l'idée de liberté[66] ». L'auteur fonde son raisonnement sur les propos de Jean-Jacques Rousseau : « l'obéissance à la loi qu'on s'est prescrite est liberté[67] ». Autrement dit, l'autonomie au sens kelsenien (et donc la démocratie) est liberté. Cependant, après être parti de cette prémisse, Rousseau subordonne l'autonomie au principe majoritaire, jusqu'à souligner que la majorité peut contraindre à être libre[68] la minorité, refusant à obéir aux lois de la majorité[69]. Jean Rivero a montré qu'une telle subordination provoquerait le sentiment de déni de démocratie auprès de la minorité qui peut s'élever à 49 pour cent de la population[70]. De même, Georges Burdeau soulignait que l'idée de liberté est inhérente à la démocratie[71]. Toutefois, il n'est pas possible d'exclure l'égalité de l'équation démocratique : « [c]'est parce que tous les hommes sont supposés égaux qu'il paraît juste que le pouvoir n'appartienne pas à certains en particulier : c'est-à-dire qu'il soit également reparti entre tous[72] ». Frédéric Rouvillois avance, en outre, l'idée que la démocratie requiert une certaine homogénéité du corps social : « [C]'est parce que les hommes sont présupposés foncièrement « semblables » que ce qui est jugé bon par la majorité est aussi présumé bon (objectivement) pour la minorité[73] ». Il n'est pas discutable que l'homogénéité du corps social facilite la prise de décisions par ce dernier. Pourtant, à l'âge de l'information amené par la troisième vague, il ne semble plus possible de légitimement s'attendre à l'homogénéité sociétale. Comme le fait remarquer Alvin Toffler, les gens « ont une conscience aiguë de leur spécificité ethnique, religieuse, professionnelle, sexuelle, subculturelle et individuelle. Des groupes qui, sous le règne de la Seconde Vague, se battaient pour être « intégrés » ou « assimilés », pour se fondre dans la société de masse, ne veulent plus gommer leurs différences. Tout au contraire, ils mettent l'accent sur leur originalité propre[74] ». Dans ces conditions, la démocratie, nécessitant une société homogène, est-elle vouée à l'échec avec l'arrivée de la Troisième Vague ? Il semble que la survivance du modèle démocratique soit conditionnée notamment à l'ouverture à cette

---

[66] Frédéric Rouvillois, *Droit constitutionnel. 1. Fondements et pratiques*, *op. cit.* p.212.
[67] Jean-Jacques Rousseau, *Du contrat social ou principes du droit politique*, MetaLibri Digital Library, 2007. [réf. 20/10/2017], v. : http://www.ibiblio.org/ml/libri/r/RousseauJJ_ContratSocial_p.pdf. p.13.
[68] Ce qui déjà semble antinomique.
[69] Jean-Jacques Rousseau, *Du contrat social ou principes du droit politique*, *op. cit.* p.12.
[70] Jean Rivero, « Introduction », *op. cit.* p.10. *Mais le vieil obstacle que le Contrat Social a tenté de contourner par le mythe de la volonté générale demeure : l'impossible unanimité contraint les minoritaires à se plier à une règle qu'ils ont refusée. Pour eux, l'adéquation des gouvernants et des gouvernés, le rejet de toute subordination à une autre volonté, que la sienne, relèvent du mythe ; et ils peuvent représenter 49% de la population.*
[71] Georges Burdeau, *La démocratie*, Paris, Ed. du Seuil, 1966. p.15.
[72] Frédéric Rouvillois, *Droit constitutionnel. 1. Fondements et pratiques*, *op. cit.* p.211.
[73] *Ibid.*
[74] Alvin Toffler, *La troisième vague, essai*, *op. cit.* p.289.

nouvelle diversité sociétale. Il faut donc réfléchir à la manière dont elle pourrait fonctionner efficacement, pour l'accueillir et permettre la coexistence des minorités qui composeront désormais la société. Dans le cadre de cette recherche, il est ainsi proposé de dégager les valeurs fondamentales de la société, par le biais du consensus, pour assurer l'accord minimum de ses membres, autour duquel la société politique sera bâtie. « Car, la nouvelle démocratie pluraliste, dans son souci de ne négliger aucune minorité significative, alias légitime, ne peut décider, pour l'essentiel, que de façon consensuelle[75] ». Ainsi donc, ce n'est qu'en obtenant une synthèse de la liberté et de l'égalité que la démocratie électronique saurait fonctionner.

34. Etant donné que cette recherche est envisagée plutôt dans une perspective théorique, elle ne se fonde sur aucun droit national en particulier, même si des exemples tirés du droit et de la pratique institutionnelle française sont naturellement plus fréquents. Cette recherche est en revanche ancrée dans la tradition européenne de construction des notions essentielles du droit constitutionnel ; elle exprime donc la vision essentiellement européenne d'un concept possible d'e-démocratie et de son fonctionnement. Un tel concept européen ne s'oppose pas à d'autres concepts de démocratie : tout au contraire, l'idée est d'en emprunter des éléments pour compléter le concept proposé. En résumant, la recherche sera menée dans le cadre essentiellement européen : au niveau des concepts constitutionnels ainsi qu'au niveau des droits fondamentaux, ce qui n'empêche pas à recourir ponctuellement à des exemples non européens.

35. Le concept d'e-démocratie analysé ici permet ainsi de renforcer la dimension démocratique de la démocratie représentative, tout en gardant la représentation qui ne sera plus complètement libre, mais contrôlée et encadrée par le peuple souverain à l'aide des outils numériques. *Le pouvoir de contrôle du peuple sur les gouvernants ne saurait être rendu possible juridiquement que par l'abandon du mandat représentatif*, « cette forme particulière de relation politique où l'élu tient sa position de l'électeur sans tenir de lui sa volonté[76] ». Selon Dominique Rousseau, ce mandat est aujourd'hui au cœur de la crise de la démocratie représentative[77]. Sans remettre cependant en cause son existence, l'auteur avance le concept de démocratie continue où l'indépendance des élus serait limitée par « le regard et le contrôle permanent de l'opinion venant contraindre leurs actions[78] ». Pour ce faire, l'opinion

---

[75] Fabrice Hourquebie, *Le juge sous la Vème République, entre pouvoir et contre pouvoir. Contribution au débat sur la notion de contre-pouvoir*, Thèse de doctorat ès Sciences Juridiques, dir. Slobodan Milacic, Université Montesquieu-Bordeaux IV, 2003. p.90. La citation tirée de la version non publiée de la thèse. Pour la version publiée v. Fabrice Hourquebie, *Sur l'émergence du contre-pouvoir juridictionnel sous la Vème République*, Bruxelles, Bruylant, 2004.

[76] Dominique Rousseau, « De la démocratie continue », *op. cit.* p.14.

[77] *Ibid.*

[78] *Ibid.* p.16.

publique agira dans les formes suivantes : les manifestations, les sondages d'opinion, les médias, en allant jusqu'à la forme de contrôle la plus efficace : le juge constitutionnel, puisque seule cette dernière sera juridiquement contraignante[79].

36. Dans le même ordre d'idée, Ernst Wolfgang Böckenförde plaide pour la conservation de l'institution de représentation qui doit cependant être soumise « à la légitimation démocratique au sein d'un processus ouvert de formation démocratique de la volonté et [...] à la responsabilité et au contrôle démocratiques[80] ». Un tel contrôle s'effectuera notamment par la possibilité de correction des représentants, par le biais de la révocation ou par les décisions prises par le peuple lui-même.

37. Tout en partageant l'idée de nécessité de l'instauration du contrôle permanent des gouvernants par le peuple, cette thèse juge pertinent de l'institutionnaliser davantage, par l'introduction d'un nouveau type de mandat politique, le mandat gestionnaire, qui combinera des traits des mandats représentatif (la liberté nécessaire dans la prise de décisions politiques) et impératif (le contrôle des mandataires). Il ouvre ainsi juridiquement la possibilité de l'exercice d'un tel contrôle sur les gouvernants. En outre, ces derniers, dans le cadre du mandat gestionnaire, doivent être compris au sens large : non seulement les élus participant à la fonction législative mais tous les pouvoirs constitutionnels. Selon Georges Vedel, chacun d'eux exerce la souveraineté « dans l'ordre qui est le sien : le Parlement n'exprime la souveraineté nationale que dans l'ordre législatif, le Gouvernement ne la représente que dans l'ordre de l'exécutif, et le juge ne parle au nom de la nation que s'il se maintient dans sa tâche judiciaire[81] ». Ainsi, les trois pouvoirs seraient représentants. Dans le sillage du Doyen, cette recherche propose d'élargir le cercle des mandataires, tout en y rajoutant un quatrième pouvoir, celui de contrôle. En outre, il convient de rebaptiser les représentants en gestionnaires, pour éliminer le renvoi à la loi et donc à la seule fonction législative, inhérent au terme représentant.

38. Ainsi, dans le cadre du concept d'e-démocratie proposé, il sera possible d'instaurer le contrôle juridiquement contraignant des gouvernants par le peuple, exercé par le biais du numérique. Le peuple diversifié et capable de s'autodéterminer s'érigera ainsi en un souverain qui agit en conséquence. De cette manière, le décalage entre son statut constitutionnel de détenteur de la souveraineté et la pratique institutionnelle où en dehors des périodes électorales, la souveraineté n'appartient qu'aux gouvernants, sera réduit, voire éliminé.

---

[79] *Ibid.*

[80] Ernst Wolfgang Böckenförde, « Démocratie et représentation : pour une critique du débat contemporain », *Trivium* 2014, 16. [réf. 20/10/2017], v. : https://trivium.revues.org/4805.

[81] Georges Vedel, *Cours de droit constitutionnel et d'institutions politiques*, Paris, Les cours de droit, 1959. p.728, cité par Thierry Renoux, *Le Conseil constitutionnel et l'autorité judiciaire*, Paris, Economica, 1984. p.31.

§2. L'intérêt de la recherche

39. La rencontre de la démocratie et du numérique, analysée par cette recherche, suscite plusieurs interrogations. D'après Henri Oberdorff, d'un côté, « [i]nternet ouvre de très nombreux espaces de liberté pour tous les citoyens du monde[82] », notamment pour développer l'exercice des libertés fondamentales. Selon Pauline Türk, le réseau contribue « à la diffusion de principes et valeurs favorables au libéralisme et à la pleine souveraineté des peuples[83] ». Ainsi, le numérique semble être propice à la synthèse avec la démocratie, puisque toutes les deux vont vers la promotion de la liberté. Leur synergie en forme d'e-démocratie pourrait donc constituer un saut qualitatif vers la libération ultérieure des individus, libération qui n'aurait pu être possible si elles avaient été prises isolément. D'un autre côté, déjà en 2009, Henri Oberdorff avait mis en garde contre la possibilité que le numérique pouvait être utilisé pour réduire les libertés : la vie privée et l'expression des utilisateurs en ligne peuvent désormais être surveillées[84]. Cela s'est en effet produit : non seulement les forces de l'ordre, mais les opérateurs internet privés ont un large accès aux données personnelles des utilisateurs, au point qu'il est déjà possible de parler de la société de surveillance. Il est d'autant plus dangereux que (1) la surveillance privée[85] n'est pas encadrée au même niveau et n'est pas soumise au contrôle démocratique que celle des autorités publiques ; (2) à l'heure actuelle, la société se trouve de plus en plus tournée vers la sécurité ce qui a comme conséquence notamment la constitution de fichiers. En ce sens, l'e-démocratie rentre en conflit frontal avec les principes de la protection des données personnelles, dont l'interdiction de la collecte et du traitement des opinions politiques[86]. Un tel conflit ne pourrait être résolu que par le renforcement substantiel de la protection du droit au respect de la vie privée sur internet, alors que ce dernier est aujourd'hui presque inexistant en ligne[87]. La même préoccupation peut être soulevée quant au droit à la liberté d'expression, se trouvant de plus en plus limité par les opérateurs internet privés, sous la pression de l'Etat. Enfin, le droit à la participation

---

[82] Henri Oberdorff, « Internet et les droits fondamentaux du citoyen : vers une cybercitoyenneté », *op. cit.*p.69.

[83] Pauline Türk, « La souveraineté des Etats à l'épreuve d'internet », *RDP* 2013, n°6, p. 1490-1521. p.1494.

[84] Henri Oberdorff, « Internet et les droits fondamentaux du citoyen : vers une cybercitoyenneté », *op. cit.*

[85] Il est possible d'utiliser le terme de surveillance pour qualifier l'action d'observer les comportements des utilisateurs, effectuée par les opérateurs internet privés.

[86] Loi n° 78-17 du 6 janvier 1978 relative à l'informatique, aux fichiers et aux libertés, [réf. 20/10/2017], v. : http://www.legifrance.gouv.fr/affichTexte.do;jsessionid=467D98981C654BF9FE072EEEF33A96C5.tpdjo13v_2&dateTexte=?cidTexte=JORFTEXT000000886460&categorieLien=cid.

[87] V. dans ce sens par. 588 et s.

politique qui est, pour l'instant, à l'état embryonnaire[88], ainsi que d'autres droits politiques devraient être élargis, pour appuyer l'introduction de l'e-démocratie. « Face à ces nouveaux risques, il est essentiel d'affirmer des droits adaptés aux technologies de l'information, soit en développant ceux qui existent déjà, soit en en créant d'autres[89] ». C'est pour cela qu'il n'est pas pertinent d'analyser l'e-démocratie, en tant que régime constitutionnel, en la détachant des droits fondamentaux qui sont à son fondement. Cet environnement de l'e-démocratie doit être systématiquement pris en compte.

40. La question des droits fondamentaux, supports de l'e-démocratie, soulève une autre question difficile : comment assurer leur protection dans un espace où se confrontent plusieurs droits nationaux, voire des systèmes juridiques, qui est celui d'internet ?[90] S'y rajoute la problématique concernant une certaine interprétation des droits fondamentaux sur laquelle internet est bâti et qui s'impose universellement sans être universellement partagée[91], ce qui rend souvent la protection des droits fondamentaux limitée par le fonctionnement technique d'internet. Dans ce sens, « [e]ncourageant la déterritorialisation des problématiques, qui contribue parfois à « l'impuissance publique », internet accélère la remise en cause des frontières physiques qui délimitaient classiquement l'espace d'exercice de la souveraineté étatique[92] ». Pauline Türk fait remarquer qu'internet pourrait, en outre, être utilisé comme un outil d'ingérence ou d'influences extérieures dans la vie politique interne ainsi que dans l'ordre juridique des Etats[93]. Ainsi, la question de la sauvegarde de sa souveraineté numérique devient cruciale pour un Etat, se proposant d'introduire l'e-démocratie. Si une telle sauvegarde pouvait même être possible, dans les conditions où « le fait Internet met en cause la souveraineté et l'indépendance des Etats[94] ». Selon Pauline Türk, tout en affaiblissant les Etats souverains, internet « valorise en réalité l'autonomie constitutionnelle des peuples[95] », accompagnée par la gouvernance mondiale d'internet qui pourrait être assurée par une organisation transnationale, fondée

---

[88] Dans le cadre européen, il est limité aux certaines élections parlementaires. V. par. 633-634. V. dans le même sens aussi Olivier Le Bot, « Démocratie électronique et droits fondamentaux », in *Nouvelles questions sur la démocratie : actes de la journée d'études du 4 décembre 2009, Sénat*, Paris, Dalloz, p. 101-106. p.104. *Ce droit, qui relève presque de la fiction dans une démocratie classique, peut devenir effectif dans une démocratie électronique. Une participation de fait est en train de naître ; elle pourrait, demain, se trouver institutionnalisée.*

[89] Henri Oberdorff, « Internet et les droits fondamentaux du citoyen : vers une cybercitoyenneté », *op. cit.* p.70.

[90] V. dans ce sens Julien Bonnet, Pauline Türk, « Le numérique : un défi pour le droit constitutionnel », *Nouveaux Cahiers du Conseil constitutionnel* 2017, n°57, p. 13-24. p.19.

[91] V. dans ce sens par. 598 et s.

[92] Pauline Türk, « La souveraineté des Etats à l'épreuve d'internet », *op. cit.* p.1494.

[93] *Ibid.*

[94] *Ibid.* p.1520.

[95] *Ibid.*

sur la coopération des Etats, la société civile et le secteur privé[96]. Une fois de plus, l'interdépendance entre l'e-démocratie et la protection des droits fondamentaux en ligne est évidente : les droits fondamentaux encadrent et appuient le fonctionnement de l'e-démocratie tandis que cette dernière sert à les protéger, en s'imposant en tant que régime politique, prenant le relais des Etats souverains et nécessitant ainsi la protection renforcée des droits fondamentaux en ligne.

41. Le modèle multiacteur, promu dans le cadre de la gouvernance d'internet et s'imposant également dans le cadre de l'e-démocratie, amène notamment la problématique de lobbying. Nombreux sont ceux qui craignent que sous le couvert de la participation populaire, les acteurs privés puissent influencer la prise de décisions politiques. Elsa Forey avance l'hypothèse qu'en marge du lobbying effectué au sein des assemblées parlementaires que ces dernières s'efforcent d'encadrer, « une autre forme de lobbying, masqué et donc beaucoup plus opaque, continue à se déployer par le biais de l'Internet[97] ». L'e-démocratie serait ainsi contraire au principe de transparence qui est au fondement de la démocratie. Emmanuel Cartier se demande si la généralisation des techniques de participation, érigeant la société civile en « une source d'autorité, supposée être à même de déterminer une forme d'intérêt général[98] », n'obscurcit la différenciation révolutionnaire entre l'Etat, lieu de détermination de l'intérêt général, et la société civile, confrontant des intérêts privés. Il apparaît que ce sont des interrogations cantonnées au droit français. En effet, « [l]e droit français, issu d'une tradition de souveraineté nationale et dont l'intérêt général est un intérêt distinct et opposé des intérêts particuliers[99] », refuse de reconnaître le lobbying, ce qui crée une situation de non-droit, alors qu'il demeure dans le domaine du fait[100]. Autrement dit, à quelques exceptions près[101], le lobbying serait ainsi une pratique libre, dès lors qu'il n'est pas prohibé ou encadré par le droit. Ainsi, le lobbying en tant que tel ne constitue pas un problème inhérent à l'e-démocratie, mais nécessite un encadrement général au niveau des droits nationaux, y compris dans le champ de l'e-démocratie. Dans le cadre de cette

---

96 *Ibid.* p.1518.

97 Elsa Forey, « L'apport d'Internet aux mécanismes de participation directe », in *Nouvelles questions sur la démocratie : actes de la journée d'études du 4 décembre 2009, Sénat*, Paris, Dalloz, p. 87-93. p.92.

98 Emmanuel Cartier, « Généalogie des techniques de participation du public », in *Nouvelles questions sur la démocratie : actes de la journée d'études du 4 décembre 2009, Sénat*, Paris, Dalloz, p. 71-76. p.75.

99 Grégory Houillon, *Le lobbying en droit public*, Thèse de doctorat en droit public, dir. Frédéric Rouvillois, Paris-Descartes, 2012. p.85.

100 *Ibid.*

101 V. un premier outil d'encadrement de telles pratiques, un répertoire numérique, créé par la Loi n° 2016-1691 du 9 décembre 2016 relative à la transparence, à la lutte contre la corruption et à la modernisation de la vie économique, [réf. 20/10/2017], v. : https://www.legifrance.gouv.fr/affichTexte.do?cidTexte=JORFTEXT000033558528.

recherche, la participation de la société civile est prévue dans la procédure de la désignation des membres du quatrième pouvoir ce qui permettra de démocratiser le choix des candidatures, tout en prévenant la diversité excessive[102]. La vraie question se trouve cependant dans la définition de l'intérêt général. Dominique Rousseau se demande comment le déterminer dans une société aussi diversifiée d'aujourd'hui. « On savait le faire lorsque la société n'était pas éclatée mais regroupée en grandes communautés d'intérêts et on la faisait notamment par le compromis législatif au Parlement[103] ». Dans la perspective de sa diversification ultérieure imposée par le changement civilisationnel, la question devient cruciale, pour assurer la paix sociale. Dans son ouvrage récent, l'auteur propose alors la création d'institutions dont la vocation serait à faire émerger l'intérêt général dans ces conditions : une Assemblée sociale en tant que troisième chambre du parlement et les conventions de citoyens[104]. Le Conseil d'Etat dans ce prolongement constate que « [l]a conception de l'Etat ordonnant de l'extérieur la société civile laisse place à une représentation nouvelle d'un Etat qui arbitre entre les intérêts[105] ». Il préconise ainsi (tout paradoxalement pour ceux qui craignent la prolifération des pratiques du lobbying) l'approche participative, l'association des citoyens à l'élaboration des décisions publiques, avec un rôle de l'Etat réduit. Ce dernier ne serait le décideur ultime que dans le cas de la collision d'intérêts, sa décision devrait être prise sous contrôle du juge administratif. Il est possible d'évoquer également d'autres pistes proposées par le développement du numérique, permettant de trouver le consensus au sein des communautés très nombreuses[106].

42. Enfin, il existe des préoccupations liées à ce qu'internet favorise l'individualisme et donc la disparition du politique. Elsa Forey exprime notamment un doute concernant la capacité d'internet à favoriser le débat démocratique. Selon l'auteure, le danger du cloisonnement des utilisateurs dans le cercle des personnes qui partagent leurs avis amènerait à une fragmentation de l'espace public[107]. Selon le sociologue Dominique Cardon, un tel cloisonnement n'est caractéristique que pour les communautés très fermées[108], telles que les sectes ou les groupements radicaux, tandis que l'individu ordinaire se trouve au croisement de points de vue différents,

---

[102] V. par. 262 et s.

[103] Alain Delcamp *et al.*, « *Nouvelles questions sur la démocratie, Actes de la journée d'études du 4 décembre 2009, Sénat* », Paris, Dalloz, 2010. p.150.

[104] Dominique Rousseau, *Radicaliser la démocratie. Propositions pour une refondation*, Paris, Ed. du Seuil, 2015. p.139 et s.

[105] *Réflexions sur l'intérêt général - Rapport public 1999,* Conseil d'Etat. [réf. 20/10/2017], v.: https://www.conseil-etat.fr/ressources/etudes-publications/rapports-etudes/etudes-annuelles/reflexions-sur-l-interet-general-rapport-public-1999.

[106] V. dans ce sens par. 825 et s.

[107] Elsa Forey, « L'apport d'Internet aux mécanismes de participation directe », *op. cit.*p.93.

[108] V. dans ce sens, Dominique Cardon, *La démocratie Internet : promesses et limites*, Paris, Seuil, 2010. p.92-93.

promus par plusieurs cercles sociaux et par les médias. Slobodan Milacic argumente que la participation populaire « est prévue sur une base individuelle, ce qui atomise le politique qui est primordialement collectif[109] ». D'après d'autres auteurs, il n'y a pas de contradiction entre l'individuel et le politique : les sphères privées et publiques sont interdépendantes, ne peuvent exister l'une sans l'autre et se renforcent mutuellement[110]. Puis, l'interdépendance de l'e-démocratie et des droits fondamentaux[111] amène à un constat que « [l]es droits de l'homme ne sont pas les droits de l'individu replié sur lui-même ; ils sont des droits de relation qui permettent de créer du collectif, donc de reconstituer du politique puisque le politique c'est du collectif. [...] [I]ls produisent du collectif puisqu'ils obligent les gens à rentrer en relation les uns avec les autres[112] ». Ainsi, en étant à la base de l'e-démocratie, ils renforcent sa dimension collective. Enfin, Henri Oberdorff fait remarquer « l'émergence d'une nouvelle forme d'intelligence collective créée et dégagée par les internautes[113] ». Le politique trouve alors sa prolongation dans l'espace public numérique.

43. Dans le cadre de l'étude sur l'e-démocratie, il convient de réfléchir aux limites du concept proposé. Comme toute démocratie, le succès de l'e-démocratie dépend de plusieurs facteurs qui ne sont pas tous saisissables par le droit. Parmi les conditions favorables, Ferdinand Mélin-Soucramanien et Pierre Pactet distinguent les partis politiques bien structurés et peu nombreux, une éducation et une information des citoyens ainsi qu'un certain niveau de bien-être économique[114]. Pauline Türk y ajoute la garantie des libertés individuelles et collectives, « favorisant la prise de conscience politique et l'éveil à la citoyenneté (liberté d'association, liberté syndicale, droit de grève,

---

[109] Slobodan Milacic, « L'éclipse de la démocratie ? », *op. cit.* p.137.

[110] V. dans ce sens Georges Vedel, *Manuel élémentaire de droit constitutionnel. Réédition présentée par Guy Carcassonne et Olivier Duhamel*, Paris, Dalloz, 2002. p.186. *La démocratie classique marie l'auto-détermination de chacun par lui-même et la détermination de la collectivité par elle-même.* V. aussi par. 666 et s.

[111] V. dans le même sens l'intervention de Slobodan Milacic aux débats dans *op. cit.* p.153. *[L]es libertés et la démocratie sont interdépendantes, interactives, voire synergiques.*

[112] Dominique Rousseau, « La démocratie ou le vol de la Joconde », *op. cit.* p.145.

[113] Henri Oberdorff, « Internet et les droits fondamentaux du citoyen : vers une cybercitoyenneté », *op. cit.* p. 90. V. aussi Jordane Arlettaz, « La révolution numérique est-elle une révolution démocratique ? », in *La démocratie en un clic ? : réflexions autour de la notion d'e-démocratie*, Paris, L'Harmattan, 2010. p.33-44. p.35. *Internet crée justement les conditions d'un réseau ininterrompu par une quelconque distance. Une continuité spatio-temporelle donc qui créerait les conditions d'une construction nouvelle de la citoyenneté* ; et Conseil d'Etat, *Etude annuelle 2017 - Puissance publique et plateformes numériques : accompagner l'« ubérisation »*, 2017. [réf. 20/10/2017], v. : http://www.ladocumentationfrancaise.fr/rapports-publics/174000714/index.shtml. p.16. *Le modèle de la collaboration, en pleine expansion, qui permet de développer à une large échelle des échanges gratuits pour permettre au plus grand nombre possible d'accéder à une ressource et de la partager, est aussi une nouvelle forme de lien social.*

[114] Ferdinand Mélin-Soucramanien, Pierre Pactet, *Droit constitutionnel*, *op. cit.* p.82-83.

droit de propriété)[115] ». Dominique Rousseau, en rappelant que l'égalité et la liberté sont à la base de la démocratie, fait remarquer que les inégalités sociales, économiques et culturelles, ainsi que le recul des libertés sous la pression des exigences de sécurité font régresser la démocratie[116]. Ainsi, comme toute démocratie, l'e-démocratie confrontée aux inégalités, à l'affaiblissement des libertés, à la généralisation de la surveillance, à l'appauvrissement de la population, à l'absence ou la faiblesse de la culture politique démocratique, de l'éducation et de l'information des citoyens ne saurait survivre.

44. Il est possible d'évoquer également les limites inhérentes à l'e-démocratie, parmi lesquelles se trouvent le développement insuffisant des technologies (dont le problème de l'i-vote[117] par exemple), les principes véhiculés par leur biais qui ne seraient pas compatibles avec les principes démocratiques ou les droits fondamentaux, ainsi que la fracture numérique. D'après Henri Oberdorff, cette dernière peut être quantitative (mesurée en taux de pénétration d'internet) et qualitative (exprimée en un nombre de citoyens qui n'ont pas ou ont des connaissances insuffisantes quant à son utilisation)[118]. La reconnaissance d'un nouveau droit fondamental d'accès aux réseaux s'impose[119], cependant, elle ne suffit pas en elle-même. Il faut créer « un environnement favorable au développement de ce nouveau droit[120] » : le droit à l'éducation et le droit d'accès à la culture à l'ère numérique. C'est ainsi que les limites de la démocratie classique se trouvent renouvelées avec l'introduction de l'e-démocratie.

45. Jordane Arlettaz observe que « la cyberdémocratie, en postulant un « état de politisation permanent », ne semble pouvoir répondre à ce qui constitue peut-être sa propre limite[121] ». Il est vrai que toute démocratie effective sous-entend la mobilisation du peuple, dont le degré dépend de l'intensité de la participation nécessaire pour le fonctionnement du régime. En ce sens, le concept d'e-démocratie analysé ici ne requiert pas de participation

---

[115] Pauline Türk, *Principes fondamentaux de droit constitutionnel*, Issy-les-Moulineaux, Gualino, 2017. p.107.

[116] Dominique Rousseau, « La démocratie ou le vol de la Joconde », *op. cit.* p.141-142.

[117] Cette recherche a adopté le terme d'i-vote pour désigner le vote par internet et pour le distinguer du vote électronique, un terme englobant le vote par tous les dispositifs électroniques, y compris ceux qui ne font pas partie du numérique (notamment, les machines à voter). Pour l'analyse des problèmes relatifs à l'i-vote, v. par. 336 et s., ainsi que Tatiana Shulga-Morskaya, « Le numérique saisi par le juge, l'exemple du Conseil constitutionnel », *Nouveaux Cahiers du Conseil constitutionnel* 2017, n°57. p.93-106. p.102.

[118] Henri Oberdorff, *La démocratie à l'ère numérique*, Grenoble, Presses universitaires de Grenoble, 2010. p.162-164.

[119] Sur les contours et la portée de ce droit v. Tatiana Shulga-Morskaya, « Droit d'accès à internet, droit fondamental ? », *Politeia* 2017, 31, p. 273.

[120] Henri Oberdorff, *La démocratie à l'ère numérique*, *op. cit.* p.168 et s.

[121] Jordane Arlettaz, « La révolution numérique est-elle une révolution démocratique ? », *op. cit.*

populaire permanente, même si celle-ci peut s'effectuer grâce à plusieurs instruments prévus à cet effet. Une telle flexibilité du concept permet de le positionner comme transitoire, pour passer d'un régime essentiellement représentatif à un régime effectivement participatif, en introduisant ou développant la culture de participation. Par ailleurs, la perspective de la libération d'« une grande partie de la population pour créer un capital social dans la société civile non commerciale qui deviendra le secteur dominant dans la deuxième moitié du siècle[122] » crée des opportunités de la mobilisation de ce capital social pour faire fonctionner l'e-démocratie. Enfin, la société des minorités dont l'émergence est envisagée par plusieurs auteurs peut se retrouver en état de politisation permanente, car les minorités seront en situation de concurrence pour influencer les politiques publiques.

§3. La démarche suivie

46. Il convient maintenant d'aborder la question du choix de la méthode. Il y a ici une double difficulté. Il s'agit d'abord de proposer un concept, ce qui signifie théoriser la réalité très complexe d'un régime démocratique dont seule une partie peut être saisie par le droit. Dans cette perspective, il semble opportun de réfléchir à la question des frontières de la discipline juridique **(A)**, quant à la recherche relative à la démocratie, y compris l'e-démocratie. La seconde difficulté consiste en ce que la réalité visée n'existe pas, puisqu'à l'heure actuelle, l'e-démocratie n'existe pas en tant que régime politique. Par conséquent, la démarche anticipatrice s'impose **(B)**. Lors de la formalisation de la notion d'e-démocratie, les approches systémique et pluridisciplinaire **(C)** seront utilisées, pour pouvoir ensuite analyser le concept proposé **(D)**.

A. La question des frontières de la discipline juridique

47. C'est un lieu commun de soutenir que la démocratie n'est pas une notion juridique. Selon ce point de vue, elle ne constitue pas une forme de gouvernement, mais plutôt une manière de vivre ensemble ; « l'état social » selon Alexis de Tocqueville. Francis Hamon et Michel Troper expliquent les causes de ce phénomène de la manière suivante : « [i]l faut observer en outre que, en parlant de démocratie représentative, on a, chemin faisant, abandonné la conception initiale de la « forme de gouvernement » : une forme de gouvernement n'est plus définie par le nombre ou le genre des détenteurs du

---

[122] Джереми Рифкин, *Третья промышленная революция. Как горизонтальные взаимодействия меняют энергетику, экономику и мир в целом*, Москва, Альпина нонфикшн, 2014. [Jeremy Rifkin, La troisième révolution industrielle : Comment le pouvoir latéral va transformer l'énergie, l'économie et le monde]. p.17. (Dans cette étude, la traduction française des citations en langues étrangères est effectuée par l'auteure).

pouvoir, mais par la manière dont ils sont nommés ou simplement par le type de justification donnée au système d'attribution du pouvoir. La nouvelle classification remplit ainsi, une fonction non pas scientifique, mais idéologique : elle ne sert pas la connaissance, mais joue un rôle politique. Elle veut faire accepter la démocratie représentative en la faisant passer pour une forme de démocratie[123] ». Ainsi, en politisant, idéologisant et socialisant la notion, le droit l'a fait sortir du champ juridique et ne l'a rendue que partiellement saisissable par le droit.

48. D'un côté, il semble qu'effectivement, le régime politique[124] ne soit pas une notion strictement juridique, ce dernier étant beaucoup plus large que les seules institutions politiques et les règles de leur fonctionnement. En effet, le fonctionnement d'un régime politique est conditionné par l'histoire, l'économie, la culture, les conventions d'un Etat donné ; il se réalise dans cet environnement[125]. C'est ainsi que le régime politique dépasse largement toute étude juridique puisqu'il consiste en des éléments que la science juridique ne peut pas saisir, à tout le moins dans leur intégralité. En ce sens, tout régime politique est, en quelque sorte, une manière de vivre ensemble ou un « état social ». Même si deux régimes politiques de deux Etats différents sont décrits de la même manière au niveau des règles, ils fonctionnent différemment dans la réalité, puisqu'il n'y a pas de deux Etats identiques. D'un autre côté, le droit ne peut pas rester indifférent à l'étude de la démocratie. Pour certains en outre, le droit constitutionnel « se ramène au droit de la démocratie[126] ». La démocratie nécessite donc une étude pluridisciplinaire qui seule pourrait englober tous les aspects essentiels de ce phénomène politique, juridique, social et culturel complexe. D'où le côté nécessairement partiel de l'étude que nous essayons de mener.

49. Mais la place du droit dans une telle étude reste d'autant plus nécessaire et déterminante qu'à l'heure actuelle, la société mondiale semble se trouver confrontée au phénomène de la troisième vague de son développement, dont la conséquence est le démantèlement ou la transformation de plusieurs concepts, piliers de l'organisation des sociétés contemporaines, parmi lesquels la démocratie représentative. Le régime politique devant être soumis au droit, la contribution des juristes à la réflexion commune sur l'avenir de la démocratie représentative à l'ère numérique est donc cruciale.

50. Une telle réflexion dirigée vers l'avenir commande à adopter une démarche anticipatrice.

---

[123] Francis Hamon, Michel Troper, *Droit constitutionnel*, Paris, LGDJ, 2013. p.83-84.

[124] Dans l'Etat de droit, il est possible d'assimiler ces deux notions : la forme de gouvernement et le régime politique. Pour une explication plus ample, v. Francis Hamon, Michel Troper, *Droit constitutionnel*, *op. cit.* p.96.

[125] V. dans ce sens, Ferdinand Mélin-Soucramanien, Pierre Pactet, *Droit constitutionnel*, *op. cit.* p.21-23.

[126] Frédéric Rouvillois, *Droit constitutionnel. 1. Fondements et pratiques*, *op. cit.*

B. *Une démarche anticipatrice / prospective*

51. Cette étude a adopté une démarche prospective. Il semble que le droit ne puisse plus rester un observateur passif de la réalité politique. L'enjeu est ici celui de la création, ou plutôt de la co-création du nouveau monde par toutes les parties prenantes, dont les juristes, et l'encadrement des rapports tenus par lui avec les membres de la société. Le droit constitutionnel doit lui aussi participer à cette co-construction du monde nouveau, en réfléchissant sur les contours du nouveau régime politique démocratique. C'est d'autant plus opportun que « [d]ans le monde dangereux qui est aujourd'hui le nôtre[127] », il n'est plus sûr d'utiliser sans précaution les méthodes et les techniques politiques de type deuxième vague, dont le principe majoritaire ou le mécanisme de la représentation libre. Ainsi aujourd'hui, les minorités ne tendent plus à s'assimiler mais à l'inverse, cherchent à mettre en valeur leurs différences ; la société se diversifie de plus en plus au point qu'il devient difficile de rassembler une majorité ; dans ces conditions, l'octroi d'un large pouvoir politique à une personne peut être voté par une minorité et ce choix ne représenterait pas, et de loin, la société. En effet, « dans une société éclatée, en proie à la tentation du multiculturalisme, en quête de son identité et de ses valeurs, partagée entre la volonté de l'unité et le constat de l'action de forces puissamment centripètes, la légitimité de la décision majoritaire est affaiblie[128] ». C'est le cas des élections présidentielles par exemple, où en tenant compte des abstentions, une minorité élit le président alors que ce dernier peut s'ériger en un « monarque républicain », par l'ampleur de ses pouvoirs. Cela crée des prémisses de conflits sociétaux.

52. De même, il n'est pas fructueux non plus d'imposer l'homogénéité à la société en condamnant une « balkanisation » des minorités et leur « égoïsme » prétendu. En effet, Ernst Wolfgang Böckenförde soutient que « l'intérêt pour la participation politique n'est pas fondamental pour les citoyens [...]. Il est au contraire placé en concurrence avec les autres intérêts des individus [...]. L'activité politique et la mobilisation qui l'accompagne est, de ce fait, comme par nature une affaire de minorités[129] ». Certes, si les intérêts de l'individu ne sont pas violés de manière substantielle. Cela est possible si l'individu appartient à la majorité politique et que ses intérêts trouvent son expression dans les lois votées majoritairement. Dans le contexte de l'éclatement de la société qui se composera désormais de minorités, elles se retrouveront demain dans une situation de concurrence pour l'expression de la volonté « générale ». Et ce serait d'autant plus dangereux en l'absence

---

[127] Alvin Toffler, *La troisième vague, essai, op. cit.* p.517.

[128] Bertrand Mathieu, « Introduction », in *Nouvelles questions sur la démocratie : actes de la journée d'études du 4 décembre 2009, Sénat*, Paris, Dalloz, p. 5-8. p.6.

[129] Ernst Wolfgang Böckenförde. « Démocratie et représentation : pour une critique du débat contemporain », *op. cit.*

d'institutions politiques appropriées et de moyens d'influencer légalement et paisiblement les politiques publiques, octroyés aux minorités. Car, cela « exacerbe inutilement les différends entre les minorités jusqu'au seuil de la violence[130] ».

53. Dans ces conditions, la démarche anticipatrice semble justifiée, étant donné les défis inédits et l'ampleur de la tâche à résoudre. En effet, toutes les structures politiques « devront être fondamentalement modifiées, non parce qu'elles sont mauvaises par essence, ni même parce qu'elles sont sous le contrôle de telle ou telle classe, de tel ou tel groupe, mais parce qu'elles sont de moins en moins opérationnelles – qu'elles ne sont plus adaptées aux besoins d'un monde radicalement transformé[131] ». Le droit ne peut pas rester à l'écart de ce « projet laborieux », il faut qu'il anticipe et y participe. Dans cette perspective, il semble nécessaire d'adopter la démarche d'anticipation. Par analogie avec le principe de précaution, cette démarche permettra de faire face aux défis inédits, tout en évaluant et prévenant les risques[132].

54. Dans l'optique de l'anticipation et de la réflexion prospective et globale, l'approche systémique et à la fois ouverte à la pluridisciplinarité est utilisée.

C. *Une approche ouverte*

55. La nature de l'objet de cette thèse, l'e-démocratie, est très complexe. Comme tout objet complexe, il faut des méthodes permettant de mieux saisir cette complexité, sans la réduire par l'analyse ni l'isoler de l'environnement dans lequel elle évolue. Dans cette perspective, une approche systémique **(1)** et simultanément ouverte à la pluridisciplinarité **(2)** a été adoptée.

1. Une approche systémique

56. L'objet de cette recherche est de contribuer au débat relatif aux modifications à apporter au régime existant de la démocratie représentative et de proposer l'un des concepts possibles d'un autre régime politique, en utilisant le potentiel du numérique. Il est opportun alors d'appliquer une approche systémique au concept proposé d'e-démocratie. La méthode systémique « part de l'hypothèse que le droit est ordonné et interdépendant et que les règles de droit peuvent être interprétées en fonction du contexte dans

---

[130] Alvin Toffler, *La troisième vague, essai, op. cit.*

[131] Alvin Toffler, Heidi Toffler, *Créer une nouvelle civilisation : la politique de la troisième vague, op. cit.* p.133.

[132] V. dans le même sens Slobodan Milacic, « L'éclipse de la démocratie ? », *op. cit.* p.126. *[L]e principe de précaution, au-delà de sa destination individuelle, typiquement néolibérale, devrait inspirer une vigilance critique sans faille quant au système démocratique [...]. Tout déséquilibre à un niveau global du système, notamment, doit éveiller la vigilance, sous l'égide de la philosophie et le principe de précaution.*

lequel elles se situent[133] ». Plus généralement, en l'appliquant une approche systémique à l'e-démocratie, il est possible de soutenir qu'elle permettra de considérer l'objet de la recherche comme un tout cohérent, comme un système d'organes et de règles, en interaction avec ses acteurs, évoluant dans un environnement de normes, de principes généraux et de valeurs fondamentales nationales et internationales. Premièrement, cette approche permet de rassembler plusieurs éléments disparates, pour essayer d'en construire l'objet de la recherche et puis d'esquisser cette construction d'ensemble. Deuxièmement, elle permet de lier le concept avec son environnement, en mettant en lumière leur interaction et leur interdépendance. Troisièmement, l'approche systémique contribue à la meilleure connaissance de l'objet de la recherche, puisqu'elle met en lumière les relations entre les éléments du système de l'e-démocratie. Ainsi, elle est compatible avec la démarche d'anticipation que cette thèse a adoptée parce qu'elle permet d'anticiper certains comportements au sein du système. Enfin, l'approche systémique conduira à mieux construire le système d'e-démocratie en tant qu'un modèle de système constitutionnel, en relation permanente avec ses composantes, d'une part, et d'autre part, avec le système englobant, celui politique[134].

57. Pour ces raisons, l'analyse systémique semble la plus adaptée à la recherche concernant l'e-démocratie. Etant un régime complexe, voire sophistiqué[135], elle s'ouvre à l'analyse systémique et ainsi, holistique, en tenant compte des limites du droit. Cette approche sera révélatrice quant aux relations du système de l'e-démocratie avec son environnement. Notamment, il sera montré que le numérique, qui est au fondement du concept, a influencé de manière inédite l'exercice de droits fondamentaux en ligne et même hors ligne, au point que le déploiement possible de l'e-démocratie serait mis en cause. Simultanément, l'e-démocratie fait surgir de nouveaux droits fondamentaux ou de nouvelles interprétations des droits et des principes existants, sans lesquels elle ne pourrait fonctionner. Dans ces conditions, l'analyse systémique est indispensable, pour mieux comprendre l'influence mutuelle du concept avec son environnement et les mesures à prendre pour rendre possible son application.

58. Enfin, l'approche systémique, s'appuyant sur la perception globale, conduit à la nécessité d'adopter une approche ouverte à la pluridisciplinarité.

---

[133] Jean-Louis Bergel, *Méthodologie juridique*, Paris, PUF, 2001. p.277.

[134] V. Michel de Villiers, Armel Le Divellec, *Dictionnaire du droit constitutionnel*, *op. cit.* p.358, qui définit le système politique comme le *produit de l'interaction entre les règles constitutionnelles (juridiques et politiques, écrites ou non) et le comportement des acteurs (gouvernants, électeurs).*

[135] Slobodan Milacic, « L'éclipse de la démocratie ? », *op. cit.* p.125.

2. *Une approche ouverte à la pluridisciplinarité*

59. La pluridisciplinarité peut être considérée comme une méthode de recherche, surtout s'il s'agit d'objets de recherches complexes qui sont à l'intersection de plusieurs sciences. Ne pas emprunter aux autres sciences aboutirait à une compréhension étroite du sujet.

60. Cela est particulièrement vrai en ce qui concerne l'e-démocratie, en tant que type de démocratie en construction. Cette dernière est, comme tout régime politique, un objet très complexe, étudié par plusieurs sciences, outre le droit. La particularité de la démocratie est, en outre, ce que son fonctionnement dépend des efforts bien agencés de plusieurs, voire de tous les membres d'une communauté politique, à la différence des régimes autoritaires par exemple. Comme l'a fait remarquer Ernst Wolfgang Böckenförde, « [u]n peuple qui organise et établit sa vie politique de manière démocratique doit avoir la force et la disposition qui lui permettront de la maintenir. Ainsi considérée, la démocratie est une forme politique véritablement exigeante et même, sans doute, difficile : elle a pour condition un vaste soubassement de culture politique[136] ». Le régime démocratique nécessite donc une certaine implication de la part de ses parties prenantes, ce qui implique une complexité accrue et une fragilité[137].

61. Ces deux facteurs justifient le recours à une approche pluridisciplinaire dans cette recherche. En tant qu'objet politique, l'e-démocratie emprunte à plusieurs sciences. Tout comme le droit, elles se trouvent aujourd'hui également confrontées à des transformations civilisationnelles inédites. Cela a des implications dans les recherches menées dans leurs domaines respectifs, relativement à la démocratie, à l'Etat et à la société en général, et à l'e-démocratie en particulier. Tel est le cas de la science politique, de l'économie, de la sociologie, de la communication, de la géographie et de la philosophie. Il semble pertinent alors d'utiliser certains résultats de leurs recherches pour mieux comprendre l'objet de cette étude. D'un point de vue plus prospectif, il serait nécessaire que les sciences impliquées dans la recherche sur l'e-démocratie sortent de leur cloisonnement, afin de se rencontrer aux frontières de leurs disciplines respectives et de produire une synthèse. Seule cette dernière pourrait englober tous les aspects indispensables de l'objet aussi complexe que l'e-démocratie.

62. Toute recherche focalisée sur la démocratie nécessite également une clarification de la notion. Il a été montré qu'à l'heure actuelle, cette dernière est devenue excessivement polysémique, au point que son sens est difficile à

---

[136] Ernst Wolfgang Böckenförde. « Démocratie et représentation : pour une critique du débat contemporain », *op. cit.* Dans le même sens v. aussi Stéphane Pierre-Caps, « Généalogie de la participation de tous aux affaires communes », *Revue de droit public* 2009, n°1, p. 151-170. p.163.

[137] Slobodan Milacic, « L'éclipse de la démocratie ? », *op. cit.* p.125.

déterminer, sans arriver à des contradictions. Dans ces conditions, l'histoire devient indispensable, pour mieux comprendre le sens initial de la notion et saisir le fonctionnement du régime athénien. Ainsi, les institutions créées à Athènes et leurs principes ont profondément inspiré la réflexion menée dans cette thèse ; certains d'eux ont même retrouvé leur réinterprétation contemporaine. L'histoire moderne, à son tour, a donné des renseignements nécessaires relatifs à des changements de la notion de démocratie, apportés au cours des XVIII-XIXe siècles. Ces recours à l'histoire étaient donc indispensables, pour tracer l'évolution de la notion et mieux saisir sa situation d'aujourd'hui.

63. La recherche visant l'e-démocratie ne peut pas non plus se passer de certaines connaissances dans le domaine de l'informatique. Sans prétendre à avoir la compréhension profonde et globale des enjeux informatiques liés à l'objet, il fallait néanmoins les étudier suffisamment, pour pouvoir saisir leur contenu et leurs implications sur ceux juridiques. L'étude du fonctionnement du réseau internet et du principe de transmission des messages informatiques sert à comprendre qu'ils ont été conçus comme excessivement ouverts d'un point de vue du droit au respect de la vie privée. De même, l'étude de la facette technique du vote par internet (i-vote) a permis de mieux cerner les problématiques juridiques de ce procédé qui influencent directement l'avenir de l'e-démocratie.

64. Le recours à la pluridisciplinarité, imposé par l'objet de cette recherche, l'e-démocratie, a également influencé le choix des acteurs considérés, pour venir compléter cette étude théorique par leurs expériences pratiques « du terrain ». En premier lieu, ce sont les administrations publiques qui menaient des essais de l'e-démocratie, en utilisant certains de ses instruments, afin de faire participer les gouvernés ou leur apporter de nouveaux services étatiques ou de moyens d'y accéder. Les résultats de ces essais étaient indispensables pour compléter la recherche et faire face à de nouvelles problématiques, révélées par l'expérience pratique. En deuxième lieu, la doctrine peut être évoquée, notamment celle américaine où les juristes se montrent attentifs aux problématiques liées à l'avènement du numérique et son influence sur l'exercice de droits fondamentaux. C'est précisément en s'ouvrant à leurs travaux qu'il était possible de réaliser que « le code fait la loi », selon la célèbre formule du juriste américain Lawrence Lessig. Le code, créé essentiellement par les entreprises américaines, véhicule alors les valeurs et les approches américaines en la matière qui ne sont pas forcement compatibles avec les valeurs européennes. Le cas de l'accord Safe Harbor l'a mis en lumière. C'est pourquoi il est vraiment essentiel pour un juriste de faire attention aux aspects informatiques d'un problème juridique, puisque les codes et les architectures techniques utilisés peuvent implicitement orienter certains choix ou infléchir certains résultats. Dans cette perspective, et en troisième lieu, cette étude était très attentive aux opinions exprimées par les personnes renommées dans ce champ numérique, puisqu'elles peuvent refléter

les principes mis en œuvre par les infrastructures et les produits (réseaux sociaux, boîtes aux lettres, messageries instantanées, etc.) et ainsi influer sur l'exercice de droits fondamentaux par leurs utilisateurs. L'influence du code sur les droits fondamentaux devient particulièrement importante dans le cadre de l'e-démocratie, fondée sur les outils numériques. C'est ainsi que l'approche réaliste a permis d'utiliser les faits, les travaux et les opinions des praticiens du numérique qui, en réalité, construisent maintenant la nouvelle infrastructure des communications et des idées censées notamment déterminer les perspectives de l'e-démocratie. Les articles de presse et les sites internet étaient en ce sens indispensables, en tant que sources primaires d'information.

65. Enfin, la présente recherche ne pouvait pas se passer de recours au droit comparé. Faute d'exemples réussis de l'instauration de l'e-démocratie en tant que régime politique, une recherche de droit comparé au sens strict du terme n'aurait pas été possible. De même, comparer des exemples disparates de l'application de certains de ses instruments dans le cadre des régimes essentiellement représentatifs, tels que la démocratie représentative, ne semble pas être pertinent du point de vue de l'approche systémique. Toutefois, visant la création d'un concept d'e-démocratie, cette recherche ne pouvait pas exclure de son parcours réflexif des incursions dans les droits étrangers, afin de confronter les expériences et les approches différentes. C'est le cas de l'analyse comparative des approches américaine et européenne relative à certains aspects de l'exercice du droit au respect de la vie privée en ligne ou bien la comparaison des essais de l'utilisation des instruments de l'e-démocratie. En effet, ces derniers sont en train d'être effectués dans plusieurs Etats, dont parfois des démocraties « de façade », voire les régimes se rapprochant de l'autocratie. Cela démontre bien l'insuffisance de l'approche instrumentale (qui réduit l'e-démocratie à la panoplie de ses instruments, qui ont vocation à être utilisés dans le cadre d'un régime de démocratie représentative, sans que son concept et son fonctionnement soient modifiés) pour changer la nature du régime. C'est pour cela que l'e-démocratie doit, avant tout, être appréhendée de manière intégrale, holiste, afin d'être effective. L'approche instrumentale, quant à elle, devient indispensable pour l'introduction de l'e-démocratie dans la vie politique et permet de modifier le régime politique existant par la voie de petits infléchissements, en changeant ainsi la culture politique, pour arriver ainsi à un système complet de l'e-démocratie.

D. Plan

66. Au vu des précisions précédentes, l'idée de cette recherche peut être formulée de manière suivante. La crise de la démocratie représentative, dont d'aucuns doutaient de l'existence, est devenue une réalité incontestable. Comme le fait remarquer Bernard Manin dans la postface de 2012 à son ouvrage *Principes du Gouvernement représentatif* de 1996, il est possible de

noter deux changements récents dans le fonctionnement du régime : le déclin des partis politiques, provoqué par l'érosion de la fidélité des électeurs, qui s'est accompagné de la croissance de la participation politique non institutionnalisée. Cela peut signaler un changement de paradigme dans le fonctionnement de la démocratie représentative où « les partis politiques ne sont plus les acteurs principaux[138] » alors que le peuple cherche à s'exprimer politiquement de manière directe, à son initiative et sans intermédiaires, et se trouve confronté à un manque de moyens constitutionnels pour le faire. C'est ainsi que la démocratie électronique peut constituer la solution à la crise de la démocratie représentative.

67. Il a été montré que cette crise s'inscrit dans le processus plus large de la transformation civilisationnelle, amenant à l'âge de l'information qui bouleverse déjà les rapports économiques, sociétaux et par conséquent, politiques. Cet âge nouveau amène également le numérique en tant que son support central. C'est pour cela que la démocratie de demain est censée être fondée sur le support numérique : non parce qu'il est nouveau mais parce que la société nouvelle se numérisera. Le numérique est déjà une partie intégrante du quotidien de la grande majorité de la population des pays développés. Avec l'arrivée des objets connectés et de la robotique, elle deviendra le quotidien de tout un chacun.

68. Aujourd'hui dans le cadre de la démocratie représentative, c'est la composante représentative du régime qui est en crise. Ce dernier n'aurait donc d'autre choix que de renforcer sa composante démocratique, pour la surmonter. C'est dans cette perspective que cette recherche est conçue : elle veut proposer une solution à la crise en tenant compte de sa dimension civilisationnelle (et donc n'étant pas susceptible à des solutions partielles et superficielles), en conjuguant le potentiel ouvert par la nouvelle civilisation, le numérique, avec l'héritage de la civilisation existante, la démocratie représentative. Cette dernière devrait cependant être profondément modifiée, pour pouvoir s'inscrire dans ce changement civilisationnel.

69. Dans le cadre de la réflexion sur la modification du concept de démocratie représentative, un concept d'e-démocratie sera proposé. Synthétisant le numérique et l'idée de représentation modifiée, il peut constituer un concept de transition : de la démocratie représentative, régime essentiellement représentatif et donc difficilement compatible avec la participation populaire, par l'e-démocratie à un régime nouveau, peut-être la démocratie encore plus directe ou entièrement directe[139]. En attendant, le concept d'e-démocratie proposé ici est conçu comme un régime politique instaurant la souveraineté effective du peuple qui n'exige toutefois pas sa participation constante. Il pourrait alors réaliser un compromis recherché dans plusieurs Etats : entre l'absence actuelle de la culture de participation et

---

[138] Bernard Manin, *Principes du gouvernement représentatif*, *op. cit.* p.326.
[139] V. dans ce sens Henri Oberdorff, *La démocratie à l'ère numérique*, *op. cit.* p.175.

l'exigence de démocratiser davantage le régime politique existant. En ouvrant plusieurs voies à la participation populaire pour l'instant peu institutionnalisée, ce concept contribuera à son développement, sa banalisation et ainsi, nous espérons, à la pacification des conflits sociétaux qui sont inévitables lors des collisions des civilisations.

70. La réflexion autour du concept proposé sera non seulement théorique, même si la vocation de cette recherche est théorique, mais aussi pratique. Il semble pertinent de considérer la mise en œuvre possible du concept, en l'entourant et la soutenant par un réseau des droits fondamentaux : ceux existants, en pleine métamorphose à l'ère numérique, et les nouveaux, supports nécessaires de l'e-démocratie. Il convient également de songer à l'encadrement constitutionnel possible du concept d'e-démocratie et d'internet, son fondement, ainsi qu'à de nouveaux concepts mettant en cause les pratiques démocratiques traditionnelles.

71. C'est pourquoi dans une **première partie**, l'étude portera sur les principes structurants de l'e-démocratie. D'abord, sur la nécessité d'une nouvelle vision de la démocratie, rendant obsolète le concept de démocratie représentative ; puis, sur le contenu du concept d'e-démocratie proposé, avec notamment l'analyse des notions clés et leur interaction au sein du système d'e-démocratie, pour mieux mesurer la portée des instruments de l'e-démocratie.

72. Dans une **seconde partie**, il conviendra d'analyser la mise en œuvre du concept d'e-démocratie. L'e-démocratie devra s'appuyer sur un environnement porteur de droits fondamentaux, avec lequel elle sera en interaction permanente et dont la protection conditionnera son introduction dans la vie politique. Cependant, les droits fondamentaux essentiels sont menacés de manière inédite en ligne ; leur protection doit donc être renforcée afin de permettre le déploiement de l'e-démocratie. Sa mise en œuvre pourra, de même, modifier certains concepts essentiels, tels que le vote démocratique et le principe majoritaire, ainsi que provoquer la reconsidération des principes de gouvernance.

Première partie : L'émergence de principes structurants de l'e-démocratie

Seconde partie : La mise en œuvre encore fragile de l'e-démocratie

PREMIÈRE PARTIE

L'ÉMERGENCE DE PRINCIPES STRUCTURANTS DE L'E-DÉMOCRATIE

La démocratie électronique étant une affaire de démocratie, son introduction aura un effet sur tous les aspects de la démocratie.

Conseil de l'Europe,
Exposé des motifs à la
Recommandation CM/Rec(2009)1.

73. Les fondements civilisationnels de l'émergence de la démocratie électronique ont été identifiés plus haut, il semble maintenant opportun de définir les principes et les contours de l'e-démocratie.

74. À l'heure actuelle, c'est une vision technique[140] de l'e-démocratie qui prévaut : elle est considérée comme une boîte à outils pour numériser, moderniser et parfois compléter la démocratie représentative. C'est en partie en ce sens que soutient le Conseil de l'Europe, l'un des principaux penseurs de l'e-démocratie, dans son texte programmatique, la Recommandation CM/Rec(2009)1 du Comité des Ministres aux Etats membres sur la démocratie électronique : « [l]a démocratie électronique est l'une des nombreuses stratégies permettant de soutenir la démocratie et les institutions et processus démocratiques, et de diffuser les valeurs démocratiques. Elle est liée aux processus traditionnels de la démocratie, auxquels elle vient s'ajouter

[140] V. par. ex. Slobodan Milacic, « L' "e-démocratie" en questions. L'insertion des TIC dans le modèle de démocratie pluraliste, pour une problématique générale », in *Usages politiques des nouveaux médias*, Paris, L'Harmattan, 2012. p. 20.

en les complétant ». Il continue plus loin : « la démocratie électronique peut contribuer à remédier aux insuffisances des institutions et processus démocratiques[141] ». Un tel point de vue s'intègre bien dans la logique commune de l'utilisation des TIC, en tant qu'instruments pour augmenter le confort et la rapidité ou diminuer le coût des opérations. C'est ainsi que le numérique est pensé dans le cadre du régime représentatif : comme un instrument pour faciliter le fonctionnement des pouvoirs publics, donner un moyen supplémentaire d'échange informatique entre les gouvernants et les gouvernés, réduire le prix de certaines procédures et les accélérer. Cependant, de nouveaux instruments de l'e-démocratie émergent en dehors du cadre de la Recommandation du Conseil de l'Europe. Ils débordent les limites du régime représentatif en instaurant les mécanismes contraignants de participation continue du peuple à la prise de décisions politiques, ce qui rentre en contradiction avec la nature même du régime représentatif. Une typologie des instruments de l'e-démocratie s'impose **(Titre 2)**.

75. Dans ces conditions, la vision instrumentale de l'e-démocratie semble assez réductrice. Le Conseil de l'Europe fait remarquer que même si la démocratie électronique « ne se rattache ni ne conduit à un type particulier de démocratie[142] », elle « peut conduire à une forme de démocratie que tous les acteurs, où qu'ils se trouvent, peuvent voir et observer, à laquelle ils peuvent avoir accès et avec laquelle ils peuvent interagir[143] ». Cela se rapproche de l'idée de la contre-démocratie de Pierre Rosanvallon, qui souligne que « loin de constituer un simple « instrument », [...] Internet peut être proprement considéré comme une forme politique[144] ».

76. Ainsi, l'introduction de l'e-démocratie dans le cadre de la démocratie représentative peut changer la nature de cette dernière. Un régime dont l'essence est l'exercice ponctuel de la souveraineté du peuple lors des élections et parfois des référendums, alterné par de longues périodes d'abstention, peut se transformer dans un régime où le peuple souverain peut intervenir à tout moment, par le biais des moyens juridiques et techniques établis, mettant en œuvre la souveraineté continue du peuple. En ce sens, il est possible de se demander si l'introduction des instruments de l'e-démocratie n'est pas le précurseur d'un nouveau concept de démocratie dont les contours juridiques nécessitent d'être pensés **(Titre 1)**.

Titre 1 : La nécessité de nouveaux contours de la notion de démocratie

Titre 2 : Une typologie naissante des instruments de l'e-démocratie

---

[141] Conseil de l'Europe, *Recommandation CM/Rec(2009)1 du Comité des Ministres aux Etats membres sur la démocratie électronique, op. cit.* pr.30.
[142] *Ibid.*
[143] *Ibid.* p.28.
[144] Pierre Rosanvallon, *La contre-démocratie : la politique à l'âge de la défiance, op. cit.* p.75.

TITRE PREMIER

LA NÉCESSITÉ DE NOUVEAUX CONTOURS DE LA DÉMOCRATIE

77. En étudiant les pratiques de l'e-démocratie, il est possible de remarquer qu'elle semble difficilement compatible avec le régime représentatif, tel qu'il existe de nos jours. Même dans la version de la démocratie représentative, ce régime reste fermé à la participation populaire continue.

78. En même temps, le constat majoritairement partagé est celui selon lequel la démocratie représentative est aujourd'hui en crise et il faut plus de participation pour la raviver. Même s'il y a des auteurs qui en doutent, cette étude rejoint la majorité. Outre ce constat, il convient de noter que ce régime semble freiner, par sa nature, les tentatives de le rendre plus participatif. D'ailleurs, le terme « participation » ne semble pas très pertinent quand il s'agit de la source et le seul détenteur de la souveraineté qu'est le peuple.

79. Georg Hegel fait remarquer que l'histoire de l'humanité progresse vers plus de liberté[145], étape par étape. Georges Burdeau argumente que « la démocratie est indissolublement liée à l'idée de liberté[146] », dans le sens où elle incarne le droit à s'autodéterminer, à la fois collectivement et individuellement. De la souveraineté royale, parlementaire ou étatique (cette dernière se manifeste souvent dans la souveraineté de l'exécutif, de son administration et de sa majorité au parlement), nous progressons vers la souveraineté du peuple, de tous et de chaque personne. Pour l'instant, ce n'est qu'un horizon mais le progrès est certain. L'émergence de l'e-démocratie pose la question de savoir s'il faut injecter plus de liberté dans les rapports politiques, de reconfigurer le cadre de la démocratie représentative, qui est devenu trop limité pour surmonter sa crise, vers plus de démocratie.

80. En premier lieu, la notion de démocratie sera étudiée, pour essayer de dégager un ou des sens juridiques de ce mot **(Chapitre 1)**. S'agit-il d'un « *mot*

---

145 Georg W. F. Hegel, *La philosophie de l'histoire*, Paris, Librairie Générale Française, 2009. p. 64.

146 Georges Burdeau, *La démocratie*, *op. cit.* p. 15.

en caoutchouc[147] », selon l'expression de Blanqui, ou il y a un sens juridique précis qui y est associé ? En second lieu, un concept de démocratie plus compatible avec l'e-démocratie sera proposé, qui pourrait permettre l'évolution du régime vers plus de liberté (**Chapitre 2**).

Chapitre 1. La démocratie, une « notion vague »

Chapitre 2. Le concept de démocratie à l'ère de l'e-démocratie

[147] Cité par Pierre Rosanvallon, *La démocratie inachevée : histoire de la souveraineté du peuple en France*, Paris, Gallimard, 2003.

Chapitre 1. La démocratie, une « notion vague »

81. La prolifération des notions de démocratie administrative, environnementale, scolaire, sanitaire, voire électronique, pose la question de savoir si la notion de démocratie a un sens juridique précis. C'est important non seulement pour les juristes, mais aussi pour le grand public qui semble être perdu dans ce dédale des démocraties. Souvent, elles n'ont pas de lien avec le régime politique, mais désignent les instances participatives au sein de certains établissements ou les pratiques des consultations publiques. Ces notions sont loin de l'exercice de la souveraineté par le peuple, l'essence de la notion d'e-démocratie dans le cadre de cette recherche. D'ailleurs, la prolifération de ces notions n'est pas anodine parce que le sens de la notion se perd ainsi. Par exemple, même si l'expression « démocratie électronique » au sens proposé par le Conseil de l'Europe semble incorrect en termes de droit constitutionnel, cette recherche l'utilise, elle étant largement acceptée par le droit.

82. L'on retrouve une situation similaire avec la notion de démocratie représentative. D'essence contradictoire, elle est devenue un reproche au régime qu'elle désigne. Comme le disait le Doyen Vedel, « ce que l'on reproche volontiers à la démocratie représentative est d'être insuffisamment démocratique et insuffisamment représentative ». Il est possible que son appellation ait contribué, dans une certaine mesure, à la crise du régime, en faisant une promesse qu'elle ne pouvait pas tenir.

83. Pour clarifier les notions, une recherche sur l'évolution historique de la notion de démocratie semble opportune **(Section 1)**. Sur la base de cette étude, les traits caractéristiques de la démocratie représentative, incompatibles avec l'e-démocratie, seront analysés **(Section 2)**.

Section 1. L'archéologie des mutations de la notion de démocratie

84. Depuis sa naissance à Athènes, le sort de l'idée de démocratie n'était pas toujours heureux. Si elle avait été critiquée par ses contemporains et leurs successeurs au point d'être abandonnée et presque oubliée comme un concept inopérant, de nos jours, elle est pourtant préconisée en tant que meilleur régime possible. Même le sens du terme a considérablement changé au fil du temps, tout en prétendant, du moins au niveau rhétorique, demeurer le même.

85. Cette recherche n'est pas une étude historique. Il convient néanmoins de faire certaines recherches historiques, pour comprendre le sens initial de la notion et de dégager le concept juridique de démocratie chez les Anciens, c'est-à-dire à Athènes aux -VI-IV siècles **(Paragraphe 1)**. Ensuite, il semble opportun de le comparer avec celui des Modernes, afin de saisir la mutation de la notion et les raisons de son succès aujourd'hui **(Paragraphe 2)**. Cette approche, assez réduite puisqu'elle ne prend pas en compte les changements du concept entre-temps, permettra toutefois de voir ce qui reste du concept originel de démocratie dans celui d'aujourd'hui.

§1. La notion ostracisée

86. La démocratie en tant que régime politique a existé pendant un siècle et demi dans la cité d'Athènes. Sa naissance est associée aux réformes de Solon et Clisthène en -539 et -508 et sa mort à la perte de l'indépendance en -324. Son âge d'or est tombé au -Ve siècle, d'environ -500 à -411 où la tyrannie fut instaurée à cause de l'occupation spartiate. Notons que par une telle durée qui dépasse largement l'espérance de vie moyenne des constitutions nationales contemporaines[148], le régime a fait preuve de sa stabilité. Bien sûr, il a subi quelques réformes, par exemple celle de Périclès au milieu du –Ve siècle où l'accès à la citoyenneté athénienne fut considérablement restreint. La seconde période de la démocratie, après son rétablissement en -403, a été marquée par le populisme et le rôle accru de la démagogie, ce qui a été provoqué au fond par l'appauvrissement dramatique de la population athénienne à cause de la guerre du Péloponnèse. Néanmoins, les institutions **(A)** et les principes **(B)** essentiels ont peu changé tout au long de son existence.

---

[148] Qui est de 19 ans selon Zachary Elkins *et al.*, « A Review of Iceland's Draft Constitution », The Comparative Constitutions Project, 2012. [réf. 20/10/2017], v. : http://comparativeconstitutionsproject.org/wp-content/uploads/CCP-Iceland-Report.pdf?6c8912. p. 10.

A. La démocratie des Anciens

87. Il semble possible de distinguer un concept de démocratie athénienne à partir d'une étude de ses institutions **(1)** et des principes **(2)** sur lesquels elle reposait.

1. Les institutions et les procédures

88. Aristote distingue parmi les « principes mêmes sur lesquels tous les gouvernements reposent », l'existence des trois parties : « l'assemblée générale délibérant sur les affaires publiques ; le second, c'est le corps des magistrats [...] ; le troisième, c'est le corps judiciaire[149] ». Ce principe a trouvé son application dans le régime athénien. Au premier rang se trouve l'Assemblée du peuple, *l'Ecclésia*, en tant qu'organe délibérant, autrement dit, le pouvoir législatif. Chaque citoyen a le droit d'y participer ; elle siège environ trois fois par mois. Selon les sources, le nombre des citoyens athéniens varie considérablement, de trente à soixante mille personnes. Beaucoup moins de citoyens étaient présents à l'assemblée[150]. Les historiens s'accordent toutefois sur le quorum qui pour les questions les plus importantes rassemblait environ six mille voix, c'est-à-dire de dix à vingt pour cent des citoyens. Il est intéressant de comparer cela avec les données concernant la participation aux essais de l'e-budget. Les auteurs déplorent les taux bas de participation (le taux record était de dix pour cent), alors que cela semble plutôt normal. D'après Xénophon, l'assemblée populaire se compose « des cordonniers, des maçons, des chaudronniers, des laboureurs, des marchands, des brocanteurs de place publique[151] », c'est-à-dire des citadins de la classe moyenne inférieure. La compétence de l'Ecclésia s'étend aux décisions sur la guerre et la paix, le fonctionnement de l'Etat, la sécurité, les revenus et les impôts, le vote des lois, des décrets et des traités ainsi qu'à l'élection de certains magistrats. L'une des décisions importantes de l'Ecclésia est *l'ostracisme* : lors d'une session spéciale en présence d'au moins six mille membres, un vote contre un citoyen « dangereux pour la tranquillité publique », qui l'obligeait de quitter Athènes. Utilisé au départ pour prévenir la tyrannie, il devient par la suite un moyen de mettre fin au blocage politique à l'Ecclésia.

89. Ensuite, le pouvoir exécutif incarné par le corps des magistrats. Ce dernier est diversifié et inclut les magistratures civiles (plus de 600 personnes), dont les plus influents étaient les *archontes,* et celles militaires (plus de 30

---

[149] Aristote, *La politique, op. cit.* Livre VI, Chapitre XI, §1.

[150] Владислав Петрович Бузескул, *История афинской демократии*, С.-Петербург, Типография М. М. Стасюлевича, 1909. [Vladislav Buzeskul, Histoire de la démocratie athénienne]. p.136.

[151] Xénophon, *Mémorables (Mémoires sur Socrate). Trad. par Eugène Talbot,* Remacle, [réf. 20/10/2017], v. : http://remacle.org/bloodwolf/historiens/xenophon/memorable2.htm#VII. Livre III, Ch. VII, 6.

personnes) comprenant les *stratèges*. Au fur et à mesure des réformes de l'institution des archontes, ce vestige de l'aristocratie vu son rôle modifié. L*'archonte éponyme*, l'équivalent du président de la République athénienne[152], s'efface au profit du stratège[153]. Par exemple, au -VIe siècle, Solon avait mené ses réformes en tant qu'archonte, alors que Périclès, au -Ve siècle, a été déjà stratège. Les archontes avaient originairement été élus à vie. Au début du régime démocratique, ils l'ont été pour un an ; après la réforme de -487/-486, ils sont tirés au sort. En même temps, les stratèges étaient toujours élus au vote à main levée par l'Ecclésia. Cette différence d'approche s'explique par leurs fonctions qui exigeaient des connaissances profondes en art militaire, les guerres étant fréquentes à l'époque. Avant d'être nommés, tous les magistrats devaient passer la *dokimasia*, un examen de capacité légale devant le tribunal du peuple, afin de s'assurer que la personne réunit toutes les qualités nécessaires (citoyen âgé de plus de 30 ans, ayant acquitté ses devoirs civiques et religieux). Après la fin de mandat, ils étaient obligés de passer la reddition de comptes, *l'euthyna*, toujours devant le tribunal populaire, avant d'être nommés à un autre poste, de quitter le pays ou même de disposer librement de leur propriété[154]. Par principe, les magistrats exerçaient leurs fonctions de manière collégiale, pour prévenir la tyrannie et la corruption.

90. Le rôle proche de celui de l'Administration a été assumé par le Conseil de Cinq Cents, *la Boulé*. En -508/-507, la réforme très importante de Clisthène a changé sa composition : elle était dorénavant formée à partir des dix tribus[155] nouvellement créées, non pas selon l'origine et les liens religieux de leurs membres mais selon leur domicile. De plus, chaque tribu a été constituée des trois zones géographiquement éloignées, situées dans les différentes parties de l'Attique. Ainsi, des fractions mélangées de la population ont été créées ; ils s'imposaient dans l'organisation des institutions. Le Conseil de Cinq Cents se forme de 500 citoyens volontaires, 50 par tribu. Ils étaient choisis par tirage au sort dans chaque tribu, à partir des dèmes[156] et en fonction du nombre de leur population. Ainsi, « ce conseil était tout le démos de l'Attique en miniature, il était sa personnification et une sorte de mikropolis[157] ». Le mandat étant pour un an, la limitation du nombre de mandats à deux faisait en sorte que presque chaque citoyen pendant sa vie en

---

[152] Владислав Петрович Бузескул, *История афинской демократии*, [Vladislav Buzeskul, Histoire de la démocratie athénienne], *op. cit.* p. 35.

[153] *Ibid.* p. 100.

[154] *Ibid.* p. 102.

[155] Ce terme n'est pas complètement approprié dans ce cas, puisqu'au sens conventionnel, il signifie une *[a]gglomération de familles vivant dans la même région, ou se déplaçant ensemble, ayant un système politique commun, des croyances religieuses et une langue communes, et tirant primitivement leur origine d'une même souche.* V. *Larousse. Dictionnaire de français en ligne,* [réf. 20/10/2017], v. : https://www.larousse.fr/dictionnaires/francais.

[156] Le dème est une circonscription administrative de base à Athènes.

[157] Владислав Петрович Бузескул, *История афинской демократии*, [Vladislav Buzeskul, Histoire de la démocratie athénienne], *op. cit.* p.88.

a été membre au moins une fois. Avant d'être nommés, les *bouleutes*, comme tous les magistrats, doivent passer la *dokimasia*. Le conseil siégeait de façon permanente et chaque tribu en assurait la présidence par alternance, pendant une dixième de l'année. La séquence était définie par le tirage au sort. Les fonctions principales de la *Boulé* consistaient en la préparation des projets de décisions de *l'Ecclésia*, sa convocation, l'établissement de l'ordre du jour ainsi que la gestion quotidienne des affaires administratives et financières de l'Etat athénien.

91. Le corps judiciaire était représenté par le tribunal du peuple, *l'Héliée*, et une sorte de « Sénat juridique », *l'Aréopage*. Ce dernier, composé d'anciens archontes avec le mandat à vie et donc très puissant, s'est vu considérablement privé de son influence politique du fait de la réforme d'Ephialtès en -461 et est devenu la juridiction chargée des affaires d'homicide volontaire. Vladislav Buzeskul note qu'au -IVe siècle, *l'Aréopage* pouvait se voir attribuer les fonctions de la commission d'enquête et même de la juridiction dans les affaires très importantes pour la sécurité et le bien de l'Etat, mais seulement sur demande spéciale de *l'Ecclésia*[158]. En revanche, le tribunal du peuple devient une juridiction générale en s'attribuant aussi les affaires précédemment jugées par les archontes[159]. L'Héliée est composée de six mille citoyens tirés au sort parmi les volontaires âgés d'au moins 30 ans, six cents membres par tribu (celle créée par Clisthène). Elle est divisée en dix sections parmi lesquelles les héliastes étaient mélangés, pour assurer une représentation équivalente. En fonction de l'importance de l'affaire à juger, une partie de la section jusqu'à plusieurs sections ensemble ont pu siéger. Au -Ve siècle, les sections étaient désignées pour une année. Au -IVe siècle, la composition des sections était définie par tirage au sort le jour même de l'audience. Le nombre des héliastes pour les affaires privées variait de 201 à 401, pour celles publiques de 501 à 1501. Il semble donc que les affaires publiques aient été considérées comme plus importantes et compliquées à juger. Les héliastes devaient prêter serment pour siéger, ce qui leur a fait sentir la responsabilité personnelle. D'ailleurs, grâce au tirage au sort, la composition nombreuse et aléatoire des sections prévenait de possibles abus. En l'absence du ministère public, l'accusation devait être faite par le citoyen intéressé. Le tribunal juge en droit et en fait ; le jugement est fait sans discussion par le vote majoritaire, sans appel possible. Outre le jugement des affaires, *l'Héliée* effectue la *dokimasia* des magistrats, avant leur nomination, ainsi que *l'euthyna* à la fin de leur mandat ou en cas de destitution.

---

[158] *Ibid.* p.125.

[159] Sous réserve que les archontes aient gardé leurs attributions des présidents de l'Héliée dans certaines affaires civiles, *ibid.* p.126. L'auteur note qu'*une telle limitation des pouvoirs des archontes et l'élargissement de la compétence de l'Héliée dans une certaine mesure peut être qualifiée de la séparation du pouvoir judiciaire de celui administratif.*

92. Il est intéressant de distinguer les moyens utilisés par *l'Héliée* pour contrebalancer les décisions de *l'Ecclésia.* Premièrement, *l'Héliée* est la juridiction suprême dans les affaires de légalité. Le principal instrument juridique pour déclencher une telle affaire est *la grafé paranomon*, « l'accusation d'illégalité ». Elle pouvait être soulevée par tout citoyen contre une proposition ou une décision de *l'Ecclésia* qui serait contraire aux lois ou à la procédure établie. L'affaire est ensuite jugée par *l'Héliée* qui, en cas de jugement d'illégalité, inflige une amende à l'auteur de la proposition et au président de l'audience de l'Ecclésia. Dans le cas contraire, l'auteur de la *grafé paranomon* doit payer une amende. La personne condamnée trois fois en vertu de la *grafé paranomon* perd son droit d'initiative au sein de *l'Ecclésia.* Cet instrument devient une arme efficace contre les discours abusifs[160] et les décisions émotionnelles ou illégales de *l'Ecclésia*, même si ce n'est pas sans contrepartie en ce qui concerne les requêtes véhiculées par vengeance ou pour motifs politiques. Deuxièmement, un autre instrument met en cause une allégation répandue que *l'Ecclésia* ne votait que les décrets, alors que les lois seraient intangibles. Selon Vladislav Buzeskul, la première audience de l'année de *l'Ecclésia* était consacrée à *l'épitheirotonia nomon*, la révision de la législation, où tout citoyen pouvait proposer de voter une nouvelle loi ou de modifier ou abroger une ancienne. En cas d'approbation par *l'Ecclésia*, une telle proposition était publiée et analysée par la *Boulé* qui rédigeait le projet de loi. Puis, ce projet était encore une fois débattu et voté par l'Ecclésia. La décision définitive était prise par les *nomothètes*, un collège spécial de 501, 1001 ou 1501 héliastes tirés au sort, et selon une procédure spéciale sous forme d'un procès où tout citoyen pouvait participer aux débats contradictoires.

93. *L'Héliée* constitue ainsi un contre-pouvoir fort à une *Ecclésia* émotionnelle et changeante. Un tel frein ne saurait cependant être suffisant, sans principes inhérents à la culture politique athénienne.

2. Les principes

94. Le régime politique n'existe pas en dehors de la société qui le crée et le soutient. Ainsi, le succès de la démocratie athénienne était conditionné par les principes d'organisation de la société athénienne.

95. Le citoyen athénien est un homme âgé d'au moins 18 ans. A l'époque de Solon et Clisthène, il doit être né de l'union légitime avec au moins un parent athénien, tandis que Périclès introduit la règle des deux parents athéniens. Les femmes et les esclaves[161] sont incapables. En plus des droits

---

[160] Moses Finley, *Démocratie antique et démocratie moderne*, Paris, Payot, 2003. p.129.

[161] Sur l'incompatibilité d'un régime véritablement démocratique avec l'esclavage et donc la qualification fausse du régime athénien comme démocratique, v. Cornelius Castoriadis, *La Cité et les lois*, Paris, Editions du Seuil, 2008. p.40-41.

politiques, la citoyenneté conférait une protection judiciaire, le droit de propriété foncière, avec en contrepartie des obligations de faire la guerre et de participer aux charges publiques. Les étrangers venus s'installer à Athènes et les anciens esclaves, dénommés ensemble *métèques*, n'avaient pas de citoyenneté, mais pouvaient obtenir certains privilèges des citoyens, en s'engageant en retour au paiement d'un impôt spécial et à la participation à certaines charges militaires. Quelques *métèques* ont même obtenu la citoyenneté par la décision nominative de *l'Ecclésia*.

96. Être citoyen athénien était prestigieux mais difficile. *Le principe d'égalité des droits et des charges du citoyen* impliquait que plus un citoyen a de droits, plus il a de charges publiques à assumer. Solon a divisé les Athéniens en quatre états en fonction de leurs revenus. Ainsi, ce n'était que le premier état qui pouvait prétendre à un poste d'archonte. Seulement trois premiers états pouvaient occuper des postes publics. Le quatrième état ne pouvait que participer à *l'Ecclésia* et à *l'Héliée*. En même temps, les charges publiques les plus lourdes, par exemple l'équipement d'un navire, pesaient sur le premier état, alors que les trois premiers portaient la charge principale du service militaire[162]. Le quatrième état est aussi appelé sous les drapeaux sous Thémistocle. Plus tard, au -IVe siècle, la différence entre les états sur le plan politique s'efface, mais l'idée reste que « le citoyen, comme le fonctionnaire public de nos jours, se devait tout entier à l'État. Il lui donnait son sang dans la guerre, son temps pendant la paix[163] ». Ce n'est qu'à l'époque du déclin de la démocratie, au -IVe siècle, qu'Athènes a connu l'armée mercenaire.

97. La démocratie athénienne a été travaillée et véhiculée par les citoyens. « Les hommes passaient leur vie à se gouverner[164] ». Ce *principe d'autogestion* commençait au niveau local, auquel les réformes de Clisthène ont octroyé une autonomie élargie. Les dèmes avaient leur propre administration, assemblées, propriété foncière, revenus et sacerdoce. L'assemblée du dème, « généralement peu bondée, quelques dizaines de personnes[165] », prenait des décisions sur tous les aspects de l'administration du dème, y compris l'élection annuelle des fonctionnaires locaux. La fonction importante du dème était d'inscrire les nouveaux citoyens et de vérifier leur droit de cité. Après cet examen, les citoyens irrégulièrement inscrits devenaient *métèques*. Cette décision pouvait être contestée devant *l'Héliée*.

98. Il a été montré plus haut que les lois avaient le statut suprême et il fallait suivre une procédure assez compliquée pour les modifier ou abroger. Ainsi, l'on peut dire que *le principe de la suprématie de la loi* existait à

---

162 Владислав Петрович Бузескул, *История афинской демократии*, [Vladislav Buzeskul, Histoire de la démocratie athénienne], *op. cit.* p.56.

163 Numa Denys Fustel de Coulanges, *La cité antique*, Paris, Flammarion, 1984. p.396.

164 *Ibid.*

165 Владислав Петрович Бузескул, *История афинской демократии*, [Vladislav Buzeskul, Histoire de la démocratie athénienne], *op. cit.* p.84. Selon l'auteur, le dème pouvait compter de quelques dizaines à quelques milliers de personnes. p.83.

Athènes. De plus, les réformes de Solon ont établi le *principe d'égalité devant la loi* entre les citoyens, appelé *l'isonomie*. Pour citer Solon lui-même, « j'ai rédigé des lois égales pour le pauvre et pour le riche, fixant à l'égard de chacun une justice droite[166] », en octroyant le droit de saisir le tribunal pour tout intéressé et en créant *l'Héliée*, le tribunal populaire. De cette façon, il a libéré l'individu. Les traits de cette libération se trouvent dans la législation athénienne. Cela remet en question une affirmation fréquente selon laquelle l'individu athénien était absorbé par l'Etat[167]. Les historiens notent que certains *droits et garanties de la liberté individuelle* existaient déjà à Athènes. Selon les lois de Dracon par exemple, le meurtre d'un esclave est assimilé au celui d'un citoyen et il est défendu de maltraiter le meurtrier. Solon a prohibé la vente des gens en esclavage et le prêt sur gage d'une personne humaine. A la fin du -VIe siècle, les bouleutes s'obligent à ne mettre en prison aucun citoyen s'il fournit trois cautions appartenant à la même classe de contribuables, ce que Gustave Glotz qualifie comme « *habeas corpus du droit athénien*[168] ». En -403 après une procédure d'*épitheirotonia nomon,* la responsabilité familiale est éliminée de la législation au profit d'une responsabilité individuelle, ainsi « les Grecs avaient achevé une belle œuvre d'affranchissement humain[169] ». Concernant *le droit de propriété*, en entrant en fonction, l'archonte éponyme déclarait la garantie de la propriété de chacun jusqu'à la fin de son mandat[170] alors que Solon a introduit la liberté de testament des personnes sans enfants[171]. Enfin, *l'iségoria, l'égalité politique* constitue la pierre angulaire de la démocratie athénienne. Elle se manifestait dans la faculté de prendre la parole ou de faire une proposition devant *l'Ecclésia.*

99. Ce réseau des principes met en lumière un régime politique, finement construit pour une communauté d'hommes libres et égaux devant la loi, ayant pour but de survivre ensemble à l'époque des guerres fréquentes, sans recourant à la tyrannie ou à l'oligarchie sous lesquelles ils perdraient leur liberté et leur égalité dont ils étaient si fiers[172]. Ce régime n'était cependant pas à l'abri des critiques.

---

[166] Larousse. Dictionnaire de français en ligne*, op. cit.*

[167] Cela semble d'autant plus incorrect qu'il n'y avait pas d'Etat au sens contemporain du terme, compris comme un appareil séparé concentrant l'essentiel des pouvoirs, distinct des citoyens. V. Cornelius Castoriadis, *La Cité et les lois*, *op. cit.* p.55.

[168] Gustave Glotz, *Études sociales et juridiques sur l'Antiquité grecque*, Paris, Librairie Hachette et Cie, 1906. p.128.

[169] *Ibid.* p.293.

[170] Владислав Петрович Бузескул, *История афинской демократии*, [Vladislav Buzeskul, Histoire de la démocratie athénienne], *op. cit.* p.35.

[171] *Ibid.* p.61.

[172] V. par ex. les propos de Périclès dans Thucydide, *Histoire de la guerre du Péloponnèse,* Remacle, [réf. 20/10/2017], v. : http://remacle.org/bloodwolf/historiens/thucydide/livre2.htm#XXXV. Livre II, XXXVII. *L'État, chez nous, est administré dans l'intérêt de la masse et non d'une minorité, notre régime*

B. Les critiques

100. Pour mieux comprendre le régime athénien et utiliser efficacement son expérience aux fins de cette étude, il convient d'analyser les critiques portées à son égard. En effet, nonobstant le succès du régime athénien au -Ve siècle, son déclin au -IVe siècle marqué par la démagogie et le populisme a provoqué les critiques du régime dans son ensemble par ses contemporains **(1)** ainsi que par leurs successeurs **(2)**, au point que son idée même semblait néfaste et a donc été ostracisée.

1. Des contemporains

101. Vladislav Buzeskul note qu'au -IVe siècle, « l'aristocratie de l'esprit » se détourne de la démocratie et la soumet à la critique plus ou moins sévère[173]. Il est vrai que la démocratie du -IVe se distingue à bien des égards de celle du -Ve siècle. A cause de la défaite dans la guerre du Péloponnèse, Athènes est appauvrie. L'écart entre les riches et les pauvres a dramatiquement augmenté ; les classes moyennes, le fondement de la démocratie du -Ve siècle, ont considérablement diminué. L'étalage du luxe des riches qui semblait battu par Solon revient triomphalement, tandis que les pauvres tombent dans la misère. Les citoyens s'abstiennent de leurs devoirs civiques et militaires. C'est à ce moment-là qu'Athènes a connu l'armée mercenaire. Il a même fallu introduire la rémunération pour la participation à l'Ecclésia, afin d'y attirer les citoyens. Les partis radicaux gagnent de la popularité ; dans l'assemblée, les démagogues dominent, tandis que les stratèges perdent de leur influence politique au profit des magistrats financiers. Le trésor public est loin d'être plein, mais le peuple demande « du pain et des jeux » et les dépenses sur les fêtes religieuses augmentent ainsi que la distribution directe de l'argent public. Platon est le premier des critiques de cette démocratie extrême. Il a vu ses effets néfastes à l'exemple de son maître Socrate qui fut poursuivi pour l'impiété et la corruption des jeunes, alors que certains auteurs suspectaient le mobile politique. En tout état de cause, il a été condamné à mort par jugement de l'Héliée. Cela a profondément bouleversé Platon. Dans *La République*, il

---

a pris le nom de démocratie. En ce qui concerne les différends particuliers, l'égalité est assurée à tous par les lois ; mais en ce qui concerne la participation à la vie publique, chacun obtient la considération en raison de son mérite, et la classe à laquelle il appartient importe moins que sa valeur personnelle. [...] La liberté est notre règle dans le gouvernement de la république et dans nos relations quotidiennes. [...]La contrainte n'intervient pas dans nos relations particulières [...]Telle est la cité dont, avec raison, ces hommes n'ont pas voulu se laisser dépouiller et pour laquelle ils ont péri courageusement dans le combat ; pour sa défense nos descendants consentiront à tout souffrir.

173 Владислав Петрович Бузескул, *История афинской демократии*, [Vladislav Buzeskul, Histoire de la démocratie athénienne], *op. cit.* p. 427.

désigne la démocratie comme le gouvernement des pauvres qui « après leur victoire, [...] mettent à mort un certain nombre des autres habitants, en expulsent d'autres, et font participer ceux qui restent, à égalité, au régime politique et aux charges de direction[174] », en utilisant le tirage au sort. Né de l'oligarchie, ce régime lui paraît proche de l'anarchie : les hommes « sont libres, la cité devient pleine de liberté et de licence de tout dire, et on y a la possibilité de faire tout ce qu'on veut[175] ». Tôt ou tard, cet excès de liberté provoque la négation de toute autorité et au pire, le non-respect des lois d'où naît la tyrannie, « puisque la liberté excessive semble ne se changer en rien d'autre qu'en un esclavage excessif, à la fois pour l'individu et pour la cité[176] ». Il convient de noter qu'il distingue l'individu de la communauté, contrairement à des auteurs postérieurs, et associe la démocratie à l'extrême liberté individuelle.

102. Aristote, disciple de Platon, critique la démocratie de façon plus modérée. Dans la démocratie, « les hommes libres, mais pauvres, forment la majorité et sont souverains[177] ». Selon lui, Solon a constitué un régime par mélange de l'aristocratie, de l'oligarchie et de la démocratie, en accordant au quatrième état « la part indispensable de puissance, c'est-à-dire le choix des magistrats, et le droit de leur faire rendre des comptes ; car, sans ces deux prérogatives, le peuple est ou esclave ou hostile[178] ». Cependant, les réformes ultérieures ont affaibli l'aristocratie alors que le peuple « écarta des fonctions publiques les hommes honnêtes, pour remettre les affaires à des démagogues corrompus[179] ». Ainsi, la démocratie devient une déviation de la république, « quand la majorité gouverne dans le sens de l'intérêt général[180] », alors que sous la démocratie, elle gouverne dans son propre sens. A la différence de Platon, il pense que la démocratie naît de la tyrannie et, par la suite, « l'accroissement des États ne permit guère d'adopter une autre forme de gouvernement que la démocratie[181] ». Il est intéressant de comparer son point de vue avec l'idée contemporaine que la démocratie directe ne convient qu'aux petits états. Cependant, pour Aristote, la démocratie n'est pas un régime parfait, parce que « la constitution parfaite n'admettra jamais l'artisan parmi les citoyens [parce que] la vertu du citoyen doit s'entendre de ceux-là seulement qui n'ont point à travailler nécessairement pour vivre[182] ». Il s'oppose d'ailleurs à l'égalité « qui paraît le droit commun, et sans doute elle

---

174 Platon, *La République. Trad. Emile Chambry,* Wikisource, [réf. 20/10/2017], v. : https://fr.wikisource.org/wiki/La_R%C3%A9publique_(trad._Chambry). Livre VIII, 10.
175 *Ibid.* Livre VIII, 11.
176 *Ibid.* Livre VIII, 15.
177 Aristote, *La politique, op. cit.* Livre VI, Ch. III, §5.
178 *Ibid.* Livre II, Ch. IX, §4.
179 *Ibid.*
180 *Ibid.*Livre III, Ch. V, §2.
181 *Ibid.* Livre III, Ch. X, §8.
182 *Ibid.* Livre III, Ch. III, §2.

l'est, non pas pour tous cependant, mais seulement entre égaux[183] ». Ainsi, pour lui, la démocratie est le régime de l'égalité totale, où l'ostracisme est une arme de nivellement, alors que dans la cité parfaite, « tous les citoyens [doivent] se soumettre de leur plein gré à la supériorité » d'un grand homme qui se distingue par son mérite[184].

103. La démocratie athénienne a été critiquée de manière encore plus sévère par les successeurs de Platon et Aristote.

2. *Des successeurs*

104. La dégénération de la démocratie athénienne ainsi que son discrédit auprès des intellectuels ont fait en sorte que son idée même a été abandonnée et presque oubliée pour une longue période. A titre d'exemple, l'on peut citer Jean Bodin qui désigne la démocratie comme le pire des régimes, non seulement parce que le peuple est « une bête à plusieurs têtes, sans jugement et sans raison[185] », mais aussi parce que la souveraineté populaire est impossible. Pour lui, la souveraineté partagée est la négation de toute souveraineté. Des statistiques intéressantes ont été recueillies dans une étude relative à la fréquence du terme démocratie dans trois mille ouvrages du XVIe au XXe siècle, se trouvant dans la base de données Frantexte. Selon elle, avant 1740, on n'en trouve que quelques occurrences alors que de 1740 à 1789, il y en a 256. Dans les textes de la Révolution, l'on compte 91 emplois, 621 occurrences au XIXe siècle et « plus du double au XXe[186] ». « Le terme démocratie est réintroduit en force par la philosophie des Lumières[187] », dont la majorité s'est focalisée sur sa critique.

105. Montesquieu souligne que pour que les gouvernements monarchiques ou despotiques se maintiennent, il ne faut que « la force des lois dans l'un, le bras du prince toujours levé dans l'autre[188] », alors que dans une démocratie, il faut encore un ressort, la vertu[189]. Selon lui, la démocratie athénienne était

---

[183] *Ibid.* Livre III, Ch. V, §8.
[184] *Ibid.* Livre III, Ch. VIII, §5.
[185] Jean Bodin, *Les Six Livres de la République. Un abrégé du texte de l'édition de Paris de 1583. Edition numérique,* Chicoutimi, Université du Québec à Chicoutimi, 1993. [réf. 20/10/2017], v. : http://classiques.uqac.ca/classiques/bodin_jean/six_livres_republique/six_livres_republique.html. p.229.
[186] Raymonde Monnier, « Démocratie et Révolution française », *Mots* 1999, n°59, p. 47-68. p.50.
[187] *Ibid.*
[188] Montesquieu, *De l'esprit des lois.* Première partie : Livres I à VIII. Une édition électronique réalisée à partir du livre de Montesquieu, De l'Esprit des lois (1748). Genève, Barillot, Chicoutimi, Université du Québec de Chicoutimi, 1748. [réf. 20/10/2017], v. : http://classiques.uqac.ca/classiques/montesquieu/de_esprit_des_lois/partie_1/esprit_des_lois_Livre_1.pdf. p.44.
[189] *Ibid.*

morte quand la vertu des citoyens a été corrompue. Ce régime semble donc trop fragile pour être durable. Alexander Hamilton lui fait écho, en exprimant son sentiment d'horreur et de dégoût provoqué par l'instabilité de ce régime, qui se trouve « dans un état d'oscillation perpétuelle, entre les excès du despotisme et de l'anarchie[190] ». La thèse d'irrationalité du peuple est reprise par James Madison : « la passion n'échoue jamais à dérober le sceptre à la raison. Même si tous les Athéniens avaient été des Socrate, toute assemblée athénienne aurait néanmoins été une populace[191] ». Emmanuel Kant assimile la démocratie au despotisme de la majorité, en faisant remarquer qu'elle est ainsi contraire à l'idée de liberté[192]. Même Jean-Jacques Rousseau, qui est en principe favorable à l'idée démocratique, trouve impossible sa réalisation en pratique : elle demande « des choses difficiles à réunir », à savoir un état très petit, une grande simplicité des mœurs, beaucoup d'égalité et peu ou point de luxe[193]. Pour lui, « il n'a jamais existé de véritable démocratie, et il n'en existera jamais[194] » puisqu'elle est contre l'ordre naturel. « S'il y avait un peuple de dieux, il se gouvernerait démocratiquement. Un gouvernement si parfait ne convient pas à des hommes[195] ».

106. La vision de la démocratie athénienne comme un régime totalitaire, où les citoyens ne sont que des esclaves de l'Etat, a été formulée par Numa Denys Fustel de Coulanges. Dans son ouvrage *La Cité antique*, il en énumère plusieurs manifestations : la prohibition législative de la neutralité politique (les citoyens qui voulaient rester à l'écart des factions politiques pouvaient perdre leur droit de cité)[196], l'éducation des enfants assurée par l'Etat seul[197], le devoir du citoyen de croire à la religion de la cité[198], jusqu'à l'interdiction aux femmes d'emporter en voyage plus de trois robes[199]. Cette critique ne prend pas en considération ni la lutte de Solon contre le luxe superflu, tueur de l'égalité et de la démocratie, ni son souci d'empêcher des coups d'Etat, en créant à cet effet une loi contre l'indifférence des citoyens, ni l'importance du serment religieux pour entrer en fonction de magistrat ou d'héliaste. Une telle vision du régime athénien semble peu justifiée ainsi que les tentatives de faire l'amalgame entre les différents régimes politiques de l'Antiquité. Néanmoins, elle est devenue prépondérante et continue à façonner les esprits.

---

[190] Alexander Hamilton *et al.*, *Le Fédéraliste*, Paris, Economica, 1988. N 9.
[191] *Ibid.*
[192] Emmanuel Kant, *Essai philosophique sur la paix perpétuelle. Une édition numérisée par Gallica. Bibliothèque nationale de France,* Paris, G. Fischbacher. Libraire-éditeur, 1880. [réf. 20/10/2017], v. : http://gallica.bnf.fr/ark:/12148/bpt6k75749w. p.16.
[193] Jean-Jacques Rousseau, *Du contrat social ou principes du droit politique, op. cit.*p.47.
[194] *Ibid.*
[195] *Ibid.* p. 48.
[196] Numa Denys Fustel de Coulanges, *La cité antique*, *op. cit.*p.267.
[197] *Ibid.*
[198] *Ibid.* p.268.
[199] *Ibid.* p.266.

107. En résumé, la démocratie athénienne était considérée comme un régime presque totalitaire, incompatible avec le libéralisme et donc non viable. Les penseurs font une ligne de démarcation stricte entre la démocratie et le régime représentatif qui s'instaure après les révolutions bourgeoises. Selon Emmanuel Sieyès, il y a une « différence énorme » entre les deux. « Les citoyens qui se nomment des représentants renoncent et doivent renoncer à faire eux-mêmes immédiatement la loi : donc ils n'ont pas de volonté particulière à imposer. [...] S'ils dictaient des volontés, ce ne serait plus cet Etat représentatif ; ce serait un Etat démocratique. [...] Le peuple, je le répète, dans un pays qui n'est pas une démocratie (et la France ne saurait l'être), le peuple ne peut parler, ne peut agir que par ses représentants[200] ».

108. Toutes ces critiques n'ont pas empêché le retour triomphal de la démocratie dans la vie politique. Chemin faisant, la notion s'est vue détournée.

§2. La notion détournée

109. Après son retour au débat philosophique et politique, la notion de démocratie commence à changer. Pour Rousseau, la démocratie est plutôt un rêve qu'un régime politique réel. Même le régime athénien n'est pas suffisamment démocratique. Emmanuel Kant, qui a dégagé la possibilité de tyrannie majoritaire, aborde la notion d'un point de vue théorique, comme entrant en conflit avec d'autres concepts sur le plan logique. Fustel de Coulanges la décrit comme un régime totalitaire, où les citoyens devaient se soumettre à l'Etat. Il semble au contraire que ce soit l'Etat qui n'existait pas indépendamment de ses citoyens, ce sont eux qui étaient l'Etat.

110. De plus, le contexte du XVIIIe siècle devrait être pris en compte. Le peuple, dont la majorité vient d'être libérée de l'autorité des seigneurs et de l'Eglise, est loin d'être libre et égal. Il ressemble plutôt à l'image peinte par Bodin. Il serait impensable qu'il puisse prendre le pouvoir. Un sujet abstrait, la Nation, est alors proposé en tant que détenteur de la souveraineté[201] et le régime représentatif comme un mécanisme pour l'exercer. Pourtant, l'instauration du suffrage universel fait rentrer la notion de démocratie dans la vie politique **(A)**, où sa prétendue réincarnation, la démocratie représentative, devient le régime politique prédominant des Modernes **(B)**.

A. La renaissance

111. La renaissance de l'idée démocratique avec l'instauration du suffrage universel **(1)** n'était pas sans dérive. Si, avant sa renaissance, la démocratie a

---

[200] Emmanuel Sieyès. « Discours sur l'organisation du pouvoir législatif et la sanction royale, 7 septembre 1789, Assemblée nationale constituante », *op. cit.*

[201] V. en ce sens Marie-Claire Ponthoreau, *Droit(s) constitutionnel(s) comparé(s)*, Paris, Economica, 2010. p.326.

été considérée comme un concept non réalisable, dangereux et même totalitaire, après son retour, elle continue à être détournée mais dans un autre sens. Elle devient synonyme de ce qui est approuvé par la société, la « dénomination universelle du bien politique[202] », une sorte de « religion politique » **(2)** à laquelle les nouveaux missionnaires visent à soumettre le monde entier.

1. L'instauration du suffrage universel comme cause

112. Bernard Manin note le caractère énigmatique de la notion de démocratie qui a paradoxalement assimilé la notion de régime représentatif. « Un gouvernement organisé selon les principes représentatifs était donc considéré, à la fin du XVIIIe siècle, comme radicalement différent de la démocratie, alors qu'il passe aujourd'hui pour une de ses formes[203] ». Selon lui, la raison de cette transformation inattendue est l'avènement du suffrage universel, ce qui a donné « une puissante impulsion à la croyance que le gouvernement représentatif se muait peu à peu en démocratie[204] ». Francis Hamon et Michel Troper s'accordent sur la raison : le régime représentatif est considéré comme une variété de démocratie dès lors que les représentants sont élus au suffrage universel[205]. Sauf que d'après Aristote, l'élection n'est point une technique démocratique. « La voie du sort pour la désignation des magistrats est une institution démocratique. Le principe de l'élection, au contraire, est oligarchique[206] ».

113. L'analyse détaillée de cette transformation a été effectuée par Pierre Rosanvallon. Selon lui, le terme de démocratie représentative, qui à première vue semble être un oxymore, a été inventé par les révolutionnaires. Il attribue son premier emploi à Condorcet à 1788[207], alors que la démocratie représentative sera conceptualisée plus tard, sous la Restauration. Pour dégager la notion de démocratie du sens négatif lié aux événements de la Terreur, « elle va désigner la société égalitaire moderne et non plus le régime politique[208] ». En 1822, Pierre-Paul Royer-Collard déclare qu'« elle est aujourd'hui la forme universelle de la société, et c'est ainsi que la démocratie est partout[209] ». Ce tournant doctrinal est difficile à commenter, surtout, comme le note Pierre Rosanvallon, à une époque du règne du suffrage

[202] Pierre Rosanvallon, « Cours : La démocratie : esquisse d'une théorie générale », Collège de France, 2011. [réf. 20/10/2017], v. : http://www.college-de-france.fr/media/pierre-rosanvallon/UPL2560267062397023493_R1112_Rosanvallon.pdf.

[203] Bernard Manin, *Principes du gouvernement représentatif, op. cit.* p.15.

[204] *Ibid.* p.171.

[205] Francis Hamon, Michel Troper, *Droit constitutionnel, op. cit.* p.157.

[206] Aristote, *La politique, op. cit.* Livre VI, Ch. VIII, §3.

[207] Pierre Rosanvallon, *La démocratie inachevée : histoire de la souveraineté du peuple en France, op. cit.* p.57.

[208] *Ibid.* p.117.

[209] *Ibid.*

censitaire[210]. Alexis de Tocqueville parfait la rupture sémantique : « La démocratie constitue l'état social, le dogme de la souveraineté du peuple constitue le droit politique. Ces deux choses ne sont point analogues. La démocratie est une manière d'être la société, la souveraineté du peuple est une forme de gouvernement[211] ». Ainsi naît une « nouvelle démocratie », celle des Modernes, reposant sur le régime représentatif, l'égalité et « l'extension des libertés individuelles ». Guizot écrit : « Il y a quelque chose de vrai, de très vrai dans le fait que tous s'accordent à reconnaître que la société actuelle est démocratique. Mais il y aussi quelque chose d'obscur, de très obscur encore[212] ». Il est possible que la réponse à cette obscurité se trouve dans ses propres propos : « Tel est l'empire du mot démocratie que nul gouvernement, nul parti n'ose vivre, et ne croit le pouvoir sans inscrire ce mot sur son drapeau ». La démocratie devient donc un slogan, une valeur de la société se disant démocratique plutôt qu'un réel mécanisme politique et juridique.

114. Par conséquent, le terme de démocratie se libère du sens négatif et devient une notion sociologique. En outre, il acquiert un sens positif puisqu'il est désormais une valeur politique. En 1874 dans sa traduction d'Aristote, Jules Barthélemy-Saint-Hilaire note que « j'ai rendu le mot « democratia » par démagogie, chaque fois qu'Aristote a pris « democratia » en mauvaise part, comme ici. Le mot « démocratie » est, de nos jours, dégagé de toute idée défavorable, et n'eut point rendu la pensée du philosophe grec[213] ». Cependant, parmi les intellectuels, personne ne se trompe au sujet de ce détournement spectaculaire de la notion. Pierre-Louis Roederer écrit : « L'aristocratie élective, dont Rousseau a parlé il y a cinquante ans, est ce que nous appelons aujourd'hui démocratie représentative. [...] Il signifie que ce petit nombre de sages qui sont appelés à gouverner ne tiennent leur droit que du choix, de la confiance de leurs concitoyens ; en un mot, d'une élection entièrement libre et dégagée de conditions de naissance[214] ». La « nouvelle démocratie », la démocratie représentative, devient donc une incarnation « d'un vrai système représentatif, exempt et des horreurs de la démagogie, et des oppressions de l'aristocratie[215] ». La souveraineté du peuple est désormais « un principe incontestable, mais un principe abstrait, dont l'existence n'est pas plus réelle que l'existence du contrat social[216] ». Contrairement à Bernard Manin, il est possible de noter que ce n'est pas la notion de démocratie qui a assimilé celle de régime représentatif, c'est le régime représentatif qui s'est

---

[210] *Ibid.*
[211] *Ibid.* p.120.
[212] *Ibid.* p.121.
[213] Aristote, *La politique, op. cit.* Livre III. Ch. V, §4.
[214] Pierre Rosanvallon, *La démocratie inachevée : histoire de la souveraineté du peuple en France, op. cit.* p.113.
[215] *Ibid.* p.114.
[216] *Ibid.* p.122.

procuré une appellation plus opportune, à une époque d'allergie aux privilèges et d'apparition des mouvements de masses.

115. Cependant, cette nouvelle appellation porte déjà les germes des futures crises du régime. Emile Faguet écrit : « Ce jeu ne peut pas durer indéfiniment. La démocratie voudra bientôt que la démocratie soit la démocratie[217] ». D'après lui, le mandat impératif sera imposé aux représentants, puis, le gouvernement direct par le biais du système plébiscitaire sera introduit. Plusieurs questions traitées par le législateur seront décidées par le peuple. De cette manière, le parlement se verra réduit à un organe secondaire dans l'Etat. Si la dernière tâche a déjà été brillamment accomplie dans certains régimes, les démocraties contemporaines restent encore loin du régime décrit par l'auteur.

116. En revanche, la « religion démocratique » se développe sans entraves.

2. La « religion démocratique » en conséquence

117. Amartya Sen argumente que l'événement le plus important du XXe siècle est « l'émergence de la démocratie comme la forme de gouvernement la plus acceptable[218] ». Il semble qu'il parle de la démocratie représentative, puisque la démocratie tout court n'est plus une forme de gouvernement, au moins dans la pensée européenne[219]. A la fin du XXe siècle, on a pu constater une augmentation sans précédent du nombre de pays se disant démocratiques. Francis Fukuyama en dénombre environ 35 en 1970, alors qu'en 2015, ce chiffre a triplé[220]. Pour lui, c'est une preuve de succès du modèle de démocratie libérale, dont un pilier est la démocratie représentative en tant que forme de gouvernement. Au XXe siècle, apparaît également une idée nouvelle selon laquelle la démocratie serait un engagement universel. « Tout au long du XIXe siècle, les théoriciens de la démocratie ont trouvé tout à fait naturel de discuter si l'un ou l'autre pays était « apte à la démocratie ». Cette façon de penser n'a changé qu'au XXe siècle, avec la reconnaissance du fait que la question elle-même était erronée : un pays n'a pas à être jugé apte à la démocratie ; il doit plutôt devenir apte grâce à la démocratie[221] ». En d'autres

---

[217] *Ibid.* p.244.

[218] Amartya Sen, « Democracy as a Universal Value », *Journal of Democracy* 1999, 10, n°3, p. 3-17. p.3.

[219] Sur la difficulté sémantique de l'emploi du mot démocratie v. par ex. Moses Finley, *Démocratie antique et démocratie moderne, op. cit.* p.54. *Une analyse récente a souligné que démocratie et démocrate sont devenus au XXe siècle des mots impliquant l'approbation de la société ou de l'institution décrite en ces termes. Cela signifie nécessairement que les mots se sont dévalorisés car ils ont presque cessé, sauf définition plus précise, d'avoir une quelconque utilité pour distinguer d'une autre une forme spécifique de gouvernement.*

[220] *2015 : comment va la démocratie ?*, Arte, 2015. [réf. 20/10/2017], v. : http://info.arte.tv/fr/comment-va-la-democratie.

[221] Amartya Sen, « Democracy as a Universal Value », *op. cit.* p.3. *Throughout the nineteenth century, theorists of democracy found it quite natural to discuss whether one country or another*

termes, comme l'a écrit Georges Burdeau il y a plus de cinquante ans, la démocratie devient alors un instrument de lutte pour les libertés. « La démocratie était un mode de gestion d'un univers libre. Elle devient l'instrument de création d'un monde qui verra la libération de l'homme[222] ».

118. C'est avec cette base théorique que dans la deuxième moitié du XXe siècle, la démocratisation devient une question de politique extérieure pour les « vieilles démocraties ». « Etant donné l'équilibre précaire des forces politiques et sociales dans de nombreux pays nouvellement démocratiques et en transition, les acteurs internationaux semblent avoir une réelle possibilité d'influencer le cours du développement politique[223] ». La prolifération des organisations gouvernementales et non gouvernementales visant la promotion de la démocratie dans le monde entier n'a pas tardé à se produire. La question qui se pose est de savoir si le but est atteint. L'expérience de la démocratisation de plusieurs pays à travers le monde montre que l'introduction des institutions et des procédures démocratiques ne crée parfois qu'une coquille vide, un semblant de régime démocratique qui peut camoufler des pratiques incompatibles avec la démocratie. Pis que cela, même les « vieilles démocraties » peuvent être vulnérables à des failles démocratiques, notamment si certaines d'elles s'attachent à créer par force de « nouvelles démocraties » ailleurs. Ces tentatives peuvent être dangereuses, voire funestes pour les pays « cobayes », ce que les promoteurs de la démocratie justifient par l'idée que « l'histoire politique de la plupart des démocraties est faite de luttes, de conflits et même de violence[224] ». Elles peuvent l'être aussi pour les propagateurs de la « démocratie » eux-mêmes parce que, contrairement à leur conviction que leurs efforts contribuent à combattre l'extrémisme, ils peuvent le provoquer.

119. Même les exemples réussis de démocratisation ne sont pas toujours évidents. Amartya Sen cite l'Inde comme un exemple d'une démocratisation réussie dans un pays pauvre dont l'unité politique « est maintenue par sa

---

was "fit for democracy." This thinking changed only in the twentieth century, with the recognition that the question itself was wrong: A country does not have to be deemed fit for democracy; rather, it has to become fit through democracy. This is indeed a momentous change, extending the potential reach of democracy to cover billions of people, with their varying histories and cultures and disparate levels of affluence.

[222] Georges Burdeau, *La démocratie*, *op. cit.* p.21.

[223] Carnegie Corporation of New York, *Promoting Democracy in the 1990s: Actors and Instruments, Issues and Imperatives. A Report to the Carnegie Commission on Preventing Deadly Conflict*, Washington, D.C., 1995. [réf. 20/10/2017], v.: https://www.carnegie.org/publications/promoting-democracy-in-the-1990s-actors-and-instruments-issues-and-imperatives/. p.61. *Given the precarious balance of political and social forces in many newly democratic and transitional countries, international actors would appear to have real scope to influence the course of political development.*

[224] Sheri Berman, « How Democracies Emerge. Lessons from Europe », *Journal of Democracy* 2007, 18, n°1. p.38. *Indeed, the political backstory of most democracies is one of struggle, conflict, and even violence.*

démocratie qui fonctionne[225] ». La démocratisation de l'Inde n'était cependant pas le seul facteur de son unité et du bon fonctionnement des institutions. Larry Diamond argumente que le succès de démocratisation dans les pays issus de la domination coloniale britannique est conditionné par le fait que les colonisateurs, faute d'effectifs et de ressources, ont dû développer des institutions d'autogestion et la culture d'autodétermination[226]. Elles ont ensuite servi de base au déploiement de la démocratie, ce qui ne peut bien évidemment pas justifier la colonisation en tant que telle.

120. En tout état de cause, il semble que la question ne se pose pas sur l'aptitude d'un pays à la démocratie ni sur sa convenance universelle, mais plutôt sur l'état de préparation d'un pays donné et de sa société à la démocratie et sur sa bonne volonté à établir un régime démocratique. Ceci étant dit, il semble inutile d'avancer davantage sur ce sujet qui n'est qu'un exemple de détournement de la notion de démocratie et de son instrumentalisation à des fins politiques. En revanche, il est important de noter que l'imposition de valeurs peut être considérée comme une forme de violence. Même si la démocratie au sens de la souveraineté du peuple est effectivement l'un des vecteurs de la libéralisation de l'homme, il peut y avoir d'autres visions de la démocratie que celle conventionnelle.

121. De ce qui précède, il suit qu'à l'heure actuelle, la démocratie est devenue une notion sociologique et politique plutôt que juridique. Dans le cadre de cette recherche, il convient alors de se saisir de sa déclinaison juridique, la démocratie représentative.

B. La démocratie des Modernes

122. Il convient de définir la notion juridique de démocratie représentative, la démocratie des Modernes, pour la comparer avec sa source, la démocratie des Anciens. Pour ce faire, il serait pertinent d'adopter une approche déjà utilisée pour analyser la démocratie athénienne : une étude de ses institutions et procédures essentielles **(1)** ainsi que des principes sur lesquels elle repose **(2)**.

1. Les institutions et les procédures essentielles

123. La démocratie représentative est une notion large et permet des interprétations différentes. Plus particulièrement, les régimes britannique, américain, allemand ou français sont de diverse nature, néanmoins, ils sont

---

[225] Amartya Sen, « Democracy as a Universal Value », *op. cit.* p.4. *Indeed, it is held together by its working democracy.*

[226] Larry Diamond, *Stanford University. On-line course "Democratic Development".* Coursera Inc., 2013. [réf. 20/10/2017], v. : https://class.coursera.org/democraticdev-001/class. Week 5, Lesson « Colonial Rule et Democratization ».

tous qualifiés de démocraties représentatives bien établies. Dans l'intérêt de cette recherche, il semble intéressant de distinguer leurs caractéristiques communes. Après être amorcée par les Anciens, la séparation des pouvoirs a été théorisée par Montesquieu : les pouvoirs sont maintenant complètement incarnés. Premièrement, il y a un organe délibérant, le pouvoir législatif, dénommé le plus souvent le Parlement, l'Assemblée ou encore le Congrès, à une ou deux chambres, chargé de voter les lois. La chambre haute a pour vocation de représenter soit l'aristocratie, soit les entités territoriales du pays. Ses membres ne sont pas élus ou élus au suffrage direct ou indirect. La chambre basse, élue au suffrage universel direct parmi les candidats présentés par les partis politiques, représente le peuple. Les membres de l'organe délibérant sont élus pour un mandat dont la durée varie de deux à six ans. Leur mandat est représentatif : le mandataire n'est pas tenu par ses promesses électorales et peut agir à sa guise tout au long du mandat qui n'est pas révocable. Ainsi, le représentant du peuple acquiert une autonomie absolue de ses électeurs pour la durée de son mandat.

124. Deuxièmement, on trouve le pouvoir exécutif qui a pour vocation originaire d'exécuter les lois votées par l'organe délibérant et d'effectuer la gestion quotidienne de l'Etat. A la tête de ce pouvoir, on trouve un ou deux chefs (ou cheffes), dont l'un a des pouvoirs plutôt symboliques ou réduits. Au contraire, l'autre ou unique chef d'Etat assume la gestion du pays et représente l'Etat dans l'arène mondiale. Il est soit le chef du parti majoritaire au Parlement, soit élu au suffrage universel direct ou indirect pour un mandat de quatre à cinq ans. Par ailleurs, l'une des têtes de l'exécutif est aussi le chef des armées et exerce le pouvoir de nomination aux emplois militaires.

125. Pour effectuer la gestion quotidienne des affaires étatiques, le chef de l'exécutif dispose d'un cabinet et d'une administration. Les postes clés sont pourvus par nomination politique, alors que d'autres membres font une carrière professionnelle. Le principe de collégialité au sens athénien n'est pas appliqué, ni la procédure de reddition des comptes.

126. Dans les régimes parlementaires, le chef de l'exécutif étant simultanément le chef de la majorité parlementaire, il dirige ainsi deux pouvoirs : législatif et exécutif. Dans les régimes présidentiels ou mixtes, l'exécutif a aussi gagné en puissance par rapport aux autres pouvoirs, notamment en raison du nombre et de la complexité croissants des affaires étatiques qui lui confèrent un pouvoir de fait. L'exécutif se permet ainsi d'intervenir dans le processus d'élaboration des lois, voire de le diriger. Ainsi, une tendance générale à l'effacement de la séparation entre ces deux pouvoirs peut être observée.

127. Quant au pouvoir juridictionnel, il est inférieur ou égal aux deux autres pouvoirs. Cependant, les magistrats sont souvent nommés par l'exécutif. S'il s'agit des nominations importantes, par exemple à une cour suprême, les nominations peuvent s'effectuer sur proposition ou avis des chambres professionnelles et avec l'accord du législatif, pour un mandat à vie

ou à durée relativement longue. Les magistrats sont les professionnels de haut niveau qui ont suivi une formation spéciale et ont passé des épreuves et des concours professionnels. Les magistrats non professionnels, qui peuvent être élus, s'occupent plutôt de « petites affaires ». Les citoyens peuvent participer à l'exercice de ce pouvoir en tant que membres des jurys, tirés au sort à partir des listes électorales pour juger de certains crimes. Ils sont peu nombreux contrairement à leurs homologues athéniens. Dans certains pays, des cours constitutionnelles spécialisées contrôlent la conformité des lois à la constitution, tandis que dans d'autres pays, ces fonctions sont attribuées aux tribunaux de droit commun.

128. Certaines procédures sont prévues pour permettre aux pouvoirs de s'empêcher et de s'arrêter mutuellement. Dans certains régimes, le législatif peut renvoyer le gouvernement ainsi que mettre en accusation le chef de l'exécutif alors que ce dernier peut dissoudre la chambre basse. Dans d'autres, les branches du gouvernement ne peuvent congédier l'une l'autre, mais le chef de l'exécutif peut mettre son veto à une nouvelle loi. Ce dernier peut être surmonté par une majorité parlementaire renforcée. Le législatif dispose aussi de moyens pour mettre en accusation le chef de l'exécutif. L'exécutif peut influencer le juridictionnel : soit indirectement avec le législatif, par les nominations, soit directement en ce qui concerne les magistrats placés sous son autorité. Le législatif peut voter certaines dispositions relatives au juridictionnel et ainsi influer sur son fonctionnement. Le juridictionnel, à son tour, peut empêcher les deux autres pouvoirs par sa politique jurisprudentielle, ses interprétations normatives ou en tant que le juge électoral qui a le dernier mot sur l'attribution des mandats politiques.

129. Une telle diversité d'approches aux institutions et procédures démocratiques se base sur un socle commun des principes.

2. Les principes

130. Suivant l'approche d'analyse proposée, il convient de commencer par la citoyenneté qui s'acquiert essentiellement avec la nationalité. Il est possible de distinguer deux approches de l'octroi de la nationalité et par conséquent de la citoyenneté. La première est semblable à celle athénienne avant Périclès : est citoyen un enfant né d'au moins un parent citoyen. La seconde est l'octroi de la citoyenneté à un enfant né sur le territoire national. De nos jours, la citoyenneté est octroyée sans distinction de sexe et l'esclavage n'existe plus officiellement. En ce qui concerne les étrangers, la tendance actuelle est de ne pas limiter leurs droits par rapport aux nationaux, exception faite du droit de vote (qui varie en fonction du pays) et du droit d'occuper certains postes publics. De surcroît, avec le temps, les étrangers peuvent obtenir la citoyenneté plus facilement qu'à Athènes.

131. Le concept de citoyenneté a changé. Autrefois qualité d'un homme autonome, libre et apte à la guerre qui obtient des droits tout en assumant les

charges civiques, la citoyenneté est devenue une sorte de marque d'appartenance à un Etat. Au fur et à mesure de l'augmentation des migrations, le nombre des personnes ayant plus d'une citoyenneté s'accroît. Contrairement à Athènes, tous les citoyens sont égaux en ce qui concerne leurs droits et leurs charges. Les droits peuvent être considérables en fonction de la prospérité du pays concerné et de son système social. Les charges comprennent l'obligation de payer les impôts (l'obligation que les Athéniens ne connaissaient qu'aux moments extraordinaires et pendant la période de déclin de la démocratie) qui varie en fonction des revenus et du patrimoine des citoyens. Dans la pratique, les classes moyennes paient le plus. Les charges comprennent également l'obligation de participer à la défense du pays en temps de guerre. Les armées sont devenues mercenaires et la part des femmes y augmente.

132. Contrairement à la démocratie des Anciens, celle des Modernes est véhiculée par une élite politique. Les élections se font à partir des candidats présentés par les partis politiques qui font vivre les campagnes électorales. De cette manière se forme une classe politique. Il s'agit des personnes qui s'occupent de la politique d'une manière professionnelle ainsi que des membres de l'administration nommés par ces premiers. La classe politique se détache naturellement des autres citoyens tandis que la politique est devenue une affaire professionnelle, un métier où l'on peut faire carrière et gagner sa vie.

133. La moindre des divergences réside dans les principes juridiques généraux. Le principe de suprématie de la loi, connu des Athéniens, a subi plusieurs extensions. On trouve sa présence dans deux concepts contemporains, l'Etat de droit et la *Rule of law.* Aujourd'hui, ils ont vocation à limiter le pouvoir étatique ou politique[227], alors qu'à Athènes, ce principe servait à limiter le pouvoir de l'Assemblée populaire. Ensuite, le principe d'égalité devant la loi existe non seulement à l'égard des citoyens mais de tous les êtres humains. Cependant, tenant compte que la justice professionnelle, dans certaines démocraties, peut être onéreuse même pour les classes moyennes, la possibilité de faire reconnaître ses droits n'est pas égale pour les riches et les pauvres. En revanche, grâce au libéralisme, une panoplie des droits et libertés est consacrée par les textes constitutionnels : l'interdiction de l'esclavage et de la torture, le droit au respect de la vie privée, le droit de propriété, la liberté d'expression et d'association, etc. Pourtant, leur interprétation peut différer, parfois considérablement, en fonction du pays. Le droit de porter des armes ne subsiste que marginalement, le port des armes étant de façon générale interdit. Pierre angulaire de la démocratie athénienne,

[227] Assemblée parlementaire du Conseil de l'Europe, *L'expression « principle of the Rule of Law ». Rapport de la Commission des questions juridiques et des droits de l'homme*, Doc. 11343, Strasbourg, 2007. [réf. 20/10/2017], v. : http://assembly.coe.int/nw/xml/XRef/Xref-DocDetails-FR.asp?FileID=11593&lang=FR. p.8.

l'égalité politique qui donnait à tous les citoyens le droit de participer à la vie politique et au gouvernement de la cité s'est considérablement réduit, jusqu'au droit de vote et d'éligibilité ainsi qu'au droit de signer les pétitions.

134. En ce qui concerne la religion, à Athènes, elle constituait un moyen de cohésion sociale et un des régulateurs de la vie publique. Aujourd'hui, son rôle varie en fonction du pays. Dans certains pays, elle joue un rôle important dans la vie publique et politique (comme, par exemple, l'obligation de prêter un serment religieux avant d'occuper un poste public). Dans d'autres pays, elle ne fait partie que de la sphère privée. En tout état de cause, son exercice libre est protégé au niveau constitutionnel, alors que l'interprétation de cette liberté varie d'un pays à un autre.

135. Après avoir analysé les démocraties représentatives bien établies, il est possible de noter que loin de former un type unique, elles diffèrent à plusieurs égards. Il convient néanmoins de distinguer les traits communs suivants :

- L'existence d'une élite politique professionnelle qui véhicule le régime et est relativement autonome par rapport au reste des citoyens ;
- Le renouvellement de l'élite s'effectue par les élections périodiques ou la formation spéciale assortie d'un concours ;
- Les obligations du citoyen se bornent essentiellement à des obligations pécuniaires (contrairement à celles militaires et administratives à Athènes) ;
- La séparation des pouvoirs institutionnalisée avec une tendance au rapprochement de l'exécutif et du législatif alors que l'indépendance du pouvoir du juridictionnel peut varier ;
- La légalité au sens large : la prééminence du droit qui doit régler les rapports sociétaux, y compris avec l'Etat ;
- Le respect des droits de l'homme et des libertés fondamentales dont l'interprétation dépend de l'Etat concerné.

136. Dans ces conditions, « si l'on persistait à employer la distinction classique [des formes de gouvernement], il faudrait considérer que tous les gouvernements existant dans la réalité sont au mieux des aristocraties, au pire des oligarchies[228] ». Pourtant, la tâche de cette étude ne consiste pas en une tentative de donner un autre nom plus pertinent à la démocratie représentative ou d'inventer une autre distinction. Il vaudrait mieux comprendre la raison d'être de ce régime, pour pouvoir vérifier si elle est toujours pertinente. Ainsi, il apparaît que ce régime serait conçu pour une communauté assez homogène, afin d'assurer son gouvernement dans le temps de paix par une élite spécialement instruite ou promue, soumise à la loi et dont les moyens d'existence sont fournis par d'autres citoyens et résidents, sans distinction de sexe. Ces derniers constituent la force productive de la société et ne participent donc pas activement à la vie politique, à condition que leurs droits et libertés

---

[228] Francis Hamon, Michel Troper, *Droit constitutionnel*, *op. cit.* p.83.

soient protégés par la loi. Ce régime semble difficilement compatible avec l'e-démocratie fondée sur le rôle politique actif du peuple.

137. A l'âge de l'information, la raison d'être de la démocratie représentative ainsi dégagée est en décalage profond avec la réalité des sociétés diversifiées, surchargées par un nombre toujours croissant d'affaires à gérer, interdépendantes et souvent en conflit.

Section 2. La critique du concept de démocratie représentative

138. Le régime de la démocratie représentative est aujourd'hui remis en cause par de nombreux facteurs. D'un point de vue économique, il était pertinent à l'époque de l'émergence et du développement du capitalisme, en tant qu'instrument de libération et de formation des forces productives nécessaires au système capitaliste. Il apparaît moins utile à l'époque de la troisième révolution industrielle. Cette dernière se caractérise notamment par la substitution du travail humain par les machines. Cela permettrait de libérer « une partie importante de la population pour créer du capital social dans une société civile non commerciale qui deviendra le secteur dominant dans la seconde moitié du siècle[229] ». D'un point de vue sociologique, la société, autrefois homogène, ne l'est plus. Des masses migratoires, venues s'installer dans les pays de vieilles démocraties représentatives, constituent des fractions nouvelles de la société, unies par leurs cultures, fortement différentes de celle de la société d'accueil. Elles sont à peine ou ne sont pas représentées ou parfois même, ne peuvent pas être représentées dans le cadre de la politique d'assimilation. La généralisation de l'instruction ainsi que l'accès élargi à l'information sapent peu à peu l'image bodinienne du peuple comme « un bête, sans jugement et sans raison ». En même temps, en raison des révélations des médias, l'image du régime a été sensiblement compromise, parfois à tort.

139. Cette étude va se focaliser sur l'analyse de facteurs juridiques mettant en cause la survivance de la démocratie représentative dans sa forme existante, quoiqu'assez floue. Il est possible néanmoins de distinguer certains traits de ce régime qui devraient évoluer : notamment, l'absence de contrôle sur la représentation (**Paragraphe 1**) ainsi que l'absence de contrôle des décisions politiques (**Paragraphe 2**).

§1. L'absence de contrôle sur la représentation

140. La prédiction d'Emile Faguet, citée par Pierre Rosanvallon[230], se réalise : la démocratie veut désormais que la démocratie soit démocratique. Son premier « maillon faible » à être examiné serait la notion de représentation dont les contours changeaient au fur et à mesure de la démocratisation du régime représentatif. Il se peut qu'encore un moment d'un tel changement soit arrivé. Aujourd'hui, le caractère absolu de la représentation est remis en cause, l'idée que la volonté générale doit être

---

[229] Джереми Рифкин, *Третья промышленная революция. Как горизонтальные взаимодействия меняют энергетику, экономику и мир в целом*, [Jeremy Rifkin, La troisième révolution industrielle : Comment le pouvoir latéral va transformer l'énergie, l'économie et le monde], *op. cit.* p.17.

[230] V. par. 115.

conçue et exprimée exclusivement par les représentants ne semble plus pertinente. D'autant plus que dans la pratique, elle se forme souvent en dehors d'eux et de manière peu transparente. Cela peut remettre en question l'existence même de la représentation, ne servant parfois que de façade pour la politique « réelle ». En ce sens, il serait opportun de reconsidérer la représentation : sa souveraineté **(A)** et sa personnification excessive **(B).**

A. La représentation « souveraine »

141. Il est inhérent au régime représentatif que le corps de représentants, qui peut aujourd'hui être élargi à tous les gouvernants, exprime la volonté générale, ce qui l'érige en souverain permanent **(1)**. En revanche, le peuple « souverain » ne l'est qu'aux moments du vote ; sinon, il est exclu du processus décisionnel **(2)**.

1. La souveraineté des gouvernants

142. D'abord, il semble nécessaire de reconsidérer la notion de représentant. Selon la théorie de la représentation, ce n'est que « celui qui peut exercer la souveraineté, c'est-à-dire exprimer la volonté du souverain ; c'est le législateur[231] ». Cependant, à la suite de l'évolution du rôle de l'exécutif qui va au-delà de la simple exécution des lois et se met à les concevoir, il est possible de dire qu'il exprime la volonté du souverain. De même, le juridictionnel qui devrait être reconnu comme un pouvoir égal aux deux autres exprime la volonté du souverain, quand il interprète les textes normatifs ou invalide leurs décisions[232]. Après tout, la justice est un acte de souveraineté et s'exerce au nom du peuple. L'idée avancée ici est ainsi proche de la théorie de l'organe qui dispose que « les personnages ou corps qui exercent une partie quelconque de la puissance publique, sont en cela les organes de l'Etat[233] » exprimant la volonté du souverain. Ce qui empêche d'y adhérer pleinement est ce que selon Carré de Malberg, le souverain est l'Etat et il « n'a pas de volonté autre que celle qui sera formulée par ses autorités régulières[234] ». Sans ces dernières, il demeure donc juridiquement inexistant alors que ses autorités deviennent les véritables détenteurs de la souveraineté. Même si dans la pratique, cela est vrai, dans un régime démocratique, la souveraineté ne peut résider que dans le peuple.

143. Par ailleurs, Francis Hamon et Michel Troper notent que « la théorie de la représentation permet ainsi de souligner la hiérarchie des fonctions et de

---

[231] Francis Hamon, Michel Troper, *Droit constitutionnel*, *op. cit.* p.154.
[232] *Ibid.* p.116-117.
[233] Raymond Carré de Malberg, *Contribution à la théorie générale de l'Etat*, Paris, Dalloz, 2003. T.II, p.143.
[234] *Ibid.* p.283.

légitimer seulement l'exercice de la fonction législative[235] ». Etant donné le renforcement des autres pouvoirs, il semble que la hiérarchie des fonctions d'antan ne vaille plus. Il faudrait plutôt parler de l'équilibre des pouvoirs. D'ailleurs, l'histoire constitutionnelle montre que la hiérarchie des pouvoirs s'est exprimée souvent dans le sens de la domination d'un pouvoir sur les autres, ce qui, en fin du compte, n'était pas anodin pour la stabilité de l'ordre constitutionnel. La prépondérance du législatif était fondée sur son caractère électif, ce qui est contesté aujourd'hui par le même caractère, propre à certains postes au sein de l'exécutif et même du juridictionnel. De plus, le caractère absolu attribué à la loi s'est considérablement ébranlé depuis l'émergence du contrôle de constitutionnalité, du pouvoir normatif de l'exécutif et son maniement de l'ordre du jour du parlement.

144. L'art. 3 de la Déclaration des droits de l'homme et du citoyen de 1789 dispose : « Le principe de toute souveraineté réside essentiellement dans la nation ». Selon Francis Hamon et Michel Troper, cet énoncé sous-entend la nécessité de déléguer l'exercice de sa souveraineté par le peuple. Autrement dit, l'usurpation de la souveraineté par les représentants, puisque la souveraineté ne devient réelle que lorsque son détenteur l'exerce. En même temps, Bernard Manin montre que le peuple souverain a changé depuis l'époque révolutionnaire. Loin de se fier à un notable ou à un parti quant à la formation de sa volonté comme autrefois, il a aujourd'hui ses propres idées et cherche les candidats qui peuvent les exprimer au mieux. L'auteur argumente qu'un phénomène nouveau de la volatilité ou de l'instabilité électorale est apparu, et devient de plus en plus important numériquement. Ces électeurs « flottants » changent leur vote en fonction des enjeux et des problèmes de chaque élection, alors qu'autrefois, les préférences partisanes étaient stables. Les études montrent que ce sont les électeurs instruits et intéressés par la politique qui adoptent ce type de comportement de vote[236]. C'est pourquoi l'offre politique se personnifie, s'individualise pour atteindre chacun de ces électeurs, pour lui montrer qu'elle exprime au mieux ses intérêts[237]. Le rôle politique du peuple a donc évolué, tandis que son rôle constitutionnel n'a pas tant changé depuis le temps de Rousseau. Il n'est plus esclave, mais il n'est toujours pas le souverain.

2. L'absence du peuple « souverain » dans la formation de la volonté générale

145. Dans la démocratie représentative, le peuple n'est le souverain qu'aux moments des élections (ou votations si elles existent). Dans les périodes de temps entre elles, il est normalement exclu du processus permanent de

---

[235] Francis Hamon, Michel Troper, *Droit constitutionnel*, *op. cit.* p.154.
[236] Bernard Manin, *Principes du gouvernement représentatif*, *op. cit.* p.298.
[237] V. par. 190.

formation et d'expression de la volonté générale, alors que cela est l'essence de la souveraineté. Comme l'affirmait Rousseau, « je dis donc que la souveraineté, n'étant que l'exercice de la volonté générale...[238] ». En même temps, l'émergence de la participation politique en dehors des élections peut être remarquée. Même si les autorités publiques ne sont pas obligées de prendre en compte ses résultats, son apparition crée encore une rupture avec le régime représentatif. En outre, l'absence d'obligation de prendre en compte les résultats de la participation institutionnalisée induit le sentiment de mécontentement auprès des participants qui cherchent à influencer les décisions publiques. Le piège dans lequel la démocratie représentative est tombée depuis le moment où elle s'était nommée « démocratie » devient tangible et il ne semble pas possible de s'en sortir sans la démocratiser. Il s'agit ici des moyens institutionnalisés de participation, à la différence de ceux non institutionnalisés dont parle Bernard Manin. Il argumente que l'émergence récente de la participation politique non électorale, qui « semble s'écarter [...] des principes de la démocratie représentative[239] », a été bien prévue par les penseurs du régime représentatif dès le début, sous forme de rassemblements paisibles et de droit de pétition[240]. Pourtant, « en affirmant que les gouvernants élus sont « plus ou moins obligés de prendre en considération » l'expression non électorale des citoyens, on fait apparaître la plage d'incertitude et d'indétermination incluse dans le principe même qui règle les rapports entre les instances élues et les volontés collectives directement exprimées[241] ». Cette formulation reflète clairement la nature de la démocratie représentative : le peuple dans ce régime n'est pas le souverain. Au mieux, il est un des pouvoirs, comme dans le régime suisse, ou plutôt un contre-pouvoir. Cependant, une telle logique mène à une impasse, car elle implique la poursuite du contournement de la question de savoir qui est le détenteur de la souveraineté. En effet, si le peuple n'est qu'un des pouvoirs, il ne peut donc être qu'un des souverains. La question qui se pose est de savoir qui sont les autres. La doctrine de la souveraineté nationale ne peut pas toujours servir d'écran, pour dissimuler le caractère élitiste du régime.

146. La participation non institutionnalisée a dernièrement connu un essor sans précédent et où le rôle du numérique était important. Ce phénomène doit notamment son essor à l'insuffisance de l'offre politique, inhérente à la démocratie représentative. En effet, les partis politiques restent les machines électorales de premier rang. Pour attirer le plus grand nombre d'électeurs, leur offre politique ne devrait pas être trop éloignée du centre, en excluant par conséquent les fractions d'électeurs plus radicaux. De surcroît,

---

[238] Jean-Jacques Rousseau, *Du contrat social ou principes du droit politique, op. cit.* Livre II, Ch.1, p.16.
[239] Bernard Manin, *Principes du gouvernement représentatif, op. cit.* p. 330.
[240] *Ibid.* p.332.
[241] *Ibid.* p.334.

l'autosatisfaction des vieilles démocraties les empêche parfois de faire preuve d'adaptabilité et de pluralisme, face à la hausse des migrations. Les populations « incompatibles » se trouvent impuissantes au sein du régime où, faute de possibilité d'aborder les sujets « indiscutables », ils deviennent la proie des extrémistes. Moses Finley fait remarquer dans ce sens que le terme « mouvement extrémiste » doit être compris non d'un point de vue idéologique, mais en comparant le changement politique visé par un tel mouvement et le degré de pluralisme du régime. Selon lui, sous un régime autocratique, en l'absence de mécanismes de discussion et d'accès des minorités au pouvoir politique, il n'y a pas d'autres méthodes que l'assassinat et le coup d'Etat, pour obtenir un changement majeur dans la politique gouvernementale. En ce sens, tout mouvement qui n'approuve pas la politique gouvernementale et agit en conséquence serait extrémiste. En revanche, dans le cadre d'un régime démocratique, la possibilité d'influencer les politiques doit être ouverte à travers la reconnaissance du pluralisme, la discussion publique et les mécanismes de choix. « La définition correcte d'un mouvement « extrémiste » (et il nous faut reconnaître l'imprécision du terme) ne repose donc pas sur l'étendue du changement qu'il préconise, mais sur l'affirmation que les mécanismes démocratiques traditionnels sont inefficaces pour les objectifs qu'il poursuit, et que par conséquent il faut employer des méthodes capables de briser le cadre démocratique[242] ». Tout en reconnaissant que le cadre démocratique ne peut et ne doit pas tout permettre, il semble que l'avènement de l'extrémisme signale que le cadre de la démocratie représentative est devenu trop étroit, conformiste et ne donne plus la possibilité de dialogue aux hétérodoxes apparus dans l'arène politique. Il ne faut pas oublier non plus les partis radicaux qui, à l'intérieur du cadre démocratique, profitent de l'augmentation de l'extrémisme, pour attirer les électeurs et arriver au pouvoir. Ainsi, la démocratie représentative qui ne prend pas en compte tout son peuple peut devenir dangereuse pour elle-même.

B. La représentation personnifiée

147. Plusieurs recherches ainsi que l'observation de la réalité politique immédiate témoignent que le pouvoir se personnifie sous le régime de la démocratie représentative. Cette personnification du lien électeur-élu est excessive, elle porte un risque d'instrumentalisation des élections et ainsi de la représentation **(1)**. Dans le cas du chef de l'Etat, cette tendance pourrait être fatale pour la démocratie elle-même **(2)**.

---

[242] Moses Finley, *Démocratie antique et démocratie moderne*, *op. cit.* p.122.

1. Les représentants devenus « acteurs » / « entrepreneurs » sur la « scène » / « marché » politique

148. Bernard Manin note que le trait le plus marquant les dernières décennies du fonctionnement de la démocratie représentative est l'augmentation du rôle de la personnalité des candidats présentés à l'élection. « Les électeurs votent différemment, d'une élection à l'autre, selon la personnalité des candidats offerts à leur choix. Les électeurs votent de plus en plus pour une personne, et non plus seulement pour un parti ou un programme[243] ». D'après lui, une telle importance croissante des personnalités aux dépens des programmes politiques correspond aux nouvelles conditions où les gouvernants exercent leurs fonctions[244]. L'ampleur de leurs activités s'est considérablement accrue en raison de l'élargissement et de la complication des tâches auxquelles ils sont confrontés ainsi que de l'imprévisibilité de l'environnement de leurs actions. En effet, les Etats deviennent de plus en plus interdépendants, surtout au niveau économique. Cela implique que l'environnement dans lequel les gouvernements prennent leurs décisions résulte de décisions prises par un nombre toujours plus important d'acteurs[245]. Ainsi, les gouvernants devraient avoir une certaine marge de pouvoir discrétionnaire, pour être capables d'accomplir leurs tâches, alors que les électeurs sont censés les choisir non en fonction de leurs programmes, formulés en termes généraux, mais sur la base de la confiance personnelle. En d'autres termes, au lieu d'essayer d'évaluer l'impact futur d'un programme politique, les électeurs sont plus enclins à évaluer la confiance personnelle que suscite le candidat proposant ce programme[246]. Pour l'auteur, cela signifie la renaissance de notion de *trust* qui était centrale aux origines de la démocratie représentative. A cette époque-là cependant, les citoyens accordaient leur confiance aux notables, les personnes « qui, par leur réseau de relations locales, leur notoriété, voire la déférence dont ils étaient l'objet, suscitaient la confiance[247] », alors que, de nos jours, le rôle de l'inspirateur de confiance est joué par les médias. En conséquence, les vainqueurs de la course électorale ne sont pas des notables locaux, mais ceux qui savent mieux que les autres utiliser les techniques de communication[248]. L'image d'une telle personne peut être créée par les professionnels de médias, avec les interviews bien répétées, les questions contrôlées en avance, les actions médiatiques planifiées, les portraits perfectionnés en Photoshop. Tout est possible, la seule condition est un budget médiatique suffisant.

---

243 Bernard Manin, *Principes du gouvernement représentatif*, *op. cit.* p.279.
244 *Ibid.* p.281.
245 *Ibid.* p.282.
246 *Ibid.* p.283.
247 *Ibid.* p.259.
248 *Ibid.* p.281.

149. Cette possibilité semble assez forte puisque « l'électorat apparaît [...] avant tout comme un public qui réagit aux termes qui lui sont exposés et proposés sur la scène publique[249] ». Pour remporter les élections, les candidats, ou leurs équipes médiatiques, choisissent des clivages sociaux, économiques et culturels sur lesquels ils vont jouer, pour atténuer la différence de leur offre politique, et des termes qu'ils proposent pour les activer. Celui qui va présenter le partage le plus efficace et favorable pour lui gagne les élections. Le choix des termes proposés appartient donc aux équipes de campagne et non aux électeurs[250]. En conséquence, la scène où va se jouer la bataille électorale est créée en avance par les candidats ou plutôt par leurs équipes médiatiques et donc seulement les sujets qui leur sont potentiellement avantageux pourront y entrer. Ces pratiques portent un risque d'instrumentalisation des élections. Bernard Manin hésite pourtant à appliquer à cette situation la métaphore économique. Selon lui, s'il est possible de comparer les hommes politiques à des « entrepreneurs » qui seraient en concurrence les uns avec les autres pour attirer les votes et ainsi maximiser leur « profit », pouvoir politique, l'électorat ne peut pas être comparé à la « demande »[251]. Il argumente que l'électeur, à la différence du consommateur venu au marché, n'a pas de préférences déjà formées, elles sont souvent définies dans le cadre de la confrontation avec les termes proposés par les campagnes[252]. Ainsi, la demande politique n'existe pas et la métaphore économique n'est donc pas justifiée.

150. Il semble cependant que ce soit l'inverse. En effet, la théorie économique reconnaît que la demande peut être induite ou même créée. Par exemple, avant l'apparition de la tablette, il n'y avait pas de demande pour celle-ci. La demande n'est apparue qu'après que les consommateurs ont appris son existence, par le biais de la publicité. Ainsi, la compagnie inventrice de la tablette a créé la demande, en essayant de sonder le besoin potentiel de consommateurs, de créer son offre unique correspondant au besoin pressenti et de la promouvoir par voie de publicité, pour informer les consommateurs. C'est exactement ce que font les équipes médiatiques des candidats aux élections. Dans le cas où leur offre ainsi minutieusement construite atteint la cible, le candidat remporte les élections. Cependant, ce qui paraît un travail réussi des spécialistes de communication, pourrait aussi être vu comme l'instrumentalisation des élections, dans le but d'arriver au pouvoir politique. Par ailleurs, il existe une partie de l'électorat qui n'est pas satisfait par l'offre électorale existante, ce qui veut dire qu'elle a déjà des préférences qui n'ont pas été choisies en tant que termes de campagne par les candidats. Autrement dit, il y a une demande qui n'est pas satisfaite par l'offre politique, ce qui

---

[249] *Ibid.* p.285.
[250] *Ibid.* p.286.
[251] *Ibid.* p.288.
[252] *Ibid.* p.289.

contribue à l'augmentation de l'abstention ou, en cas d'enjeux électoraux importants, de la pratique du vote utile. De telles insuffisances de l'expression électorale ou son instrumentalisation sont encore plus dangereuses lors de l'élection du chef d'Etat.

2. *Le chef d'Etat, un danger de la « monarchie républicaine »*

151. Une tendance forte à la personnalisation du pouvoir du chef de l'exécutif est déjà largement remarquée. Bernard Manin constate qu'en fonction du mode d'élection, soit l'élection présidentielle devient un événement principal de la vie politique, soit les élections législatives sont organisées autour de la personne du leader de la majorité parlementaire, chef de l'exécutif. Les partis politiques risquent ainsi de devenir des instruments dans les mains du leader[253]. Les tâches de choisir un-e bon-ne candidat-e, de créer son image politique comme une offre unique à saisir, de la promouvoir pour gagner l'élection et arriver au pouvoir deviennent un défi principal de la vie politique du pays et un travail pour les experts en communication qui règnent dans nos régimes[254]. Dans une certaine mesure, l'élection serait alors une compétition des experts en communication et des budgets de campagne, surtout dans les pays où ces derniers ne sont aucunement limités ainsi que l'accès aux médias. Dans ces conditions, il est difficile de distinguer le candidat et son aptitude d'induire de la confiance personnelle, que les électeurs sont censés accorder à l'élu, de son image créée et promue par les professionnels. Surtout si après l'élection, l'image positive du chef de l'Etat continue à être maintenue par les médias dont la force n'est pas à sous-estimer. Même dans les vieilles démocraties, le danger d'une erreur de l'opinion publique, induite par les médias, est possible. Cependant, un danger plus grand réside ailleurs : dans l'intimidation du public, en utilisant des événements dangereux, réels ou fictifs[255], dans le but de créer la demande de pouvoir exécutif plus fort et de maintien de l'ordre public. Ainsi, les fondements d'une autocratie seraient posés et, comme l'expérience historique le démontre, la démocratie n'est pas immunisée contre elle. A Athènes, peu après Solon, la tyrannie de Pisistrate a été instaurée par le biais des techniques de relations publiques. A ce propos, Solon disait :

> « Par cet air de douceur que son maintien respire,
> Par ses discours adroits vous vous laissez séduire,
> Et vous ne voyez pas sa marche et ses projets.[256] »

---

[253] *Ibid.* p.280.
[254] *Ibid.* p.281. *La démocratie du public est le règne de l'expert en communication.*
[255] V. dans ce sens Jacques Chevallier, *L'État post-moderne*, *op. cit.* p.166.
[256] Plutarque, *Vie des hommes illustres : Solon. Traduction par D. Ricard,* Remacle, [réf. 20/10/2017], v. : http://remacle.org/bloodwolf/historiens/Plutarque/solon.htm. Ch. XLI.

152. La prédominance du chef de l'Etat n'est donc pas anodine. Il serait possible d'argumenter que dans les vieilles démocraties, les médias sont libres, les pouvoirs présidentiels, ainsi que de l'exécutif en général, sont limités par d'autres pouvoirs et contre-pouvoirs si bien que le fonctionnement de la démocratie est inébranlable. Sans le nier, force est de constater que le fonctionnement de la démocratie est assez fragile, et des événements exceptionnels peuvent bien le mettre en cause. Cela est visible sur l'exemple d'Athènes après la guerre du Péloponnèse ou, dans une moindre mesure, celui des Etats-Unis après les attentats du 11 septembre 2001. A la suite de ces derniers, les libertés individuelles ont été considérablement restreintes alors que les services de renseignement, c'est-à-dire l'exécutif, ont obtenu des pouvoirs élargis et à peine contrôlés. Sans oublier la mise en œuvre de l'art.16 de la Constitution par le général de Gaulle le 23 avril 1961, en réponse au « putsch des généraux ».

153. Ainsi, la question se pose de savoir dans quelle mesure l'existence d'un mandat individuel du chef de l'Etat, muni de pouvoirs élargis et irresponsable, est justifiée au sein de la démocratie. Il semble d'abord qu'un déséquilibre institutionnel ainsi créé puisse fragiliser un régime confronté à des circonstances exceptionnelles. Puis, un tel mandat aux pouvoirs renforcés exige des qualités presque surhumaines de son titulaire, ce qui n'est pas souvent le cas. Cela peut déplacer la prise de décisions politiques ailleurs, à des instances qui n'avaient pas été élues ou créées démocratiquement. Même si le chef de l'Etat est une personnalité extraordinaire, cela ne protège pas des abus. Comme l'avertissait Solon :

> « Comme la neige et la grêle roulent dans l'atmosphère au gré des vents,
> Que la foudre et les éclairs éclatent, et causent un fracas horrible,
> De même on voit souvent des villes s'écrouler sous la puissance des grands,
> Et la liberté d'un peuple dégénérer en dur esclavage.[257] »

154. Il est devenu habituel que les démocraties contemporaines institutionnalisent un pouvoir aristocratique, basé sur le mérite, alors que la démocratie est le pouvoir de tous les citoyens, sans aucune distinction. Il faudrait retenir de l'histoire athénienne que la démocratie repose notamment sur des mandats collectifs, résistants aux abus et à la corruption. Aristote écrit en ce sens que « c'est une injustice patente de donner à un seul homme une magistrature suprême, à l'exclusion de tous ceux qui valent autant que lui[258] ». Pour démocratiser les régimes contemporains, il faudrait donc réfléchir sur l'avenir du mandat individuel du chef de l'Etat et l'étendue de ses pouvoirs.

---

[257] Diogène Laërce, *Vies et doctrines des philosophes de l'Antiquité suivies de la vie de Plotin par Porphyre. Traduction nouvelle par M. Ch. Zevort. Livre I. Solon,* [réf. 20/10/2017], v. : http://remacle.org/bloodwolf/philosophes/laerce/solon.htm. [50].

[258] Aristote, *La politique, op. cit.* Livre III, Ch. XI, §3.

155. De même, il faudrait s'interroger sur les causes de cette personnification du pouvoir, mise en lumière par plusieurs chercheurs. Bernard Manin argumente que cela facilite la responsabilisation des organes du pouvoir politique. « Le fait que les partis soient de plus en plus identifiés à leurs dirigeants renforce même les mécanismes de responsabilité[259] ». Il est incontestable que la responsabilité des décisions prises est plus facile à établir dans le cas d'un seul acteur, même collectif, que dans le cas d'une pluralité d'acteurs. Cependant, si on allait jusqu'au bout de cette logique, le régime le plus responsable serait la monarchie. Il est vrai toutefois que la personnalisation du pouvoir est causée, premièrement, par le manque de mécanismes de la mise en œuvre de la responsabilité des gouvernants et, deuxièmement, par la demande de tels mécanismes. Le régime représentatif a fait preuve de sa flexibilité en créant un ersatz de responsabilité et, du même coup, un déséquilibre dans le système.

§2. L'absence de contrôle sur la prise de décisions politiques

156. La démocratie représentative a été conçue comme le régime de la souveraineté des représentants. Son trait inhérent est leur irresponsabilité, permettant d'assurer cette souveraineté et l'exercice normal du mandat représentatif. Cependant, il faut distinguer l'irresponsabilité, comprise comme l'absence de responsabilité personnelle les actes accomplis dans l'exercice du mandat, de l'absence de contrôle sur les décisions politiques prises au cours du mandat. Aucun mécanisme d'un tel contrôle populaire sur les décisions des gouvernants n'est prévu : ni ponctuel **(A)**, ni permanent **(B)**, sauf la non-réélection. Pourtant, même après la « sanction électorale », il n'y a aucune garantie que le sens des politiques publiques change vers celui souhaité par l'électorat. En outre, les gouvernants non élus ne sont soumis à aucune forme de contrôle populaire, sauf celui hiérarchique, qui a d'autres finalités. Ainsi, le peuple « souverain » devient l'otage du régime politique, censé être son règne.

A. L'absence de contrôle ponctuel

157. Le régime de démocratie représentative ne prévoit pas le contrôle d'engagements des candidats faits avant l'élection, à savoir celui des promesses électorales **(1)**, ni après l'élection, en forme de procédure de reddition des comptes **(2)**.

---

[259] Bernard Manin, *Principes du gouvernement représentatif*, *op. cit.*

1. Les promesses électorales non contraignantes

158. « Un prince bien avisé ne doit point accomplir sa promesse lorsque cet accomplissement lui serait nuisible, et que les raisons qui l'ont déterminé à promettre n'existent plus : tel est le précepte à donner. Il ne serait pas bon sans doute, si les hommes étaient tous gens de bien ; mais comme ils sont méchants, et qu'assurément ils ne vous tiendraient point leur parole, pourquoi devriez-vous tenir la vôtre ?[260] » Ces propos de Machiavel expriment bien la nature des promesses électorales qui n'a point changé depuis l'établissement de la démocratie représentative. Le peuple semble toujours être considéré comme « bête » alors que la marge d'indépendance des élus de ses promesses serait presque princière. Tout comme à l'époque de Machiavel, le politicien doit « posséder parfaitement l'art et de simuler et de dissimuler. Les hommes sont si aveuglés, si entraînés par le besoin du moment, qu'un trompeur trouve toujours quelqu'un qui se laisse tromper[261] ». Pourtant, avec l'apparition d'internet il est devenu plus compliqué d'abandonner ses promesses, elles sont toujours disponibles en un clic sur la Toile. De plus en plus de personnes ne veulent plus être trompées, plusieurs contentieux en témoignent.

159. A titre d'exemple, il est possible de citer l'arrêt du tribunal d'instance de Paris, 18e arr., du 28 avril 2004 où le demandeur a saisi la responsabilité du président de la République en raison de la non-tenue par ce dernier de sa promesse électorale d'organiser un référendum, pour consulter les Français sur la réforme de la décentralisation[262]. Le tribunal s'est déclaré incompétent par les motifs suivants : « Conformément à la Constitution, le président de la République, élu au suffrage universel, n'est responsable de son action que devant le peuple souverain qui manifeste sa volonté par le vote » alors qu'« en vertu de la séparation des pouvoirs judiciaire et exécutif, et plus particulièrement de l'art. 68 de la Constitution, la responsabilité pour les actes commis par le président de la République dans l'exercice de ses fonctions ne peut être retenue par l'autorité judiciaire[263] ». La seule sanction possible pour les promesses électorales non tenues, selon le tribunal, est donc la non-réélection. Une affaire similaire a été portée au tribunal britannique. En 2004, un demandeur a saisi la responsabilité du Premier ministre pour la non-tenue de sa promesse d'organiser le référendum sur la question de ratification du traité établissant une constitution pour l'Europe (TECE). Ce traité, après sa désapprobation par les Français et les Néerlandais, s'est métamorphosé en traité de Lisbonne. Selon le Premier ministre, sa promesse ne l'engageait donc plus. Le demandeur s'est fondé sur le principe de confiance légitime qui, selon

---

[260] Nicolas Machiavel, *Le Prince. Traduction française de Jean-Vincent Périès (1825)*, Wikisource. La bibliothèque libre, [réf. 20/10/2017], v. : http://fr.wikisource.org/wiki/Le_Prince. Ch. XVIII.
[261] *Ibid.*
[262] Tribunal d'instance de Paris, 18e ardt., *Arrêt du 28 avril 2004*, Rec. Dalloz 2004, p. 1351.
[263] *Ibid.*

lui, a été violé par le gouvernement quand il a refusé d'organiser le référendum sur la ratification du traité de Lisbonne dont « la nature est le TECE mais sous un autre nom[264] ». La cour a cependant refusé de faire droit à sa demande, en estimant que le demandeur n'a pas établi l'existence de la promesse d'organiser le référendum sur la ratification du traité de Lisbonne, et même s'il l'avait établi, la question de l'obligation du gouvernement de tenir sa promesse est au Parlement à régler, puisque « toute décision sur le référendum incombe au Parlement[265] ». L'intervention de la cour pourrait ainsi être regardée comme une atteinte au privilège parlementaire. Les juges français et britannique ont suivi la même logique de la séparation des pouvoirs, en laissant aux citoyens la décision de non-réélection[266] comme la seule sanction possible. Le juge américain a adopté une vision similaire, en statuant qu'« en effet, notre système politique ne pourrait pas fonctionner si chaque message politique articulé par une campagne pouvait être caractérisé comme un contrat juridiquement contraignant dont l'exécution pourrait être obtenue par les électeurs individuels. Bien sûr, les électeurs sont libres de ne pas réélire les politiciens qui n'ont pas tenu leurs promesses de campagne. Les tribunaux fédéraux, cependant, ne sont pas et ne peuvent pas être chargés de faire respecter la rhétorique politique[267] ».

160. Tout en partageant la logique des juges, il est possible d'observer que le concept de démocratie représentative laisse peu de marge d'action au peuple « souverain » à l'égard des élus non performants. A la différence du mandat impératif, où les électeurs donnent des instructions à leur élu, dans le cas des promesses électorales, le candidat prend lui-même certains engagements et, logiquement, s'oblige à les respecter, une fois élu. Il est clair qu'un changement de circonstances ou l'absence d'une majorité nécessaire peuvent entraîner le non-respect de certains engagements pris. Cependant, la pratique

---

264 High Court of Justice, Administrative court, *Decision of 22 April 2008. Mr Weeler v. Office of Prime Minister and Secretary of State for Foreign and Commonwealth affairs*, [réf. 20/10/2017], v.: http://www.bailii.org/ew/cases/EWHC/Admin/2008/936.html. par.2. *The substance of the Constitutional Treaty was eventually enacted in the Lisbon Treaty which is in essence the Constitutional Treaty by another name.*

265 High Court of Justice, Divisional court, *Decision of 9-10 June 2008. The Queen (on the application of Weeler) v. Office of Prime Minister and Secretary of State for Foreign and Commonwealth affairs and Speaker of the House of Commons*, [réf. 20/10/2017], v.: http://www.europeanrights.eu/index.php?lang=fra&funzione=S&op=2&id=582. par.45 *[A]ny decision on a referendum lies in Parliament.*

266 *Ibid.* par.43. *The consequences of going back on such a promise would be a matter for Parliament and, when the opportunity next arose, for the electorate to determine.*

267 District Court. E.D. Pennsylvania, *Berg v. Obama et al., 574 F. Supp. 2d 509, 529 (E.D.Pa 2008)*, [réf. 20/10/2017], v.: http://www.fec.gov/law/litigation/berg_mem_order_dismiss.pdf. p.32. *Indeed, our political system could not function if each political message articulated by a campaign could be characterized as a legally binding contract enforceable by individual voters. Of course, voters are free to vote out of office those politicians seen to have breached campaign promises. Federal courts, however, are not and cannot be in the business of enforcing political rhetoric.*

montre que la non-tenue des promesses est plutôt devenue la règle du jeu politique dans certaines démocraties représentatives. Il semble qu'elles aient universalisé le principe de fausse promesse ce qui, suivant l'idée de Kant[268], détruirait l'idée même de promesse politique et, en conséquence, la relation de confiance entre l'électeur et l'élu. Il n'est donc pas étonnant que la crise de confiance dans nos démocraties se creuse.

2. *L'absence de reddition des comptes*

161. La notion de reddition des comptes doit d'abord être précisée, étant donné qu'elle est étrangère aux régimes politiques où l'irresponsabilité des gouvernants est un des principes majeurs. En effet, la reddition des comptes est une procédure de l'examen public des gouvernants, élus ou non élus, de leurs actions et décisions prises au cours de leur mandat ou de l'occupation du poste. Elle trouve ses racines à Athènes où tous les magistrats, à la fin de leur mandat, ont dû passer la reddition des comptes devant *l'Héliée*, le tribunal populaire. Les gouvernants et les membres de l'administration étaient soumis au jugement du peuple par le biais de ses représentants à *l'Héliée* tirés au sort. L'on a beau penser qu'« aujourd'hui comme hier, la représentation comporte ce moment souverain où le peuple rend son verdict sur les actions passées des gouvernants[269] ». Il y a une grande différence entre « la sanction des urnes », c'est-à-dire la non-réélection, qui est conditionnée par plusieurs facteurs, parfois non liés aux aptitudes et aux antécédents du candidat lui-même, et l'examen public par un tribunal populaire d'au moins de 501 citoyens tirés au sort où tout gouvernant ou administrateur sortants doit expliquer et argumenter ses actions et répondre à de nombreuses questions spontanées. Et cela tous les ans, non pas tous les quatre ou cinq ans (la durée moyenne des mandats de nos jours), sans mentionner les mandats non électifs dont la durée n'est aucunement limitée.

162. Au fur et à mesure du développement du régime athénien, la procédure de reddition des comptes, *l'euthyna*, commence à s'exécuter à plusieurs étapes. Vladislav Buzeskul note que « tous les fonctionnaires ont été contrôlés et, à la fin de leur mandat, ont dû rendre des comptes de leurs actions ; plus tard, s'il s'agissait de l'aspect financier, ils rendaient le rapport devant le collège des logistes et pour tout le reste devant le collège des euthynes. Sans passer cette procédure, ils ne pouvaient pas être nommés à un autre poste, quitter le pays ou disposer librement de leurs biens[270] ». Au - IVe siècle, les dix *logistes* étaient les magistrats financiers désignés par le sort

---

[268] Emmanuel Kant, *Opuscules relatifs à la morale. Traduction par Jules Barni,* Wikisource. La bibliothèque libre, [réf. 20/10/2017], v. : http://fr.wikisource.org/wiki/D'un_prétendu_droit_de_mentir_par_humanité. p.251-256.
[269] Bernard Manin, *Principes du gouvernement représentatif*, *op. cit.* p.301.
[270] Владислав Петрович Бузескул, *История афинской демократии*, [Vladislav Buzeskul, Histoire de la démocratie athénienne], *op. cit.* p.102

parmi les *bouleutes*, un par tribu. Tous les magistrats dont l'activité comportait le volet financier ont dû passer la vérification des comptes par eux, y compris la justification des dépenses effectuées. Si l'examen des comptes trouvait des irrégularités, les *logistes* saisissaient *l'Héliée* où leurs assistants, les *synégores*, jouaient le rôle des accusateurs publics. Le dernier mot appartenait toujours à *l'Héliée*, même si l'examen devant les logistes se passait bien. Les magistrats sortants ont dû se présenter à la séance. La deuxième étape de reddition des comptes était l'examen devant les *euthynes*. Les dix *euthynes*, un par tribu, tirés au sort parmi les membres de la *Boulé*, recevaient les plaintes de la part des citoyens et des *métèques* souhaitant engager la responsabilité d'un magistrat sortant. Après l'analyse de la plainte, les *euthynes* saisissaient le tribunal compétent, celui de dème pour les affaires privées, et *l'Héliée* pour celles publiques qui se prononçaient en dernier ressort. Dans les sources historiques, une quinzaine de procès, intentés par les *euthynes* pendant environ deux siècles, peuvent être trouvés[271].

163. Certes, cette procédure ne s'exécutait pas toujours de manière parfaite. Les chercheurs décrivent des abus de la part des *sykophantes*, les accusateurs professionnels qui faisaient du chantage à certains magistrats sortants, les menaçant d'engager une enquête par le biais des *euthynes*, ainsi que de la part de certains *logistes*[272]. Il est important cependant que les *logistes* eux-mêmes aient été soumis à *l'euthyna* où leurs abus ont été dénoncés par les citoyens lésés. Par ailleurs, Tatiana Kudryavtseva note que « les stratèges étaient soumis à un contrôle particulièrement minutieux du démos et ont donc souvent fini par être accusés par les euthynes[273] ». A cette époque-là, les stratèges sont en effet devenus les magistrats athéniens les plus puissants. A titre d'exemple, elle cite l'affaire « énigmatique » de Pachès qui, étant accusé d'erreurs militaires, s'est suicidé lors de la séance de reddition de ses comptes à *l'Héliée*. Vladislav Buzeskul cite l'exemple de Périclès qui, après la reddition des comptes, a été accusé de détournement de fonds publics et a dû payer une forte amende[274]. Peut-on imaginer des procédures pareilles menées régulièrement à l'égard des chefs d'Etat contemporains ? En comparaison avec la procédure de la reddition des comptes à l'athénienne, la perspective de non-réélection semble tout à fait aisée.

164. Même si la reddition des comptes pouvait être sujette à des risques d'abus et de vengeance du démos à des gouvernants malchanceux, elle avait ses avantages : (1) un jugement suffisamment informé et égalitaire grâce à la rotation fréquente des gouvernants, car tout Athénien occupait au moins un

---

[271] Т. В. Кудрявцева, « Процессы в связи со сдачей отчета в Афинах V в. до н.э. и "дело Пахета" », *Вестник древней истории* 2013, 4, n°287, p. 74-84. [T.V. Kudryavtseva, Les procès de reddition des comptes à Athènes au -Ve siècle et "l'affaire de Pakhès"]. p.75.

[272] *Ibid.*

[273] *Ibid.* p.76.

[274] Владислав Петрович Бузескул, *История афинской демократии*, [Vladislav Buzeskul, Histoire de la démocratie athénienne], *op. cit.* p.253.

poste public dans sa vie, et (2) la responsabilisation des gouvernants, par le biais du jugement d'un nombreux tribunal populaire, tiré au sort et ainsi moins exposé à la corruption et à des influences politiques. Alors que « notre système protège la liberté des représentants grâce aux privilèges parlementaires, or ces mêmes privilèges, de façon paradoxale, protègent aussi l'irresponsabilité des représentants[275] ». Ces propos de Moses Finley peuvent être appliqués aux gouvernants au sens large dans la démocratie représentative, où leur contrôle permanent n'est pas la règle.

B. L'absence de contrôle permanent[276]

165. Aristote disait qu'afin de ne pas se faire d'ennemis au sein de son propre Etat, il faut laisser au peuple « le droit de délibérer sur les affaires publiques, et de droit de juger[277] ». Dans la démocratie représentative, le Parlement, l'assemblée des représentants du peuple « souverain », n'est plus un lieu de discussion **(1)** alors que la justice est essentiellement élitiste **(2)**.

1. « Le Parlement n'est pas un lieu de discussion »

166. Cette citation est attribuée à Boris Gryzlov, l'ancien président de la Douma d'Etat, la chambre basse du parlement russe. Dans son article, il écrit que, généralement, « les décisions ne sont pas prises par la majorité parlementaire, mais souvent par des commissions, des comités de parti ou le gouvernement. Cela mène à la transformation du parlementarisme en façade, dissimulant le véritable mécanisme de la prise de décisions. [...] Le parlement se transforme de plus en plus de la représentation populaire à la représentation de l'exécutif, en perdant sa vocation d'institution politique qui définit les grandes orientations du développement de la société[278] ». Cette pratique s'est aussi établie dans sa propre institution où selon lui, le véritable point de vue du peuple se forme lors des discussions au sein du parti Russie Unie, tandis que les débats entre les partis à la Douma d'Etat ne sont qu'« un spectacle politique ». La discussion à l'intérieur du parti se substitue alors au point de vue du peuple[279]. D'aucuns pourraient penser que ce n'est qu'un cas isolé du

---

275 Moses Finley, *Démocratie antique et démocratie moderne*, *op. cit.*p.74.

276 V. dans le sens contraire, Jacques Chevallier, *L'État post-moderne*, *op. cit.*p.161. *Si les gouvernants disposent d'une marge d'indépendance par rapport aux électeurs [...], ils n'en restent pas moins placés sous le contrôle permanent des citoyens.*

277 Aristote, *La politique*, *op. cit.* Livre III, Ch. 6, §6.

278 Борис Грызлов, « Кризис представительной демократии и тенденции развития западного парламентаризма », *Политэкс* 2007, n°1. [Boris Gryzlov, Crise de la démocratie représentative et tendances de développement du parlementarisme occidental].

279 Элина Билевская, « *«Точка зрения народа формируется в Единой России* », *Gazeta ru*, 08/07/2008. [réf. 20/10/2017], v. : http://www.gazeta.ru/politics/2008/07/08_a_2777274.shtml. [Elina Bilevskaya, Le point de vue du peuple se forme au sein de la Russie Unie].

« parlementarisme à la russe ». Cependant, ce phénomène est également observé ailleurs. « A l'exception notable du Congrès américain, la discussion délibérative n'a pas lieu, pour l'essentiel, au sein du parlement qui demeure dominé par la discipline de vote[280] ». L'auteur fait remarquer que les groupes parlementaires des partis votent de manière unifiée, pour soutenir leur leader. Les gouvernants rencontrent et consultent les groupes d'intérêt, les associations et d'autres parties prenantes. Une discussion délibérative se déroule lors de ces rencontres informelles. La formation de la volonté générale se déplace ainsi à des espaces non publics et à des personnes non forcément élues pour exprimer la volonté générale. Sans parler des cas, qui ne sont probablement pas si rares, où la prépondérance de l'exécutif lui permet d'avoir la mainmise sur le travail parlementaire alors que le parlement devient une « chambre d'enregistrement » des décisions gouvernementales.

167. Il reste à savoir si la voix du peuple « souverain » peut être entendue, étant donné que ses élus ne discutent plus. A l'époque de l'établissement de la démocratie représentative, elle s'est limitée à l'élection des « notables », pour qu'ils expriment sa volonté pour le peuple. De nos jours, elle semble encore plus faible puisque les représentants sont devenus des « acteurs » ou des « entrepreneurs » politiques et n'expriment même plus leurs propres idées, mais plutôt celles « fabriquées » en dehors de la scène de l'Assemblée. D'ailleurs, une partie considérable du peuple n'est que consommatrice de l'offre politique[281]. En effet, « le comportement électoral est moins encore que d'autres comportements politiques un comportement totalement autonome ou expressif. C'est un comportement sollicité, instrumental vis-à-vis du système politique et qu'on peut considérer comme un comportement sous contrainte[282] ». L'électorat devient ainsi un public qui réagit aux termes de campagne présentés par les acteurs politiques ou, en d'autres termes, à l'offre politique[283], présentée sur le marché par les entrepreneurs politiques. Cette métaphore explique pourquoi d'autres membres de l'électorat refusent de consommer l'offre présentée : elle ne les satisfait pas ou ils ne sont pas ciblés par les entrepreneurs politiques. Le même s'applique pour le référendum s'il existe sous le régime donné. D'autres voies de participation, telles que les consultations et les débats publics, même si institutionnalisées, ont autant de poids décisif que leurs organisateurs leur accordent. Ce ne serait donc pas la voix du peuple, mais plutôt celle de l'exécutif qui se fait entendre.

168. Concernant la voix non institutionnalisée du peuple, l'importance des sondages d'opinion peut être mentionnée. Grâce à eux, la voix du peuple se fait entendre constamment et non seulement dans des circonstances

---

[280] Bernard Manin, *Principes du gouvernement représentatif*, *op. cit.* p.297.

[281] *Ibid.* p.288.

[282] Alain Lancelot, « L'orientation du comportement électoral », in *Traité de science politique vol III L'action politique*, Paris, PUF, 1985. p.412.

[283] Sur l'émergence de l'électeur consommateur, v. Jacques Chevallier, *L'État post-moderne*, *op. cit.* p.169.

exceptionnelles[284]. Il apparaît cependant que les sondages d'opinion jouent plutôt le rôle des études de marché, dans le but de mieux ajuster l'offre politique, de la corriger ou bien d'influencer l'opinion publique. D'ailleurs, cette « voix du peuple » est orientée par les questionnaires, les organisateurs des sondages et leurs clients qui les commandent[285]. Ainsi, le résultat est éloigné de la voix décisive du souverain. Il n'est donc pas étonnant que les citoyens s'engagent de plus en plus dans des formes de participation non institutionnalisées, telles que les manifestations ou les grèves, pour faire entendre la voix du souverain en dehors du cadre étroit de la démocratie représentative.

2. *La justice élitiste*

169. Aristote écrit qu'au nombre des mesures soloniennes, qui ont particulièrement servi à promouvoir la démocratie, figure le droit de chaque citoyen d'appeler au tribunal des injustices. « Ce fut, dit-on, ce qui donna dans la suite tant de puissance au peuple ; car, rendre le peuple maître du vote, c'est mettre toute la constitution à sa merci[286] ». Ainsi, « étant le souverain dans le tribunal, le peuple devient le souverain dans l'Etat[287] ». Il n'est donc pas étonnant que le peuple dans la démocratie représentative ne soit pas le souverain dans les tribunaux.

170. De nos jours, les tribunaux sont composés de juges professionnels tandis que la participation des citoyens reste assez marginale. Juger est devenu un métier de prestige. De surcroît, l'exercice de ce pouvoir demande beaucoup de connaissances, une formation spécialisée et de l'expérience professionnelle. Le droit lui-même s'est extrêmement compliqué depuis l'époque des Anciens, au point que le citoyen ordinaire, invité à participer au procès, ne se trouve parfois pas en mesure de juger, sans assistance professionnelle[288]. D'ailleurs, dans la plupart des démocraties établies, la participation des jurys populaires n'est autorisée qu'aux procès pénaux. Seuls les Etats-Unis et le Canada utilisent les jurys en matière civile. Leur déclin peut pourtant être observé qui se traduit par une baisse du nombre des jurés, la suppression de la règle de l'unanimité en faveur de celle de la majorité et

---

[284] Bernard Manin, *Principes du gouvernement représentatif*, *op. cit.* p.297. V. dans le même sens, Jacques Chevallier, *L'État post-moderne*, *op. cit.* p.161, 166.

[285] V. dans ce sens Slobodan Milacic, « La démocratie représentative devant un défi historique ? », *op. cit.* p.21 et s.

[286] Aristote, *Constitution d'Athènes. Traduction par B. Haussoulier,* [réf. 20/10/2017], v. : http://remacle.org/bloodwolf/philosophes/Aristote/constitution.htm. Ch. IX.

[287] Владислав Петрович Бузескул, *История афинской демократии*, [Vladislav Buzeskul, Histoire de la démocratie athénienne], *op. cit.* p.59.

[288] V. par ex Valerie Hans, « The Twenty-First Century Juror - the Worst of Times or the Best of Times », *American University Criminal Law Brief* 2006, 1, n°1. p.5. *Hung jurors reported that their juries had more difficulty understanding the evidence, expert testimony, and the law in the case.*

une limitation du nombre d'affaires soumis au jury[289]. Même en matière pénale aux Etats-Unis, où le rôle des jurys a été toujours très important, leur participation décline, tandis que « les juges et surtout les procureurs s'emparent de la fonction des jurys. Ces derniers s'effacent au fur et à mesure que le système judiciaire se professionnalise[290] ». De plus, les jurys populaires suscitent des préoccupations en ce qui concerne la sous-représentation de certaines fractions de la société et la capacité des non professionnels à faire un jugement raisonné, notamment dans le cadre d'affaires fortement médiatisées. Enfin, les jurys populaires restent peu nombreux, surtout en comparaison avec des tribunaux athéniens d'au moins de 501 citoyens.

171. Or, on ne saurait surestimer l'importance de la justice populaire pour le bon fonctionnement d'un régime démocratique. Le régime athénien est inimaginable sans *l'Héliée* qui est devenue sa pierre angulaire. Dans plusieurs œuvres, Aristophane remarque l'inclination des Athéniens à participer au travail des tribunaux. Ce qui les y attire principalement, c'est le sentiment de pouvoir souverain que donne le pouvoir de juger, particulièrement auprès des classes inférieures. Il note également des abus de ce pouvoir de la part des *héliastes* ou des *sykophantes*. A l'époque du déclin de la démocratie, ces derniers pouvaient parasiter les riches en menaçant d'entamer un procès, alors que les *héliastes* auraient condamné un accusé à une amende, pour obtenir leur rémunération lorsque le trésor était vide. Malgré ces excès, même Aristote qui n'est pas favorable à la démocratie admet que le droit de juger devrait être accordé à l'universalité des citoyens. John Locke attribue au corps du peuple les pouvoirs du juge souverain à qui l'on peut appeler « s'il s'élève quelque différend entre un Prince et quelques-uns du peuple, sur un point sur lequel les lois ne prescrivent rien, ou qui se trouve douteux, mais où il s'agit de choses d'importance[291] ». D'après Montesquieu, dans un gouvernement modéré, la puissance de juger doit être exercée par des personnes tirées du corps du peuple, « pour former un tribunal qui ne dure qu'autant que la nécessité le requiert[292] », c'est-à-dire de la manière dont les tribunaux athéniens fonctionnaient. « De cette façon, continue-t-il, la puissance de juger,

---

[289] Lore Gyselaers, « Valérie P. Hans, The Jury System, The International Library of Essays in Law and Society, Ashgate, Ashgate Publishing Limited, 2006, 546 pages », *RSC* 2007, n°4, p. 932.

[290] Valerie Hans, « The Twenty-First Century Juror - the Worst of Times or the Best of Times », *op. cit.* p.3 *Centuries ago, trial by jury was the primary method of resolving criminal charges; but it has been on a downward slide for some time, with judges and especially prosecutors taking over more and more of the jury's function. Juries waned as the legal system became increasingly professionalized.*

[291] John Locke, *Traité du gouvernement civil. Traduction française de David Mazel en 1795. Numérisé à partir de la 5e édition de Londres en 1725.*, Chicoutimi, Université du Québec à Chicoutimi, [réf. 20/10/2017], v. : http://classiques.uqac.ca/classiques/locke_john/traite_du_gouvernement/traite_du_gouv_civil.pdf. par. 242.

[292] Montesquieu, *De l'esprit des lois*, Paris, Flammarion, 2008. Livre XI, Ch. VI.

si terrible parmi les hommes, n'étant attachée ni à un certain état, ni à une certaine profession, devient, pour ainsi dire, invisible et nulle[293] », autrement dit, neutre, dépersonnalisée, dispersée parmi les hommes, et dans ce sens, peut-être la plus souveraine même que les deux autres. Le rôle de la justice populaire dans l'œuvre du maintien et du développement de la démocratie est également souligné par des études contemporaines. Valerie P. Hans par exemple considère la restauration du système de jury comme un signe d'évolution d'un régime vers la démocratie[294]. De surcroît, la participation au jury populaire sensibilise des citoyens aux enjeux du système de justice, notamment celui pénitentiaire[295], ainsi que renforce leur esprit civique. En outre, « ayant acquis de l'expérience d'une délibération réussie, les anciens jurés sont plus enclins à s'engager dans d'autres formes de participation, comme par exemple le vote[296] ». La délibération devient ainsi un catalyseur pour l'exercice d'autres droits civiques.

172. Les mutations de la notion de démocratie ainsi que l'analyse de celle de démocratie représentative semblent montrer que le concept de démocratie représentative, tel que conçu aujourd'hui, soit difficilement compatible avec l'e-démocratie. Il convient alors d'esquisser les modifications sinon les changements à prévoir, afin de démocratiser davantage ce régime.

---

[293] *Ibid.*

[294] Valerie Hans, « The Twenty-First Century Juror - the Worst of Times or the Best of Times », *op. cit.* p.6.

[295] V. par ex. le témoignage du citoyen assesseur par Elise Mallein, « Un citoyen assesseur nous raconte », *AJ pénal* 2012, p. 59.

[296] Lore Gyselaers, « Valérie P. Hans, The Jury System, The International Library of Essays in Law and Society, Ashgate, Ashgate Publishing Limited, 2006, 546 pages », *op. cit.* p.932.

Chapitre 2. Le concept de démocratie à l'ère de l'e-démocratie

173. Il convient de préciser que l'expression « le concept de démocratie » signifie un concept de régime politique et non celui de démocratie en tant que notion transversale, socio-politico-juridique. Il serait inapproprié d'appliquer dans ce contexte la notion de démocratie représentative puisque le concept envisagé diffère à bien des égards de cette dernière.

174. L'analyse de l'image collective des régimes démocratiques occidentaux a montré quels traits du concept de démocratie représentative s'avèrent aujourd'hui moins pertinents que par le passé. Ces traits pourraient être regroupés selon le critère de l'absence de contrôle sur l'élite politique au pouvoir, à qui appartient en réalité la souveraineté, alors que les constitutions respectives la remettent entre les mains du peuple, masquant la dissociation gouvernants-gouvernés.

175. Cette contradiction devient de plus en plus évidente sous l'influence de l'idéologie démocratique, comme d'ailleurs le prédisait Emile Faguet[297]. Pour une introduction réussie de l'e-démocratie, il faudrait reconsidérer certains fondements et mécanismes juridiques du régime en cause, pour tenir compte de ces évolutions et mettre en place les moyens juridiques de contrôle des gouvernants par le peuple.

176. L'idée même de ce régime – la souveraineté de « l'aristocratie politique » qui agit au nom du peuple – devrait être repensée. A l'époque révolutionnaire, cette idée fut une avancée démocratique dans le sens que le nouveau régime a considérablement élargi l'accès au pouvoir politique. En effet, après le pouvoir monarchique, héréditaire, autocratique et avec un mandat à vie, le pouvoir des représentants élus, collégial et avec un mandat temporaire, est venu y substituer. Avec le renforcement ultérieur du pouvoir exécutif et, dans certains pays, juridictionnel, le nombre des gouvernants s'est encore élargi. Il semble qu'aujourd'hui, il soit temps d'élargir l'accès au pouvoir politique à un cercle de personnes encore plus vaste, en imposant des règles encore plus strictes concernant leur responsabilité. Pour ce faire, il est possible d'appliquer au rapport entre les gouvernants et les gouvernés une approche, proche de celle d'entreprise, entre les associés et les gestionnaires.

[297] V. par. 115.

Si l'Etat est considéré comme une entreprise sociale[298], le peuple représente les associés qui se sont réunis pour vivre ensemble, afin d'atteindre le bonheur au sens large du terme[299]. Les gouvernants pourraient être considérés comme les gestionnaires, nommés par les associés, afin d'assurer la gestion de l'état, dans le but de maximiser le bonheur des associés. Même si les pouvoirs des gestionnaires sont assez larges, ils sont responsables devant les associés et sont tenus de rendre des comptes régulièrement, au moins une fois par an, pour montrer et justifier les résultats obtenus. Si ces derniers sont peu satisfaisants aux yeux des associés, ils congédient les gestionnaires ou certains d'eux, pour en nommer d'autres. L'idée sous-jacente de cette approche serait de se débarrasser de la vision sacralisée du pouvoir politique, afin de lui en substituer une, plus pragmatique[300], conçue comme une coopération entre les gouvernants et les gouvernés, avec la souveraineté effective de ces derniers.

177. A première vue, il apparaît que ce concept ne ferait pas de différence avec la démocratie représentative puisque, dans le cadre de cette dernière, il est tout à fait possible de ne pas réélire les représentants non performants. Pourtant, les électeurs ne peuvent choisir que parmi les candidatures proposées et, en fonction du mode de scrutin, il arrive souvent qu'ils choisissent entre le mal et le pire, non selon leurs résultats mais suivant la conjoncture politique. De surcroît, la plupart des gouvernants ne sont pas élus du tout. L'essentiel serait alors de déplacer l'accent mis sur les personnalités et la confiance présumée des électeurs, ce qui est intrinsèque à la démocratie représentative, aux politiques menées et aux résultats atteints. Cette dépersonnification du régime contribuerait, elle aussi, à sa démocratisation. Par tous ces moyens, le concept proposé envisage d'introduire la souveraineté effective du peuple.

178. Ainsi, il convient d'abord de reconsidérer le contenu de la notion de souveraineté du peuple **(Section 1)**, pour examiner ensuite les instruments de l'exercice de cette souveraineté populaire **(Section 2)**.

---

298 V. dans le même sens Christine Fauré, *Des manuscrits de Sieyès. T. II 1770-1815*, Paris, Honoré Champion éditeur, 2007. p.556. *La liberté politique ne devient possible sur la terre que le jour où abjurant toute idée de gouvernement paternel en politique, on considère les membres d'une société comme des associés égaux capables chacun de se suffire de soi-même, et formant en commun leur entreprise sociale.*

299 Aristote, *La politique, op. cit.* Livre III, Ch. V, §11.

300 V. dans la même optique Dominique Rousseau, « De la démocratie continue », *op. cit.* p.15, qui promeut le concept de démocratie continue, *une nouvelle forme de relation entre représentants et représentés caractérisée par le droit de regard, le contrôle des seconds sur les premiers dont l'indépendance serait ainsi réduite*, ou Pierre Rosanvallon, *La contre-démocratie : la politique à l'âge de la défiance, op. cit.* p.38, qui décrit la contre-démocratie comme la *surveillance du pouvoir par la société.*

Section 1. La démocratie, l'exercice de la souveraineté du peuple

179. « La souveraineté du peuple est un principe incontestable, mais un principe abstrait dont l'existence n'est plus réelle que l'existence du contrat social[301] ». Ces propos de Barante sont vrais et faux en même temps. D'une part, il est vrai qu'après la chute de la démocratie athénienne jusqu'à aujourd'hui, le peuple n'a jamais eu la souveraineté en tant que droit, directement applicable et opposable aux gouvernants. Cela en fait un principe abstrait, philosophique, alors qu'en réalité, toute tentative du peuple à faire valoir sa souveraineté en dehors des voies prescrites rencontre une ferme opposition des pouvoirs publics. D'autre part, il est également vrai que tout gouvernement, même le plus despotique, existe par consentement tacite ou explicite du peuple. Dans une certaine mesure, il refléterait l'état d'esprit de son peuple. Montesquieu écrivait que « [l]es préjugés des magistrats ont commencé par être les préjugés de la nation[302] » alors que Joseph de Maistre soutenait que « [t]oute nation a le gouvernement qu'elle mérite ». Dans ce sens, la souveraineté du peuple est effectivement à l'origine de tout pouvoir et ce dernier se nourrit d'elle.

180. La démocratie électronique, dans son état développé, ne pourrait fonctionner sans que la notion de souveraineté du peuple devienne juridique, afin d'évacuer le problème de son incompatibilité avec le régime représentatif. Dans le cadre du concept d'e-démocratie envisagé, il convient donc de dégager la notion juridique de peuple **(Paragraphe 1)**, pour pouvoir analyser le contenu de la notion de souveraineté **(Paragraphe 2)**.

§1. Le peuple réel

181. Dans la tradition juridique française, il est difficile de parler du peuple sans mentionner la Nation. Les ouvrages de droit constitutionnel consacrent plusieurs pages à l'opposition entre la souveraineté nationale et la souveraineté populaire. Il semble cependant que cette opposition soit plutôt fictive, créée dans le but de concilier la réalité du régime représentatif avec les exigences démocratiques **(A)**.

182. Dans le contexte contemporain des migrations massives, la souveraineté réelle du peuple ne peut pas être vraiment envisagée, sans considérer la superposition des souverainetés **(B)**. De nos jours, il est devenu courant qu'un individu cumule plus d'une citoyenneté, ce qui implique

[301] Pierre Rosanvallon, *La démocratie inachevée : histoire de la souveraineté du peuple en France*, *op. cit.* p.124.

[302] Montesquieu, *De l'esprit des lois.* Première partie : Livres I à VIII. Une édition électronique réalisée à partir du livre de Montesquieu, De l'Esprit des lois (1748). Genève, Barillot, *op. cit.* p.25.

l'exercice de plusieurs souverainetés. Cela peut mettre en cause certains concepts constitutionnels bien établis.

A. Le peuple et la nation

183. L'opposition fictive du peuple et de la Nation **(1)**, empêche de voir l'essence de la notion de peuple comme l'ensemble des individus **(2)**.

1. L'opposition fictive

184. Francis Hamon et Michel Troper expriment cette opposition de manière suivante. La théorie de souveraineté du peuple enseigne que la souveraineté appartient au peuple, ce dernier signifie un ensemble des hommes vivant sur un territoire donné. Ce peuple, en tant qu'être réel, exerce sa souveraineté lui-même. La conséquence de cette théorie est la démocratie directe. Au contraire, la théorie de la souveraineté nationale suppose la souveraineté de la Nation, un être abstrait qui peut être défini par la continuité des générations ou un intérêt général qui transcenderait les intérêts particuliers. Cet être abstrait ne peut pas exercer lui-même la souveraineté et, pour ce faire, a besoin des représentants. Il en découle le régime représentatif[303].

185. Les auteurs dénoncent la faiblesse de cette opposition traditionnelle, en recourant d'abord aux arguments historiques. En analysant les constitutions françaises successives, ils démontrent qu'il s'agit plutôt de la justification *a posteriori* que de la mise en œuvre des règles à partir de telle ou telle doctrine, choisie par les constituants. Ensuite, ils critiquent l'idée de la conception dogmatique des constitutions qui présuppose que « les constituants commenceraient par poser l'un ou l'autre des deux principes pour en déduire les conséquences[304] ». Alors qu'en réalité, selon eux, il peut arriver qu'on énonce d'abord des règles et ensuite les principes, puisque les choix faits par les constituants sont plutôt contingents ou rhétoriques que logiques. De plus, il ne faut pas sous-estimer l'influence d'interprétations postérieures qui peuvent donner une autre signification à un énoncé que celle conçue par les constituants. Ils indiquent par exemple que les notions de peuple et de nation pouvaient être synonymes en 1793, alors que maintenant, elles sont plutôt opposantes[305]. Par la suite, en analysant la constitution de 1791, ils soutiennent qu'à l'époque, le concept de souveraineté nationale a été inventé, afin d'octroyer la qualité du titulaire de la souveraineté à la Nation composée du peuple et du Roi, afin d'évacuer la question de l'exercice de la souveraineté par le peuple.

---

[303] Francis Hamon, Michel Troper, *Droit constitutionnel, op. cit.* p.161.
[304] *Ibid.* p.163.
[305] *Ibid.*

186. Selon Marie-Claire Ponthoreau, la notion de souveraineté est liée au processus de centralisation et de monopolisation du pouvoir[306]. Elle analyse des concepts européens de souveraineté comme l'histoire de la recherche d'un compromis : il fallait « trouver un nouveau titulaire de la souveraineté [autre que le Roi] pour entretenir l'idée qu'elle n'a pas perdu son caractère illimité tout en désamorçant son potentiel destructeur[307] ». Pour ce faire, les droits constitutionnels européens ont dégagé les solutions différentes, sans échapper, au moins en France pendant la Terreur, à la démonstration de ce potentiel dangereux. En Angleterre, la doctrine *King/Queen in Parliament* est avancée qui considère la Couronne comme une partie du Parlement qui détient la souveraineté. En France, la recherche d'un compromis entre la souveraineté monarchique et la souveraineté populaire aboutit à la mise en place de la doctrine de la souveraineté nationale. Etant une entité sociale abstraite, la Nation a besoin d'être représentée, pour devenir une entité politique. L'auteure fait remarquer qu'alors que le concept de souveraineté a été inventé pour trouver un nouveau fondement du pouvoir politique qui ne pouvait plus être le droit divin, la Nation dans la pensée révolutionnaire, « se voit reconnaître les attributs d'une divinité : elle est une, indivisible et inaliénable[308] ». Ainsi, l'invention du concept de souveraineté nationale aurait contribué à la continuation de la tradition de sacralisation du pouvoir politique, une autre forme de sa confiscation. En Allemagne, la souveraineté a été d'abord attribuée à l'Etat pour ensuite être transférée au peuple. Cependant, en n'autorisant pas le référendum, la constitution allemande actuelle n'assume pas les conséquences de ce choix du titulaire, « ce qui renforce l'idée que la souveraineté ne correspond plus à l'exercice immédiat du pouvoir politique par son titulaire[309] ». En ce sens, il semble que la solution de la constitution des Pays-Bas de ne pas avoir le souverain du tout soit la plus réaliste, signalant que le compromis évoqué plus haut n'a jamais été trouvé.

187. Il apparaît toutefois que la question de savoir à qui appartient la souveraineté est importante, au moins dans un régime démocratique. Pourtant, en désignant le peuple comme souverain, il faut assumer les conséquences de ce choix. Sans moyens constitutionnels pour exercer sa souveraineté à son initiative, le peuple n'est pas souverain. Dans cette optique, l'opposition entre le peuple et la Nation semble avoir été inventée, pour contourner la question du titulaire de souveraineté ou bien de détourner l'attention de son vrai titulaire. En effet, ce sont les trois pouvoirs - le législatif, représentant du peuple, l'exécutif, avec le chef de l'Etat, encore un représentant du peuple, son gouvernement et son administration, ainsi que le juridictionnel interprétant ou abrogeant les textes adoptés par deux autres pouvoirs - qui sont

---

[306] Marie-Claire Ponthoreau, *Droit(s) constitutionnel(s) comparé(s)*, *op. cit.* p.324.
[307] *Ibid.* p.325.
[308] *Ibid.* p.326.
[309] *Ibid.* p.327.

en réalité gouvernants. C'est à eux que la souveraineté appartient, sauf lors des élections où le peuple choisit entre tel ou tel représentant parmi les membres de la classe politique.

2. *Le peuple des individus*

188. A l'époque de la déconstruction du concept d'Etat-nation, il devient délicat de réfléchir sur les notions de peuple, de Nation, d'Etat, de citoyenneté, de territoire étatique même. Suivant la pensée de Michel Troper, il serait donc préférable d'abandonner une telle étude, puisque ce n'est pas la tâche du juriste de conceptualiser ce qui n'existe pas encore, mais plutôt de théoriser la réalité constitutionnelle telle qu'elle existera au moment de l'élaboration de la théorie. Néanmoins, il convient d'entreprendre cet exercice, afin de comprendre comment l'e-démocratie pourrait être conceptualisée.

189. Le régime démocratique, qui est le seul compatible avec l'instauration efficace de l'e-démocratie, implique la souveraineté du peuple, conçue non pas comme la « souveraineté des pauvres », à l'instar de la démocratie en déclin à Athènes au –IV siècle, ni comme la souveraineté de la « noblesse d'Etat », selon l'expression de Pierre Bourdieu. Le peuple est l'ensemble des individus qui se sont associés pour vivre ensemble, selon des règles communes, afin d'atteindre le bonheur qui serait le but ultime de cette association[310]. Au moment du déclin de la fiction juridique de l'Etat où même le territoire n'est plus une catégorie stable, le peuple est la seule notion qui reste réelle.

190. La politique a déjà adopté une approche réaliste du peuple. Certaines e-campagnes, par exemple, visent déjà les individus et non plus une masse électorale. Ethan Roeder, directeur du département des données des campagnes d'Obama de 2008 et 2012, pense que l'engagement politique devient progressivement individuel. « Les sondeurs nous fournissent des concepts comme le papa bricoleur ou la femme au foyer qui servent à décrire de larges pans de l'électorat américain. Mais il s'agit de millions d'individus avec leurs millions de préoccupations personnelles et leurs caractéristiques uniques ». Les outils pour faire campagne sont en pleine mutation, afin de

---

[310] Dans le même sens, v. aussi Paul Bastid, *Sieyès et sa pensée*, Paris, Librairie Hachette, 1970. p.386 où l'auteur cite Sieyès : *Il était temps de considérer les sociétés sous leur vrai point de vue comme des associations volontaires d'hommes égaux en droit. Peu importe que l'histoire soit ou non conforme à cette supposition. Nous ne nous occupons pas de ce qui a été, mais de ce qui doit être.* et Emmanuel-Joseph Sieyès, « Préliminaire de la Constitution », in *Ecrits politiques*, Paris, Ed. des archives contemporaines, 1985. p. 194. *L'objet de l'union sociale est le bonheur des associés.*

s'adresser directement à chaque personne et à ses préoccupations individuelles[311].

191. Le droit hésite cependant à assumer la réalité. Depuis longtemps, le droit constitutionnel a posé une distinction entre le peuple comme construction juridique et le peuple en tant que réalité sociologique, l'addition des individus vivant sur le territoire de l'Etat, afin d'écarter la menace qu'il utilise sa souveraineté de manière oppressive[312]. « Il était nécessaire de n'entendre comme peuple qu'une puissance incapable[313] ». Le peuple juridique, « le peuple de citoyens », obtient ainsi des traits d'« un saint laïc[314] », capable de disposer prudemment de sa souveraineté. Quant au peuple réel, le peuple des individus, le droit adopte le raisonnement suivant : si le peuple est composé d'individus, il peut lui-même exercer sa souveraineté, ainsi la volonté de la majorité prévaudrait sur la volonté générale ce qui nuirait aux intérêts de la minorité. Les objections suivantes peuvent être soulevées à l'égard de cette vision quelque peu simplificatrice. D'abord, la « minorité », comme d'ailleurs aussi la majorité, n'est pas unie et homogène. Elles ne semblent donc pas pouvoir se réduire à une minorité ou une majorité stable et monolithique. Puis, la volonté d'une majorité peut présenter plus de qualités de la volonté générale que celle fabriquée par les dirigeants, souvent en dehors du marché politique, qui peut bien être une volonté minoritaire. Enfin, le fait que la volonté de la majorité est retenue ne signifie pas nécessairement que les intérêts des minorités soient violés. C'est la manière dont le peuple disposerait des conséquences de ce choix qui importe. Par exemple, il est difficile d'imaginer que la volonté générale, conçue par le créateur du concept comme la somme des différences entre les volontés particulières[315], puisse être dégagée d'un choix binaire, entre deux options opposées ou non compatibles. Dans tel cas, il y aura toujours une partie « perdante », ce qui, en soi, ne lui nuirait pas, sauf si la majorité gagnante utilise cette situation pour lui nuire. Au moins, l'existence des élections démocratiques n'est pas encore mise en doute, alors que lors d'elles, ce sont exactement les individus citoyens qui votent (et non les « saints laïcs ») et à leur issue, se forme une minorité « perdante ». Par ailleurs, s'il se trouve qu'une certaine minorité est toujours en minorité pendant une période de temps suffisamment longue ou sur des questions d'importance capitale, cela pourrait signifier que l'état d'esprit de cette minorité est entré en contradiction avec celui de la « majorité », c'est-à-dire qu'elles ne partagent plus le but de leur association qui les avait fait devenir « un peuple ». A condition que la majorité n'en profite pas pour

---

[311] Ziad Maalouf, « Comment Obama for America a réinventé la campagne numérique », *Atelier des médias* 2012. [réf. 20/10/2017], v. : http://atelier.rfi.fr/profiles/blogs/campagne-numerique-obama.

[312] Georges Burdeau, *La démocratie*, *op. cit.* p. 24.

[313] *Ibid.*

[314] *Ibid.*

[315] Jean-Jacques Rousseau, *Du contrat social ou principes du droit politique*, *op. cit.* p.18-19.

imposer ses idées à la minorité, cette dernière peut continuer de promouvoir ses idées, pour devenir un jour la majorité ; essayer de s'intégrer dans un autre peuple ; ou bien, en vertu du principe de libre détermination du peuple, se constituer en un peuple[316]. L'on peut noter au passage que le marketing politique contemporain, fondé sur la recherche des clivages pour bien présenter une offre politique, contient des germes de division du peuple, surtout s'il est diversifié et les clivages trouvés touchent aux valeurs personnelles.

192. Ainsi, le peuple à l'époque de l'e-démocratie est une association libre, non imposée par le fait de la naissance de ses membres dans un endroit commun, mais unie par les buts attribués à cette association d'individus ou bien par leur vision du bonheur, le but de toute association politique. L'Etat, fiction juridique, héritier des seigneurs médiévaux et des empires modernes, prétendant à la mainmise sur son peuple sous prétexte de libre exercice de sa souveraineté et de l'inviolabilité de son territoire, pourrait donc s'effacer au profit du peuple réel et son autodétermination.

193. Il convient ensuite d'aborder la question de juxtaposition des peuples réels.

B. Le peuple et les autres peuples

194. A l'heure actuelle des migrations massives, il convient de se saisir de la problématique de superposition des souverainetés des peuples différents **(1)** ainsi que de la constitutionnalisation du statut des « plurinationaux » **(2)**.

1. La multiple appartenance nationale, la réalité juridique

195. La migration massive des populations est devenue un des traits distinctifs de notre époque. En 2011, l'on comptait entre 4 et 5 millions de binationaux en France, soit entre 6,2 et 7,7% de la population[317], tandis que « plus de la moitié des 2.5 millions des Français de l'étranger » étaient binationaux[318]. Près de 10% de la population française était donc binationale. La même année, 3,8 millions de non-nationaux résidaient en France, soit 5,9 % de la population, dont 2,1% étaient des ressortissants de l'UE et 3,8% des pays tiers. Au total, au sein de la population française en 2011, environ 15% des personnes avaient une « allégeance » étrangère. A la date actuelle, ce

---

[316] V. en ce sens, Anne Levade, *Souveraineté et compétences des Etats*, dir. Jean-Jacques Israël, Université Paris XII, 1997. p. 642 et s.

[317] Insee, *Accroissement de la population*, 2011. [réf. 20/10/2017], v. : https://www.insee.fr/fr/statistiques/1373635?sommaire=1373710. *Au 1er janvier 2011, la population française dépasse pour la première fois les 65 millions d'habitants.*

[318] Constance Jamet, « *La double nationalité, une tradition française* », *Le Figaro*, 22/06/2011. [réf. 20/10/2017], v. : http://www.lefigaro.fr/politique/2011/06/22/01002-20110622ARTFIG00689-la-double-nationalite-une-tradition-francaise.php.

chiffre semble augmenter davantage[319]. Dans ce contexte, il n'est pas inintéressant de se saisir d'une question de la superposition des souverainetés. Il est vrai qu'à l'heure actuelle, elle présente un intérêt plutôt théorique, faute d'octroi aux étrangers du droit de vote en lequel consiste essentiellement l'exercice de la souveraineté par le peuple. Cependant, à la lumière du concept réaliste du peuple exposé plus haut, cette question a de l'importance.

196. Dans la perspective qu'une personne pourrait simultanément user de ses droits attachés à l'exercice de la souveraineté en étant au sein de deux peuples, la question qui se pose est de savoir si cela peut remettre en cause le concept de citoyenneté, adopté par le droit constitutionnel contemporain. Comme l'argumente Anne Levade, le lien entre les notions juridiques de peuple « de citoyens », de nation et de citoyenneté est déterminant[320]. Il a été réaffirmé par le juge constitutionnel français dans la décision du 9 avril 1992, où il a jugé contraire à la Constitution l'octroi aux ressortissants européens du droit de vote aux élections municipales françaises. Selon lui, « le quatrième alinéa de l'article 3 de la Constitution implique que seuls les "nationaux français" ont le droit de vote et d'éligibilité aux élections effectuées pour la désignation de l'organe délibérant d'une collectivité territoriale de la République et notamment pour celle des conseillers municipaux ou des membres du Conseil de Paris[321] ». L'auteure cite également une décision similaire de la Cour constitutionnelle allemande. « Tout pouvoir d'Etat émane du peuple. [...] C'est le peuple politique de la République Fédérale d'Allemagne. [...] En tant qu'Etat démocratique, elle ne peut être pensée sans l'universalité des personnes [...] Cette universalité des personnes constitue le peuple politique duquel émane la souveraineté. L'appartenance au peuple politique est ainsi fondamentalement conférée par la nationalité[322] ». Ces deux décisions, à première vue identiques, ne le sont pas complètement, puisqu'en Allemagne, la nationalité est exclusive au sens que, sauf certaines exceptions, il n'est pas légalement autorisé à acquérir volontairement une autre nationalité que celle allemande alors que pour obtenir cette dernière, il faut renoncer à sa nationalité antérieure[323]. En France, il est possible d'avoir plusieurs nationalités. Néanmoins, l'on peut remarquer que le fil rouge de ces deux décisions est une certaine idée d'exclusivité de la citoyenneté. Cela se

---

[319] V. par ex. Insee, *Tableaux de l'économie française, Étrangers-Immigrés*, 2017. [réf. 20/10/2017], v. : https://www.insee.fr/fr/statistiques/2569332?sommaire=2587886.

[320] Anne Levade, *Souveraineté et compétences des Etats. op. cit.* p.629 s.

[321] Conseil constitutionnel, *Décision n° 92-308 DC du 09 avril 1992. Traité sur l'Union européenne*, [réf. 20/10/2017], v. : www.conseil-constitutionnel.fr/decision/1992/92308dc.htm.

[322] Anne Levade, *Souveraineté et compétences des Etats. op. cit.* p.631.

[323] Nationality Act of 22 July 1913 (Reich Law Gazette I p. 583 - Federal Law Gazette III 102-1), as last amended by Article 1 of the Second Act Amending the Nationality Act of 13 November 2014 (Federal Law Gazette I p. 1714), [réf. 20/10/2017], v.: http://www.gesetze-im-internet.de/englisch_rustag/englisch_stag.html. Section 10, 12.

confirme d'ailleurs par le statut des plurinationaux en France qui sont considérés comme ayant la seule nationalité française.

197. L'idée d'exclusivité de la citoyenneté pourrait être vue comme un vestige du concept d'allégeance, par le fait de la naissance, à un seul seigneur. A l'heure actuelle, elle semble s'effacer. Par exemple, la citoyenneté de l'Union européenne (UE), « une citoyenneté d'un nouveau type, puisque dépourvue de bases territoriales nationales », peut être citée en exemple de contestation de la notion juridique de citoyenneté[324]. A une époque de la primauté de l'utilité économique entraînant des migrations massives de main-d'œuvre, la nationalité et la citoyenneté perdent leur caractère exclusif et sont plutôt regardées par leurs titulaires comme une formalité facilitant des voyages entre les centres des intérêts vitaux et l'intégration dans les sociétés d'accueil. Ainsi, l'exercice simultané de plus d'une souveraineté en fonction du nombre de tels centres serait inévitable, par analogie avec l'obligation de payer des impôts dans les pays de résidence. Tant qu'un tel exercice n'est pas une obligation, le nombre de centres des intérêts vitaux peut ne pas coïncider avec celui de lieux d'exercice de la souveraineté. En Nouvelle-Zélande, qui accorde le droit de vote aux résidents étrangers, ils ne votent pas tous. Ils n'ont pas non plus organisé un parti politique destiné à la protection de leurs intérêts, probablement parce que ce n'est pas nécessaire. Cela peut également signifier qu'une partie des résidents étrangers ne regarde pas son pays de résidence comme un centre des intérêts politiques et n'exerce donc pas son droit de vote. L'aspect négatif de la superposition des souverainetés serait la combinaison de souverainetés incompatibles, par exemple, de la souveraineté française et celle d'un Etat terroriste. Leurs buts et leur vision du bonheur sont contradictoires, bien que l'on puisse en principe avoir ses centres des intérêts vitaux dans ces deux états. La loi française, de son côté, a trouvé des moyens de combattre une telle instrumentalisation de la nationalité, en instaurant la possibilité de la déchéance de la nationalité française en cas de commission des crimes et délits les plus graves dont le terrorisme ou « des actes incompatibles avec la qualité de Français et préjudiciables aux intérêts de la France[325] ». A l'heure actuelle, cette sanction ne concerne que les personnes ayant acquis la qualité de Français. La possibilité de l'extension de la déchéance à tous les bi- et plurinationaux crée de vifs débats. Serge Slama argumente qu'« il y a certainement une différence de traitement entre les Français qui ont une nationalité et les Français qui ont une double

---

[324] Anne Levade, *Souveraineté et compétences des Etats. op. cit.* p.632. *La citoyenneté prévue dans le cadre de l'Union européenne, est très éloignée de la notion de citoyenneté telle qu'elle est envisagée en droit constitutionnel.*

[325] Code civil, [réf. 20/10/2017], v. : https://www.legifrance.gouv.fr/affichCode.do?cidTexte=LEGITEXT000006070721. art.25.

nationalité[326] ». Une telle différence de traitement entre les Français a été entérinée il y a bien longtemps par l'article 25 du Code civil. Serge Slama doute de la légalité de cette mesure. « Le Conseil constitutionnel a toutefois admis en 1996 et en 2015 qu'on pouvait traiter différemment les Français par naturalisation et les autres Français au regard de la gravité des crimes. En revanche, au regard de la jurisprudence de la Cour européenne des droits de l'Homme, je ne suis pas sûr que ce serait validé[327] ». En même temps, étendre cette mesure à tous les Français pourrait créer des apatrides[328]. Le problème est donc loin d'être trivial.

2. *Les droits politiques embryonnaires des plurinationaux*

198. Après une longue période de méfiance envers les bi- et plurinationaux, les droits nationaux européens montrent une nette dynamique d'assouplissement des restrictions pesant sur eux. La France, par exemple, s'est montrée ouverte aux multiples nationalités, en dénonçant le chapitre 1 de la Convention sur la réduction des cas de pluralité de nationalités et sur les obligations militaires en cas de pluralité de nationalités du 6 mai 1963. Cela ne veut pas dire qu'une telle ouverture soit sans limites. La loi n°2011-672 du

---

326 Sami Kiliç, « *L'extension de la déchéance de nationalité menace le droit du sol et du sang* », *ZamanFrance*, [réf. 20/10/2017], v. : http://www.zamanfrance.fr/article/lextension-decheance-nationalite-menace-droit-sol-sang-19196.html.

327 *Ibid.*

328 V. la décision médiane du Conseil Constitutionnel, *Décision n° 2014-439 QPC du 23 janvier 2015. M. Ahmed S. [Déchéance de nationalité]*, [réf. 20/10/2017], v. : www.conseil-constitutionnel.fr/decision/2015/2014439qpc.htm. *Considérant que ne peuvent être déchus de la nationalité française que ceux qui ont acquis cette nationalité et qui ont également une autre nationalité ; [...]13. Considérant que les personnes ayant acquis la nationalité française et celles auxquelles la nationalité française a été attribuée à leur naissance sont dans la même situation ; que, dans sa décision du 16 juillet 1996, le Conseil constitutionnel a jugé que le législateur a pu, compte tenu de l'objectif tendant à renforcer la lutte contre le terrorisme, prévoir la possibilité, pendant une durée limitée, pour l'autorité administrative de déchoir de la nationalité française ceux qui l'ont acquise, sans que la différence de traitement qui en résulte viole le principe d'égalité ; 14. Considérant que, d'une part, depuis cette décision du 16 juillet 1996, la faculté de prononcer la déchéance de nationalité a été étendue dans la mesure où, en vertu de la loi du 26 novembre 2003 susvisée, cette déchéance peut être prononcée pour des faits antérieurs à l'acquisition de la nationalité ; que cette possibilité nouvelle ne conduit pas à un allongement du délai au cours duquel la nationalité française peut être remise en cause ; 15. Considérant que, d'autre part, depuis cette décision du 16 juillet 1996, la loi du 23 janvier 2006 susvisée a porté de dix à quinze ans les délais prévus aux deux premiers alinéas de l'article 25-1 pour les faits visés au 1° de l'article 25 ; que ce délai de quinze ans prévu au premier alinéa de l'article 25-1, qui ne saurait être allongé sans porter une atteinte disproportionnée à l'égalité entre les personnes ayant acquis la nationalité française et celles auxquelles la nationalité française a été attribuée à leur naissance, ne concerne que des faits d'une gravité toute particulière ; que le délai prévu au deuxième alinéa de l'article 25-1 est également limité à quinze ans pour les faits visés au 1° de l'article 25 ; 16. Considérant qu'il résulte de ce qui précède que le grief tiré d'une atteinte au principe d'égalité doit être écarté.*

16 juin 2011 relative à l'immigration, à l'intégration et à la nationalité dispose que « lors de son acquisition de la nationalité française par décision de l'autorité publique ou par déclaration, l'intéressé indique à l'autorité compétente la ou les nationalités qu'il possède déjà, la ou les nationalités qu'il conserve en plus de la nationalité française ainsi que la ou les nationalités auxquelles il entend renoncer ». Dans le même temps, les Français par naissance ne sont pas obligés d'informer les autorités françaises compétentes en cas d'acquisition d'une nationalité étrangère. Pour cette raison, il n'existe pas de statistiques précises sur le nombre de plurinationaux français. En tout état de cause, « en vertu du principe de souveraineté », tous les plurinationaux qui ont la nationalité française sont considérés par la France comme citoyens exclusivement français ayant les droits et obligations attachés à la possession de la nationalité française. En ce qui concerne les moyens d'exercice de la souveraineté par les plurinationaux, ils ne sont pas les mêmes partout. Si les Français à l'étranger peuvent voter à distance à certaines élections[329] ou établir une procuration, de telles modalités de vote ne sont pas assurées à tous les plurinationaux. La plupart des temps, ils sont invités à voter dans les ambassades qui peuvent être très éloignées de leur domicile. Ainsi, ils peuvent de facto être exclus de l'exercice de la souveraineté.

199. La situation des non-nationaux s'améliore aussi. Après l'arrêt Gaygusuz c. Autriche[330] de la Cour européenne des droits de l'homme, les étrangers se sont vu accorder des droits sociaux par les Etats membres de la Convention. En outre, ils peuvent voter aux élections non politiques, dans les instances représentatives du personnel, les syndicats et les conseils d'administration de certains établissements publics. Quant au droit de vote aux élections politiques, il y a encore un long chemin à faire pour qu'il soit acquis. « Les résidents étrangers étaient peut-être le seul groupe social restant qui a été volontairement, et certains pourraient dire légitimement, discriminé par les états démocratiques dans l'attribution du droit de vote[331] ». Il est possible de changer le passé en présent sans détourner les faits.

200. En France, il a fallu une révision constitutionnelle pour inscrire dans la Constitution le droit de vote aux élections municipales des citoyens de

---

[329] Le gouvernement a décidé, sur la recommandation de l'ANSSI, de ne pas recourir à cette modalité de vote lors des élections législatives de 2017, *en raison du contexte actuel, caractérisé par un niveau de menace extrêmement élevé de cyberattaques. France Diplomatie. Vote par Internet,* [réf. 20/10/2017], v. : https://www.diplomatie.gouv.fr/fr/services-aux-francais/voter-a-l-etranger/modalites-de-vote/vote-par-internet/.

[330] CEDH, 16 septembre 1996, *Gaygusuz c. Autriche*, [réf. 20/10/2017], v.: http://hudoc.echr.coe.int/eng?i=001-62619.

[331] David C. Earnest, « Voting Rights for Resident Aliens: A Comparison of 25 Democracies », in *2003 annual meeting of the Northeast Political Science Association and the International Studies Association-Northeast.* [réf. 20/10/2017], v.: http://ww2.odu.edu/~dearnest/pdfs/Earnest_ISANE_2003.pdf. *Resident aliens were perhaps the one remaining societal group against which democratic states willingly, and some might say legitimately, discriminated in the allocation of the right to vote.*

l'Union européenne résidant en France. Il avait été jugé contraire à la Constitution par une décision du Conseil constitutionnel du 2 septembre 1992[332]. En effet, « plutôt que de renforcer les droits des résidents étrangers comme on le suppose, les tribunaux activistes sont plus susceptibles de les restreindre. Il est clair que ce sont les législateurs, et non les tribunaux, qui sont à l'origine de l'expansion des droits politiques[333] ». Il n'appartient qu'au législateur de changer la loi. En ce qui concerne le droit de vote aux élections municipales des ressortissants des pays tiers, cette revendication est récurrente sur l'agenda politique depuis les années 1970. Dès 1999, la proposition de loi constitutionnelle fait la navette entre l'Assemblée nationale et le Sénat alors que moins d'un Français sur deux y est favorable[334]. Pendant la même période de temps, plusieurs pays européens ont accordé ce droit aux étrangers : soit sous certaines conditions, soit à la seule condition de durée de résidence, soit sans conditions. L'Irlande, le Danemark, la Suède et certains cantons suisses autorisent les étrangers à voter lors des élections locales en sus des municipales[335]. Comme l'argumente le professeur américain David Earnest, « les Etats qui partagent la doctrine de *jus soli* sont plus susceptibles d'accorder le droit de vote aux résidents étrangers que les états de *jus sanguinis*. [...] Les Etats membres de l'UE sont beaucoup moins susceptibles de le faire. [...] Un système développé d'aide sociale semble corréler positivement avec le traitement des résidents étrangers[336] ». A l'échelle mondiale, cependant, il n'y a que quatre pays qui accordent à leurs résidents étrangers un droit de vote égal à celui des nationaux. La Nouvelle-Zélande qui peut être considérée comme pionnière en la matière a octroyé le droit de vote aux femmes en 1893 et aux étrangers en 1975. Elle compte à l'heure actuelle 25% des immigrés dans sa population. Même si depuis 1975, l'immigration a considérablement augmenté et n'est plus homogène comme avant, le droit de vote des étrangers n'a pas été remis en question. Au contraire, les partis

---

332 Conseil constitutionnel, *Décision n° 92-312 DC du 2 septembre 1992, Traité sur l'Union européenne*, [réf. 20/10/2017], v. : www.conseil-constitutionnel.fr/decision/1992/92312dc.htm.

333 David C. Earnest, « Voting Rights for Resident Aliens: A Comparison of 25 Democracies », *op. cit. Rather than enhancing the rights of resident aliens as hypothesized, activist courts are more likely to curtail such rights. Clearly legislatures, not courts, are driving the expansion of political rights*. V. dans le sens contraire, Dominique Rousseau, *Radicaliser la démocratie. Propositions pour une refondation, op. cit.* p.56 s.

334 « *Sondage : les français de moins en moins favorables au droit de vote des étrangers* », *Huffington Post*, 24/11/2014. [réf. 20/10/2017], v. : http://www.huffingtonpost.fr/2014/11/24/droit-de-vote-etrangers-francais-moins-favorables-politique_n_6212012.html.

335 Sénat, *Étude de législation comparée n° 218 - novembre 2011 - Le droit de vote des étrangers aux élections locales*, Paris, 2011. [réf. 20/10/2017], v. : http://www.senat.fr/lc/lc218/lc218_mono.html.

336 David C. Earnest, « Voting Rights for Resident Aliens: A Comparison of 25 Democracies », *op. cit.*

politiques se battent pour les votes des immigrés[337]. Selon la professeure de science politique Kate McMillan, le concept néo-zélandais de citoyenneté où la participation politique n'est pas subordonnée à la naturalisation correspond « à son expérience contemporaine d'un pays qui est en concurrence mondiale pour attirer des migrants qualifiés, instruits et fortunés issus de milieux ethniques et nationaux divers[338] ».

201. Le concept exclusif de citoyenneté adopté par plusieurs démocraties occidentales semble en ce sens obsolète et incompatible avec les exigences démocratiques, notamment avec l'e-démocratie. En effet, les résidents étrangers sont soumis à toutes les obligations inhérentes à la citoyenneté dont la principale est fiscale, sans avoir tous les droits correspondants, dont le droit de responsabiliser la classe politique au pouvoir par le biais de leur vote. L'ancien principe « pas d'impôts sans représentation » devrait finalement trouver sa pleine application.

202. Tout comme la notion de peuple, le concept de souveraineté devrait aussi changer dans le cadre de l'e-démocratie.

§2. La définition de la souveraineté

203. Il est étonnant de voir les équivoques que le droit constitutionnel a inventées, afin de théoriser la souveraineté nationale. La Nation étant un être abstrait, incapable d'exercer sa souveraineté, la notion de souveraineté a souffert plusieurs ajustements, pour pouvoir se rapprocher de la réalité. Cela n'a pourtant pas complètement abouti. Au contraire, une telle ambiguïté de la notion a conduit à la confondre, soit avec les compétences de l'Etat **(A)**, soit avec la puissance de ses organes **(B)**. Si en revanche l'intermédiaire, la Nation, est éliminé, la notion de souveraineté devient plus claire et peut être comprise comme la puissance originaire de décision d'un groupe des individus, associés de l'Etat donné.

A. La souveraineté et les compétences

204. La souveraineté est souvent identifiée aux compétences de l'Etat **(1)**, alors qu'elle précède les compétences étatiques, étant la puissance à l'origine de toute association « Etat » **(2)**.

---

[337]Kate Mcmillan, « National Voting Rights for Permanent Residents: New Zealand's Experience », in *Global Migration: Old Assumptions, New Dynamics,* Santa Barbara, Praeger, 2015. [réf. 20/10/2017], v.: http://ssrn.com/abstract=2449068. *New Zealand's inclusive definition of political community suits its contemporary experience as a country that competes globally for skilled, educated and moneyed migrants from diverse ethnic and national backgrounds.*

[338] *Ibid.*

1. La « schizophrénie » de la souveraineté[339]

205. Une notion centrale de la théorie juridique de l'Etat[340], la souveraineté, « cette mystérieuse puissance[341] », est « difficile à cerner[342] ». Michel Verpeaux en distingue trois facettes : (1) la capacité à être libre de toute contrainte, autrement dit, la qualité d'un Etat qui n'a pas de supérieur et n'est pas soumis à une autre puissance ; (2) la somme des pouvoirs et des compétences étatiques, ce qu'on appelle des compétences régaliennes, par exemple, de légiférer ou de battre de la monnaie ; (3) la qualité de celui qui est tout puissant dans l'Etat, qui peut tout faire[343]. Jean Gicquel et Jean-Éric Gicquel avancent la même idée, en appelant la première facette la souveraineté de l'Etat et la deuxième la souveraineté dans l'Etat. Francis Hamon et Michel Troper distinguent quatre significations de cette notion : premièrement, un caractère de l'Etat d'être indépendant de quelque entité que ce soit, tant à l'interne qu'à l'externe (souveraineté internationale); deuxièmement, la puissance d'un organe qui n'est soumis à aucun contrôle et produit le droit de sa propre volonté (souveraineté du Parlement) ; troisièmement, un ensemble des pouvoirs exercés, les attributs de la souveraineté (puissance de l'Etat, divisible) ; quatrièmement, une qualité de l'être, réel ou fictif, au nom de qui est exercé le pouvoir de l'organe suprême (Parlement). « C'est en ce sens que l'on dit que seule la nation ou le peuple est souverain[344] ». L'idée principale est donc la même, seulement ces auteurs séparent la souveraineté de l'organe suprême (la souveraineté effective), de celle de son titulaire (la souveraineté formelle). Louis Favoreu a essayé de trancher cette multiplicité sémantique. Selon lui, « juridiquement, la « souveraineté » n'est autre chose qu'une compétence, soit de l'ordre juridique en tant que tel, soit conférée par lui[345] ». Dans cette optique, il distingue la souveraineté internationale, autrement dit, la souveraineté de l'Etat, et la souveraineté comme compétence dans l'Etat.

206. Malgré sa simplicité séduisante, cette dernière solution a été jugée insuffisante par Anne Levade qui argumente que « le concept de souveraineté de l'Etat ne se résume pas à un principe de compétence étatique exclusive dans un certain nombre de matières[346] ». Selon elle, « le maintien de la souveraineté s'analyse davantage comme la manifestation de la volonté populaire qu'en

---

339 L'expression appartient au professeur Olivier Dubos, cours de droit administratif de M2 Droit public fondamental, Université de Bordeaux, 2014.

340 Michel Verpeaux *et al.*, *Droit constitutionnel. Les grandes décisions de la jurisprudence*, Paris, PUF, 2010. p.73.

341 Francis Hamon, Michel Troper, *Droit constitutionnel*, *op. cit.* p.159.

342 Jean Gicquel, Jean-Éric Gicquel, *Droit constitutionnel et institutions politiques*, 26e édition, Paris, Montchrestien, 2012. p.61.

343 Michel Verpeaux *et al.*, *Droit constitutionnel. Les grandes décisions de la jurisprudence*, *op. cit.* p.73.

344 Francis Hamon, Michel Troper, *Droit constitutionnel*, *op. cit.* p. 159-160.

345 Louis Favoreu *et al.*, *Droit constitutionnel*, Paris, Dalloz, 2015. p.45.

346 Anne Levade, *Souveraineté et compétences des Etats*. *op. cit.* p.551.

termes de compétences étatiques[347] ». Tout en adhérant à son point de vue, il convient d'ajouter le suivant. Dans toutes les explications de la notion, il est possible de trouver deux figures, deux titulaires de la souveraineté. Le premier souverain, c'est l'Etat, une fiction juridique, mais qui peut exercer la souveraineté dans le sens de commandement et d'obéissance à l'intérieur et dans celui d'indépendance à l'extérieur. Le second souverain est soit le peuple, soit la Nation. Cependant, tous deux ne sont que des êtres fictifs, des constructions juridiques, qui ne peuvent exercer leur souveraineté que par le biais des gouvernants, parfois élus. La souveraineté du peuple réel, de l'universalité des citoyens, consiste essentiellement dans le choix de certains gouvernants à partir d'un éventail de candidats présentés aux élections, donc dans un choix encadré, voire imposé, ce qui semble éloigné de l'idée de la souveraineté. Ainsi, la seule et unique souveraineté appartient à l'Etat auquel les citoyens ont un rapport d'allégeance et d'obéissance et qui les protège, commande et établit l'ordre juridique, pour gérer les relations dans et avec la communauté de ses sujets. Cependant, d'un point de vue réaliste, qui est l'Etat souverain en tant que détenteur du pouvoir politique, sinon les gouvernants ? En ce sens, l'essence de la notion contemporaine de souveraineté n'est que la justification et la limitation[348] de la souveraineté des gouvernants que l'on appelle démocratie représentative.

207. Prise dans ce sens, la notion de souveraineté ne saurait être compatible avec l'e-démocratie. Pour bien asseoir cette dernière, elle aurait besoin d'une nouvelle appréciation.

2. La souveraineté comme pouvoir décisionnaire d'un groupe d'individus

208. En revenant aux origines de la notion de souveraineté, il est possible de comprendre pourquoi sa signification semble obsolète aujourd'hui, à l'époque de la gouvernance des idées démocratiques. Jean Gicquel et Jean-Éric Gicquel font voir que « cette conception, dégagée par Jean Bodin en 1576, établit une équivalence entre souveraineté et indépendance absolue, [...] le pouvoir le plus élevé ou le commandement suprême dans une société. [...] Cette construction porte, dans une large mesure, la marque de l'époque à laquelle elle a été formulée[349] ». Ils rappellent que la conception a servi d'un support idéologique pour affirmer la suprématie du roi à l'égard des grands feudataires ainsi que l'indépendance de la Couronne par rapport au Saint-Siège et au Saint-Empire romain germanique. La théorie de la souveraineté était donc indispensable pour justifier la prépondérance du roi sur d'autres

---

[347] *Ibid.* p.529.

[348] Charles Rousseau, cité par Anne Levade, note que *la doctrine aujourd'hui dominante s'est efforcée de présenter celle-ci [la souveraineté] comme une notion strictement juridique, s'analysant en un pouvoir limité par le droit. Ibid.* p.553.

[349] Jean Gicquel, Jean-Éric Gicquel, *Droit constitutionnel et institutions politiques, op. cit.* p.61.

centres du pouvoir politique. Les traits de la souveraineté – l'absoluité, la perpétuité et l'indivisibilité[350] - servaient à légitimer le pouvoir du monarque, qui ne pouvait être ni limité ni partagé avec d'autres puissances politiques. Même « démocratisée » par Sieyès et surtout par Rousseau, la souveraineté reste absolue et indivisible. Cependant, si l'on essaie d'appliquer cette théorie à la réalité constitutionnelle, une telle entreprise se heurte à plusieurs obstacles. « Comment comprendre en effet que l'Etat puisse être à la fois souverain et responsable, souverain et soumis à des obligations, que la souveraineté est inaliénable mais qu'elle peut sous certaines conditions être « transférée » [...] ; que le peuple ou la nation est souverain et qu'il n'a aucun pouvoir originaire de décision ?[351] ». Elaborée en XVIe siècle aux fins de la légitimation de la monarchie absolue et relue au XVIIIe pour élargir l'accès au pouvoir politique, la théorie de la souveraineté ne semble plus pertinente en tant que support théorique d'un régime démocratique digne de ce nom. La nature du pouvoir démocratique se différencie de celle du pouvoir monarchique. La théorie de la souveraineté est censée répondre à la question qui est le titulaire du pouvoir suprême de commander et de contraindre dans l'Etat.[352] Selon Dmitri Georges Lavroff par exemple, « la souveraineté est un caractère de pouvoir exercé par les gouvernants[353] » : le pouvoir de commandement et de domination appliqué dans le cadre d'une organisation politique. Elle serait donc incompatible avec la souveraineté du peuple parce que cette dernière repose sur le principe d'égalité. « Dans cette mesure, on ne voit pas comment et à quel titre l'un d'entre eux aurait le droit de commander aux autres[354] ». Le pouvoir démocratique ne peut, par définition, être celui de commander et de contraindre (surtout émanant d'un centre de décision extérieur, unique et perpétuel), puisque ces deux derniers supposent une relation hiérarchique, alors que le pouvoir démocratique est fondé sur l'autodétermination et l'autolimitation[355]. Comme le fait remarquer Sieyès, « [i]l y a une grande différence entre le pouvoir absolu, complet et le pouvoir politique. Celui-ci, pris dans son intégrité, est déjà borné par l'objet de la société. [...] On s'associe pour être protégé et aidé dans l'exercice de ses droits par la puissance de toute l'association. Ainsi donc la toute puissance

---

[350] *Ibid.*

[351] Louis Favoreu *et al.*, *Droit constitutionnel*, *op. cit.* p.45.

[352] Jean Gicquel, Jean-Éric Gicquel, *Droit constitutionnel et institutions politiques*, *op. cit.* p.222.

[353] Dmitri Georges Lavroff, *Principes généraux du droit constitutionnel*, Bordeaux, Librairie Montaigne, 2000. p.103.

[354] *Ibid.* p.105.

[355] V. dans le sens contraire *ibid.* p.9. *Tout pouvoir comporte l'application d'une coercition puisque c'est là un élément déterminant de sa qualification*, alors que dans le cadre de cette étude, le pouvoir est avant tout conçu comme celui de décision (notamment, de décider d'appliquer des mesures de coercition dans certains cas délimités).

n'appartient point au souverain, il est souverain de l'association et non maître des associés[356] ».

209. Au vu de ce qui précède, il semble nécessaire de reconsidérer la notion de souveraineté en la démocratisant davantage. Comme le note à propos de la souveraineté du peuple Louis Favoreu, « la pensée démocratique devra donc réfléchir à la question de savoir comment la désignation des décideurs trouve son origine dans un choix populaire. On dira que ces décideurs sont en vérité des « représentants », c'est-à-dire qu'ils agissent au nom et pour le compte d'autrui, même si ce au nom de quoi ils agissent n'a en fait aucune influence réelle sur cette action. Il s'agira alors de démocratiser la représentation qui peut très bien ne pas être démocratique[357] ». En outre, il faudrait démocratiser la manière de gouverner. Les gouvernants, ayant reçu le pouvoir politique du titulaire de la souveraineté, le peuple, devraient être responsables, *accountable* (pour reprendre le terme anglais qui est plus large[358]) devant lui. Enfin, dans un monde d'Etats interdépendants et de peuples hétérogènes, il ne peut y avoir un centre de décision unique. Le contexte de l'e-démocratie est l'existence de plusieurs centres de décision, autrement dit, la décentralisation au niveau interne et la fin d'indépendance absolue au niveau externe. Le pouvoir politique ne peut être que limité, temporaire et fonctionnel. Dans cette optique, il semble pertinent de proposer un concept des rapports entre le peuple et les gouvernants qui ressemble aux rapports entre les associés et les gérants au sein d'une entreprise. Dans son cadre, le peuple, la libre association des personnes unies par le but de leur association, se distingue d'autres associations des personnes, c'est-à-dire d'autres peuples[359]. Pour l'instant, le support territorial d'une telle association reste une condition *sine qua non*. Sa nécessité pourrait être mise en question par l'apparition des états numériques et l'effacement de l'Etat souverain au profit de plusieurs prestataires des services « étatiques », en concurrence pour les clients/citoyens[360]. Le peuple sera libre d'investir le pouvoir politique dans des organes de gestion exerçant certaines compétences étatiques, et de le retirer si les résultats de leur performance ne sont pas satisfaisants. Pour évaluer la performance, les membres du peuple devront s'accorder sur les objectifs à atteindre ou les orientations stratégiques. Dans le cadre de l'e-démocratie, la souveraineté serait ainsi le pouvoir décisionnaire du peuple des associés, unis par le but de leur association.

210. Au vu des relations du peuple avec ces organes, certains concepts bien établis du droit constitutionnel devraient également être reconsidérés.

---

[356] Christine Fauré, *Des manuscrits de Sieyès. 1773-1799*, Paris, Honoré Champion Editeur, 1999. p.492.

[357] Louis Favoreu *et al.*, *Droit constitutionnel*, *op. cit.* p.43.

[358] V. en ce sens par. 832 et s.

[359] Et non plus par le lien national établi au hasard de la naissance. V. dans le sens contraire, Olivier Beaud, « Le droit de vote des étrangers : l'apport de la jurisprudence constitutionnelle allemande à une théorie du droit de suffrage », *RFDA* 1992, p. 409.

[360] V. par. 458 et s.

B. La souveraineté et les organes

211. L'auteur de la théorie de l'organe, Raymond Carré de Malberg souligne sans équivoque que « le régime représentatif a précisément pour objet de faire exercer la souveraineté par les personnages ou corps représentatifs en dehors et même à l'exclusion du peuple[361] ». Ainsi, la théorie de l'organe se présente, pour justifier la substitution de la volonté générale par la volonté de l'organe[362]. Selon le concept de souveraineté proposé dans cette étude, le peuple conférerait aux gouvernants un pouvoir limité et contrôlé, afin qu'ils dirigent son association « Etat ». La volonté des organes ainsi créés n'est pas souveraine et subordonnée à la souveraineté du peuple **(2)**. Pour faciliter leur contrôle, la séparation des pouvoirs est appliquée de sorte que les pouvoirs se limitent et se contrôlent mutuellement **(1)**.

1. La séparation des pouvoirs revisitée

212. Dans *De l'Esprit des Lois*, Montesquieu a distingué trois pouvoirs au sein du gouvernement modéré. La puissance législative est celle de faire, modifier ou abroger les lois. La puissance exécutrice des choses qui dépendent du droit des gens est celle de faire la paix ou la guerre, d'accréditer les ambassadeurs, d'établir la sûreté, de prévenir les invasions, bref, d'entretenir les relations internationales et d'assurer la sécurité. La puissance exécutrice des choses qui dépendent du droit civil est celle de juger. Il a ensuite posé les règles relatives à la séparation de ces pouvoirs. Le législatif ne doit pas être réuni avec le pouvoir exécutif, alors que le pouvoir de juger doit être séparé des deux autres. Une telle séparation ne saurait être comprise strictement, les pouvoirs doivent collaborer de manière minimale. Par le mouvement nécessaire des choses, ils sont forcés d'aller de concert[363]. Il en résulte le principe de séparation des pouvoirs dont la finalité est d'assurer la liberté politique des citoyens. En ce qui concerne les organes qui exercent ces trois pouvoirs, ce sont d'abord deux assemblées, l'une des représentants populaires, l'autre des nobles, qui exercent le pouvoir législatif, en coopérant et en s'arrêtant mutuellement. Le prince incarne le pouvoir exécutif alors que ses sujets, « tirés du corps du peuple » (et des nobles, pour juger leurs pairs), exercent enfin le pouvoir de juger au sein de tribunaux temporels[364].

---

[361] Raymond Carré de Malberg, *Contribution à la théorie générale de l'Etat, op. cit.* p. 209.

[362] Par ex., *Il faut entendre par organes les hommes, qui soit individuellement, soit en corps, sont habilités par la Constitution à vouloir pour la collectivité et dont la volonté vaut, par cette habilitation statutaire, comme volonté légale de la collectivité. Ibid.* p. 286.

[363] Charles-Louis De Secondat Montesquieu, *De l'esprit des lois, op. cit.* Livre XI, Ch. VI.

[364] *Ibid. La puissance de juger ne doit pas être donnée à un sénat permanent, mais exercée par des personnes tirées du corps du peuple [Comme à Athènes. Note de Montesquieu] dans certains temps de l'année, de la manière prescrite par la loi, pour former un tribunal qui ne*

Montesquieu concevait donc la séparation des pouvoirs en termes sociologiques, en distribuant le pouvoir politique entre les classes sociales différentes. Aujourd'hui, une telle vision de la séparation ne saurait correspondre à la réalité, mais l'idée même de séparation des pouvoirs reste un principe de base du droit constitutionnel.

213. Selon Montesquieu, la séparation des pouvoirs ne pourrait pas être appliquée dans une démocratie qui n'est point un Etat libre par sa nature. Sous ce régime, « le peuple qui a la souveraine puissance doit faire par lui-même tout ce qu'il peut bien faire ; et ce qu'il ne peut pas bien faire, il faut qu'il le fasse par ses ministres. Ses ministres ne sont point à lui s'il ne les nomme. [...] Les lois qui établissent le droit de suffrage sont donc fondamentales dans ce gouvernement[365] ». Il semble que Montesquieu entendît par les « ministres » les magistrats professionnels, qui auraient la mission de conseiller le peuple et d'assumer l'exercice de certains de ses pouvoirs. Il cite comme exemple le système de désignation des magistrats instauré par Solon à Athènes, où les magistratures exigeant des connaissances spécialisées étaient distribuées en fonction des résultats des élections, et d'autres par le sort[366].

214. La séparation des pouvoirs avait vocation à limiter le pouvoir monarchique, par la participation à la chaîne décisionnelle d'autres acteurs politiques issus des classes différentes. Pour Montesquieu, elle ne saurait être appliquée au sein d'une démocratie, donnant tout le pouvoir à la seule classe, le peuple. Malgré cela, il est possible de noter que les mécanismes de *grafé paranomon* ou *épitheirotonia nomon* peuvent être considérés comme des moyens d'empêchement octroyés à *l'Héliée*, ce qui rend cette dernière un contre-pouvoir efficace à *l'Ecclésia* et pourrait ainsi représenter une ébauche de la séparation des pouvoirs.

215. Contrairement à Montesquieu qui soutenait une thèse d'incompatibilité de la démocratie et de la séparation des pouvoirs, cette dernière est devenue un des fondements du droit constitutionnel contemporain qui n'hésite pourtant pas à la remettre en question. Dans le cadre de l'e-démocratie, il faudrait achever le processus de reconsidération.

2. Le pouvoir des organes subordonné à la souveraineté

216. Le régime de souveraineté du peuple peut et même doit mettre en place le principe de séparation des pouvoirs en l'appliquant aux organes de pouvoir politique. Dans le cadre du concept d'e-démocratie proposé, la souveraineté réside dans l'universalité des individus qui se sont associés pour

---

dure qu'autant que la nécessité le requiert. De cette façon, la puissance de juger, si terrible parmi les hommes, n'étant attachée ni à un certain état, ni à une certaine profession, devient, pour ainsi dire, invisible et nulle.

365 *Ibid.* Livre II, Ch. II.

366 *Ibid.*

former un Etat, suivant les buts qu'ils attribuent à cette association politique. Il n'est pas nécessaire que les associés exercent eux-mêmes toutes les compétences étatiques. Pour ce faire, ils peuvent mandater les gestionnaires qui seraient chargés de mener la gestion courante de l'Etat, afin d'atteindre le but de cette association des individus, à condition d'être responsables devant les associés et révocables au besoin.

217. Les gestionnaires représentent trois pouvoirs : législatif, exécutif et juridictionnel. Pourtant, à l'heure de l'effacement de la séparation entre le législatif et l'exécutif, surtout lorsque le juridictionnel n'est pas suffisamment fort, le système politique devient vulnérable à la concentration, et dans le pire des cas, à l'usurpation du pouvoir politique. De plus, le contrôle du fonctionnement des pouvoirs publics se révèle compliqué dans des conditions où les tentatives d'un tel contrôle sont dispersées et excessivement limitées. Dans cette optique, il convient de considérer la création d'un quatrième pouvoir, celui contrôleur, dont la mission serait de recevoir les demandes des citoyens souhaitant engager la responsabilité d'un gestionnaire (quel que soit l'organe de pouvoir auquel il appartient ou la fonction qu'il occupe) ou d'un organe du pouvoir public. Le concept de ce quatrième pouvoir serait proche de l'organe athénien d'*euthynes*. Comme il a été montré dans le chapitre précédent, à Athènes, les *logistes* contrôlaient les aspects financiers du travail des magistrats ; alors que les *euthynes*, tirés au sort parmi les membres de la *Boulé*, recevaient les plaintes de la part des citoyens et *métèques* souhaitant engager la responsabilité d'un magistrat sortant. Si la plainte était fondée, les *euthynes* saisissaient le tribunal compétent, celui du *dème* pour les affaires privées ou *l'Héliée* pour celles publiques, qui tranchait en dernier ressort. Suivant cet exemple, il semble pertinent d'instaurer un contrôle à deux volets, financier et politique, par un organe indépendant du pouvoir politique. Cela serait indispensable pour faciliter le contrôle populaire sur les gouvernants, tandis que son statut du quatrième pouvoir le rendrait égal aux autres pouvoirs et, par conséquent, plus efficace. Son fonctionnement possible sera détaillé par la suite.

218. Une autre question serait de savoir comment, dans ces conditions, la théorie de l'organe de Carré de Malberg pourrait s'appliquer. Son essence consiste en ce que les organes sont les personnes qui sont habilitées à vouloir pour la communauté nationale, ce qui fait de leur volonté la volonté de cette communauté[367]. Cette dernière ne saurait avoir une volonté que si elle a des organes pour la concevoir à son lieu et place et pour l'exprimer. La théorie ne correspond pourtant pas à la réalité d'aujourd'hui où la communauté, ou sa partie significative, n'hésite pas à exprimer sa propre volonté, distincte de celle des gouvernants. De plus, il semble que cette volonté se dégage *à contrario*, contrairement à la volonté des gouvernants. Rousseau note que « "chaque intérêt, dit le M(arquis) d'A(rgenson), a des principes différents.

[367] Raymond Carré de Malberg, *Contribution à la théorie générale de l'Etat*, *op. cit.* p.286.

L'accord de deux intérêts particuliers se forme par opposition à celui d'un tiers." Il eût pu ajouter que l'accord de tous les intérêts se forme par opposition à celui de chacun[368] ». Il s'agit d'une idée fondamentale qui explique la formation de la volonté de la communauté qui se compose d'individus ayant des intérêts distincts, mais qui se constituent en peuple en formant leur volonté face à d'autres volontés. Cette idée correspond aussi à la réactivité des électeurs sur le marché politique, montrée par Bernard Manin. Les électeurs veulent que les gouvernants poursuivent le but de leur association « Etat ». En ce qui concerne les moyens d'y atteindre, c'est à ces derniers de les concevoir et de les présenter aux électeurs. Ils seront alors libres de choisir entre les programmes différents, ou non, s'il n'y a pas de programme qui leur correspond.

219. Au cours du processus politique, les organes du pouvoir public forgent une volonté, nécessaire pour gérer les affaires de l'Etat et remplir ainsi leur vocation. La pratique montre que la volonté de la communauté se forme souvent en se heurtant à la volonté mise en œuvre par les organes du pouvoir public. Dans le cadre du concept proposé, ces derniers auraient des volontés qui sont valables jusqu'à ce qu'elles ne rentrent en contradiction avec la volonté de la communauté.

220. Un tel concept de démocratie ne saurait être mis en œuvre sans instruments juridiques spécifiques qui serviraient de support pour la réalisation de la souveraineté du peuple.

[368] Jean-Jacques Rousseau, *Du contrat social ou principes du droit politique, op. cit.* 2ème note de bas de page, p.19.

Section 2. Les instruments juridiques de l'exercice de la souveraineté du peuple

221. Le concept ne devient fonctionnel qu'à la condition d'être assorti des moyens permettant son fonctionnement. Par exemple, le concept français de souveraineté exprimé par l'art. 3 de la constitution : « La souveraineté nationale appartient au peuple qui l'exerce par ses représentants et par la voie du référendum », semble impliquer deux instruments de l'exercice de la souveraineté : les représentants et le référendum. Cependant, les représentants ne peuvent pas être considérés comme un instrument de l'exercice de souveraineté, en raison de leur indépendance par rapport aux électeurs. Le référendum, dont la panoplie des variétés impressionne le lecteur de la constitution française, a été conçu plutôt comme un moyen d'approbation (ou non) de la politique de l'exécutif qu'un instrument de l'exercice de la souveraineté par le peuple. D'ailleurs, la souveraineté est nationale, ce qui veut dire qu'elle échappe à sa portée. Par conséquent, en dehors des moments électoraux, la souveraineté ne saurait être efficacement exercée par le peuple.

222. Afin de rendre efficace le concept d'e-démocratie proposé, il faut le compléter par des instruments juridiques appropriés, capables de pallier les insuffisances du concept de démocratie représentative. Ces insuffisances, analysées dans le chapitre précédent, notamment le mandat représentatif appuyant l'exercice de la souveraineté par les représentants ainsi que l'absence de contrôle sur ces derniers, justifient la création d'un mandat gestionnaire[369] **(Paragraphe 1)**. Octroyé à un plus large cercle de gouvernants, ce mandat serait un mélange du mandat représentatif et du mandat impératif. Tout en permettant une marge de liberté nécessaire pour assurer la gestion efficace de l'Etat contemporain, il ouvrirait la voie au contrôle populaire des gouvernants et des politiques publiques **(Paragraphe 2)**.

§1. Le mandat gestionnaire pour le renforcement du contrôle sur les gouvernants

223. Le mandat gestionnaire serait la pierre angulaire du concept proposé tant qu'il encadre les relations de type associés-gestionnaires, un de ses traits essentiels. Ce type de relations implique le changement du concept de représentation ainsi que la substitution du mandat représentatif par celui proposé, instaurant un contrôle à deux niveaux, tant sur le mandataire que sur ses actions. Ce changement de rôle, du représentant au gestionnaire, jetterait les bases théoriques à la mise en œuvre des instruments pratiques de contrôle populaire. En premier lieu, il convient de définir la nature de ce mandat et ses

[369] La notion est proposée par cette étude.

porteurs **(A)**. En deuxième lieu, il serait opportun d'en examiner les traits essentiels **(B)**.

A. La définition du mandat

224. Pour définir le mandat gestionnaire, il faut déterminer son objet comme l'exercice du pouvoir politique contrôlé **(2)**. Pour désigner les mandataires, la notion de gestionnaire sera utilisée. Elle va englober un cercle de personnes plus large que visé par le mandat représentatif **(1)**.

1. La notion plus large de gestionnaire

225. D'abord, il convient de préciser le cercle des porteurs de ce mandat, qui serait plus large que dans le cas du mandat représentatif. Selon la doctrine constitutionnelle, le pouvoir législatif est considéré comme le seul représentant du souverain, à l'exclusion de l'exécutif ou le juridictionnel. « En effet, si la fonction consiste dans l'exécution de la volonté du souverain, celui qui l'exerce ne peut pas être le souverain lui-même ou son représentant. Il trouve sa légitimité précisément dans le fait qu'il exécute la volonté générale. Mais en revanche, toutes les autorités législatives doivent être des représentants[370] ». Cette théorie était sans doute justifiée à l'époque du parlementarisme (selon la typologie de Bernard Manin), mais de nos jours, elle n'est plus pertinente. Elle serait difficilement compatible avec le principe de séparation des pouvoirs dont l'idée principale est ce « qu'il n'y a pas de liberté possible si l'un des organes représentatifs de la Nation exerce la plénitude de la souveraineté alors que cette souveraineté appartient à la Nation elle-même[371] ». Aujourd'hui, non seulement l'exécutif a acquis le rôle prédominant, mais aussi son chef est assimilé à un représentant, au même titre que les membres du législatif, sur le fondement de son élection au suffrage universel direct. « Dès lors que [l'exécutif] n'est plus cantonné dans la stricte exécution des lois, mais il contribue de façon déterminante aux orientations politiques majeures et qu'il est, lui aussi, élu du peuple, il peut trouver dans cette élection la justification de ses décisions[372] ». A l'époque, la souveraineté parlementaire a rendu possible l'octroi de la qualité de représentant au seul législateur. Aujourd'hui, c'est l'exécutif qui domine et il ne serait pas sensé de lui subordonner le peuple souverain, en la personne de ses représentants. Dans le cadre du concept, l'exécutif sera aussi représentant et aura besoin d'un mandat.

---

[370] Francis Hamon, Michel Troper, *Droit constitutionnel*, *op. cit.* p.155.

[371] Georges Vedel, *Manuel élémentaire de droit constitutionnel. Réédition présentée par Guy Carcassonne et Olivier Duhamel*, *op. cit.*p.157.

[372] Francis Hamon, Michel Troper, *Droit constitutionnel*, *op. cit.* p.159.

226. Le rôle du juridictionnel devrait être reconsidéré aussi. Malgré tous les efforts de la doctrine française de justifier sa faiblesse par rapport à deux autres pouvoirs, en se référant à Montesquieu et en utilisant ses citations « la bouche de la loi » et « invisible et nulle » de manière arbitraire, il est incontestable qu'il est par nature le même pouvoir que les deux autres. Il est vrai qu'en France, il a beaucoup perdu en légitimité, puisque, comme l'a montré Maurice Hauriou, l'avènement du régime administratif depuis le XVIe siècle et la centralisation nécessitaient « l'indépendance absolue de l'autorité administrative vis-à-vis l'autorité judiciaire[373] ». Cette situation purement circonstancielle ne semble cependant pas nécessiter une théorisation. Par ailleurs, la doctrine américaine, inspirée elle aussi par les écrits de Montesquieu, n'a pas suivi le même chemin que celle française. Aux Etats-Unis, le pouvoir judiciaire (qui a d'ailleurs gardé la signification originelle du mot « judiciaire » et n'a pas été dépouillé de certaines de ses compétences), après la décision Marbury v. Madison de 1803, avait assumé son pouvoir constitutionnel, à tel point que Alexis de Tocqueville a noté qu'« aux Etats-Unis le juge est une des premières puissances politiques[374] ». En France, la doctrine majoritaire hésite toujours à reconnaître un pouvoir politique au juridictionnel. Seuls quelques auteurs avancent cette idée. Thierry Renoux soutient que « lorsqu'ils rendent la justice, les juges agissent en tant que représentants du peuple souverain[375] ». Selon Fabrice Hourquebie, l'idée du juge-représentant serait attrayante, à condition de trouver sa validation dans le texte constitutionnel[376]. Dominique Rousseau fait remarquer que le juge constitutionnel, par le biais du contrôle de constitutionnalité des lois, apporte sa propre contribution à la formation de la volonté générale[377]. Il serait donc représentant. Dans le cadre de la théorie réaliste de l'interprétation, Michel Troper argumente que « l'interprète détient un pouvoir de même niveau que celui de l'autorité dont il interprète les textes. L'interprète de la loi détient un pouvoir législatif et l'interprète de la constitution un pouvoir constituant[378] ». En comparant les décisions de la Cour suprême de 1803 et du Conseil constitutionnel français de 1971, il montre qu'à l'instar de son collègue outre-Atlantique, le juge constitutionnel français, à travers l'interprétation de la constitution, devient détenteur du pouvoir constituant, nécessairement

[373] Maurice Hauriou, *Précis de droit administratif et de droit public*, Paris, Dalloz, 2002. p. 334.

[374] Alexis de Tocqueville, *De la démocratie en Amérique I (1835). Première partie. Une édition électronique réalisée à partir de la 13e édition.*, Chicoutimi, Université du Québec à Chicoutimi, 2002. [réf. 20/10/2017], v. : http://classiques.uqac.ca/classiques/De_tocqueville_alexis/democratie_1/democratie_t1_1.pdf p. 89.

[375] Thierry Renoux, *Le Conseil constitutionnel et l'autorité judiciaire*, *op. cit.*p.31.

[376] Fabrice Hourquebie, *Le juge sous la Vème République, entre pouvoir et contre pouvoir. Contribution au débat sur la notion de contre-pouvoir*. *op. cit.* p. 317.

[377] Dominique Rousseau *et al.*, *Droit du contentieux constitutionnel*, *op. cit.* p. 830.

[378] Francis Hamon, Michel Troper, *Droit constitutionnel*, *op. cit.* p. 60.

politique. Il convient d'y ajouter que le pouvoir du juge se manifeste aussi par la manière dont il motive ses décisions, notamment par la base légale qu'il choisit pour les justifier. En effet, dans le système continental, ce pouvoir est encore plus large que dans la *common law*[379]. Ainsi, le pouvoir de juger est un pouvoir égal aux deux autres, et même potentiellement plus fort. C'est pour cela, semble-t-il, que de tels penseurs comme Aristote ou Montesquieu jugeaient raisonnable de le conférer au peuple, afin de le rendre nul, c'est-à-dire non biaisé par des considérations politiques, au moins de manière explicite. Dans le cadre du concept envisagé, le pouvoir juridictionnel participe donc à l'exercice de la souveraineté et a besoin d'un mandat.

227. Quant au quatrième pouvoir dont l'instauration est prévue dans le concept, étant un pouvoir de contrôle sur les autres pouvoirs, il serait aussi en quelque sorte « neutre », comme celui juridictionnel. Etant donné que le législatif, l'exécutif et le juridictionnel participent tous à la formation de la volonté générale[380], il convient que le pouvoir de contrôle sur ces trois pouvoirs soit établi au même niveau qu'eux, pour être efficace. En ayant un lien direct avec le peuple et en agissant comme son représentant, il aurait aussi besoin d'un mandat.

228. Enfin, il semble opportun d'écarter encore un obstacle, cette fois sémantique, à la reconsidération du cercle des mandataires. Il semble que dans l'esprit des juristes, le terme représentant soit lié à la loi et à son statut suprême. Cependant, ce lien n'est plus actuel, avec l'arrivée de la démocratie constitutionnelle et le nouveau positionnement de l'exécutif. Dans le cadre de cette étude, il fallait donc un terme plus neutre, pour se débarrasser des connotations obsolètes. La notion de gestionnaire est alors proposée, englobant quatre pouvoirs qui ont besoin d'un mandat. Etant donné qu'ils sont censés être égaux, la seule différence tient à ce que leurs compétences sont différentes. Pour cette raison, leur mandat devrait être le même, le mandat gestionnaire.

2. *Une combinaison du mandat représentatif et du mandat impératif*

229. Le mandat représentatif est un des fondements des régimes politiques en Europe. Il est conçu pour protéger l'expression de la volonté générale par les représentants : il est libre, global et long. Son caractère principal, la liberté, consiste en ce que le représentant est chargé de vouloir librement pour la Nation. Il participe ainsi à l'expression de la volonté générale. Dans la pratique, cela veut dire que la volonté du corps de représentants est considérée comme générale. Par conséquent, ce sont eux qui exercent la souveraineté

379 V. Fabrice Hourquebie, Marie-Claire Ponthoreau, *La motivation des décisions des cours suprêmes et cours constitutionnelles*, Bruxelles, Bruylant, 2012.

380 Mis à part qu'il ne s'agit que du juge constitutionnel, v. dans ce sens Dominique Rousseau *et al.*, *Droit du contentieux constitutionnel*, *op. cit.* p. 830.

dans la démocratie représentative. Le mandat impératif est en revanche considéré comme incompatible avec la démocratie représentative et est donc prohibé par les constitutions des pays européens. En vertu de ce mandat, le représentant doit se conformer aux instructions données par ses électeurs. En conséquence, il est obligé de rendre des comptes et peut être révoqué à tout moment. Le mandat impératif est l'une des conséquences de la théorie de la souveraineté populaire, et c'est en ce sens qu'il apparaît compatible avec l'e-démocratie, qui instaure un régime de la souveraineté effective du peuple. Cependant, le peuple ne semble pas être en mesure d'émettre des instructions aux représentants, en suivant constamment leur travail, surtout dans des conditions où il se caractérise par une complexité, une technicité et une instantanéité accrues. De même, la nécessité de se conformer aux instructions nuirait au principe de délibération au sein du corps de représentants. Dans le cadre du concept propose, il semble alors pertinent de combiner deux types de mandat : le mandat représentatif, pour permettre une certaine liberté d'action aux représentants, et celui impératif, pour assurer leur contrôlabilité.

230. En réalité, le mandat représentatif se trouve déjà influencé par celui impératif. Non seulement il peut être assez court et parfois non global, mais aussi sa liberté est mise en cause par le fait que les représentants sont élus en fonction de leurs orientations politiques, exprimées le plus souvent par le programme de leurs partis respectifs. Pourtant, il n'est possible ni d'obliger les élus de le suivre, ni de sanctionner le changement de camp politique après l'élection[381]. Dans l'intervalle entre les élections (qui peuvent entraîner la sanction des urnes), les élus sont également influencés par les contacts avec leur électorat et par les sondages d'opinion[382]. La doctrine en conclut que les élus sont soumis à un contrôle permanent des électeurs[383]. La question qui se pose cependant est de savoir si un tel contrôle peut être considéré comme efficace, s'il ne produit pas d'effets juridiques. Autrement dit, ce contrôle n'existe pas juridiquement. Le mandat gestionnaire vise à corriger ce vide juridique, en fournissant les moyens de sanctionner les mandataires dont la performance n'est pas satisfaisante, par le biais de la reddition périodique des comptes et de la révocation du mandataire. Cela veut dire que ce mandat serait individuel et non plus collectif, contrairement au mandat représentatif. Le caractère collectif de ce dernier est justifié par la doctrine en raison du fait que le mandat représentatif est exercé par une autorité tout entière, et non individuellement. Il sert à expliquer les cas où un représentant, par exemple un député, peut être dans la minorité et continuer tout de même d'exprimer la

[381] V. dans ce sens Commission européenne pour la démocratie par le droit (Commission de Venise), *Rapport sur le mandat impératif et les pratiques similaires*, CDL-AD(2009)027, Strasbourg, 2009. [réf. 20/10/2017], v. : http://www.venice.coe.int/webforms/documents/default.aspx?pdffile=CDL-AD(2009)027-f. p. 6 et s.

[382] Francis Hamon, Michel Troper, *Droit constitutionnel*, *op. cit.* p. 158.

[383] V. par ex. *Ibid.* ; Jacques Chevallier, *L'État post-moderne*, *op. cit.* p. 161.

volonté générale. « Si c'est l'Assemblée qui est représentant, chacun des députés qui la composent exprime sa volonté propre ou l'idée qu'il se fait de la volonté générale et celle-ci résulte seulement du processus législatif[384] ». Certes, mais comme il a été montré plus haut, la volonté générale n'est plus exclusivement conçue au sein de l'Assemblée. Sa formation semble devenir beaucoup plus complexe qu'auparavant. Il faudrait également reconnaître le caractère toujours inachevé de la volonté générale. Sa formation est un processus en continu, son expression ne peut pas être reconnue comme définitive avant que le juge ne se prononce ou le peuple n'y fasse opposition en mettant pression sur les autorités. Et même après, elle peut être reconsidérée par le législateur, ce qui va relancer tout le processus.

231. En conséquence, la participation à la formation de la volonté générale ne pourrait pas justifier l'absence de responsabilité des participants de ce processus. L'élu devrait être responsable devant ses électeurs, le gouvernant non élu devant ceux concernés par ses actions et décisions. Les personnes concernées devraient pouvoir contester ses actions et décisions ou demander sa révocation. Dans le cadre du concept proposé, pour mettre en œuvre la responsabilité politique d'un gouvernant, ils devront saisir le quatrième pouvoir.

232. Il ne découle pas de ce qui précède que le mandat impératif doit être introduit. Il est essentiel que les gestionnaires gardent une certaine marge de liberté, pour assurer la gestion opérationnelle des affaires étatiques. Cependant, cette dernière doit être effectuée en conformité avec les buts, les valeurs et les priorités de l'action publique, consentis par le peuple. En vertu du mandat gestionnaire, les gouvernants se voient limités dans la prise de décisions fondamentales, tout en gardant la liberté dans la détermination des moyens d'atteindre les buts définis. La qualité de leur performance serait visée par le second volet du mandat gestionnaire : l'obligation de reddition des comptes et la possibilité de mise en œuvre de la responsabilité politique du mandataire. Selon Bernard Manin, la possibilité de demander des comptes ainsi que de congédier les élus existe déjà dans la démocratie représentative, au moment des élections. Dans le cadre du concept d'e-démocratie, il s'agit de les rendre plus systématiques. Elles semblent indispensables pour combattre la crise de la démocratie représentative et regagner la confiance de citoyens qui ne peut pas exister dans le vide, mais doit être fondée[385]. La doctrine traditionnelle écarte le mandat impératif en se référant à son origine dans les « démocraties de type marxiste » qui « dénonçaient la mystification incluse dans le concept de souveraineté nationale[386] ». En ne retenant qu'en

---

[384] Francis Hamon, Michel Troper, *Droit constitutionnel*, *op. cit.* p. 155.
[385] Jefferson disait que *la liberté politique est fondée sur la jalousie, non sur la confiance ; c'est la jalousie, non la confiance, qui prescrit le recours à des constitutions qui limitent et lient ceux que nous sommes obligés d'investir du pouvoir de gouverner.* Cité par Elisabeth Zoller, *Introduction au droit public*, Paris, Dalloz, 2013. p. 138.
[386] Francis Hamon, Michel Troper, *Droit constitutionnel*, *op. cit.* p. 157.

partie le concept du mandat impératif et en le mélangeant avec celui représentatif dans le cadre du concept d'e-démocratie, on ne peut qu'adhérer pleinement à l'idée de démythification du concept de souveraineté. Le mythe ou bien l'origine mythique du pouvoir ne peuvent pas être à la base d'un régime démocratique. Au contraire, le pouvoir politique doit être démythifié, banalisé, rapproché des citoyens.

233. C'est dans cette optique que le mandat gestionnaire assume certaines conséquences du mandat impératif, mettant en œuvre le contrôle des gestionnaires.

B. Les moyens de contrôle permis par le mandat

234. En combinant certains traits des mandats représentatif et impératif, le mandat gestionnaire met en œuvre la reddition régulière des comptes **(1)** et la possibilité de révocation du mandataire **(2)** durant l'exercice du mandat.

1. La reddition périodique des comptes

235. A Athènes, tout magistrat devait passer la reddition des comptes à la fin de son mandat dont la durée ne dépassait normalement pas un an. Il semble pertinent d'inclure ce type de contrôle dans le concept d'e-démocratie. Etant donné que la durée des mandats contemporains est beaucoup plus longue qu'à Athènes, surtout en ce qui concerne les mandats non électifs, il faudrait le prévoir annuellement, de sorte que la durée du mandat n'affecte pas la contrôlabilité du mandataire.

236. Suivant la pratique athénienne, la reddition des comptes pourrait comporter deux volets : financier et politique. Le contrôle financier serait automatique pour tous les porteurs du mandat gestionnaire si leurs fonctions comprennent la gestion des finances publiques. Autrement dit, il serait mis en place pour « toute personne qui administre, garde ou manie des biens ou deniers publics[387] ». Les gestionnaires soumis à ce contrôle devraient passer un examen auprès du pouvoir contrôleur tous les ans de l'exercice de leurs mandats ou, au moins, au début et à la fin du mandat. En effet, les tentatives d'instaurer un tel contrôle financier existent déjà au sein de plusieurs régimes, soit sous forme non juridictionnelle (par exemple, les bureaux d'audit rattachés au législatif aux Etats-Unis[388]), soit sous forme juridictionnelle. En France, suivant le principe de séparation des ordonnateurs qui sont chargés de

---

[387] Haute autorité pour la transparence de la vie publique, *Renouer la confiance publique. Rapport au Président de la République sur l'exemplarité des responsables publics*, Vie publique, 2015. [réf. 20/10/2017], v. : https://www.vie-publique.fr/rapport/34548-renouer-la-confiance-publique-exemplarite-des-responsables-publics. p.150.

[388] *Ibid.*

l'exécution des recettes et des dépenses[389] et des comptables qui manient les fonds et tiennent les comptes[390], deux cours spécialisées ont été créées : la Cour de discipline budgétaire et financière (CDBF) pour les premiers et la Cour des comptes pour les seconds. Alors que l'activité de cette dernière a un impact et une influence incontestables, la performance de la CDBF « pâtit depuis son origine d'un champ de compétence réduit et d'une activité restreinte[391] ». Sa spécialisation a pour conséquence que des infractions propres aux finances publiques ont été créées[392], en dehors du droit pénal commun. En outre, certains gouvernants, notamment les ministres et les élus locaux, sont exclus de son champ de compétence[393], ce qui est expliqué par le principe de séparation des pouvoirs et le souci d'éviter la paralysie de l'action gouvernementale. En outre, « un ordre écrit et signé par l'un de ces non-justiciables suffit pour que l'auteur de l'infraction, lorsqu'il s'agit d'un agent placé sous leur autorité, ne soit passible d'aucune sanction, ce qui est, en pratique, assez fréquent pour les fonctionnaires et conseillers travaillant sous l'autorité d'un ministre[394] ». Un tel dispositif serait incompatible avec le concept proposé. Contrairement au rapport cité qui propose de garder cette séparation des juridictions en vertu du principe de séparation des ordonnateurs et des comptables, il ne semble pas nécessaire, tout en séparant ces fonctions, de garder ce privilège de juridiction ainsi que le privilège du droit applicable aux ordonnateurs, au nom du principe d'égalité.

237. Deuxième volet de la reddition des comptes, le contrôle politique ne saurait être automatique. Un tel contrôle pourrait être effectué sur la demande de tout citoyen ou d'un groupe de citoyens qui s'estiment lésés par les actions ou décisions (ou bien par leur absence) d'un gouvernant ou d'un organe de pouvoir politique. En effet, ce type de contrôle existe déjà, même s'il est partiel. En France, il est mis en place sous forme de responsabilité administrative. Il est souvent limité et partiel, alors qu'il faudrait l'étendre sur tous les organes du pouvoir politique. Dans ce cas, il faudra trouver un équilibre entre la liberté nécessaire des gouvernants et le contrôle de leurs actions. En d'autres termes, tracer la frontière entre la liberté du mandat représentatif et le contrôle en vertu du mandat impératif qui composent le mandat gestionnaire. Une des conséquences d'un tel élargissement du contrôle serait la disparition des actes de gouvernement. Dans les années 1930, Paul

---

389 Décret n° 2012-1246 du 7 novembre 2012 relatif à la gestion budgétaire et comptable publique. JORF n°0262 du 10 novembre 2012 page 17713, [réf. 20/10/2017], v. : http://www.legifrance.gouv.fr/eli/decret/2012/11/7/EFIX1205948D/jo#JORFSCTA000026597046. Art. 10.

390 *Ibid.* art. 13.

391 Haute autorité pour la transparence de la vie publique, *Renouer la confiance publique. Rapport au Président de la République sur l'exemplarité des responsables publics, op. cit.* p.148.

392 *Ibid.* p. 150 dont les sanctions d'ailleurs consistent en des amendes.

393 *Ibid.* p. 149.

394 *Ibid.* p. 151.

Duez soutenait que « tout régime qui a l'ambition de réaliser l'Etat de droit doit biffer de ses institutions ce symbole défectueux[395] », en proposant l'extension de la théorie du pouvoir discrétionnaire à la matière des actes de gouvernement. Après plus de quatre-vingts ans, cette proposition est toujours d'actualité. En outre, elle semble aller dans le même sens que l'idée du mandat gestionnaire, mais dans le cadre du droit administratif : elle représente une tentative de concilier le contrôle des gouvernants avec leur marge de liberté (dans le cas des actes de gouvernement, il s'agit de « la légitime indépendance de l'Exécutif dans son action »).

238. Le pouvoir contrôleur aurait vocation à assumer ces deux volets du contrôle. Cependant, la décision sur la mise en œuvre de la responsabilité des mandataires, en dehors de la responsabilité politique, appartiendrait au juge. Le contrôleur serait ainsi un demandeur polyvalent, lui aussi le mandataire du peuple et, de ce fait, responsable devant lui ainsi que devant le juge. Un des inconvénients de la mise en place de ce contrôle serait l'affaiblissement ultérieur du pouvoir juridictionnel, au sein des régimes où il se trouve déjà affaibli, étant donné que le contrôle s'étend aussi sur ce dernier. Dans tels cas, il pourrait être judicieux de le limiter dans un premier temps à deux autres pouvoirs, de sorte que le pouvoir juridictionnel, en coopération avec celui contrôleur, puisse se renforcer politiquement.

2. *La possibilité de révocation du mandataire*

239. Une autre conséquence du mélange des mandats représentatif et impératif serait la faculté de révocation d'un gestionnaire dont la performance n'est pas satisfaisante. Il ne s'agit pas de révocation des gouvernants initiée par leurs homologues ou leurs supérieurs hiérarchiques. La révocation dont il est question ici est exclusivement la révocation populaire : celui qui a octroyé le mandat aura le pouvoir de le révoquer. Ce principe s'étendrait sur les mandats électifs et non électifs, accordés aux gestionnaires.

240. Le dispositif de révocation populaire des représentants existe dans certains pays de la *common law*. Par exemple, au Canada, toute pétition ayant pour but de faire destituer un membre de l'Assemblée qui recueille au moins de 40 pour cent des voix des électeurs de la circonscription dans un délai de deux mois déclenche une élection partielle. Plusieurs états des Etats-Unis ont un dispositif identique. Notamment en Californie, 12 pour cent des voix sont nécessaires pour entraîner une élection. En Europe, ce dispositif est presque inexistant en vertu du principe constitutionnel interdisant le mandat impératif[396]. Seulement en Suisse dans certains cantons, les citoyens peuvent demander la révocation du gouvernement cantonal ou du parlement, voire de

[395] Paul Duez, *Les actes de gouvernement*, Paris, Dalloz, 2006. p. 210.
[396] Commission européenne pour la démocratie par le droit (Commission de Venise), *Rapport sur le mandat impératif et les pratiques similaires, op. cit.* p.15.

toute autorité cantonale ou municipale élue[397]. Au Royaume-Uni, le *Recall of MPs Act* est entré en vigueur en mars 2015. Il dispose qu'un membre de la Chambre des Communes peut faire l'objet d'une pétition de révocation si une des trois conditions est remplie : (1) il a été condamné à une peine privative de liberté après son élection ; (2) la Chambre a ordonné sa suspension pour une période déterminée ; (3) après son élection, il a été condamné pour avoir fourni des informations fausses ou trompeuses, afin d'obtenir certaines allocations[398]. Dans ces cas, le *speaker* envoie une notification à la circonscription du député où le recueil des signatures doit être organisé. Ce dispositif britannique semble assez loin de la révocation populaire et, en outre, peu efficace. En France, la révocation populaire n'existe pas alors que le règlement des assemblées ne prévoit qu'une exclusion temporaire d'un de ses membres. Certains auteurs préconisent l'instauration d'une destitution pour « des manquements déontologiques graves mais ne constituant pas nécessairement des infractions pénales ou n'ayant pas été sanctionnés comme tels[399] », après un vote à une majorité qualifiée de l'assemblée concernée et la saisine obligatoire du Conseil constitutionnel, pour garantir « qu'une destitution ne sanctionne pas uniquement l'expression d'opinions minoritaires[400] ».

241. Une telle proposition ne saurait être intégrée au concept d'e-démocratie envisagé. Il n'est pas fondé sur l'autorégulation de la classe politique au pouvoir, mais sur la participation du peuple à la régulation du processus politique. Il semble plus pertinent que dans le cadre du concept, la révocation puisse se réaliser par le biais d'un référendum, soit à l'initiative populaire, soit après la saisine du pouvoir contrôleur. Un tel dispositif ressemblerait, *mutatis mutandis*, à l'appel du prince par le peuple réuni au Vetché, l'assemblée populaire dans les principautés médiévales russes. D'habitude, le prince dont les fonctions comprenaient la protection militaire de la principauté et l'exercice de certains pouvoirs judiciaires était élu par le Vétché. Les relations du prince avec le Vétché et d'autres fonctionnaires élus étaient encadrées par un traité. Il y a eu des cas de déposition du prince, « généralement précédés par l'élection d'un autre prince. [...] A Novgorod, la déposition prend parfois la forme d'un procès formel, où le prince est jugé par le peuple[401] ». Le prince était donc un fonctionnaire, élu et contrôlé par le peuple. Contrairement à la pratique athénienne où tous les magistrats élus

---

[397] *Ibid.* p.6.

[398] Parliament of the United Kingdom, Recall of MPs Act 2015, [réf. 20/10/2017], v. : http://services.parliament.uk/bills/2014-15/recallofmps.html.

[399] Haute autorité pour la transparence de la vie publique, *Renouer la confiance publique. Rapport au Président de la République sur l'exemplarité des responsables publics, op. cit.* p. 145.

[400] *Ibid.*

[401] Marc Szeftel, « Les principautés russes avant Moscou », in *La monocratie Deuxième partie*, Bruxelles, Editions de la librairie encyclopédique, 1969. p. 617.

obtenaient un mandat d'un an, après l'expiration duquel ils étaient obligés de rendre des comptes, le prince était invité à gouverner avec un mandat à vie, sans l'obligation de rendre des comptes. Cependant, il pouvait être déposé et, dans certains cas, jugé par le Vétché. Le peuple se protégeait ainsi de l'usurpation du pouvoir par le prince invité. L'élection d'un autre prince avant la déposition de son prédécesseur facilitait le transfert du pouvoir.

242. Dans le cadre du concept d'e-démocratie, l'instauration des mandats à vie n'est pas envisageable. En revanche, la possibilité de révocation populaire des magistrats assortie par la reddition des comptes périodique serait nécessaire pour concilier les exigences démocratiques avec l'existence des mandats pluriannuels et consécutifs ainsi que ceux non électifs.

243. Afin de renforcer ce contrôle démocratique, son institutionnalisation serait envisagée.

§2. Le contrôle populaire institutionnalisé

244. Dans le cadre de la démocratie représentative, le contrôle populaire manque de base juridique ce qui freine son développement. En ce qui concerne l'e-démocratie, c'est précisément la mise en œuvre du contrôle populaire qu'elle envisage. Il convient donc d'analyser les instruments d'un tel contrôle en les divisant en deux groupes : ceux liés à l'élaboration des normes **(A)** et ceux relatifs à la prise de décisions politiques **(B)**.

A. Le contrôle de l'élaboration des normes

245. Afin de contrôler l'élaboration des normes, il semble envisageable d'instaurer le référendum d'initiative populaire **(1)**, qui pourrait devenir un instrument de censure des normes **(2)**.

1. La nécessité du référendum d'initiative populaire

246. Dans le cadre de l'e-démocratie, la nécessité de l'introduction du référendum d'initiative populaire va de soi. Cependant, le caractère démocratique de ce dernier n'est pas unanimement reconnu. Si les uns prônent son utilisation plus fréquente afin de « démocratiser » le régime, les autres le repoussent en dénonçant son caractère « plébiscitaire ». Il convient de noter qu'en France, la réputation du référendum a été sérieusement compromise par le général de Gaulle qui l'a instrumentalisé, afin de briser l'opposition d'autres pouvoirs constitutionnels à ses décisions, mais l'instrument s'est avéré à double tranchant. Après le premier « non », il s'est senti obligé de démissionner. Les présidents suivants évitaient de l'utiliser, en recourant, si nécessaire, au Congrès dont le vote est beaucoup plus prévisible. Par conséquent, en France, le référendum est perçu comme présentant un danger

de démission en cas de résultat négatif, alors qu'il n'a pas vocation à être un « acte d'acclamation » de la politique gouvernementale ou, en l'absence d'approbation populaire, un moyen d'engagement de la responsabilité du président de la République. Au contraire, il est un instrument décisionnel aux mains du peuple qui est utilisé lorsque les enjeux sont importants et touchent considérablement aux intérêts de la communauté dans son entier.

247. Par ailleurs, le référendum sur des questions aiguës telles que celles budgétaires ou territoriales semble faire peur, dans le sens où par son biais, il est possible de faire prévaloir les intérêts privés sur celui général. L'on craint que cela puisse empêcher, par exemple, toute augmentation des impôts ou diminution des dépenses sociales ou encore la fusion des collectivités territoriales. Cela est certainement possible, mais pas inévitable. Le cas du référendum suisse du 5 juin 2016 relatif à l'introduction d'un revenu de base inconditionnel, où ce projet a été rejeté par 77 pour cent des votants, montre bien que les intérêts privés ne prévalent pas toujours sur la rationalité économique des citoyens. Plus généralement, il convient d'observer qu'en Suisse, le vote populaire en matière fiscale est très souvent guidé par la responsabilité personnelle et la nécessité de penser à long terme, apprises par les citoyens grâce à la culture de l'autodétermination[402]. De même, la population de certaines régions russes de l'Est a approuvé leur fusion lors d'une série des référendums en 2003-2007, dans le but de faire des économies budgétaires et de rendre leur gestion plus efficace. En tout état de cause, ni la prépondérance des intérêts privés, ni le *diktat* de l'intérêt public ne sont pas souhaitables. Il faut trouver le juste milieu, tout en promouvant l'information des citoyens, leur éducation et la culture démocratique.

248. Dominique Rousseau fait remarquer à juste titre qu'« avec le référendum, ce n'est pas la parole qui est donnée au peuple, c'est le vote [...]. Sauf lorsqu'il en a l'initiative, le citoyen ne participe pas au choix de la question, à son élaboration, à sa formulation mais est seulement invité par d'autres institutions [...] à ratifier ou non par son vote un texte qu'il n'a pas rédigé[403] ». C'est pourquoi il est indispensable que le référendum d'initiative purement populaire soit constitutionnalisé, afin de donner effectivement la parole au peuple. Néanmoins, les référendums à l'initiative des pouvoirs publics ne sont pas à négliger non plus. Ils peuvent être indispensables pour demander au peuple de trancher des questions de haute importance.

249. En citant à titre d'exemple la question du mariage pour tous et son traitement en Croatie, en France et au Brésil, Dominique Rousseau montre qu'en Croatie, où le référendum a été utilisé, l'interdiction constitutionnelle

---

[402] V. dans ce sens Sibilla Bondolfi, « Ce pays où l'on paye volontairement plus d'impôts », *SWI swissinfo* 2017. [réf. 20/10/2017], v. : https://www.swissinfo.ch/fre/démocratie-directe_ce-pays-où-l-on-paye-volontairement-plus-d-impôts/43460900.

[403] Dominique Rousseau, *Radicaliser la démocratie. Propositions pour une refondation, op. cit.* p. 134.

du mariage pour tous a été posée. Cette décision fut jugée discriminatoire, « donc contraire au principe d'égalité et donc non démocratique[404] ». Alors qu'en France, par le biais d'une loi, et au Brésil, par la décision de justice, c'est-à-dire par les instruments « moins démocratiques[405] », le mariage entre personnes de même sexe a été autorisé. Selon l'auteur, cela signifie que « l'instrument référendaire pourrait ainsi être « moins démocratique » que l'instrument juridictionnel, voire l'instrument de la perte de la démocratie[406] ». Il est vrai que le référendum est une arme à double tranchant et parfois son utilisation peut produire des résultats conduisant au recul ou à la perte de la démocratie, tout comme d'ailleurs l'élection au suffrage universel direct (qui, par exemple, a permis au parti national-socialiste allemand d'arriver au pouvoir[407]). En même temps, la monopolisation de la prise de décisions politiques par les pouvoirs publics ne garantit pas non plus que leurs décisions soient démocratiques[408]. Pour cette raison, la communauté des individus qui envisage l'introduction de l'e-démocratie pour assumer son rôle de souverain doit être prête à la démocratie.

250. En tout état de cause, dans le cadre de l'e-démocratie, le référendum d'initiative populaire est indispensable.

2. Le référendum, un instrument de la censure des normes par excellence

251. Le référendum d'initiative populaire peut être conçu comme un instrument de la censure des normes adoptées par les pouvoirs publics ayant la compétence d'élaboration des normes. Le concept d'e-démocratie envisagé, construit sur l'exemple des relations associés – gestionnaires, n'implique pas la gestion directe de l'Etat par les associés au lieu et place des gestionnaires. C'est pourquoi la proposition de Dominique Rousseau de créer une troisième chambre sociale pour faire participer les groupes socioprofessionnels à l'élaboration des lois, au même titre que les deux autres assemblées[409], ne saurait être incorporée dans ce concept. Un tel type de participation, tout en

---

[404] *Ibid.* p. 132.

[405] *Ibid.* p. 131. *Croatie : référendum ; France : Parlement ; Brésil : juge. Si le critère d'évaluation est l'idée selon laquelle un démocrate ne peut pas repousser l'idée de référendum qui est l'expression directe de la volonté du peuple, la réponse s'impose : la Croatie est le pays le plus démocratique, le Brésil le moins ; l'interdiction du mariage homosexuel en Croatie est une décision démocratique, son autorisation au Brésil ne l'est pas.*

[406] *Ibid.*

[407] Suite aux élections législatives de 1932, le parti national-socialiste est devenu le premier parti allemand. En 1933, son chef, Adolf Hitler, a été nommé chancelier.

[408] Au sens utilisé par Dominique Rousseau.

[409] Dominique Rousseau, *Radicaliser la démocratie. Propositions pour une refondation*, *op. cit.* p. 139 et s.

élargissant le cercle des représentants, pourrait plutôt s'intégrer dans un concept où le peuple est considéré comme le quatrième pouvoir. Dans le concept proposé, il est souverain, au-dessus de tout organe du pouvoir public. En outre, la participation de la troisième chambre augmenterait encore plus les délais déjà considérables du processus législatif ainsi que les dépenses budgétaires. Enfin, dans un contexte où l'ordre du jour des assemblées est essentiellement dirigé par le gouvernement, la création de la troisième chambre ne résoudrait pas le défi principal de la participation, à savoir, de donner effectivement la parole au peuple, de lui octroyer des moyens de formuler les questions politiques et de contrôler les politiques publiques.

252. Le référendum d'initiative populaire devrait être un moyen efficace de contester les normes adoptées, dans un certain délai après leur adoption. Il faut veiller à ne pas compliquer excessivement la procédure de recueil des signatures, notamment en ce qui concerne le délai de recueil et le nombre des signatures nécessaire pour déclencher un référendum. Il serait opportun qu'il se déclenche automatiquement dès que les signatures sont récoltées. Dans le cadre de l'e-démocratie, la procédure devrait être organisée par voie électronique, pour la faciliter et économiser les moyens budgétaires. Dans cette perspective, une procédure de la vérification d'identité des électeurs devrait être mise en place, pour qu'ils puissent apposer leurs signatures en ligne. Aujourd'hui, selon la loi organique n°2013-1114 du 6 décembre 2013 portant application de l'article 11 de la Constitution, le recueil des signatures par voie électronique s'effectue aux points d'accès à un service de communication au public en ligne mis à la disposition des électeurs « dans la commune la plus peuplée de chaque canton ou au niveau d'une circonscription administrative équivalente et dans les consulats[410] ». De même, les électeurs peuvent signer sur papier, pour que les agents enregistrent leur signature électroniquement. Dans l'état actuel du développement des technologies de vérification d'identité des votants, cela semble justifié, bien que ne facilitant pas le recueil des signatures. Cependant pour le concept d'e-démocratie proposé, la possibilité d'apposer la signature sans déplacement serait indispensable. Par ailleurs, il convient de noter que le nombre des signatures requis par la loi française est excessif. Le souci du législateur est compréhensible : ne pas surcharger les assemblées avec de nombreuses propositions de loi, en établissant un taux d'entrée assez élevé (dix pour cent des électeurs inscrits sur les listes électorales). Un tel taux ne saurait rendre efficace et fonctionnelle la procédure de la censure des normes par le peuple. Comme il ressort de l'exemple d'Athènes ainsi que de ceux plus récents, de l'e-constitution ou de l'e-budget, le nombre maximum de participants actifs

---

[410] Loi organique n° 2013-1114 du 6 décembre 2013 portant application de l'article 11 de la Constitution, [réf. 20/10/2017], v. : https://www.legifrance.gouv.fr/affichTexte.do?cidTexte=JORFTEXT000028278925&categorieLien=id. art.6.

serait d'environ dix pour cent des citoyens. Dans cette optique, pour que le recueil des signatures soit une tâche réaliste, il faudrait considérer un taux beaucoup plus réduit. Sinon, un nombre trop élevé de signatures requis aboutirait non pas à la réduction du nombre de propositions de loi mais à leur absence pure et simple.

253. Le référendum d'initiative populaire peut servir non seulement comme moyen de censure, mais aussi comme moyen de formulation de l'ordre du jour législatif. Une telle utilisation de cet instrument peut rester marginale par rapport à la censure. Toutefois, ce moyen devrait exister pour faciliter l'arrivée des propositions de loi citoyennes au parlement, à l'instar de l'initiative populaire suisse.

254. Outre le référendum d'initiative populaire, le concept proposé comprend les référendums à l'initiative des pouvoirs publics, qui peuvent être obligatoires ou non. Les référendums seraient obligatoires pour prendre de décisions dans les cas suivants :

- toute révision constitutionnelle ;
- l'entrée en guerre sans une menace directe pour l'Etat ;
- l'adhésion à certaines organisations internationales et la conclusion des traités internationaux qui peuvent avoir des incidences importantes sur l'Etat et ses citoyens.

En l'absence d'un référendum, de telles décisions revêtant une importance particulière ne sauraient être prises, contrairement aux pratiques existantes où elles ressortent de la compétence des pouvoirs exécutif et législatif.

255. Dans le concept d'e-démocratie, outre la sanction des normes, le contrôle des décisions prises par les gestionnaires devrait être mis en place.

B. Le contrôle de la prise de décisions

256. Le contrôle populaire serait compliqué à mettre en œuvre sans l'instauration d'un quatrième pouvoir, celui contrôleur **(1)**, qui aurait vocation à incarner le nouveau rôle de la société civile **(2).**

1. Le quatrième pouvoir, le pouvoir contrôleur

257. La création du quatrième pouvoir et ses relations avec les autres pouvoirs ont été analysées précédemment. Il conviendrait maintenant de réfléchir à sa nature, son rôle et sa place dans le système politique. Il semble qu'il ne soit pas pertinent d'envisager sa création *ex nihilo*. Il faudrait plutôt rassembler sous cette appellation les différents organes de contrôle des pouvoirs publics déjà existants, même si ce contrôle reste pour l'instant partiel et trop limité. Leur regroupement au sein du quatrième pouvoir ne signifie pas qu'ils soient fusionnés et obtiennent une direction commune. Tout au contraire, leur indépendance doit être préservée, voire augmentée, par le biais

d'un statut constitutionnel. Il est essentiel, cependant, qu'ils aient un guichet unique, pour bien gérer les demandes des citoyens et assurer leur acheminement efficace. Avec un statut constitutionnel (dont certains de ces organes jouissent déjà), ils pourraient généraliser, de manière complète et continue, le contrôle des associés (le peuple) sur les gestionnaires et leur performance.

258. Faute d'exemples d'instauration de l'e-démocratie, il n'est possible que raisonner de manière théorique. Pour ce faire, il convient de prendre la France comme exemple. Une des institutions qui pourrait faire partie du quatrième pouvoir serait le Défenseur des droits. Déjà jouissant d'un statut constitutionnel en vertu de l'art. 71-1 de la Constitution, bien qu'il ne figure pas « au nombre des pouvoirs publics constitutionnels[411] », il « veille au respect des droits et libertés par les administrations de l'État, les collectivités territoriales, les établissements publics, ainsi que par tout organisme investi d'une mission de service public, ou à l'égard duquel la loi organique lui attribue des compétences ». Il peut être saisi par toute personne lésée par le fonctionnement d'un service public ou d'un organisme spécifié ainsi que se saisir d'office. La loi organique n°2011-333 du 29 mars 2011 précise qu'il peut être saisi non seulement par toute personne lésée[412], mais aussi par un enfant ou ses représentants pour que ses droits ou l'intérêt soient protégés, par toute personne victime de discriminations, victime ou témoin d'« un manquement aux règles de déontologie dans le domaine de la sécurité[413] » ainsi que par les lanceurs d'alerte[414]. Ainsi, le Défenseur des droits s'érige non seulement en contrôleur non juridictionnel des administrations et établissements publics, mais aussi en défenseur des droits et libertés violés par tout organisme, public ou privé, ce qui dépasse le cadre du quatrième pouvoir comme envisagé ici. Cependant, trois de ses cinq missions seraient compatibles avec le concept d'e-démocratie : la première, la protection des droits et libertés lésés par les administrations et organismes exerçant le service public ; la quatrième, la veille au respect de la déontologie par les personnes publiques exerçant des activités de sécurité sur le territoire de la

[411] Conseil constitutionnel, *Décision n° 2011-626 DC du 29 mars 2011. Loi organique relative au Défenseur des droits*, [réf. 20/10/2017], v. : www.conseil-constitutionnel.fr/decision/2011/2011626dc.htm.

[412] Loi organique n° 2011-333 du 29 mars 2011 relative au Défenseur des droits, [réf. 20/10/2017], v. : https://www.legifrance.gouv.fr/affichTexte.do?cidTexte=JORFTEXT000023781167&categorieLien=id. art.5.

[413] *Ibid.*

[414] Loi organique n° 2016-1690 du 9 décembre 2016 relative à la compétence du Défenseur des droits pour l'orientation et la protection des lanceurs d'alerte, [réf. 20/10/2017], v. : https://www.legifrance.gouv.fr/affichTexte.do?cidTexte=LEGITEXT000033562615. art. unique.

République[415] ; et la cinquième, l'orientation vers les autorités compétentes de toute personne signalant une alerte et la veille à ses droits et libertés.

259. Le volet juridictionnel du contrôle pourrait être assuré par le Conseil d'Etat et les autres juridictions administratives. Le Conseil a déjà amorcé ce type de contrôle par l'arrêt Gardedieu de 2007, en jugeant pour la première fois que « le législateur peut mal faire », même si la responsabilité pour faute n'a pas été retenue[416]. Le contrôle partiel et restreint du troisième pouvoir, celui judiciaire, s'amorce aussi. Il ne semble donc pas impossible d'exercer régulièrement un tel contrôle et de le généraliser.

260. Le volet financier du contrôle pourrait être réalisé par la Cour des comptes qui devrait fusionner avec la Cour de discipline budgétaire et financière, pour en finir avec le privilège de la juridiction octroyé à certains gouvernants. Le principe de séparation des ordonnateurs et des comptables ne semble pas compatible avec l'idée du contrôle de tous les pouvoirs publics. Le contrôle financier pourrait s'inspirer de l'exemple de la *Bundesrechnungshof*, la Cour des comptes allemande. Cette autorité fédérale indépendante *sui generis* ne fait partie d'aucun pouvoir et jouit d'une protection constitutionnelle[417]. Elle a vocation à exercer un audit externe de la gestion financière des fonds budgétaires fédéraux par la Fédération et les Länder ainsi que les établissements publics, les partenariats public-privés et les organismes de la sécurité sociale. Aucun pouvoir public ne peut lui donner d'ordres ou faire entamer un audit par son biais, elle décide elle-même de son agenda. Seuls les citoyens peuvent considérablement influer sur cette dernière en lui soumettant des pétitions[418]. Ainsi, la Cour pourrait être vue comme un mécanisme de contrôle populaire des gouvernants en ce qui concerne la gestion budgétaire, ce qui rentrerait dans le concept d'e-démocratie analysé.

---

[415] Frédérique Chopin, « Défenseur des droits », *Répertoire de droit pénal et de procédure pénale* 2015. art.2, par. 53 s.

[416] Conseil d'Etat, Ass., 8 février 2007, *Gardedieu*, n°279522. [réf. 20/10/2017], v. : https://www.legifrance.gouv.fr/affichJuriAdmin.do?idTexte=CETATEXT000018005399.

[417] Basic Law for the Federal Republic of Germany, [réf. 20/10/2017], v.: https://www.btg-bestellservice.de/pdf/80201000.pdf. art.114, par. 2. *The Federal Court of Audit, whose members shall enjoy judicial independence, shall audit the account and determine whether public finances have been properly and efficiently administered. It shall submit an annual report directly to the Bundestag and the Bundesrat as well as to the Federal Government. In other respects the powers of the Federal Court of Audit shall be regulated by a federal law.*

[418] Bundesrechnungshof, *The Bundesrechnungshof*, Bonn, 2015. [réf. 20/10/2017], v.: https://www.bundesrechnungshof.de/en/bundesrechnungshof/booklet/booklet-the-bundesrechnunghof-pdf. p.31-32. *Each year the Bundesrechnungshof receives a large number of letters, emails and telephone calls from taxpayers, private sector businesses or other bodies that are not involved in any audit procedures. In most of the cases the petitioners inform the Bundesrechnungshof of any supposed or stated shortcomings in public sector management. [...] The petitions are passed on to the relevant audit units that look into the audit evidence supplied. [...] In many cases petitions may lead to audit findings that are featured in the Bundesrechnungshof's annual report.*

Son introduction pourrait renforcer le rôle de la société civile et du peuple dans le fonctionnement des institutions.

2. *Le rôle renforcé de la société civile et du peuple*

261. Lorsque l'on réfléchit au quatrième pouvoir, la question essentielle qui se pose est de savoir comment ses membres doivent être nommés. En effet, le mode de désignation des gestionnaires est très important et a des incidences sur l'efficacité et l'impartialité d'un organe de pouvoir public. Dans le cadre du concept, il semble nécessaire que les organes du pouvoir contrôleur soient investis de leur pouvoir par le peuple. La société civile, comprise comme l'ensemble de la vie économique et sociale organisé, par opposition à la classe politique[419], devrait jouer un rôle primordial dans cette procédure.

262. Les principaux membres du quatrième pouvoir peuvent être désignés par voie d'élection au suffrage universel direct ou de désignation par le Parlement à la majorité des trois cinquièmes ou encore par le tirage au sort entre les candidatures préalablement retenues par tous les organes de pouvoir public. Il est important que les candidatures initiales soient présentées non par les pouvoirs publics eux-mêmes mais par les associations faisant partie de la société civile. Ainsi, le peuple aurait la possibilité d'influencer le choix des gestionnaires, par opposition au choix imposé par les partis dans le cadre des élections politiques. La présentation des candidatures initiales par la société civile permettrait de canaliser ce choix en promouvant les candidats renommés dans les cercles sociaux professionnels[420].

263. Leur mandat doit être incompatible avec toute autre fonction politique, administrative ou dans une entreprise. Il serait opportun de considérer l'exercice des fonctions de manière collégiale[421], pour prévenir les risques de corruption ou de prise de position partisane. Quelle que soit la durée du mandat, l'essentiel est de prévoir l'obligation de la reddition des comptes régulière ainsi que la possibilité de révocation du mandat. Cette dernière devrait s'effectuer à l'initiative du peuple, à la suite d'un référendum organisé. La révocation pourrait aussi être organisée sous forme d'un procès de reddition des comptes.

264. Dans le cadre de la procédure de reddition des comptes, le rôle du peuple peut aussi être revalorisé. L'on pourrait considérer l'organisation des nombreux jurys populaires qui, à côté des juges professionnels et des gestionnaires du quatrième pouvoir, jugeraient les affaires de reddition des comptes. Ces jurys pourraient être tirés au sort parmi les citoyens qui se sont

---

[419] Serge Guinchard, Thierry Debard, *Lexique des termes juridiques 2016-2017*, *op. cit.* p. 1016.

[420] Un tel mode de présentation des candidatures est utilisé, par exemple, pour désigner les membres de la Chambre civique de la Fédération de Russie.

[421] V. par. 89. Il serait possible de reprendre l'exemple des *euthynes* et *logistes,* qui comprenaient dix personnes, issues de groupes sociaux différents, par chaque organe. Ainsi, *mutatis mutandis*, on pourrait définir le nombre de mandats nécessaire.

dits volontaires pour exercer cette fonction. Il est possible que les associations, les retraités et les chômeurs puissent ainsi être surreprésentés en leur sein. Dans cette éventualité, il faudrait prévoir des moyens pour assurer leur représentativité. Il apparaît toutefois que des procès importants ne manqueront pas de jurés. En tout état de cause, « le peuple, entendu comme le peuple-de-tout-un-chacun, doit être associé à l'exercice de la justice. Car, autant que l'acte de voter, l'acte de juger fait le citoyen[422] ».

265. Pour conclure, il convient de noter que la reddition des comptes, même organisée en forme de procès, ne doit pas être perçue comme entachant la réputation d'un gestionnaire. A Athènes, plusieurs hommes politiques ont été jugés coupables de dépenses inappropriées ou d'autres violations ou erreurs de gestion. Après avoir remboursé les sommes dues et payé une amende ou réparé le dommage causé par d'autres moyens suivant la décision de *l'Héliée*, ils retournaient dans la vie politique et continuaient à y participer sans aucune discrimination (excepté les cas des violations graves ou crimes). En effet, les erreurs ou violations involontaires sont toujours possibles dans l'action de la gestion, puisque c'est à travers d'elles que les gouvernants apprennent à gouverner.

---

[422] Dominique Rousseau, *Radicaliser la démocratie. Propositions pour une refondation*, *op. cit.* p.184.

CONCLUSION DU TITRE PREMIER

266. La notion de démocratie, conçue comme la souveraineté du peuple, a connu plusieurs transformations, voire déformations, depuis Athènes jusqu'à nos jours. Avec l'arrivée de l'âge de l'information où les instruments de l'e-démocratie sont en cours d'introduction, il est possible que la démocratie soit en train de changer à nouveau, et cela dans le sens initial de la souveraineté du peuple. Cette dernière semble pourtant incompatible avec la démocratie représentative qui règne de nos jours dans les pays développés, cibles de l'e-démocratie.

267. Il apparaît que le concept de démocratie proposé serait plus adapté à l'e-démocratie. Il assurerait la mise en œuvre du contrôle permanent des pouvoirs publics par le peuple souverain, afin d'« institutionnaliser positivement la défiance » envers les gouvernants et ainsi combattre la crise de la démocratie représentative. Pourtant, l'introduction de l'e-démocratie pourrait remettre en question de nombreux concepts bien installés, notamment ceux de Nation, de souveraineté nationale, du mandat représentatif, du statut des élus et des gouvernants non élus.

268. En tout état de cause, les régimes de démocratie représentative sont en train de se moderniser. Plusieurs instruments de l'e-démocratie sont en voie d'introduction, même si de manière partielle et limitée, en modifiant ainsi le régime en place. Selon la politologue russe Ekaterina Schulmann, « le système politique [...] a sa capacité d'adaptation [...], afin de se changer, de se transformer ou de se morphoser, pour s'adapter d'une manière ou d'une autre à la nouvelle situation. En effet, ceci se réalise presque en permanence[423] ». Il reste à voir dans quelle mesure le système politique est prêt à changer et si cela ne change pas la nature du régime en place.

---

[423] Ирина Воробьева, *Особое мнение: Екатерина Шульман*, Эхо Москвы, 2015. [réf. 20/10/2017], v.: http://echo.msk.ru/programs/personalno/1604390-echo/. [Irina Vorobieva, Opinion dissidente : Ekaterina Schulmann].

TITRE SECOND

UNE TYPOLOGIE NAISSANTE DES INSTRUMENTS DE L'E-DEMOCRATIE

269. La vision technique de la démocratie électronique réduit cette dernière à une boîte à outils. Même si ce n'est pas notre vision, il convient de dégager une liste de tels outils, autrement dit, de classifier, définir et décrire les instruments de l'e-démocratie. Ce travail de classification a été fait par le Comité ad hoc du Conseil de l'Europe sur la démocratie électronique (CAHDE), en vue de créer un guide pratique de la mise en œuvre de l'e-démocratie pour les Etats membres.

270. Cependant, tous les instruments dégagés par le Conseil de l'Europe ne peuvent pas être qualifiés de plein droit d'« instruments de la démocratie », même électronique. Leur caractère démocratique n'est parfois que secondaire. C'est le cas d'instruments comme le sondage électronique[424], l'enquête électronique[425] ou les outils de gestion de l'information (*information management tools*)[426] qui sont très généraux et ne servent pas forcément à des fins politiques. Certains autres, dégagés par le Conseil en tant qu'instruments distincts, du point de vue juridique, ne sont que des corollaires d'autres instruments de l'e-démocratie. Il s'agit d'outils comme les portails gouvernementaux uniques (*single governmental portals*)[427] ou la gestion des relations avec les citoyens (*e-citizen relationship management*)[428] qui ne sont que des parties intégrantes de l'e-gouvernement. Certains d'entre eux sont des composants polyvalents qui peuvent être utilisés dans des instruments différents, notamment, le réseautage social relatif à l'e-démocratie (*social*

---

[424] Conseil de l'Europe, *Recommandation CM/Rec(2009)1 du Comité des Ministres aux Etats membres sur la démocratie électronique, op. cit.* pr.47.

[425] *Ibid.*

[426] Council of Europe's Ad Hoc Committee on e-democracy (CAHDE), *Indicative Guide No.1 to Recommendation Rec(2009) 1 of the Committee of Ministers to member states on e-democracy. Generic tools and policies for an electronic democracy*, CAHDE (2009) 1E, Strasbourg, 2009. p.53.

[427] *Ibid.* p.59.

[428] *Ibid.* p.13.

networking e-democracy)[429] ou les webdiffusions sur l'e-démocratie (*e-democracy webcasts*)[430]. L'e-consulat et l'e-ambassade (*e-consulate/e-embassy*)[431] tels que définis dans les travaux du Conseil devraient être intégrés en partie à l'e-gouvernement et en partie à l'e-vote et aux instruments basés sur ce dernier. *Grassroots citizen's interactivity*[432], dont la dénomination est difficile à traduire, désigne plutôt la manière dont les autorités publiques doivent traiter les initiatives d'en bas dans le cadre de l'e-démocratie. Les jeux de démocratie électronique (*e-democracy games*)[433] sont un instrument de la promotion de l'e-démocratie et non celui de l'e-démocratie elle-même. Il convient donc de les exclure de l'analyse.

271. Les travaux du CAHDE portent une vision essentiellement politique et instrumentale de l'e-démocratie. L'idée de cette recherche est d'élaborer un concept juridique de ce phénomène. C'est pourquoi, en les prenant en tant que point de départ, il convient d'appréhender cette boîte à outils d'un point de vue de son intégration aux institutions « traditionnelles » de la démocratie représentative, afin de les moderniser (**Chapitre 1**).

272. En outre, certains instruments de l'e-démocratie n'ont pas été pris en considération par la classification du Conseil de l'Europe, alors que leur nature permet d'affirmer qu'ils dépassent le cadre du fonctionnement de la démocratie représentative (**Chapitre 2**). Un essai de leur classification s'impose.

Chapitre 1. Les instruments de modernisation de la démocratie représentative, encore perfectibles

Chapitre 2. Les instruments dépassant le cadre de la démocratie représentative

---

[429] *Ibid.* p.61.
[430] *Ibid.* p.23.
[431] *Ibid.* p.19.
[432] *Ibid.* p.51.
[433] *Ibid.* p.21.

Chapitre 1. Les instruments de modernisation de la démocratie représentative, encore perfectibles

273. Les travaux du Conseil de l'Europe dénombrent trente et un instruments de l'e-démocratie. En tenant compte de cette diversité, il revient donc de les classer. Le Conseil de l'Europe dans sa Recommandation sur l'e-démocratie, utilise une classification à trois niveaux :

- fourniture d'informations ;
- communication, consultation, délibération ;
- négociation, participation éclairée, codécision et prise de décision.

Le CAHDE élabore un système des coordonnées des instruments de l'e-démocratie à deux échelles : « représentation – citoyenneté », pour indiquer si l'instrument concerné « soutient ou renforce les mécanismes de la représentation » ou, au contraire, « étaie de formes plus participatives de la citoyenneté », et « communication – interaction », pour placer l'instrument concerné en fonction de sa capacité d'offrir des possibilités aux pouvoirs publics de communiquer plus efficacement avec les citoyens ou, de plus, d'assurer « une approche plus réflexive et itérative de communication, dont les technologies facilitent deux ou plusieurs acteurs à s'engager dans un dialogue[434] ».

L'Organisation de coopération et de développement économiques (OCDE) propose une matrice de participation en ligne qui comprend deux échelles : les objectifs de la participation en ligne (information – consultation – participation active) et le cycle de l'élaboration de la politique (définition d'un programme d'action – analyse – formulation d'un document d'orientation – mise en œuvre – suivi)[435]. La professeure écossaise d'e-gouvernance Ann Macintosh, qui avait contribué à cette étude de l'OCDE, a développé plus tard un cadre de caractérisation (*characterization framework*) des exemples de l'e-participation dont les dimensions clés sont :

- le niveau de participation ;
- l'étape du cycle de l'élaboration de la politique ;

---

[434] Council of Europe, *Understanding e-democracy developments in Europe. Scoping paper prepared for the CAHDE by Professor Lawrence Pratchett*, CAHDE(2006) 2 E, Strasbourg, 2006. p.16.

[435] *Promesses et limites de la démocratie électronique. Les défis de la participation citoyenne en ligne,* Paris, OCDE, 2003. [réf. 20/10/2017], v. : http://www.oecd.org/fr/sti/prospective/35401843.pdf. p.107.

- les acteurs, c'est-à-dire les parties prenantes, leurs rôles et l'audience visée;
- les technologies utilisées ;
- les règles de l'engagement des citoyens, y compris le traitement de l'information personnelle ;
- la durée de l'initiative concernée;
- l'accessibilité, y compris le nombre des participants et leur localisation ;
- les ressources et la promotion[436].

274. Dans le cadre de cette étude, une autre typologie des instruments de l'e-démocratie peut être proposée, dont la dimension unique et principale est l'utilité de l'instrument concerné pour l'exercice de la souveraineté. En effet, le concept d'e-démocratie envisagé ici a vocation à mettre en œuvre la souveraineté effective du peuple. Il conviendrait alors de classer les instruments en fonction de leur lien à l'exercice des pouvoirs du peuple souverain.

275. Ainsi, deux groupes d'instruments apparaissent : les instruments indirectement liés à l'exercice des pouvoirs du peuple souverain, qui pourraient être appliqués au sein des différents régimes politiques (**Section 1**) ; et ceux liés directement à l'exercice de tels pouvoirs (**Section 2**).

---

436 Ann Macintosh, « Characterizing e-participation in policy-making », in *37th Hawaii International Conference on System Sciences*, 5-8 January 2004. [réf. 20/10/2017], v.: https://www.computer.org/csdl/proceedings/hicss/2004/2056/05/205650117a-abs.html.

Section 1. Les instruments non liés à l'exercice de la souveraineté

276. Les instruments de l'e-démocratie dont il est question ici ne peuvent être considérés comme les instruments de l'exercice de la souveraineté (dans le cadre de la démocratie représentative, ce sont l'élection, le référendum et parfois l'initiative populaire) ; ils ne sont pas juridiquement contraignants et la plupart d'entre eux sont à l'initiative « d'en haut ». Pourtant, il est nécessaire de les analyser dans le cadre de cette recherche en tant qu'instruments assurant les échanges d'information, car l'accès à l'information est une condition essentielle du bon fonctionnement de l'e-démocratie.

277. D'après la classification des types de participation, élaborée par le Conseil de l'Europe[437], il est possible de distinguer trois types de participation :

- fourniture d'informations ;
- communication, consultation, délibération ;
- négociation, participation éclairée, codécision et prise de décision,

en fonction du degré d'interaction et du caractère juridiquement contraignant du résultat[438].

278. En ce sens, les instruments de l'e-démocratie sans caractère juridiquement contraignant sont de deux types : d'abord, les instruments de fourniture d'informations, c'est-à-dire de communication unilatérale **(Paragraphe 1)** ; ensuite, les instruments d'interaction informatique, c'est-à-dire de communication bi- et multilatérale **(Paragraphe 2)**.

§1. La fourniture d'informations

279. L'accès à l'information est crucial pour le bon fonctionnement du régime démocratique. En effet, « la transparence, soutenue par la participation des citoyens, génère la responsabilité... Nous voulons que les individus et les organisations disposent de l'information dont ils ont besoin, pour comprendre ce qui se passe dans leur communauté et s'impliquer... Nous voulons aider tous les gouvernements à devenir plus réactifs et décloisonner les barrières, de sorte que les citoyens puissent voir clairement comment ils fonctionnent[439] ».

---

[437] V. par. 273.

[438] Council of Europe, *Explanatory memorandum to Recommendation CM/Rec(2009)1 of the Committee of Ministers to member states on e-democracy*, Strasbourg, 2009. p.8.

[439] UK Cabinet Office, *OGP UK 2013 Draft National Action Plan: From Open Data to Open Government*, London, 2013. [réf. 20/10/2017], v.: https://www.gov.uk/government/consultations/open-government-partnership-uk-draft-national-action-plan-2013/ogp-uk-2013-draft-national-action-plan-from-open-data-to-open-government. *Transparency, supported by citizen participation, generates accountability. [...] We want individuals and organisations to have the information they need to understand what*

Les instruments de fourniture d'informations sont nécessaires au fonctionnement de la démocratie électronique, puisque le dialogue et la prise de décisions ne sont possibles que sur la base d'une information suffisante. Ils servent à munir les citoyens d'informations sur la vie politique **(A)** et l'activité des pouvoirs publics **(B)** et à augmenter ainsi la transparence.

A. L'e-vie politique : une remise en cause de l'organisation de la vie politique ?

280. Ces instruments peuvent être utilisés pour la promotion, tant des acteurs politiques **(1)**, que dans le cadre des campagnes politiques **(2)**.

1. E-acteurs, la création de nouveaux liens avec les électeurs

281. Ce groupe d'instruments inclut l'e-politicien-ne et l'e-parti, comprenant à son tour l'e-démocratie interne du parti[440].

- E-politicien-ne

282. L'e-politicien-ne est « les politicien-ne-s qui par voie électronique, fournissent des informations sur eux-mêmes et leur travail, [...] interagissent et délibèrent avec les autorités publiques, citoyens et les médias ; en outre, les informations fournies par le biais des TIC par l'administration ou le gouvernement sur une personnalité politique[441] ». Pour ce faire, les sites, les blogs, les webdiffusions et les réseaux sociaux sont notamment utilisés. Outre la fonction de transparence, cet instrument peut servir en tant que promoteur puissant des carrières politiques, tandis que cette fonction est habituellement exercée, à titre presque exclusif, par les partis politiques.

---

happens in their community and be empowered to get involved. [...] We want to support all governments to become more responsive, breaking down silos and barriers, so that citizens can see clearly how they operate.

[440] Le CAHDE est d'avis que ce sont deux instruments distincts et il n'y a pas de relation directe entre l'e-démocratie interne du parti et les initiatives démocratiques externes du parti, *à l'exception possible pendant les périodes avant les élections*, v. Council of Europe's Ad Hoc Committee on e-democracy (CAHDE), *Indicative Guide No.1 to Recommendation Rec(2009) 1 of the Committee of Ministers to member states on e-democracy. Generic tools and policies for an electronic democracy, op. cit.* p. 57. Toutefois, il semble que ce soient les deux faces d'un instrument ; l'e-démocratie interne sert à renforcer la transparence et, contrairement à l'opinion du CAHDE (v. *Ibid*, p.58), peut être utilisée même aux premières étapes de l'implantation de l'e-parti dans la vie du parti ; ce que démontre l'exemple du Parti pirate russe dont nous allons parler plus loin.

[441] *Ibid.* p.45. *Politicians electronically providing information about themselves, their work, decision-making and voting, and interacting and deliberating with their and others' public authorities as well as citizens (constituents) and the media; furthermore, information provided by the administration or government regarding the politician using ICTs.*

283. En outre, l'e-politicien-ne rapproche les élus des électeurs, ce qui permet de contourner l'intermédiaire institutionnel, parti politique. Le politologue américain Steven Clift, en présentant son nouveau projet « Facebook Native Politician », soutient qu'« Il ne s'agit plus d'utiliser les médias sociaux pour recueillir des votes, puis de se taire une fois le pouvoir acquis[442] ». Son idée est ce que cet instrument instaure un lien direct, permanent et personnel entre l'élu-e et ses électeurs qui obtiennent le moyen d'influencer son opinion sur les questions politiques de sa compétence. L'essence de la représentation politique exprimée par Condorcet dans ses fameux propos « Mandataire du peuple, je ferai ce que je croirai le plus conforme à ses intérêts. Il m'a envoyé pour exposer mes idées, non les siennes ; l'indépendance absolue de mes opinions est le premier de mes devoirs envers lui » n'est apparemment plus compatible avec l'esprit du temps. De nouvelles formes du lien gouvernants-gouvernés, pour faire entendre la voix du peuple, semblent être recherchées.

- E-parti

284. L'e-parti, y compris l'e-démocratie interne du parti, est « l'utilisation des TIC par les partis politiques [...] pour fournir des informations sur leurs activités [...] ainsi que des moyens de participation en ligne [...] afin d'établir un canal de communication délibérative[443] ». Les moyens techniques utilisés sont les mêmes que dans le cas de l'e-politicien-ne[444].

285. Avec cet instrument, les articles 20 de la Déclaration universelle des droits de l'homme (DUDH) et 11 de la Convention de sauvegarde des droits de l'homme et des libertés fondamentales (Conv.EDH) relatifs à la liberté d'association prennent un nouveau sens parce que désormais il devient relativement facile de s'associer en ligne, pour participer dans la vie politique. Un essor des partis ciblés, spécialisés et ainsi temporaires (leur espérance de vie serait conditionnée par l'obtention du but politique recherché), pourrait ainsi être attendu. Il semble cependant qu'aujourd'hui, un tel essor soit limité par le fonctionnement du système électoral, dans le sens où les partis doivent présenter un programme englobant tous les sujets importants de la vie publique, pour être élus.

286. L'e-démocratie interne du parti est « l'utilisation des instruments de l'e-démocratie à des fins internes, en particulier pour la sélection des candidats, le processus décisionnel et le vote interne du parti, afin d'inclure

[442] *E-Democracy.org – Project Blog,* [réf. 20/10/2017], v.: http://blog.e-democracy.org/posts/2497. *This is no longer a story of using social media to gather votes and then going silent once power is gained.*

[443] Council of Europe's Ad Hoc Committee on e-democracy (CAHDE), *Indicative Guide No.1 to Recommendation Rec(2009) 1 of the Committee of Ministers to member states on e-democracy. Generic tools and policies for an electronic democracy, op. cit.* p.39.

[444] V. par. 282.

les adhérents absents et d'accélérer les processus[445] ». À cet égard, il est possible de mentionner l'expérience du Parti démocrate américain qui avait utilisé l'e-vote pour que ses adhérents à l'étranger puissent sélectionner le candidat du parti à l'élection présidentielle de 2008[446] ou encore l'exemple du Parti pirate russe. En 2012, ce dernier a organisé le congrès fondateur du parti auquel tous les intéressés pouvaient assister par le biais de la visioconférence. Cet e-congrès du parti mériterait d'être distingué en qualité d'un instrument de l'e-démocratie, composante de l'e-démocratie interne du parti. Il permet de faciliter davantage la création et le fonctionnement d'un parti et ainsi d'animer la participation, surtout dans les pays vastes. En Russie, les résultats de l'e-congrès fondateur du Parti pirate n'avaient pas été reconnus en tant qu'officiels par le Ministère de la Justice qui s'occupe de l'enregistrement des partis politiques. Le Parti a dû alors convoquer un congrès hors-ligne.

287. Si l'e-politicien-ne et l'e-parti permettent de créer de nouveaux liens avec les électeurs, l'e-campagne représente un saut qualitatif quant au rapprochement avec les candidats.

2. *E-campagne, un nouveau moyen de promotion politique*

288. Dans ce groupe d'instruments, il convient d'inclure d'abord l'e-campagne elle-même en tant que nouvelle manière d'organiser la campagne politique ; ainsi que l'e-navigateur de vote dont la vocation est d'aider les électeurs à faire leur choix.

- E-campagne

289. L'e-campagne consiste « à entrer en contact avec les citoyens par des moyens électroniques, de manière coordonnée, à les inciter à prendre contact les uns avec les autres afin d'assurer une mobilisation lors de campagnes électorales ou autres et/ou de les convaincre de promouvoir une cause spécifique, afin d'influer directement ou indirectement sur l'élaboration ou l'application de politiques publiques[447] ». Selon la définition du Comité ad hoc du Conseil de l'Europe sur la démocratie électronique (CAHDE), cet instrument comprend donc non seulement les campagnes électorales, mais

---

[445] Council of Europe's Ad Hoc Committee on e-democracy (CAHDE), *Indicative Guide No.1 to Recommendation Rec(2009) 1 of the Committee of Ministers to member states on e-democracy. Generic tools and policies for an electronic democracy, op. cit.* p.57. *Political parties and associations are using e-democracy tools for internal purposes, especially the selection of candidates, decision-making and internal party voting to include absent members and accelerate processes.*

[446] *Obama wins Democrats abroad global primary,* Democrats abroad. [réf. 20/10/2017], v. : https://web.archive.org/web/20080221170638/http://democratsabroad.org/article/2008/02/21/obama-wins-democrats-abroad-global-primary.

[447] Conseil de l'Europe, *Recommandation CM/Rec(2009)1 du Comité des Ministres aux Etats membres sur la démocratie électronique, op. cit.* p.46.

aussi la promotion des actions collectives, de la signature des pétitions à l'organisation des protestations.

290. Les opportunités qu'ouvre l'e-campagne sont incomparables par rapport à celles des médias traditionnels. D'abord, c'est sur les réseaux sociaux que le parti peut s'adresser à chacun de ses partisans en personne et que l'e-campagne devient individualisée. Puis, elle permet de contacter les jeunes qui ne sont pas joignables par d'autres moyens de communication et qui vont constituer le noyau électoral dans quelques dizaines d'années. On peut donc raisonnablement penser qu'avec le temps, l'accent se déplace de la campagne traditionnelle vers la campagne en ligne, pour attirer leur attention.

291. Pourtant, la légalité de l'utilisation de quelques-unes de ces opportunités est encore à discuter. Nombreux sont ceux qui commencent à revendiquer leur droit à la vie privée protégé par l'art.8 de la Conv.EDH. En effet, afin d'attirer l'attention des électeurs potentiels, les e-campagnes utilisent, parfois de manière abusive, les données personnelles fournies par les utilisateurs des réseaux sociaux. La décision d'un juge américain[448] a déjà forcé Facebook à publier sa politique d'utilisation des données personnelles dont le caractère intrusif avait été ignoré par ses utilisateurs. En cas de procès en France, la décision du juge pourrait avoir des incidences sur l'e-campagne.

292. Concernant l'e-campagne électorale, il semble aller de soi que les règles de la campagne hors ligne doivent s'appliquer à la campagne en ligne. L'espace numérique est cependant beaucoup plus vaste que celui des médias traditionnels ; ce qui est plus important encore, il est interactif et évolue constamment. Par conséquent, l'approche même du contrôle de l'e-campagne électorale est à revoir. La Commission nationale des comptes de campagne et des financements politiques semble avoir trouvé des pistes. Cependant, toutes les règles de la campagne hors ligne ne peuvent être appliquées à l'e-campagne. « On peut d'ailleurs se demander si une telle entreprise est possible, ne serait-ce que d'un point de vue technique[449] ».

293. En outre, parfois les règles de la campagne bien établies depuis des années se voient fragilisées à l'ère d'internet. La Commission nationale de contrôle de la campagne électorale indique que « l'ampleur avec laquelle des résultats partiels ou des estimations de résultats [de la présidentielle de 2012] ont été diffusés par internet et les réseaux sociaux avant la fermeture des

---

[448] Elise Delève, « *Facebook devra payer 20 millions de dollars pour l'usage de données à des fins publicitaires* », *FranceInfo*, 28/08/2013. [réf. 20/10/2017], v.: http://www.franceinfo.fr/societe/facebook-une-amende-de-20-millions-de-dollars-pour-l-usage-de-donnees-a-des-1121573-2013-08-27?fb_action_ids=10202017428945912&fb_action_types=og.likes&fb_source=aggregation&fb_aggregation_id=288381481237582.

[449] Jason Wiels, « Dépenses, publicité, temps de parole : quelles limites pour les partis politiques sur Internet ? », *Regards sur le numérique*, 07/02/2012. [réf. 20/10/2017], v.: http://www.rslnmag.fr/post/2012/02/07/Depenses-publicite-temps-de-parole-quelles-limites-pour-les-partis-politiques-sur-Internet-.aspx.

bureaux de vote doit conduire à réexaminer la pertinence des règles applicables[450] ». Le Conseil constitutionnel quant à lui a réitéré ses propositions de 2007 d'harmoniser l'horaire de clôture des bureaux de vote en métropole et de préciser la législation applicable. Ces propositions ont été adoptées par la loi organique du 25 avril 2016.

294. En ce qui concerne les e-campagnes non liées aux élections, il est possible de constater que les réseaux sociaux représentent non seulement l'un des plus grands médias au monde, mais aussi une puissance politique[451] capable d'apporter une contribution importante à une déstabilisation du régime ou même à son renversement[452]. Ainsi, la question se pose de savoir s'il est acceptable qu'une puissance politique d'une telle ampleur puisse être une « propriété privée » et sous le contrôle d'un seul pays. Serait-il possible que ce pays utilise ce contrôle pour les intérêts de sa politique étrangère ? « Qu'adviendrait-il si les intérêts commerciaux ou nationaux entrent en collision avec la liberté d'expression des utilisateurs ?[453] » En guise de réponse, il est possible de mentionner les pressions étatiques sur les opérateurs internet, afin d'obtenir la censure des propos « délicats » de leurs utilisateurs.

- E-navigateur de vote

295. L'e-navigateur de vote est « un outil en ligne pour fournir une vue d'cnsemble des partis politiques, des candidats et de leurs programmes électoraux, facilitant la transparence et offrant à l'électeur des informations neutres, nécessaires à la formation de sa décision[454] ». À la différence des instruments précédents, l'e-navigateur de vote n'appartient pas à un acteur politique et n'exprime donc pas une position politique. Sa vocation est de

---

[450] Commission nationale de contrôle de la campagne électorale, *Rapport établi par la Commission nationale de contrôle de la campagne électorale en vue de l'élection présidentielle (scrutins des 22 avril et 6 mai 2012)*, 2012. [réf. 20/10/2017], v. : http://www.legifrance.gouv.fr/affichTexte.do?cidTexte=JORFTEXT000026194366#JORFARTI000026194399.

[451] En ce sens, v. aussi Сергей Голубицкий, « О цензурном тоталитаризме Google », *Computerra*, 06/09/2013. [réf. 20/10/2017], v.: http://www.computerra.ru/82007/o-tsenzurnom-totalitarizme-google/. [Serguei Golubitski, Sur le totalitarisme de censure de Google].

[452] V. en ce sens Pauline Türk, « La souveraineté des Etats à l'épreuve d'internet », *op. cit.* p.1500-1502, 1514 et s.

[453] Raymond Schillinger, « Social Media and the Arab Spring: What Have We Learned? », *Huffington Post*, 20/09/2011. [réf. 20/10/2017], v.: http://www.huffingtonpost.com/raymond-schillinger/arab-spring-social-media_b_970165.html.

[454] Council of Europe's Ad Hoc Committee on e-democracy (CAHDE), *Indicative Guide No.1 to Recommendation Rec(2009) 1 of the Committee of Ministers to member states on e-democracy. Generic tools and policies for an electronic democracy, op. cit.*p.63. *A web-based tool to provide an overview of political parties, candidates and their programmes for elections, facilitating transparency and offering the elector an independent opinion in forming his/her decision.*

rassembler les opinions des partis ou des candidats sur tous les sujets importants de la vie publique, pour aider l'électeur à faire son choix. Néanmoins, il peut être utilisé à des fins de propagande déguisée. C'est pourquoi l'utilisation de cet instrument exige la transparence des algorithmes utilisés et un engagement civique fort de la part des acteurs politiques et de la société civile qui doivent veiller à la régularité des informations mises en ligne.

296. En résumant, les instruments de l'e-vie politique s'inscrivent dans l'esprit de la démocratie représentative. Ils modernisent son fonctionnement, certes, mais ils n'ont pas de rapport direct avec la souveraineté effective du peuple, vocation de l'e-démocratie. Le groupe d'instruments suivant est conçu de la même manière.

B. Les e-pouvoirs publics, une transparence accrue

297. Ce groupe d'instruments comprend ceux qui servent à augmenter la transparence des organes du pouvoir public **(2)** et ceux assurant l'accès à la norme juridique **(1)**.

1. E-législation, une tentative de rapprochement du citoyen de la loi

298. L'e-législation « suppose l'utilisation des TIC pour élaborer, commenter, consulter, structurer, mettre en forme, soumettre, amender, voter et publier des lois adoptées par des assemblées élues[455] ». Cet instrument comprend deux composantes : l'une interne, il s'agit de « l'amélioration des processus internes d'élaboration et d'adoption des lois[456] » ; et l'autre externe, liée au « processus de communication de la nouvelle législation[457] » aux citoyens.

299. L'aspect externe de cet instrument concernant la communication de la nouvelle législation aux citoyens est déjà assez développé et répandu. Malgré le grand nombre de tels projets, il leur manque une fonction, bien évoquée par le Conseil de l'Europe, à savoir l'amélioration du « contenu et [de] la lisibilité des textes [afin de] concourir ainsi à une meilleure connaissance de la législation au sein de la population[458] ». Ils se contentent de publier les nouvelles lois et de maintenir la base de données ce qui est certes important mais insuffisant. Le potentiel des nouveaux médias est dans la

---

[455] Conseil de l'Europe, *Recommandation CM/Rec(2009)1 du Comité des Ministres aux Etats membres sur la démocratie électronique, op. cit.* pr.37.

[456] Council of Europe's Ad Hoc Committee on e-democracy (CAHDE), *Indicative Guide No.1 to Recommendation Rec(2009) 1 of the Committee of Ministers to member states on e-democracy. Generic tools and policies for an electronic democracy, op. cit.* p.33.

[457] *Ibid.*

[458] Conseil de l'Europe, *Recommandation CM/Rec(2009)1 du Comité des Ministres aux Etats membres sur la démocratie électronique, op. cit.* G.45.

plupart des cas ignoré : il n'y a même pas de tentatives de créer de nouvelles formes de présentation des lois en utilisant du son et du graphique, et en formant au bout du compte un espace législatif virtuel, intuitivement compréhensible.

300. Quant à l'aspect interne de cet instrument, le développement des systèmes électroniques intraparlementaires d'élaboration des lois ainsi que l'utilisation des applications web pour déterminer l'impact de nouvelles normes[459] peuvent par exemple être évoqués. En tant que moyens de moderniser le fonctionnement technique du parlement, ils sortent du cadre de cette recherche.

2. E-pouvoirs, une tentative de rapprocher le citoyen des organes du pouvoir

301. Dans les travaux du Conseil de l'Europe et l'OCDE, il est possible de dégager en tant que tels instruments l'e-parlement et l'e-justice. Même si l'e-gouvernement n'a pas été mentionné, il est inclus dans cette recherche : d'abord, parce que cela est logique, ensuite, pour identifier de nombreuses opportunités liées à cet instrument. Le quatrième pouvoir n'est évidemment pas traité en tant que tel dans les travaux analysés. Dans le cadre de cette recherche, il est également rajouté dans les e-pouvoirs, pour les mêmes raisons que l'e-gouvernement.

- E-parlement

302. L'e-parlement « désigne l'utilisation des TIC par des assemblées représentatives élues, leurs membres et leur personnel administratif et politique dans l'exécution de leurs tâches, notamment aux fins d'une participation active des citoyens[460] ». Cet instrument comprend des aspects de l'e-législation, en ce qui concerne la numérisation interne du processus d'élaboration des lois, et de l'e-politicien-ne, quand il s'agit de la gestion des communications entre les membres du parlement, le personnel et l'administration, ainsi que des contacts avec les citoyens[461]. De même, il est lié aux instruments analysés plus loin, notamment l'e-consultation, l'e-pétition et l'e-vote. Les documents européens mentionnent que l'e-parlement doit les inclure,[462] mais dans la pratique, ils sont laissés en dehors. D'abord,

---

[459] OCDE, *Mieux légiférer en Europe : France*, Editions OCDE, 2010. [réf. 20/10/2017], v. : http://www.oecd.org/regreform/regulatory-policy/45249654.pdf. p.114.

[460] Conseil de l'Europe, *Recommandation CM/Rec(2009)1 du Comité des Ministres aux Etats membres sur la démocratie électronique, op. cit.* pr.36.

[461] *Ibid.*

[462] *Ibid. Le parlement électronique englobe, entre autres, des aspects de la législation électronique, du vote électronique, de la pétition électronique et de la consultation électronique.*

les outils de vote sont séparés, par le biais des sites internet spécialisés, permettant l'identification des votants et organisant la procédure de vote sécurisée. Puis, les e-pétitions peuvent viser d'autres organes du pouvoir que le parlement. Il semble donc logique de séparer ces instruments d'un point de vue organisationnel et technique.

303. En résumant, l'e-parlement représente un instrument composé qui regroupe différents instruments de l'e-démocratie ayant pour but d'améliorer la qualité du travail parlementaire, d'accroître sa transparence et la responsabilité des élus, d'encourager le contrôle et la participation des citoyens à la fonction législative. Cette idée de responsabilisation des élus par le biais du contrôle civique amène à se demander s'il ne s'agit pas d'un refus du mandat représentatif au profit de celui impératif, incompatible avec la démocratie représentative[463], ou plutôt d'une certaine « impérativisation » du mandat représentatif.

304. Alors même que l'e-parlement ne change pas considérablement le mode de fonctionnement de cette institution, il jette des bases pour le contrôle populaire du pouvoir législatif. Dans plusieurs pays, il y a des sites permettant de surveiller les élus : d'apprécier leur assiduité, leurs votes ainsi que d'obtenir d'autres informations nécessaires pour contrôler leur travail[464].

- E-justice

305. L'e-justice « suppose l'utilisation des TIC dans l'exercice de la justice par tous les acteurs du système judiciaire[465], dans le but d'améliorer l'efficacité et la qualité du service public, notamment à l'égard des citoyens et des entreprises. Elle comprend la communication électronique et les échanges de données, ainsi que l'accès aux données judiciaires[466] ». Comme plusieurs instruments de l'e-démocratie, elle a deux aspects : interne et externe.

306. L'aspect interne de l'e-justice comprend une composante judiciaire liée directement au processus de l'exercice de la justice (e-enquête, e-procès, e-médiation, systèmes d'aide à la décision, interconnexion des autorités judiciaires) et une composante administrative qui consiste en organisation du fonctionnement de la justice (dématérialisation du suivi de l'affaire).

307. L'aspect externe de l'e-justice consiste en deux composantes :

---

[463] V. par ex. Commission de Venise, *Avis sur la loi d'Ukraine portant modification de la législation concernant le statut des députés de la Verkhovna Rada de la République autonome de Crimée et des conseils locaux en Ukraine*, Strasbourg, 2007. [réf. 20/10/2017], v. : http://www.venice.coe.int/webforms/documents/default.aspx?pdffile=CDL-AD(2007)018-f. p.6.

[464] *They work for you. Keeping tabs on the UK's parliaments&assemblies,* [réf. 20/10/2017], v. : http://www.theyworkforyou.com/.

[465] Dans le cas français, il s'agirait du système juridictionnel.

[466] Conseil de l'Europe, *Recommandation CM/Rec(2009)1 du Comité des Ministres aux Etats membres sur la démocratie électronique, op. cit.* p.38.

- le système de transparence de la justice, à l'instar de celui de l'e-parlement ;
- l'accès à la justice au sens large qui comprend :
  - l'accès aux bases de connaissances juridiques dont les bases de données de la législation (et en ce sens, cet instrument est proche de l'e-législation), de la jurisprudence, des registres officiels différents[467], des procédures à suivre pour pouvoir ester en justice, etc.;
  - l'accès au juge : la possibilité pour les citoyens de porter plainte devant le tribunal par internet[468] à l'instar des moyens déjà offerts aux professionnels[469].

308. L'e-justice « implique des changements d'organisation de la justice[470] ». Comme le soutient Luc Ferrand, « la réalité technique a entraîné des conséquences sur le droit et sur l'organisation des professionnels que les premiers projets ne pouvaient laisser deviner[471] ». Certaines professions juridiques disparaissent comme l'avoué[472], la charge de travail du juge de la mise en état[473] ou du greffier[474] a beaucoup évolué. Par ailleurs, la prolifération des ressources numériques n'est pas sans conséquence pour les droits nationaux des Etats membres de l'UE. Christiane Féral-Schul argumente qu'il faut rester vigilant à « l'omniprésence de la culture anglo-saxonne sur le web avec, sur le plan juridique, ses contrats et ses clauses qui s'imposent comme des standards[475] ». Il semble qu'une certaine harmonisation du droit soit inévitable, au moins au sein de l'UE et de la Conv.EDH, qui doivent en effet

---

[467] *Les publications électroniques comprennent entre autres : - insolvabilité (AT) ; - ventes aux enchères de biens immobiliers (MT, AT) ; - ventes de biens mobiliers (MT) ; - recherche pour les propriétaires de biens volés dans les affaires pénales (AT)*, etc. V. Council of the European Union, *JURINFO 112*, Brussels, 2009. [réf. 20/10/2017], v. : http://register.consilium.europa.eu/pdf/en/09/st13/st13759.en09.pdf. p.13.

[468] Ainsi que les échanges électroniques avec la Cour, *avec le service électronique ayant la même valeur juridique que la signification de documents sous forme papier*, et le paiement en ligne des frais et amendes. V. *Ibid.* p.7, 9.

[469] *Télérecours : Les téléprocédures devant les juridictions administratives,* Conseil d'Etat. [réf. 20/10/2017], v. : https://www.telerecours.fr/.

[470] Jérôme Bossan, « La dématérialisation de la procédure pénale », *Recueil Dalloz* 2012, p. 627.

[471] Luc Ferrand, « Nouvelles technologies et nouvelle culture judiciaire », in *L'E-Justice Dialogue et Pouvoir*, Paris, Dalloz, 2011. p.13-20. p.19.

[472] Loi n° 2011-94 du 25 janvier 2011 portant réforme de la représentation devant les cours d'appel, [réf. 20/10/2017], v. : http://www.legifrance.gouv.fr/affichTexte.do?cidTexte=JORFTEXT000023474278&dateTexte=&categorieLien=id.

[473] Luc Ferrand, « Nouvelles technologies et nouvelle culture judiciaire », *op. cit.* p.17.

[474] Bruno Martin Laprade, « La procédure administrative et les NTIC », in *L'E-Justice Dialogue et Pouvoir*, Paris, Dalloz, 2011. p.29-36. p.34.

[475] Cité par Jean Gasnault, « Les NTIC et les avocats », in *L'E-Justice Dialogue et Pouvoir*, Paris, Dalloz, 2011. p.93-122. p.106.

contribuer à la construction de l'espace juridique commun[476]. Le problème qui a déjà surgi avec la mise en place de l'aspect externe de l'e-justice est lié à la protection des données personnelles, surtout quand il s'agit des affaires pénales. Le respect de la vie privée dès la conception du système d'e-justice devient donc primordial.

309. Une autre question intéressante, même si elle reste marginale dans les débats des juristes, concerne la démocratisation de la justice, c'est-à-dire l'exercice de la justice par le peuple, ce qui marque sa véritable souveraineté. L'e-justice telle que conçue par le Conseil de l'Europe ne comporte pas cette composante, en se focalisant sur la numérisation des échanges et des procédures de la justice et ne changeant donc en rien l'exercice de la justice.

- E-gouvernement

310. L'e-gouvernement n'étant pas inclus dans la liste des instruments de l'e-démocratie, dégagée par le Conseil de l'Europe, il convient de se servir de travaux d'autres organisations internationales. L'ONU l'a défini de deux manières : au sens large où « l'e-gouvernement peut inclure la quasi-totalité des plateformes et des applications utilisées par le secteur public[477] » et au sens plus étroit comme « l'utilisation d'internet et du web pour fournir des informations et des services gouvernementaux aux citoyens[478] ». L'OCDE le décrit comme « l'utilisation des technologies de l'information et de la communication, en particulier d'internet, en tant qu'outil pour atteindre une meilleure administration[479] ». La Commission européenne en donne la définition suivante : « l'utilisation des TIC dans les administrations publiques, associées avec des changements au niveau de l'organisation et de nouvelles aptitudes du personnel, dans le but d'améliorer les services publics et de renforcer les processus démocratiques et de soutien aux politiques publiques[480] ». En synthétisant ces définitions aux fins de cette recherche, il

---

[476] Sur le débat concernant l'influence du droit étranger sur le droit français v. par ex. Jean-Bernard Auby, « Le droit administratif francais vu du droit comparé », *AJDA* 2013, p. 407 et s, Marie-Claire Ponthoreau, « Trois interprétations de la globalisation juridique », *AJDA* 2006, p. 20 et s., Giacinto Della Cananéa, « Grands systèmes de droit administratif et globalisation du droit », in *Traité de droit administratif Tome I*, Paris, Dalloz, 2011. p.773 et s.

[477] United Nations Division for Public Economics and Public Administration. American Society for Public Administration, *Benchmarking E-government: A Global Perspective. Assessing the Progress of the UN Member States*, 2002. [réf. 20/10/2017], v.: https://publicadministration.un.org/egovkb/portals/egovkb/documents/un/english.pdf. p.1.

[478] *Ibid.*

[479] *e-Government for Better Government,* OECD Publishing, 2005. [réf. 20/10/2017], v. : http://www.keepeek.com/Digital-Asset-Management/oecd/governance/e-government-for-better-government_9789264018341-en#.WNvQjhhh3L8. p.11.

[480] Commission des communautés européennes, *Communication de la commission au Conseil, au Parlement européen, au Comité économique et social européen et au Comité des régions. Le rôle de l'administration en ligne (eGovernment) pour l'avenir de l'Europe*, COM(2003) 567

est possible de définir l'e-gouvernement comme l'utilisation de TIC par les administrations publiques, pour fournir des informations et des services aux citoyens ainsi qu'aux fins de gestion interne, comme un outil pour atteindre une meilleure administration et la participation des citoyens.

311. L'aspect interne de cet instrument consiste en l'utilisation des TIC aux fins de l'organisation interne des services gouvernementaux. Il ne semble pas utile de les analyser ici, leur utilité pour l'e-démocratie n'étant que secondaire.

312. Au contraire, l'aspect externe de l'e-gouvernement est important pour le fonctionnement de l'e-démocratie. Il comprend deux domaines très vastes, à savoir :

- l'administration électronique[481] ou l'administration en ligne : l'utilisation d'internet pour la fourniture des services aux citoyens et aux entreprises[482],
- l'administration ouverte ou le gouvernement ouvert : l'ouverture de documents et de procédures de l'administration pour la responsabilité accrue et le contrôle populaire.

La différence fondamentale entre ces deux facettes de l'e-gouvernement réside dans le rôle du citoyen qu'elles impliquent. Dans le cas de l'administration électronique, le citoyen n'est qu'un client qui obtient des services de l'administration. Dans le cas du gouvernement ouvert, il est citoyen qui exige la reddition des comptes de l'administration[483]. En ce sens, la première facette dépasse le cadre de cette recherche, tandis que la seconde mérite de retenir l'attention.

313. Le gouvernement ouvert (*open government*) est l'ouverture et la transparence de l'administration, pour améliorer la responsabilisation,

---

final, Bruxelles, 2003. [réf. 20/10/2017], v. : http://eur-lex.europa.eu/LexUriServ/LexUriServ.do?uri=COM:2003:0567:FIN:FR:PDF. p.4.

[481] Elle est parfois dénommée : e-gouvernement (ONU) ou eGovernment (Commission européenne). Pour éviter des erreurs possibles d'interprétation, la notion française d'administration électronique a été retenue.

[482] La Commission européenne dégage trois volets de l'administration électronique : les services à la population, aux entreprises et entre administrations. Ce dernier fait partie de l'aspect interne de l'e-gouvernement alors que le deuxième volet serait une notion dérivée du premier, car ce sont les individus qui créent les entreprises et ont donc besoin de services électroniques de l'État à cette fin. V. Commission des communautés européennes, *Communication de la commission au Conseil, au Parlement européen, au Comité économique et social européen et au Comité des régions. Le rôle de l'administration en ligne (eGovernment) pour l'avenir de l'Europe, op. cit.*

[483] Le professeur de droit néerlandais Hein van Duivenboden distingue quatre rôles du citoyen dans le cadre de l'e-gouvernement : client, citoyen, sujet de l'état et électeur. V. *e-Government for Better Government, op. cit.* p.19. Il semble pourtant que le rôle du sujet de l'état dans le cadre de l'e-gouvernement soit trop proche à celui du client alors que le rôle de l'électeur dépasse le cadre de cet instrument et sera analysé lors de l'analyse de l'e-vote.

renforcer la démocratie et stimuler l'innovation[484]. Ce n'est pas qu'une panoplie de moyens ponctuels visant la publication de certaines données, mais plutôt une nouvelle culture de gouvernance ouverte et collaborative. En 2011, le mouvement international a été lancé sous l'égide du Partenariat pour un gouvernement ouvert[485] qui comprend aujourd'hui plus de 60 Etats membres, dont la France. Parmi ses traits les plus marquants, la création dans tous les États membres d'un forum de dialogue permanent avec la société civile pour élaborer un plan d'action national[486] avec des engagements concrets d'ouverture des données. Un mécanisme d'ouverture contrôlée, faite à la demande de la société civile, est ainsi introduit.

314. L'une des conditions de bon fonctionnement du gouvernement ouvert est la disponibilité des données ouvertes (*open data*). Il s'agit de la publication par les administrations des données brutes, libres de toutes contraintes techniques, juridiques ou financières, en des formats lisibles par les machines, et que toute personne peut utiliser, réutiliser et diffuser librement. Le phénomène des données ouvertes n'est pas sans poser des questions juridiques. Jusqu'en 2011, faute de licence unifiée les collectivités territoriales avaient dû se doter soit de licences élaborées par elles-mêmes, soit d'autres licences existantes qui n'étaient pas toujours complètement libres, ce qui a mené à des restrictions sur la réutilisation des données[487]. Le projet d'ouverture des données publiques a, en quelque sorte, été dénaturé. Après la signature en 2013 de la Charte du G8 sur les données ouvertes, dont la France est partie, la « question capitale[488] » semblait être tranchée : « il devrait être possible d'obtenir les données ouvertes gratuitement[489] », même à des fins commerciales. Cependant, l'arrivée de la directive 2013/37/UE du 26 juin 2013, transposée par la loi n° 2015-1779 du 28 décembre 2015, a nuancé la question. Alors que la loi impose aux administrations le principe de gratuité de la réutilisation des données publiques, elle pose deux exceptions à cette règle : (1) lorsque les administrations « sont tenues de couvrir par des recettes propres une part substantielle des coûts liés à l'accomplissement de leurs missions de service public » et (2) lorsque la réutilisation porte « sur des informations issues des opérations de numérisation des fonds et des

---

[484] *Gouvernement ouvert,* Gouvernement du Canada. [réf. 20/10/2017], v. : http://ouvert.canada.ca/fr.
[485] *Ibid.*
[486] *Les plans d'action nationaux élaborés dans le cadre du Partenariat pour un gouvernement ouvert,* [réf. 20/10/2017], v. : https://www.etalab.gouv.fr/plan-daction-national.
[487] Danièle Bourcier, Primavera De Filippi, « L'Open Data : universalité du principe et diversité des expériences ? », *La Semaine Juridique Administrations et Collectivités territoriales* 2013, n° 38.
[488] Jean-Bernard Auby, « La réutilisation des données publiques », *Droit Administratif* 2011, 8, repère 8.
[489] *Charte du G8 sur les données ouvertes,* Le Portail de la modernisation de l'action publique. [réf. 20/10/2017], v. : http://www.modernisation.gouv.fr/sites/default/files/fichiers-attaches/charte-g8-ouverture-donnees-publiques-fr.pdf.

collections des bibliothèques[490] ». En outre, la loi encadre strictement les règles du calcul de telles redevances. La solution trouvée s'approche de la gratuité déclarée dans la Charte et de l'approche américaine où la gratuité des données publiques avait été érigée en principe. Selon l'ancien responsable de l'administration Obama Vivek Kundra, cela « a révélé un énorme appétit pour la participation civique[491] ».

- E-pouvoir contrôleur ?

315. L'e-pouvoir contrôleur, dont l'instauration est proposée dans le cadre de cette recherche, n'est évidemment pas inclus dans la liste des instruments de l'e-démocratie du Conseil de l'Europe. Néanmoins, ses travaux contiennent une ébauche de cet instrument, sous forme de l'e-Ombudsman et des e-institutions d'audit. Ce sont « les sites internet [de ces autorités] qui publient des informations sur le respect des règles par les autorités publiques et surtout qui offrent aux citoyens la possibilité (anonyme) de déposer une plainte par voie électronique, ce qui permet de mettre en place des moyens de contrôle renforcés et d'accroître la transparence du système politique[492] ». C'est ainsi que cet instrument devient essentiel pour le fonctionnement du concept d'e-démocratie proposé, un « guichet unique » pour accueillir les plaintes citoyennes, à la condition d'être élargi à tous les organes participant à l'exercice du quatrième pouvoir.

316. Les e-pouvoirs publics sont conçus par le Conseil de l'Europe essentiellement pour informer les citoyens. Ainsi, le citoyen informé peut se construire une opinion éclairée et participer efficacement au débat public.

§2. L'e-débat, la reconstruction de la société civile

317. Il n'est pas possible de renforcer la responsabilité des organes du pouvoir public par la transparence sans que les citoyens aient les moyens de

---

[490] Dispositions codifiées par le Code des relations entre le public et l'administration, [réf. 20/10/2017], v. : https://www.legifrance.gouv.fr/affichCode.do?cidTexte=LEGITEXT000031366350&idSectionTA=, les art. L324-1 et L324-2.

[491] Vivek Kundra, « Digital Fuel of the 21st Century: Innovation through Open Data and the Network Effect », Harvard University, 2011. [réf. 20/10/2017], v.: http://shorensteincenter.org/2012/01/digital-fuel-of-the-21st-century-innovation-through-open-data-and-the-network-effect/. p.17.

[492] Council of Europe's Ad Hoc Committee on e-democracy (CAHDE), *Indicative Guide No.1 to Recommendation Rec(2009) 1 of the Committee of Ministers to member states on e-democracy. Generic tools and policies for an electronic democracy, op. cit.* p.35. L'e-ombudsman et les institutions d'audit figurent dans le paragraphe consacré aux e-plaintes et non dans celui consacré aux e-pouvoirs publics, puisque leur vocation principale est de recueillir des plaintes des citoyens.

communiquer avec eux et de se coopérer. En ce sens, l'apport d'internet qui offre cette interactivité est inédit. Cette facilité de communication et de collaboration contribue à émanciper les citoyens et leurs groupes. « Lorsque les citoyens ont été invités à participer à un processus de délibération [...], leurs réactions ont été massivement positives. Cessant de croire qu'aucun responsable ne s'intéresse à ce qu'ils pensent, ils ont davantage le sentiment d'être personnellement capables d'influencer l'action gouvernementale[493] ». En stimulant l'interactivité et l'initiative des citoyens, l'e-démocratie peut offrir des moyens pour la communication des citoyens **(A)** et les délibérations **(B)**.

A. Les e-communications des citoyens : des instruments de dialogue sociétal

318. « La rétroaction est au cœur du potentiel démocratique que recèle l'Internet. Avant l'Internet, aucune source d'information n'offrait une réactivité directe d'une telle ampleur. Les citoyens se servent de l'Internet pour s'informer, mais aussi pour informer les autres[494] ». Parmi les instruments de communication offerts par l'e-démocratie, il est possible de dégager deux groupes : les e-plaintes **(1)** et les e-consultations **(2)**. La différence principale entre les deux est que dans le premier cas, le citoyen communique des informations, des demandes ou des plaintes, tandis que dans le second, les autorités publiques utilisent des moyens de communication numériques, afin de solliciter son opinion sur un sujet de la vie publique.

1. Les e-plaintes, instruments d'importance accrue dans l'e-démocratie

319. Ce groupe d'instruments comprend les e-plaintes, les e-pétitions et l'e-journalisme. Ces instruments sont des canaux numériques de communication des citoyens aux pouvoirs publics ou à d'autres citoyens. Ils ont cependant un rôle important dans le cadre du concept d'e-démocratie analysé. Leur vocation est d'assurer un lien entre le peuple et le quatrième pouvoir contrôleur, afin de mettre en place un contrôle populaire de l'activité d'un gestionnaire ou d'un organe. Ainsi, l'e-Ombudsman et des e-institutions d'audit et plus généralement, l'e-pouvoir contrôleur seraient les destinataires de telles requêtes.

---

[493] *Promesses et limites de la démocratie électronique. Les défis de la participation citoyenne en ligne, op. cit.* p.171.
[494] *Ibid.* p.170.

- E-plaintes

320. Les e-plaintes sont « l'utilisation des TIC dans les autorités publiques particulières pour offrir aux citoyens des moyens de dépôt des plaintes, la résolution des conflits et en combinaison avec d'autres initiatives visant à établir une certaine gestion de la relation citoyen[495] ».

- E-pétitions

321. L'e-pétition est « l'acheminement électronique d'une protestation ou d'une recommandation adressée à une institution démocratique : les citoyens signent la pétition et engagent éventuellement une discussion sur le sujet en y ajoutant leur nom et leur adresse électronique. [...] Les pétitions électroniques permettent aux citoyens de contribuer plus aisément aux travaux du parlement et d'autres institutions démocratiques ; elles facilitent en outre la discussion et les débats entre les citoyens[496] ». Les e-pétitions sont aujourd'hui utilisées pour protester contre les décisions des pouvoirs publics ou pour leur demander de réagir. En ce sens, la question se pose de savoir si elles peuvent être considérées comme une forme de manifestation en ligne. Dans le cadre du concept d'e-démocratie, pour permettre l'efficacité et l'impact démocratique des e-pétitions, il faudrait établir des règles de transparence relatives à leur traitement et la prise en compte par les destinataires[497].

- E-journalisme

322. L'e-journalisme est « l'utilisation d'outils électroniques et d'internet pour publier des informations et des nouvelles, rapporter les événements politiques (de partis) et bloguer, par les citoyens et les agents publics, afin de fournir des informations non filtrées et accroître la transparence et la responsabilité[498] ». Cet instrument de l'e-démocratie est particulièrement intéressant. D'abord, parce qu'il utilise des moyens de communication qui n'étaient pas définis au préalable par l'administration, le choix du moyen est donc libre. Ensuite, parce que la communication est destinée au public. Enfin, le contenu de la communication n'est limité que par le moyen de communication choisi.

---

[495] Conseil de l'Europe, *Recommandation CM/Rec(2009)1 du Comité des Ministres aux Etats membres sur la démocratie électronique, op. cit.* p.15.

[496] *Ibid.* p.45.

[497] V. par ex. les règles de traitement des e-pétitions dans le parlement de l'Australie : *How to petition the Senate,* Parliament of Australia. [réf. 20/10/2017], v.: http://www.aph.gov.au/Parliamentary_Business/Petitions/Senate_Petitions/petitions#elec.

[498] Council of Europe's Ad Hoc Committee on e-democracy (CAHDE), *Indicative Guide No.1 to Recommendation Rec(2009) 1 of the Committee of Ministers to member states on e-democracy. Generic tools and policies for an electronic democracy, op. cit.* p.29.

323. C'est un instrument de grande importance pour l'e-démocratie parce qu'il permet de lancer une alerte et de signaler des dysfonctionnements au sein des pouvoirs publics. Il semble nécessaire de distinguer les e-lanceurs d'alerte parmi les e-journalistes, en tant que groupe particulièrement vulnérable qui aurait besoin d'une protection juridique renforcée. L'e-journalisme serait donc fondamental pour augmenter la transparence et déclencher un contrôle si nécessaire.

2. Les e-consultations, des instruments à portée variable

324. Parmi ces instruments, il est possible de dégager l'e-consultation[499] **(1)** et l'e-environnement (ou la cyberécologie) **(2)**, y compris l'e-aménagement du territoire et la cohésion spatiale. La différence entre les deux est que l'e-consultation est plus large et peut couvrir un vaste spectre de questions. Elle est organisée à l'initiative d'un organe du pouvoir public et ses résultats ne le lient pas. L'e-environnement est en revanche un instrument ciblé sur les sujets environnementaux et peut être plus contraignant. En France par exemple, la participation à l'élaboration de décisions publiques ayant une incidence sur l'environnement a une valeur constitutionnelle.

- L'e-consultation

325. L'e-consultation est « un moyen de recueillir l'avis de personnes nommément désignées ou du public au sens large sur un point politique particulier, sans obligation pour le décideur de se conformer aux résultats de la consultation. Il existe diverses formes de consultation électronique, formelle et informelle, réglementée par les pouvoirs publics ou non réglementée[500] ». Pour organiser une e-consultation, il est possible d'utiliser des instruments auxiliaires, tels que l'e-sondage ou l'e-enquête qui « permettent de recueillir de manière informelle, par voie électronique, les opinions de personnes choisies au hasard ou dûment sélectionnées, généralement en liaison avec une proposition et un choix de réponses[501] ». La différence entre les deux est le degré de formalisme de la procédure, plus haut dans le cas de l'e-enquête. Cependant, ils se ressemblent en ce qu'ils « sont tous deux de nature non contraignante : ils sont avant tout des sondages

---

[499] Y compris l'e-sondage et l'e-enquête que le Conseil de l'Europe dégage aussi en tant que les instruments de l'e-démocratie, v. Conseil de l'Europe, *Recommandation CM/Rec(2009)1 du Comité des Ministres aux Etats membres sur la démocratie électronique, op. cit.* pr.35, 47. Il semble cependant qu'ils soient des instruments techniques, auxiliaires.

[500] *Ibid.* pr.43.

[501] *Ibid.* pr.47.

d'opinion et peuvent être réalisés aussi bien par des pouvoirs publics que des organes privés[502] ».

326. Pour le moment, l'organisation des e-consultations reste critiquable, et cela pour plusieurs raisons. Comme le note Jacques Chevallier, l'administration « en prend l'initiative, choisit les participants, contrôle de bout en bout le déroulement et finalement, prend, ou non, en compte les avis formulés[503] ». En outre, l'administration n'est souvent pas tenue de les organiser et encore moins de tenir compte de leurs résultats. S'il s'agit de l'e-consultation citoyenne, il faut aussi prendre en considération la complexité de la tâche pour un citoyen moyen, sans suffisamment de temps libre, de connaissances en droit, d'expérience administrative. L'e-consultation pourrait ainsi engendrer un risque grave d'instrumentalisation, dans le but de légitimer les décisions administratives. En ce sens, l'expérience irlandaise semble intéressante : un outil numérique permettant de dégager un éventail d'opinions sur un sujet donné (et non pas des réponses aux questions posées par la consultation, réponses qui seraient déjà orientées par les questions posées)[504].

- L'e-environnement (ou la cyberécologie), notamment l'e-aménagement territoire et la cohésion spatiale

327. Le Conseil de l'Europe définit la cyberécologie comme « l'utilisation et la promotion des TIC aux fins de l'évaluation et de la protection de l'environnement, l'aménagement du territoire et l'utilisation durable des ressources naturelles[505] ». Elle comprend notamment des systèmes numériques pour accéder à des données et des informations sur l'environnement et les diffuser, ainsi que des systèmes de surveillance et des référentiels de connaissances environnementales. Grâce à ces systèmes, l'impact des facteurs naturels et anthropiques et d'autres pressions sur l'environnement peut être prévu et suivi. L'état actuel de l'environnement peut donc être déterminé, ce qui facilite la formulation de réponses potentielles fondées une base de connaissances plus large et plus largement diffusée[506].

328. Selon le Conseil, l'e-aménagement du territoire et la cohésion spatiale (ou l'e-voisinage) est une des composantes fondamentales de la cyberécologie. Cet instrument serait défini comme « la discussion et la participation à la planification urbaine locale à l'initiative des citoyens, les

---

502 Council of Europe, *Explanatory memorandum to Recommendation CM/Rec(2009)1 of the Committee of Ministers to member states on e-democracy, op. cit.* p.13.

503 Jacques Chevallier, *Science administrative*, 5e édition, Paris, PUF, 2013. p.418.

504 *CiviQ,* [réf. 20/10/2017], v. : https://civiq.eu/. V. aussi *Public opinion analysis,* CiviQ. [réf. 20/10/2017], v. : http://www.civiq.eu/consultation/.

505 Conseil de l'Europe, *Recommandation CM/Rec(2009)1 du Comité des Ministres aux Etats membres sur la démocratie électronique, op. cit.* pr. 40.

506 Council of Europe, *Explanatory memorandum to Recommendation CM/Rec(2009)1 of the Committee of Ministers to member states on e-democracy, op. cit.* p.12.

ONG ou les autorités publiques qui utilisent les TIC pour favoriser la participation locale et trouver des solutions au niveau local[507] ». Par nature, cet instrument est du ressort des pouvoirs locaux. Le principe de participation du public à la prise de décisions au niveau local est fixé par la Charte européenne de l'autonomie locale : le « droit des citoyens de participer à la gestion des affaires publiques fait partie des principes démocratiques communs à tous les Etats membres du Conseil de l'Europe ».

329. Les instruments de l'e-environnement ont une importance accrue par rapport aux autres instruments de l'e-démocratie. La Convention d'Aarhus du 25 juin 1998 garantit les droits d'accès à l'information et de participation du public au processus décisionnel en matière d'environnement. Principes à valeur constitutionnelle en France, ils sont inscrits dans l'art. 7 de la Charte de l'environnement. Le principe de participation a été mis en œuvre par la loi n° 2012-1460 du 27 décembre 2012 et l'ordonnance n° 2013-714 du 5 août 2013 qui prévoient notamment la procédure de participation du public par voie électronique comme une condition de l'adoption d'un projet de décision par l'autorité publique, en l'absence d'une procédure particulière prévue. D'ailleurs, le débat public et l'enquête publique prévoient la participation du public, y compris par voie électronique. De même, le droit d'accès à l'information relative à l'environnement est consacré par la loi n° 2005-1319 du 26 octobre 2005. L'article 7 de la Charte fait l'objet d'une jurisprudence abondante dans le cadre de la QPC[508] en tant que droit constitutionnellement garanti. Le droit de participation en matière environnementale a ainsi une vraie portée juridique. En outre, le droit français prévoit la coopération interétatique[509] dans la matière de participation du public à la prise de décisions ayant des incidences sur l'environnement, ce qui peut encourager la participation au sein de l'UE[510].

330. Les instruments relatifs aux consultations relèvent de l'initiative des pouvoirs publics, tandis que l'e-délibération a le potentiel d'être utilisée à l'initiative des citoyens.

---

[507] Council of Europe's Ad Hoc Committee on e-democracy (CAHDE), *Indicative Guide No.1 to Recommendation Rec(2009) 1 of the Committee of Ministers to member states on e-democracy. Generic tools and policies for an electronic democracy, op. cit.* p. 47.

[508] « Juin 2014 : La Charte de l'environnement de 2004 », *Conseil constitutionnel.* [réf. 20/10/2017], v.: http://www.conseil-constitutionnel.fr/conseil-constitutionnel/francais/a-la-une/juin-2014-la-charte-de-l-environnement-de-2004.141685.html.

[509] Les art. 123-7, 123-8 du Code de l'environnement.

[510] V. aussi par ex. Commission des communautés européennes, *Communication de la Commission au Conseil, au Parlement européen, au comité économique et social européen et au comité des régions.Vers un système de partage d'informations sur l'environnement (SEIS)*, COM(2008) 46 final, Brussels, 2008. [réf. 20/10/2017], v. : http://eur-lex.europa.eu/legal-content/FR/TXT/?uri=CELEX:52008DC0046.

B. *L'e-délibération, un débat plus large et constructif avec l'arrivée du numérique*

331. L'e-délibération est encore un instrument transversal à large spectre qui peut être défini comme « un débat rationnel entre pairs, dans lequel les citoyens débattent, approuvent et critiquent dans le cadre d'une discussion publique, éclairée et respectueuse, leurs points de vue respectifs sur un problème donné et les mesures susceptibles d'être prises pour le résoudre[511] ». L'e-délibération est le plus interactif des instruments de ce groupe. Selon les sociologues, cet instrument « favorise la création des liens sociaux, l'élargissement des contacts et supprime les différences démographiques, sociales et professionnelles[512] » et peut ainsi créer un espace délibératif, sans discrimination à l'entrée ni préjugés. Dominique Cardon note en outre que « la richesse du web est d'avoir su faire exister, sous les contenus dominants, un espace intermédiaire où il est permis de partager et de discuter des sujets qui circulaient très mal dans l'espace public[513] ». Toutefois, l'impossible unanimité soulevée par Jean Rivero, met en cause l'efficacité de l'e-délibération : il est difficile d'organiser un débat citoyen constructif et suffisamment éclairé qui déboucherait sur une décision convenable pour tous les participants. Une autre approche pourrait être nécessaire, afin de dégager une solution qui serait bonne pour (presque) tous[514].

332. En résumé, les instruments précédents ne permettent que l'information et la délibération des citoyens. Ils sont principalement à l'initiative des pouvoirs publics et ne les lient pas. Confinée à ce niveau, « la participation reste juste un rituel de façade[515] » et ne concerne juridiquement pas l'exercice de la souveraineté par le peuple. Dans le concept d'e-démocratie proposé, ces instruments peuvent donc être utilisés seulement de manière accessoire. Seuls l'e-journalisme (en tant qu'instrument de lancement d'alerte), les e-plaintes, les e-pétitions (à condition d'être contraignantes) et une ébauche des e-pouvoirs de contrôle (élargie et approfondie aux fins de cette recherche) pourraient assurer le fonctionnement du concept.

---

[511] Conseil de l'Europe, *Recommandation CM/Rec(2009)1 du Comité des Ministres aux Etats membres sur la démocratie électronique, op. cit.* pr.27.

[512] Irina Grebennikova Krasautsava, « L'interaction médiatisée à travers le chat comme dispositif sociotechnique », *Les Enjeux de l'information et de la communication* 2008, 09/1. [réf. 20/10/2017], v.: https://lesenjeux.univ-grenoble-alpes.fr/2008/varia/03-linteraction-mediatisee-a-travers-le-chat-comme-dispositif-sociotechnique. V. aussi Henri Oberdorff, *La démocratie à l'ère numérique, op. cit.*p.88.

[513] Dominique Cardon, *La démocratie Internet : promesses et limites, op. cit.* p.97.

[514] V. par. 825 et s.

[515] Sherry R. Arnstein, *A Ladder of Citizen Participation. Originally published in Journal of the American Institute of Planners, Vol. 35, No. 4, July 1969, pp. 216-224,* Duncan Lithgow's Website, 2006. [réf. 20/10/2017], v.: http://lithgow-schmidt.dk/sherry-arnstein/ladder-of-citizen-participation.html.

333. Les travaux du Conseil ne pouvant se limiter à la « participation de façade », ils proposent des instruments relatifs à l'exercice de la souveraineté.

Section 2. Les instruments liés à l'exercice de la souveraineté

334. Le troisième type de participation selon la classification du Conseil de l'Europe[516], à savoir « négociation, participation éclairée, codécision et prise de décision », peut être incarné par des instruments juridiquement contraignants, étroitement liés à l'exercice de la souveraineté par le peuple. Dans la démocratie représentative ou semi-directe, la souveraineté s'exerce durant l'élection, le référendum ou l'initiative populaire. Ces mécanismes d'exercice du pouvoir souverain peuvent être numériques et ainsi faire partie des instruments de l'e-démocratie. Dans le cadre du concept d'e-démocratie proposé, ils peuvent être regroupés en tant qu'instruments de l'e-participation (**Paragraphe 2**).

335. Tous ces instruments sont articulés autour de la procédure de vote. Même le recueil des signatures électroniques dans le cadre de l'e-initiative populaire, n'est rien d'autre que le vote électronique. A cet égard, il convient de faire remarquer que la notion de vote électronique (l'e-vote) est assez large. Le Conseil de l'Europe le définit de deux manières, comme « vote électronique » et comme « vote électronique à distance ». Le vote électronique est l'« utilisation de moyens électroniques pour enregistrer et/ou dépouiller les suffrages[517] ». Cela peut comprendre plusieurs dispositifs qui ne sont pas nécessairement numériques, par exemple les machines à voter. Le vote électronique à distance est en revanche l'« utilisation de moyens électroniques pour exercer son suffrage en dehors des locaux où le vote se déroule en général[518] ». Dans le cadre de cette recherche, il convient de se concentrer sur le vote électronique à distance, c'est-à-dire par internet (l'i-vote), puisque pour son organisation, internet est indispensable, tandis que pour organiser le vote électronique par le biais des machines à voter, il n'est pas nécessaire. En ce sens, il est essentiel d'analyser l'i-vote en tant qu'instrument transversal de l'e-démocratie, qui serait à la base des instruments de l'e-participation (**Paragraphe 1**).

§1. L'i-vote, instrument de base

336. Le vote en tant que moyen d'exercice de la souveraineté, implique la sincérité qui peut être définie comme « le révélateur de la volonté réelle de l'électeur[519] ». Elle comprend le respect de cinq principes du patrimoine

---

516 V. par. 273.

517 Conseil de l'Europe, *Recommandation CM/Rec(2017)5 du Comité des Ministres aux Etats membres sur les normes relatives au vote électronique*, Strasbourg, 2017. [réf. 20/10/2017], v. : https://search.coe.int/cm/Pages/result_details.aspx?ObjectId=0900001680726f6a.

518 *Ibid.*

519 Richard Ghevontian, « La notion de sincérité du scrutin », *Cahiers du Conseil constitutionnel* 2003, n°13. [réf. 20/10/2017], v.: http://www.conseil-constitutionnel.fr/conseil-

électoral européen : « suffrage universel, égal, libre, secret et direct[520] ». Le système de vote électronique, quel qu'il soit, doit mettre en œuvre ces principes. Dans le cas de l'i-vote, cela serait techniquement difficile, voire impossible, au moins à l'étape actuelle du développement du numérique[521]. Cela ne signifie pas que l'i-vote ne peut pas être mis en place. Il faut cependant que son utilisation soit accompagnée par d'autres moyens non numériques de contrôle de sa sincérité. Pour comparer avec le vote papier, ce dernier ne pourrait être considéré comme protégé qu'à condition d'être observé par des personnes extérieures au bureau de vote, ce qui n'est pas toujours le cas. En tout état de cause, même si l'i-vote est déjà appliqué par certains régimes démocratiques[522], il ne peut, pour l'instant, être qu'un moyen de vote complémentaire et facultatif[523], étant donné la pénétration encore insuffisante des TIC. En outre, un système durable de vote électronique doit satisfaire aux exigences démocratiques relatives au système d'i-vote **(A)** ainsi qu'à la procédure d'i-vote **(B)**.

A. Le système d'i-vote démocratique

337. Les exigences relatives au système d'i-vote renvoient à la traduction des principes de vote démocratique dans les exigences de la mise en œuvre du système et de son fonctionnement **(1)** ; ce qui peut parfois remettre en question certains principes régissant le vote démocratique **(2)**.

1. Exigences relatives au système

338. Les exigences pour le système démocratique de vote électronique ont été élaborées par le Conseil de l'Europe en 2004 dans la Recommandation Rec (2004)11 du Comité des Ministres aux Etats membres sur les normes juridiques, opérationnelles et techniques relatives au vote électronique. En

---

constitutionnel/francais/nouveaux-cahiers-du-conseil/cahier-n-13/la-notion-de-sincerite-du-scrutin.52035.html.

[520] Commission de Venise, *Code de bonne conduite en matière électorale*, CDL-AD (2002) 23, Strasbourg, 2002. [réf. 20/10/2017], v. : http://www.eods.eu/library/VC.Code%20of%20Good%20Practice%20in%20Electoral%20MattersFR.pdf. p.5.

[521] V. par ex. les travaux de J. Alex Halderman J. Alex Halderman, *Securing digital democracy. On-line course provided by University of Michigan.*, Coursera, 2012. [réf. 20/10/2017], v.: https://class.coursera.org/digitaldemocracy-2012-001/class/index, J. Alex Halderman *et al.*, « Attacking the Washington, D.C. Internet Voting System », in *16th Conference on Financial Cryptography & Data Security*. [réf. 20/10/2017], v. : https://jhalderm.com/pub/papers/dcvoting-fc12.pdf. ou de Chantal Enguehard cités plus loin.

[522] Tels que la Suisse. V. par ex. Michel Chevallier *et al.*, « La solution genevoise de vote électronique à cœur ouvert », *Flash informatique* 2011, n°6.

[523] Conseil de l'Europe, *Recommandation CM/Rec(2017)5 du Comité des Ministres aux Etats membres sur les normes relatives au vote électronique, op. cit.* annexe 1, norme 3.

2014, le Conseil de l'Europe a lancé une discussion parmi les Etats membres au sujet de la mise à jour de la recommandation, afin de prendre en considération l'expérience pratique du vote électronique de certains Etats membres[524]. La nouvelle recommandation, adoptée le 14 juin 2017[525], ainsi que les travaux des praticiens[526] et des opposants[527] de l'i-vote ont servi de point de départ pour synthétiser et analyser les exigences du système d'i-vote démocratique (Tableau 1).

Tableau 1. Principes de vote démocratique et exigences du système d'i-vote

Principe	Exigence du système d'i-vote	Définition
Suffrage universel	Accessibilité	Tous les votants autorisés ont la possibilité de voter, c'est-à-dire : 1) Ils ont ou peuvent facilement obtenir l'accès au système, 2) Son utilisation est facile et n'exige pas de compétences particulières, 3) Dans la mesure du possible, les personnes handicapées et les personnes ayants des besoins spéciaux peuvent voter de façon autonome, 4) L'attention des votants est attirée sur le fait qu'ils participent au vote réel, 5) En cas de problème, les votants peuvent obtenir des renseignements d'une manière rapide et efficace.
Suffrage égal/ équitable	Authentification correcte du votant	1) Les votants non autorisés ne peuvent pas voter par le biais du système, 2) Le système ne permet pas au votant d'exprimer son vote par plusieurs modes de suffrage, 3) Seul le nombre approprié de suffrages par électeur soit enregistré, stocké et inclus dans le résultat de l'élection, 4) Toutes les informations officielles relatives au scrutin seront présentées de manière équivalente dans l'ensemble des modes de suffrage.
Suffrage secret	Bulletin secret	1) L'impossibilité de lier le votant avec son/ses votes, 2) L'impossibilité pour le votant de prouver son vote aux tiers, 3) La protection des données personnelles de l'électeur contre toute intrusion non autorisée, 4) Le système ne traite et ne retient, aussi longtemps que nécessaire, que les données de l'électeur nécessaires à l'opération de vote.

---

[524] *5th Review Meeting on the CM Recommendation Rec(2004)11 on legal, operational and technical standards for e-voting. Lochau, Austria, 28 October 2014,* Council of Europe. [réf. 20/10/2017], v. : http://www.coe.int/en/web/electoral-assistance/5th-review-meeting-e-voting.

[525] Conseil de l'Europe, *Recommandation CM/Rec(2017)5 du Comité des Ministres aux Etats membres sur les normes relatives au vote électronique, op. cit.*

[526] Michel Chevallier *et al.*, « La solution genevoise de vote électronique à cœur ouvert », *op. cit.*

[527] J. Alex Halderman, *Securing digital democracy. On-line course provided by University of Michigan., op. cit.*

Principe	Exigence du système d'i-vote	Définition
Suffrage libre	Vote libre	1) L'intention et l'expression de vote de l'électeur ne seront pas affectées par le système, 2) Les votants peuvent modifier leur choix avant la confirmation ainsi que déposer un vote blanc ou un vote intentionnellement nul, 3) Le système de vote indique clairement au votant que le suffrage a été enregistré avec succès et que la procédure de vote est terminée.

339. Aucun système d'i-vote existant, y compris celui français utilisé aux élections législatives de 2012 des représentants des Français établis hors de France[528], ne satisfait pleinement aux exigences évoquées ci-dessus. En effet, l'utilisation d'« un dispositif non contrôlé par une autorité électorale », impliqué par l'i-vote, est problématique d'un point de vue de la sincérité du scrutin. Sans qu'il soit possible d'analyser cette problématique en détail dans cette étude[529], il est nécessaire d'évoquer les points faibles de l'i-vote, dont la possibilité d'achats des voix, de coercition, de violation du secret du scrutin ainsi que les difficultés liées à la vérification de l'identité de l'électeur et un risque de dissimulation de fraudes massives[530], y compris par l'Etat lui-même. L'utilisation de l'i-vote reste la prérogative des Etats ayant de vieilles traditions démocratiques, l'ambiance sociale non conflictuelle et, de préférence, un système de vote postal déjà existant. En effet, le vote postal peut constituer une bonne base pour l'introduction de l'i-vote : les deux sont régis par les mêmes principes et comportent des risques similaires. Si dans un Etat le vote postal fonctionne correctement depuis un certain nombre d'années, il est probable que l'i-vote pourrait être introduit avec succès. Cependant, même dans un contexte démocratique établi, l'i-vote peut bouleverser certains principes qui semblaient intangibles.

---

528 Les insuffisances du système de vote par internet semblent avoir été implicitement reconnues par le gouvernement français qui a décidé, sur la recommandation de l'ANSSI, de ne pas recourir à cette modalité de vote pour les élections législatives de 2017 *en raison du contexte actuel, caractérisé par un niveau de menace extrêmement élevé de cyberattaques*. France Diplomatie. Vote par Internet, *op. cit.*

529 Pour les études plus détaillées relatives aux problèmes de l'i-vote v. par ex. Chantal Enguehard, « Transparence, élections et vote électronique », in *Internet, machines à voter et démocratie*, Paris, L'Harmattan, 2011. ; Chantal Enguehard, « Le vote en ligne : expertise du système de vote électronique et chiffrement du bulletin de vote », in *Colloque international « La démocratie : du crépuscule à l'aube ? »*, 13 et 14 juin 2013. ; Chantal Enguehard, Tatiana Shulga-Morskaya, « De l'annulation d'élections par internet par le moyen des insuffisances du système de vote », in *Les convergences du droit et du numérique, colloque des 11,12,13 septembre 2017*.

530 Sylvain Henry, « Le vote en ligne inquiète », *Acteurs publics* 2012. [réf. 20/10/2017], v. : http://www.acteurspublics.com/2012/05/24/le-vote-en-ligne-inquiete.

2. *Le secret du vote, un principe intangible ?*

340. Comme le fait remarquer le Conseil de l'Europe, « les essais et les projets pilotes de l'e-vote pourraient à terme conduire à une réforme électorale[531] ». Fondé sur les principes fondamentaux du droit électoral, l'i-vote peut changer leur mise en œuvre ou leur interprétation par les parties prenantes. C'est le cas du principe constitutionnel du vote secret. Comme le montrent les professeurs de science politique norvégiens Jo Saglie et Signe Bock Segaard, « tant que la situation ne comporte pas de coercition ou d'influence indue, de nombreuses personnes sont prêtes à accepter que leur vote soit observé par d'autres, même s'il s'agit d'une violation des dispositions législatives. Cela indique que la perception populaire du secret du vote diffère de l'interprétation juridique[532] ». Leurs conclusions s'appuient sur les résultats du sondage des participants de l'essai de l'i-vote en Norvège lors des élections municipales de 2013. Selon les auteurs, la question qui se pose est de savoir si le secret du vote est un droit ou un devoir du citoyen. Autrement dit, si les électeurs et les autorités doivent veiller à la sauvegarde du secret du vote ou l'obligation de garantir le secret du scrutin n'incombe qu'aux autorités, alors que les électeurs ont le droit de voter à bulletin secret (et non le devoir de garder leur vote secret)[533]. Le code électoral français est muet à cet égard. Tant l'art. 3 de la Constitution que l'art. L.59 du code disposent que « le scrutin est secret », sans préciser à qui incombe l'obligation de garantir le secret du scrutin. Cependant, selon l'art. L.62 du même code, l'électeur doit « se rendre isolément dans la partie de la salle aménagée pour le soustraire aux regards pendant qu'il met son bulletin dans l'enveloppe ». En vertu de l'art. 72 de la loi du 11 février 2005[534], les personnes handicapées doivent aussi voter de façon autonome. Richard Ghevontian soutient ainsi que « le secret du vote qui, comme on le voit, est non seulement un droit de l'électeur mais aussi - et peut être surtout - une obligation qui s'impose à lui

---

531 *E-voting handbook. Key steps in the implementation of e-enabled elections,* Strasbourg, Council of Europe Publishing, 2010. [réf. 20/10/2017], v.: http://www.coe.int/t/dgap/goodgovernance/Activities/E-voting/E-voting%202010/Biennial_Nov_meeting/ID10322%20GBR%206948%20Evoting%20handbook%20A5%20HD.pdf. p.53

532 Jo Saglie, Signe Bock Segaard, « Internet voting in Norway in 2013. The principle of the secret ballot in practice », in *23rd IPSA World Congress of Political Science, 19-24 July 2014*. p.15. *As long as the situation does not involve coercion and undue influence, many people are willing to accept that voting is observed by others even if this is a breach of legal regulations. This indicates that the popular understanding of ballot secrecy differs from the legal understanding.*

533 *Ibid.*

534 Loi n° 2005-102 du 11 février 2005 pour l'égalité des droits et des chances, la participation et la citoyenneté des personnes handicapées, [réf. 20/10/2017], v. : https://www.legifrance.gouv.fr/affichTexte.do?cidTexte=JORFTEXT000000809647&categorieLien=id.

et à laquelle il ne peut pas déroger[535] ». De plus, le code électoral dans son art. L.113, prévoit la sanction pénale en cas de violation du secret du vote. La jurisprudence en la matière semble pourtant être assez inappropriée sinon laxiste. D'une part, le Conseil d'Etat, tout en mentionnant que le manquement à l'obligation du passage par l'isoloir est sanctionné « le cas échéant, par l'annulation du scrutin ou au moins de certains suffrages douteux[536] », statue que « considérant que si l'un des électeurs a voté sans passer par l'isoloir, ce manquement aux prescriptions de l'art. L.62 du Code électoral n'a pu, compte tenu de l'écart des voix, modifier les résultats de l'élection[537] ». Le Conseil constitutionnel, quant à lui, est allé encore plus loin. En écartant le grief du requérant que « des milliers d'électeurs » s'étaient abstenus de passer par l'isoloir ce qui aurait pu violer le secret du vote, il a statué que « la non-utilisation des isoloirs par un certain nombre d'électeurs, en l'absence de toute pression ou contrainte, n'a pas porté atteinte à la sincérité du scrutin[538] », ce qui est assez proche de la perception du secret du scrutin par les participants de l'essai d'i-vote en Norvège. En ce sens, Jo Saglie et Signe Bock Segaard concluent que « le vote par internet (et le vote à distance en général) peut affecter la culture politique, d'une manière qui rend l'exigence du vote secret moins absolue. [...] Nonobstant les règles juridiques, les gens peuvent se demander pourquoi ils ne devraient pas être en mesure de décider eux-mêmes s'ils veulent voter sans être observés[539] », dès lors qu'il ne s'agit pas des pressions ou de l'influence indue.

341. Tout comme le système, la procédure de l'i-vote doit répondre aux exigences du vote démocratique, ce qui n'est pas toujours facile à mettre en œuvre.

B. La procédure d'i-vote démocratique

342. La procédure d'i-vote démocratique implique l'application des exigences de la procédure de vote démocratique à la procédure d'i-vote **(1)**, ce qui pose parfois des questions difficiles sur la fiabilité de l'i-vote **(2)**.

---

[535] Richard Ghevontian. « La notion de sincérité du scrutin », *op. cit.*

[536] François Llorens *et al.*, « Chapitre VI. Jurisprudence », *Annuaire des collectivités locales* 1984, 4, p. 263-362. v. : http://www.persee.fr/web/revues/home/prescript/article/coloc_0291-4700_1984_num_4_1_932. p.297.

[537] Conseil d'Etat, 13 juillet 1963, *Elections municipales de Caderousse*, Rec. Lebon, Tables, p. 898.

[538] Conseil constitutionnel, *Décision n° 78-841 AN du 21 juin 1978. A.N., Corse-du-Sud (2ème circ.)*, [réf. 20/10/2017], v.: www.conseil-constitutionnel.fr/decision/1978/78841an.htm.

[539] Jo Saglie, Signe Bock Segaard, « Internet voting in Norway in 2013. The principle of the secret ballot in practice », *op. cit.* p.15. *Internet voting (and remote voting in general) may affect the political culture, in a way that makes the secret ballot less of an absolute requirement. [...] Regardless of legal regulations, people may ask why they should not be able to decide for themselves whether they want to cast their votes unobserved.*

1. Exigences de la procédure

343. La procédure d'i-vote nécessite des moyens de contrôle inédits, induits par la nature du vote « au moyen d'un dispositif non contrôlé par une autorité électorale ». De tels moyens trouvent leurs racines dans la recommandation du Conseil de l'Europe précitée, des travaux[540] des praticiens et des opposants de l'i-vote, synthétisés ci-dessous (Tableau 2).

Tableau 2. Garanties de la procédure de vote démocratique et les exigences relatives à la procédure d'i-vote

Garantie	Exigence de la procédure d'i-vote	Définition
Transparence	Transparence	1) Les composantes du système d'i-vote, y compris le code source, doivent être divulguées à des fins de vérification et de certification, 2) Les observateurs doivent avoir la possibilité de suivre les travaux de la commission électorale relatifs à l'organisation et la mise en œuvre de l'i-vote ainsi que ses travaux le(s) jour(s) de vote, 3) L'organisation de l'i-vote doit permettre aux observateurs d'observer tout le processus de vote, 4) Tout intéressé doit pouvoir s'opposer d'une manière efficace à l'enregistrement d'un vote erroné ou frauduleux par le biais du système d'i-vote.
Vérification	Vérifiabilité	1) Avant la mise en service et par la suite à intervalles réguliers et après tout changement du système, l'autorité électorale compétente ainsi qu'un organisme indépendant doit vérifier que le système d'i-vote fonctionne correctement et conformément aux exigences techniques et que toutes les mesures de sécurité nécessaires ont été prises, 2) Toutes les caractéristiques du système qui peuvent peser sur l'exactitude du résultat du vote doivent être vérifiables, 3) Le système de vote électronique produira des preuves tangibles que seuls les suffrages d'électeurs habilités ainsi que chaque suffrage authentique sont inclus correctement dans les résultats électoraux respectifs. Les éléments de preuve devraient pouvoir être vérifiés par des moyens indépendants du système de vote électronique.

[540] Consortium des universités belges, *BeVoting. Etude des systèmes de vote électronique. Deuxième partie de "L'Etude du vote automatisé. Def. Vs 18122006 "*, 2007. [réf. 20/10/2017], v.: https://www.poureva.be/IMG/pdf/bevoting-2_fr.pdf.

Garantie	Exigences de la procédure d'i-vote	Définition
Fiabilité	Fiabilité et sécurité	Les autorités étatiques compétentes garantissent la fiabilité et la sécurité du système par les moyens suivants : 1) La prévention des dérangements, des pannes, des attaques en déni de service, des fraudes ou des interventions non autorisées, 2) Les interventions dans le système d'i-vote et les données relatives au vote doivent être autorisées par l'autorité électorale, suivant les règles claires et publiques, notamment la collégialité, la contrôlabilité, la représentativité, la verbalisation. 3) Le principe de confidentialité des données, y compris le chiffrement et le scellage des données, doit être respecté, 4) L'authenticité, la disponibilité et l'intégrité des suffrages doivent être garanties.
Authenticité	Authenticité du canal de vote	Le votant doit pouvoir vérifier que la connexion est établie avec le serveur authentique et qu'un bulletin authentique lui est présenté.

344. L'i-vote exigeant un contrôle renforcé de la sincérité du scrutin, son introduction nécessite la participation active de la société civile. Elle peut également impliquer un changement quant au traitement de l'information au sein de l'autorité électorale, afin d'augmenter sa transparence et de gagner la confiance des citoyens envers le système d'i-vote et les résultats du scrutin.

345. Il est intéressant que les citoyens non-spécialistes, peu renseignés sur l'i-vote, aient confiance dans ce dernier. Comme l'a montré l'étude de *Internet Voting Project* sur les i-élections municipales en Ontario au Canada en 2014[541], 95 pour cent des votants se sont dits satisfaits et prêts à recommander l'i-vote à d'autres. Dans d'autres pays qui pratiquent l'i-vote ou l'ont essayé, par exemple en Suisse, en Norvège ou en Russie, des résultats identiques ont été obtenus[542]. En 2017, le Conseil fédéral suisse a commencé la transition de la phase d'essais d'i-vote à sa mise en exploitation généralisée. Un groupe d'experts se penchera sur la préparation de la révision législative[543].

541 *WEBINAR: Internet voting and the 2014 municipal elections,* Centre for E-Democracy. [réf. 20/10/2017], v. : http://www.centreforedemocracy.com/webinar-recording-internet-voting-2014-ontario-municipal-elections/.

542 V. par ex. Conseil fédéral, *Rapport du Conseil fédéral sur le vote électronique. Evaluation de la mise en place du vote électronique (2006-2012) et bases de développement*, Berne, 2013. [réf. 20/10/2017], v.: https://www.admin.ch/opc/fr/federal-gazette/2013/4519.pdf. p.5 ou Владимир Чуров, « Электронное голосование – обеспечение баланса между доступностью голосования и доверием граждан к системам голосования », in *Семинар ОБСЕ «Роль политических партий в политическом процессе» (18-20 мая 2011 года).* [réf. 20/10/2017], v. : http://cikrf.ru/activity/relevant/detail/29799/. [Vladimir Churov, Vote électronique : trouver un équilibre entre l'accès au vote et la confiance des citoyens dans le système de vote].

543 *Groupe d'experts Vote électronique,* Chancellerie fédérale. Confédération suisse. [réf. 20/10/2017], v.: https://www.bk.admin.ch/themen/pore/evoting/index.html?lang=fr.

Cependant, l'i-vote peut apparaître beaucoup moins fiable que le vote « traditionnel ».

2. *L'i-vote, le vote insuffisamment sécurisé ?*

346. Malgré l'instauration de l'i-vote contraignant en Estonie, en Suisse, au Canada et en Australie, les spécialistes ne cessent pas de mettre en garde le public et les autorités compétentes qu'à l'état actuel de développement des TIC, il n'est pas possible de garantir pleinement la fiabilité et la sécurité des systèmes d'i-vote. En 2014, un groupe d'observateurs indépendants a publié un rapport sur l'i-vote en Estonie[544], attirant l'attention de la communauté scientifique et des autorités estoniennes sur de nombreuses insuffisances du système d'i-vote. D'après eux, il manquait de procédures adéquates tant pour les opérations quotidiennes que pour le traitement des anomalies. En outre, le système estonien serait vulnérable à deux types d'attaques : (1) des attaques côté serveur parce que le serveur du comptage était une « boîte noire » inobservable ; et (2) des attaques côté électeur dont l'ordinateur peut être infecté par des virus. De surcroît, un manque de transparence du système, où les parties potentiellement vulnérables du code source n'étaient pas accessibles au public, a été mis en lumière. Enfin, les observateurs ont fait remarquer la possibilité des attaques provenant d'autres Etats qui pourraient exploiter le système estonien pour modifier les votes, compromettre le secret du vote, perturber les élections ou mettre en doute leur sincérité. Les autorités estoniennes ont rejeté ces allégations[545], dont certaines avaient été également mentionnées dans le rapport de l'Organisation pour la sécurité et la coopération en Europe (OSCE) de 2011[546] et par d'autres experts[547]. Par ailleurs, à la suite des élections parlementaires de 2011, la chambre de contrôle de constitutionnalité de la Cour d'Etat de la République d'Estonie a rejeté trois requêtes visant l'annulation de leurs résultats en raison de la sécurité

---

544 Charles Arthur, « *Estonian e-voting shouldn't be used in European elections, say security experts* », *The Guardian*, 12/05/2014. [réf. 20/10/2017], v. : http://www.theguardian.com/technology/2014/may/12/estonian-e-voting-security-warning-european-elections-research., v. aussi J. Alex Halderman *et al.*, « Research paper. Security Analysis of the Estonian Internet Voting System », in *21st ACM Conference on Computer and Communications Security (CCS '14), November 2014*. [réf. 20/10/2017], v.: https://jhalderm.com/pub/papers/ivoting-ccs14.pdf.

545 Vabariigi Valimiskomisjon/National Electoral Committee, *Vastulause The Guardianis ilmunud artiklile/Comment on the article published in The Guardian*, 2014. [réf. 20/10/2017], v.: http://www.vvk.ee/uudised/vabariigi-valimiskomisjoni-vastulause-the-guardianis-ilmunud-artiklile/.

546 OSCE, *Estonia. Parliamentary elections 6 March 2011. OSCE/ODIHR Election Assessment Mission Report*, Warsaw, 2011. [réf. 20/10/2017], v.: http://www.osce.org/odihr/77557?download=true.

547 Barbara Simons, « Report on the Estonian Internet Voting System », Verified Voting, 2011. [réf. 20/10/2017], v.: http://www.verifiedvoting.org/report-on-the-estonian-internet-voting-system-2/.

insuffisante du système d'i-vote, de la violation possible du secret du vote et de l'invisibilité, dans certains cas, des noms des candidats indépendants sur l'écran des votants[548]. La chambre a rejeté ces demandes en se fondant sur le fait que les allégations des requérants concernant la vulnérabilité du système d'i-vote et la violation du secret du vote n'étaient qu'hypothétiques ; ils n'ont pas apporté la preuve que leurs droits avaient effectivement été violés, alors que selon la législation estonienne, les résultats d'un scrutin ne peuvent être déclarés nuls que si la Cour suprême conclut que les insuffisances du système ont influencé ou auraient pu influencer les résultats du vote de manière significative. En ce qui concerne l'invisibilité des noms de certains candidats, la Cour, en se fondant sur les conclusions du comité électoral national, a décidé qu'il s'agissait de cas isolés.

347. Quelle leçon peut-on tirer de l'expérience estonienne ? Plusieurs sont ceux qui diraient qu'il faut renoncer à l'utilisation de l'i-vote. Il est vrai qu'un système d'i-vote mal conçu, assorti des procédures opaques et insuffisantes, pourrait provoquer des violations massives des droits des électeurs et devenir dangereux pour la souveraineté étatique. Toutefois, même si plusieurs insuffisances du système estonien ont été relevées, il n'y avait pas de preuve qu'elles ont faussé les résultats du scrutin. De plus, la Suisse, le Canada et l'Australie continuent à utiliser l'i-vote, sans mentionner plusieurs pays qui depuis longtemps, utilisent le vote postal. Ce dernier est également exposé à des risques importants de sécurité et difficile à observer. Ce qu'il faut retenir du cas estonien, c'est de ne pas imputer les insuffisances du système d'i-vote estonien à l'i-vote en général. Il ne semble pas non plus judicieux d'introduire l'i-vote directement au niveau national, cela augmenterait le risque de manipulation des résultats de vote. Il vaudrait mieux commencer au niveau local, en essayant de trouver des solutions différentes ou de modifier la solution utilisée dans des localités différentes, pour compliquer la tâche des fraudeurs potentiels. Le cas estonien pose en outre la question essentielle de la nécessité de trouver un équilibre entre la transparence du système d'i-vote et le secret du vote. En effet, si le vote papier ne donne pas au votant la possibilité de vérifier que son vote a été correctement pris en compte, l'observation électorale permet de s'en assurer, et ce qui est important,

---

548 The Constitutional review chamber of the Supreme Court of the Republic of Estonia, *Constitutional judgement 3-4-1-4-11, 21 March 2011, Complaint of Paavo Pihelgas for annulment of electronic votes cast in the Riigikogu elections 2011*, [réf. 20/10/2017], v.: https://www.riigikohus.ee/en/constitutional-judgment-3-4-1-4-11, The Constitutional review chamber of the Supreme Court of the Republic of Estonia, *Constitutional judgement 3-4-1-7-11, 23 March 2011, Complaint of Teet Raatsin for declaration of invalidity of the voting results of the Riigikogu elections 2011*, [réf. 20/10/2017], v.: https://www.riigikohus.ee/en/constitutional-judgment-3-4-1-7-11, The Constitutional review chamber of the Supreme Court of the Republic of Estonia, *Constitutional judgement 3-4-1-6-11, 23 March 2011, Complaint of Henn Põlluaas for annulment of electronic votes cast in the Riigikogu elections 2011*, [réf. 20/10/2017], v.: https://www.riigikohus.ee/en/constitutional-judgment-3-4-1-6-11.

l'observateur ne doit pas avoir des connaissances particulières pour l'effectuer. Pour observer l'i-vote, en revanche, il est nécessaire d'être un informaticien expérimenté, ayant des connaissances profondes du système d'i-vote utilisé. Même dans ce cas, il n'y a pas de garantie que l'observation soit efficace, étant donné que la procédure de vote est virtuelle. Qu'en est-il du droit de tout citoyen d'observer le vote inscrit dans la législation de plusieurs Etats démocratiques ? Il faut une solution permettant aux votants de vérifier qu'au moins, leur propre vote a été correctement comptabilisé. En 2014, le système d'i-vote genevois a mis en place la vérifiabilité individuelle, « la possibilité de déterminer si le suffrage [...] exprimé a été manipulé ou intercepté sur la plateforme utilisateur ou pendant la transmission[549] ». Pour ce faire, le système émet la preuve que le suffrage a été enregistré tel que le votant l'a exprimé, sous forme de codes de vérification affichés sur l'écran. S'ils coïncident avec les codes détenus par le votant, le vote a été enregistré correctement. Dans le cas contraire, le votant peut abandonner sa session de vote et voter par d'autres canaux (vote au bureau, vote postal)[550]. En 2018, le système d'i-vote genevois vise, en outre, à atteindre la vérifiabilité complète, « la possibilité, dans le respect du secret du vote, d'identifier toute manipulation aboutissant à une falsification des résultats[551] ». La vérifiabilité complète serait la somme de la vérifiabilité individuelle et de la vérifiabilité universelle. Cette dernière signifie que les « vérificateurs[552] » doivent recevoir la preuve que les résultats du vote ont été établis correctement, au cours d'un processus observable et en utilisant des dispositifs techniques indépendants et séparés du système d'i-vote, conformément à la recommandation (2017)5 du Conseil de l'Europe[553].

[549] Confédération suisse. Ordonnance de la ChF sur le vote électronique (OVotE) du 13 décembre 2013, [réf. 20/10/2017], v. : https://www.admin.ch/opc/fr/classified-compilation/20132343/. art.4.

[550] *Vote électronique. Questions fréquentes,* République et canton de Genève. [réf. 20/10/2017], v. : http://ge.ch/vote-electronique/faq?page=0%2C1.

[551] Confédération suisse. Ordonnance de la ChF sur le vote électronique (OVotE) du 13 décembre 2013, *op. cit.* art.5.

[552] L'ordonnance ne donne pas de définition des vérificateurs. En analysant son annexe Exigences techniques et administratives applicables au vote électronique. Annexe à l'ordonnance de la ChF sur le vote électronique (OVotE) du 13 décembre 2013, 2013, [réf. 20/10/2017], v. : https://www.bk.admin.ch/themen/pore/evoting/07979/index.html?lang=fr., il est possible de conclure que ces derniers seraient une commission d'informaticiens, d'un nombre limité de personnes (p.7, 24). A comparer avec la définition du système d'i-vote de bout en bout vérifiable dans U.S. Vote Foundation, *The Future of Voting. End-to-End Verifiable Internet Voting*, 2015. [réf. 20/10/2017], v. : https://usvotefoundation-drupal.s3.amazonaws.com/prod/E2EVIV_nontechnical_audience_report.pdf. p.3. *For the purposes of the E2E-VIV project, end-to-end verifiable is defined as follows. First, every voter can check that his or her ballot is cast and recorded as he or she intended. Second,* ***anyone*** *can check that the system has accurately tallied all of the recorded ballots.* [n.s.].

[553] Conseil de l'Europe, *Recommandation CM/Rec(2017)5 du Comité des Ministres aux Etats membres sur les normes relatives au vote électronique, op. cit.* normes 17, 18.

348. L'émission de la preuve lors de la vérification individuelle serait cependant risquée en ce qui concerne l'achat des voix[554]. En ce sens, il semble utile que le système d'i-vote puisse émettre une confirmation de vote chiffrée, permettant de vérifier le vote auprès de la commission électorale et éventuellement de contester les résultats du scrutin. Pourtant, le votant serait-il capable de prouver que le vote enregistré ne correspond pas à son intention de vote ? La solution genevoise semble ainsi mieux adaptée : la preuve s'affiche sur l'écran de l'ordinateur, pour que le votant vérifie son vote, mais il n'est pas possible de l'utiliser en tant que preuve à un procès. Si la preuve ne correspond pas à son intention de vote, l'électeur peut abandonner la session et voter par d'autres moyens. Il est possible qu'il y ait des votants qui ne vérifieront pas leurs votes et donc, la sincérité du scrutin pourrait être mise en doute. Dans ce cas, le droit n'a pas de remède, sauf l'obligation d'informer les citoyens de la procédure d'i-vote et de leur responsabilité de vérifier leur vote. Un tel devoir citoyen ne réduit pas la nécessité d'une observation électorale professionnelle avant, pendant et après le vote.

349. L'intégration de la vérification de bout en bout dans le système d'i-vote est donc une condition nécessaire, mais insuffisante, pour qu'il soit complètement protégé[555]. A l'étape actuelle de développement des technologies, l'introduction de l'i-vote doit être effectuée avec beaucoup de précautions, pour permettre l'élargissement de l'e-participation.

§2. L'e-participation, un pas vers plus de participation au sein de la démocratie représentative

350. À la différence des instruments analysés plus haut, les instruments traités dans ce paragraphe sont contraignants et basés sur l'i-vote. A l'aide de ces instruments les citoyens prennent de décisions politiques et agissent en qualité de peuple souverain. Le Conseil de l'Europe les définit de manière suivante : « [l]'élection électronique, le référendum électronique, l'initiative électronique sont des élections, référendums ou initiatives politiques dans lesquels sont utilisés des moyens électroniques à une ou plusieurs étapes[556] ». L'on peut distinguer parmi eux des outils de participation « passive » qui exigent seulement de voter **(A)**. Le seul instrument de participation « active »

---

[554] *Ibid.* norme 23.

[555] V. par ex. U.S. Vote Foundation, *The Future of Voting. End-to-End Verifiable Internet Voting, op. cit.* p.63. *E2E-V offers a dramatic improvement in the security of voting systems. While it is necessary for any online voting system for public elections, it is by no means sufficient. Once it is embedded in a larger Internet voting context, fundamental new security vulnerabilities appear for which there are no solutions today, and no prospect of solutions in the foreseeable future.*

[556] Conseil de l'Europe, *Recommandation CM/Rec(2009)1 du Comité des Ministres aux Etats membres sur la démocratie électronique, op. cit.* pr.41.

nécessite en revanche que les citoyens soient prêts à s'investir dans l'activité politique **(B)**.

A. Les instruments de participation « passive »

351. Figurent parmi ses instruments l'élection électronique **(1)** et le référendum électronique **(2)**.

1. L'élection électronique, une menace à la souveraineté ?

352. Comme il a été montré plus haut, certains Etats pratiquent l'i-vote, notamment lors des élections politiques. Cela veut dire qu'ils utilisent l'e-élection. Cela ne passe pas toujours sans difficulté[557]. En France, l'élection électronique (l'e-élection), basée sur l'i-vote, a été introduite par la loi n°2003-277 du 28 mars 2003 tendant à autoriser le vote par correspondance électronique des Français établis hors de France pour les élections de l'Assemblée des Français de l'étranger. Depuis 2009, l'art. L.330-13 du code électoral prévoit la possibilité de voter par le biais de l'i-vote aux élections des députés élus par les Français établis hors de France. Même si en 2017, les e-élections ont été suspendues par le gouvernement[558], ce moyen de vote reste inscrit dans la loi et peut donc être réintroduit aux prochaines élections législatives. Il convient alors d'étudier son cadre juridique.

353. Bien que la solution du vote par internet ait été validée par l'Agence nationale de la sécurité des systèmes d'information (ANSSI) et la Commission nationale de l'informatique et des libertés (CNIL), elle n'était pas à l'abri de contestations. A la suite des élections législatives de 2012, certains candidats de l'UMP et du Parti Pirate ont par exemple saisi le Conseil Constitutionnel pour faire annuler l'élection de députés dans la 4e circonscription des Français établis hors de France en alléguant que l'universalité, le secret, l'égalité, la liberté, la transparence et la fiabilité du scrutin ont été violés de manière suivante :

- l'expertise indépendante du code source prévue par le code électoral n'avait pas été diligentée conformément aux dispositions du code et de l'arrêté du 27 avril 2012 relatif au traitement automatisé de données à caractère personnel,
- ce même arrêté avait été publié après l'envoi aux électeurs des identifiants nécessaires pour exercer l'i-vote qui privait les opérations électorales de base légale,
- plusieurs recommandations de la CNIL n'ont pas été suivies, ce qui pouvait mettre en danger les données personnelles des électeurs et créer « une facilité pour un tiers malveillant d'accéder aux données d'identification des

---

[557] V. par. 346.

[558] France Diplomatie. Vote par Internet, *op. cit.*

électeurs et voter en leur lieu et place[559] » ainsi que mettre en danger la sécurité du système d'i-vote,

- plusieurs électeurs n'ont pas pu voter en ligne à cause des divers problèmes techniques et organisationnels,
- il y avait plusieurs manquements à la procédure d'élection qui ont empêché de contrôler sa sincérité et régularité,
- le système de vote présentait des failles de sécurité de nature permettant de détourner le vote d'un grand nombre d'électeurs, par exemple d'enregistrer un vote contre la volonté de l'électeur ou de voter en faveur d'un candidat ne figurant pas sur la liste des candidats autorisés. De plus, l'unicité du système d'i-vote pour l'ensemble des circonscriptions électorales et pour l'ensemble des bureaux centralisateurs rendait impossible la séparation des résultats par bureaux centralisateurs, pour « évaluer de manière séparée le niveau de sécurité et la sincérité du scrutin par bureau[560] »,
- l'ensemble du dispositif de vote a été placé sous la responsabilité d'un prestataire privé, installé à l'étranger.

Par la décision du Conseil du 15 février 2013, ces requêtes ont été rejetées, au motif que les allégations des requérants manquaient en fait, n'avaient pas été confirmées par l'instruction ainsi que, dans le cas des failles de sécurité du système de vote, en raison que les requérants « n'établissent, ni même n'allèguent, que de tels faits ont été commis à l'occasion de l'élection d'un député dans la 4e circonscription des Français établis hors de France[561] ». Autrement dit, les insuffisances techniques du système d'i-vote, même établies, ne peuvent pas servir de fondement pour faire annuler une élection, dès lors qu'il n'y a pas de preuve qu'elles étaient de nature à affecter ses résultats, tenant en compte l'écart entre les candidats. La question qui se pose est de savoir comment l'on peut le prouver, étant donné que la procédure de vote est virtuelle (c'est-à-dire partiellement observable) alors que son observation requiert des compétences techniques approfondies et l'accès au

---

[559] Conseil Constitutionnel, *Requête déposée le 28 juin 2012 pour M Pablo Martin et M Alix Guillard contre élection de M Philip Cordery et sa suppléante Mme Hélène Le Moing proclamée le lundi 18 juin 2012*, [réf. 20/10/2017], v. : http://wiki.partipirate.org/images/e/e9/CONSEIL_CONSTITUTIONNEL.pdf.
[560] *Ibid.*
[561] Conseil Constitutionnel, *Décision n° 2012-4597/4626 AN du 15 février 2013. A.N., Français établis hors de France (4ème circ.)* [réf. 20/10/2017], v. : www.conseil-constitutionnel.fr/decision/2013/20124597_4626an.htm. V. aussi Conseil constitutionnel, *Décision n°2012-4554 AN, 15 février 2013, A.N., Français établis hors de France (7ème circ.)*, [réf. 20/10/2017], v. : www.conseil-constitutionnel.fr/decision/2013/20124554an.htm. ; Conseil constitutionnel, *Décision n°2012-4627 AN, 15 février 2013, A.N., Français établis hors de France (2ème circ.)*, [réf. 20/10/2017], v. : www.conseil-constitutionnel.fr/decision/2013/20124627an.htm.

système de vote. Une telle prise de position par le juge fait que le vote par internet devient difficilement attaquable en justice[562].

354. Ce traitement plutôt trop favorable à l'i-vote ne veut pas dire que le l'élection électronique soit désormais bienvenue en France. Le Conseil d'Etat a indiqué dans son rapport annuel que « les précautions prises par le pouvoir réglementaire afin d'assurer la fiabilité technique des opérations électorales par voie électronique et garantir l'anonymat des suffrages ainsi émis ne sauraient, en effet, prémunir l'électeur contre l'indiscrétion ou les pressions de son entourage lors de l'accomplissement de son vote.[...] Toutefois [...] le Conseil d'Etat a admis que le vote par voie électronique pouvait apparaître, dans nombre de cas, comme le seul moyen pour les Français résidant hors de France d'exercer effectivement un droit qu'ils tiennent désormais de la Constitution. [...]Une telle solution ne saurait être généralisée aux autres élections politiques[563] ».

355. Pour l'instant, la généralisation de l'e-élection politique en France semble problématique. Outre les difficultés techniques liées à la qualité de la connexion et l'absence du matériel nécessaire chez les utilisateurs, l'existence d'une fracture numérique et d'une menace à la souveraineté de l'Etat en raison d'éventuelles attaques dirigées de l'étranger devrait être prise en compte. Le principal obstacle réside dans les insuffisances du système d'i-vote et de sa procédure qui empêchent d'assurer toutes les exigences du scrutin démocratique. L'i-vote démocratique n'est pas impossible (comme en atteste la décision récente du Conseil fédéral suisse de généraliser l'i-vote pour tous les scrutins). Et c'est dans un souci d'amélioration que le juge constitutionnel devrait contribuer, en s'érigeant en véritable défenseur de la sincérité de l'e-élection. En ce sens, l'approche traditionnelle consistant à constater les irrégularités observées et les évaluer à la lumière de l'écart des voix entre les candidats devrait être repensée, compte tenu de la nature différente de l'i-vote. En effet, ce dernier se caractérise par les éléments suivants : (1) il se passe dans un environnement non contrôlé par l'autorité électorale, (2) son fonctionnement n'est que partiellement observable et contrôlable, et (3) la haute technicité de son observation[564]. Il requiert donc une approche différente de la part du juge constitutionnel, quant au contrôle de sa sincérité. Ce n'est qu'en annulant certaines e-élections mal organisées que le juge constitutionnel peut contribuer à amélioration du système d'i-vote utilisé. En ce qui concerne les autres obstacles à la généralisation de l'i-vote, la fracture numérique diminuera avec la montée en puissance de la génération Y, « les natifs numériques », qui vont bientôt constituer le noyau dur du corps électoral. Les

---

[562] Tatiana Shulga-Morskaya, « Le numérique saisi par le juge, l'exemple du Conseil constitutionnel », *op. cit.* p.102.

[563] Conseil d'État, *Rapport public 2010. Vol. 1. Activité juridictionnelle et consultative des juridictions administratives*, Paris, La Documentation française, 2010. p.148-149.

[564] V. Chantal Enguehard, Tatiana Shulga-Morskaya, « De l'annulation d'élections par internet par le moyen des insuffisances du système de vote », *op. cit.*

obstacles techniques seraient résolus au fur et à mesure du développement des technologies. La menace à la souveraineté de l'Etat est possible, surtout lorsque des systèmes de vote insuffisamment avancés ou non observables sont utilisés. Le canton de Genève, où l'i-vote est utilisé depuis 2011, a récemment commencé à rendre public le code source du système, conformément à l'art. 60B de la loi genevoise sur l'exercice des droits politiques[565]. Le gouvernement norvégien a également mis sur son site internet le code source du système de vote[566]. Comme le fait remarquer le tribunal administratif genevois, « si un risque abstrait de piratage du système ne peut jamais être totalement exclu, rien ne permet de penser qu'une restriction à l'accès du code source, constitue une mesure propre à diminuer ce risque. Aussi, les craintes théoriques de la Chancellerie doivent céder le pas face à l'intérêt du public à la transparence du déroulement des votations[567] ». Une telle ouverture du système d'i-vote à la communauté informatique et aux citoyens leur permet de contribuer à sa co-construction et à son amélioration, pour assurer son invulnérabilité face aux risques potentiels.

2. *Le référendum électronique, vers la redéfinition de la citoyenneté ?*

356. Le référendum électronique, basé sur l'i-vote, n'est pas admis en France. Le référendum d'initiative partagée, prévu par l'art.11 de la Constitution française, ne rentre pas dans le cadre de cet instrument. Il prévoit bien le recueil des signatures par voie électronique qui s'appelle *l'e-collecting* (l'e-collecte en français). Ce dernier fait partie de l'initiative électronique qui sera traitée plus loin[568]. En Suisse, il existe des votations électroniques qui comprennent les e-référendums basés sur l'i-vote.

357. Le Conseil de l'Europe note que le référendum « présente un risque de dérive vers le plébiscite, lorsqu'il est utilisé par l'exécutif pour renforcer

---

[565] Art.60 de la Loi de la République et canton de Genève sur l'exercice des droits politiques (LEDP du 15 octobre 1982), [réf. 20/10/2017], v. : https://www.ge.ch/legislation/rsg/f/rsg_a5_05.html.

[566] Les essais d'i-vote aux élections parlementaires en 2011 et 2013 en Norvège ont été suspendus, suite au changement de majorité parlementaire et par conséquent, de gouvernement en 2014.Norwegian Government, Ministry of Local Government and Modernisation, *Internet voting pilot to be discontinued*, 2014. [réf. 20/10/2017], v. : https://www.regjeringen.no/en/aktuelt/Internet-voting-pilot-to-be-discontinued/id764300/.

[567] République et canton de Genève. Tribunal administratif, *M B et M C c. la Chancellerie d'Etat, H (Suisse) Sàrl et la Médiatrice en matière d'information du public et d'accès aux documents*, 29/11/2005, [réf. 20/10/2017], v. : http://justice.geneve.ch/tdb/Decis/TA/FichierWord/2005/0008/ATA_000807_2005_A_2499_2004.pdf.

[568] Il semble peu justifié de distinguer l'e-collecte en tant qu'instrument de l'e-démocratie vu son caractère auxiliaire. Dans le cadre de cette recherche, il est considéré comme une modalité de l'i-vote.

son propre pouvoir[569] » et les vieilles démocraties ne sont pas immunisées contre ce risque. En France en particulier, la crainte d'un référendum qui se transforme en plébiscite est très forte. Après les expériences napoléonienne et gaullienne, nombreux sont ceux qui redoutent, avec raison, l'instrumentalisation des pratiques référendaires pour légitimer des décisions discutables, voire inconstitutionnelles, de l'exécutif. Pourtant, la solution trouvée qui consiste à abandonner de telles pratiques, creuse encore plus le fossé gouvernants-gouvernés et ne semble pas satisfaisante non plus, dans le contexte actuel de la crise de la représentation. Il apparaît que le remède pourrait se trouver dans le renforcement des contre-pouvoirs, notamment du juge constitutionnel, ainsi que dans l'éducation et l'information des citoyens. Encore une crainte qui semble inhérente aux gouvernants est que la réponse négative au référendum entraîne la mise en œuvre de la responsabilité politique de son initiateur. Il faut noter que c'est précisément la conviction que le référendum est conjugué avec la responsabilité politique qui fournit de terreau fertile aux pratiques plébiscitaires. Pour éviter leur prolifération, il faudrait avant tout renoncer à cette idée. Les pouvoirs publics sont censés mettre en œuvre la volonté générale ; c'est donc normal qu'ils consultent le souverain où elle réside. Pour éviter un usage abusif du référendum, il convient notamment de permettre « le lancement d'un référendum par les citoyens[570] » par le biais de l'initiative électronique, instrument de participation « active ». Le référendum reste un instrument de participation « passive », surtout si son initiative appartient aux pouvoirs publics.

358. L'introduction de référendums électroniques dans la vie politique pourrait considérablement changer cette dernière. La possibilité de banaliser la procédure permettrait de consulter les citoyens plus fréquemment sur les questions importantes, notamment sur celles budgétaires dont la maîtrise se trouve presque entièrement dans les mains de l'exécutif[571]. Cependant, dans le cadre d'un régime représentatif sans culture de participation, la banalisation de l'e-référendum nécessiterait « un équilibre entre l'exercice de la responsabilité du pouvoir politique et le rôle des citoyens dans le processus de

---

[569] Assemblée parlementaire du Conseil de l'Europe, *Résolution 1121 (1997) relative aux instruments de la participation des citoyens dans la démocratie représentative*, 1997. [réf. 20/10/2017], v. : http://assembly.coe.int/nw/xml/XRef/Xref-XML2HTML-fr.asp?fileid=16532&lang=fr.

[570] *Ibid.*

[571] En ce sens, l'expérience suisse d'un référendum négatif sur l'achat des nouveaux avions de combat est très instructive. V. X, « Les Suisses ont cloué le Gripen au sol », *SWI swissinfo* 2014. [réf. 20/10/2017], v. : https://www.swissinfo.ch/fre/votations-fédérales_les-suisses-ont-cloué-le-gripen-au-sol/38597908. Le 18 mai 2014, *le peuple suisse a refusé un crédit à ses forces armées. A 53,4 %, les citoyens ont dit non à l'achat, pour 3,126 milliards de francs, de 22 avions de chasse suédois Gripen.*

décision[572] ». Cela peut s'avérer difficile, au point de remettre en question le fonctionnement du régime politique existant.

359. En Suisse, où les citoyens sont déjà habitués aux appels fréquents aux urnes, l'introduction des votations électroniques a conduit plusieurs acteurs politiques à réfléchir à la question de savoir s'il faut augmenter le nombre de signatures nécessaires pour déclencher un référendum. L'utilisation d'internet facilitant considérablement la récolte des signatures, cela « pourrait se traduire par une augmentation massive du nombre d'initiatives populaires et par un engorgement des institutions[573] ». Cependant, la modification des quorums exige une révision constitutionnelle ce qui explique pourquoi cette voie n'a pas été prise. Le nombre de référendums d'initiative populaire n'a pas explosé non plus.

360. Pour aller plus loin, le référendum peut être vu comme un acte de prise de décision politique collective et donc le paroxysme de l'exercice de la souveraineté populaire. Son expression matérielle est aujourd'hui le dépôt du bulletin dans l'urne électorale. « Ne sont en France citoyens participant à la vie publique que ceux qui sont capables d'entrer dans une salle de mairie et de se tenir bien droit devant l'urne sacrée[574] ». La vision du référendum et, plus généralement, du vote comme actes sacralisés subsiste et, en ce sens, l'introduction de l'e-référendum comme d'ailleurs d'autres instruments basés sur l'i-vote, pourrait être considérée comme atteinte. Olivier Ihl note que lors de l'instauration de la République, l'urne était vue comme « une borne qui distingue et oppose deux mondes, l'un profane, ancré dans la quotidienneté, l'autre, qualitativement différent[575], où se déploient les grands enjeux politiques du pays[576] ». Ces propos expriment bien la nature du régime représentatif pur où le peuple dit « souverain » reste éloigné du pouvoir politique (ce que l'e-démocratie a vocation à changer). En outre, la vision du vote sacré fait allusion aux origines divines du pouvoir politique. Cet héritage du pouvoir royal est largement obsolète de nos jours. Par ailleurs, l'auteur soutient avec raison que l'exercice de la souveraineté « ne se ramène pas à la seule expression d'une opinion. Son apprentissage transite par l'expérience rituelle d'un espace consacré, celui où le vote est mis en scène [...] : l'espace électoral de l'intégration civique[577] ». Ainsi se pose la question de l'impact de

---

[572] Assemblée parlementaire du Conseil de l'Europe, *Résolution 1121 (1997) relative aux instruments de la participation des citoyens dans la démocratie représentative*, *op. cit.*

[573] Chancellerie fédérale, *Cyberdémocratie et cyberparticipation. Rapport au Conseil fédéral*, Berne, 2011. [réf. 20/10/2017], v. : https://www.bk.admin.ch/bk/fr/home/documentation/cyberadministration/cyberdemocratie-et-cyberparticipation.html. p.31.

[574] Olivier Ihl, « L'urne électorale. Formes et usages d'une technique de vote », *Revue française de science politique* 1993, 43e année, n°1, p. 30-60. p.44.

[575] Apparemment, divin. V. la définition du mot sacré dans L'Encyclopédie Larousse, *le sacré est le lien médiateur entre le profane et le divin.*

[576] Olivier Ihl, « L'urne électorale. Formes et usages d'une technique de vote », *op. cit.* p.44.

[577] *Ibid.* p.59.

la dématérialisation de ces procédures sur la construction d'un tel espace, voire son existence. La professeure en sciences de l'information et de la communication Laurence Monnoyer-Smith argumente qu'il y a une relation directe entre la perception de la citoyenneté et son expression matérielle, en mettant l'accent sur le fait que le changement des moyens d'expression oblige à repenser les canaux de médiation entre les citoyens et les élus. « Le citoyen de l'ère numérique ne correspond plus à l'image qui lui est imposée par la procédure de vote traditionnelle. De ce point de vue, l'érosion progressive du rituel, induite par le recours aux machines à voter et aux élections en ligne en Suisse et ailleurs, s'inscrit dans une volonté de redéfinir la citoyenneté, qui a besoin de nouvelles formes de matérialisation et de rituels postmodernes[578] ». Cela signifie que la nécessité de rendre la démocratie représentative plus participative impose la mise en place de nouvelles institutions et procédures, non uniquement matérielles, afin de réduire la distance gouvernants-gouvernés, de contrôler le processus de la prise de décisions politiques et, au bout du compte, de le désacraliser, banaliser et ainsi démocratiser véritablement.

361. Une telle banalisation du pouvoir politique permettrait le développement de la participation « active », signe d'un régime réellement démocratique.

B. Les instruments de participation « active »

362. Il n'y a qu'un instrument, l'initiative électronique **(1)**, qui pour l'instant, trouve difficilement sa place au sein de l'Union européenne **(2).**

1. Une procédure compliquée

363. « L'initiative électronique donne aux citoyens la possibilité de formuler et d'exprimer des propositions politiques au moyen des TIC et de participer ainsi à la définition de l'agenda politique[579] ». Cet instrument n'existant pas en France, l'Initiative citoyenne européenne, ouverte pour tous les citoyens de l'UE, sera analysée.

---

[578] Laurence Monnoyer-Smith, « How e-voting technology challenges traditional concepts of citizenship:an analysis of French voting rituals », in *Electronic Voting 2006 2nd International Workshop*, 2-4 August 2006. [réf. 20/10/2017], v.: https://www.e-voting.cc/en/proceedings/proceedings-2006-2/. p.61,65. *The citizen of the digital era no longer fits the image foisted upon him by the traditional voting procedure. From this standpoint, the gradual erosion of the ritual induced by recourse to voting machines and online elections in Switzerland and elsewhere, ties in with a will to redefine citizenship, which needs new forms of materialization and postmodern rituals.*

[579] Conseil de l'Europe, *Recommandation CM/Rec(2009)1 du Comité des Ministres aux Etats membres sur la démocratie électronique, op. cit.*p.44

364. L'initiative citoyenne européenne (ICE) a été introduite par le traité de Lisbonne qui a amendé l'art.11 du traité sur l'Union européenne (TUE) comme suit : « Des citoyens de l'Union, au nombre d'un million[580] au moins, ressortissants d'un nombre significatif d'États membres, peuvent prendre l'initiative d'inviter la Commission européenne, dans le cadre de ses attributions, à soumettre une proposition appropriée sur des questions pour lesquelles ces citoyens considèrent qu'un acte juridique de l'Union est nécessaire aux fins de l'application des traités ». L'art. 21 al. 1 du TUE dispose : « Le Parlement européen et le Conseil, statuant par voie de règlements conformément à la procédure législative ordinaire, arrêtent les dispositions relatives aux procédures et conditions requises pour la présentation d'une initiative citoyenne au sens de l'article 8 B du traité sur l'Union européenne, y compris le nombre minimum d'États membres dont les citoyens qui la présentent doivent provenir ». Le règlement relatif à l'initiative citoyenne a été adopté par le Parlement européen et le Conseil le 16 février 2011 et est devenu applicable depuis le 1 avril 2012.

365. Pour lancer une initiative, il faut organiser un comité des citoyens, composé « d'au moins sept membres résidant dans au moins sept États membres différents[581] » qui ont atteint l'âge de voter aux élections du Parlement européen. Il semble que l'ICE soit censée être l'affaire des partis politiques européens, puisqu'il est peu probable que les citoyens puissent spontanément constituer un tel comité. Le règlement interdit la présence des députés au Parlement européen parmi le nombre minimal de membres du comité des citoyens requis pour le constituer, bien qu'il ne leur interdise pas de participer au comité et à l'initiative elle-même. Ensuite, le comité doit enregistrer l'initiative auprès de la Commission européenne, en présentant des informations concernant son objet, les objectifs de l'initiative, « les dispositions des traités que les organisateurs jugent pertinentes pour l'action proposée[582] », les données des sept membres du comité, ainsi que les sources de soutien et de financement apportés à la proposition de l'initiative. Dans le délai de deux mois, la Commission examine la proposition de l'initiative, en écartant celles qui ont été faites par les comités indûment organisés, en dehors du cadre de la compétence de la Commission ou « manifestement abusives, fantaisistes, vexatoires [...] ou contraires aux valeurs de l'Union telles qu'énoncées à l'article 2 du traité sur l'Union européenne[583] ». Après avoir reçu la confirmation de l'enregistrement de l'initiative, les organisateurs peuvent commencer la collecte des signatures. En cas de rejet de la proposition

---

580 A comparer avec le nombre de soutiens nécessaires pour déclencher un référendum d'initiative partagée, l'art. 11 de la Constitution française.

581 Règlement (UE) No 211/2011 du Parlement européen et du Conseil du 16 février 2011 relatif à l'initiative citoyenne, [réf. 20/10/2017], v. : http://eur-lex.europa.eu/legal-content/FR/TXT/PDF/?uri=CELEX:02011R0211-20150728&from=FR. art.3.

582 *Ibid.* annexe II.

583 *Ibid.* art.4.

de l'initiative, le comité peut le contester en empruntant les voies de recours mentionnées dans la lettre de la Commission. Deux modes de collecte des signatures sont prévus : sur papier et en ligne. Compte tenu du nombre de signatures requis, la collecte en ligne semble préférable. Les organisateurs peuvent utiliser à cette fin un logiciel libre fourni gratuitement par la Commission. Par le biais de ce dispositif, il faut recueillir au moins un million de signatures dans au moins un quart des Etats membres de l'Union, soit dans sept Etats membres, et ce, en une année. Une fois les signatures recueillies, les organisateurs les soumettent aux autorités compétentes des Etats membres pour les vérifier et certifier, le délai maximum pour la vérification est de trois mois. Puis, les organisateurs peuvent présenter leur initiative à la Commission qui fixe la date de l'audition publique. L'examen de l'initiative par la Commission ne peut pas excéder trois mois. Au bout de cette période, la Commission rend publiques « ses conclusions juridiques et politiques sur l'initiative citoyenne, l'action qu'elle compte entreprendre, le cas échéant, ainsi que les raisons qu'elle a d'entreprendre ou de ne pas entreprendre cette action[584] ».

366. La procédure est donc complexe et comporte des maillons faibles sinon des pièges. En effet, la Commission n'est pas obligée d'entreprendre l'action voulue par au moins un million de citoyens de l'Union ou, si elle est considérée comme inappropriée, de la soumettre au référendum européen. Dans ces conditions, il est difficile de voir la valeur ajoutée de l'ICE par rapport à la pétition déjà existante au sein de l'Union qui peut être lancée beaucoup plus facilement par tout citoyen en destination du Parlement européen. Même si la Commission déclare que « l'ICE obligera la Commission à prendre sérieusement en considération une demande recevant le soutien d'au moins un million de citoyens[585] », il semble qu'une telle considération risque de ne pas aboutir à une action positive de la part de la Commission dans le cas des initiatives « incommodes ».

2. *Une procédure difficilement implantée*

367. A l'heure actuelle, quatre initiatives ont abouti à l'examen de la Commission. La première d'entre elles, « Right2Water », a été transmise à la Commission le 20 décembre 2013. Elle avait recueilli le soutien de plus de 1,6 million de citoyens. L'initiative a invité la Commission « à proposer une législation qui fasse du droit à l'eau et à l'assainissement un droit humain au sens que lui donnent les Nations unies, et à promouvoir la fourniture d'eau et

---

[584] *Ibid.* art.10.

[585] « La Commission salue l'adoption du règlement relatif à l'initiative citoyenne européenne », Commission Européenne, 2010, n°IP/10/1720. [réf. 20/10/2017], v. : http://europa.eu/rapid/press-release_IP-10-1720_fr.htm?locale=FR.

l'assainissement en tant que services publics essentiels pour tous[586] ». En réponse, la Commission s'est engagée à entreprendre certaines actions relatives non pas à l'élaboration d'une nouvelle législation, mais au « renforcement de la mise en œuvre de la législation relative à la qualité de l'eau », « lancement d'une consultation publique au niveau de l'UE concernant la directive sur l'eau potable, notamment en vue d'améliorer l'accès à une eau de qualité dans l'UE » et d'autres mesures de caractère non contraignant. De plus, la Commission a invité les Etats membres à intensifier « leurs efforts pour garantir à tous et à un prix abordable l'accès à une eau potable et à l'assainissement ». La deuxième initiative aboutie, « Un de nous », a été soumise à la Commission le 28 février 2014. Elle avait recueilli le soutien de plus de 1,7 million de citoyens dans 18 États membres. L'objectif de l'initiative a été formulé de la manière suivante : « L'UE devrait interdire et mettre fin au financement des activités qui impliquent la destruction d'embryons humains, en particulier dans les domaines de la recherche, de l'aide au développement et de la santé publique ». L'initiative avait proposé de modifier le règlement n° 966/2012 du Parlement européen et du Conseil du 25 octobre 2012 relatif aux règles financières applicables au budget général de l'Union en ce qui concerne le financement « des activités qui détruisent des embryons humains ou qui présupposent leur destruction », le règlement n° 1291/2013 du Parlement européen et du Conseil du 11 décembre 2013 portant établissement du programme-cadre pour la recherche et l'innovation «Horizon 2020» (2014-2020) en ce qui concerne le financement des recherches qui détruisent des embryons humains ainsi que le règlement n° 233/2014 du Parlement européen et du Conseil du 11 mars 2014 instituant un instrument de financement de la coopération au développement pour la période 2014-2020, pour exclure l'aide de l'Union qui sert à « financer directement ou indirectement l'avortement ». Cette initiative a été rejetée par la Commission dans tous les domaines en raison, pour le premier domaine, de l'absence de « la nécessité de présenter une proposition portant modification du règlement financier » ; pour le deuxième domaine, « que le système instauré est bien conçu et [...] conforme aux normes éthiques les plus élevées [et] qu'elle n'encourage pas expressément les propositions de recherche impliquant l'utilisation de cellules souches embryonnaires humaines » ; et pour le troisième domaine, « que l'Union dispose actuellement du cadre juridique nécessaire pour gérer efficacement son financement au développement d'une façon qui contribue à réduire autant que possible le

---

[586] Commission européenne, Communication de la Commission sur l'initiative citoyenne européenne « L'eau et l'assainissement sont un droit humain ! L'eau est un bien public, pas une marchandise ! », 2014, COM(2014) 177 final du 19/3/2014 [réf. 20/10/2017], v. : http://eur-lex.europa.eu/legal-content/FR/TXT/HTML/?uri=CELEX:52014DC0177&from=EN. p.1.

nombre d'avortements pratiqués dans les pays en développement[587] ». La troisième initiative aboutie, « Stop vivisection », est arrivée à la Commission le 3 mars 2015. Soutenue par 1,173 millions de citoyens européens, elle visait l'abrogation de la directive 2010/63/UE relative à la protection des animaux utilisés à des fins scientifiques et une nouvelle proposition de directive visant à mettre fin à l'expérimentation animale. Le 3 juin 2015, la Commission a rejeté l'abrogation de la directive[588]. Selon elle, il fallait au contraire renforcer son application par les Etats membres. En revanche, elle s'engageait à continuer de soutenir le développement d'approches alternatives de l'expérimentation, ainsi que de faciliter le dialogue avec la communauté scientifique sur ce sujet. La quatrième et dernière initiative aboutie, « Interdire le glyphosate et protéger la population et l'environnement contre les pesticides toxiques », a été enregistrée par la Commission le 25 janvier 2017[589] et est actuellement en cours d'examen. Soutenue par 1,07 million de citoyens de l'UE, elle a pour objet de faire interdire le glyphosate et de réduire l'utilisation des pesticides à l'échelle européenne.

368. Il est également intéressant d'analyser les initiatives que la Commission n'a pas enregistrées. Pour être enregistrée, une initiative populaire doit être conforme aux critères mentionnés dans l'art. 4 du règlement : le comité des citoyens doit être dûment organisé, l'initiative ne doit pas être manifestement en dehors du cadre de la compétence de la Commission ou manifestement abusive, fantaisiste, vexatoire ou contraire aux valeurs de l'Union énoncées à l'article 2 TUE. Depuis le lancement de l'ICE en 2012, la Commission a rejeté vingt initiatives, toutes au motif qu'elles étaient manifestement « en dehors du cadre des attributions de la Commission en vertu desquelles elle peut présenter une proposition d'acte juridique de l'Union aux fins de l'application des traités ». L'analyse des réponses de la Commission aux organisateurs des initiatives permet de discerner les limites assez étroites de la souveraineté du peuple européen. En écartant l'initiative citoyenne « My voice against nuclear power », visant la fermeture graduelle de toutes les centrales nucléaires dans l'Union européenne ainsi que le développement de sources d'énergie renouvelables, la Commission a indiqué le 30 mai 2012 que les mesures proposées par l'initiative relèvent du Traité instituant la Communauté européenne de l'énergie atomique (Euratom) qui ne prévoit aucune disposition concernant l'initiative citoyenne et ne peut donc

[587] Commission européenne, Communication de la Commission relative à l'initiative citoyenne européenne « Un de nous », 2014, COM(2014) 355 final, le 28/05/2014. [réf. 20/10/2017], v. : http://ec.europa.eu/transparency/regdoc/rep/1/2014/FR/1-2014-355-FR-F1-1.Pdf.

[588] Commission européenne, Communication de la Commission sur l'initiative citoyenne européenne « Stop Vivisection », 2014, C(2015) 3773 final, 03/06/2015 [réf. 20/10/2017], v.: http://ec.europa.eu/transparency/regdoc/rep/3/2015/FR/3-2015-3773-FR-F1-1.PDF.

[589] *Initiative citoyenne européenne. Registre officiel,* Commission européenne. [réf. 20/10/2017], v.: http://ec.europa.eu/citizens-initiative/public/initiatives/successful/details/2017/000002.

pas lui fournir la base légale. En outre, le cadre légal que l'initiative invite la Commission à proposer serait manifestement contraire aux objectifs du traité Euroatom. Cela sortirait du cadre des compétences de la Commission qui sont limitées par l'application des traités[590]. Par ailleurs, en refusant d'enregistrer l'initiative citoyenne « Minority SafePack - one million signatures for diversity in Europe », la Commission a noté que certains aspects de l'initiative pourraient tomber, individuellement, dans le cadre des attributions de la Commission, mais que le règlement ne prévoyait pas l'enregistrement d'une partie ou de parties d'une initiative[591]. Cependant, la Commission n'a pas indiqué quels aspects pourraient être considérés comme recevables, non plus qu'elle n'a invité les organisateurs à relancer une initiative modifiée. Le 3 février 2017, la décision de la Commission a été annulée par la Cour de justice de l'UE (CJUE)[592], en raison d'un manquement à son obligation de motivation. Maintenant, les organisateurs sont en train de collecter de nouveau un million de signatures requises, afin de réenclencher l'initiative modifiée.

369. La Suisse qui pratique l'initiative populaire contraignante aboutissant au référendum obligatoire (même dans le cas où le Conseil fédéral et le parlement la désapprouvent) a étudié l'expérience européenne relative à l'ICE mais seulement en ce qui concerne l'organisation de l'e-collecte. Le recueil de signatures en ligne « nécessite en effet des conditions particulières, comme la création d'un identificateur de personnes unique ou d'interfaces harmonisées pour les registres électoraux[593] », faute de quoi, pour l'instant, l'initiative populaire en Suisse n'a pas encore été numérisée. L'Union européenne, à son tour, pourrait aussi analyser l'expérience suisse en la matière. Il apparaît cependant qu'elle reste fidèle au *modus operandi* de l'Administration classique qui encadre strictement la participation : elle « en prend l'initiative, choisit les participants, contrôle de bout en bout le déroulement et finalement, prend, ou non, en compte les avis formulés[594] ». Même en laissant l'initiative aux citoyens, elle reste le maître du jeu.

370. En résumant ce chapitre, il est possible d'observer que le concept d'e-démocratie proposé par le Conseil de l'Europe sert plutôt à numériser et ainsi à moderniser le fonctionnement de la démocratie représentative et des relations existantes entre les gouvernants et les gouvernés. Les instruments proposés n'ont pour l'essentiel pas de rapport avec l'exercice de la

---

590 European Commission, *Refused request for registration of the initiative "My voice against nuclear power"*, C(2012) 3687 final, Brussels, 2012.

591 European Commission, *Refused request for registration of the initiative "Minority SafePack - one million signatures for diversity in Europe"*, C(2013) 5969 final, Brussels, 2013.

592 CJUE, 3 février 2017, *Affaire T-646/13 Bürgerausschuss für die Bürgerinitiative Minority SafePack – one million signatures for diversity in Europe c. Commission européenne*, [réf. 20/10/2017], v. : http://curia.europa.eu/juris/documents.jsf?num=T-646/13.

593 Conseil fédéral, *Rapport du Conseil fédéral sur le vote électronique. Evaluation de la mise en place du vote électronique (2006-2012) et bases de développement, op. cit.* p.132.

594 Jacques Chevallier, *Science administrative*, *op. cit.* p.418.

souveraineté par le peuple, le sens de l'e-démocratie dans cette recherche. Dans la pratique, cependant, plusieurs instruments non considérés par le Conseil ont émergé qui dépassent ce cadre fixé.

Chapitre 2. Les instruments dépassant le cadre du régime représentatif

371. A la différence des instruments traités dans le chapitre précédent, les instruments dont il s'agit ici sont moins répandus. Certains d'entre eux sont pour le moment au stade d'élaboration. Suivant la classification à trois niveaux du Conseil de l'Europe[595], il est possible de les ranger au troisième niveau - négociation, participation éclairée, codécision et prise de décision-, même si dans les travaux du Conseil on ne mentionne qu'un seul instrument de ce groupe, le budget participatif[596] (l'e-budget). Toutefois, il n'a pas été inclus dans la recommandation CM/Rec (2009)1 sur la démocratie électronique, texte de référence en la matière.

372. La caractéristique commune de tous ces instruments est la tentative d'instaurer un contrôle du peuple souverain sur le fonctionnement des pouvoirs publics. L'essence du régime représentatif (même sous forme de démocratie représentative), exprimée par Jean-Jacques Rousseau dans ses fameux propos sur la liberté intermittente du peuple qui n'existe qu'au moment des élections[597], peut changer considérablement en cas d'introduction de ces instruments. Ils visent à instaurer la présence constante du peuple sur la scène politique.

373. Le contrôle des gouvernés sur les gouvernants s'exprime dans la mise en œuvre de deux fonctions principales : l'élaboration collective des normes **(Section 1)** et le contrôle permanent des autorités publiques **(Section 2)**.

---

[595] V. par. 273.

[596] Council of Europe's Ad Hoc Committee on e-democracy (CAHDE), *Indicative Guide No.1 to Recommendation Rec(2009) 1 of the Committee of Ministers to member states on e-democracy. Generic tools and policies for an electronic democracy, op. cit.* p.55.

[597] Jean-Jacques Rousseau, *Du contrat social ou principes du droit politique, op. cit.* p.68.

Section 1. Les instruments liés à l'élaboration collective des normes

374. Les instruments liés à l'élaboration collective des normes ont déjà été ou sont utilisés dans certains pays. Dans la plupart des cas, il s'agit de l'utilisation ponctuelle, sans caractère contraignant. Certains essais ont échoué. Cela peut se comprendre, car au sein du régime représentatif, les tentatives d'instaurer des mécanismes de pouvoir direct du peuple réussissent rarement. Toutefois, leur apparition a déjà ouvert une brèche dans ce régime présumé indépassable[598].

375. Il convient de regrouper ces instruments sous la notion d'e-norme collaborative, c'est-à-dire une procédure contraignante d'élaboration des normes juridiques, ouverte à tous les citoyens par le biais d'internet. Il faut distinguer cette notion de celle de *collaborative law*, venue de la *common law*, qui est un mode alternatif de résolution des conflits dans le domaine du droit de la famille ; et de celle française de droit collaboratif qui relève du droit privé.

376. Les instruments faisant partie de l'e-norme collaborative n'ont pas encore été complètement mis en œuvre, et ce pour plusieurs raisons : un manque de compréhension de la manière dont des idées divergentes peuvent être unies au sein d'un texte, la volonté insuffisante de donner une force contraignante aux propositions issues des débats publics et l'absence, dans la plupart des cas, de culture de participation citoyenne. Toutefois, il semble intéressant de les analyser comme des précurseurs d'un changement de nature du régime politique en place.

377. Ainsi, il convient de classifier les essais d'e-norme collaborative **(Paragraphe 1)**, pour ensuite les étudier du point de vue du droit constitutionnel **(Paragraphe 2)**.

§1. L'e-norme collaborative en pratique

378. Julien Bonnet et Pauline Türk font remarquer que « dès lors que le numérique renouvelle les modes de production du droit, le cadre théorique et juridique des caractéristiques de la norme est nécessairement affecté. Si plusieurs dimensions sont d'ores et déjà envisageables, la plus évidente renvoie aux nouveaux registres de légitimité de la norme qui découlent de l'usage du numérique[599] ». Dans cette optique, il semble intéressant d'analyser les initiatives de l'e-norme collaborative. Ces expériences peuvent être divisées en deux groupes principaux : les initiatives concernant les normes

---

[598] Yadh Ben Achour, « Le régime représentatif, modèle constitutionnel indépassable », in *La démocratie représentative devant un défi historique*, Bruxelles, Bruylant, 2006. p.283-294.

[599] Julien Bonnet, Pauline Türk, « Le numérique : un défi pour le droit constitutionnel », *op. cit.* p.18.

essentielles pour le fonctionnement de l'Etat **(A)** et celles portant sur les normes d'importance inférieure **(B)**.

A. Les normes essentielles

379. Ce groupe comprend deux types essentiels de normes : l'e-constitution **(1)** et l'e-budget **(2)**.

1. L'e-constitution

380. L'essai le plus connu de l'e-constitution semble avoir été réalisé en Islande. En réponse à la crise financière de 2008, la révolution des « casseroles » a porté au pouvoir la nouvelle majorité de gauche qui, depuis longtemps, appelait à une réforme constitutionnelle. En juin 2010, le Parlement islandais a adopté une loi (*Act on a Constitutional Assembly*, ci-après ACA) prévoyant l'élection d'une Assemblée constituante de 25 personnes ainsi que la tenue d'un Forum National de 950 personnes[600] tirées au sort à partir du registre national de population, « en tenant compte d'une répartition raisonnable des participants à travers le pays et d'une répartition égale entre les sexes[601] ». L'objectif du Forum était de recueillir les opinions « sur l'organisation du gouvernement du pays et sa constitution[602] ». Les résultats de ce rassemblement ont servi de base au travail ultérieur de l'Assemblée constituante. Suivant l'art. 6 de l'ACA, le président, les membres du gouvernement, ainsi que les parlementaires et les membres de la Commission constitutionnelle n'étaient pas éligibles pour y siéger[603]. En ce sens, « le cas islandais a le potentiel d'être unique [...] en ce que l'Assemblée constituante est composée du « peuple » plutôt que des politiciens et/ou des experts[604] ». En novembre 2010, l'Assemblée a été élue, avec un taux de participation de 35,95 pour cent. Ce taux inhabituellement bas était probablement dû au grand nombre de candidatures (522) et au fait que le mode de scrutin à vote unique transférable[605] a été utilisé pour la première fois en Islande. Le 25 janvier 2011, les résultats du scrutin ont été annulés par la Cour suprême d'Islande. Dans sa décision, elle a noté plusieurs défauts dans l'organisation des élections qui auraient pu entraîner la violation du secret du

---

600 Soit environ 0,3 % de population islandaise.

601 Act on a Constitutional Assembly, passed by the Althing on 16 June 2010, [réf. 20/10/2017], v.: http://thjodfundur2010.is/other_files/2010/doc/Act-on-a-Constitutional-Assembly.pdf.

602 *Ibid.*

603 *Ibid.* art.6.

604 Baldvin Thor Bergsson, Paul Blokker, « The Constitutional Experiment in Iceland », *op. cit.* p.5.

605 Silja Bára Ómarsdóttir, « You Say You Want a Constitution? », *Huffington Post*, 12/01/2010. [réf. 20/10/2017], v.: http://www.huffingtonpost.com/silja-b/you-say-you-want-a-consti_b_790359.html.

scrutin, dont la preuve n'avait pourtant pas été apportée par les requérants[606]. Une approche assez audacieuse, en comparaison avec les décisions des juges constitutionnels français et estoniens mentionnées dans le chapitre précédent, où en l'absence de preuves de violations susceptibles d'affecter les résultats du scrutin, les juges les ont validés. Toutefois, après des débats ardents, le Parlement a décidé de nommer les gagnants des élections annulées à un Conseil constituant[607], créé pour se substituer à l'Assemblée. La légitimité de cette institution, qui était affaiblie par le taux bas de participation aux élections et la nomination politique, a été partiellement restaurée grâce à l'ouverture et la transparence exceptionnelles de son travail[608].

381. C'est dans cette ambiance politique très conflictuelle que l'e-constitution a été créée. Elle peut être définie comme l'élaboration de la constitution par le peuple par le biais du numérique. Suivant l'esprit de l'art. 20 de l'ACA[609], « le projet de Constitution a été mis en ligne et chacun était libre de participer aux travaux en apportant ses commentaires et suggestions. Au total, 3600 commentaires et 370 propositions d'amendements ont été publiés[610] par le public[611] ». « De cette façon, le projet du Conseil a peu à peu pris forme lors des discussions entre ses membres et d'un échange d'opinions ouvert avec le public[612] ». Les travaux du Conseil ont été menés de manière transparente. Ses réunions ont été diffusées en direct sur son site internet et sur les réseaux sociaux ; toutes les informations et les procès-verbaux des réunions ont été mis en ligne. Des annonces ont été publiées dans les médias,

---

606 « *News Review: The Supreme Court's Verdict* », *Iceland review online*, 26/01/2011. [réf. 20/10/2017], v. : http://icelandreview.com/news/2011/01/26/news-review-supreme-courts-verdict.

607 Le "Constitutional Council" est traduit comme le Conseil constituant, pour éviter l'homonymie avec le Conseil constitutionnel français.

608 Baldvin Thor Bergsson, Paul Blokker, « The Constitutional Experiment in Iceland », *op. cit.*

609 Act on a Constitutional Assembly, passed by the Althing on 16 June 2010, *op. cit.* art.20: *A website shall be established for the Constitutional Assembly with presentation material on the Constitution and the work of the Assembly, material received by the Assembly, broadcasting of sessions of the Assembly, Assembly documents relating to the process of motions and a legislative bill for a constitutional act etc. The Constitutional Assembly shall advertise extensively for proposals from the public, interest groups or other parties who may wish to bring their proposals and other material to the attention of the Assembly.*

610 Les citoyens pouvaient aussi soumettre leurs propositions sur papier.

611 Adrien Calvez-Petit, « Iceland: a new people's constitution », *Responsive Public Management* 2012, n°43. [réf. 20/10/2017], v.: https://www.economie.gouv.fr/files/files/directions_services/igpde-editions-publications/revuesGestionPublique/IGPDE_Reactive_Islande_mars_2012_En.pdf. *The draft Constitution was posted online and everyone was free to take part in the work on it with comments and suggestions. A total of 3,600 comments and 370 suggestions for amendments were posted by the public.*

612 *The Constitutional Council hands over the bill for a new constitution,* Stjórnlagaráð 2011. [réf. 20/10/2017], v.: http://stjornlagarad.is/english/. *In that way, the bill of the Council has little by little taken shape during discussion between the delegates themselves and with open exchange of opinion with the community.*

pour encourager le public à suivre ce qui se passait et à faire des commentaires[613]. Éric Sales[614] fait remarquer que la portée de cette écriture numérique inédite de la Constitution serait une redéfinition de la notion de peuple. En effet, l'écriture a été ouverte à tous, et non aux seuls électeurs. Seraient donc citoyens ceux « qui concourent personnellement à l'écriture des textes juridiques[615] », même s'ils ne remplissent pas les exigences pour être électeurs et éligibles. Certains auteurs notent cependant qu'« en fin de compte la reprise des commentaires des citoyens dans le projet final semble être assez limitée et le rôle plus large du public était plutôt consultatif que réellement participatif[616] ».

382. En juillet 2011, le Conseil constituant a soumis le projet de constitution au Parlement, mais le référendum consultatif n'a été organisé qu'en octobre 2012. Avec un taux de participation de 48,7 pour cent, les Islandais ont approuvé ses dispositions clés. Le Parlement ne l'a jamais voté, à cause de la forte opposition. Enfin, après les élections parlementaires de 2013, l'opposition est venue au pouvoir et le projet de constitution populaire a été suspendu.

383. Malgré l'échec du constitutionnalisme populaire en Islande, son exemple a marqué les consciences. En octobre 2013, sous l'égide de la *London school of economics and political science* (LSE), le projet *Constitution UK* a été lancé dont le but était de proposer une constitution écrite pour le Royaume-Uni et, en outre, de la rédiger de manière participative[617]. A cette fin, une plateforme numérique a été mise en place, sur laquelle tout intéressé pouvait faire des commentaires ou suggestions. Les propositions les plus populaires selon les résultats d'un i-vote, ont été incluses dans le projet final. Cependant, après les élections générales de 2015, le *Political and Constitutional Reform Committee* du Parlement britannique, mandaté pour réfléchir sur la codification de la Constitution du Royaume-Uni, a été supprimé, ainsi que toute réflexion sur le sujet. L'e-constitution a échoué encore une fois, face à la souveraineté parlementaire.

2. L'e-budget

384. L'e-budget est le seul instrument dans ce chapitre qui a été mentionné dans les travaux du CAHDE. Il ne fait pas partie de la recommandation du

---

613 *Ibid. The webpage also has regular news from the Council's work as well as a weekly newsletter. Advertisements are published in the media encouraging the public to keep track of what is going on and to make comments.*

614 Éric Sales, « La transformation de l'écriture de la Constitution, l'exemple islandais », *Nouveaux Cahiers du Conseil constitutionnel* 2017, n°57, p. 45-57. p.52-53.

615 *Ibid.*p.53.

616 Baldvin Thor Bergsson, Paul Blokker, « The Constitutional Experiment in Iceland », *op. cit.*

617 *About Constitution UK,* LSE Institut of public affairs. [réf. 20/10/2017], v.: https://constitutionuk.com/page/view/1906.

Conseil de l'Europe sur la démocratie électronique, la définition donnée par le CAHDE sera utilisée. Il définit l'e-budget comme « la participation du public au processus budgétaire par le biais d'outils et de procédures participatifs électroniques qui rendent le processus budgétaire plus inclusif[618] ». Cette définition, nécessairement imprécise, prête à des interprétations multiples. D'abord, de quel budget s'agit-il ? A l'heure actuelle, le budget participatif (la base conceptuelle de l'e-budget) est devenu une pratique courante. Yves Sintomer note que « depuis son invention en Amérique latine, il a rayonné dans le monde entier[619] », ce dont témoigne la carte des initiatives en la matière[620]. L'auteur propose six modèles conceptuels de budget participatif qui se distinguent notamment par le degré de participation (de la consultation à la codécision)[621]. Dans la plupart des cas, son utilisation se limite au niveau local. De plus, ce n'est pas la totalité du budget local sur laquelle les citoyens peuvent prendre des décisions ; il s'agit d'une partie du budget - les investissements à faire - dont les priorités peuvent être définies à l'issue de cette procédure.

385. C'est dans ce contexte que l'e-budget est en train de s'implanter. « Bien qu'elles [les initiatives de l'e-budget] soient encore minoritaires par rapport au nombre total de budgets participatifs dans le monde [...], les cas d'expérimentation avec les TIC sont de plus en plus nombreux[622] ». L'un des premiers cas d'introduction de l'e-budget a eu lieu dans la ville de Belo Horizonte au Brésil. En 2006, l'administration de la ville a alloué à cette initiative des fonds publics à hauteur de 11 millions de dollars, soit environ un quart du budget destiné au budget participatif hors ligne[623]. Si dans le cadre de ce dernier, les habitants de la ville sont invités à prendre des décisions concernant les travaux publics dans leurs quartiers respectifs, l'e-budget leur offre l'opportunité de voter « exclusivement en ligne, pour un sur quatre

---

618 Council of Europe's Ad Hoc Committee on e-democracy (CAHDE), *Indicative Guide No.1 to Recommendation Rec(2009) 1 of the Committee of Ministers to member states on e-democracy. Generic tools and policies for an electronic democracy, op. cit.*p.51.

619 Yves Sintomer *et al.*, « From Porto Alegre to Europe: Potentials and Limitations of Participatory Budgeting », *Participatory budgets* 2005.

620 Tiago Peixotto dénombre plus de 1500 cas d'utilisation du budget participatif. *Participatory budgeting. Map initiated by Tiago Peixoto,* [réf. 20/10/2017], v.: http://bit.ly/1tHI0Kz.

621 Yves Sintomer *et al.*, « Transnational Models of Citizen Participation: The Case of Participatory Budgeting », *Journal of Public Deliberation* 2012, 8, n°2. p.18.

622 Rafael Cardoso Sampaio, Tiago Peixoto, « Electronic participatory budgeting: false dilemmas and true complexities », in *Hope for democracy 25 years of participatory budgeting worldwide*, Sao Bras de Alportel, Portugal, In Loco Association, 2014. p.414. *Although they are still a minority in relation to the total number of PBs in the world, there are gradually more cases experimenting with ICTs.*

623 Tiago Peixoto, « e-Participatory Budgeting: e-Democracy from theory to success? », *e-Working Papers 2008.* [réf. 20/10/2017], v.: https://joinup.ec.europa.eu/sites/default/files/document/2014-12/media2242.pdf. p.10 *[citizens vote] exclusively online for 1 out of 4 public works for each of the nine districts of the city.*

projets de travaux publics pour chacun de neuf quartiers de la ville[624] ». Pour voter en ligne, l'i-vote a été introduit dont les résultats sont contraignants pour les autorités locales.

386. L'idée de faire voter les habitants de la ville pour tous les quartiers semble intéressante, en ce qu'elle dépasse la dimension locale du budget participatif. En effet, « les travaux [concernés par l'e-budget] ont été considérés comme étant d'intérêt pour tous les habitants de la ville, indépendamment de leur lieu de résidence[625] ». Cependant, la grande majorité des habitants ayant voté en ligne (environ 84%) a choisi de ne pas voter pour tous les quartiers. 52% d'entre eux n'ont voté que pour leur propre quartier et 15% pour seulement deux. Comme l'explique le spécialiste du secteur public chez la Banque mondiale Tiago Peixoto, la plupart des électeurs n'étaient peut-être pas suffisamment intéressés à voter pour des travaux publics qui « n'étaient pas liés à leur réalité immédiate[626] ». L'auteur étaie cette hypothèse par l'analyse des données qualitatives : les habitants interrogés disaient qu'ils n'avaient pas voté pour les travaux dans d'autres quartiers parce qu'ils n'étaient pas concernés par eux, n'avaient pas le temps pour se faire une opinion, ou simplement parce qu'ils étaient pressés.

387. En ce sens, la question qui se pose est de savoir si les initiatives de l'e-budget ont vocation à être confinées au niveau local, pour avoir plus de proximité et donc de légitimité aux yeux des citoyens. Il est possible de l'observer, par exemple, sur l'expérience de Paris où l'e-budget a été organisé en 2015. La mairie a alloué à l'e-budget 5 pour cent de son budget d'investissement. Tous les Parisiens, y compris ceux n'ayant pas de citoyenneté française[627], pouvaient voter mais uniquement pour des projets dans leur arrondissement de résidence ou de travail[628]. Autrement dit, l'e-budget a été confiné au niveau le plus local possible.

388. Il semble pourtant que le potentiel de cet instrument aille bien au-delà du niveau local. Les questions de savoir comment le budget de l'Etat se construit, la façon dont les impôts sont dépensés et les moyens d'influencer ce processus semblent être d'un vif intérêt pour le public. Pour l'instant, les initiatives numériques en la matière sont à l'état embryonnaire, même si des progrès peuvent être notés. Par exemple, les autorités publiques russes ont créé une page web qui s'appelle *Contribution personnelle des citoyens au budget de l'Etat*[629]. En introduisant le montant de son salaire et de ses impôts, chacun

---

[624] *Ibid.*

[625] *Ibid.* p.11 *[T]he works were considered to be of interest to all the inhabitants of the city, independent of their place of residence.*

[626] *Ibid.* p.18.

[627] Encore une fois, la question de la redéfinition de la notion de peuple se pose. V. par.381.

[628] *Le mode d'emploi du Budget Participatif,* Mairie de Paris. [réf. 20/10/2017], v.: https://budgetparticipatif.paris.fr/bp/la-demarche-sommaire.html.

[629] *Личный взнос граждан в бюджет,* Электронный бюджет. Единый портал бюджетной системы РФ. [réf. 20/10/2017], v.:

peut voir comment sa contribution au budget va être dépensée, en fonction des chapitres budgétaires. Il est également possible d'essayer de changer de priorités des dépenses budgétaires, en redistribuant son argent entre les chapitres, dans le cadre d'une simulation. Outre sa fonction éducative, cette initiative a aussi une fonction civique, celle de sensibiliser les citoyens à leur rôle politique. Le peuple n'est pas seulement la source du pouvoir, mais aussi une source des ressources budgétaires qui permettent un bon fonctionnement du régime politique. En France, cela se traduit par le droit de contrôler et d'influencer le prélèvement des impôts et leur dépense, en vertu de l'art.14 de la Déclaration des droits de l'homme et du citoyen de 1789 (DDHC). Il est possible de se demander si cet article ne pourrait pas être cité pour servir de « base constitutionnelle » à l'e-budget.

B. Les normes inférieures

389. Il s'agit ici de l'élaboration collaborative en ligne des lois **(1)** ainsi que d'autres normes **(2)**.

1. L'e-loi

390. Contrairement à l'e-législation qui « suppose l'utilisation des TIC pour élaborer, commenter, consulter, structurer, mettre en forme, soumettre, amender, voter et publier des lois adoptées par des assemblées élues[630] », l'e-loi suppose l'utilisation des TIC pour élaborer des lois par le peuple. Cet instrument se distingue de l'e-consultation où les participants ne peuvent que de donner son avis sur des projets législatifs ; et serait assez proche de l'e-délibération si ses résultats n'ont pas de force contraignante.

391. Les e-consultations et les e-délibérations concernant certains projets législatifs existent dans plusieurs pays. Par exemple, les citoyens estoniens disposent d'un site internet pour commenter les projets législatifs en discussion au Parlement, proposer leurs propres projets ainsi que recueillir des signatures de soutien[631]. Il ressort cependant de la pratique que si les résultats de telles consultations et délibérations ne sont pas contraignants, les autorités publiques tendent à ne pas les prendre en considération ou à n'utiliser que partiellement, afin de légitimer leurs propres décisions. Dans ces conditions, le travail effectué par les participants peut leur sembler inutile, si ses résultats ne sont pas pris en compte. En ce sens, de telles initiatives pourraient même

---

http://budget.gov.ru/epbs/faces/p/Данные%20и%20сервисы/Калькуляторы/. [Budget électronique. Portail unique du système budgétaire de la Fédération de Russie, Contribution personnelle des citoyens au budget de l'Etat].

[630] V. par. 298.

[631] *Osalusveebis saad,* Osale.ee. [réf. 20/10/2017], v. : https://www.osale.ee/. [Chancellerie d'Etat d'Estonie, Le site Web de participation].

s'avérer contre-productives : au lieu de restaurer la confiance, elles pourraient creuser davantage le fossé entre les gouvernants et les gouvernés.

392. Pour l'instant, il n'y a pas beaucoup de tentatives de dépasser la dimension purement consultative et au mieux délibérative de l'e-loi. L'on peut par exemple citer un essai russe de débat public plus décisif autour de la loi « De l'éducation[632] ». L'élaboration d'une nouvelle loi-cadre sur l'éducation avait été prévue par le « Programme de mise en œuvre des priorités du développement du système éducatif jusqu'en 2010 » adopté en 2004. En mai 2010, le projet de loi a été publié sur le site internet du ministère de l'Education et de la Science aux fins de la consultation publique, du recueil des commentaires et de la discussion. A la suite de nombreuses discussions, notamment dans les deux chambres du Parlement et la Chambre civique[633], la première version du texte a été retravaillée, pour prendre en compte un millier de commentaires[634], ainsi que réduite de moitié. Le 1er décembre 2010, la deuxième mouture du projet de loi a été publiée sur un site web spécialement créé pour les débats publics. Pendant deux mois de discussion, le projet n'a reçu qu'environ dix mille commentaires. Le faible taux de participation s'expliquait par un manque de sensibilisation, d'information et de confiance à l'égard des pouvoirs publics. De nombreuses personnes, même celles qui ont participé au débat, étaient persuadées que leurs propositions ne seraient pas prises en compte. Une autre raison invoquée serait la complexité de la langue juridique et sa spécificité qui ne permettent qu'aux professionnels de participer aux débats. Comme le soutient par exemple l'ancien président de la chambre basse du Parlement russe Sergueï Naryshkine, « si nous voulons que nos concitoyens participent plus activement au processus d'élaboration des lois [...], alors nous devons faire en sorte que le rapport sur l'état de la législation russe soit cohérent quant au contenu et accessible quant au langage[635] ».

---

[632] V. aussi un exemple plus récent de l'élaboration de la loi pour une République numérique dans Ariane Vidal-Naquet, « La transformation de l'écriture de la loi : l'exemple de la loi sur la République numérique », *Nouveaux Cahiers du Conseil constitutionnel* 2017, n°57, p. 59-68.

[633] La chambre civique de la Fédération de la Russie a été créée par la loi fédérale de 2005 dans le but *d'instaurer l'interaction entre les citoyens et les autorités publiques de tous les niveaux aux fins de la prise en compte des besoins et des intérêts des citoyens, de la protection de leurs droits et libertés et ceux des associations dans l'élaboration et la mise en œuvre des politiques publiques ainsi que pour la mise en œuvre du contrôle public du fonctionnement des organes du pouvoir public et des organes d'autonomie locale.* v. Федеральный закон от 4 апреля 2005 г. N 32-ФЗ "Об Общественной палате Российской Федерации", 2005. [Fédération de Russie, Loi fédérale N 32-ФЗ du 4 avril 2005 relative à la chambre civique de la Fédération de Russie].

[634] *Общественное обсуждение законопроектов,* [réf. 20/10/2017], v. : http://zakonoproekt2012.ru/. [Fédération de Russie, Débats publics sur les projets de lois].

[635] Анна Закатнова, « *А с языком беда* », *Российская газета*, 20/06/2013. [réf. 20/10/2017], v.: http://www.rg.ru/2013/06/20/yazik.html. [Anna Zakatnova, Et le problème de la langue]. En ce sens, il serait intéressant de réfléchir sur une réforme éventuelle du langage de droit : *Etant*

393. En tout état de cause, ce débat public n'a pas abouti à un texte définitif. La raison en serait que « dans le projet en discussion, il est possible de distinguer deux concepts [d'éducation nationale] qui ne se complètent pas, mais s'excluent mutuellement[636] ». Pour aboutir à un texte plus réaliste, un nouveau débat public en ligne a été organisé[637] en septembre 2011. Cette fois, les principes suivants ont été mis en application : la représentativité, c'est-à-dire toutes les parties prenantes ont été représentées de manière proportionnelle, et la présentation problématisée, ce qui signifie qu'au lieu d'un texte législatif, le projet a été présenté sous forme de nouveautés par rapport à la législation existante, accompagnées par l'analyse des problèmes d'éducation les plus aigus et comment les dispositions proposées permettent de les résoudre[638]. Toutes les propositions ont été votées et celles les plus populaires ont été incluses dans le texte. Il a été ensuite finalisé par le ministère de l'Education, pour tenir compte de plusieurs amendements issus du débat public, et discuté dans les deux chambres du Parlement, en concurrence avec une autre proposition de loi issue du Parti communiste. Fin 2012, la loi a été votée et promulguée. Malgré toutes les discussions, les consultations et les débats, elle ne peut pas être considérée de plein droit comme un exemple parfait de l'e-loi, mais elle en a posé les bases. Dans le prolongement de cette initiative, le président russe a signé en 2011 un décret relatif à la mise en place du débat public sur les projets de lois constitutionnelles et de lois fédérales « concernant les orientations principales des politiques publiques dans le domaine du développement socio-

---

donné que l'information dans le cyberespace est de plus en plus présentée sous des formes non linéaires, multisensorielles – en utilisant un modèle d'arbre ou de jardin – il y aura aussi tentative de rendre les codes juridiques plus dynamiques et organiques par nature. [...]Ces façons radicalement nouvelles [...] de concevoir et de présenter la loi peuvent n'exister qu'au niveau non officiel, populaire. Toutefois, [...] si les cybermodèles deviennent suffisamment populaires et influents, ils pourraient de facto supplanter les formes plus conventionnelles de législation. V. David Howes, « e-Legislation: Law-Making in the Digital Age », *McGill Law Journal* (2001) 47 McGill L.J. 39. *As information is increasingly represented in non-linear, multisensory forms in cyberspace – such as employing a model of a tree or garden – there will also be a drive to make legal codes appear more dynamic and organic in nature. Such radically new [...] ways of conceptualizing and presenting the law may well exist only on an unofficial, popular level. Yet [...] if cyber-models and traits become sufficiently popular and influential, they might de facto come to supersede more conventional forms of legislation.*

[636] Наталья Зиганшина, « "Людей волнуют государственные гарантии". Закончилось общественное обсуждение законопроекта "Об образовании" », *Газета*, 01/02/2011. [réf. 20/10/2017], v. : http://www.gazeta.ru/education/2011/02/02_a_3513350.shtml. [Natalia Ziganshina, "Les gens sont préoccupés par les garanties étatiques". Le débat public sur le projet de loi relative à l'éducation est clos].

[637] Sur le site *edu.crowdexpert.ru,* [réf. 20/10/2017], v.: http://edu.crowdexpert.ru/.

[638] Евгений Патаракин, « Организация совместной сетевой деятельности для совершенствования структурированных документов », *Электронный научный журнал «Современные проблемы науки и образования»* 2012. [réf. 20/10/2017], v.: http://www.science-education.ru/pdf/2012/5/7227.pdf. [Evgueni Patarakine, Organiser des activités collaboratives en ligne pour améliorer les documents structurés]. p.7.

économique de la Fédération de la Russie[639] ». Il apparaît pourtant que l'initiative présidentielle n'a pas été pleinement mise en œuvre.

394. Une expérience relative à l'élaboration collaborative d'autres actes normatifs en ligne semble également intéressante.

2. *D'autres actes*

395. En 2013, un décret du gouvernement russe est entré en vigueur qui dispose que les organes fédéraux du pouvoir exécutif sont tenus de publier, sur un site internet unique[640], des informations concernant la préparation des actes législatifs et règlementaires et d'organiser des débats publics[641]. Dans le but d'évaluation de l'impact de la législation, les projets d'amendements législatifs et les projets de décisions du Conseil de la Commission économique eurasienne sont également publiés sur le site, selon le décret du gouvernement n°1318 du 17 décembre 2012. Les publications comprennent un projet de texte, une notice explicative, le nom et les coordonnées du responsable, les adresses postale et électronique pour l'envoi des propositions. Toute personne peut participer au débat public relatif à l'étude d'impact de la nouvelle réglementation et soumettre ses propositions en ligne. A l'issue du débat public, tous les commentaires et les propositions d'amendements sont publiés ainsi que les réponses de l'organe responsable du projet.

396. Pour l'instant, les citoyens russes n'utilisent pas suffisamment le potentiel de cet instrument, pour influencer les décisions prises par les organes gouvernementaux. La plupart des projets publiés sur le site ne reçoivent pas de commentaires, car la plupart des Russes ne sont pas informés qu'une telle possibilité existe. De plus, le portail unique ne permet pas de participer à un débat public proprement dit : il fournit des moyens pour envoyer des commentaires, sans pouvoir lire les commentaires des autres participants ou même savoir qu'ils existent. Enfin, l'organe gouvernemental qui publie le

---

639 Указ Президента Российской Федерации от 9 февраля 2011 г. N 167 "Об общественном обсуждении проектов федеральных конституционных законов и федеральных законов". [Président de la Fédération de Russie, Décret N 167 du 9 février 2011 relative à la discussion publique des projets de lois constitutionnelles fédérales et des projets de lois fédérales].

640 *Единый портал для размещения информации о разработке федеральными органами исполнительной власти проектов нормативных правовых актов и результатов их общественного обсуждения,* [réf. 20/10/2017], v. : http://regulation.gov.ru/. [Gouvernement de la Fédération de Russie, Portail unique pour la publication des informations relatives à la préparation des projets d'actes des organes fédéraux du pouvoir exécutif et des débats publics].

641 Постановление Правительства Российской Федерации от 25 августа 2012 г. № 851 «О порядке раскрытия федеральными органами исполнительной власти информации о подготовке нормативных правовых актов и их общественного обсуждения». [Gouvernement de la Fédération de Russie, Décret N851 du 25 août 2012 « Sur la procédure de communication des informations relatives à la préparation des actes normatifs et aux résultats des débats publics les concernant »].

projet n'est pas tenu de prendre en considération les commentaires et les propositions reçus.

397. Toutefois, les moyens d'influencer les politiques publiques offerts par cet instrument ne devraient pas être sous-estimés. A titre d'exemple, il est possible de mentionner un projet d'arrêté ministériel relatif à la modification des « Durées d'utilisation du matériel technique de réhabilitation, des prothèses et du matériel orthopédique ». Le projet prévoyait une augmentation des durées normatives d'utilisation de certains matériaux destinés aux personnes handicapées, tels que les fauteuils roulants ou les couches qui leur sont offerts par l'Etat. Le but de ces modifications était de faire des économies budgétaires. Le 10 février 2013, le projet d'arrêté a été publié sur le site du débat public. Dans l'après-midi de ce jour même, il a reçu de premiers commentaires. Les associations des personnes handicapées, les bénévoles et les sympathisants ont lancé une vaste e-campagne contre le projet sur les réseaux sociaux, en indiquant que toute personne peut s'y opposer sur le site du débat public. Malgré le court délai prévu pour le débat (15 jours), environ 6 000 commentaires ont été laissés. Ils demandaient aux initiateurs du projet soit de le retirer soit de réduire les durées normatives au lieu de les augmenter. Certains partis politiques ont rejoint la campagne, cette fois hors ligne, en critiquant le projet lors d'une séance de la Douma, la chambre basse du Parlement russe. Au terme du débat public, le ministère a publié un tableau récapitulatif des commentaires reçus ainsi que sa décision de retirer le projet d'arrêté, compte tenu les résultats négatifs du débat public en ligne[642].

398. Cet exemple peut-il être considéré comme un essai d'e-règlement, défini comme l'élaboration des règlements par le peuple par le biais des TIC ? Probablement non, puisqu'il n'y avait pas de vrai débat public dont le résultat serait contraignant. Cette expérience pourrait plutôt constituer un exemple d'e-règlement négatif, mais il ne semble pas utile d'introduire un tel instrument de portée partielle. Ce qu'il faut retenir de ce cas est que les citoyens ont obtenu un moyen d'influencer les projets de règlements avant qu'ils soient adoptés.

399. Les nouveaux instruments d'élaboration collaborative des normes en ligne requièrent une analyse approfondie du point de vue du droit constitutionnel.

---

642 *Ведомственный приказ "О внесении изменений в Приказ Министерства труда и социальной защиты Российской Федерации от 24 мая 2013 г. № 215н"*, Единый портал для размещения информации о разработке федеральными органами исполнительной власти проектов нормативных правовых актов и результатов их общественного обсуждения. [réf. 20/10/2017], v. : http://regulation.gov.ru/project/23063.html?point=view_project. [Ministère du Travail et de la Sécurité sociale de la Fédération de Russie, Projet d'arrêté ministériel modifiant l'arrêté N215н du 24 mai 2013].

§2. L'e-norme collaborative du point de vue du droit constitutionnel

400. Les essais de l'e-norme collaborative ou plutôt les tentatives d'essais décrits plus haut, il convient maintenant de les analyser, du point de vue du droit constitutionnel. Une telle analyse est délicate, car l'objet de l'analyse pose problème. Faut-il analyser ces tentatives de rapprochement de l'e-norme collaborative, telles qu'elles existent, ou l'e-norme collaborative telle qu'elle doit être, mais qui n'existe pas encore ? Il semble plus réaliste d'étudier les essais effectués et de réfléchir sur les possibilités de développement et les points de tension entre eux et les institutions et procédures existantes.

401. Dans un premier temps, pour ce qui est des règles, il convient d'examiner l'encadrement juridique existant des essais de l'e-norme collaborative, ses insuffisances et formuler des propositions d'amélioration **(A)**. En ce qui concerne les institutions, il faut noter que par sa nature même, l'e-norme collaborative semble difficilement compatible avec le fonctionnement du régime représentatif et, comme les recherches montrent, certaines formes d'organisation de l'Etat. Dans un deuxième temps, les points de tension seront étudiés, pour envisager les perspectives d'adaptation de cet instrument **(B)**.

A. L'encadrement juridique

402. L'analyse de l'encadrement juridique des essais de l'e-norme collaborative sur le fond porte sur les normes qui les gèrent **(1)** ; sur la forme, il s'agira des procédures mises en place **(2)**.

1. Le fond

403. En premier lieu, se pose la question du spectre des normes susceptibles d'être objet de l'e-norme collaborative. Si la constitution est censée être l'œuvre du peuple, les autres textes, objets des essais susmentionnés, ne le sont pas. Dans le régime représentatif, les lois sont adoptées par le législatif et les règlements par l'exécutif. L'intervention directe du peuple dans le processus de l'élaboration des normes semble donc problématique.

404. En même temps, ces initiatives ont été organisées « d'en haut », c'est-à-dire ce déséquilibre a été introduit par le pouvoir politique lui-même, dans le but de mieux gouverner ou de légitimer les décisions prises. Dans le cas islandais, l'encadrement juridique de l'e-constitution a changé au cours de l'essai, pour contourner la décision de la Cour suprême d'Islande. Dans le cas russe, certaines lacunes et imprécisions du cadre juridique des essais de l'e-

norme collaborative peuvent aussi être remarquées[643]. D'une part, un certain manque de précision des règles paraît inévitable, étant donné qu'il s'agit d'un terrain tout à fait nouveau. D'autre part, cette imprécision est parfois trop grande, ce qui peut faire craindre des tentatives de légitimation des décisions déjà prises.

405. Dans cette optique, est-il judicieux d'introduire l'e-norme collaborative au sein des régimes représentatifs ? Ne serait-elle pas utilisée en tant qu'instrument de légitimation des décisions politiques, sous couvert de la démocratisation ? En effet, elle peut être utilisée comme un moyen de pression sur le pouvoir législatif ainsi qu'un outil de manipulation de l'opinion[644]. Les autorités peuvent également s'en servir pour éviter tout contentieux futur sur les sujets controversés[645]. Pourtant, il ne faut pas oublier que dans tous ces cas, la décision de recourir à l'e-norme collaborative a été, dans une certaine mesure, forcée par le contexte politique, le manque de confiance envers les pouvoirs publics et la nécessité d'assurer la légitimité des décisions prises. En ce sens, la question est moins celle de savoir s'il est judicieux d'utiliser cet instrument plutôt que celle de la nécessité objective de tels instruments dans les régimes politiques affaiblis.

406. Ainsi, la question posée concernant le spectre des normes entrant dans le champ d'application de l'e-norme collaborative peut être résolue de manière suivante : toutes les normes peuvent être son objet, sauf certaines exceptions. Par exemple, selon les Règles de publication par les organes fédéraux du pouvoir exécutif des informations relatives à la préparation des actes normatifs et aux résultats des débats publics les concernant[646], ne peuvent faire l'objet du débat public les projets de textes contenant des informations classifiées et confidentielles. L'éventail de tels textes est assez large ; la liste des catégories d'informations classifiées se trouve dans l'art.5 de la loi fédérale N5485-1 du 21 juillet 1993 et dans le décret du président de la Fédération de Russie N1203 du 30 novembre 1995. Outre les informations

---

[643] Мария Петрова, « Развитие процесса интернет-обсуждения законопроектов и легитимация законов », *Право ru Красноярск* 2012. [réf. 20/10/2017], v. : http://krasn.pravo.ru/urgent/view/32881/. [Maria Petrova, Le développement du débat public en ligne sur les projets de loi et la légitimation des lois].

[644] E. Хохлова, « Общественное обсуждение законопроектов и важных вопросов государственной и/или общественной жизни: конституционно-правовое регулирование и практика применения », *Конституционное и муниципальное право* 2013, n°4. [E. Khokhlova, Le débat public sur les projets de loi et les questions importantes de la vie de l'État et/ou de la vie publique : réglementation constitutionnelle et pratique d'application].

[645] V. par ex. Верховный Суд РФ, *Решение от 23.12.2014 N АКПИ14-1260 Об отказе в удовлетворении заявления рыболовецкого колхоза им. Н.И. Калинина о признании частично недействующим Постановления Правительства Российской Федерации от 26 февраля 2013 г. N 153 "Об учреждении национального парка "Онежское Поморье"*, [Cour suprême de la Fédération de Russie, Arrêt N АКПИ14-1260 du 23 décembre 2014], où la Cour a débouté le requérant de ses demandes au motif que le décret contesté avait été pris après un débat public.

[646] Introduites par le décret du gouvernement russe n 851 du 25 août 2012.

relatives aux troupes et aux armements, font partie de la liste, par exemple, les dépenses du budget fédéral relatives à la défense, à la sécurité de l'Etat et au maintien de l'ordre public. Il n'est donc pas étonnant qu'en vertu de l'art.2 du décret N851, les projets de lois fédérales portant sur le budget fédéral ne puissent pas être l'objet du débat public en ligne. Cependant, n'est-il pas trop restrictif de fermer la discussion sur tout le budget, pour protéger la confidentialité de certains de ses chapitres ? Bien entendu, ce n'est pas la seule raison de la fermeture, mais l'une des plus importantes. En tout état de cause, si la politique d'ouverture et de collaboration des citoyens à la production des normes est introduite, le débat public sur le budget étatique devient nécessaire, car « l'argent public, ce n'est pas l'argent de personne. C'est l'argent de chaque citoyen[647] ». Pour l'instant, cette idée semble irréaliste, étant donné que très souvent, l'exécutif a une mainmise presque absolue sur le processus budgétaire. En revanche, il y a des cas où les citoyens ont les moyens pour l'influencer. Dans le cas du référendum concernant l'achat des avions de combat en 2014, les citoyens suisses ont voté contre la loi instituant le fonds de financement de l'acquisition. En France, le processus d'ouverture de la politique budgétaire aux citoyens s'est déjà amorcé avec l'e-budget, même si ce n'est qu'au niveau local.

407. Les autres exceptions établies par les Règles susmentionnées concernent les projets de loi relatifs aux traités internationaux, à la frontière nationale, aux circonscriptions judiciaires, aux exportations de produits militaires et à double usage, aux règles d'utilisation de l'énergie nucléaire, aux normes comptables ainsi que certains règlements en matière d'impôt et de douanes et certaines circulaires de caractère administratif. Les exceptions portent donc sur certaines fonctions régaliennes de l'Etat, comme on peut s'y attendre, ainsi que sur des sujets spécifiques au contexte national. Il semble logique que le contenu d'une telle liste des exceptions diffère d'un pays à un autre.

408. Une autre question, beaucoup moins controversée, concerne la nécessité d'organiser un débat public sur les normes techniques dont l'adoption nécessite des compétences particulières. Il apparaît qu'une discussion populaire serait inutile dans ce cas. La pratique russe montre d'ailleurs que les normes techniques ne suscitent normalement pas l'intérêt auprès du public. Dans ce cas, « la discussion sera principalement menée par des professionnels. Mais l'essentiel est que chaque personne ait la possibilité de participer à la discussion, même si elle ne l'utilise jamais[648] ». En ce sens, il est possible de comparer l'e-norme avec le référendum (et plus

---

[647] Philippe Séguin, « La dégradation des finances publiques et ses remèdes », *RFDA, 2010, p 193.*

[648] Александр Молотников, « Какой смысл выносить законы на общественное обсуждение? », *Форбс*, 22/03/2011. [réf. 20/10/2017], v. : http://www.forbes.ru/ekonomika-opinion/vlast/65322-kakoi-smysl-vynosit-zakony-na-obshchestvennoe-obsuzhdenie. [Alexandre Molotnikov, Y a-t-il un sens de soumettre les lois au débat public ?].

généralement, avec tout moyen de participation) : si la question est trop technique, peu de personnes participent.

2. La forme

409. La question de la forme est particulièrement importante parce que l'e-norme collaborative mal conçue peut mettre en cause l'utilité de cette dernière et ainsi la confiance du public. En analysant l'échec des essais de budget participatif en France, Yves Sintomer note que « beaucoup de ces dispositifs étaient mal conçus. La France brille par son exception : elle n'a pas de réseau à l'échelle nationale pour partager les pratiques, les échecs, réfléchir. [...] Souvent, un élu fait son truc de son côté, il va voir sur Internet avec son cabinet et se lance ainsi. Mais la procédure est souvent inadaptée par rapport au but visé[649] ». Mikhail Kushnir, participant de l'essai russe de l'e-loi, confirme que c'est « une lame à deux tranchants. Elle peut aussi bien guérir que tuer[650] ». C'est pourquoi l'encadrement juridique des procédures de l'e-norme collaborative est une tâche délicate qui exige une expertise particulière.

410. Premièrement, la question du déclenchement de l'e-norme se pose. Dans les cas russe et brésilien, la procédure se déclenche automatiquement. En Russie, tout projet de loi ou de règlement qui doit faire l'objet d'un débat public en ligne, doit être publié sur le portail unique, avant d'être soumis au parlement ou pris par l'autorité compétente. Au Brésil, l'e-budget de Belo Horizonte est réalisé annuellement. En revanche, l'e-constitution islandaise était un essai plutôt exceptionnel, lancé par le parti au pouvoir en réponse à la rigidité extrême de la constitution islandaise. En effet, en vertu de son art. 79, pour la modifier, le Parlement doit adopter un projet de révision. Puis, il sera dissout et les nouvelles élections seront organisées. Si le nouveau Parlement adopte le projet de révision sans le modifier, il sera promulgué par le président et entrera en vigueur[651]. Plus généralement, l'e-constitution est censée être un instrument rarement utilisé, mais son initiative doit être entre les mains du peuple et, dans certains cas tels que la révision constitutionnelle ou l'adhésion à un traité international, du pouvoir politique en place. En tout état de cause, le déclenchement de l'e-norme collaborative devrait être automatique, dans certains cas précis, et être accessible au peuple, dans tous les cas.

411. Deuxièmement, il convient de se pencher sur l'encadrement du débat public. Pour l'instant, le sujet pose plus de questions qu'il n'offrait de réponses. D'abord, comment discuter le texte ? Certains auteurs pensent que

---

649 Karine Le Loët, « *Budget participatif à Paris : et ailleurs, ça marche comment ?* », *Terraeco*, 08/07/2014. [réf. 20/10/2017], v. : http://www.terraeco.net/Budget-participatif-a-Paris-et,55798.html.

650 Entretien avec M. Mikhail Kushnir, conseiller auprès de la Ligue de l'enseignement, Moscou, 13/05/2012.

651 Government Offices Of Iceland, Constitution of the Republic of Iceland, [réf. 20/10/2017], v.: http://www.government.is/constitution/.

de discuter les projets de textes, article par article, serait peu utile. « Nous devons changer notre approche du débat public : au lieu de discuter d'un projet de texte déjà rédigé, avec une certaine structure interne et une logique de présentation, il faudrait parler de son concept. [...] Nous discutons du texte proposé de la loi sur la police, pas du tout de la question de savoir si elle est nécessaire et, dans l'affirmative, quels sont les objectifs de son adoption[652] ». Après un débat relatif à l'opportunité et au concept du texte, il sera possible d'élaborer le texte lui-même, les normes juridiques qu'il contient. Le débat public autour des concepts permettrait de mettre en évidence des blocages, comme dans le cas russe de la loi relative à l'éducation, où deux concepts contradictoires de la même loi ont été proposés. Ensuite, qui devrait participer au débat ? D'un côté, la représentation proportionnelle des parties prenantes semble plus productive. De l'autre côté, une telle approche est susceptible aux manipulations parce qu'elle implique le choix des représentants par les organisateurs. Il peut arriver qu'ils choisissent uniquement les représentants dont les opinions sont favorables au projet débattu. Il faudrait donc trouver un équilibre entre la productivité et l'authenticité. Par ailleurs, des groupes de participants peuvent tenter de détourner la discussion ou d'étouffer d'autres voix, en menant des actions coordonnées, ce qui s'est passé lors de l'essai de l'e-loi russe[653]. En ce sens, la modération transparente et impartiale des contenus qui applique des règles claires et accessibles au public serait essentielle. Enfin, il faut que le débat soit véritablement public. L'envoi des propositions, comme dans le cas russe, serait insuffisant, il faudrait au moins que les propositions reçues soient publiées.

412. Troisièmement, il faudrait réfléchir sur la prise en compte des propositions. Ce processus comprend deux étapes : la sélection des propositions les plus pertinentes et leur prise en compte. En ce qui concerne la première étape, la question qui se pose est de savoir qui va les sélectionner. Il ne peut s'agir que des participants du débat, par le biais d'un vote, comme dans l'essai brésilien de l'e-budget. Dans le cas russe, c'était l'organe responsable du projet de texte publié, tandis que dans le cas islandais, c'était les membres du Comité constituant qui choisissaient les propositions les plus pertinentes, selon leurs propres critères. Encore une fois, il est possible de faire la comparaison avec le référendum dans le cadre duquel les gouvernants choisissent les questions posées. Il serait inutile de procéder de la même manière dans le cadre de l'e-norme. Quant à la seconde étape, il semble évident que les meilleures propositions doivent être intégrées dans le projet de texte. « L'expérience montre que les citoyens sont assez sensibles à la mesure

---

652 Александр Молотников, « *Какой смысл выносить законы на общественное обсуждение?* », [Molotnikov, Y a-t-il un sens de soumettre les lois au débat public ?], *op. cit.*
653 Entretien avec M. Mikhail Kushnir, *op. cit.*

de leur impact sur le processus décisionnel[654] ». Cependant, comment procéder si les propositions choisies par le vote sont contradictoires ? Ici aussi, l'idée de débattre des concepts avant le texte semble pertinente, car après un tel débat, la probabilité d'arriver à un blocage pour des raisons conceptuelles semble moins élevée.

B. Points de tension

413. Le développement des initiatives de l'e-norme collaborative, liée naturellement à la démocratie directe, provoque de nombreuses tensions avec le régime représentatif, tant au niveau des institutions **(1)** qu'en matière de légitimité **(2)**.

1. Le conflit institutionnel

414. Le conflit le plus apparent avec les institutions du régime représentatif réside dans le fait que l'introduction des pratiques participatives dans l'élaboration de normes, notamment de l'e-norme collaborative, provoque un certain recul de l'influence des partis politiques en tant qu'animateurs du régime et des assemblées délibérantes élues comme le lieu principal des débats politiques. « L'originalité et le caractère inédit de l'ensemble du processus [de l'essai islandais de l'e-constitution] résident clairement dans l'accent clair sur [...] l'exclusion explicite des membres des partis politiques de la participation au Forum national et aux élections à l'Assemblée constituante[655] ». Lors de l'essai de l'e-budget à Belo Horizonte, « outre la campagne institutionnelle dirigée par l'administration de la ville, un mouvement indépendant et vigoureux de la mobilisation sociale a eu lieu[656] » véhiculé par des associations de quartier, des organisations religieuses, de petites entreprises locales, autrement dit, par la société civile et non par les partis politiques. Dans l'expérimentation russe de l'e-loi, les participants actifs étaient des experts invités par les organisateurs et les associations de parents[657]. Dans l'exemple russe de l'e-règlement, le rôle décisif a été joué par les associations de personnes handicapées. Un parti politique s'est rallié à ce mouvement, pourtant, assez tardivement et hors ligne.

---

[654] Tiago Peixoto. « e-Participatory Budgeting: e-Democracy from theory to success? », *op. cit.* p.22. *Experience shows that citizens are quite sensitive to the measure of their impact on decision-making processes.*

[655] Baldvin Thor Bergsson, Paul Blokker, « The Constitutional Experiment in Iceland », *op. cit.* p.5 *The originality and unprecedented nature of the whole process lies clearly in the explicit emphasis on citizen-driven constitutional reform, a form of "crowd-sourcing" in the form of a civic brain-storming session, and the explicit exclusion of members of political parties to participate in either the National Gathering or to stand for elections for the Constitutional Council.*

[656] Tiago Peixoto. « e-Participatory Budgeting: e-Democracy from theory to success? », *op. cit.*

[657] Entretien avec M. Mikhail Kushnir, *op. cit.*

415. S'agit-il d'un affaiblissement des partis politiques ? Certaines recherches montrent que lors de l'introduction des pratiques participatives, les partis politiques se trouvent dépossédés de leur rôle au profit d'autres associations, par exemple celles professionnelles. Etant donné que la méfiance à l'endroit des élus se généralise, elle affaiblit la position des partis qui les promeuvent. En même temps, le régime continue de fonctionner comme représentatif : les associations issues de la société civile viennent se substituer aux partis en tant qu'intermédiaires politiques et fournisseurs de nouveaux politicien-ne-s, souvent d'e-politicien-ne-s. Par exemple, une recherche sur les essais du budget participatif montre que « dans certaines villes, après une phase marquée par la volonté d'encourager la participation de simples citoyens, la représentation de la population est de plus en plus assumée par des groupes intermédiaires, des associations ou organisations (professionnelles, syndicales, communautaires, etc.), qui risquent de « confisquer » l'expression populaire[658] ». La représentation reste donc le fondement du régime : même en l'absence de représentants traditionnels (partis politiques), de nouveaux représentants émergent parce qu'ils sont nécessaires à son fonctionnement. Autrement dit, le régime semble incompatible avec la participation directe.

416. Un autre conflit, beaucoup moins apparent, a été mis en évidence par les spécialistes de la Banque interaméricaine de développement Diether Beuermann et Maria Amélina. Selon eux, « [d]ans les régions où le budget participatif avait été mis en œuvre en parallèle avec les réformes de décentralisation administrative, politique et fiscale, son introduction a augmenté les recettes fiscales locales, mais aucun autre effet n'a été observé. Mise en œuvre dans un contexte de la décentralisation administrative et politique mature (établie 10 ans plus tôt), la budgétisation participative a eu tous les effets positifs[659] » : outre l'augmentation des recettes fiscales, la participation populaire a augmenté, ce qui a permis d'investir les ressources publiques dans certains services prioritaires, choisis par les citoyens, et ainsi

[658] Amnesty International Belgique francophone, *Les droits humains au cœur de la cité. Guide de bonnes pratiques d'ici et d'ailleurs pour les responsables des collectivités locales et les associations citoyennes*, Bruxelles, 2010. [réf. 20/10/2017], v. : http://www.lesdroitshumainsaucoeurdelacite.org/IMG/pdf/charte_agenda.pdf. p.50.

[659] Diether W. Beuermann, Maria Amelina, « Does Participatory Budgeting Improve Decentralized Public Service Delivery? », *IDB working paper series No IDB-WP-547* 2014. p.25. *In regions where participatory budgeting was implemented in conjunction with administrative, political, and fiscal decentralization reforms, the intervention only increased the level of local tax revenues collection but no other effects were observed. When implemented in a context in which administrative and political decentralization was mature (established 10 years earlier), participatory budgeting had all the positive effects suggested by advocates of the model.*

d'augmenter le niveau de satisfaction des usagers des services publics[660]. Il apparaît donc que le contexte de décentralisation mature favorise la participation. En suivant cette logique, l'Etat centralisé serait peu compatible avec l'introduction des mécanismes de participation tels que l'e-norme collaborative.

417. En dehors du conflit institutionnel, l'introduction de l'e-norme collaborative peut créer un conflit des légitimités.

2. Le conflit des légitimités

418. L'e-norme collaborative provoque de la part des élus une « réticence méfiante » due au risque de voir leur légitimité élective remise en question[661]. Il est possible de l'observer en analysant l'absence presque totale des élus dans les essais de l'e-norme collaborative. Lors de l'essai islandais de l'e-constitution, ils sont même allés plus loin en s'y opposant ouvertement. Thorvaldur Gylfason, qui était l'un des membres du Conseil constituant, accuse directement le Parti de l'indépendance d'avoir enterré le projet issu de l'e-constitution. « Trois individus ayant des liens documentés avec le Parti de l'indépendance [...] ont déposé une étrange plainte technique sur la façon dont l'élection de l'Assemblée constituante s'était déroulée. Sur la base de ces plaintes, six juges de la Cour suprême, dont cinq avaient été nommés par les ministres de la Justice successifs, membres du Parti de l'indépendance, ont déclaré l'élection nulle et non avenue[662] ». Selon lui, après le dépôt du projet de constitution au parlement, les partis opposants ont utilisé toutes les techniques d'obstruction parlementaire, pour éviter qu'il soit soumis au référendum et voté par le Parlement[663]. Après le changement de majorité au parlement, le projet de constitution populaire a été définitivement abandonné.

419. D'une part, il semble que la méfiance des élus ne soit pas toujours causée par la participation du peuple *per se*, perçue comme concurrente, mais par le fond des décisions prises sur la base de la participation. Par exemple,

---

660 *Ibid.* p.1. *It increased public participation in the process of public decision making, increased local tax revenues collection, channeled larger fractions of public budgets to services stated as top priorities by citizens, and increased satisfaction levels with public services.*

661 Conseil d'État, *Rapport public 2011. Consulter autrement, participer effectivement, op. cit.* p.73.

662 Thorvaldur Gylfason, « Democracy on ice: a post-mortem of the Icelandic constitution », *Open Democracy*, 19/06/2013. [réf. 20/10/2017], v.: https://www.opendemocracy.net/can-europe-make-it/thorvaldur-gylfason/democracy-on-ice-post-mortem-of-icelandic-constitution. *Three individuals with documented connections to the Independence Party, Iceland's largest political party until the crash of 2008, filed a bizarre technical complaint about the way the election to the constituent assembly had been conducted. On the basis of these complaints, six Supreme Court justices, five of whom had been appointed by successive ministers of justice from the Independence Party, declared the election null and void.*

663 V. en ce sens aussi Baldvin Thor Bergsson, Paul Blokker, « The Constitutional Experiment in Iceland », *op. cit.* p.12.

Thorvaldur Gylfason argumente que les principaux opposants de la constitution populaire étaient les alliés politiques de groupes d'intérêts particuliers tels que les propriétaires de bateaux de pêche, un « Etat dans l'Etat » créé par l'attribution presque gratuite de licences de pêche. L'opposition provenait également de politiciens qui n'avaient pas de chance d'être réélus au Parlement selon le principe « one man, one vote » que la constitution populaire visait à introduire[664]. Des observations similaires ont été faites dans les études sur le budget participatif : certains services communaux tendent à freiner les initiatives participatives qui pourraient réduire leurs prérogatives ou perturber leurs relations de clientélisme avec des entreprises qui travaillent dans la commune[665]. Contrairement aux craintes de certains que l'e-démocratie soit propice au développement des pratiques de lobbying, il semble qu'elle puisse les diminuer si le « conflit des légitimités » s'exprime dans un conflit d'intérêts.

420. D'autre part, les édiles communaux peuvent avoir raison lorsqu'ils doutent de la légitimité des assemblées populaires participant dans l'e-norme collaborative. Dans tous les essais étudiés précédemment, le taux de participation était bas. Dans l'essai de l'e-budget participatif, la participation de 9,98 pour cent des électeurs a été atteinte, ce que Tiago Peixoto qualifie comme « le plus haut niveau de participation jamais atteint par rapport aux processus traditionnels de budgétisation participative dans le monde entier[666] ». La représentativité des autres essais de l'e-norme collaborative est encore plus faible par rapport au nombre d'électeurs inscrits. De surcroît, un manque de représentation des plus démunis peut être constaté[667]. Même si la participation aux élections ne cesse de diminuer, les élus, au moins pour l'instant, semblent être beaucoup plus légitimes que les participants des essais. Encore une fois, le contexte des essais joue le rôle décisif. Les pratiques participatives ne se déroulent pas dans un vacuum. Elles devraient être

---

664 Thorvaldur Gylfason, « *Democracy on ice: a post-mortem of the Icelandic constitution* », *op. cit. The chief opponents were the usual suspects: the political allies of special interest groups such as the fishing vessel owners whom the politicians had turned into a state within the state through gratis, or practically gratis, allocation of valuable fishing licenses. The opposition also came from politicians who would not stand much chance of being reelected to parliament under the principle of 'one person, one vote'.*

665 Amnesty International Belgique francophone, *Les droits humains au cœur de la cité. Guide de bonnes pratiques d'ici et d'ailleurs pour les responsables des collectivités locales et les associations citoyennes, op. cit.*

666 Tiago Peixoto. « e-Participatory Budgeting: e-Democracy from theory to success? », *op. cit. the highest level of participation ever seen of compared to the traditional participatory budgeting processes from around the world.*

667 V. par ex. World Bank, *Empowerment Case Studies: Participatory budgeting in Brazil*, [réf. 20/10/2017], v.: https://siteresources.worldbank.org/INTEMPOWERMENT/Resources/14657_Partic-Budg-Brazil-web.pdf. p.1.

« installées dans les mentalités[668] » et faire partie d'une culture de la participation et des relations entre la société et les autorités publiques.

421. En résumé, l'e-norme collaborative en est à ses débuts. Il est difficile de dire si elle s'enracine dans la vie politique. Cependant, elle n'est pas suffisante en elle-même. Pour qu'elle puisse véritablement porter ses fruits, il faudrait un contrôle permanent de la mise en œuvre des décisions prises, effectué par la société civile et les citoyens.

---

668 Céline Brandeleer, « Le budget participatif : un outil de citoyenneté active au service des communes », *Cahiers pour la solidarité* 2014, n°33. p.11.

Section 2. Les instruments liés à la mise en œuvre du contrôle collectif

422. Ces instruments sont encore moins élaborés, essayés et étudiés que les précédents. Certains d'eux ne sont même pas associés officiellement à la démocratie ou l'e-démocratie. Leur trait commun est la fonction du contrôle civique du fonctionnement des pouvoirs publics et de l'exécution des normes.

423. Il est possible de les regrouper sous la notion d'e-contrôle collectif qui comprendrait des mécanismes juridiques de contrôle du fonctionnement des pouvoirs publics et d'application des normes, par le biais du numérique. Ces mécanismes devraient également prévoir la protection des citoyens mettant en œuvre ce contrôle ainsi que la prise en compte de ses résultats. En effet, c'est exactement là où ces mécanismes se heurtent le plus à l'opposition des pouvoirs publics et peuvent donc nécessiter un cadre juridique.

424. Ces instruments semblent faire partie du troisième niveau de la classification du Conseil de l'Europe, à savoir, « négociation, participation éclairée, codécision et prise de décision ». La prise de décisions politiques par le peuple n'est pas censée être limitée à l'élaboration des normes, car c'est au peuple qu'appartient toute la souveraineté, et non seulement juste une partie d'elle.

425. Les tentatives d'instaurer un tel contrôle collectif doivent être analysées en deux étapes. La première consistera à étudier les tentatives d'instaurer un contrôle ponctuel de certaines procédures ou institutions (**Paragraphe 1**) pour, dans un deuxième temps, réfléchir aux perspectives pour l'introduction d'un contrôle permanent sur le fonctionnement des pouvoirs publics (**Paragraphe 2**).

§1. Contrôle ponctuel

426. Un tel contrôle n'a pas vocation à être permanent. Au contraire, l'instrument du contrôle ponctuel, l'e-observation, ne vise que certains événements ou procédures. Elle est organisée soit par les autorités publiques, pour que les citoyens puissent vérifier si certaines institutions ou procédures fonctionnent bien, soit mise en œuvre par les citoyens eux-mêmes, afin d'attirer l'attention du public sur leur dysfonctionnement. En ce dernier cas, ils ne peuvent pas être valablement appelés « instruments ». En effet, le mot « instrument » signifie un objet fabriqué, une chose ou un acte écrit[669]. Autrement dit, en droit, un mécanisme juridique. Dans le cas d'instruments du contrôle ponctuel utilisés par les lanceurs d'alerte, afin de mettre en lumière certaines pratiques répréhensibles des autorités publiques, de tels mécanismes juridiques sont (presque) inexistants. Par conséquent, ils sont souvent punis

---

669 Larousse. Dictionnaire de français en ligne, *op. cit.*

au lieu d'être reconnus pour leur contribution importante au bon fonctionnement des pouvoirs publics et de donner suite aux résultats de leur contrôle. Pour déterminer si un ajustement du cadre juridique est nécessaire, un instrument de l'e-observation **(A)** utilisé pour le contrôle sera étudié, ainsi que ses utilisateurs, les e-lanceurs d'alerte **(B).**

A. L'e-observation comme corollaire des e-pouvoirs

427. Cet instrument peut être utilisé pour contrôler tant les procédures démocratiques **(1)** que les organes du pouvoir public **(2)**.

1. L'e-observation des procédures démocratiques (élections, référendums)

428. Un essai intéressant de l'e-observation a été mené en Russie en 2012. Après les élections parlementaires de 2011 marquées par des soupçons de fraudes massives, la société civile s'est mobilisée, en vue d'organiser une observation civique de l'élection présidentielle du 4 mars 2012. Mi-décembre 2011, le président du gouvernement à l'époque et candidat à la présidentielle, Vladimir Poutine, a ordonné en réponse l'installation des webcaméras dans tous les bureaux de vote en Russie, afin de retransmettre les opérations de vote en direct sur internet et d'éviter ainsi tout soupçon de fraude. Le 27 décembre 2011, la Commission électorale centrale a adopté l'arrêté N82/635-6 relatif à l'ordre de la vidéosurveillance dans les bureaux de vote lors de l'élection du président de la Fédération de Russie le 4 mars 2012[670]. Selon ce texte, la vidéosurveillance des opérations électorales devait être organisée dans tous les bureaux de vote en Russie, à l'exception des bureaux de vote situés dans les hôpitaux, les établissements pénitentiaires et militaires, sur les navires, dans les consulats et missions diplomatiques ainsi que dans des endroits éloignés et isolés. Deux caméras dans chaque bureau de vote devaient être installées de manière à éviter de violer le secret du scrutin et de contrôler l'expression de la volonté des électeurs et leur participation à l'élection[671]. Les vidéos ainsi obtenues devaient être transmises en direct sur le site internet

---

[670] Постановление ЦИК РФ № N82/635-6 от 27.12.2011 "О порядке видеонаблюдения в помещении для голосования на выборах Президента Российской Федерации 4 марта 2012 года", [Commission électorale centrale, Arrêté N82/635-6 du 27 décembre 2011 "De l'ordre de la vidéosurveillance dans les bureaux de vote lors de l'élection du Président de la Fédération de Russie le 4 mars 2012"].

[671] La Cour Suprême a débouté à deux reprises la requête visant l'annulation de l'arrêté comme violant les droits des électeurs. V. Верховный Суд РФ, *Решение от 24/02/2012 N АКПИ12-226*, [réf. 20/10/2017], v. : https://www.consultant.ru/document/cons_doc_LAW_128692/. [Cour suprême de la Fédération de Russie, Arrêt du 24 février 2012 N АКПИ12-226]. et Верховный Суд РФ, *Определение от 02/03/2012 N АПЛ12-143*, [réf. 20/10/2017], v. : https://www.consultant.ru/document/cons_doc_LAW_127986/. [Cour suprême de la Fédération de Russie, Ordonnance du 2 mars 2012 N АПЛ12-143].

dédié[672]. Pour empêcher la diffusion anticipée des résultats du dépouillement des votes, la transmission devait être arrêtée après la fermeture du bureau de vote concerné pour recommencer, en différé, après la fermeture des derniers bureaux de vote en Russie. En même temps, l'enregistrement vidéo devait être mené sans interruption jusqu'à ce que la commission électorale proclame les résultats du scrutin. Tous les enregistrements ont été stockés pendant un an par les centres régionaux du ministère des Communications et des Médias de masse. L'accès aux enregistrements était ouvert à tout citoyen ou parti politique[673].

429. Le jour du scrutin, les webcaméras ont été installées dans 91 400 bureaux de vote[674], environ 3,5 millions de personnes[675] ont surveillé la procédure de vote sur le site. Plusieurs dysfonctionnements ont été caractérisés : parfois, des caméras ont été placées de sorte qu'elles ne permettaient pas de suivre la procédure de vote ou, tout simplement, qu'elles ne marchaient pas. En revanche, le système a bien fonctionné dans la grande majorité des bureaux de vote, et a permis de dévoiler plusieurs falsifications. Notamment, la transmission depuis le bureau de vote N1402 a provoqué de vives réactions des quelque 14 000 observateurs surveillant en direct un bourrage flagrant de l'urne. Des situations identiques se sont produites dans certains d'autres bureaux de vote[676]. Cependant, seulement quelques cas de falsifications ont été pris en compte par la Commission électorale centrale, en

---

[672] *Веб-выборы 2012. Depuis le 15 octobre 2012 le site est fermé,* [réf. 20/10/2017], v. : http://webvybory2012.ru.

[673] Распоряжение Правительства Российской Федерации от 30 декабря 2011 г. N 2438-р "Об организации видеотрансляций". [Gouvernement de la Fédération de Russie, Décret du 30 décembre 2011 N2438-р relatif à l'organisation des transmissions vidéo].

[674] Au jour de vote, 95 416 bureaux de vote ont été ouverts en Russie. V. *Доклад заместителя Председателя ЦИК России С.В. Вавилова к вопросу заседания ЦИК России «Об определении результатов выборов Президента РФ»*, 2012. [réf. 20/10/2017], v. : http://www.cikrf.ru/activity/relevant/detail/29943/. [Serguei Vavilov, Rapport du vice-président de la Commission électorale centrale de la Russie au sujet de la réunion de la CEC "Sur la détermination des résultats de l'élection du président de la Fédération de Russie"].

[675] Владимир Чуров, « Выступление на совещании ОБСЕ в Вене », in *The supplementary human dimension meeting on democratic elections and election observation 13 July 2012*, ОБСЕ. [réf. 20/10/2017], v. : http://www.osce.org/ru/odihr/elections/92145?download=true. [Vladimir Churov, Discours à la reunion supplémentaire de l'OSCE sur la dimension humaine des élections démocratiques et l'observation électorale. Vienne, 13 juillet 2012]. p.6. Par ailleurs, au jour de vote, 109 millions d'électeurs étaient enregistrés en Russie. V. ЦИК РФ, *Протокол Центральной избирательной комиссии Российской Федерации о результатах выборов Президента Российской Федерации*, 2012. [réf. 20/10/2017], v. : http://www.cikrf.ru/activity/relevant/detail/29947/. [Commission électorale centrale, Protocole du 4 mars 2012 relatif aux résultats de l'élection du président de la Fédération de Russie].

[676] V. par ex. Общественный совет "Честный выбор", *Выборы 4 марта 2012 г. и состояние политической системы России*, ИА Регнум, 2012. [réf. 20/10/2017], v.: http://www.regnum.ru/news/polit/1512900.html#ixzz3UZLOQkhS. [Dmitri Orlov, Alexander Brod et Dmitri Koniaev, Conseil civil "Juste choix". L'élection du 4 mars 2012 et l'état du système politique russe].

vue d'annuler les résultats de l'élection[677]. Certains observateurs[678] ont relevé le défaut principal du système, à savoir que le site de l'e-observation ne permettait pas aux observateurs de dénoncer les falsifications remarquées directement sur le site ni les enregistrer, les captures d'écran faites par les observateurs étant de mauvaise qualité à cause de résolution minimale de l'image transmise. De plus, lors de la transmission, le système n'affichait pas l'heure exacte de l'enregistrement ce qui réduisait encore plus la valeur de l'image obtenue en tant que preuve de la falsification[679]. Les observateurs de l'association « Pour les élections sincères » ont obtenu l'accès aux enregistrements faits dans les 100 bureaux de vote à Kazan et les ont analysés pendant près d'un an après l'élection, en dénonçant plusieurs fraudes. Cependant, le Comité d'enquête de la Fédération de Russie a refusé de déclencher l'action publique sur la base des enregistrements pour défaut de base légale[680]. En l'absence d'un mécanisme légal qui permettrait de contester les résultats de l'élection en se fondant sur les enregistrements faits par le système de vidéosurveillance de l'élection, l'instrument a donc perdu une grande partie de son utilité.

430. Pour sa part, la société civile a mis en place quelques sites d'e-observation[681] de l'élection. En collectant des SMS et des courriels des observateurs bénévoles[682], ils ont réuni des informations relatives aux résultats du scrutin et à des violations de la législation électorale, afin de les comparer avec les informations officielles et de dénoncer les différences. Faute de reconnaissance juridique de ces initiatives, les résultats d'un tel contrôle civique n'ont pas été pris en compte par les autorités publiques.

431. Ces exemples montrent que l'absence de reconnaissance juridique crée un effet de « paroi de verre » entre l'e-démocratie et la démocratie hors ligne : l'utilisation réussie des instruments de l'e-démocratie ne garantit pas

---

[677] La CEC accuse la réception de 454 plaintes au total, dont 355 ont été examinées et 60 accueillies, sans préciser combien de plaintes concernaient les fraudes décelées par l'e-observation. *Доклад заместителя Председателя ЦИК России С.В. Вавилова к вопросу заседания ЦИК России «Об определении результатов выборов Президента РФ»,* [Serguei Vavilov, Rapport du vice-président de la Commission électorale centrale de la Russie au sujet de la réunion de la CEC "Sur la détermination des résultats de l'élection du président de la Fédération de Russie"], *op. cit.*

[678] V. par ex. Мария Петрова, « Веб-камеры сделали выборы прозрачнее? », *Право ru Красноярск* 2012. [réf. 20/10/2017], v. : http://krasn.pravo.ru/urgent/view/32775/. [Maria Petrova, Les webcaméras ont-elles rendu l'élection plus transparente ?].

[679] *Ibid.*

[680] Ирек Муртазин, « "Мертвые души" online », *Новая газета*, 15/03/2013. [réf. 20/10/2017], v. : http://www.novayagazeta.ru/politics/57208.html. [Irek Mourtasine, "Les Âmes mortes" en ligne].

[681] V. par ex. *SMS-ЦИК. Предварительные данные от наблюдателей на выборах,* [réf. 20/10/2017], v. : http://www.sms-cik.org/. [SMS-CEC, Les données préliminaires d'observateurs électoraux]. ou *Карта нарушений на выборах,* [réf. 20/10/2017], v. : http://www.kartanarusheniy.org/. [NGO Golos, Carte des infractions électorales].

[682] C'est-à-dire en utilisant l'e-journalisme.

que les résultats de telle utilisation puissent être appliqués hors ligne. Ces expériences mettent ainsi en lumière des abus, sans pouvoir y remédier. Une situation encore plus inquiétante existe dans le domaine du contrôle des pouvoirs publics.

2. L'e-observation des pouvoirs publics

432. L'e-observation des pouvoirs publics s'effectue sur la base des données ouvertes (*open data*), souvent issues de l'utilisation des e-pouvoirs : l'e-parlement, l'e-justice et l'e-gouvernement. L'ouverture de données publiques permet ainsi le contrôle civique du fonctionnement des organes étatiques. La publication de ses résultats s'effectue afin de demander des comptes à ces derniers et, si nécessaire, de former un recours. Encore une fois, faute de reconnaissance juridique de telles initiatives, elles s'avèrent vaines, voire dangereuses.

433. En Russie, un politicien de l'opposition Alexeï Navalny a fait sa carrière en analysant les données ouvertes des autorités publiques et des entreprises contrôlées par l'Etat, dans le but de déceler les faits de corruption. Les résultats de ses recherches sont publiés sur internet. La collecte d'informations s'effectue notamment sur le site internet dédié à la mise à disposition des informations concernant la passation des marchés publics, où tous les acheteurs publics doivent publier leurs appels d'offres et les données essentielles des marchés publics passés. Ce site a été créé conformément à la loi fédérale N94-ФЗ du 21 juillet 2005 introduisant les règles de passation des marchés publics[683], y compris l'obligation de publier leurs données essentielles sur un site unique[684]. Selon le rapport d'un groupe d'initiative créé pour contrôler les marchés publics[685], au cours des années 2011-2012, ses activistes ont vérifié les données essentielles des 758 marchés et ont déposé 332 plaintes pour détournement de fonds publics d'un montant estimé à 59 milliards de roubles au total. 37 marchés publics d'une valeur totale de 7,5 milliards de roubles ont été annulés. Les organisateurs de l'initiative ont également créé un manuel pour d'autres militants qui explique comment contester les dépenses publiques illégales par voie administrative et judiciaire. Pourtant, même dans le cas des plaintes abouties, les autorités publiques

683 Федеральный закон от 21 июля 2005 года N 94-ФЗ "О размещении заказов на поставки товаров, выполнение работ, оказание услуг для государственных и муниципальных нужд". [Fédération de Russie, Loi fédérale du 21 juillet 2005 N94-ФЗ relative à la passation des marchés publics sur les biens, travaux, services pour les besoins étatiques et municipaux].

684 *Портал закупок. Официальный сайт Российской Федерации в сети Интернет для размещения информации о размещении заказов на поставки товаров, выполнение работ, оказание услуг,* [réf. 20/10/2017], v.: http://zakupki.gov.ru. [Portail des marchés, Le site officiel de la Fédération de Russie pour la publication des informations relatives à la passation des marchés publics sur les biens, travaux et services].

685 *Проект "РосПил". Отчет за 2011-2012*, 2012. [réf. 20/10/2017], v. : http://www.slideshare.net/ros-pil/2011-2012-15696503. [Projet Rospil, Rapport 2011-2012].

semblent réticentes à leur donner toutes les suites prévues par la loi, notamment d'entamer des poursuites contre les auteurs des fraudes décelées. Par exemple, malgré le fait que 61 marchés publics relatifs à la prestation de services communaux de nettoyage à Moscou aient été reconnus illégaux en 2011, les responsables n'ont pas été traduits en justice. Ce n'est qu'un an après, en 2012, que le parquet a entamé une procédure administrative. Dans la plupart des cas, les activistes font face à des refus de poursuivre, surtout lorsqu'il s'agit de la matière pénale[686].

434. En même temps, les e-observateurs russes font l'objet de poursuites administratives et pénales. « L'année dernière, Alexeï Navalny a été nommé le politicien de l'année ; en 2014, il est devenu le prisonnier de l'année[687] ». L'opposant russe a été accusé d'escroquerie et de blanchiment d'argent sur la base d'une plainte déposée par la société française de cosmétiques Yves Rocher[688]. Certains de ses proches et collaborateurs ont également été poursuivis[689].

435. Sur cet exemple, il est possible de voir que l'ouverture des données publiques n'est que partiellement utile si les résultats de leur contrôle ne peuvent pas être appréciés juridiquement. Par exemple, le bien-fondé des résultats de l'e-observation russe pourrait être établi lors d'un procès public. Il faudrait donc des mécanismes juridiques contraignants afin qu'un tel contrôle en ligne débouche sur des résultats concrets hors ligne. En leur absence, les e-lanceurs d'alerte sont particulièrement vulnérables.

B. Les e-lanceurs d'alerte, e-journalistes particulièrement vulnérables

436. Il ressort de ce qui précède que la nécessité de définir le statut juridique **(1)** et de prévoir des mesures de protection des lanceurs d'alerte, dont les e-lanceurs d'alerte, s'impose **(2)**.

---

[686] Une telle abstention a été relevée par plusieurs observateurs. V. par ex. *Ibid.*, Борис Немцов, Губернатор Ястребов, его дочь и лекарства для онкобольных, 2014. [réf. 20/10/2017], v.: http://b-nemtsov.livejournal.com/209164.html. [Boris Nemtsov, Le gouverneur Yastrebov, sa fille et les médicaments pour les malades de cancer]., X., « Следственный комитет отказался возбудить уголовное дело против Анатолия Сердюкова », *Каспаров ru*, 19/08/2013. [réf. 20/10/2017], v. : http://www.kasparov.ru/material.php?id=52119F4529492. [Kasparov Ru, Le comité d'enquête a refusé d'entamer des poursuites pénales contre Anatoli Serdioukov].

[687] Елена Мухаметшина, « Давление на непарламентскую оппозицию в 2014 году усилилось », *Ведомости*, 26/12/2014. [réf. 20/10/2017], v. : http://www.vedomosti.ru/politics/articles/2014/12/26/nevernoj-kolonnoj-idete-tovarischi. [Elena Moukhametchina, En 2014, la pression sur l'opposition non parlementaire a augmenté].

[688] Benoît Vitkine, « Procès Navalny : Yves Rocher, une plainte au service du pouvoir », *Le Monde*, 18/03/2015. [réf. 20/10/2017], v. : http://www.lemonde.fr/international/article/2014/12/30/proces-navalny-yves-rocher-une-plainte-au-service-du-pouvoir_4547460_3210.html.

[689] Елена Мухаметшина, « Давление на непарламентскую оппозицию в 2014 году усилилось », [Elena Moukhametchina, En 2014, la pression sur l'opposition non parlementaire a augmenté], *op. cit.*

1. *Le statut des e-lanceurs d'alerte*

437. En analysant les textes européens relatifs aux lanceurs d'alerte dans le secteur public, il est possible de remarquer que l'accent principal est mis sur la lutte contre la corruption. Sous l'égide du Conseil de l'Europe, les pays européens ont fait certains progrès dans le domaine. Cependant, l'étude de Transparency International déplore que « la plupart des pays de l'UE ne parviennent pas à protéger de manière adéquate les lanceurs d'alerte[690] » qui « restent accablés par les stéréotypes négatifs et les étiquettes insultantes[691] ». La France n'en a pas fait exception ; au contraire, l'étude notait sa « bizarrerie[692] » de n'avoir pas protégé les agents publics de la même manière que les employés de sociétés privées. Selon la même étude, la Russie protège encore moins les lanceurs d'alerte en se limitant, à l'inverse, au secteur public.

438. Avec les lois du 11 octobre 2013 relatives à la transparence de la vie publique et celle du 6 décembre 2013 relative à la lutte contre la fraude fiscale et la grande délinquance économique et financière, la France a comblé l'écart noté par l'étude susmentionnée mais de manière insuffisante. La première loi ne couvre que les situations de conflit d'intérêts, c'est-à-dire « toute situation d'interférence entre un intérêt public et des intérêts publics ou privés » ; alors que la seconde loi, tout en prévoyant le signalement « des faits constitutifs d'un délit ou d'un crime » (ce qui est déjà restrictif), ne concerne que ceux fiscaux ou économiques. Plusieurs observateurs plaidaient pour une nouvelle législation, « une seule loi explicite et complète pour les secteurs public et privé[693] », avec une définition du lanceur d'alerte. La loi n° 2016-1691 du 9 décembre 2016 relative à la transparence, à la lutte contre la corruption et à la modernisation de la vie économique dite Sapin II est venue corriger cette situation. Elle crée un statut du lanceur d'alerte qui serait « une personne physique qui révèle ou signale, de manière désintéressée et de bonne foi, un crime ou un délit, une violation grave et manifeste d'un engagement international régulièrement ratifié ou approuvé par la France, d'un acte unilatéral d'une organisation internationale pris sur le fondement d'un tel engagement, de la loi ou du règlement, ou une menace ou un préjudice graves pour l'intérêt général, dont elle a eu personnellement connaissance[694] ». Il est

---

690 Transparency International, *Whistleblowing in Europe. Legal protections for whistleblowers in the EU*, 2013. [réf. 20/10/2017], v.: http://www.transparency.org/whatwedo/publication/whistleblowing_in_europe_legal_protections_for_whistleblowers_in_the_eu. p.1.

691 *Ibid.*

692 *Ibid.* p. 44.

693 Nicole Marie Meyer, « La protection des lanceurs d'alerte en France et dans le monde », in *Colloque « Alerte, expertise & démocratie »*. [réf. 20/10/2017], v. : http://www.fabriquedesens.net/Alerte-Expertise-et-Democratie-1. p.14.

694 Loi n° 2016-1691 du 9 décembre 2016 relative à la transparence, à la lutte contre la corruption et à la modernisation de la vie économique, *op. cit.* art.6.

donc possible désormais de signaler les faits qui n'ont pas de caractère illégal mais dommageable pour l'intérêt général. Cependant, ce ne sont que les personnes physiques qui peuvent lancer une alerte, à l'exclusion des personnes morales : associations, organisations non gouvernementales (ONG), etc. En outre, le lanceur d'alerte doit être lié par les relations de travail avec l'organisme visé par l'alerte, ce qui exclut les journalistes et d'autres personnes « extérieures ». Enfin, l'alerte ne peut pas viser les faits, informations et documents couverts par le secret médical, le secret des relations entre un avocat et son client et le secret de la défense nationale[695].

439. En ce qui concerne le secret défense, il est possible d'observer que les cas des lanceurs d'alerte tels que Julian Assange de Wikileaks, Edward Snowden et Chelsea Manning remettent en question son caractère inviolable. Dans ces cas, les alertes ne sont plus une affaire interne à une entreprise privée, à une autorité publique ou même à un pays. Ces alertes étant de nature mondiale, elles peuvent désormais ébranler l'équilibre des pouvoirs dans le monde entier. Dans une telle perspective, la question qui se pose est de savoir comment traiter de telles affaires à portée internationale qui sortent du cadre national. A l'heure actuelle, il n'y a pas de dispositif juridique permettant de les traiter au niveau international. Le droit national, protecteur du secret défense, s'applique. De ce fait, Chelsea Manning et Edward Snowden sont poursuivis en vertu de *l'Espionage Act* américain daté de 1917, « une loi draconienne [...] conçue pour poursuivre les espions, et non les lanceurs d'alerte[696] ». Elle dispose que le régime de responsabilité pénale sans faute s'applique, sans distinction si l'accusé a vendu des secrets d'Etat à un autre pays ou a dénoncé des méfaits au nom de l'intérêt général. L'existence ou non d'un dommage causé par l'alerte n'est pas non plus prise en compte[697]. Lors du procès de Chelsea Manning par exemple, le gouvernement n'a pu produire aucune preuve du dommage causé[698]. D'ailleurs, la jurisprudence de la Cour suprême des Etats-Unis n'encourage pas non plus le lancement d'alerte dans le secteur public. Le premier amendement ne protège pas les agents publics

---

695 *Ibid.*

696 X., « A Double Standard on Leaks? As Whistleblowers Jailed, Petraeus Escapes Prison & Advises White House », *Democracy Now*, 17/03/2015. [réf. 20/10/2017], v.: http://www.democracynow.org/2015/3/17/a_double_standard_on_leaks_as. *A draconian law like the Espionage Act, which is an antiquated, heavy-handed World War I law meant to go after spies, not whistleblowers.*

697 *Ibid. The Espionage Act is effectively a strict liability offense, meaning that you can raise no defense. It does not matter whether you were leaking secrets to a foreign enemy for profit or whether you were giving information to journalists in the public interest to give back to the people who have a right to know what's been done in their name. [...] And the way the Espionage Act has been interpreted is that it does not in fact matter if harm occurred.*

698 *Ibid. Since the general was referring to the Manning leaks in particular, I went to the court-martial, and when it came time for the government to present a damage assessment, it in fact could not come up with one.*

révélant des informations relatives à leur travail[699]. Même si Chelsea Manning a finalement été graciée par le président américain, après avoir passé sept ans en prison militaire (la condamnation initiale était de 35 ans), Edward Snowden et Julian Assange sont toujours poursuivis et restent en exil. Leurs cas permettent d'observer que d'abord, faute de mécanismes juridiques de signalement et de traitement public et impartial des alertes de grande envergure à portée internationale, les pouvoirs publics nationaux semblent peiner à mettre en équilibre le secret de défense avec la responsabilité démocratique. En ce sens, il est possible de se demander si le secret d'Etat est parfaitement compatible avec la démocratie. La question n'est pas superflue. Selon le professeur de philosophie et sociologie Geoffroy de Lagasnerie, « [s]itôt que l'Etat cache des choses et instaure des zones secrètes, il devient un dispositif d'assujettissement des gouvernés par les gouvernants[700] ». D'après l'auteur, il ne s'agit bien évidemment pas d'une démarche anarchiste mais véritablement démocratique : de concevoir l'Etat comme un outil aux mains des gouvernés. En même temps, « il serait naïf et reviendrait à nier la modalité fonctionnelle, en particulier des forces militaires et des services secrets, pour appeler, au nom de la démocratie, à la fin de leurs opérations clandestines. Néanmoins, les constitutions doivent parvenir à ajuster le secret aux exigences politiques et normatives des régimes démocratiques[701] ». Autrement dit, le secret doit rester l'exception, ses contours doivent faire l'objet d'un débat public alors que les activités secrètes doivent être soumises à un contrôle démocratique efficace. En ce qui concerne les lanceurs d'alerte en matière du secret de défense, il ne semble plus acceptable de les exclure automatiquement de toute protection. Le cas d'Edward Snowden démontre bien l'importance d'une telle alerte pour la communauté internationale. En effet, ses révélations ont provoqué des changements législatifs relatifs au renseignement dans plusieurs Etat démocratiques et ont sensibilisé les juristes et le grand public aux menaces inédites qui pèsent sur le droit au respect de la vie privée en ligne. Néanmoins, selon le droit américain, il est criminel. Les mesures de protection des lanceurs d'alerte, même bien élaborées aux Etats-Unis où les lanceurs d'alerte « bénéficient d'un statut sanctuarisé depuis un

---

[699] Supreme Court of the United States, *Garcetti et al. v. Ceballos, 547 U.S. 410 (2006)*, [réf. 20/10/2017], v. : http://www.supremecourt.gov/opinions/05pdf/04-473.pdf.

[700] Geoffroy de Lagasnerie, « Entretien dans les Inrocks : "Assange, Manning et Snowden, un nouveau rapport à la politique" », *Site personnel du Pr Lagasnerie* 2015. [réf. 20/10/2017], v.: http://geoffroydelagasnerie.com/2015/01/24/entretien-dans-les-inrocks-assange-manning-et-snowden-un-nouveau-rapport-a-la-politique/.

[701] Günter Frankenberg, « Democracy », in *The Oxford handbook of Comparative constitutional law*, Oxford, Oxford University Press, 2012. p.251-268. p.262. *It would be naive and mean negating the functional modality of, particularly, military forces and secret service agencies to call for, in the name of democracy, an end to their clandestine operations. Nevertheless, constitutions do have to cope with adjusting secrecy to the political and normative claims of democratic regimes.*

siècle et demi[702] », ne sont pas suffisantes quand il s'agit des informations protégées par la législation relative au secret d'Etat. Le devoir de réserve, doit-il comprendre la complaisance à l'égard des méfaits commis au nom de l'Etat sous couvert du secret ? La question mérite d'être posée.

2. *Protection juridique des e-lanceurs d'alerte*

440. L'avocate de plusieurs lanceurs d'alerte américains témoigne : « dans le meilleur des cas, ils finissent ruinés, au chômage et marginalisés. Dans le pire, ils mettent fin à leurs jours[703] ». Cela s'explique par le fait que « dans nos démocraties, s'engager politiquement implique un certain nombre d'obligations : on doit apparaître en public, revendiquer ce qu'on dit, en assumer les risques[704] ». L'auteur arrive à la conclusion que ces exigences limitent les capacités d'action de nombreux individus. L'action des lanceurs d'alerte reste donc exceptionnelle, alors qu'elle « devrait être le fonctionnement démocratique courant[705] » ; « [c]ar en démocratie, ce devrait être les citoyens qui surveillent l'Etat[706] ». La surveillance du pouvoir politique par le peuple constitue précisément l'idée du concept d'e-démocratie analysé ici ; c'est pourquoi les lanceurs d'alerte (notamment e-lanceurs d'alerte) jouent un rôle crucial dans son fonctionnement.

441. Dans cette perspective, la question de leur protection juridique devient fondamentale. Selon la loi n° 2016-1691 du 9 décembre 2016 par exemple, pour être protégé, le lanceur d'alerte doit suivre une procédure de signalement à trois étapes : (1) informer son supérieur hiérarchique ou l'employeur, (2) « en l'absence de diligences de la personne destinataire à vérifier, dans un délai raisonnable, la recevabilité du signalement, celui-ci est adressé à l'autorité judiciaire, à l'autorité administrative ou aux ordres professionnels[707] », et (3) sans traitement dans un délai de trois mois par ces autorités, le signalement peut être rendu public. Le lanceur d'alerte peut s'adresser directement aux autorités et au public, dans le cas de danger grave

---

[702] Olivier Tesquet, « *Aux Etats-Unis, le combat solitaire des "whistleblowers", patriotes de la transparence* », *Télérama*, 26/03/2015. [réf. 20/10/2017], v. : http://www.telerama.fr/monde/aux-etats-unis-le-combat-solitaire-des-whistleblowers-patriotes-de-la-transparence,85185.php.

[703] *Ibid.*

[704] Geoffroy de Lagasnerie, « "Une césure dans l'histoire de la révolte". Entretien dans L'Obs à propos de Snowden, Assange, Manning », *Site personnel du Pr de Lagasnerie* 2015. [réf. 20/10/2017], v.: http://geoffroydelagasnerie.com/2015/02/25/une-cesure-dans-lhistoire-de-la-revolte-entretien-dans-lobs-a-propos-de-snowden-assange-manning/.

[705] Nicole Marie Meyer, « La protection des lanceurs d'alerte en France et dans le monde », *op. cit.* p.25.

[706] Geoffroy de Lagasnerie, « "Une césure dans l'histoire de la révolte". Entretien dans L'Obs à propos de Snowden, Assange, Manning », *op. cit.*

[707] Loi n° 2016-1691 du 9 décembre 2016 relative à la transparence, à la lutte contre la corruption et à la modernisation de la vie économique, *op. cit.* art.8.

et imminent ou en présence d'un risque de dommages irréversibles. De manière très intéressante pour cette recherche, le Défenseur des droits joue un rôle clé dans la procédure. En vertu de l'art. 8 de la loi, toute personne peut lui adresser son signalement afin d'être orientée vers l'organisme approprié de recueil de l'alerte. Ainsi, il devient un « guichet unique » pour accueillir les alertes, ce qui constitue une ébauche d'un quatrième pouvoir dans le concept d'e-démocratie proposé[708]. Avant la censure du Conseil constitutionnel[709], le Défenseur des droits pouvait même accorder une aide financière aux lanceurs d'alerte. Son rôle actuel se limite à l'orientation des signalements. Transparency International France propose d'aller plus loin, en autorisant « la saisine directe du Défenseur des droits par le lanceur d'alerte, sans préalable de la voie interne, à l'instar des autres victimes[710] » (enfants, personnes discriminées, etc.), ce qui permettrait de renforcer son rôle et de simplifier la procédure.

442. Le lanceur d'alerte qui a suivi toutes ces étapes obtient le droit à la confidentialité de son identité ainsi qu'à la protection contre la discrimination et des représailles éventuelles au travail. Sont protégés au même titre les salariés, les fonctionnaires et les militaires, si ces derniers ne signalent pas des informations couvertes par le secret de défense. Malgré leur caractère avancé, ces mesures protectrices sont loin d'assurer un véritable contrôle des pouvoirs publics par les citoyens. Dans le cadre du concept d'e-démocratie proposé, il serait pertinent de réfléchir à la possibilité de leur accorder le droit à l'anonymat dès le début ou, au moins, à un droit de lancer une alerte en tant que personne morale.

443. Dans la perspective ouverte par la loi n° 2016-1691 du 9 décembre 2016 de prévenir directement le public, en cas de danger grave et imminent ou en présence d'un risque de dommages irréversibles, il serait intéressant de songer à un dispositif permettant de publier les alertes en ligne. En d'autres termes, d'introduire l'e-lancement d'alerte, un outil de lancement d'alerte par voie électronique. Le site Wikileaks pourrait servir d'exemple d'un tel dispositif. Il permet de publier les informations sensibles tout en protégeant l'anonymat des auteurs. Son auditoire est immense, il est présent dans les réseaux sociaux et est connu en tant que site publiant de telles informations. D'ailleurs, les exemples sont multiples : Secure Drop, Frenchleaks ou Balkanleaks. Si un tel dispositif de lancement d'alerte en ligne est introduit, la question de sa protection se pose. En effet, les organisateurs et les

---

[708] V. dans ce sens par. 258.

[709] Conseil constitutionnel, *Décision n° 2016-741 DC du 8 décembre 2016, Loi relative à la transparence, à la lutte contre la corruption et à la modernisation de la vie économique*, [réf. 20/10/2017], v. : www.conseil-constitutionnel.fr/decision/2016/2016741dc.htm.

[710] Transparency International France, *Analyse et recommandations : Loi relative à la transparence, la lutte contre la corruption, et la modernisation de la vie économique*, 2016. [réf. 20/10/2017], v. : https://transparency-france.org/wp-content/uploads/2016/11/Analyse-de-la-loi-Sapin-2-après-vote-final-0911-V5.pdf. p.8.

collaborateurs de tels sites internet sont exposés aux mêmes risques que les lanceurs d'alerte. Etant donné l'ampleur des révélations, il semble qu'il faudrait un dispositif international ou au moins européen, qui permettrait de lancer une alerte en ligne et de protéger ses auteurs, par le biais de l'anonymat et des mesures déjà existantes de protection des informateurs et des personnes de leur entourage. Il convient de réfléchir également à un droit d'asile accordé aux lanceurs d'alerte ainsi qu'aux fournisseurs de dispositifs d'e-lancement d'alerte au sein des institutions internationales, pour éviter qu'ils cherchent eux-mêmes l'asile.

444. Ces mesures semblent difficilement compatibles avec la souveraineté étatique. Toutefois, la protection renforcée des lanceurs d'alerte est fondamentale pour que le concept d'e-démocratie proposé, étant donné que ce dernier se fonde sur le concours des citoyens dans la mise en place du contrôle permanent.

§2. Contrôle permanent

445. Le contrôle permanent consiste en un contrôle direct et continu du peuple sur le fonctionnement des pouvoirs publics. A la différence du contrôle ponctuel, son déclenchement n'est pas conditionné à certains événements ou dysfonctionnements détectés. Il devrait être introduit d'en haut et avoir un effet contraignant. De ce fait, il n'est pas étonnant que pour l'instant, un tel contrôle ne soit pas répandu, en particulier sous sa forme électronique. Il existe bien évidemment des mécanismes de contrôle populaire permanent ; cependant, dans la plupart des cas, ils sont indirects et non électroniques[711].

446. Malgré tout, certains germes de l'e-contrôle permanent peuvent être identifiés dans l'apparition des initiatives des e-jurys **(A)**. La question de savoir si elles vont être consacrées par le droit reste encore ouverte. En tout état de cause, un citoyen peut toujours contrôler l'Etat, même si de manière assez radicale, au moyen de l'e-citoyen **(B)**.

A. Les e-jurys, un moyen de contrôler l'Etat tout en y restant soumis

447. Les e-jurys sont un outil de prise de décisions collectives contraignantes par le biais du numérique qui peut être utilisé à des fins de contrôle du fonctionnement de tous les pouvoirs, notamment par le biais de la

[711] A titre d'exemple il est possible de mentionner l'art.9 de la Федеральный закон от 21 июля 2014 г. N 212-ФЗ "Об основах общественного контроля в Российской Федерации". [Fédération de Russie, Loi fédérale N 212-ФЗ du 21 juillet 2014 relative aux fondements du contrôle populaire dans la Fédération de Russie] qui instaure un contrôle populaire par le biais des chambres civiques et d'autres organes de contrôle populaire.

notation des gouvernants **(1)** ou de la participation à l'exercice du pouvoir juridictionnel **(2)**.

1. L'e-notation des gouvernants en conflit avec le mandat représentatif

448. L'idée de noter ou d'évaluer les gouvernants n'est pas nouvelle. En France, la notation des fonctionnaires a été utilisée avant d'être remplacée par les entretiens d'évaluation. Les élus français n'y échappent pas non plus. Parmi les initiatives les plus répandues est le site nosdéputés.fr[712] qui se présente comme « un site qui cherche à mettre en valeur l'activité parlementaire des députés de l'Assemblée nationale française. En synthétisant les différentes activités législatives et de contrôle du gouvernement des élus de la nation, ce site essaie de donner aux citoyens de nouveaux outils pour comprendre et analyser le travail de leurs représentants ». Parmi ces outils, il y a des dossiers numériques sur tous les députés recensant le nombre d'interventions en séance à l'Assemblée, de questions, de rapports, etc. Cependant, leur travail n'est pas noté ou évalué. Il faut que l'intéressé tire lui-même ses conclusions à partir des informations présentées. Même sans notation, les outils permettant d'évaluer le travail des élus sont critiqués, en premier lieu par les élus eux-mêmes. En effet, dans la démocratie représentative, le mandat représentatif est utilisé précisément pour éviter tout contrôle de l'élu par ses électeurs, sauf sa non-réélection qui passe pour une forme contrôle. Il n'est donc pas surprenant que les élus s'opposent aux tentatives de les contrôler en dehors des élections. Dans ces conditions, le concept d'e-démocratie proposé ne pourrait pas fonctionner. Pour qu'il puisse être mis en œuvre, il faudrait renverser la logique, en introduisant un nouveau type de mandat politique, celui gestionnaire, pour permettre le contrôle des élus[713]. Comme il a été montré précédemment, il ne s'agit pas de mandat impératif, mais de la combinaison des mandats représentatif et impératif. Un tel mandat ouvrirait la possibilité de contrôler les élus qui garderaient en même temps une certaine liberté. La pratique de notation des élus serait ainsi opportune si les résultats de la notation donnaient lieu à des décisions les concernant, pour éviter une mise en jeu de la mythique « responsabilité devant l'opinion publique », critiquée par Olivier Beaud et Jean-Michel Blanquer[714]. Il est possible de l'envisager par exemple en cas de révocation d'un élu mêlé à une affaire pénale. Il existe déjà un mécanisme à cette fin, introduit par la révision constitutionnelle du 4 août 1995, qui permet la levée de l'immunité parlementaire par le bureau de l'assemblée concernée. Cependant, le vote du

---

712 *Nosdéputés.fr,* [réf. 20/10/2017], v. : http://www.nosdeputes.fr/. V. aussi le site pareil *NosSénateurs.fr,* [réf. 20/10/2017], v. : http://www.NosSenateurs.fr/.

713 V. par. 223 et s.

714 Olivier Beaud, Jean-Michel Blanquer, « Le principe d'irresponsabilité. La crise de la responsabilité politique sous la Ve République », *Le Débat* 2000, n°108, p. 32-44. p.41.

bureau est loin des procédures de révocation populaire. Dans le cadre du concept d'e-démocratie, la levée de l'immunité pourrait être votée par les mêmes électeurs qui l'avaient octroyée à l'élu par le fait de son élection. Le même procédé serait applicable en cas d'un manquement grave à l'exemplarité, c'est-à-dire en présence de « certains manquements déontologiques graves, qui ne constituent toutefois pas des infractions pénales[715] ». Dans les deux cas, la révocation devrait être citoyenne et non pas juridictionnelle ou parlementaire[716], parce que (1) ces dernières se montrent peu efficaces[717] et (2) « la décision d'écarter un responsable public de la vie politique appartient aux seuls électeurs[718] ».

449. Serait-il possible de désapprouver les votes et les travaux d'un élu s'ils sont manifestement contraires à l'opinion de ses électeurs ? Pour l'instant, la question ne se pose même pas de cette façon, et cela pour plusieurs raisons. Tout d'abord, il n'existe pas de « ses électeurs », l'élu est présumé représenter toute la France. Ensuite, l'opinion des électeurs n'est pas unique mais plurielle ; il n'en existe pas qu'une, il y en a beaucoup et parfois elles sont différentes, voire contradictoires[719]. Vers laquelle l'élu peut-il orienter ses politiques ? Enfin, une telle interrogation fait inévitablement penser au mandat impératif prohibé par l'art. 27 de la Constitution qui dispose que « tout mandat impératif est nul ». En pratique, les élus prennent déjà en compte « l'opinion publique » en faisant leurs choix politiques. Cette pratique ne semble pas cesser, mais se généraliser. Dans l'éventualité où le mandat gestionnaire serait introduit, il convient de s'interroger sur les effets possibles d'un tel rapprochement encore plus poussé de l'élu de ses électeurs.

450. La notation pourrait-elle exister sans sanction ? En d'autres termes, peut-on noter non pas l'élu lui-même, mais ses propositions ou ses idées avant qu'il ne les mette en œuvre ? Ce type de relation électeur / élu fondé sur la consultation permanente pourrait être intéressant dans le sens du déplacement de l'accent de la responsabilité politique de l'élu vers l'orientation de ses politiques par les électeurs. Autrement dit, de la logique plébiscitaire vers les relations de coopération. S'agit-il de l'impérativisation ultérieure du mandat ?

---

[715] Haute autorité pour la transparence de la vie publique, *Renouer la confiance publique. Rapport au Président de la République sur l'exemplarité des responsables publics*, *op. cit.* p.143.

[716] V. dans le sens contraire *ibid.* p.143.

[717] Selon *ibid.* p.137. *A l'heure actuelle, la sanction judiciaire des atteintes à la probité publique est souvent limitée*, p. 138. *Les magistrats sont souvent réticents à prononcer ce type de sanctions [l'inéligibilité]*, p.144. *Pour les parlementaires, les règlements du Sénat et de l'Assemblée nationale prévoient tous deux la possibilité d'exclure temporairement l'un de leurs membres. Cette sanction disciplinaire répondant aux manquements les plus graves n'est presque jamais prononcée.*

[718] *Ibid.* p.138.

[719] V. dans ce sens Dominique Cardon, *La démocratie Internet : promesses et limites*, *op. cit.* p.72. *Il n'y a pas de public en général, mais des publics qui se forment et se coalisent dans des microespaces.*

Il serait possible d'apporter une réponse positive, si la prise en compte des orientations était obligatoire ce qui n'est pas le cas.

451. En tout état de cause, les élus ne sont pas les seuls à pouvoir être notés. L'utilité de l'évaluation de la qualité du travail des agents publics est encore plus grande et devrait se faire, autant que possible, par les usagers, consommateurs des services publics, et non par l'administration elle-même. L'évaluation du travail gouvernemental serait aussi utile, sans mentionner celui du chef d'Etat. Comme l'ont déjà noté Olivier Beaud et Jean-Michel Blanquer, « il est nécessaire de rechercher des mécanismes attribuant à d'autres qu'au principal intéressé la faculté de mettre en cause son propre pouvoir : le peuple et le parlement[720] », en se penchant vers le référendum d'initiative populaire en ce qui concerne le premier. Il pourrait d'ailleurs être organisé par voie électronique sous forme de notation. Pour éviter l'emprise des émotions sur la raison, une grille d'analyse appropriée[721] pourrait être utilisée.

452. Le second versant du contrôle permanent serait le contrôle effectué par les jurys juridictionnels.

2. *Les e-jury juridictionnels en conflit avec la justice élitiste*

453. Hormis le jury d'assises, l'idée des citoyens assesseurs pose d'importantes difficultés. Même si les citoyens français, par exemple, participent habituellement au jugement des crimes en tant que jurés des cours d'assises, la tentative d'élargir la participation du peuple à l'exercice de la justice, entreprise par la loi n° 2011-939 du 10 août 2011 sur la participation des citoyens au fonctionnement de la justice pénale et le jugement des mineurs, a échoué. Le rapport préparé par deux avocats généraux à la Cour de cassation indique plusieurs défauts de l'initiative, notamment le manque des ressources humaines nécessaires, l'augmentation des délais de jugement et de la durée des audiences[722]. De plus, « le rôle même des citoyens assesseurs au sein du processus décisionnel est par ailleurs remis en question (caractère occasionnel de la participation aux audiences, questions juridiques complexes, attitude effacée et suiveuse par rapport aux magistrats professionnels, notamment lorsqu'il s'agit de se prononcer sur la peine) avec la crainte que le

---

720 Olivier Beaud, Jean-Michel Blanquer, « Le principe d'irresponsabilité. La crise de la responsabilité politique sous la Ve République », *op. cit.* p.43.

721 V. par ex. *Rating candidates for public office. The Citizen's handbook,* [réf. 20/10/2017], v. : http://www.citizenshandbook.org/ratingcandidates.html.

722 Cour de cassation. Parquet général, *Rapport à Madame la garde des sceaux, ministre de la justice sur l'expérimentation des citoyens assesseurs dans les ressorts des cours d'appel de Dijon et Toulouse*, 2013. [réf. 20/10/2017], v. : http://www.presse.justice.gouv.fr/art_pix/1_1_Rapport_bilan_experimentation_citoyens_assesseurs.pdf.

mécanisme expérimenté ne vienne renforcer l'aléa judiciaire[723] ». Le bilan serait-il le même si les citoyens participaient aux procès de fonctionnaires corrompus ou de lanceurs d'alerte ? Il semble évident que participer à l'exercice de la justice, telle qu'elle est conçue de nos jours, soit une mission difficile pour un citoyen moyen : des procédures compliquées, le langage spécifique et le manque de connaissances juridiques d'ordre général ; sans même parler de la participation numérique.

454. Néanmoins, il ne faut pas sous-estimer le potentiel de *l'e-jury juridictionnel*, qui peut être défini comme la participation des citoyens à l'exercice de la justice par le biais du numérique. La dématérialisation affecte déjà la justice. Par exemple, le ministère de la justice britannique envisage d'introduire un e-procès en matière civile pour les litiges dont l'enjeu financier ne dépasse pas 25,000 livres sterling. « Les juges statueraient en ligne après avoir analysé les documents soumis par voie électronique, avec une possibilité d'audience téléphonique[724] ». L'e-procès fonctionne déjà en matière de sécurité routière en Angleterre et au Pays de Galles. « Le portail permet aux requérants de faire appel, de télécharger les justificatifs et de suivre les affaires et les audiences [...]. De même, chaque autorité dispose d'un tableau de bord indiquant les affaires en cours, lui permettant de soumettre des justificatifs, de faire des commentaires et de suivre le déroulement des audiences et des décisions[725] ». Devant ce *Traffic Penalty Tribunal* (tribunal des sanctions routières), les Britanniques peuvent contester les amendes infligées par les autorités locales[726]. Même si ces initiatives ne concernent que les affaires de faible valeur, elles signalent une nette tendance vers la numérisation de la justice.

455. A l'avenir, le procès sera-t-il organisé en présence des jurés en ligne ? Pour l'instant, cela est difficile d'imaginer. Toutefois, aux Etats-Unis, il existe déjà des e-jurés. Il ne s'agit que d'un moyen de préparation d'un procès, la « simulation des jurys en ligne [...] permettant à de grands groupes de

---

723 Carole Gayet, « Vers la fin des citoyens assesseurs ? », *Dalloz actualité,* 05 mars 2013.

724 Nigel Morris, « Online courts modelled on eBay to settle legal disputes », *The Independent*, 16/02/2015. [réf. 20/10/2017], v.: http://www.independent.co.uk/news/uk/home-news/online-courts-modelled-on-ebay-to-settle-legal-disputes-10047780.html. *Judges would decide cases online after analysing documents submitted electronically, with an option of telephone hearings.* La réforme a été présentée au parlement, mais suspendue en raison de sa dissolution en mai 2017.

725 *Ibid. The portal enables appellants to appeal, upload evidence and follow cases and hearings under one evidence screen and account. Likewise, each authority has a dashboard showing current cases, enabling them to submit evidence, comment, and follow the progress of hearings and decisions.*

726 Traffic Penalty Tribunal. England and Wales, [réf. 20/10/2017], v.: http://www.trafficpenaltytribunal.gov.uk/. *The Traffic Penalty Tribunal comprises individually appointed independent adjudicators and a small team of administrative staff who work on their behalf. Adjudicators consider appeals against Penalty Charge Notices (PCNs) issued by the majority of councils in England and Wales.*

personnes d'aider les avocats à déterminer la valeur d'une affaire, à développer des thèmes d'affaires, à trouver les faits à souligner et à apprendre les attitudes du "public"[727] ». Il n'est pas impossible que demain, les e-jurys avec des milliers de jurés puissent faire partie de véritables cours en ligne, suivant l'exemple de l'Héliée athénienne. Dans le cadre du concept d'e-démocratie analysé, ces e-jurys auront un rôle crucial à jouer dans la mise en œuvre du contrôle permanent des pouvoirs publics par le peuple.

456. Jusqu'ici, un tel contrôle était envisagé comme étant exercé par les citoyens résidents de l'Etat concerné. Ils peuvent également le contrôler tout en échappant à ce même Etat.

B. L'e-citoyen, un moyen de contrôler l'Etat en y échappant

457. Si les valeurs et les buts de « l'association Etat[728] » ne sont plus adéquats, un associé peut essayer d'influencer les politiques publiques. S'il estime que cette tâche est irréalisable, il peut quitter cet Etat pour trouver une autre association politique **(1)**, ce qui permet de réfléchir à une nouvelle manifestation de désobéissance civile, l'e-citoyenneté **(2).**

1. L'e-résident, la remise en cause du critère de territoire

458. Est citoyen « l'individu jouissant, sur le territoire de l'Etat dont il relève, des droits civils et politiques[729] ». La qualité de citoyen est octroyée par la nationalité, le « lien juridique[730] » avec l'Etat donné. Le lien entre la nationalité et la citoyenneté est donc certain. Par exemple, « la tradition juridique française et la jurisprudence du Conseil constitutionnel associent la citoyenneté à la nationalité ainsi qu'à la possession du droit de vote et d'éligibilité aux élections politiques[731] ». La citoyenneté se présente comme un « lien politique[732] » avec l'Etat donné, comme « cette responsabilité que les membres d'une Cité ont à l'égard les uns des autres, mais également d'eux-mêmes, de la former délibérément et d'en fixer, de façon directe ou indirecte, mais démocratiquement et souverainement, les règles de constitution et de

---

[727] *eJury.com,* [réf. 20/10/2017], v.: http://www.ejury.com/. *Our online Mock Juries and Focus Groups allow large groups of people to help attorneys determine case value, develop case themes, find the facts to emphasize, and learn "public" attitudes.* V. aussi un service analogue *TrialJuries.com, [réf. 20/10/2017], v.: https://www.tlextranet.com/trialjuries/.*

[728] V. par. 189.

[729] Serge Guinchard, Thierry Debard, *Lexique des termes juridiques 2016-2017, op. cit.* p.190.

[730] Stéphanie Hennette-Vauchez, Diane Roman, *Droits de l'Homme et libertés fondamentales*, 2e édition, Paris, Editions Dalloz, 2015. p.609.

[731] Pierre Pactet, Ferdinand Mélin-Soucramanien, *Droit constitutionnel*, 32e édition, Paris, Dalloz, 2013. p.346.

[732] Stéphanie Hennette-Vauchez, Diane Roman, *Droits de l'Homme et libertés fondamentales*, *op. cit.*

fonctionnement[733] ». Ainsi conçue, dans le cadre du concept d'e-démocratie envisagé, la citoyenneté serait la qualité des membres de l'association politique « Etat », dépourvue d'un lien avec la nationalité[734].

459. Aujourd'hui cependant, la citoyenneté est indissolublement liée à la nationalité (sauf quelques cas exceptionnels[735]) et, dans la majorité des cas, est le fruit du hasard de la naissance. Quant aux droits du citoyen, même si « la citoyenneté ne se résume pas au seul processus électoral[736] », l'exercice des droits civiques par la plupart des citoyens se limite à la participation aux élections. Les taux de participation électorale sont d'ailleurs en déclin permanent. En ce qui concerne les obligations du citoyen, la conscription et le service militaire peuvent être mentionnés. Autrefois très importantes, ils sont aujourd'hui remplacés par des charges réduites ou même symboliques[737]. Ainsi, l'état des droits et des obligations purement civiques semble marquer lui aussi l'écart qui sépare les gouvernants et les gouvernés. En revanche, l'obligation de payer des impôts qui n'est pas civique mais est liée à la résidence est très importante. Pour continuer d'exister, outre la légitimation de son pouvoir politique, l'Etat a besoin de ressources financières, fournies notamment par les recettes fiscales. Ainsi, les résidents nationaux et non nationaux deviennent une source de prospérité d'un Etat donné.

460. La migration massive des dernières décennies ainsi que la libre circulation des travailleurs au sein de l'UE, ont permis de reposer la question du capital social d'un Etat sur le plan de la concurrence. Comme cela a été montré précédemment[738], l'approche néo-zélandaise en est significative. Le pays s'estime être en concurrence avec d'autres pays pour les migrants « qualifiés, instruits et fortunés ». Il semble que cette approche se répande. Ainsi, les migrants agissent en tant que contrôleurs de leur propre Etat de naissance, dès qu'ils déménagent dans un autre Etat pour des raisons économiques, politiques ou idéologiques. Selon l'expression de Vladimir Lénine reprise par Ronald Reagan, le pouvoir des citoyens de « voter avec leurs pieds » constitue une autre forme de contrôle de l'Etat, concomitante au droit de vote. Pour Reagan, ce pouvoir serait une garantie de liberté inhérente au fédéralisme américain : si un état ne fonctionne pas de manière satisfaisante, ses citoyens peuvent soit utiliser son droit de vote pour essayer de le corriger, soit partir vers un autre état[739]. Selon le professeur américain de

---

733 Etienne Picard, La notion de citoyenneté, *Université de tous les savoirs*, Odile Jacob, 2000, cité par *ibid.* p.613.

734 V. dans ce sens par. 732 et s.

735 Par exemple, en ce qui concerne la France, v. Pierre Pactet, Ferdinand Mélin-Soucramanien, *Droit constitutionnel*, *op. cit.* p.346.

736 Stéphanie Hennette-Vauchez, Diane Roman, *Droits de l'Homme et libertés fondamentales*, *op. cit.* p.613.

737 *Ibid.*

738 V. par. 201.

739 Ronald Reagan: "Interview With Reporters on Federalism" (November 19, 1981), *The American Presidency Project.* [réf. 20/10/2017], v.:

droit Ilya Somin, « plus les états sont en concurrence avec d'autres états pour attirer les citoyens, les contribuables et les entreprises, plus le « vote avec les pieds » est susceptible d'être efficace pour imposer l'accountability démocratique au gouvernement[740] ». Ainsi, l'approche du « vote avec les pieds » comme instrument du contrôle semble pertinente et peut être utilisée dans le cadre de la concurrence entre les Etats.

461. A l'ère numérique, il n'est pas nécessaire de quitter physiquement le territoire étatique pour exercer son pouvoir du « vote avec les pieds ». Par exemple, la consommation par les citoyens d'un Etat des e-services d'un autre Etat prend une forme du contrôle de leur propre Etat au moment où ils acquièrent les e-services que leur Etat ne peut pas leur fournir. Dans une telle situation, ils interviennent en tant que contrôleurs des limites de l'administration électronique de leur Etat et font une sorte de « vote avec leurs pieds » pour contrer ses insuffisances.

462. Une telle démarche n'est pas anodine. En ces jours de compétition interétatique, les flux des e-consommateurs des services étatiques vers les états plus développés peuvent considérablement changer la répartition des pouvoirs sur l'arène mondiale, surtout en ce qui concerne les services pour les entreprises. Les Français gardent encore la mémoire des fameux rapports *Doing business* de 2004 et 2005 qui ont donné la préférence aux pays anglo-saxons quant à la facilité de faire des affaires, alors que les « les droits « de tradition française » s'y trouvent très gravement mis en accusation[741] ». Le rapport de 2014 prend en outre en considération plusieurs facteurs liés à l'administration électronique : l'offre des services en ligne pour faciliter la création d'entreprise, la création de bases de données électroniques pour faciliter le transfert de propriété, la possibilité de déclarer et de payer en ligne pour faciliter le paiement des impôts et taxes ou encore l'assignation en ligne pour faciliter l'exécution des contrats[742]. En 2016, la dématérialisation du suivi de l'affaire et l'e-procès viendront s'y ajouter[743]. Ainsi, à la législation

---

https://www.presidency.ucsb.edu/documents/interview-with-reporters-federalism. *The built-in guarantee of freedom is our federalism that makes us so unique, and that is the right of the citizen to vote with his feet. If a State is badly managed, the people will either do one of two things: They will either use their power at the polls to redress that, or they'll go someplace else.*

740 Ilya Somin, « Foot Voting, Political Ignorance, and Constitutional Design », *Social Philosophy and Policy* 2010, 28, n°1, p. 202-227. p. 226.

741 Raymonde Vatinet, « Association Henri Capitant, Les droits de tradition civiliste en question. A propos des Rapports Doing Business de la Banque mondiale », *RTD civ, 2006, p 845.*

742 Banque internationale pour la reconstruction et le développement/La Banque Mondiale, *Doing business 2014. Comprendre les réglementations pour les petites et moyennes entreprises*, Washington, 2013. [réf. 20/10/2017], v. : http://francais.doingbusiness.org/reports/global-reports/doing-business-2014.

743 International Bank for Reconstruction and Development / The World Bank, *Doing Business 2015. Going Beyond Efficiency*, Washington, 2014. [réf. 20/10/2017], v.: http://www.doingbusiness.org/reports/global-reports/doing-business-2015. p.30.

plus souple, sans plusieurs barrières bureaucratiques, et au système fiscal favorable s'ajoute peu à peu la facilité d'interaction avec l'Etat par le biais du numérique, permettant bientôt de créer une entreprise en un clic et de régler toutes les questions avec l'Etat sur internet. L'Etat contemporain qui se veut compétitif est désormais obligé à développer son offre d'e-services, destinée notamment aux entreprises étrangères et internationales, afin d'attirer des capitaux, des forces productives, des recettes fiscales et des contribuables.

463. En ce sens, l'exemple de l'Estonie est significatif. En complément à une administration électronique très développée et à une identité numérique accordée à chaque citoyen avec la possibilité de signature électronique, l'état estonien octroie désormais des cartes de résident électronique. Toute personne « qui a un lien avec l'Etat estonien ou un intérêt légitime à utiliser les services électroniques de l'Estonie ou à fournir des signatures numériques[744] » peut se voir délivrer une e-résidence estonienne. Depuis le 1er décembre 2014, un étranger peut obtenir une carte d'e-résident qui lui permet « d'enregistrer une entreprise en ligne en moins de 20 minutes[745] », de faire des virements en utilisant des comptes bancaires estoniens, de « payer les impôts ou signer des documents avec une signature électronique depuis n'importe quel endroit dans le monde entier[746] ». Selon les autorités estoniennes, « cette identification et la signature numériques sont juridiquement totalement identiques à l'identification en personne et aux signatures manuscrites dans l'Union européenne[747] ». Les opportunités offertes par le statut d'e-résident sont plutôt de nature commerciale étant donné que ce statut ne permet pas d'entrer en Estonie, d'y résider ou de voyager sans visa dans l'UE. Le gouvernement estonien pense que de tels e-services peuvent être intéressants pour les entrepreneurs étrangers qui viendront installer leurs entreprises en Estonie[748] et ainsi, augmenter les recettes fiscales du pays.

464. Par ailleurs, la compétition d'aujourd'hui n'est pas seulement entre les Etats. Les géants de l'industrie numérique peuvent déjà proposer certains

---

744 Ott Ummelas, « Estonia Approves E-Residence to Lure Foreign Investments », *Bloomberg*, 04/04/2015. [réf. 20/10/2017], v.: http://www.bloomberg.com/news/articles/2014-10-21/estonia-approves-e-residence-to-lure-foreign-investments. *The digital identity card of an e-resident can be issued to a person who has a connection with the Estonian state or a legitimate interest to use e-services of Estonia or provide digital signatures.*

745 Анна Лисина, « Теперь вы можете стать электронным гражданином Эстонии. Что это значит? », *Apparat*, 04/04/2014. [réf. 20/10/2017], v. : http://apparat.cc/world/e-estonia/. [Anna Lissina, Désormais vous pouvez devenir résident électronique de l'Estonie, Qu'est-ce que cela veut dire ?].

746 *Ibid.*

747 Become an estonian e-resident. State-proven digital identity to non-residents, *E-Estonia.com. The digital society.* [réf. 20/10/2017], v.: https://e-estonia.com/wp-content/uploads/2014/09/eResident_leaflet.pdf. *Such digital identification and signing is legally fully equal to face-to-face identification and handwritten signatures in the European Union.*

748 *Ibid.*

e-services, tels que la résolution des conflits, aux entreprises ainsi qu'aux personnes physiques, sans considération de leur appartenance nationale[749]. Il ne serait pas étonnant si, dans le futur, les e-services des géants d'internet entreront en concurrence, voire remplaceront certains services étatiques[750].

465. Dans cette perspective, l'avenir de l'Etat comme forme primaire d'organisation politique, concurrencé par d'autres Etats et des acteurs privés pour attirer les résidents et les capitaux, semble moins prometteur.

2. *Vers une citoyenneté électronique ?*

466. Certaines initiatives visent le remplacement complet de l'Etat en ce qui concerne la prestation de ses services aux citoyens. Par exemple, l'initiative *Bitnation* se veut offrir « les mêmes services que ceux du gouvernement traditionnel, de la résolution des conflits et l'assurance à la sécurité et bien plus encore, mais de façon ouverte géographiquement, décentralisée et volontaire[751] ». Elle est conçue comme une plateforme de développement collaborative des services de l'administration électronique qui va enregistrer les actes de l'état civil, les contrats d'affaires ou la fourniture des assurances, ainsi que des centaines d'autres services, habituellement assurés par l'Etat. La technologie blockchain sert de base à l'organisation de la plateforme : elle permet d'assurer la pérennité des données enregistrées sur la plateforme, leur vérifiabilité ainsi que leur protection contre le piratage. « Les identités des individus sur le réseau peuvent être établies de manière définitive grâce à leurs « signatures » uniques, et ces personnes peuvent à leur tour signer et vérifier les transactions (par exemple, le médecin traitant présent à votre naissance ou le prêtre célébrant votre mariage). Au lieu qu'un agent public fasse office de notaire ou de vérificateur tiers de confiance, c'est le consensus de la blockchain qui assume désormais ce rôle[752] ». En premier lieu, Bitnation vise les Etats où « le gouvernement soit n'existe pas soit est trop

---

[749] *Gestionnaire de litiges. Ebay,* [réf. 20/10/2017], v. : http://resolutioncenter.ebay.fr/.

[750] En ce sens, la nomination d'un ambassadeur technologique danois auprès des géants du web est significative. Selon l'ambassadeur, *ces sociétés sont devenues une forme de nouvelles nations.* Cité par Conseil d'Etat, *Etude annuelle 2017 - Puissance publique et plateformes numériques : accompagner l'«ubérisation», op. cit.* p.54.

[751] Bitnation. Governance 2.0, [réf. 20/10/2017], v.: http://www.bitnation.co/. *Bitnation provides the same services traditional government provides, from dispute resolution and insurance to security and much more – but in a geographically unbound, decentralized, and voluntary way.*

[752] Bitnation Whitepaper, Bitnation. v.: https://tse.bitnation.co/documents/. p.7. *The identities of individuals on the network can be established definitively through their unique "signatures", and in turn, those individuals can sign and verify transactions (e.g. the attending physician at your birth or the priest officiating your wedding). Instead of a government official acting as notary or other trusted third party verifier, the consensus of the blockchain now takes on that role.*

corrompu ou bureaucratique[753] », alors que leurs citoyens « ont besoin de ces services pour accroître leur mobilité sociale et économique[754] ». Lors de la crise récente des réfugiés, la compagnie fournissait aux réfugiés syriens des cartes d'identité numériques, conformes aux normes des Nations unies pour les apatrides, ainsi que des cartes Visa Bitcoin[755]. Cela est devenu possible avec l'introduction des monnaies virtuelles, telles que Bitcoin[756], qui sont déjà largement acceptées en ligne.

467. Le concept de Bitnation se rapproche de celui d'Etat-plateforme[757]. Il vient d'être introduit en France[758], alors qu'au Royaume-Uni, il est en train d'être mis en œuvre depuis quelques années[759]. Il s'agit d'une nouvelle vision de l'organisation des services étatiques et de l'administration, proposée par l'entrepreneur américain en technologies numériques Tim O'Reilly[760]. Il s'agit de la numérisation de fonctions et de services étatiques sous la forme d'une « boîte à outils », destinée aux administrations locales, entreprises et résidents. Suivant l'idée de l'entrepreneur américain, l'Etat devrait en fin de compte se présenter comme un fournisseur d'infrastructures et de ressources pour que les services puissent être créés et promus par tout intéressé. La mise en œuvre de ce concept permettrait la création d'un marché concurrentiel de services que seul l'Etat pouvait auparavant fournir[761].

468. Du point de vue du droit constitutionnel, ces initiatives ne rentrent pas dans le concept d'Etat comme « une communauté d'hommes, fixée sur un territoire propre et possédant une organisation d'où résulte pour le groupe envisagé dans ses rapports avec ses membres une puissance suprême d'action, de commandement et de coercition[762] » Elles se focalisent sur les services

---

[753] « Citizens of the Cloud. An Interview with Susanne Tarkowski Tempelhof », *The Freeman*, 19/11/2014. [réf. 20/10/2017], v.: http://fee.org/freeman/detail/citizens-of-the-cloud. *It's a $10 trillion economy where people have no access to governance services, either because a government doesn't exist or because the government is too corrupt and bureaucratic to make it a viable option. Yet, these people need a lot of these services in order to increase their social and economic mobility.*

[754] *Ibid.*

[755] Alexis Collomb, Klara Sok, « Blockchain et autres registres distribués :quel avenir pour les marchés financiers ? », *Opinions&Débats* 2016, Institut Louis Bachelier. p.13.

[756] *Bitcoin.fr,* [réf. 20/10/2017], v. : http://www.bitcoin.fr/.

[757] V. par. 836.

[758] V. par ex. Etat plateforme, Modernisation.gouv.fr. [réf. 20/10/2017], v.: http://etatplateforme.modernisation.gouv.fr/etat-plateforme.

[759] Government Digital Service, Gov.uk. [réf. 20/10/2017], v.: https://gds.blog.gov.uk/category/government-as-a-platform/.

[760] Tim O'Reilly, « Chapter 2. Government As a Platform », in *Open Government,* O'Reilly Media. [réf. 20/10/2017], v. : https://www.oreilly.com/library/view/open-government/9781449381936/ch02.html.

[761] V. dans ce sens Conseil d'Etat, *Etude annuelle 2017 - Puissance publique et plateformes numériques : accompagner l'«ubérisation», op. cit.* p.18. En outre, dès à présent, *il s'agit de passer en revue l'ensemble des services publics en posant la question de la pertinence de leur maintien face à la concurrence des plateformes. Ibid.* p.133.

[762] Raymond Carré de Malberg, *Contribution à la théorie générale de l'Etat, op. cit.* t.1, p.7.

étatiques, en laissant de côté l'aspect politique qui est cependant prépondérant. Dans le cas de Bitnation, il n'y a plus de territoire national parce que l'Etat virtuel ne s'intéresse pas au territoire où ses citoyens résident ; il n'y a plus de peuple fixé sur le territoire faute de territoire ; il n'y a plus de « puissance suprême d'action, de commandement et de coercition » puisque l'Etat virtuel se veut être conçu sur la base du consentement libre. Si un « e-citoyen » n'est pas satisfait par les services d'un Etat virtuel, il est libre d'en rejoindre un autre. Il est donc plutôt client.

469. En tant qu'initiative isolée et non complètement aboutie[763], Bitnation ne peut pas servir de base à des conclusions bien fondées. Cependant, tenant compte des initiatives d'Etat-plateforme qui sont en train de se développer, il semble possible d'amorcer une réflexion sur le rôle de l'Etat à l'ère numérique. En effet, la tendance actuelle « vers la concession par l'Etat d'une partie croissante des fonctions régaliennes dont il avait le monopole[764] » à des organisations supranationales et au secteur privé, est déjà avérée. S'il est possible que les services relatifs aux compétences régaliennes soient assurés par des tiers[765], l'Etat se limiterait alors à fournir un cadre normatif et des ressources. La création d'un marché concurrentiel des services auparavant étatiques, va-t-elle conduire à l'effacement de l'Etat et ainsi, à l'accentuation de la société ? Comme le fait remarquer Dominique Rousseau[766], il est possible que l'objet du droit constitutionnel bascule de l'Etat vers la société, car la forme étatique n'est qu'un moment d'organisation de la société. En cas d'effacement de l'Etat, la société nécessiterait quand même une organisation politique. En ce sens, dans le cadre de cette recherche, l'Etat s'efface au profit du peuple réel, une association libre, non nécessairement imposée par le fait de la naissance de ses membres au même endroit, mais par les buts et les valeurs fondamentales qu'ils attribuent à une telle association d'individus[767].

470. Même si, pour l'instant, l'avenir de Bitnation semble assez fragile, cette initiative pourrait peut-être constituer une réponse à l'interrogation du professeur de philosophie et sociologie Geoffroy de Lagasnerie. Pour lui, les lanceurs d'alerte tels que Snowden ou Assange ont inventé « un nouveau type de subjectivité politique, des individus qui ne se définissent pas par leur appartenance à un Etat, mais par leur appartenance aux idéaux démocratiques.

---

[763] A l'heure actuelle, Bitnation compte plus de dix mille d'e-citoyens.

[764] « *Où va l'Etat ? Cycle de conférences du Conseil d'Etat Tome 1* », Paris, Conseil d'Etat. p.216.

[765] V. dans ce sens Conseil d'Etat, *Etude annuelle 2017 - Puissance publique et plateformes numériques : accompagner l'«ubérisation»*, *op. cit.* p.17. *Le modèle économique de la plateforme numérique permet de rendre rentables des activités qui jusque-là ne l'étaient pas ; il peut aussi conduire à la prise en charge spontanée, par l'initiative privée, d'activités regardées comme relevant par nature du service public.*

[766] Le discours inaugural de Dominique Rousseau lors du colloque « *La souveraineté numérique, Concept et enjeux, Journée d'études de l'AFDC du 7 octobre 2016* », Université de Nice.

[767] V. par. 192.

Quand leurs idéaux démocratiques viennent en contradiction avec leur appartenance nationale, ils divorcent de leur Etat[768] ». En ce sens, il se demande comment déconstruire les communautés imposées par le hasard de la naissance, comme les nations. Existera-t-il de nouvelles formes de communautés politiques libres, réunissant des e-citoyens qui s'autogouverneraient selon les principes de l'e-démocratie ? A voir.

471. En résumé, les instruments analysés dans ce chapitre n'ont pas encore pris leur forme définitive. Ils constituent plutôt des tentatives de sortir du cadre de la démocratie représentative ou de celui étatique, pour trouver de nouvelles formes de faire de la politique à l'ère numérique. En ce qui concerne les outils plus aboutis, il est nécessaire de relier juridiquement l'espace virtuel où se trouvent les résultats de leur fonctionnement, à l'espace réel où la contestation des violations et des abus révélés s'effectue. Sans une telle passerelle, les révélations creusent davantage le fossé entre les gouvernants et les gouvernés et approfondissent la crise de la démocratie représentative.

[768] Geoffroy de Lagasnerie, « Entretien dans les Inrocks : "Assange, Manning et Snowden, un nouveau rapport à la politique" », *op. cit.*

CONCLUSION DU TITRE SECOND

472. L'e-démocratie, conçue comme une boîte à outils au service de la modernisation de la démocratie représentative, nécessite une étude permettant d'identifier, de décrire et d'analyser ces outils. Deux groupes d'instruments peuvent être distingués : les outils visant la modernisation du régime par sa numérisation, et ceux dépassant son cadre. Dans le premier groupe, il convient de classer les instruments selon leur lien avec l'exercice de la souveraineté, l'essence de la notion d'e-démocratie dans le cadre de cette recherche. Il est possible de voir que seuls trois instruments satisfont à ce critère : l'e-élection, l'e-référendum et l'e-initiative populaire. Cela ne signifie pas que les autres instruments de ce groupe ne soient pas utilisés dans le cadre de l'e-démocratie, mais que leur utilité dans ce cas serait secondaire, sauf les instruments liés aux e-plaintes ainsi qu'à l'e-Ombudsman et les e-institutions d'audit. Ces derniers peuvent être considérés comme une ébauche d'un quatrième pouvoir dont la création est proposée dans cette étude.

473. Dans le second groupe, se trouvent les instruments qui sont en train d'être créés, balbutient ou leur utilisation a échoué. Par leur nature, ils dépassent le cadre de la démocratie représentative et mettent en cause ses principes. Le dernier instrument va jusqu'à remettre en question le rôle et l'avenir de l'Etat tel qu'il est conçu aujourd'hui. Les instruments du second groupe sont de deux types : les outils permettant l'élaboration collective des normes et ceux visant le contrôle collectif du fonctionnement de la démocratie. Il est intéressant de noter que l'émergence de ces instruments se produit concomitamment au déclin de la participation « traditionnelle ». Cela peut signaler un changement d'approche de la participation dont le cadre existant est devenu trop étroit.

474. Il suit de cette analyse que l'hypothèse du caractère purement technique de l'e-démocratie semble insatisfaisante. L'e-démocratie a vocation à mettre en œuvre la surveillance du pouvoir politique par les citoyens, disposant des outils juridiques nécessaires.

CONCLUSION DE LA PREMIÈRE PARTIE

475. Une comparaison des notions de démocratie à l'époque d'Athènes et de celle de nos jours a été effectuée ainsi qu'une analyse critique de la notion de démocratie représentative et ses composantes. Plusieurs composantes ne semblent plus pertinentes et exigeraient une certaine reconsidération, voire transformation, pour accueillir l'e-démocratie. En guise d'exercice de conceptualisation, un concept de démocratie qui serait plus compatible avec l'e-démocratie, a été proposé. Puis, un travail de classification des instruments de l'e-démocratie a été fourni, pour pouvoir étudier leur nature et leur degré de juridicité. De même, leur compatibilité avec la démocratie représentative - l'incarnation juridique de la démocratie dans son sens contemporain - a été analysée. En effet, plusieurs instruments de l'e-démocratie dépassent le cadre de la démocratie représentative ce qui peut conduire à une reconsidération de la notion juridique de démocratie.

476. Pour conclure cette première partie, il convient de souligner que la démocratie électronique ne serait jamais une fin en elle-même. Elle n'est qu'un instrument de libération de l'individu, grâce à la mise en œuvre de son autodétermination effective par le biais des moyens juridiques appropriés. Dans cette optique, l'approche instrumentale, adoptée par les pouvoirs publics menant des essais de certains de ses instruments, semble pertinente aux premiers stades de l'introduction de l'e-démocratie. Elle permet d'y adapter le système politique par petits ajustements sans mettre en cause ses fondements. Reste à voir si ces ajustements progressifs permettront d'accumuler une masse critique suffisante pour changer la nature du régime.

477. En tout état de cause, l'e-démocratie en tant que régime politique n'est pas autosuffisante. Les instruments de l'e-démocratie nécessitent un certain environnement juridique pour se développer efficacement ; c'est ici l'objet de l'analyse de la seconde partie.

SECONDE PARTIE

LA MISE EN ŒUVRE ENCORE FRAGILE DE L'E-DÉMOCRATIE

> *Le sentiment d'impuissance que beaucoup d'hommes et de femmes ressentent tragiquement aujourd'hui n'a pas seulement pour origine une démission paresseuse du politique. Il naît également de la résistance de la réalité aux vieux concepts avec lesquels on l'appréhende. Les mots ne disent plus les choses et s'avèrent donc incapables de les modeler. L'écart entre la réalité vécue et la réalité pensée constitue pour cela désormais un verrou majeur à la transformation de la société autant qu'à la reconquête de la dignité des individus.*
>
> Pierre Rosanvallon,
> Le parlement des invisibles.

478. Le bon déploiement de la démocratie électronique dépend du régime politique d'un pays donné. Notamment, pour être bien intégrée, celle-ci a besoin de la modification de certains traits caractéristiques du régime représentatif.

479. En outre, la mise en œuvre de l'e-démocratie, même si elle repose sur une panoplie limitée d'instruments, exige un environnement normatif permettant son déploiement et son fonctionnement durable. Il n'est pas suffisant de mettre en œuvre des instruments de l'e-démocratie ; il faut que l'utilisation de ces instruments soit soutenue par les droits et libertés concernés permettant leur utilisation libre, éclairée, sans contrôle abusif de l'Etat ou

d'autres acteurs publics et privés du marché d'internet. Dans le cas contraire, l'e-démocratie comme système ou tout simplement faisceau d'instruments, ne pourra pas bien fonctionner puisqu'elle exige la participation de ses utilisateurs ainsi que leur certitude que l'utilisation de l'e-démocratie est sûre et n'entraînera pas des conséquences néfastes pour eux. Ainsi, l'analyse du fonctionnement des droits et libertés sur internet, support essentiel de l'e-démocratie, s'impose **(Titre 1)**.

480. Par ailleurs, il est nécessaire de garder à l'esprit que la brusque mise en œuvre de l'e-démocratie entraînerait un déséquilibre profond du fonctionnement des pouvoirs du régime représentatif. En effet, elle provoquerait l'entrée plus importante du peuple sur la scène politique en tant qu'acteur principal, alors que jusqu'ici ses interventions sont épisodiques. Dans cette perspective, il semble justifié de procéder à l'introduction de l'e-démocratie par voie d'ajustements progressifs, instrument par instrument, en modifiant pas à pas la culture politique et la vision conventionnelle de l'organisation du processus politique, ses institutions et ses mécanismes. Le droit constitutionnel ne pourrait pas rester à l'écart de ces ajustements sans provoquer le bouleversement de certains de ses concepts et théories. Il convient donc de se saisir de l'ébauche d'un cadre normatif de l'e-démocratie, en ayant à l'esprit un système achevé d'e-démocratie **(Titre 2)**.

Titre 1 : L'environnement de l'e-démocratie

Titre 2 : Le cadre normatif de l'e-démocratie

TITRE PREMIER

L'ENVIRONNEMENT DE L'E-DÉMOCRATIE

481. Le Conseil de l'Europe évoque dans sa recommandation phare sur l'e-démocratie que « [l]es règles et les cadres réglementaires en matière de démocratie électronique devraient garantir le respect des droits de l'homme et des libertés fondamentales, tels qu'énoncés dans les instruments nationaux et internationaux, notamment la vie privée et le droit à la liberté de pensée, d'expression, d'information et de communication, de conscience et de religion, le droit au respect de la vie privée et de la correspondance, le droit à l'éducation, l'interdiction de la traite des êtres humains et la protection de la propriété[769] ». Plus loin, dans l'exposé des motifs de la recommandation, il est précisé que dans le contexte d'une société d'information, il faut montrer une attention particulière au droit au respect de la vie privée et de la correspondance, la liberté d'expression, le droit à l'éducation et le droit à des élections libres[770].

482. Il est clair que plusieurs droits et libertés seront menacés lors de l'introduction de l'e-démocratie. Dans le cadre de cette étude, il convient de traiter ceux qui sont directement concernés, à savoir, la liberté d'expression, le droit au respect de la vie privée, le droit à des élections libres. On analysera alors leur fonctionnement sur internet en tant que support de l'e-démocratie, et leur protection dans le cadre européen. Par ce dernier, les mécanismes de protection assurés par l'Union européenne et le Conseil de l'Europe sont compris. Le droit à l'éducation qui est devenu particulièrement important avec l'arrivée de la société d'information est crucial pour le succès de l'e-démocratie. Son versant en matière numérique sera évoqué dans le Titre suivant. En ce qui concerne la liberté de conscience et de religion telle qu'impactée par l'e-démocratie, il semble que ce sujet mérite une étude particulière. Il faudrait reconsidérer l'importance de la question religieuse dans le fonctionnement de démocratie. Les résultats d'une telle recherche

---

[769] Conseil de l'Europe, *Recommandation CM/Rec(2009)1 du Comité des Ministres aux Etats membres sur la démocratie électronique*, *op. cit.* G.92.

[770] Conseil de l'Europe, *Exposé des motifs à la Recommandation CM/Rec(2009)1 du Comité des Ministres aux Etats membres sur la démocratie électronique*, *op. cit.*, par.119.

pourraient être appliqués à l'e-démocratie. Quant aux autres droits et libertés évoqués par le Conseil, leur traitement ne semble pas être pertinent dans le cadre de cette recherche.

483. Dans un premier temps, il convient d'analyser la liberté d'expression sur internet. Cette liberté, qui est au cœur de la société démocratique, se trouve également au cœur de la société de l'information dont l'espace public s'étend inévitablement à internet. C'est ainsi que la liberté d'expression devient un des principaux éléments de l'environnement de l'e-démocratie permettant son déploiement et son fonctionnement durable (**Chapitre 1**).

484. La mise en œuvre de l'e-démocratie pose par ailleurs la question de l'extension des droits politiques, dans leur dimension individuelle (**Chapitre 2**) et non plus collective. C'est ainsi qu'ils deviennent les droits au cœur de l'individu, en commun avec le droit le plus intime, le droit à la vie privée, qui à l'heure d'internet, se trouve sérieusement ébranlé.

Chapitre 1. La liberté d'expression, une liberté au cœur de l'e-démocratie

485. La Convention européenne des droits de l'homme (Conv. EDH) définit cette liberté dans son article 10, de la manière suivante :

> « 1. Toute personne a le droit à la liberté d'expression. Ce droit comprend la liberté d'opinion et la liberté de recevoir ou de communiquer des informations ou des idées sans qu'il puisse y avoir ingérence d'autorités publiques et sans considération de frontière[771]. Le présent article n'empêche pas les Etats de soumettre les entreprises de radiodiffusion, de cinéma ou de télévision à un régime d'autorisations.
> 2. L'exercice de ces libertés comportant des devoirs et des responsabilités peut être soumis à certaines formalités, conditions, restrictions ou sanctions prévues par la loi, qui constituent des mesures nécessaires, dans une société démocratique, à la sécurité nationale, à l'intégrité territoriale ou à la sûreté publique, à la défense de l'ordre et à la prévention du crime, à la protection de la santé ou de la morale, à la protection de la réputation ou des droits d'autrui, pour empêcher la divulgation d'informations confidentielles ou pour garantir l'autorité et l'impartialité du pouvoir judiciaire. »

486. L'importance de cette liberté pour la société démocratique a été confirmée par la Cour européenne des droits de l'homme (CEDH) dans l'arrêt Handyside c. Royaume-Uni du 7 décembre 1976. Dans le paragraphe 49, la Cour l'érige en « l'un des fondements essentiels de pareille société [démocratique], l'une des conditions primordiales de son progrès et de l'épanouissement de chacun. [...] Ainsi le veulent le pluralisme, la tolérance et l'esprit d'ouverture sans lesquels il n'est pas de « société démocratique ». Il en va de même pour la société démocratique de l'information où la liberté d'expression sur internet constitue également l'un de ses fondements essentiels[772].

[771] Cette formulation a été reprise par la Charte des droits fondamentaux de l'Union Européenne, [réf. 20/10/2017], v. : http://eur-lex.europa.eu/legal-content/fr/TXT/?uri=CELEX%3A12012P%2FTXT. l'art.11. Dans la DDHC, la liberté d'expression est représentée par deux articles : l'art.10 (liberté d'opinion) et l'art.11 (liberté de communication des pensées et des opinions).

[772] V. dans ce sens Henri Oberdorff, *La démocratie à l'ère numérique*, *op. cit.* p.46.

487. Ainsi, il convient de s'interroger sur les deux facettes de cette liberté : la liberté d'opinion (**Section 1**) et la liberté de recevoir ou de communiquer des informations ou des idées (**Section 2**), toutes les deux mises en cause à l'ère d'internet.

Section 1. La liberté d'opinion, une liberté mise en cause à l'ère d'internet

488. Compte tenu de son caractère intime et de ce fait, inviolable, la liberté d'opinion a été longtemps exclue du champ des recherches des spécialistes dans les droits de l'homme, ainsi que de la jurisprudence des Cours. Comme par exemple l'expliquent Jacques Velu et Rusen Ergeg, « cet aspect de la liberté d'expression n'appelle guère de développements particuliers. Qu'il suffise d'observer que, le plus souvent, la liberté d'expression présuppose une opinion que l'individu s'est forgée auparavant. Il paraissait donc utile de consacrer ce droit à l'article 10, encore que la liberté de pensée, dont il se distingue difficilement, se trouvât déjà reconnue à l'article 9 de la Convention[773] ».

489. Cependant, aujourd'hui, cette liberté très importante[774] se voit ébranlée de manière inédite. Comme le note le rapporteur spécial sur la promotion et la protection du droit à la liberté d'opinion et d'expression de l'ONU David Kaye, à l'ère de l'internet, « les mécanismes de formation de l'opinion évoluent et exposent les individus à des risques importants[775] ». Parmi ces nouveaux mécanismes, il distingue la sauvegarde des avis, de l'historique de navigation et l'utilisation des serveurs en nuage et des boîtes aux lettres électroniques, ce qui suppose la conservation des données et peut-être leur analyse par des autorités publiques ou des acteurs privés, ce pour de longues périodes, voire indéfiniment[776]. Dans cette perspective, il est nécessaire de s'interroger sur la métamorphose de la liberté d'opinion dont le caractère absolu semble désormais remis en cause[777] avec internet **(Paragraphe 1).** Puis, il convient de s'attacher à dégager les conditions de la jouissance paisible de cette liberté sur internet **(Paragraphe 2)**.

§1. La liberté d'opinion, une liberté toujours absolue ?

490. La Convention européenne octroie une protection absolue à la liberté d'opinion **(A)**. Cela veut dire que les restrictions prévues au paragraphe 2 de

---

[773] Jacques Velu, Rusen Ergec, *La convention européenne des droits de l'homme. Extrait du Répertoire pratique du droit belge*, Bruxelles, Bruylant, 1990. p.605.

[774] V. Ferdinand Mélin-Soucramanien, *Libertés fondamentales*, Paris, Dalloz, 2016. p.181-182. *En France, la liberté d'opinion est une liberté fondamentale de premier rang* qui est consacrée par l'art.10 de la DDHC, ainsi que par les al.1 et 5 du Préambule de la Constitution de 1946.

[775] Nations Unies, Assemblée générale. Conseil des droits de l'homme. Vingt-neuvième session. *Rapport du Rapporteur spécial sur la promotion et la protection du droit à la liberté d'opinion et d'expression David Kaye*, A/HRC/29/32, Genève, 2015. p.9.

[776] *Ibid.*

[777] Concernant l'effet paralysant de la surveillance massive sur la liberté de se forger une opinion v. Jon Penney, « Chilling Effects: Online Surveillance and Wikipedia Use », *Berkeley Technology Law Journal* 2016, 31, n°1, p. 117.

l'art. 10 ne peuvent y être appliquées. Elle rappelle que toute restriction portée à ce droit serait en contradiction avec la nature même d'une société démocratique[778]. Néanmoins, cette liberté est maintenant attaquée de manière sans précédent par les programmes de surveillance mis en œuvre par les Etats ainsi que par les acteurs privés du marché de l'internet, à savoir, les fournisseurs d'accès (FAI) et de services sur internet, y compris les réseaux sociaux, les boîtes aux lettres électroniques ou les messageries en ligne, etc. Cela constitue ainsi une ingérence en contradiction avec la nature même d'une société démocratique **(B)**.

A. Une protection absolue par la Convention européenne

491. Les mécanismes de l'exercice de la liberté d'opinion se sont développés au point que désormais la nature de la liberté d'opinion a changé, de la liberté autrefois abstraite **(1)** à la liberté maintenant numérisée **(2)**.

1. Liberté autrefois abstraite

492. La liberté d'expression, dont la liberté d'opinion fait partie selon l'art. 10 de la Conv.EDH, trouve ses origines dans l'art.19 de la Déclaration universelle des droits de l'homme de 1948 (DUDH). Ce dernier dispose que « Tout individu a droit à la liberté d'opinion et d'expression, ce qui implique le droit de ne pas être inquiété pour ses opinions et celui de chercher, de recevoir et de répandre, sans considérations de frontières, les informations et les idées par quelque moyen d'expression que ce soit ». L'on voit bien que si la DUDH séparait la liberté d'opinion de celle d'expression, dans la Conv. EDH, la première est perçue comme une partie intégrante de la liberté d'expression, de surcroît comme son fondement. Cependant, les restrictions possibles formulées dans le par.2 de l'art.10 de la Convention pourraient faire penser qu'elles sont applicables à tous les éléments de la liberté d'expression, y compris à la liberté d'opinion. C'est peut-être la raison pour laquelle l'art.19 du Pacte international relatif aux droits civils et politiques, survenu plus tard, en 1966, sépare ces deux libertés pour affirmer sans équivoque le caractère absolu de la liberté d'opinion énoncée au paragraphe 1 de cet article. « Des devoirs spéciaux et des responsabilités spéciales » ne concernent que les libertés prévues à son paragraphe 2, à savoir « la liberté de rechercher, de recevoir et de répandre des informations et des idées de toute espèce ».

493. La Convention, nonobstant sa rédaction imprécise, a été interprétée par la doctrine dans le même sens que le Pacte. Par exemple, Gérard Cohen-Jonathan l'explique de manière suivante : « À première vue la liberté d'opinion est mieux protégée dans le Pacte international puisque les

---

[778] Monica Macovei, *Liberté d'expression. Un guide sur la mise en œuvre de l'article 10 de la Convention européenne des Droits de l'Homme*, Strasbourg, Conseil de l'Europe, 2003. p.10.

restrictions autorisées (article 19, §3) ne concernent que la liberté d'information[779] alors que les limitations prévues au §2 de l'article 10 s'appliquent à la liberté d'expression *lato sensu.* En vérité, la différence de rédaction est plutôt formelle : dans la mesure où la liberté d'opinion garantie à l'article 10 §1 est analysée comme une liberté de pensée « interne », telle qu'elle figure déjà à l'article 9 de la Convention, elle est soustraite implicitement à toute restriction[780] ».

494. De ce fait, toute ingérence dans l'exercice de cette liberté, soit d'une autorité publique (suivant la lettre de la Convention), soit d'une personne privée (par son effet horizontal), est interdite. Cependant, dans la pratique, il est assez difficile de séparer la liberté d'opinion de celle d'expression puisque l'expression est fondée par principe sur les opinions que l'on se forge. Ainsi, elle peut être l'objet des restrictions prévues au §2 de l'article 10 qui peuvent sanctionner du même coup indirectement les opinions sur lesquelles elle est fondée. En ce sens, la CEDH a entrepris de faire certains efforts pour tracer la ligne de démarcation entre ces deux libertés. Par exemple, dans l'arrêt Lingens c. Autriche du 8 juillet 1986, elle souligne qu'il faut distinguer entre faits et jugements de valeur. S'il est possible de prouver la matérialité des premiers, l'exactitude des seconds ne peut être démontrée. Ainsi, l'exigence d'établir la véracité des jugements de valeur est irréalisable et attentatoire à la liberté d'opinion[781]. Pourtant, globalement, la jurisprudence de la Cour est conçue « dans la logique de l'article 10 pris dans son ensemble[782] ».

495. De même, il serait opportun de tracer les limites de la liberté d'opinion vis-à-vis de la liberté de pensée, énoncée à l'art. 9 de la Convention. Plusieurs membres de la doctrine font remarquer le caractère identique de ces deux libertés[783]. Néanmoins, en analysant la jurisprudence de la Cour concernant le droit à l'objection de conscience, l'on peut noter que selon la Cour « l'opposition au service militaire, lorsqu'elle est motivée par un conflit grave et insurmontable entre l'obligation de servir dans l'armée et la conscience d'une personne ou ses convictions sincères et profondes, de nature religieuse ou autre, constitue une conviction atteignant un degré suffisant de force, de sérieux, de cohérence et d'importance pour entraîner l'application des garanties de l'article 9[784] ». Il en va de même pour les convictions de nature religieuse ou philosophique. Par exemple, dans l'arrêt Peters c. Pays Bas,

---

779 La liberté de recevoir ou de communiquer des informations ou des idées.

780 Gérard Cohen-Jonathan, « Article 10 », in *La Convention européenne des droits de l'homme Commentaire article par article*, Paris, Economica, 1999. p.367.

781 CEDH. Assemblée plénière, 8 juillet 1986, *Lingens c. Autriche*, [réf. 20/10/2017], v. : http://hudoc.echr.coe.int/fre?i=001-62081.

782 Gérard Cohen-Jonathan, « Article 10 », *op. cit.*

783 V. par ex. *Ibid.*, cité au par. 493, ou Jacques Velu, Rusen Ergec, *La convention européenne des droits de l'homme. Extrait du Répertoire pratique du droit belge*, *op. cit.* p.605.

784 CEDH, Grande chambre, 7 juillet 2011, *Bayatyan c. Arménie*, [réf. 20/10/2017], v. : http://hudoc.echr.coe.int/eng?i=001-105610, par.110.

statuant sur le cas d'un étudiant en philosophie, l'objecteur de conscience, qui réclamait l'exemption totale non seulement du service militaire, mais aussi du service civil à l'instar des objecteurs de conscience aux motifs religieux. La Commission a reconnu que la situation du requérant relevait du champ d'application de l'art.9 de la Convention[785]. L'on pourrait en tirer la conclusion qu'à la différence de la liberté d'opinion protégeant des opinions qui pourraient être ponctuelles ou séparées, la notion de liberté de pensée englobe un système achevé des opinions et de ce fait, diffère de la liberté d'opinion.

496. En tout état de cause, la protection de l'exercice de la liberté d'opinion prévoit l'obligation négative des Etats de ne pas endoctriner leurs citoyens, ce qui a pour corollaire un devoir d'objectivité incombant aux médias de masse contrôlés par les pouvoirs publics[786], ainsi que de ne pas les discriminer en fonction de leurs opinions. La protection capitale est octroyée par la reconnaissance du droit au refus de communiquer ses opinions[787] ce qui les rend insaisissables par qui que ce soit.

497. Pourtant, à l'ère d'internet, un simple refus de communiquer ses opinions n'est plus suffisant pour protéger l'exercice de sa liberté d'opinion.

2. *Liberté maintenant numérisée*

498. Avant internet, se protéger de l'ingérence dans l'exercice de la liberté d'opinion était plus facile. Si l'on n'informait personne de ses opinions, n'écrivait pas des lettres, n'adhérait pas aux organisations politiques, bref, ne transformait pas ses opinions en actions de communication avec d'autres (en forme de propos, de documents, d'agissements, etc.), il était possible de se sentir protégé de toute ingérence tant des autorités publiques que des tiers. L'arrivée d'internet a changé la donne.

499. A l'heure actuelle, même si communiquer ses idées à qui que ce soit n'est pas envisagé, il n'est pas possible de se sentir à l'abri d'ingérences. Pour mieux saisir le changement, il faut comprendre que le mécanisme de l'exercice de la liberté d'opinion consiste en deux étapes. La première est la formation d'opinion. Le processus d'une telle formation comprend la recherche (active) et la réception (passive) des informations ainsi que la réflexion et, finalement, la formation d'opinion. Ici, ce processus coïncide en partie avec la liberté d'information, c'est-à-dire la liberté de recevoir ou de communiquer des informations et des idées. Même si les opinions par principe restent « l'illusion

---

[785] The European Commission of Human Rights, *Peters v. the Netherlands, 30 November 1994*, [réf. 20/10/2017], v. : http://hudoc.echr.coe.int/eng?i=001-2432.

[786] Jacques Velu, Rusen Ergec, *La convention européenne des droits de l'homme. Extrait du Répertoire pratique du droit belge*, *op. cit.* p.606.

[787] V. *Ibid.* ; Monica Macovei, *Liberté d'expression. Un guide sur la mise en œuvre de l'article 10 de la Convention européenne des Droits de l'Homme*, *op. cit.* p. 11.

du savoir[788] », selon Roger Mucchielli, c'est-à-dire qu'elles sont relatives, il est très important quand même que l'espace médiatique soit diversifié, représentant des courants d'opinion différents. Sinon, avant internet, il était possible d'ignorer les journaux et la télévision pour garder son état d'esprit non perturbé par l'opinion générale, voire la propagande. Aujourd'hui, cela est beaucoup plus difficile car l'espace médiatique s'est élargi. Grâce à la présence des médias, des réseaux sociaux, des forums ainsi que des blogueurs populaires, il est devenu possible de mener des campagnes de communication sans précédent tenant compte du fait que ces moyens d'information sont souvent guidés par les émotions ou l'argent. Dans le cadre de la campagne électorale de Barack Obama par exemple, une grande partie de son budget a été dépensée sur des moyens d'information numériques. Aussi, plusieurs blogueurs sont payés ou reçoivent d'autres bénéfices en échange des posts positifs sponsorisés qu'ils font. Il est vrai que, par exemple en France, le Code de la consommation oblige à informer le public si l'article a un caractère publicitaire. Comme le dispose l'art. L121-1-1, est considéré comme la pratique commerciale trompeuse le fait « d'utiliser un contenu rédactionnel dans les médias pour faire la promotion d'un produit ou d'un service alors que le professionnel a financé celle-ci lui-même, sans l'indiquer clairement dans le contenu ou à l'aide d'images ou de sons clairement identifiables par le consommateur ». Selon l'art.20 de la loi pour la confiance dans l'économie numérique (LCEN) qui fait partie du Titre II « Du commerce électronique », l'obligation de l'indication du sponsor pèse également sur toute publicité sur internet : « Toute publicité, sous quelque forme que ce soit, accessible par un service de communication au public en ligne, doit pouvoir être clairement identifiée comme telle. Elle doit rendre clairement identifiable la personne physique ou morale pour le compte de laquelle elle est réalisée. » Ceci étant dit, en est-il de même pour les posts sponsorisés de nature politique ?

500. La législation française pose certaines limites à l'e-campagne. L'art. 52-1 du Code électoral interdit l'utilisation de tout procédé de publicité commerciale, soit dans la presse, soit par la communication audiovisuelle, à des fins de propagande électorale pendant les six mois précédant l'élection et jusqu'au jour où elle est acquise. Cette interdiction s'applique aussi à la publicité sur internet. D'aucuns soutiennent qu'« outre leurs sites Internet, un des seuls moyens pour ces derniers [les candidats] de gagner en puissance reste donc de faire le buzz [...] en s'appropriant les techniques du marketing viral[789] », notamment en utilisant des posts ayant l'air d'être spontanément rédigés par des sympathisants ou militants[790]. Il serait donc possible de faire

[788] Roger Micchielli, *Opinions et changement d'opinion*, Paris, ESF-Entreprise moderne d'édition - Librairies techniques, 1988.

[789] Jason Wiels, « Dépenses, publicité, temps de parole : quelles limites pour les partis politiques sur Internet ? », *op. cit.*

[790] De plus, la nature sponsorisée des messages est à prouver, il peut s'agir des avantages en nature. Conseil Constitutionnel, n° 2002-2703/2745 AN, 5 décembre 2002, *A.N., Bouches-du-*

du « buzz » en ayant l'air spontané, compte tenu qu'avec internet, il n'y a pas de « temps de parole ». Dans cette perspective, le Conseil de l'éthique publicitaire se pose la question de savoir s'il convient d'appliquer les règles et la déontologie de la communication publique à celle privée qui circule sur les réseaux sociaux étant donné le nombre des destinataires non connus de l'émetteur[791].

501. La seconde étape de l'exercice de la liberté d'opinion est d'avoir et de garder ses opinions. « A l'ère du numérique, avoir une opinion n'est pas un concept abstrait qui ne recouvre que ce que l'on pourrait avoir en tête[792] ». Avec internet, l'information concernant ses intérêts, avis et opinions est sauvegardée par le biais de l'historique de navigation, des serveurs en nuage, dans des boîtes aux lettres et des services des messageries instantanées, par des « j'aime » dans les réseaux sociaux, etc. Ces données sont conservées par les fournisseurs d'accès et des services. Elles peuvent être consultées par les autorités publiques. Ainsi, les individus, tout comme les associations et d'autres personnes morales s'exposent aux risques de divulgation de ces informations, par le biais de la surveillance de l'Etat et des tiers, et de leur utilisation contre leur gré, voire au risque de se faire réprimer pour des opinions non conventionnelles. De surcroît, « les systèmes de surveillance, qu'ils soient ciblés ou de masse, peuvent compromettre le droit de se faire une opinion puisque, selon toute probabilité, la crainte de voir ses activités en ligne, comme les recherches effectuées et les pages web consultées, divulguées contre son gré dissuade d'accéder aux informations, en particulier lorsque la surveillance peut aboutir à une répression[793] ».

502. Une telle surveillance peut dissuader d'utiliser internet, ce qui serait incompatible avec le déploiement de l'e-démocratie.

B. La surveillance de masse sur internet, une ingérence « en contradiction avec la nature même d'une société démocratique »

503. Une telle surveillance de masse s'exerce sur le compte des Etats au nom de la sécurité **(1)** ainsi que sur le compte des opérateurs internet au nom des revenus publicitaires **(2)**.

Rhône (7ème circ.), [réf. 20/10/2017], v. : www.conseil-constitutionnel.fr/decision/2002/20022703_2745an.htm.

791 Conseil de l'éthique publicitaire, *Publicité et politique*, Paris, 2013. [réf. 20/10/2017], v. : https://www.cep-pub.org/avis/avis-cep-publicite-politique/.

792 Nations Unies, Assemblée générale. Conseil des droits de l'homme. Vingt-neuvième session. *Rapport du Rapporteur spécial sur la promotion et la protection du droit à la liberté d'opinion et d'expression David Kaye, op. cit.* p.9.

793 *Ibid.*

1. La surveillance de l'Etat aux fins de sécurité

504. Dans sa recommandation, le Conseil de l'Europe note que les questions de sécurité sont d'une grande importance pour la démocratie électronique[794]. Néanmoins, s'il est préconisé la sécurité des systèmes, des données et des procédures de l'e-démocratie pour assurer la confiance du public, une autre dimension de cette question importe plus. A l'heure actuelle, ce sont les Etats qui, de manière paradoxale, menacent le plus l'e-démocratie tout en étant ses promoteurs les plus puissants. Arguant de la sauvegarde de la sécurité nationale et de la lutte contre le terrorisme, ils utilisent les moyens fournis par internet pour organiser une surveillance et un espionnage sans précédent. Les révélations d'Edward Snowden ont permis de mettre en lumière ces activités. Parallèlement aux dérives de la NSA aux Etats-Unis, le service de renseignements électroniques du Royaume-Uni Government Communications Headquarters (GCHQ) a lancé une surveillance de masse sur internet il y a environ sept ans[795]. En 2010, jusqu'à 25 pour cent de tout le trafic internet pouvait être intercepté par le GCHQ. Les données recueillies par le GCHQ concernaient non pas les « cibles préalablement sélectionnées » mais les activités en ligne de gens ordinaires, y compris l'historique de navigation, les activités sur les moteurs de recherches, les réseaux sociaux, etc. « Lorsque les données de connexion sont consultées et analysées, il est encore possible de recréer le profil de la vie d'un individu, dévoilant autant que le contenu des communications[796] ». C'est-à-dire, le service de renseignement pourrait obtenir et analyser par ce biais les « empreintes digitales » des opinions d'un vaste nombre de personnes, tant nationaux britanniques qu'étrangers, sans mandat individuel et dans la plupart des cas, sans aucun lien avec l'activité terroriste ce qui était la finalité de ce programme. De plus, selon les documents de E. Snowden, ces données ont été utilisées pour pirater les réseaux informatiques de certaines entreprises européennes de télécommunication dans le but d'obtenir les codes d'accès aux téléphones portables de leurs clients[797]. Pourtant, en 2013, l'*Intelligence and*

---

[794] Conseil de l'Europe, *Recommandation CM/Rec(2009)1 du Comité des Ministres aux Etats membres sur la démocratie électronique*, *op. cit.* pr.79.

[795] Ryan Gallagher, « Profiled. From radio to porn, British spies track web users' online identities », *The Intercept*, [réf. 20/10/2017], v.: https://theintercept.com/2015/09/25/gchq-radio-porn-spies-track-web-users-online-identities/.

[796] Parliament of the United Kingdom. Intelligence and Security Committee of Parliament, *Privacy and Security: A modern and transparent legal framework*, London, 2015. [réf. 20/10/2017], v.: http://isc.independent.gov.uk/committee-reports/special-reports. p.51. *[W]hen accessed and analysed, Communications* [Data] ... *can still create a profile of an individual's life, disclosing as much as would be discernible from the content of communications.*

[797] Jeremy Scahill, Josh Begley, « The great SIM heist. How spies stole the keys to the encryption castle », *The Intercept*, 19/02/2015. [réf. 20/10/2017], v.: https://theintercept.com/2015/02/19/great-sim-heist/ ; Ryan Gallagher, « Operation Socialist.

Security Committee du parlement britannique a présenté un rapport indiquant que l'allégation selon laquelle GCHQ aurait contourné la loi britannique était infondée[798]. En effet, la loi britannique *Regulation of Investigatory Powers Act* (RIPA) était assez souple. Par exemple, elle considérait les données de connexion comme moins intrusives que le contenu des communications lui-même et par conséquent, n'ayant pas besoin de garanties légales de même niveau. D'ailleurs, la loi leur donnait une définition très large. Le rapport parlementaire préconisait le traitement spécialisé de certaines de ces données, plus intrusives que les renseignements de type « qui, quand et où », afin de les assortir des garanties supplémentaires. De plus, le rapport insistait sur le fait que « les systèmes d'interception de masse de GCHQ fonctionnent sur un très petit pourcentage (***%) des porteurs qui composent Internet. Ils ne peuvent donc pas être raisonnablement considérés comme une interception de masse. [...] seul un très faible pourcentage (***%) de communications que collecte le GCHQ sont ouvertes et lues par un analyste[799] ». Compte tenu du fait que les chiffres clés du rapport ont été rendus secrets, il ne semble pas possible d'apprécier le bien-fondé de ces conclusions.

505. Il semble que ce rapport n'ait convaincu ni les nationaux britanniques dont certains ont déposé une plainte devant CEDH[800], ni l'Union européenne. Le Parlement européen a voté une résolution appelant tous les Etats membres d'examiner la compatibilité de leurs programmes de surveillance avec le droit de l'Union européenne, la Conv. EDH et les traditions constitutionnelles communes. Ainsi, certains pays européens dont la France devaient répondre aux allégations de surveillance de masse et vérifier si leurs programmes de surveillance étaient compatibles avec le cadre européen[801].

The inside story of how British spies hacked Belgium's largest telco », *The Intercept*, [réf. 20/10/2017], v.: https://theintercept.com/2014/12/13/belgacom-hack-gchq-inside-story/.

798 Parliament of the United Kingdom. Intelligence and Security Committee of Parliament, *Privacy and Security: A modern and transparent legal framework, op. cit.* p.1. *This Committee investigated the most serious of those allegations – that GCHQ were circumventing UK law – in July 2013. We concluded that that allegation was unfounded.*

799 *Ibid.*, p.4. *GCHQ's bulk interception systems operate on a very small percentage (***%) of the bearers that make up the internet. It cannot therefore realistically be considered blanket interception. [...] only a very tiny percentage (***%) of the communications that GCHQ collect are ever opened and read by an analyst.*

800 V. les affaires CEDH, *Big Brother Watch et autres c. Royaume-Uni*, [réf. 20/10/2017], v.: http://hudoc.echr.coe.int/fre?i=001-140713 ; CEDH, *Bureau of investigative journalism and Alice Ross v. the United Kingdom*, [réf. 20/10/2017], v.: http://hudoc.echr.coe.int/eng?i=001-150946. ; CEDH, *10 Human Rights Organisations v. The United Kingdom*, [réf. 20/10/2017], v. : http://hudoc.echr.coe.int/eng?i=001-159526.

801 Parlement européen, Résolution du 4 juillet 2013 sur le programme de surveillance de l'agence nationale de sécurité américaine (NSA), les organismes de surveillance de plusieurs États membres et leur impact sur la vie privée des citoyens de l'Union (2013/2682(RSP)), 2013, [réf. 20/10/2017], v. : http://www.europarl.europa.eu/sides/getDoc.do?pubRef=-//EP//TEXT+TA+P7-TA-2013-0322+0+DOC+XML+V0//FR.

506. C'est dans ce contexte assez tendu que le parlement français a adopté la loi n° 2015-912 du 24 juillet 2015 relative au renseignement. Même si les médias l'ont présentée comme la réaction aux attentats de janvier 2015 à Paris, le contexte de son adoption fait penser à une tentative opportuniste de légalisation des pratiques déjà menées par les services de renseignement français. Ainsi, des mesures assez intrusives ont été adoptées afin de renforcer les moyens d'action de ces services tout en les plaçant sous le double contrôle d'une autorité administrative indépendante (la Commission nationale de contrôle des techniques de renseignement) et d'une juridiction administrative (le Conseil d'Etat), en formation restreinte de 3 membres habilités au secret défense. Pascal Gonod doute de l'efficacité d'un tel contrôle par le Conseil d'Etat privé de « l'unité du dispositif contentieux qui fait sa force[802] ». Le Conseil constitutionnel saisi dans le cadre du contrôle *a priori*, a censuré entre autres la mise en œuvre de la surveillance internationale, qui semble être un temps fort de ce texte, compte tenu du contexte politique international. Les parlementaires voulaient qu'elle soit régie par un décret, alors que selon les Sages, il s'agissait de la compétence du législateur. Ainsi, une nouvelle loi relative aux mesures de surveillance des communications électroniques internationales a été promulguée le 30 novembre 2015. Son texte légalise la pratique de la surveillance de masse, de « groupes de personnes », d'organisations et même de « zones géographiques[803] ». Saisi notamment sur la constitutionnalité de ce dispositif mentionné à l'art.1 de la loi (l'art. 854-2 du Code de la sécurité intérieure), le Conseil constitutionnel l'a confirmée ainsi que le traitement assoupli des données de connexion[804]. D'ailleurs, il avait déjà eu l'occasion de se prononcer sur la légalité de la collecte et de la réquisition des données de connexion. Dans une QPC du 24 juillet 2015, il a jugé que « les dispositions contestées instituent une procédure de réquisition administrative de données de connexion excluant l'accès au contenu des correspondances ; que, par suite, elles ne sauraient méconnaître le droit au secret des correspondances et la liberté d'expression[805] ». Ainsi, il a adopté le

---

[802] Pascale Gonod, « Renseignement : le Conseil d'Etat, simple réceptacle d'une juridiction d'exception ? », *AJDA* 2015, p. 777 et s.

[803] Loi n° 2015-1556 du 30 novembre 2015 relative aux mesures de surveillance des communications électroniques internationales. JORF n°0278 du 1 décembre 2015, p. 22185, [réf. 20/10/2017], v. : https://www.legifrance.gouv.fr/eli/loi/2015/11/30/DEFX1521757L/jo/texte. art.1.

[804] Conseil constitutionnel, n° 2015-722 DC, 26 novembre 2015, *Loi relative aux mesures de surveillance des communications électroniques internationales*, [réf. 20/10/2017], v. : www.conseil-constitutionnel.fr/decision/2015/2015722dc.htm. Cons.12.

[805] Conseil constitutionnel, *Décision n° 2015-478 QPC du 24 juillet 2015, Association French Data Network et autres [Accès administratif aux données de connexion]*, [réf. 20/10/2017], v. : www.conseil-constitutionnel.fr/decision/2015/2015478qpc.htm. Cons.17.

raisonnement du législateur britannique qui s'était révélé faux « après Snowden[806] ».

507. En tout état de cause, non seulement les Etats surveillent leurs citoyens et résidents, mais ces derniers se trouvent aussi sous une double loupe, organisée par les opérateurs d'internet.

2. *La surveillance d'opérateurs d'internet aux fins commerciales*

508. Selon le rapporteur spécial des Nations unies sur la vie privée, Josef Cannataci, les données personnelles sont devenues une nouvelle monnaie utilisée par plusieurs acteurs d'internet à des fins commerciales alors que la grande majorité des gens en sont inconscients et renoncent à leurs droits sans y penser[807]. Alors que les revenus des géants du Web tels que Google, Facebook ou Twitter battent des records, leur modèle de business conçu à partir de l'analyse et la vente aux annonceurs des informations données par leurs utilisateurs, y compris celles non publiées, passe de plus en plus fréquemment au crible des instances européennes.

509. Notamment, le modèle Facebook qui a les moyens de détecter les utilisateurs ciblés par les annonceurs. Pour cela, le réseau social recueille un large spectre d'informations et ce ne sont pas forcément celles fournies par les utilisateurs eux-mêmes. De plus, le site analyse l'activité des utilisateurs, l'historique de leurs recherches et leurs données de connexion, leurs réseaux de contacts y compris sur leurs portables s'ils les utilisent pour se connecter au réseau, les informations sur les appareils utilisés y compris les données de géolocalisation, les données de paiement s'ils achètent des services payants, les renseignements provenant de partenaires ainsi que d'autres sociétés du groupe Facebook (Instagram ou WhatsApp)[808]. De plus, le site utilise la politique des « vrais noms » qu'il explique de la manière suivante « le nom que vous utilisez [sur le réseau] doit être votre véritable identité, c'est-à-dire le nom que vos amis utilisent pour vous appeler dans la vraie vie et tel qu'il est indiqué sur vos pièces d'identité acceptables[809] ». Ainsi, le site devient un

---

[806] Il apparaît cependant que dernièrement, il est devenu plus vigilant à l'égard de la saisie des données de connexion. V. Conseil constitutionnel, *Décision n° 2017-646/647 QPC du 21 juillet 2017. M. Alexis K. et autre*, [réf. 20/10/2017], v.: www.conseil-constitutionnel.fr/decision/2017/2017646_647qpc.htm.

[807] Adam Alexander, « Digital surveillance "worse than Orwell", says new UN privacy chief », *The Guardian*, 24/08/2015. [réf. 20/10/2017], v.: http://www.theguardian.com/world/2015/aug/24/we-need-geneva-convention-for-the-internet-says-new-un-privacy-chief?CMP=share_btn_fb. *[P]eople's data has become the new currency. And unfortunately, the vast bulk of people sign their rights away without knowing or thinking too much about it.*

[808] Politique d'utilisation des données, Facebook. [réf. 20/10/2017], v. : https://fr-fr.facebook.com/about/privacy/update.

[809] *Quels sont les noms autorisés sur Facebook ?,* Facebook. [réf. 20/10/2017], v. : https://fr-fr.facebook.com/help/112146705538576.

véritable instrument de traçage des utilisateurs permettant de recréer leur identité, y compris leurs données personnelles, leur cercle de contacts, leurs habitudes et même leurs convictions religieuses ou opinions politiques, ce qui constitue en lui-même une ingérence non justifiée à l'exercice de liberté d'opinion, même avec l'accord formel de l'utilisateur. De surcroît, ces données peuvent être utilisées par les services de renseignement.

510. L'arrêt de la Cour de Justice de l'Union européenne (CJUE) du 6 octobre 2015, Maximillian Schrems c. Data Protection Commissioner[810], dévoile cette possibilité. En l'espèce, le requérant a contesté le refus de ce dernier d'enquêter sur sa demande d'interdire à Facebook Ireland, filiale européenne de Facebook Inc., le transfert des données personnelles des résidents de l'Union européenne vers les Etats-Unis où elles sont stockées. Ce stockage suivait la décision 2000/520/CE de la Commission du 26 juillet 2000 permettant le transfert de données personnelles européennes aux entreprises américaines qui avaient adhéré aux principes de la sphère de sécurité (*Safe Harbour*). C'était une sorte de *soft law* élaborée par la Commission européenne en vue de concilier les exigences du droit européen de la protection des données personnelles avec les standards américains. Cependant, selon le requérant et après les révélations de E. Snowden, il est devenu évident que « le droit et les pratiques en vigueur dans ce pays ne garantissaient pas une protection suffisante des données à caractère personnel conservées sur le territoire de celui-ci contre les activités de surveillance qui y étaient pratiquées par les autorités publiques[811] ». D'ailleurs, en 2013, la Commission avait déjà indiqué que certaines entreprises américaines certifiées ne respectaient pas les principes de la sphère de sécurité[812]. La Cour quant à elle, après avoir indiqué que le transfert de données personnelles des résidents européens vers les Etats-Unis était assuré « par les entreprises qui sont tenues de remettre des données aux agences américaines de renseignement dans le cadre de programmes américains de collecte de renseignements », a invalidé la décision contestée de la Commission, invalidant ainsi l'accord sur la sphère de sécurité. Par conséquent, il fallait un nouveau cadre de transfert de données. Le 12 juillet 2016, la Commission a approuvé un nouvel accord, *Privacy shield* (Bouclier de protection des données). L'accès aux données personnelles des résidents européens par les autorités publiques américaines est désormais limité en vertu des règles bien définies dont l'application est assurée par de mécanismes de surveillance. En outre, les Etats-Unis se sont engagés à ne pas pratiquer la surveillance massive des données transférées. Enfin, un statut d'Ombudsman a été créé pour

---

[810] CJUE, Grande chambre, 6 octobre 2015, *Maximillian Schrems c. Data Protection Commissioner, en présence de Digital Rights Ireland Ltd, affaire C-362/14*, [réf. 20/10/2017], v. : http://curia.europa.eu/juris/document/document.jsf?docid=169195.

[811] *Ibid.*

[812] Commission européenne, *Communication COM(2013) 846 final*, Bruxelles, 2013. [réf. 20/10/2017], v.: http://eur-lex.europa.eu/procedure/fr/1041464.

accueillir des requêtes relatives à un possible accès aux données par les services de renseignement alors qu'en matière commerciale, les litiges peuvent être réglés gratuitement par le biais d'un mode alternatif de résolution. Le 18 octobre 2017, le premier rapport annuel de la Commission[813] sur le fonctionnement de l'accord a été publié. Il fait remarquer qu'en général, ce nouvel accord a permis d'assurer une protection « adéquate » des données transférées, cependant, certaines améliorations sont encore possibles. Selon Céline Castets-Renard[814], le défaut principal de *Privacy Shield* est ce qu'il est fondé sur la directive 95/46/CE, alors qu'elle a été remplacée par le règlement 2016/679 (RGPD), plus protecteur.

511. Pour l'instant, il est difficile de s'attendre à une vraie conciliation[815] entre les standards européens et américains de la protection des données personnelles qui, en Europe, est comprise comme un droit fondamental, alors qu'aux Etats-Unis, il s'agit d'une mesure de protection des consommateurs. En tout état de cause, un encadrement des pratiques préjudiciables à la liberté d'opinion, au moins au niveau européen, s'impose.

§2. Les conditions essentielles de la jouissance paisible de la liberté d'opinion à l'ère d'internet

512. La liberté d'opinion se trouvant menacée de manière inédite, la question se pose de savoir par quels moyens il est possible d'assurer la jouissance paisible de cette liberté, qui ne permet aucune ingérence afin d'assurer le bon fonctionnement de l'e-démocratie. D'abord, la liberté de se faire une opinion nécessite un espace médiatique diversifié pour pouvoir présenter des courants d'opinions différents. En ce qui concerne internet en tant que média, il faut assurer sa neutralité **(A)** afin de ne pas empêcher l'accès à l'information et sa communication ainsi que pour prévenir le risque d'endoctrinement des utilisateurs à cause du filtrage des flux d'informations. Ensuite, il est nécessaire de strictement encadrer la surveillance, tant des Etats que des opérateurs privés, pour assurer la libre communication des idées permettant de se former des opinions **(B)**.

---

[813] European commission, *Report on the first annual review of the functioning of the EU–U.S. Privacy Shield. SWD(2017) 344 final*, Brussels, 2017. [réf. 20/10/2017], v. : http://ec.europa.eu/newsroom/document.cfm?doc_id=47798.

[814] Céline Castets-Renard, « L'adoption du Privacy Shield sur le transfert de données personnelles », *Rec Dalloz 2016 p1696* 2016.

[815] Même si les entreprises américaines devront se conformer aux standards européens en vertu du RGPD. V. dans ce sens aussi W. Gregory Voss, « Le concept de données à caractère personnel : divergences transatlantiques Safe Harbor et Privacy Shield », *Dalloz IP/IT* 2016, p. 119.

A. *Internet neutre*

513. Même après la dernière intervention du législateur européen, il semble que la neutralité d'internet ne soit toujours pas complètement acquise **(1)**, non plus que son pendant, la loyauté d'autres opérateurs d'internet que les FAI **(2)**.

1. La neutralité d'internet toujours menacée

514. Il n'est pas facile d'aborder la question de la neutralité d'internet puisque l'implantation de ce principe sous-entend une régulation de ce dernier alors qu'il a été conçu comme un espace universel, libre de toute régulation ou presque. Ainsi, toute intervention étatique est vue comme un frein à son développement, comme le montrent par exemple les débats américains sur le sujet. Nombreux sont ceux qui reprochent à la *Federal Communication Commission* d'avoir implanté des exigences de neutralité pour changer la manière dont l'internet fonctionne alors que « c'est le peu de régulation ces dernières années qui a permis les investissements ayant conduit au déploiement des réseaux à haut débit[816] ». En Europe, plus habituée à l'interventionnisme étatique dans la vie économique, cette question fait aussi débat. Néanmoins, il semble qu'une certaine dose de régulation soit nécessaire pour protéger l'objectivité de l'espace public d'internet puisque, comme l'argumente le professeur américain de droit Tim Wu, même si à long terme les intérêts des opérateurs d'internet coïncident avec ceux du public, ces premiers sont en général portés à préférer leurs intérêts plus immédiats[817].

515. Le principe de neutralité peut se comprendre comme l'absence de toute discrimination dans l'acheminement des flux d'informations sur internet[818]. Plus précisément, ce principe suppose que les internautes soient capables d'envoyer et de recevoir tout contenu, d'utiliser tout service et toute application, de connecter tout matériel et d'utiliser tout programme pourvu que cela ne nuise pas au réseau et que la qualité du service soit suffisante[819]. Bien évidemment, il ne peut y avoir une neutralité absolue ; il y a toujours des contraintes sécuritaires, judiciaires ou techniques. Il est donc nécessaire de séparer le bon grain de l'ivraie, c'est-à-dire les contraintes objectives,

---

[816] Afp, « Les Etats-Unis s'engagent pour la «neutralité» d'internet », *Libération*, 26/02/2015. [réf. 20/10/2017], v. : http://www.liberation.fr/ecrans/2015/02/26/les-etats-unis-s-engagent-pour-la-neutralite-d-internet_1210610.

[817] V. en ce sens, Tim Wu, « Network neutrality, broadband discrimination », *Journal of Telecommunications and High Technology Law* 2003, Vol. 2, p. 141-178. p.143.

[818] *Neutralité d'Internet,* Conseil national du numérique. [réf. 20/10/2017], v. : https://contribuez.cnnumerique.fr/debat/neutralité-dinternet.

[819] Assemblée nationale, *Rapport d'information déposé en application de l'article 145 du Règlement par la Commission des affaires économiques sur la neutralité de l'internet et des réseaux*, Paris, 2011. v. : http://www.assemblee-nationale.fr/13/rap-info/i3336.asp.

évoquées plus haut, des subjectives liées aux intérêts économiques non justifiés des opérateurs d'internet. De plus, il serait pertinent de définir le spectre des opérateurs d'internet sur lesquels l'obligation de neutralité doit peser.

516. En ce qui concerne les considérations économiques, le principe de neutralité vient en réponse aux pratiques des FAI de gestion du trafic. Techniquement, il est possible de privilégier certaines communications au détriment d'autres. Par exemple, en ralentissant les usages des services gourmands en bande passante, tels que la télévision en streaming ou la vidéo à la demande. Il est également possible de développer ce que l'on appelle l'internet à plusieurs vitesses, à savoir, d'accélérer certains flux d'information contre rémunération en ralentissant inévitablement d'autres qui sont gratuits. Les FAI justifient le recours à de telles pratiques par le besoin de partager les coûts de financement des réseaux, soit avec les services les plus demandeurs en bande passante, soit avec les utilisateurs, pour faire des investissements nécessaires afin d'absorber une augmentation du trafic et prévenir le risque de congestion[820]. Les adversaires de cette idée notent que les seules données disponibles sont celles fournies par les FAI eux-mêmes, attestant le risque de congestion alors que l'explosion du trafic est compensée par la chute des coûts des équipements, donc sur le long terme, le réseau reste rentable[821]. Cependant, ce ne sont pas que les considérations d'investissement qui sont en jeu, mais aussi celles purement commerciales, telles que les pratiques du « zero rating », permettant de ne pas comptabiliser dans les forfaits de data l'utilisation de certains services partenaires afin de les promouvoir, etc. C'est ici que le législateur devrait intervenir pour pouvoir distinguer entre les différents intérêts en jeu.

517. Le règlement 2015/2120 du Parlement européen et du Conseil du 25 novembre 2015 avait initialement vocation à instaurer l'obligation de neutralité d'internet au niveau européen. Cependant, après plusieurs négociations, le terme de neutralité a disparu en laissant la place à la notion d'internet ouvert[822], sans pour autant la définir. Le texte oblige les FAI à traiter tout le trafic sans discrimination, sans préjudice des mesures raisonnables de sa gestion, les considérations commerciales ou la surveillance du contenu particulier[823] n'y étant pas incluses. De plus, les FAI doivent s'abstenir de

---

[820] ARCEP, *Neutralité de l'Internet*, 2019. [réf. 20/10/2017], v. : https://www.arcep.fr/la-regulation/grands-dossiers-internet-et-numerique/la-neutralite-de-linternet.html. p.9.

[821] *Ibid.* p.16.

[822] Peut-être pour but de l'harmonisation avec les règles américaines sur l'Internet ouvert adoptées par la FCC en 2015. V. *Open Internet,* Federal Communications Commission. [réf. 20/10/2017], v. : https://www.fcc.gov/general/open-internet.

[823] D'ailleurs, cette question a été déjà résolue par CJUE, 24 novembre 2011, *Scarlet Extended SA c. Société belge des auteurs, compositeurs et éditeurs SCRL (SABAM), affaire C-70/10*, [réf. 20/10/2017], v. :
http://curia.europa.eu/juris/document/document.jsf?text=&docid=115202&pageIndex=0&doclang=FR&mode=lst&dir=&occ=first&part=1&cid=416535. où la CJUE a invalidé l'injonction

bloquer, modifier, ralentir ou discriminer les communications, sauf si nécessaire pour se conformer aux actes législatifs, juridictionnels ou d'autorité administrative, pour préserver l'intégrité et la sécurité du réseau ou pour prévenir sa congestion[824].

518. L'adoption du texte a suscité plusieurs critiques des deux côtés de l'Atlantique liées à un certain recul par rapport au but initialement visé. D'abord, il permet de déroger au principe de non-discrimination s'il existe des « exigences techniques objectivement différentes en matière de qualité de service [...] relatives aux catégories spécifiques de trafic[825] ». D'aucuns redoutaient que cela permette de justifier un traitement discriminatoire entre les types différents de communications, tels que la télévision et le téléchargement[826]. D'autres déploraient la possibilité des pratiques de « zero rating », ainsi que d'internet à plusieurs vitesses à travers des « services spécialisés » trop largement définis et d'instauration d'un critère trop subjectif de « congestion » permettant de justifier plusieurs possibilités de gestion du trafic par les FAI[827]. Les lignes directrices[828] pour la mise en œuvre du règlement par les régulateurs nationaux adoptées par l'Organe des régulateurs européens des communications électroniques (ORECE)[829] ont permis de clarifier certaines imprécisions du règlement (« services spécialisés », l'évaluation des pratiques de « zero-rating », etc.) et ont été positivement accueillies par la communauté internet. Cependant, un an après, les défenseurs d'internet libre dressent un bilan plutôt mitigé, en faisant remarquer la

---

obligeant le FAI à mettre en place le système de filtrage des communications en vue de bloquer l'échange illicite des œuvres d'art.

824 Règlement (UE) 2015/2120 du Parlement européen et du Conseil du 25 novembre 2015 établissant des mesures relatives à l'accès à un internet ouvert et modifiant la directive 2002/22/CE concernant le service universel et les droits des utilisateurs au regard des réseaux et services de communications électroniques et le règlement (UE) no 531/2012 concernant l'itinérance sur les réseaux publics de communications mobiles à l'intérieur de l'Union, [réf. 20/10/2017], v. : http://eur-lex.europa.eu/legal-content/FR/TXT/HTML/?uri=CELEX:32015R2120&from=FR. art.3.

825 *Ibid.* (9).

826 Guillaume Champeau, « Le Parlement européen adopte un cadre flou sur la neutralité du net », *Numérama*, 2015. [réf. 20/10/2017], v. : http://www.numerama.com/tech/128331-le-parlement-europeen-adopte-un-cadre-flou-sur-la-neutralite-du-net.html.

827 « Lettre ouverte d'un collectif d'entreprises technologiques et d'investisseurs américains au Parlement européen et au Commissaire à l'économie et la société numériques », 2015. [réf. 20/10/2017], v. : http://www.netfreedom.us/wp-content/uploads/2015/10/TechLettertoEUOct2015.pdf.

828 Body of European Regulators for Electronic Communications (Berec), Guidelines on the Implementation by National Regulators of European Net Neutrality Rules, 2016, BoR (16) 127. [réf. 20/10/2017], v.:
http://berec.europa.eu/eng/document_register/subject_matter/berec/regulatory_best_practices/guidelines/6160-berec-guidelines-on-the-implementation-by-national-regulators-of-european-net-neutrality-rules.

829 Plus connu sous son nom anglais *Body of European Regulators for Electronic Communications (BEREC),* [réf. 20/10/2017], v. : http://berec.europa.eu/.

propagation des pratiques de « zero-rating » et d'autres discriminations du trafic[830].

519. D'ailleurs, on pourrait se demander si ce principe ne devrait pas être appliqué à certains d'autres opérateurs d'internet.

2. L'encadrement nécessaire du marché d'internet

520. La neutralité est nécessaire non seulement pour le transport des flux d'informations mais pour leur présentation aux internautes. Ainsi, on pourrait se demander s'il est opportun d'imposer une telle obligation à d'autres opérateurs d'internet outre les FAI. En effet, ce principe est d'autant plus important qu'il permet selon l'un des « pères d'internet », professeur britannique d'informatique Sir Tim Berners-Lee, de réguler le réseau comme « un bien public », sans pour autant lui attribuer le « label » de service public qui comporte plusieurs contraintes non compatibles avec la liberté du réseau[831]. Cependant, cette réflexion se heurte aux considérations commerciales des opérateurs privés auxquels l'absence de neutralité rapporte des bénéfices considérables.

521. Dans cette perspective, l'obligation de neutralité se distingue de la neutralité des FAI. Il s'agit de la présentation des informations de manière la plus objective, non biaisée par des considérations commerciales ou d'autres. Le Conseil d'Etat l'appelle la loyauté qui « consiste à assurer de bonne foi le service de classement ou de référencement, sans chercher à altérer ou à le détourner à des fins étrangères à l'intérêt des utilisateurs[832] ». Bien évidemment, une telle obligation ne peut peser que sur un cercle limité d'opérateurs. Par exemple, on ne saurait l'imposer aux sites d'actualités qui sont libres d'exprimer leurs opinions et en ce sens se rapprochent des médias en général. Pour autant, un moteur de recherche ou un agrégateur d'informations sont censés être loyaux[833] en ce qui concerne la présentation des informations et ne pas altérer les résultats. Un opérateur à part, Facebook est devenu beaucoup plus qu'un réseau social et se veut être « un portail personnalisé sur le monde en ligne[834] » en agrégeant les nouvelles des « amis », les actualités, les tchats, les jeux, etc. Sa présentation de tous ces éléments est loin d'être neutre. Le site expérimente aussi sur ses utilisateurs,

---

[830] *Neutralité du Net : un an après, un bilan gris foncé,* Quadrature du Net. [réf. 20/10/2017], v. : https://www.laquadrature.net/fr/Neutralité-du-Net-bilan-gris-foncé.

[831] V. par. 546.

[832] Conseil d'Etat, *Etude annuelle 2014 - Le numérique et les droits fondamentaux, op. cit.* p.273.

[833] V. aussi Dominique Cardon, *A quoi rêvent les algorithmes. Nos vies à l'heure des big data*, Paris, Editions du Seuil et La République des Idées, 2015. p. 82.

[834] Will Oremus, « Facebook n'est plus «le» réseau social », *Slate*, 15/05/2016. [réf. 20/10/2017], v. : http://www.slate.fr/story/117879/facebook-plus-le-reseau-social.

à leur insu, en essayant de manipuler leurs émotions[835] ou même d'influencer les résultats des élections[836]. La difficulté principale de la question se trouve donc dans la qualification de l'opérateur. Le Conseil d'Etat propose en ce sens d'appliquer le principe de loyauté à la nouvelle catégorie juridique des plateformes : « les services de référencement et de classement de contenus, biens ou services édités ou fournis par des tiers[837] ». Il apparaît donc qu'une régulation des opérateurs dont l'influence sur l'utilisateur devient incontestable s'impose.

522. Il est vrai que certains cas de non-loyauté sont couverts par le droit européen de la concurrence. Depuis 2010, la Commission européenne menait des enquêtes concernant Google. En 2015, elle a transmis au moteur de recherche un *statement of objections* alléguant l'abus de position dominante. Google altérerait systématiquement les résultats d'une recherche d'achats en ligne afin de favoriser son propre comparateur de prix Google Shopping[838]. Depuis les arrêts de la CJUE dits Google de 2013, il est confirmé que Google « a la maîtrise[839] » des conditions de l'affichage des annonces dans les résultats de recherche. La Commission devait vérifier si l'entreprise avait joué un rôle actif dans cet affichage pour pouvoir la sanctionner. Le 27 juin 2017, elle l'a confirmé en infligeant une amende de 2,42 milliards à Google, pour abus de position dominante[840].

523. En tout état de cause, le droit de la concurrence seul ne peut couvrir tous les cas de non loyauté. L'Arcep note que certains opérateurs sont capables à eux seuls d'influencer fortement les utilisateurs. « [A]u-delà d'une certaine dimension, un acteur, aussi innovant soit-il, devient également une menace sur la liberté des autres, ce qui devrait appeler une forme de contrôle ou de

---

[835] V. Adam D. I. Kramer *et al.*, « Experimental evidence of massive-scale emotional contagion through social networks », *Proceedings of the National Academy of Sciences* 2014, 111, n°24, p. 8788-8790, où les auteurs décrivent une expérimentation de Facebook qui avait manipulé le fil d'actualité de plus de sept cent mille de ses utilisateurs, afin d'étudier la contagion émotionnelle via les réseaux sociaux.

[836] Robert M. Bond *et al.*, « A 61-million-person experiment in social influence and political mobilization », *Nature* 2012, 489, p. 295-298, où les auteurs décrivent une autre expérimentation de Facebook ayant pour but d'augmenter la participation aux élections de 2010. *It is possible that more of the 0.60% growth in turnout between 2006 and 2010 might have been caused by a single message on Facebook.*

[837] Conseil d'Etat, *Etude annuelle 2014 - Le numérique et les droits fondamentaux, op. cit.* p.39, 224.

[838] European Commission, *Antitrust: Commission sends Statement of Objections to Google on comparison shopping service*, 2015. [réf. 20/10/2017], v. : https://ec.europa.eu/commission/presscorner/detail/en/MEMO_15_4781.

[839] CJUE, Grande chambre, 23 mars 2010, *Google France SARL*, [réf. 20/10/2017], v. : http://curia.europa.eu/juris/document/document.jsf?text=&docid=83961&pageIndex=0&doclang=fr&mode=lst&dir=&occ=first&part=1&cid=701613. §115.

[840] Commission Européenne, Pratiques anticoncurrentielles : la Commission inflige à Google une amende de 2,42 milliards d'euros pour abus de position dominante sur le marché des moteurs de recherche en favorisant son propre service de comparaison de prix, 2017, 27 juin 2017. [réf. 20/10/2017], v. : http://europa.eu/rapid/press-release_IP-17-1784_fr.htm.

régulation. Ce besoin de contrôle peut être encore accentué du fait de la diversification des activités de ces acteurs qui proposent le plus souvent un grand nombre de services complémentaires et interdépendants[841] ». L'Arcep envisage un tel contrôle en deux étapes : en premier lieu, elle se propose d'identifier le périmètre des opérateurs soumis au contrôle en le limitant aux opérateurs ayant une position dominante. En second lieu, ce contrôle ne saurait être limité par le droit de la concurrence. Il devra définir la nature des obligations pesant sur ces opérateurs. Selon l'autorité, un tel contrôle devrait s'effectuer à partir de tels principes généraux que l'équité, l'objectivité, la proportionnalité, la non-discrimination[842]. Le Conseil d'Etat propose de définir les obligations suivantes des plateformes découlant du principe de loyauté : la pertinence des critères de classement, de référencement et de retrait de contenus, l'information des utilisateurs sur les critères et la possibilité pour les utilisateurs de faire valoir leurs observations dans le cas de retrait d'un contenu, ainsi que l'information préalable des utilisateurs commerciaux des changements de la politique des contenus[843]. Par ailleurs, l'Arcep note que le contrôle des opérateurs ne sera efficace qu'« à l'échelle internationale, ou a minima européenne[844] ». L'encadrement possible serait l'adoption des principes énoncés ci-dessus au niveau européen et leur transposition au niveau des Etats membres, avec des mécanismes permettant une forte réactivité, pour rattraper l'évolution du marché et un règlement rapide des litiges[845]. Il s'agit en effet de renverser la logique d'analyse de l'activité des opérateurs. Selon la directive européenne 2000/31/CE sur le commerce électronique et la jurisprudence de la CJUE, si le rôle de l'opérateur est neutre, en ce que son comportement est purement technique, automatique et passif, cela implique l'absence de contrôle des données qu'il traite, donc sa responsabilité ne peut être saisie. Il apparaît qu'en ce qui concerne les opérateurs majeurs, il faudrait procéder à une logique inverse : si un opérateur a une position dominante et est capable d'influencer le marché et les utilisateurs, l'obligation de loyauté y compris les obligations énumérées plus haut s'imposent à lui.

---

[841] ARCEP, *Loyauté entre les acteurs économiques*, 2015. [réf. 20/10/2017], v. : http://www.arcep.fr/fileadmin/reprise/communiques/communiques/2015/2015-02_CNNum_ARCEP_loyaute_VF.pdf. p.2.

[842] L'Autorité de la concurrence y ajouterait le principe de transparence. V. par ex. Autorité de la concurrence, *Décision n° 15-D-13 du 9 septembre 2015 relative à une demande de mesures conservatoires de la société Gibmedia*, [réf. 20/10/2017], v. : https://www.autoritedelaconcurrence.fr/sites/default/files/commitments//15d13.pdf. pt.103.

[843] Conseil d'Etat, *Etude annuelle 2014 - Le numérique et les droits fondamentaux, op. cit.* p.281. Les propositions du Conseil d'Etat ont été partiellement retenues, par exemple, par la Loi n° 2016-1321 du 7 octobre 2016 pour une République numérique, [réf. 20/10/2017], v. : https://www.legifrance.gouv.fr/affichTexte.do?cidTexte=JORFTEXT000033202746&categorieLien=id. art.49.

[844] ARCEP, *Loyauté entre les acteurs économiques*, *op. cit.*

[845] *Ibid.*

524. Il serait opportun également d'analyser la question du stockage massif des données personnelles par certains opérateurs, tels que les réseaux sociaux ou les services de messagerie. En effet, s'ils occupent une position dominante sur le marché, un tel stockage représente un risque structurel et il faudrait prévoir des garde-fous pour le pallier. En fin du compte, on ne peut pas tout justifier par le consentement de l'utilisateur.

525. Ce même consentement ne saurait justifier non plus la surveillance de masse sur internet.

B. Internet libre de surveillance

526. Une autre condition de la jouissance paisible de la liberté d'opinion sur internet est l'absence de surveillance de masse. La surveillance individualisée, quant à elle, doit être strictement encadrée, non seulement au niveau des Etats **(1)** mais aussi au niveau des opérateurs privés **(2)**.

1. La surveillance des Etats strictement encadrée

527. La jurisprudence des Cours européennes donne des indications précieuses en ce qui concerne un tel encadrement. Notamment, la CEDH analyse les mesures de surveillance à la lumière de l'art.8 relatif au droit au respect de la vie privée. Dans l'arrêt Klass et autres, elle soutient qu'« on peut dénoncer cette menace de surveillance comme restreignant par elle-même la liberté de communiquer [...] et comme constituant donc [...] une atteinte directe au droit garanti par l'article 8[846] ». Selon la Cour, la collecte, l'utilisation et la communication des données à caractère personnel, autrement dit des renseignements, constitue une ingérence dans ce droit[847]. Une telle ingérence n'est compatible avec la Conv.EDH que si elle est prévue par la loi, qu'elle poursuit des buts légitimes, énumérés au par.2 de l'art.8[848], et qu'elle est nécessaire dans une société démocratique[849]. De plus, l'Etat est obligé à offrir des garanties adéquates et suffisantes contre tout abus. La loi portant les mesures de surveillance doit définir au moins, les infractions susceptibles de donner lieu à un mandat d'interception, les catégories des personnes susceptibles d'être mises sur écoute, une limite à la durée d'exécution de la

---

[846] CEDH (Plénière), 6 septembre 1978, *Klass et autres c. Allemagne*, [réf. 20/10/2017], v. : http://hudoc.echr.coe.int/eng?i=001-62068. §37.

[847] CEDH, 26 mars 1987, *Leander c. Suède*, [réf. 20/10/2017], v. : http://hudoc.echr.coe.int/eng?i=001-62077. §48.

[848] A savoir, la sécurité nationale, la sûreté publique, le bien-être économique du pays, la défense de l'ordre et la prévention des infractions pénales, la protection de la santé ou de la morale, ou la protection des droits et libertés d'autrui.

[849] Council of Europe/European Court of Human Rights, *Internet: case-law of the European Court of Human Rights*, Strasbourg, 2015. [réf. 20/10/2017], v.: http://www.echr.coe.int/Documents/Research_report_internet_ENG.pdf. p.9.

mesure, la procédure à suivre, les règles de l'utilisation, la conservation et de destruction des renseignements, les précautions à prendre pour la communication des données à d'autres parties[850]. Même si les Etats disposent d'une certaine marge d'appréciation dans le choix des moyens, cette dernière est soumise au contrôle de la Cour qui doit se convaincre que l'ingérence est circonscrite à ce qui est « nécessaire dans une société démocratique[851] ».

528. Une question essentielle est la possibilité de contester les mesures secrètes. Selon la jurisprudence de la Cour, elle n'examine pas la législation *in abstracto*. Pour pouvoir saisir la Cour, le requérant doit pouvoir démontrer qu'il a subi directement leurs effets. Néanmoins, en ce qui concerne la nature particulière des mesures de surveillance secrète, la Cour a admis que, dans certaines circonstances, un individu peut se prétendre victime d'une violation entraînée par la simple existence d'une législation permettant de telles mesures, sans avoir besoin de prouver qu'elles ont été appliquées dans son cas[852]. Cela ne veut pas dire que toute personne qui craint d'être surveillée puisse saisir la Cour. Dans l'arrêt Kennedy c. Royaume-Uni, la Cour a établi des critères supplémentaires d'un tel recours général. Premièrement, elle doit vérifier s'il existe un recours efficace permettant de contester l'application des mesures de surveillance au niveau national. Dans la négative, le requérant n'a pas besoin d'établir l'existence d'un risque d'être surveillé et le contrôle *in abstracto* de la Cour sera justifié[853]. Si en revanche, l'ordre interne comporte des recours effectifs, pour pouvoir saisir la Cour, le requérant doit montrer qu'en raison de sa situation personnelle il est particulièrement exposé au risque d'application de telles mesures[854]. De plus, la Cour ajuste le niveau de son contrôle en fonction de l'effectivité de ces recours.

529. Ainsi, il ressort de l'analyse de la jurisprudence de la Cour que des mesures de surveillance généralisée ne sauraient être justifiées. En même temps, par crainte de terrorisme, les Etats n'hésitent pas à les édicter et les appliquer. Si les écoutes de communications de téléphonie mobile et les interceptions électroniques, autrement dit les mesures permettant de saisir le contenu des communications, sont plus ou moins encadrées, la collecte généralisée de données de connexion est largement appliquée. Ces dernières sont considérées comme moins intrusives non seulement par les autorités publiques, mais aussi par le juge[855]. Cependant, l'accès aux données de connexion ne peut pas être considéré comme moins intrusif que l'accès au

---

[850] CEDH, Grande chambre, 4 décembre 2015, *Roman Zakharov c. Russie*, [réf. 20/10/2017], v. : http://hudoc.echr.coe.int/eng?i=001-160008. §231.

[851] CEDH, 18 mai 2010, *Kennedy c. Royaume-Uni*, [réf. 20/10/2017], v. : http://hudoc.echr.coe.int/eng?i=001-98672. §154.

[852] CEDH (Plénière), 6 septembre 1978, *Klass et autres c. Allemagne*, *op. cit.* §34.

[853] CEDH, 18 mai 2010, *Kennedy c. Royaume-Uni*, *op. cit.*, §124.

[854] CEDH, Grande chambre, 4 décembre 2015, *Roman Zakharov c. Russie*, *op. cit.*, §171.

[855] V. par. 506.

contenu des communications[856]. D'ailleurs, la CJUE exprime le même point de vue. Dans son arrêt Digital Rights Ireland, elle soutient que « [c]es données, prises dans leur ensemble, sont susceptibles de permettre de tirer des conclusions très précises concernant la vie privée des personnes dont les données ont été conservées, telles que les habitudes de la vie quotidienne, les lieux de séjour permanents ou temporaires, les déplacements journaliers ou autres, les activités exercées, les relations sociales de ces personnes et les milieux sociaux fréquentés par celles-ci[857] ». Ainsi, la collecte et l'utilisation généralisées de ces données ne sont pas compatibles avec les art. 7 et 8 de la Charte des droits fondamentaux de l'Union européenne (CDFUE). Elles ne sauraient l'être avec la Conv.EDH non plus. Dans plusieurs arrêts, le juge européen a réitéré que les données de connexion font partie intégrante des communications[858]. Ainsi, leur divulgation par l'opérateur sans l'accord de l'abonné serait considérée comme une atteinte au droit garanti par l'art.8 de la Convention.

530. Il est peu probable que les autorités publiques mettant en œuvre les mesures de surveillance généralisée des données de connexion ignorent cette jurisprudence. Cependant, « la valeur informative des données de connexion peut, selon les cas, être égale ou supérieure à celle du contenu de la communication[859] » alors qu'aux yeux du public, leur degré d'intrusion l'est beaucoup moins. De plus, il faut bien comprendre que, sur le plan international, les services de renseignement des pays moins protecteurs des droits de l'homme sont plus efficaces. L'efficacité donc l'emporte. Ainsi, d'après le rapporteur spécial des Nations unies sur la vie privée, Josef Cannataci, le monde aurait besoin d'une « convention de Genève » pour combattre le risque de la surveillance généralisée sur internet[860].

531. Quant aux opérateurs internet privés, leur surveillance doit aussi être strictement encadrée.

---

[856] Patrick Breyer, « Telecommunications Data Retention and Human Rights: The Compatibility of Blanket Traffic Data Retention with the ECHR », *European Law Journal* 2005, 11, n°3, p. 365-375. p.370.

[857] CJUE, Grande chambre, 8 avril 2014, *Digital Rights Ireland and Seitlinger and others, affaires C-293/12 et C-594/12,* [réf. 20/10/2017], v. : http://curia.europa.eu/juris/document/document.jsf?text=&docid=150642&pageIndex=0&doclang=FR&mode=lst&dir=&occ=first&part=1&cid=324889.

[858] V. par. ex. CEDH (Plénière), 2 août 1984, *Malone c. Royaume-Uni*, [réf. 20/10/2017], v. : http://hudoc.echr.coe.int/eng?i=001-62091. §84 ; CEDH, 25 septembre 2001, *P.G. et J.H. c. Royaume-Uni*, [réf. 20/10/2017], v.: http://hudoc.echr.coe.int/eng?i=001-64224. §42.

[859] Patrick Breyer, « Telecommunications Data Retention and Human Rights: The Compatibility of Blanket Traffic Data Retention with the ECHR », *op. cit.*, p.371.

[860] Adam Alexander, « Digital surveillance "worse than Orwell", says new UN privacy chief », *op. cit.*

2. La surveillance des opérateurs limitée par le droit européen

532. La CEDH n'a pas encore eu l'occasion de se prononcer sur la question concernant la surveillance des opérateurs internet privés sur leurs utilisateurs. La CJUE, quant à elle, a abordé ce sujet dans l'arrêt Schrems, en traitant la question de la participation « des sociétés du web, telles que Google, Facebook, Microsoft, Apple et Yahoo[861] », certifiées dans le cadre de la sphère de sécurité, dans les programmes américains de surveillance secrète. Plus précisément, la Cour a dû répondre à la question préjudicielle posée par la Haute Cour irlandaise pour savoir si une autorité indépendante chargée d'appliquer la législation sur la protection des données est liée par la décision de la Commission européenne 2000/520 instaurant la sphère de sécurité ou peut mener sa propre enquête. La Cour a invalidé la décision 2000/520 instaurant la sphère de sécurité qui « est donc devenue l'une des voies par lesquelles les autorités américaines du renseignement ont accès à la collecte des données à caractère personnel initialement traitées dans l'[Union][862] ». En outre, la Cour a souligné que dans la protection des données personnelles des citoyens européens, les autorités de contrôle nationales jouent le rôle essentiel et leurs pouvoirs d'investigation ne peuvent être limités par une décision de la Commission européenne. Celles-ci doivent pouvoir examiner, en toute indépendance, les demandes des citoyens alléguant des violations au droit à la protection des données personnelles[863].

533. Les autorités nationales de contrôle deviennent ainsi le relais principal de protection des données personnelles en Europe, notamment en ce qui concerne la seconde facette de la surveillance, à savoir la surveillance des opérateurs privés aux fins commerciales. La question principale à laquelle se heurtait toute tentative de limiter la surveillance des opérateurs se trouvant en dehors de l'UE, était l'applicabilité du droit européen. Par exemple, un groupe de cinq autorités européennes de contrôle, dont la CNIL, a entamé un examen des pratiques de surveillance de Facebook. Il a découvert que ce dernier dispose de moyens techniques lui permettant de surveiller non seulement ses utilisateurs, mais aussi tout internaute qui consulte le site. Ces moyens permettent à l'entreprise de suivre la navigation ultérieure d'internautes n'ayant pas de compte Facebook[864]. Le tribunal belge saisi en référé par l'autorité nationale de contrôle à la suite de l'investigation, a dû répondre en premier lieu à la question de l'applicabilité du droit belge sur la protection des données et de la compétence du juge national en cas d'espèce. Le juge a

---

[861] CJUE, Grande chambre, 6 octobre 2015, *Arrêt du 6 octobre 2015, Maximillian Schrems*, *op. cit.*, §24.
[862] *Ibid.* §22.
[863] *Ibid.* §40-47, 99-103.
[864] CNIL, *Politique de confidentialité de Facebook : 5 autorités européennes prennent position*, 2015. [réf. 20/10/2017], v. : https://www.cnil.fr/fr/politique-de-confidentialite-de-facebook-5-autorites-europeennesprennent-position.

répondu positivement, en se référant à l'arrêt de la CJUE Google Spain dans lequel la Cour avait retenu que l'affichage de données personnelles sur une page constitue un traitement de telles données. Dès qu'un tel affichage est effectué dans le cadre de l'activité publicitaire et commerciale de l'établissement du responsable du traitement sur le territoire d'un Etat membre[865], en l'occurrence Facebook Belgium, le droit national de protection de données, adopté en exécution de la directive 95/46/CE, est applicable. « Le juge belge dispose ainsi d'un pouvoir de juridiction international pour statuer sur la présente demande, et applique de surcroît la législation belge[866] ». La deuxième question à laquelle il était nécessaire de répondre était de savoir dans quelle mesure la surveillance de la navigation constituait un traitement des données personnelles. En se référant à l'arrêt de la CJUE Scarlet Extended SA c. SABAM, le tribunal a réitéré la position de cette dernière : le traitement automatisé des adresses IP[867] ainsi que des cookies de navigateur permettant une identification unique, effectué par Facebook, constitue un tel traitement. Etant donné que la collecte des données personnelles des non utilisateurs du site est effectuée sans leur consentement et que ces données ne sont pas obtenues pour des finalités déterminées, explicites et légitimes et sont traitées de manière incompatible avec ces finalités, le tribunal a conclu à la violation manifeste de la loi belge de protection des données et a ordonné à Facebook de renoncer à ses pratiques de surveillance sous peine d'astreinte[868]. La Cour d'appel de Bruxelles a cependant infirmé la décision en référé, en retenant que le juge belge n'était pas compétent pour juger Facebook Irlande et Facebook Inc. Quant à Facebook Belgium, il serait compétent mais la demande de l'autorité belge de contrôle a été non fondée puisqu'il n'y avait pas d'urgence. En effet, Facebook pratique le placement du cookie en question depuis 2012 alors que la procédure en référé n'a été entamée qu'en 2015[869].

534. Parallèlement, la jurisprudence française donne un exemple sous un autre angle d'attaque possible en ce qui concerne la compétence des

---

[865] CJUE, Grande chambre, 13 mai 2014, *Google Spain SL, Google Inc. contre Agencia Española de Protección de Datos (AEPD), Mario Costeja González, affaire C-131/12*, §57.

[866] Tribunal de première instance néerlandophone de Bruxelles, Chambre des référés, 9 novembre 2015, 2015/57/C, *Président de la Commission belge de la protection de la vie privée c. Facebook*, [réf. 20/10/2017], v. : https://www.privacycommission.be/sites/privacycommission/files/documents/vonnis_fr.pdf. p.16.

[867] CJUE, 24 novembre 2011, *Scarlet Extended SA c. Société belge des auteurs, compositeurs et éditeurs SCRL (SABAM), affaire C-70/10, op. cit.* §51.

[868] Tribunal de première instance néerlandophone de Bruxelles, Chambre des référés, 9 novembre 2015, 2015/57/C, *Président de la Commission belge de la protection de la vie privée c. Facebook, op. cit.* p.32.

[869] Apparemment, la décision n'a pas été publiée, citée par *La Cour d'appel rejette les arguments contre Facebook*, Commission de la protection de la vie privée. [réf. 20/10/2017], v. : https://www.autoriteprotectiondonnees.be/news/la-cour-dappel-rejette-les-arguments-contre-facebook.

juridictions nationales. Dans un recours d'un particulier contre Facebook, en retenant la qualification du contrat d'adhésion souscrit avec le site par ses utilisateurs, la Cour a appliqué le règlement CE n°44/2001 du 22 décembre 2000 qui dispose que « [l]orsque le cocontractant du consommateur n'est pas domicilié sur le territoire d'un État membre, mais possède une succursale, une agence ou tout autre établissement dans un État membre, il est considéré pour les contestations relatives à leur exploitation comme ayant son domicile sur le territoire de cet Etat[870] ». Le consommateur a donc le droit de porter un recours contre son cocontractant étranger devant le tribunal de son lieu de domicile[871]. Cependant, un tel raisonnement ne saurait être suivi que dans le cadre des litiges entamés par les particuliers. De plus, il faut qu'il y ait un établissement de l'entreprise attaquée dans l'Etat membre pour pouvoir intenter le recours. Ainsi, le Groupe de travail Article 29 sur la protection des données (G29)[872] a proposé de clarifier le champ d'application du droit européen de protection des données personnelles lorsque le responsable du traitement est situé en dehors de l'UE en instaurant des critères supplémentaires dont « l'activité impliquant le traitement de données à caractère personnel doit cibler des personnes résidant dans l'UE pour entraîner l'application du droit de l'UE en matière de protection des données[873] ». Le nouveau règlement 2016/679 (RGPD) se substituant à la directive 95/46/CE a retenu la proposition en élargissant son champ d'application (1) au traitement des données personnelles des résidents de l'UE par un responsable du traitement ou un sous-traitant établi en dehors de l'UE lorsque les activités de traitement sont liées à l'offre de biens ou de services, qu'ils soient payants ou non, (2) au suivi du comportement de ces personnes ayant lieu au sein de l'UE[874]. Même s'il n'est applicable qu'à partir du 25 mai 2018, il est déjà entré en vigueur et va donner une indication aux juges nationaux quant à l'interprétation du droit européen de la protection des données et ainsi limiter la surveillance des opérateurs internet, néfaste pour la liberté d'opinion.

---

[870] Conseil de l'Union européenne, Règlement (CE) n° 44/2001 du Conseil du 22 décembre 2000 concernant la compétence judiciaire, la reconnaissance et l'exécution des décisions en matière civile et commerciale, [réf. 20/10/2017], v. : http://eur-lex.europa.eu/LexUriServ/LexUriServ.do?uri=CELEX:32001R0044:fr:HTML. art.15.

[871] Cour d'appel de Paris. Pôle 2 - Chambre 2, *Arrêt du 12 février 2016 (n° 2016-58)*, [réf. 20/10/2017], v. : http://mafr.fr/media/assets/paris-12-fevrier-2016-facebook.pdf. p.4.

[872] Le G29 est un organe consultatif européen indépendant, regroupant les « CNIL » européennes et créé en vertu des articles 29 et 30 de la directive 95/46/CE.

[873] Groupe de travail "Article 29" sur la protection des données, *Avis 8/2010 sur le droit applicable*, 2010. [réf. 20/10/2017], v. : https://ec.europa.eu/newsroom/article29/item-detail.cfm?item_id=640614. p.36.

[874] Règlement (UE) 2016/679 du Parlement européen et du Conseil du 27 avril 2016 relatif à la protection des personnes physiques à l'égard du traitement des données à caractère personnel et à la libre circulation de ces données, et abrogeant la directive 95/46/CE (règlement général sur la protection des données), [réf. 20/10/2017], v. : http://eur-lex.europa.eu/legal-content/FR/TXT/HTML/?uri=CELEX:32016R0679&from=FR. art.3.

535. Tout comme la liberté d'opinion, la liberté de recevoir ou de communiquer des informations ou des idées se voit mise en cause à l'ère d'internet.

Section 2. La liberté de recevoir ou de communiquer des informations en conflit avec l'Etat

536. Paradoxalement, internet qui a augmenté les moyens de s'informer et de diffuser de l'information de façon inédite, peut également être un moyen de restreindre l'accès à l'information, d'orienter le spectre des informations reçues ou de limiter la liberté d'expression[875]. La CEDH note en ce sens que les idées doivent être particulièrement protégées dans le processus de communication[876].

537. La liberté de recevoir ou de communiquer des informations contient donc deux composants essentiels. Le premier est la liberté de recevoir des informations qui peut être comprise comme le droit d'accès à l'information, recevant donc une dimension active à la différence du caractère *a priori* passif de la liberté de recevoir des informations. En effet, la démocratie électronique nécessite que cette dimension plus active du droit à l'information soit bien développée pour que seul le citoyen bien informé puisse prendre de décisions éclairées. Il doit donc avoir des moyens pour imposer la transparence aux organes de pouvoir étatique[877]. Ainsi, le droit d'accès à l'information, un nouveau droit en construction par la CEDH **(Paragraphe 1)** semble être indispensable pour le bon fonctionnement de l'e-démocratie. La seconde composante est la liberté de communiquer des informations qui doit être considérée comme la pierre angulaire de l'e-démocratie bâtie sur l'interaction et l'échange d'informations entre ses parties prenantes. Cependant, on trouve plusieurs exemples de violations de cette liberté sur internet, surtout en ce qui concerne son exercice en matière politique. Un exemple frappant est le cas des lanceurs d'alerte **(Paragraphe 2)**. Un cadre législatif général s'impose afin de les protéger en tant que précurseurs de l'e-journalisme, un des instruments clef de l'e-démocratie.

§1. Le droit d'accès à l'information, un nouveau droit en construction

538. Selon la Cour EDH, « l'article 10 imposant expressément à l'Etat une obligation négative de ne pas interférer avec la liberté de recevoir et de communiquer des informations, la Cour a été réticente à reconnaître que cette disposition garantit un droit général d'accès à l'information, y compris les

[875] V. dans ce sens Henri Oberdorff, *Droits de l'homme et libertés fondamentales*, Issy-les-Moulineaux, LGDJ, 2017. p.395-400.
[876] CEDH, 13 juillet 2012, *Mouvement raëlien suisse c. Suisse*, [réf. 20/10/2017], v. : http://hudoc.echr.coe.int/eng?i=001-112157. Opinion dissidente commune aux juges Sajó, Lazarova Trajkovska et Vučinic, IV.
[877] V. dans ce sens par. 761.

données et les documents administratifs[878] ». Cela concerne non seulement le contenu de l'information mais aussi les moyens par lesquels elle est transmise puisque la liberté d'accès à l'information dépend de la liberté d'accès à ces moyens. Néanmoins, la jurisprudence de la Cour commence à évoluer vers la reconnaissance du droit d'accès à l'information. Il est possible de distinguer deux piliers de ce droit en construction : le droit d'accès au réseau internet **(A)**, c'est-à-dire le droit d'accès physique à internet ; et le droit d'accès à l'information sur internet **(B)**, c'est-à-dire le droit d'accès au contenu, y compris mis sur le réseau internet.

A. Le droit d'accès au réseau, quel droit ?

539. La Cour ne s'est pas encore prononcée sur le caractère fondamental du droit d'accès au réseau **(1).** Etant donné les divergences d'approche à cette question parmi les Etats membres, il est probable qu'une fois saisie, à la vertu de la marge d'appréciation octroyée, elle retienne l'appréciation selon laquelle c'est un service universel **(2)**.

1. Droit à internet, un droit fondamental ?

540. En janvier 2016, la CEDH s'est prononcée pour la première fois sur le droit d'accès à internet dans l'arrêt controversé Kalda c. Estonie. En l'espèce, un détenu à perpétuité a contesté le refus des autorités pénitentiaires estoniennes de lui autoriser l'accès à certains sites. La Cour, en retenant la violation de l'art.10 de la Convention, soutient que « l'accès à l'Internet est de plus en plus compris comme un droit, et des appels ont été faits pour élaborer des politiques efficaces pour atteindre l'accès universel à l'Internet et à surmonter la «fracture numérique» [...]. La Cour estime que ces évolutions reflètent le rôle important que l'Internet joue dans la vie quotidienne des gens[879] ». Le juge Kjølbro dans son opinion dissidente, la met en garde contre

---

[878] Council of Europe/European Court of Human Rights, *Internet: case-law of the European Court of Human Rights, op. cit.* p.21. *Since Article 10 expressly imposes on the State a negative duty not to interfere with the freedom to receive and impart information, the Court has been reluctant to recognise that this provision guarantees a general right of access to information, including administrative data and documents.* Pour comparer avec l'approche américaine, v. Nani Jansen Reventlow, Jonathan Mccully, « The European Court of Human Rights and Access to Information: Clarifying the Status, with Room for Improvement », Harvard Law School, 2016. [réf. 20/10/2017], v.: http://clinic.cyber.harvard.edu/2016/11/22/the-european-court-of-human-rights-and-access-to-information-clarifying-the-status-with-room-for-improvement/. et Inter-American Court of Human Rights, 24 November 2010, *Case of Gomes Lund et al. ("Guerrilha Do Araguaia") v. Brazil*, [réf. 20/10/2017], v. : http://www.corteidh.or.cr/docs/casos/articulos/seriec_219_ing.pdf.

[879] CEDH, 19 janvier 2016, *Kalda v. Estonia*, [réf. 20/10/2017], v.: http://hudoc.echr.coe.int/eng?i=001-160270. § 52 *Internet access has increasingly been*

le militantisme excessif en arguant la nécessité d'accorder aux Etats parties une large marge d'appréciation. Plus récemment, dans l'arrêt Jankovskis c. Lituanie[880] relatif à un prisonnier contestant le refus des autorités de lui octroyer l'accès au réseau internet afin de s'inscrire à l'université, tout en retenant la violation dans ce cas précis, elle a confirmé que l'art.10 ne peut pas être interprété comme imposant une obligation générale de fournir un tel accès aux détenus. En tout état de cause, la Cour souligne constamment le rôle crucial d'internet pour améliorer l'accès du public à l'actualité et en général, faciliter la communication de l'information[881].

541. En même temps, l'idée de fondamentalité du droit d'accès au réseau captive les esprits. Il apparaît que la première Constitution à inscrire le droit fondamental d'accès à internet fut la Constitution de la République de l'Equateur de 2008. L'art. 16 placé dans la troisième section « Information et communication » du titre II « Droits », dispose que « toutes les personnes, individuellement ou collectivement, ont le droit de : [...] 2. L'accès universel aux technologies de l'information et de la communication.[882] » En outre, l'art. 17 dispose qu'il incombe à l'Etat de favoriser le pluralisme et la diversité des communications. Dans ce but, il doit faciliter l'accès universel aux technologies de l'information et de la communication, surtout pour les personnes et des groupes de personnes ne disposant pas d'un tel accès ou ayant un accès limité[883]. En conséquence, la constitution reconnaît non seulement le droit d'accès à internet mais aussi impose une obligation positive à l'Etat d'Equateur de faciliter cet accès et de combler la fracture numérique. Toujours en Amérique Latine, la Chambre constitutionnelle de la Cour suprême du Costa Rica dans sa décision Andres Oviedo Guzman v. Ministerio de Ambiente du 30 juillet 2010, s'est prononcée en faveur de la fondamentalité du droit d'accès aux nouvelles technologies[884].

---

understood as a right, and calls have been made to develop effective policies to attain universal access to the Internet and to overcome the "digital divide".

[880] CEDH, 17 January 2017, *Jankovskis v. Lithuania*, [réf. 20/10/2017], v. : http://hudoc.echr.coe.int/eng?i=001-170354.

[881] CEDH, 10 mars 2009, *Times Newspapers Ltd c. Royaume-Uni (nos 1 et 2)*, [réf. 20/10/2017], v.: http://hudoc.echr.coe.int/eng?i=001-91713. §27.

[882] Constitución de la República del Ecuador - Versión en Inglés, [réf. 20/10/2017], v.: http://www.asambleanacional.gob.ec/es/noticia/constitucion_de_la_republica_del_ecuador_version_en_ingles. *Article 16. All persons, individually or collectively, have the right to: [...] 2. Universal access to information and communication technologies.*

[883] *Ibid. Article 17. The State shall foster plurality and diversity in communication and, for this purpose, shall: [...] 2. Facilitate the creation and strengthening of public, private and community media, as well as universal access to information and communication technologies, especially for persons and community groups that do not have this access or have only limited access to them.*

[884] Il apparaît que, paradoxalement, cette décision n'a pas été publiée sur Internet. Citée par Nicola Lucchi, « Internet Content Governance and Human Rights », *Vanderbilt Journal of Entertainment and Technology Law* Vol. 16, n°n. 4 (2014), p. 809-856. p.848. *[T]he Court observed that: "in the context of the information or knowledge society, public authorities are*

542. En ce qui concerne les pays européens, en 2000, ce droit a été partiellement reconnu par l'Estonie. L'art. 33 de la loi sur l'information publique du 15 novembre 2000 garantit à toute personne « l'accès gratuit à l'information publique par Internet dans les bibliothèques publiques, conformément à la procédure prévue à cet effet dans la loi sur les bibliothèques publiques[885] ». En 2001, la Constitution de la Grèce a été révisée afin d'y introduire l'art. 5A disposant que « toute personne a le droit de participer à la société de l'information. Facilitation de l'accès à l'information transmise par voie électronique, ainsi que de la production, l'échange et la diffusion de celle-ci, constitue une obligation de l'Etat, toujours dans le respect des garanties des articles 9, 9A et 19[886] ». Tout comme l'Equateur, l'Etat grec s'est vu imposer une obligation positive. Cependant, la formule de l'article fait plutôt penser à la facilitation de l'accès aux sites internet qu'à l'accès au réseau en tant que tel. En 2009, le Ministère des Transports et des Communications finlandaise a adopté un texte dont l'objectif est « d'assurer que les réseaux de communications et de services de communications sont disponibles sous les conditions raisonnables à tous les opérateurs de télécommunications et les utilisateurs dans tout le pays[887] ». Un décret de la même autorité venant préciser le premier texte, établit une vitesse minimum

required—for the benefit of those governed—to promote and ensure universally the access to these new technologies. The delay in opening the telecommunications market has an impact on the exercise and enjoyment of other fundamental rights, such as the consumers' right to freedom of choice (Article 46, last paragraph of the Constitution), the constitutional right of access to new information technologies, the right to equality and the elimination of digital divide (art. 33 of the Constitution), the right of access to the Internet through the interface that the user or the consumer chooses and the freedom of enterprise and trade.

[885] Рийгикогу, Закон о публичной информации от 15 ноября 2000, [réf. 20/10/2017], v. : https://www.juristaitab.ee/sites/www.juristaitab.ee/files/elfinder/ru-seadused/ЗАКОН%20О%20ПУБЛИЧНОЙ%20ИНФОРМАЦИИ%2001.01.2015.pdf. [Riigikogu, Loi sur l'information publique du 15 novembre 2000].

[886] Respectivement le droit à la vie privée, le droit à la protection des données personnelles, le droit à l'éducation. The Constitution of Greece. As revised by the parliamentary resolution of May 27th 2008 of the VIIIth Revisionary Parliament, [réf. 20/10/2017], v.: http://www.hellenicparliament.gr/UserFiles/f3c70a23-7696-49db-9148-f24dce6a27c8/001-156%20aggliko.pdf. *All persons have the right to participate in the Information Society. Facilitation of access to electronically transmitted information, as well as of the production, exchange and diffusion thereof, constitutes an obligation of the State, always in observance of the guarantees of articles 9, 9A and 19.*

[887] Ministry of Transport and Communications (Finland), Communications Market Act 393/2003, [réf. 20/10/2017], v.: http://www.finlex.fi/en/laki/kaannokset/2003/en20030393.pdf. Ch. I, Section I. *The objectives of the Act are to promote the provision and use of services within communications networks and to ensure that communications networks and communications services are available under reasonable conditions to all telecommunications operators and users throughout the country.*

garantie de connexion de 1Mbit/s[888]. Pourtant, comme le texte du décret le suggère, il s'agit non pas de droit fondamental mais d'un service universel.

543. Dans ce contexte contrasté, la France semble adopter une attitude assez prudente. Dans sa décision n° 2009-580 DC du 10 juin 2009, le Conseil constitutionnel, en se référant à l'art.11 de la Déclaration des droits de l'homme et du citoyen de 1789, a déclaré « qu'en l'état actuel des moyens de communication et eu égard au développement généralisé des services de communication au public en ligne ainsi qu'à l'importance prise par ces services pour la participation à la vie démocratique et l'expression des idées et des opinions, ce droit implique la liberté d'accéder à ces services[889] ». Ainsi, le Conseil a non seulement intégré l'accès à internet au champ du droit constitutionnel de s'exprimer et de communiquer librement mais aussi, il a reconnu que ce dernier implique la liberté d'accéder à Internet[890]. En d'autres termes, le droit à internet doit être particulièrement protégé pour le Conseil, parce qu'il est lié à la liberté d'expression protégée par l'art.11 de la DDHC. Néanmoins, cela ne signifie pas qu'il ait reconnu la fondamentalité du droit d'accès à internet, c'est-à-dire le droit d'accéder au réseau, garanti pour tous.

544. Avec la loi pour une République numérique[891], la question a reçu une nouvelle appréciation. Cette loi prévoit dans son art. 108 al.2 qu'en cas de non-paiement des factures, l'accès à internet, tout comme l'accès aux énergies de base et au réseau téléphonique, devra être maintenu jusqu'à ce qu'il ait été statué sur la demande d'aide. Les opérateurs doivent en outre préserver un accès fonctionnel aux services de communication au public en ligne et au courrier électronique. Selon l'étude d'impact[892], l'objet de la mesure est d'ajouter l'accès aux services internet au nombre des services bénéficiant d'une aide financière de la collectivité afin de réduire une fracture numérique touchant les moins aisés. Il appartiendra aux collectivités territoriales de décider de la mise en place de la mesure et, notamment, sur les sources de financement. L'exposé des motifs en propose trois : les opérateurs internet, les contributeurs publics ou les fonds du département. Dans les trois cas, d'une manière ou d'une autre, les coûts reviendront finalement aux contribuables.

---

888 Ministry of Transport and Communications (Finland), Decree on the minimum rate of a functional Internet access as a universal service (732/2009), [réf. 20/10/2017], v.: http://www.finlex.fi/en/laki/kaannokset/2009/en20090732.pdf. Section I. *The minimum rate of downstream traffic of a functional Internet access referred to in section 60 c(2) of the Communications Market Act (393/2003) is 1 Mbit/s.*

889 Conseil Constitutionnel, *Décision n°2009-580 DC, 10 juin 2009. Loi favorisant la diffusion et la protection de la création sur internet*, [réf. 20/10/2017], v. : www.conseil-constitutionnel.fr/decision/2009/2009580dc.htm.

890 X, « Commentaire de la décision n° 2009-580 DC – 10 juin 2009. Loi relative à la diffusion et à la protection de la création sur internet », *Les cahiers du Conseil constitutionnel* 2009, n°27. p.104.

891 Loi n° 2016-1321 du 7 octobre 2016 pour une République numérique, *op. cit.*

892 Projet de loi pour une République numérique. Etude d'impact, 2015, [réf. 20/10/2017], v. : http://www.assemblee-nationale.fr/14/projets/pl3318-ei.asp. p.140.

545. A la suite de l'analyse de ces mesures, il semble que le droit à internet devienne de plus en plus un droit autonome et avance vers l'obligation positive de l'Etat d'assurer un service minimum.

2. *Internet, vers un service universel*

546. Dans cette perspective, la question qui se pose est de savoir comment qualifier au niveau national cette obligation positive de l'Etat ? S'agit-il d'un service public de l'accès à l'internet ?[893] Dans le cadre français, le service public peut se définir comme « l'activité d'intérêt général, soit directement prise en charge par une personne publique, soit exercée sous contrôle étroit[894] ». Ainsi, Jacqueline Morand-Deviller[895] distingue trois critères du service public, à savoir : la mission d'intérêt général comme finalité, organismes de droit public ou de droit privé comme acteurs et le régime applicable de droit public ou celui principalement de droit privé avec le contrôle étroit de l'administration. Dès lors qu'il existe ce contrôle, il peut se manifester dans la désignation des dirigeants par la personne publique, dans le financement octroyé régulièrement par cette dernière, par une délégation de compétence expresse[896] ou dans l'octroi des prérogatives de puissance publique : en d'autres termes, dans un contrôle par une personne publique de l'organisme privé.

547. Etant donné que les FAI exercent habituellement leur activité à titre privé, il apparaît donc qu'il faudrait le contrôle d'une personne publique pour que cette activité puisse être qualifiée de service public. Cependant, ce critère ne trouve pas sa justification en pratique. Non seulement il n'y a pas de « désignation des dirigeants » ou de « délégation de compétence », ni d'octroi des prérogatives de puissance publique, ni le « financement de l'activité par une personne publique », étant donné que l'aide financière de la collectivité prévue est au bénéfice des particuliers débiteurs. En tout état de cause, dans une situation économique normale, une telle aide ne pourrait s'élever à une partie considérable des recettes d'un FAI[897]. La qualification de service public ne pourrait donc être retenue. En outre, il convient de se demander si le

---

[893] Laure Marino, « Le droit d'accès à internet, nouveau droit fondamental », *Recueil Dalloz 2009 p 2045.*

[894] Réflexions sur l'intérêt général - Rapport public 1999, *op. cit.* p.272.

[895] Jacqueline Morand-Deviller, *Droit administratif*, Issy-les-Moulineaux, LGDJ - Lextenso éd., 2015. p.464.

[896] Martine Lombard *et al.*, *Droit administratif*, Paris, Dalloz, 2013. p.319.

[897] V. sur les critères d'aide financière et de contrôle, Conseil d'Etat, 20 juillet 1990, *Ville de Melun et l'association « Melun-Culture-Loisirs »*, [réf. 20/10/2017], v. : https://www.legifrance.gouv.fr/affichJuriAdmin.do?idTexte=CETATEXT000007757467. A comparer avec Conseil d'Etat, 23 mai 2011, *Commune de Six-Fours-les-Plages,* [réf. 20/10/2017], v. : https://www.legifrance.gouv.fr/affichJuriAdmin.do?oldAction=rechJuriAdmin&idTexte=CETATEXT000024081926&fastReqId=1169288380&fastPos=1.

contrôle des FAI par des personnes publiques ne pourrait pas être indésirable d'un point de vue de la sauvegarde de la liberté d'expression et de la neutralité d'internet.

548. Plus largement, dans le cadre européen, la question de qualification d'un service d'intérêt économique général peut se poser. En effet, la reconnaissance et le respect de l'accès à de tels services sont établis par l'art. 36 de la CDFUE. D'après le livre vert de 2003 de la Commission Européenne, les services d'intérêt économique général se réfèrent « aux services de nature économique que les États membres ou la Communauté soumettent à des obligations spécifiques de service public en vertu d'un critère d'intérêt général[898] ». Etant donné l'imprécision du terme en raison d'une large marge d'appréciation octroyée aux Etats membres, il est tout de même possible d'en distinguer certains éléments de base, notamment le service universel. Initialement visant les monopoles, « dans un marché libéralisé, une obligation de service universel garantit que toute personne résidant dans l'Union européenne a accès au service à un prix abordable et que la qualité du service est maintenue et, si nécessaire, améliorée[899] ». Le service universel a été défini par la directive 2002/21/CE du Parlement européen et du Conseil du 7 mars 2002 comme « un ensemble de services minimal, de qualité déterminée, disponibles pour tous les utilisateurs quelle que soit leur situation géographique, et compte tenu des conditions nationales spécifiques, d'un prix abordable ». Il permet d'assurer l'accès aux technologies de communication à des catégories défavorisées de population, notamment à des habitants des zones éloignées, des handicapés ou des démunis. La directive 2002/22/CE du Parlement européen et du Conseil du 7 mars 2002 modifiée par la directive 2009/136/CE du 25 novembre 2009, dite directive « Service universel » a limité le champ d'application de cette obligation au réseau téléphonique fixe permettant « de donner et recevoir des appels téléphoniques locaux, nationaux et internationaux, des communications par télécopie et des communications de données, à des débits de données suffisants pour permettre un accès fonctionnel à Internet ». Autrement dit, l'accès universel à internet par le biais du réseau téléphonique fixe est déjà acquis au niveau européen. Même si l'accès à internet haut débit ne fait pas partie des obligations imposées aux Etats membres, il est en train de se développer[900].

---

[898] Commission européenne, *Livre vert sur les services d'intérêt général*. COM/2003/0270 final, 2003, [réf. 20/10/2017], v. : http://eur-lex.europa.eu/legal-content/FR/TXT/?uri=celex:52003DC0270. §17.

[899] *Ibid.* §3.1.1.

[900] V. Commission européenne, Communication de la commission au Conseil, au Parlement européen, au Comité économique et social européen et au Comité des régions. *Connectivité pour un marché unique numérique compétitif – Vers une société européenne du gigabit*, COM(2016) 587 final, Bruxelles, 2016. [réf. 20/10/2017], v. : https://ec.europa.eu/transparency/regdoc/rep/1/2016/FR/1-2016-587-FR-F1-1.PDF.

549. Dans le même temps, le droit d'accès au contenu des informations sur internet semble basculer en sens inverse, vers plus de restrictions.

B. Le droit d'accès au contenu, un droit encore limité

550. Ce droit d'accès aux contenus de caractère politique, nécessaire dans l'e-démocratie, se heurte le plus souvent au secret **(1)** et aux pratiques de limitation d'accès **(2)**.

1. En conflit avec le secret

551. La démocratie électronique en tant que promotrice de la liberté d'expression et de l'un de ses composants, le droit à l'information, entre ainsi en conflit avec le secret[901]. Comme l'art. 10 de la Conv. EDH n'impose qu'une obligation négative de non-ingérence à l'exercice de la liberté d'expression, la CEDH a toujours été réticente de reconnaître un véritable droit d'accès à l'information imposant à l'Etat une obligation positive de diffuser l'information. Cette position de la Cour a été réitérée à plusieurs reprises, notamment dans l'arrêt Loiseau c. France à propos de l'accès aux documents administratifs[902]. La Cour a d'ailleurs soutenu que la liberté de recevoir des informations concerne l'accès à des sources générales d'information[903]. Selon Jean-François Renucci, le domaine de l'art. 10 comprend non seulement l'information traditionnelle, à savoir les nouvelles et les faits, mais aussi tout type d'information, brute ou traitée volontairement, quel que soit son support[904]. Le rôle de l'Etat est réduit au non empêchement à la liberté de quelqu'un de recevoir des informations que d'autres aspirent ou peuvent consentir à lui fournir[905]. Logiquement, l'accès aux informations secrètes n'est normalement pas protégé par la Conv.EDH. Ainsi, une condamnation pénale d'un militaire pour avoir divulgué des renseignements secrets d'importance mineure à une compagnie privée ne serait pas considérée comme violation de l'art. 10[906].

---

901 En ce qui concerne le secret commercial ou professionnel, la jurisprudence de la Cour, compte tenu de son caractère contrasté, ne permet pas d'en tirer des conclusions précises. V. par ex. CEDH, 21 janvier 1999, *Fressoz et Roire c. France*, [réf. 20/10/2017], v. : http://hudoc.echr.coe.int/eng?i=001-63456 concernant le secret fiscal, CEDH, Grande chambre, 10 décembre 2007, *Stoll c. Suisse*, [réf. 20/10/2017], v. : http://hudoc.echr.coe.int/eng?i=001-83917 relatif au secret de fonction.

902 CEDH, 28 septembre 2004, *Loiseau c. France*, [réf. 20/10/2017], v. : http://hudoc.echr.coe.int/eng?i=001-66716.

903 V. en ce sens, CEDH, 26 mars 1987, *Leander c. Suède*, *op. cit.*

904 Jean-François Renucci, *Droit européen des droits de l'homme : droits et libertés fondamentaux garantis par la CEDH*, 6e éd., Paris, LGDJ - Lextenso Editions, 2015. p.196.

905 CEDH, 26 mars 1987, *Leander c. Suède*, *op. cit.*

906 CEDH, 16 décembre 1992, *Hadjianastassiou c. Grèce*, [réf. 20/10/2017], v. : http://hudoc.echr.coe.int/eng?i=001-62335.

552. Néanmoins, la jurisprudence de la Cour signale un certain avancement vers la reconnaissance du droit à l'information. D'abord, dans l'arrêt Sdružení Jihočeské Matky c. la République Tchèque, où la requérante contestait le refus de l'accès aux documents techniques concernant une centrale nucléaire. La Cour a élargi son interprétation de la notion de « liberté de recevoir des informations », en distinguant les informations relevant de l'intérêt général. Ainsi, elle a reconnu le refus de l'accès aux documents administratifs par les autorités tchèques comme ingérence au droit de la requérante de recevoir des informations, même si, d'après la Cour, elle était fondée[907]. Plus récemment, dans l'arrêt Társaság a Szabadságjogokért c. Hongrie, la Cour a souligné que « la loi ne peut permettre des restrictions arbitraires qui pourraient devenir une forme de censure indirecte si les autorités devaient faire obstacle à la collecte des informations. Cette collecte est en effet, par exemple, une démarche préalable essentielle à l'exercice du journalisme. Elle est inhérente à la liberté de la presse et, à ce titre, protégée[908] ». Par conséquent, le refus d'accès au recours pendant devant la Cour constitutionnelle hongroise sous prétexte de divulgation des données personnelles du député qui l'avait déposé, constitue une violation de l'art. 10. Il semble que l'accès aux informations relevant du débat d'intérêt général soit plus protégé aux yeux de la Cour. Ainsi, la Cour a récemment avancé vers la reconnaissance d'un droit d'accès à l'information[909].

553. En ce qui concerne l'accès aux informations personnelles protégées en vertu de l'art.8, il faudrait distinguer deux cas de figure. Premièrement, les personnages publics se voient moins protégés par la Conv.EDH que les particuliers. Selon la Cour, « il serait fatal pour la liberté d'expression en politique que les personnages publics puissent censurer la presse et le débat public au nom de leurs droits de la personnalité, en alléguant que leurs opinions sur des sujets publics sont liées à leur personne et constituent dès lors des données privées ne pouvant être divulguées sans leur consentement[910] ». En d'autres termes, les personnes publiques ne peuvent pas prétendre au respect de leur vie privée de la même manière que les particuliers. Le critère de l'élargissement des contours du droit à l'information les concernant, entre autres, est encore une fois « le débat d'intérêt général », à savoir si les

---

[907] CEDH, 10 juillet 2006, *Sdružení Jihočeské Matky c. la République tchèque*, [réf. 20/10/2017], v. : http://hudoc.echr.coe.int/eng?i=001-76707.

[908] CEDH, 14 avril 2009, *Társaság a Szabadságjogokért c. Hongrie*, [réf. 20/10/2017], v.: http://hudoc.echr.coe.int/eng?i=001-92179. §27.

[909] V. CEDH, 28 novembre 2013, *Österreichische Vereinigung zur Erhaltung, Stärkung und Schaffung eines wirtschaftlich gesunden land- und forstwirtschaftlichen Grundbesitzes v. Austria*, [réf. 20/10/2017], v.: http://hudoc.echr.coe.int/eng?i=001-139084. §41 et surtout CEDH, Grande Chambre, 8 novembre 2016, *Magyar Helsinki Bizottsàg c. Hongrie*, [réf. 20/10/2017], v. : http://hudoc.echr.coe.int/eng?i=001-168716. §149 et s. *[L]a Cour estime que rien ne l'empêche d'interpréter l'article 10 § 1 de la Convention comme incluant un droit d'accès à l'information.*

[910] CEDH, 14 avril 2009, *Társaság a Szabadságjogokért c. Hongrie*, *op. cit.* §37.

informations publiées contribuent à un tel débat et si leur divulgation est dans l'intérêt du public. Dans de tels cas, la Cour semble prévaloir la liberté de la presse au détriment du respect de la vie privée[911].

554. Il en va autrement en ce qui concerne le respect de la vie privée des personnes inconnues du public. La Cour rappelle constamment que dans ce cas, le droit à l'information est limité par le par. 2 de l'art. 10, à savoir par la protection de la réputation ou des droits d'autrui (notamment, de sa vie privée). Par exemple, s'il s'agit d'un accès généralisé aux archives du greffe des tribunaux alors qu'il est normalement conditionné par l'existence d'un intérêt légitime[912]. Néanmoins, cette prise de position peut être nuancée quant à la confrontation de la liberté de la presse au secret professionnel et ce, en présence d'un « débat d'intérêt général ». Ainsi, dans l'affaire Dammann c. Suisse[913], la Cour a dû se prononcer sur la condamnation pénale d'un journaliste pour instigation à la violation du secret de la fonction (en l'occurrence, pour avoir persuadé une assistante du parquet de lui divulguer les antécédents judiciaires des personnes arrêtées en rapport avec un cambriolage). Après avoir évoqué la présence d'un débat d'intérêt général, la Cour a soutenu que la condamnation du journaliste constituait une sorte de censure pour l'inciter à ne pas se livrer à la recherche, inhérente à son métier de journaliste. Ainsi, elle serait de nature à entraver la presse dans l'accomplissement de sa fonction d'information et de contrôle, donc elle n'est pas proportionnée au but visé.

555. Une autre question se pose à propos de droit de la personne à accéder aux informations secrètes la concernant. Existe-t-il un tel droit ? Dans l'affaire Leander c. Suède, la Cour a confirmé très nettement que « l'article 10 n'accorde pas à l'individu le droit d'accéder à un registre où figurent des renseignements sur sa propre situation, ni n'oblige le gouvernement à les lui communiquer[914] ». Jean-François Renucci critique en ce sens la « timidité » des juges européens en ce qui concerne le champ d'application de l'art. 10 et se prononce en faveur de la consécration par la CEDH d'un droit général d'accès aux informations de caractère personnel[915]. D'autant plus que la jurisprudence européenne montre à l'évidence qu'en l'absence de contrôle des intéressés, certains services de renseignements tendent à ficher la population

---

911 V. par ex. CEDH, 18 mai 2004, *Editions Plon c. France*, [réf. 20/10/2017], v. : http://hudoc.echr.coe.int/eng?i=001-66318. ou CEDH, 7 février 2012, *Von Hannover c. Allemagne (no 2)*, [réf. 20/10/2017], v. : http://hudoc.echr.coe.int/eng?i=001-109027.

912 V. par ex. CEDH, 7 avril 1997, *GRUPO INTERPRES S.A. c. Espagne*, [réf. 20/10/2017], v.: http://hudoc.echr.coe.int/eng?i=001-28637. ou CEDH, 15 octobre 1987, *Clavel c. Suisse*, [réf. 20/10/2017], v. : http://hudoc.echr.coe.int/eng?i=001-24250.

913 CEDH, 25 avril 2006, *Dammann c. Suisse*, [réf. 20/10/2017], v.: http://hudoc.echr.coe.int/eng?i=001-75174.

914 CEDH, 26 mars 1987, *Leander c. Suède*, *op. cit.* §74.

915 Jean-François Renucci, *Droit européen des droits de l'homme : droits et libertés fondamentaux garantis par la CEDH*, *op. cit.* p.184.

de manière abusive[916] alors qu'une telle ingérence doit être fondée sur des motifs pertinents et suffisants et proportionnée au but légitime poursuivi[917].

556. Il n'y a pas que le secret qui restreigne la libre circulation des informations mais aussi les mesures spécifiques de restrictions sur internet imposées par l'Etat.

2. *En conflit avec les pratiques de limitation d'accès*

557. Nécessitant le pluralisme d'opinions qui doit être assuré par tous les moyens, dont le premier est internet, la démocratie électronique se heurte également aux pratiques de filtrage et blocage[918] particulièrement organisées par l'Etat et mises en œuvre par les opérateurs d'internet. Bien évidemment, dans la plupart des cas, elles sont nécessaires pour sanctionner les publications non protégées par l'art. 10 de la Conv. EDH, à savoir l'incitation à la haine ou aux violences, les atteintes à la dignité humaine, la pédopornographie etc. Comme le soutient la Cour, « même si la liberté d'expression et la confidentialité des communications sont des préoccupations primordiales et si les utilisateurs des télécommunications et des services Internet doivent avoir la garantie que leur intimité et leur liberté d'expression seront respectées, cette garantie ne peut être absolue, et elle doit parfois s'effacer devant d'autres impératifs légitimes tels que la défense de l'ordre et la prévention des infractions pénales ou la protection des droits et libertés d'autrui[919] ». Cependant, le champ de la protection de l'art. 10 est parfois difficile à cerner, c'est pourquoi la règle générale est l'absence de contrôle *a priori* des contenus, avec le contrôle *a posteriori* par le juge. Ainsi, l'Etat doit-il s'abstenir de restreindre la libre circulation des idées sur internet en limitant au strict minimum les mesures de restriction ou de blocage d'accès au contenu odieux. De plus, compte tenu de la formule de l'art.10 « sans considération de

---

916 V. par ex., CEDH, 4 mai 2000, *Rotaru c. Roumanie*, [réf. 20/10/2017], v. : http://hudoc.echr.coe.int/eng?i=001-63075., CEDH, 6 septembre 2006, *Segerstedt-Wiberg et autres c. Suède*, [réf. 20/10/2017], v. : http://hudoc.echr.coe.int/eng?i=001-75592., CEDH, 24 mai 2011, *Association « 21 Décembre 1989 » et autres c. Roumanie*, [réf. 20/10/2017], v. : http://hudoc.echr.coe.int/eng?i=001-104865, CEDH, 25 juin 2013, *Youth Initiative for Human Rights v. Serbia*, [réf. 20/10/2017], v. : http://hudoc.echr.coe.int/eng?i=001-120955.

917 CEDH, 6 septembre 2006, *Segerstedt-Wiberg et autres c. Suède*, *op. cit.* §88.

918 *Le blocage se réfère aux mesures prises pour empêcher un utilisateur final d'avoir accès à certains contenus, notamment d'empêcher les utilisateurs d'accéder à certains sites Web, aux adresses de protocole Internet (IP), aux extensions de nom de domaine, de retirer certains sites Web du serveur où ils sont hébergés. Le filtrage est l'utilisation des filtres pour exclure des pages contenant des mots-clés ou empêcher des contenus spécifiques d'apparaître.* Assemblée générale des Nations Unies. Conseil des droits de l'homme. Dix-septième session, *Rapport du Rapporteur spécial sur la promotion et la protection du droit à la liberté d'opinion et d'expression, Franck La Rue, A/HRC/17/27,* Nations unies, 2011. [réf. 20/10/2017], v. : https://undocs.org/en/A/HRC/17/27. p.10.

919 CEDH, 2 décembre 2008, *K.U. c. Finlande*, [réf. 20/10/2017], v. : http://hudoc.echr.coe.int/eng?i=001-90015. §49.

frontière », l'Etat ne peut restreindre les informations provenant de l'étranger que dans les limites de l'art.10 §2[920].

558. Selon la CEDH, les pratiques de filtrage et blocage imposées par les Etats sont soumises au contrôle strict de la Cour. Là encore, savoir si le contenu litigieux soulève une question d'intérêt général est un critère important. Dans les affaires concernant les violations de droits d'auteur par exemple ou plus généralement, les questions strictement commerciales, la marge d'appréciation accordée aux Etats est très large. En revanche, si la question se posant à la Cour relève d'un débat d'intérêt général, la liberté d'expression prévaut normalement sur d'autres droits et libertés mis en cause. Ainsi, dans l'affaire Akdeniz c. Turquie, s'agissant d'un blocage d'accès à des sites qui diffusaient des œuvres musicales au mépris des droits d'auteur, la Cour a conclu à l'irrecevabilité[921]. A l'inverse, dans l'affaire Ahmet Yildirim c. Turquie, concernant le blocage général de Google Sites par les autorités turques, la Cour a retenu la violation de l'art.10 arguant que la mesure litigieuse avait provoqué des effets arbitraires car non seulement l'accès au site en cause avait été bloqué mais aussi, tous les sites hébergés par Google Sites[922]. En effet, la mesure litigieuse et surtout sa mise en œuvre ont produit un effet grave de « censure collatérale ». Pour que de telles mesures soient compatibles avec la Conv.EDH, il fallait un cadre légal particulièrement strict pour éviter les abus. Pourtant, les autorités turques ont failli à prévoir ce cadre[923]. Dans son opinion concordante, le juge Pinto de Albuquerque a présenté les critères minimaux à satisfaire par la législation nationale relative au blocage, afin d'être compatible avec la Convention :

- une définition des catégories de personnes et d'institutions susceptibles de voir leurs publications bloquées ;
- une définition des catégories d'ordonnances de blocage ;
- une définition du champ d'application territoriale des mesures de blocage ;
- une limite à la durée des mesures de blocage ;
- une définition des « intérêts » au sens de l'art.10 §2 qui peuvent justifier le blocage ;
- le respect du critère de proportionnalité et du principe de nécessité;
- la détermination des autorités compétentes pour émettre une ordonnance de blocage motivée ;

---

920 ECHR, 20 may 2010, *Cox v. Turkey*, [réf. 20/10/2017], v.: http://hudoc.echr.coe.int/eng?i=001-98752. §31.

921 CEDH, 11 mars 2014, *Akdeniz c. Turquie*, [réf. 20/10/2017], v. : http://hudoc.echr.coe.int/eng?i=001-142383.

922 CEDH, 18 décembre 2012, *Ahmet Yildirim c. Turquie*, [réf. 20/10/2017], v.: http://hudoc.echr.coe.int/eng?i=001-115401. §68.

923 Council of Europe/European Court of Human Rights, *Internet: case-law of the European Court of Human Rights, op. cit.* p.46-47.

- une procédure à suivre pour l'émission de cette ordonnance, notamment l'audition de la personne ou de l'institution lésée, sauf si cette audition est impossible ou se heurte aux « intérêts » poursuivis ;
- la notification de l'ordonnance de blocage et de sa motivation à la personne ou à l'institution lésée ;
- une procédure de recours judiciaire contre l'ordonnance de blocage[924].

559. Il serait opportun de rajouter à cette liste, la recommandation du rapporteur spécial de l'ONU Franck La Rue que « les États qui bloquent actuellement des sites Web [doivent] fournir des listes de sites bloqués où figurent tous les détails concernant les raisons pour lesquelles ils l'ont été[925] ». Une telle mesure serait d'autant plus nécessaire qu'un nombre croissant de pays, au motif de la lutte contre le terrorisme, adoptent des pratiques administratives de blocage, sans l'intervention d'un juge. C'est à juste titre par exemple, que le rapport parlementaire français en énumérant des nombreuses propositions de blocage sur décision administrative, met en garde contre un risque de généralisation de ces pratiques conçues comme un régime d'exception et recommande l'utilisation du blocage à titre subsidiaire et sur décision judiciaire[926]. Dans cette perspective, la publication d'une liste des sites bloqués accompagnée d'un fondement du blocage ainsi que du nom de l'autorité ayant pris la décision pourrait rendre le processus plus transparent et permettre un contrôle public. Une telle mesure pourrait réduire l'arbitraire et ainsi les entraves à l'exercice de la liberté de recevoir des informations.

560. Une protection encore plus forte dans le cadre de la mise en œuvre de l'e-démocratie exige la liberté de communiquer les informations.

§2. La liberté d'expression sur internet, le cas des e-journalistes

561. L'e-démocratie avec l'un de ses instruments le plus puissants, l'e-journalisme, nécessite la protection particulière qui devrait être accordée aux e-journalistes. Comme le définit le Conseil de l'Europe, l'e-journalisme est « l'utilisation d'outils électroniques et d'Internet pour publier des informations et des nouvelles [...] par les citoyens et les fonctionnaires afin de fournir des informations non filtrées et accroître la transparence et la

---

[924] CEDH, 18 décembre 2012, *Ahmet Yildirim c. Turquie*, *op. cit.*

[925] Assemblée générale des Nations Unies. Conseil des droits de l'homme. Dix-septième session, *Rapport du Rapporteur spécial sur la promotion et la protection du droit à la liberté d'opinion et d'expression, Franck La Rue, op. cit.*, p.20.

[926] Assemblée Nationale, *Rapport d'information déposé par la Commission de réflexion et de propositions sur le droit et les libertés à l'âge du numérique*, 2015. [réf. 20/10/2017], v. : http://www.assemblee-nationale.fr/14/rapports/r3119.asp. p.89-94.

responsabilité[927] ». En ce sens, les personnes agissant ainsi peuvent être qualifiées d'e-journalistes. Si elles dévoilent des informations ou signalent un risque concernant une menace ou un préjudice à l'intérêt général, dans le contexte de sa relation de travail[928], elles deviennent des lanceurs d'alerte. Les informations ainsi divulguées peuvent être de nature tellement importante que la question de protection des lanceurs d'alerte et plus généralement, des e-journalistes s'impose[929]. Qu'en est-il dans le cadre européen ?

562. A l'heure actuelle, le statut des e-journalistes et des lanceurs d'alerte est assez vague **(A)**, ce qui pose inévitablement la question de leur responsabilité par rapport à l'Etat et vice versa **(B)**.

A. Le statut hétérogène des e-journalistes

563. Si le statut d'e-journalistes n'est pas encore clairement défini ce qui fait que leur responsabilité a une géométrie variable **(1)**, celui des lanceurs d'alerte, en tant que cas particulier des e-journalistes dans la matière politique, pose des questions faute d'appréciation homogène par les Etats membres **(2)**.

1. La responsabilité des e-journalistes à géométrie variable

564. Tout d'abord, il faut noter que les journalistes non professionnels, y compris les e-journalistes non-professionnels, bénéficient de la même protection de la Conv.EDH que les journalistes professionnels. En ce qui concerne les organisations non gouvernementales agissant en tant que journalistes, la Cour a affirmé que la collecte d'informations ainsi que l'ouverture d'espaces de débat public font partie du rôle de la presse qui n'est pas limité aux médias ou aux journalistes professionnels. Une association militant en faveur de la protection de la liberté d'information peut être qualifiée, tout comme la presse, de « chien de garde » social et à ce titre, bénéficier de la même protection que la presse professionnelle en vertu de la Conv.EDH[930]. Quant à la protection des personnes physiques en tant qu'e-journalistes, la Cour a souligné à plusieurs reprises l'illégalité des poursuites pénales contre des blogueurs critiquant le gouvernement en vertu « des raisons plausibles de soupçonner d'avoir commis une infraction » selon l'art. 5 §1 de

[927] Council of Europe's Ad Hoc Committee on e-democracy (CAHDE), *Indicative Guide No.1 to Recommendation Rec(2009) 1 of the Committee of Ministers to member states on e-democracy. Generic tools and policies for an electronic democracy, op. cit.* p.29.

[928] Conseil de l'Europe, *Recommandation CM/Rec(2014)7. Protection des lanceurs d'alerte*, Strasbourg, [réf. 20/10/2017], v. : https://rm.coe.int/09000016807096c8. p.7.

[929] V. Henri Oberdorff, « La liberté d'expression à l'ère numérique en Europe », *Politeia* 2017, n°31, p. 193-208.

[930] CEDH, 14 avril 2009, *Társaság a Szabadságjogokért c. Hongrie*, *op. cit.*, §27.

la Conv. EDH[931]. Comme le soutient la Cour dans l'affaire Ilgar Mammadov c. Azerbaïdjan, « le but réel des mesures contestées était de réduire au silence ou à punir le requérant pour avoir critiqué le gouvernement et avoir tenté de diffuser ce qu'il croyait être une véritable information que le gouvernement essayait de cacher[932] ». Par ailleurs, la Cour a admis l'existence de l'e-journalisme citoyen. Dans l'affaire Cengiz et autres c. Turquie par exemple, la Cour a rappelé qu'internet est désormais l'un des principaux moyens d'exercice par les individus de leur liberté de recevoir et de communiquer des informations, notamment à travers des outils de participation aux activités et débats d'intérêt public. Puis, elle a observé que « les informations politiques ignorées par les médias traditionnels ont souvent été divulguées par le biais de YouTube, ce qui a permis l'émergence d'un journalisme citoyen[933] ».

565. Cependant, selon la Cour, toute personne, « fût-elle journaliste », dans l'exercice de sa liberté d'expression, doit observer « des devoirs et des responsabilités » dont l'étendue dépend de sa situation et du procédé technique utilisé[934] ». Les journalistes professionnels, même participant au débat d'intérêt général fortement protégé par l'art.10, doivent agir de bonne foi, sur la base de faits exacts et fournir des informations « fiables et précises » dans le respect de l'éthique journalistique[935]. Ces devoirs et responsabilités sont encore renforcés par la publication sur internet puisque, de par un impact fort de ce dernier comparable aux médias audiovisuels[936], celle-ci risque bien plus que la presse écrite, de violer les droits et libertés fondamentaux[937]. Néanmoins, l'étendue de la responsabilité des types différents des e-journalistes sur internet est à géométrie variable. Ainsi, un grand portail

---

931 V. par ex., ECHR, 12 may 2014, *Ilgar Mammadov v. Azerbaijan*, [réf. 20/10/2017], v.: http://hudoc.echr.coe.int/eng?i=001-144124. ; CEDH, 23 février 2016, *Navalnyy and Ofitserov v. Russia*, [réf. 20/10/2017], v.: http://hudoc.echr.coe.int/eng?i=001-161060.

932 ECHR, 12 may 2014, *Ilgar Mammadov v. Azerbaijan*, *op. cit.*, §143. *The above circumstances indicate that the actual purpose of the impugned measures was to silence or punish the applicant for criticising the Government and attempting to disseminate what he believed was the true information that the Government were trying to hide. In the light of these considerations, the Court finds that the restriction of the applicant's liberty was applied for purposes other than bringing him before a competent legal authority on reasonable suspicion of having committed an offence, as prescribed by Article 5 § 1 (c) of the Convention.*

933 CEDH, 1 décembre 2015, *Cengiz et autres c. Turquie*, [réf. 20/10/2017], v.: http://hudoc.echr.coe.int/eng?i=001-158948. §52.

934 V. par ex., CEDH, 7 décembre 1976, *Handyside c. Royaume-Uni*, [réf. 20/10/2017], v. : http://hudoc.echr.coe.int/eng?i=001-62057. §49.

935 CEDH, 21 janvier 1999, *Fressoz et Roire c. France*, *op. cit.* §54.

936 Sur l'impact de l'Internet, v. par ex. CEDH, 5 mai 2011, *Comité de rédaction de Pravoye Delo et Shtekel c. Ukraine*, [réf. 20/10/2017], v. : http://hudoc.echr.coe.int/eng?i=001-104686, §63 et CEDH, Grande Chambre, 22 avril 2013, *Animal defenders international c. Royaume-Uni*, [réf. 20/10/2017], v.: http://hudoc.echr.coe.int/eng?i=001-119279, §119, 120, 124 et l'opinion dissidente de la juge Tulkens.

937 CEDH, Grande chambre, 16 juin 2015, *Delfi AS c. Estonie*, [réf. 20/10/2017], v. : http://hudoc.echr.coe.int/eng?i=001-155627, §133.

d'actualités peut être tenu responsable des commentaires injurieux de ses utilisateurs, même concernant une question d'intérêt public[938] et même si selon la même Cour, « sanctionner un journaliste pour avoir aidé à la diffusion de déclarations émanant d'un tiers dans un entretien entraverait gravement la contribution de la presse aux discussions de problèmes d'intérêt général et ne saurait se concevoir sans raisons particulièrement sérieuses[939] ». Toutefois, la nature « clairement illicite » des commentaires litigieux les a exclus de la protection de l'art. 10 permettant de rendre responsable le portail qui les avait publiés[940]. En ce qui concerne la responsabilité des auteurs des commentaires, à l'encontre de sa jurisprudence K.U. c. Finlande[941], la Cour a pris en compte les difficultés techniques démontrées par les autorités estoniennes de retrouver par le biais des FAI, les ordinateurs à partir desquels les commentaires litigieux avaient été publiés. Elle a également relevé que le portail n'avait pas mis en place d'instruments permettant d'identifier les auteurs. Il ressort donc de l'arrêt qu'il est souhaitable pour tout portail internet modéré où ses utilisateurs peuvent laisser des commentaires[942], de prévoir un mécanisme d'identification de ses utilisateurs pour ne pas voir sa responsabilité engagée par leurs propos. Une telle mesure peut avoir un « effet paralysant » sur les portails et leurs utilisateurs. De plus, il peut arriver qu'il soit « difficile techniquement » de rechercher les auteurs des commentaires s'il est possible

---

[938] A l'occurrence, il s'agissait d'un actionnaire unique ou majoritaire d'une entreprise de navigation assurant une liaison maritime par ferry entre le continent et certaines îles.

[939] CEDH, Grande Chambre, 23 septembre 1994, *Jersild c. Danemark*, [réf. 20/10/2017], v. : http://hudoc.echr.coe.int/eng?i=001-62456. §35.

[940] A comparer avec ECHR, 2 février 2016, *Magyar Tartalomszolgáltatók Egyesülete and Index.hu Zrt v. Hungary*, [réf. 20/10/2017], v. : http://hudoc.echr.coe.int/eng?i=001-160314. §91. *In cases where third-party user comments take the form of hate speech and direct threats to the physical integrity of individuals, the rights and interests of others and of the society as a whole might entitle Contracting States to impose liability on Internet news portals if they failed to take measures to remove clearly unlawful comments without delay, even without notice from the alleged victim or from third parties (see Delfi AS, cited above, § 159). However, the present case did not involve such utterances.*

[941] CEDH, 2 décembre 2008, *K.U. c. Finlande*, *op. cit.*, §47. *Quant à l'argument du Gouvernement selon lequel le requérant avait la possibilité d'obtenir une indemnisation d'un tiers, à savoir le fournisseur d'accès, la Cour considère que cet élément n'était pas suffisant dans les circonstances de l'espèce. Il est évident que tant l'intérêt public que la protection des intérêts des victimes d'infractions commises contre leur bien-être physique ou psychologique commandent que soit disponible un recours permettant d'identifier l'auteur des faits (en l'espèce la personne qui a passé l'annonce au nom du requérant) et de le traduire en justice, de sorte que la victime puisse obtenir une réparation pécuniaire de cette personne.*

[942] Comme le note la Cour, *la présente affaire ne concerne pas d'autres types de forums sur Internet susceptibles de publier des commentaires provenant d'internautes, par exemple les forums de discussion ou les sites de diffusion électronique, où les internautes peuvent exposer librement leurs idées sur n'importe quel sujet sans que la discussion ne soit canalisée par des interventions du responsable du forum, ou encore les plateformes de médias sociaux où le fournisseur de la plateforme ne produit aucun contenu et où le fournisseur de contenu peut être un particulier administrant un site ou un blog dans le cadre de ses loisirs.*

de saisir la responsabilité du site qui les a publiés. Même si la logique des juges de Strasbourg est compréhensible, il est à craindre qu'une telle approche ne renforce l'irresponsabilité des auteurs des propos litigieux, à moins que leur anonymat ne soit pas mis en cause. Selon la Cour, ce dernier est un moyen favorisant grandement la libre circulation des informations et des idées[943].

566. A la différence des e-journalistes, la responsabilité des e-lanceurs d'alerte est souvent trop élargie.

2. *La responsabilité élargie des e-lanceurs d'alerte*

567. Un type spécifique de l'e-journaliste, l'e-lanceur d'alerte, se trouve particulièrement exposé à des risques de violations de ses droits et a donc besoin d'une protection propre de la part de la Conv.EDH. Si aux journalistes professionnels incombe le devoir de communiquer des informations sur toutes les questions d'intérêt général[944], la même approche peine à être appliquée aux lanceurs d'alerte. La Cour souligne que même si le rôle des lanceurs d'alerte est de divulguer des faits sur les questions d'intérêt public et ainsi contribuer à la transparence des pouvoirs publics, ils doivent y procéder avec la vigilance et la modération nécessaires[945]. Tout d'abord, tout comme pour les journalistes professionnels, les droits des lanceurs d'alerte ne s'étendent pas jusqu'à la publication d'informations fausses ou déformées. Puis, « [l]es droits des lanceurs d'alerte finissent où la nécessité de protéger la personnalité des autres, et en particulier leur réputation, commence[946] ». Tenant compte du degré très élevé de sensibilité que peuvent atteindre les divulgations des lanceurs d'alerte, la Cour estime que les juridictions internes sont mieux placées pour apprécier l'ensemble de l'affaire et ménager les intérêts en jeu[947]. Ainsi, une association de lutte contre la corruption avait publié sur son site des informations concernant des évasions fiscales en laissant entendre qu'un député pouvait y être lié. La Cour l'a déboutée de ses demandes trouvant que les juridictions internes avaient bien ménagé un juste équilibre entre la liberté d'expression et le droit à la réputation des personnes mises en cause, protégé par l'art.8. Comme le note la Cour d'ailleurs, « la protection offerte par l'article 10 est subordonnée à la condition que les intéressés agissent de bonne foi et sur la base de faits exacts, de manière à fournir des informations fiables et précises[948] », alors que la requérante a déformé de la réalité en doublant une

---

[943] CEDH, Grande chambre, 16 juin 2015, *Delfi AS c. Estonie*, *op. cit.*, §147.

[944] V. par ex., CEDH, 21 janvier 1999, *Fressoz et Roire c. France*, *op. cit.*, §45

[945] Council of Europe/European Court of Human Rights, *Internet: case-law of the European Court of Human Rights*, *op. cit.*, p.26.

[946] *Ibid.*

[947] *Ibid.*

[948] CEDH, 2 février 2012, *Růžový panter, o.s. c. République tchèque*, [réf. 20/10/2017], v. : http://hudoc.echr.coe.int/eng?i=001-108886, §33.

affirmation véridique de remarques supplémentaires, voire d'insinuations, susceptibles de créer une image erronée aux yeux du public.

568. Les e-lanceurs d'alerte peuvent agir de deux manières, en publiant eux-mêmes les informations sur internet ou en les communiquant aux journalistes professionnels, notamment par le biais des e-plateformes de lancement évoquées dans le Titre II. En ce sens, il convient d'analyser la protection octroyée par la Conv.EDH, primo, des lanceurs d'alerte en tant que tels, et secundo, en tant que source journalistique.

569. En ce qui concerne la protection des lanceurs d'alerte en tant que tels, dans l'affaire Guja c. Moldova, la Cour a établi les principes suivants. L'art.10 s'applique également aux fonctionnaires publics[949], même s'ils ont un devoir de loyauté, de réserve et de discrétion envers leur employeur. De surcroît, s'ils ont l'accès à des renseignements secrets, ils sont tenus à une obligation de discrétion très stricte. Néanmoins, si les fonctionnaires publics sont amenés à prendre connaissance d'informations internes, même secrètes, que le public a un grand intérêt à connaître, « la dénonciation par de tels agents de conduites ou d'actes illicites constatés sur leur lieu de travail doit être protégée dans certaines circonstances[950] ». D'abord, ils doivent divulguer ces faits auprès de leur supérieur ou d'une autre autorité compétente. La divulgation au public n'est envisagée qu'en cas d'impossibilité manifeste d'agir autrement[951]. Cependant, aux yeux de la Cour, si l'information divulguée concerne des questions d'intérêt public qui sont fortement protégées par l'art.10, « [l]'intérêt de l'opinion publique pour une certaine information peut parfois être si grand qu'il peut l'emporter même sur une obligation de confidentialité imposée par la loi[952] ». De plus, l'art.10 ne protège que les informations exactes et dignes de crédit, divulguées dans « le but d'intérêt général » et non pour des motifs personnels. Un autre point important est de comparer le poids du dommage causé par la divulgation à l'autorité publique et l'intérêt que le public pouvait avoir à bénéficier de cette divulgation. Enfin, un facteur d'appréciation très important est la peine infligée et ses conséquences. Ainsi, il apparaît que les divulgations des informations secrètes représentant un intérêt public considérable dans le but d'intérêt général peuvent être protégées par la Conv.EDH à condition que d'autres critères soient remplis. Il est

---

[949] V. dans le sens contraire, Supreme Court of the United States, *Garcetti et al. v. Ceballos,* 547 U.S. 410 (2006), *op. cit. We hold that when public employees make statements pursuant to their official duties, the employees are not speaking as citizens for First Amendment purposes, and the Constitution does not insulate their communications from employer discipline.*

[950] CEDH, Grande Chambre, 12 février 2008, *Guja c. Moldova,* [réf. 20/10/2017], v.: http://hudoc.echr.coe.int/eng?i=001-85017, §72.

[951] A comparer avec Loi n° 2016-1691 du 9 décembre 2016 relative à la transparence, à la lutte contre la corruption et à la modernisation de la vie économique, *op. cit.*, art.8. *En cas de danger grave et imminent ou en présence d'un risque de dommages irréversibles, le signalement peut être porté directement à la connaissance des organismes mentionnés au deuxième alinéa du I. Il peut être rendu public.*

[952] CEDH, Grande Chambre, 12 février 2008, *Guja c. Moldova, op. cit,* §74.

remarquable d'ailleurs que, selon la formule de la Cour, l'art.10 ne protège que la « dénonciation des conduites ou des actes illicites ». Autrement dit, le spectre des actes pouvant être dénoncés ne dépasse pas la seule dimension de légalité. En ce sens, il serait intéressant de connaître l'opinion de la Cour concernant la condamnation des deux lanceurs d'alerte dans l'affaire LuxLeaks. Ceux-ci avaient dénoncé des faits d'évasion fiscale à l'échelle mondiale par le biais de rescrits fiscaux, le dispositif étant parfaitement légal au Grand-Duché mais évidemment préjudiciable au niveau international. Le constat des juges luxembourgeois est frappant : « à la date d'aujourd'hui, le lanceur d'alerte n'est pas protégé par une quelconque norme juridique au niveau européen[953] ». Selon eux, la Conv. EDH n'assurerait pas de protection efficace. Au contraire, l'art.10 imposerait une condamnation puisque les prévenus n'ont pas dénoncé les conduites ou les actes illicites de leur employeur alors que l'intérêt public de leurs signalements était insuffisant pour qu'ils puissent bénéficier d'une protection à ce sujet[954]. Il apparaît que les juges luxembourgeois ignorent le grand intérêt public que les divulgations en cause avaient suscité. Conséquemment, la Commission européenne a mené une enquête sur la pratique des rescrits fiscaux luxembourgeois dont les premiers résultats sont parus. Le 21 octobre 2015, Bruxelles a décidé que les avantages fiscaux octroyés au groupe Fiat, en 2012, par les autorités fiscales du Grand-Duché, constituaient des aides d'Etat illégales au sens du droit européen[955]. Le groupe a donc été obligé de les restituer à l'État du Luxembourg. Parallèlement, les États membres se sont accordés sur l'échange automatique d'informations sur les rescrits fiscaux tous les six mois. Ce retentissement incontestable des révélations restait néanmoins ignoré par les juges luxembourgeois. Il semble donc qu'afin de surmonter une certaine ignorance des juridictions nationales, un texte européen s'impose pour aider les états membres à trouver un juste équilibre entre plusieurs intérêts en cause[956].

570. En ce qui concerne la protection des sources journalistiques, dans l'affaire Goodwin c. Royaume-Uni[957], la Cour fait observer qu'une telle

---

[953] Tribunal d'arrondissement de et à Luxembourg, 12ème chambre, siègeant en matière correctionnelle, *Audience publique du 29 juin 2016*, [réf. 20/10/2017], v. : http://www.justice.public.lu/fr/actualites/2016/06/jugement-affaire-luxleaks/index.html.

[954] *Ibid.*

[955] European Commission, *Statement by Commissioner Vestager on Commission state aid decisions regarding illegal tax advantages granted by Luxembourg (Fiat) and the Netherlands (Starbucks) and on the optical disk drives cartel*, Brussels, 2015. [réf. 20/10/2017], v. : http://europa.eu/rapid/press-release_STATEMENT-15-5881_en.htm?locale=FR.

[956] Comme d'ailleurs le plaide le Parlement européen. V. Parlement européen, Résolution du 4 juillet 2013 sur le programme de surveillance de l'agence nationale de sécurité américaine (NSA), les organismes de surveillance de plusieurs États membres et leur impact sur la vie privée des citoyens de l'Union (2013/2682(RSP)), *op. cit.* §13.

[957] CEDH, Grande Chambre, 27 mars 1996, *Goodwin c. Royaume-Uni*, [réf. 20/10/2017], v. : http://hudoc.echr.coe.int/eng?i=001-62533. §39.

protection est un des fondements de la liberté de la presse puisque son absence pourrait dissuader les sources journalistiques d'aider la presse à informer le public sur des questions d'intérêt général. Une ordonnance de divulgation des sources ne saurait se concilier avec l'art.10 que si elle se justifie par un « impératif prépondérant d'intérêt public ». Quant aux perquisitions et saisies pratiquées par les autorités nationales en vue d'obtenir les informations protégées, la Cour souligne que de telles mesures ne doivent être envisagées qu'en dernier ressort, si des mesures moins intrusives avaient été inopérantes pour assurer la défense de l'ordre et la prévention des infractions. Bien plus, « il ne suffit pas, en soi, qu'une partie désireuse d'obtenir la divulgation de l'identité d'une source se contente de montrer que, faute d'une telle mesure, elle ne pourra pas exercer le droit protégé par la loi ni éviter le dommage qui la menace[958] ». Ainsi, dans l'affaire concernant la divulgation de certains documents « confidentiels » de l'armée turque[959], la Cour a conclu que les perquisitions et la saisie effectuées dans les locaux des journalistes en vue d'identifier les fonctionnaires lanceurs d'alerte, avaient été disproportionnées au but légitime visé et ainsi avaient été de nature à dissuader les lanceurs d'alerte potentiels d'agir[960].

571. D'ailleurs, certaines mesures de responsabilisation des opérateurs d'internet, sans un cadre législatif précis, peuvent produire un même effet menant à la limitation arbitraire de la liberté d'expression en ligne.

B. Le mécanisme de protection des e-journalistes

572. Selon la Cour, il incombe à l'Etat une obligation positive de créer un cadre législatif protégeant la liberté d'expression sur internet **(2)** faute de quoi les opérateurs techniques du marché d'internet risquent de voir accroître leur responsabilité **(1).**

1. La responsabilité parfois trop élargie des opérateurs d'internet

573. Au cours de ces dernières années, une tendance nette de responsabilisation des intermédiaires techniques sur internet est perceptible au

[958] *Ibid.* §45.

[959] CEDH, 19 janvier 2016, *Görmüş et autres c. Turquie*, [réf. 20/10/2017], v. : http://hudoc.echr.coe.int/eng?i=001-160244.

[960] Cour européenne des droits de l'homme, *Protection des sources journalistiques*, 2016. [réf. 20/10/2017], v. : http://www.echr.coe.int/Documents/FS_Journalistic_sources_FRA.pdf. p.5.

niveau européen[961]. Par exemple, dans l'affaire Delfi AS c. Estonie[962], la CEDH a reconnu responsable une société estonienne, propriétaire d'un portail d'actualités sur internet, en raison des commentaires laissés par les internautes sur ce portail. Dans l'affaire Google Spain[963], la CJUE a obligé Google à mettre en œuvre le droit à l'oubli, en choisissant entre les demandes de déréférencement. La question qui se pose ainsi est de savoir jusqu'où un moteur de recherche peut altérer les résultats de la recherche ou un portail d'actualités aménager les commentaires de ses utilisateurs pour ne pas exercer une censure privée, soit dans ses propres intérêts, soit dans l'intérêt de l'Etat ou de tiers ? En 2011, le rapporteur spécial de l'ONU a soutenu dans son rapport, que l'Etat ne doit jamais déléguer le droit de censure à un organisme privé, de même que nul ne doit être tenu responsable d'un contenu créé sur internet par des tiers[964]. Cependant, dans la pratique, il est clair que les juges européens choisissent plutôt de tenir responsables les opérateurs internet car cela est plus aisé, que de trouver les auteurs du contenu litigieux. La CJUE soutient : «il y a lieu de relever que, compte tenu de la facilité avec laquelle des informations publiées sur un site web peuvent être répliquées sur d'autres sites et du fait que les responsables de leur publication ne sont pas toujours soumis à la législation de l'Union, une protection efficace et complète des personnes concernées ne pourrait être réalisée si celles-ci devaient d'abord ou en parallèle obtenir l'effacement des informations les concernant auprès des éditeurs de sites web[965] ». La CEDH lui fait écho : « [s]elon l'arrêt rendu par la Cour d'État en l'espèce, la personne lésée avait le choix d'engager une action contre la société requérante ou contre les auteurs des commentaires. Les résultats inégaux des mesures visant à établir l'identité des auteurs des commentaires, joints au fait que la société requérante n'avait pas mis en place à cette fin d'instruments qui eussent permis aux éventuelles victimes de discours de haine d'introduire une action efficace contre les auteurs des

---

961 Comme d'ailleurs sur le plan international. V. Freedom House, *Freedom on the Net 2015. Privatizing Censorship, Eroding Privacy*, Washington, 2015. [réf. 20/10/2017], v.: https://freedomhouse.org/sites/default/files/FOTN%202015%20Full%20Report.pdf. p.6 et s. Toutefois, v. *a contrario* The United States Congress, Telecommunications Act of 1996, Pub. LA. No. 104-104, 110 Stat. 56 (1996), [réf. 20/10/2017], v.: https://transition.fcc.gov/Reports/tcom1996.pdf. dont la section 230 dégage les acteurs Internet de toute responsabilité des propos d'autrui : *No provider or user of an interactive computer service shall be treated as the publisher or speaker of any information provided by another information content provider.*

962 CEDH, Grande chambre, 16 juin 2015, *Delfi AS c. Estonie*, *op. cit.*

963 CJUE, Grande chambre, 13 mai 2014, *Google Spain SL, Google Inc. contre Agencia Española de Protección de Datos (AEPD), Mario Costeja González, affaire C-131/12*, *op. cit.*

964 Assemblée générale des Nations Unies. Conseil des droits de l'homme. Dix-septième session, *Rapport du Rapporteur spécial sur la promotion et la protection du droit à la liberté d'opinion et d'expression, Franck La Rue*, *op. cit.* p.13.

965 CJUE, Grande chambre, 13 mai 2014, *Google Spain SL, Google Inc. contre Agencia Española de Protección de Datos (AEPD), Mario Costeja González, affaire C-131/12*, *op. cit.*, §84.

commentaires, amènent la Cour à conclure que la Cour d'État a fondé son arrêt sur des motifs pertinents et suffisants[966] ». De plus, la Cour est d'avis que l'obligation pour un grand portail d'actualités de contrôler les propos de ses utilisateurs et de retirer les discours de haine ou appelant à la violence ne peut être qualifiée de censure privée[967]. Certes, mais l'obligation de choisir entre les commentaires ou bien entre les demandes de déréférencement, ne pèse-t-elle pas de manière excessive sur les opérateurs internet au point qu'ils préfèrent retirer tout contenu risqué et ainsi exercer une telle censure ?[968] Les géants du Web peuvent assumer les coûts liés à l'embauche d'un personnel juridique supplémentaire, mais les petits opérateurs, ont-ils la stature pour supporter les charges financières d'un contrôle ainsi imposé ? Le cadre jurisprudentiel qui vient d'être exposé semble défavoriser ces derniers, même si pour le bien des droits de l'homme. Au vu de cette jurisprudence, plusieurs portails, même assez grands, ont déjà supprimé la possibilité de laisser des commentaires sur leurs sites. Le fameux « effet paralysant » sur la liberté d'expression en ligne que l'on voulait éviter semble se ressentir.

574. Une autre question importante consiste en la connaissance des intermédiaires techniques susceptibles de voir leur responsabilité saisie. Dans l'arrêt Ahmet Yildirim c. Turquie, le juge Pinto de Albuquerque note à juste titre qu'« il n'est pas toujours aisé de distinguer entre un fournisseur de contenus et un fournisseur de services. Par exemple, lorsque le fournisseur de services interfère avec le contenu fourni par un tiers, il devient lui-même un fournisseur de contenus. Le législateur doit définir clairement les deux notions sur le plan juridique, étant donné que leurs responsabilités sont également différentes[969] ». Dans la pratique, la question des statuts des différents acteurs internet et surtout, de leur responsabilité pose un problème sérieux. En France par exemple, la loi pour la confiance dans l'économie numérique de 2004 (LCEN) qui a transposé la directive 2000/31/CE du 8 juin 2000 a déterminé

---

966 CEDH, Grande chambre, 16 juin 2015, *Delfi AS c. Estonie*, *op. cit.*, §151.

967 *Ibid.*, §157. V. au sens contraire, Commission nationale consultative des droits de l'homme, *Avis sur la lutte contre les discours de haine sur internet, op. cit.* p.19-20 ou Emmanuel Netter, « La liberté d'expression sur les réseaux sociaux en droit français », in *Droit et réseaux sociaux*, 12 juin 2014. p.60.

968 Sur les surcharges de censure pesant sur les intermédiaires techniques en France, v. Assemblée Nationale, *Rapport d'information déposé par la Commission de réflexion et de propositions sur le droit et les libertés à l'âge du numérique, op. cit.*, p.84-86, et sur le plan international, v. Yasmeen Abutaleb, « EU hate speech deal shows mounting pressures over internet content blocking », *Reuters*, 01/06/2016. [réf. 20/10/2017], v. : http://www.reuters.com/article/us-socialmedia-hatespeech-eu-idUSKCN0YN33C. V. en outre, sur la subjectivité de la distinction entre un discours admissible et non, v. Supreme Court of the United States, *Hustler Magazin, Inc. v. Falwell*, [réf. 20/10/2017], v. : http://caselaw.findlaw.com/us-supreme-court/485/46.html.

969 CEDH, 18 décembre 2012, *Ahmet Yildirim c. Turquie*, *op. cit.*, l'opinion concordante du juge Pinto de Albuquerque, la note de bas de page 9.

deux catégories d'acteurs sur internet : les éditeurs de services[970], dont le régime de responsabilité est le même que celui de la presse, et les hébergeurs[971], dont la responsabilité civile et pénale ne peut être engagée s'ils n'avaient pas connaissance du caractère illicite de la publication en cause ou des faits et circonstances faisant apparaître ce caractère ou s'ils ont agi promptement pour bloquer ou retirer la publication, à partir du moment où ils en ont eu cette connaissance[972]. Cependant, avec la prolifération des nouveaux acteurs du Web 2.0, à savoir les réseaux sociaux, les sites de place de marché en ligne, ainsi que les moteurs de recherche, la question du statut et donc de la responsabilité se pose à nouveau. Le rapport de l'Assemblée nationale soutient qu'« une approche jurisprudentielle permettant d'apprécier la qualité de l'intermédiaire (hébergeur ou éditeur) au cas par cas [...] semble préférable[973] ». Toutefois, une telle approche n'est pas toujours fiable compte tenu des divergences d'appréciation qui apparaissent assez fréquemment chez les différents juges. Par exemple, la querelle entre les juridictions concernant le statut du service Adwords de Google[974] montre bien la difficulté de donner une qualification à un service Web 2.0, dont l'appréciation s'avère assez subjective[975] et variable d'un juge à un autre. Il en résulte un aléa juridictionnel pour la société. D'un autre côté, en raison de sa position dominante sur le marché de la recherche sur internet[976] et la possibilité de l'« affichage des annonces sous des conditions dont Google a la maîtrise[977] », tout comme d'ailleurs pour le service de recherche « naturelle », le géant du Web dispose

---

[970] *Les personnes dont l'activité est d'éditer un service de communication au public en ligne*, art. 6.III.1 de la LCEN.

[971] *Les personnes physiques ou morales qui assurent, même à titre gratuit, pour mise à disposition du public par des services de communication au public en ligne, le stockage de signaux, d'écrits, d'images, de sons ou de messages de toute nature fournis par des destinataires de ces services*, art. 6.I.2 de la LCEN.

[972] V. les art. 6.I.2, 6.I.3 de la LCEN.

[973] Assemblée Nationale, *Rapport d'information déposé par la Commission de réflexion et de propositions sur le droit et les libertés à l'âge du numérique, op. cit.* p.83.

[974] V. CJUE, Grande chambre, 23 mars 2010, *Google France SARL, op. cit.*, Tribunal de grande instance de Paris 17ème chambre, 14 novembre 2011, *Olivier M. / Prisma Presse, Google*, [réf. 20/10/2017], v. : http://www.legalis.net/spip.php?page=jurisprudence-decision&id_article=3267. et Cour d'appel de Paris, Pôle 2, chambre 7, *Arrêt du 11 décembre 2013. Google Ireland, Google France / Olivier M.*, [réf. 20/10/2017], v. : http://www.legalis.net/spip.php?page=jurisprudence-decision&id_article=3981.

[975] Sur la difficulté de donner une qualification juridique au réseau social, v. Valère Ndior, « Le réseau social : essai d'identification et de qualification », in *Droit et réseaux sociaux*, 12 juin 2014. p.35.

[976] Anne Eveno, « Google : un poids (très) lourd, mais quelques alternatives », *Le Monde*, 15/04/2015. [réf. 20/10/2017], v. : http://www.lemonde.fr/economie/article/2015/04/15/goole-un-poids-tres-lourd-mais-quelques-alternatives_4616155_3234.html#3jLCLb52v2Mhl8TT.99 *Au premier trimestre de cette année [2015], la part de marché de Google sur le segment de la recherche sur le Web [en Europe] s'est établie à 92,26 %.*

[977] Assemblée Nationale, *Rapport d'information déposé par la Commission de réflexion et de propositions sur le droit et les libertés à l'âge du numérique, op. cit.*, p.83.

de moyens pour influencer le marché en choisissant l'ordre de classement des contenus. La question de sa responsabilité est donc primordiale. Et ce n'est pas que Google qui peut exercer une telle influence.

575. Ainsi, un cadre normatif précisant le statut et la responsabilité des acteurs du Web 2.0 s'impose.

2. La responsabilité de l'Etat de créer la législation protectrice

576. Etant donné qu'en vertu de l'art.10, l'Etat se voit attribué une obligation négative de ne pas porter atteinte à la liberté de recevoir et de communiquer d'informations, il a été difficile jusqu'à récemment de parler des obligations positives. Malgré tout, le droit d'accès à l'information s'affirme peu à peu dans la jurisprudence de la Cour nécessitant des obligations positives de la part de l'Etat.

577. Pour l'instant, la Cour ne reconnaît qu'une obligation positive de l'Etat de communiquer des informations non secrètes concernant le requérant personnellement[978]. En examinant les demandes de ce type dans le cadre de l'art.8, la Cour a à chaque fois refusé de les analyser à la lumière de l'art.10 en argumentant que cet article ne protégeait que les informations que leurs sources veulent ou peuvent consentir à fournir, alors que l'Etat ne pouvait pas être obligé de le faire[979]. Néanmoins, il est évident que l'exercice de la liberté d'expression sur internet dans le cadre du fonctionnement de l'e-démocratie, nécessite un cadre plus large des obligations qui s'imposent à l'Etat. Avant tout, à l'Etat incomberait une obligation d'édicter une législation interne adéquate. Par exemple, la législation suisse interdisant la publicité politique sur la seule chaîne de télévision de portée nationale a permis l'ingérence non proportionnelle des autorités dans l'exercice par une association de sa liberté d'expression[980]. Par ailleurs, non seulement un texte, mais aussi son interprétation par le juge national peuvent être l'objet d'une requête auprès la CEDH. Il incombe à la Cour de vérifier, en analysant l'ensemble de l'affaire, si l'appréciation des juridictions nationales se concilie avec la Convention[981]. Il est instructif ainsi de comparer la jurisprudence invoquée ci-dessus avec l'affaire Mouvement raëlien suisse c. Suisse, où la Cour, après avoir relevé à une majorité très courte que la publicité en question n'était pas politique, a validé le refus des autorités suisses de permettre la campagne d'affichage

---

[978] V. par ex., CEDH, 7 juillet 1989, *Gaskin c. Royaume-Uni*, [réf. 20/10/2017], v. : http://hudoc.echr.coe.int/eng?i=001-62049. ; CEDH, 19 octobre 2005, *Roche c. Royaume-Uni*, [réf. 20/10/2017], v. : http://hudoc.echr.coe.int/eng?i=001-70658. ; CEDH, 9 juin 1998, *McGinley et Egan c. Royaume-Uni*, [réf. 20/10/2017], v. : http://hudoc.echr.coe.int/eng?i=001-62735.

[979] V. par ex., CEDH, 19 octobre 2005, *Roche c. Royaume-Uni*, *op. cit.*, §172.

[980] CEDH, 28 juin 2001, *VgT Verein gegen Tierfabriken c. Suisse*, [réf. 20/10/2017], v. : http://hudoc.echr.coe.int/eng?i=001-64092.

[981] V. par ex., *ibid.*, §68.

voulue par la requérante, en raison que d'autres moyens de communication, y compris le site internet, restaient à sa disposition[982]. Ainsi, il apparaît que dès lors que le discours litigieux concerne une question d'intérêt général, il pourrait prétendre à un « droit d'antenne » de portée nationale. Cependant, une telle obligation positive ne pourrait être générale. Selon l'opinion concordante du juge Bratza, « l'article 10 ne saurait selon moi être interprété comme imposant aux autorités nationales l'obligation de permettre un accès inconditionnel et libre aux équipements publics pour la diffusion d'informations ou d'idées[983] ». De surcroît, plusieurs opinions dissidentes dans cet arrêt démontrent la pluralité d'approches sur les limites de la liberté d'expression et la difficulté de distinguer la nature politique de certains discours.

578. En tout état de cause, il incombe à l'Etat de créer un cadre législatif pour protéger la liberté d'expression en ligne, compte tenu de la nature spécifique d'internet en tant que support. Comme le démontre l'étude préparée à l'initiative du secrétaire général du Conseil de l'Europe, plusieurs Etats européens ne disposent pas de législation spécifique sur les moyens de limitation de la liberté d'expression sur internet. Dans ces conditions, ils s'appuient sur les normes générales existantes, ce qui pose de plus en plus de problèmes à la résolution des conflits. Pour combler le vide législatif, les opérateurs ont commencé à s'autoréglementer, mais ce cadre normatif n'est pas satisfaisant[984]. Etant donné le développement d'internet, il serait convenable de définir les statuts et les responsabilités des opérateurs différents en délimitant la responsabilité des particuliers dans leurs propos et les sites les publiant. Comme le propose le rapport du Conseil d'Etat, il faudrait d'ailleurs définir « une catégorie juridique des plateformes, distincte de celle de simples hébergeurs passifs[985] », ainsi que leurs obligations envers les utilisateurs en ce qui concerne le classement, le référencement et le retrait de l'information, tout en permettant le droit de réponse de l'auteur du contenu supprimé. L'étude

---

[982] CEDH, 13 juillet 2012, *Mouvement raëlien suisse c. Suisse*, *op. cit.* §75.

[983] *Ibid.*

[984] Institut suisse de droit comparé, *Etude comparative sur le blocage, le filtrage et le retrait de contenus illégaux sur Internet*, Lausanne, 2015. [réf. 20/10/2017], v. : http://www.coe.int/fr/web/freedom-expression/study-filtering-blocking-and-take-down-of-illegal-content-on-the-internet. p.3,4. De surcroît, selon Marie-Anne Frison-Roche, des charges de régulation imposées aux opérateurs internet montrent l'immaturité du système. Marie-Anne Frison-Roche, « Les conséquences régulatoires d'un monde repensé à partir de la notion de "donnée" », *Site personnel de la Pr Frison-Roche,* 2016. [réf. 20/10/2017], v. : http://mafr.fr/fr/article/les-consequences-regulatoires-dun-monde-repensee-a/.

[985] Conseil d'Etat, *Etude annuelle 2014 - Le numérique et les droits fondamentaux, op. cit.* p.338. En France, les propositions du Conseil d'Etat ont été partiellement retenues par les Loi n° 2015-990 du 6 août 2015 pour la croissance, l'activité et l'égalité des chances économiques, [réf. 20/10/2017], v. : https://www.legifrance.gouv.fr/affichTexte.do?cidTexte=JORFTEXT000030978561&categorieLien=id. ; Loi n° 2016-1321 du 7 octobre 2016 pour une République numérique, *op. cit.*

mentionnée plus haut attire l'attention sur le problème de la responsabilisation des hébergeurs des propos des utilisateurs, qui pourrait conduire à des excès de suppression[986].

579. En ce qui concerne les pratiques de blocage et filtrage, le nouveau règlement européen 2015/2120 relatif à un internet ouvert a résolu ce problème au niveau des FAI. Dans son art.3 al.3, il limite les possibilités de gestion du trafic par les opérateurs à l'application des textes normatifs ou des décisions des autorités administratives ou de la justice, aux raisons de la sécurité et l'intégrité du réseau et à la prévention de sa congestion. Autrement dit, le blocage et le filtrage du contenu en vertu de l'autoréglementation des opérateurs d'internet sans une base légale seront prohibés. Pourtant, la question de responsabilité d'autres opérateurs internet quant au retrait des contenus subsiste. L'étude invoquée plus haut prône les procédures de « notification et retrait » prévues par la loi. Celles autoréglementées ou volontaires, qui existent à l'heure actuelle dans la plupart des Etats, n'offrent souvent pas de garanties suffisantes[987].

580. Il est nécessaire en même temps de créer au niveau européen un statut de lanceur d'alerte pour mettre fin à une marge d'appréciation trop large des Etats et aux statuts sectoriels et partiels[988]. Comme les lanceurs d'alerte exercent leur liberté d'expression en matière politique en contribuant au débat d'intérêt général, la marge d'appréciation accordée à l'Etat doit être très limitée[989]. Tenant compte de la difficulté de concilier les approches des Etats en ce qui concerne leur protection, il serait opportun de définir au moins un statut général de lanceur d'alerte ainsi que les droits et les obligations minimums réciproques dans leurs relations avec l'Etat et d'autres parties prenantes.

581. Encore plus que la liberté d'expression, le droit au respect de la vie privée et les droits politiques ont besoin de protection sur internet.

---

[986] Institut suisse de droit comparé, *Etude comparative sur le blocage, le filtrage et le retrait de contenus illégaux sur Internet, op. cit.*, p.4.

[987] *Ibid.*

[988] Le cas français en est un bon exemple. Pour en finir avec des textes épars, la Loi n° 2016-1691 du 9 décembre 2016 relative à la transparence, à la lutte contre la corruption et à la modernisation de la vie économique, *op. cit.* a été adoptée qui ne se limite plus aux pratiques illégales (une menace ou un préjudice graves pour l'intérêt général y étant inclus) mais exclut celles couvertes par le secret de la défense nationale. Le souci du législateur est compréhensible sauf qu'un tel cadre législatif ne permettrait toujours pas protéger des lanceurs d'alerte comme Edward Snowden (a révélé les informations couvertes par le secret défense). De plus, l'exclusion totale du secret défense va à l'encontre de la jurisprudence de la CEDH qui soutient que *l'exclusion absolue du débat public des questions relevant des forces armées n'est pas acceptable. En conséquence, il convient de vérifier si la divulgation des documents [était] de nature à causer aux intérêts du pays un préjudice considérable.* CEDH, 19 janvier 2016, *Görmüş et autres c. Turquie, op. cit.*, §62.

[989] CEDH, Grande Chambre, 12 février 2008, *Guja c. Moldova, op. cit.*, §74.

Chapitre 2. Les droits au cœur de l'individu, une extension politique nécessaire

582. A l'ère d'internet, des moyens de surveillance sont apparus qui permettent une intrusion inédite dans les esprits des citoyens. Cela peut remettre en question le bon déploiement de l'e-démocratie si le droit n'adopte pas d'instruments visant non seulement la protection de la liberté d'expression mais aussi la vie privée. En effet, dans le second cas, le cercle des personnes à protéger est beaucoup plus vaste que dans le premier. Si ce ne sont pas tous les internautes qui s'expriment en ligne, ce sont effectivement tous les internautes qui ont besoin d'être protégés dans leur vie privée des intrusions d'entités tant publiques que privées. Le lien entre le droit au respect de la vie privée et la liberté d'expression, essentielle dans le cadre de l'e-démocratie, a été montré par la Cour EDH[990], ainsi que par la doctrine[991].

583. De plus, le contenu même du principe du respect de la vie privée doit être réévalué à la lumière des évolutions sociétales[992]. Le numérique a changé à plusieurs égards la frontière entre le privé et le public et a fait naître le *privacy paradox*. La professeure américaine de communication Susan B. Barnes l'explique de manière suivante : « [a]lors que les adultes américains sont préoccupés par la façon dont le gouvernement et les entreprises recueillent les données des citoyens et des consommateurs, les adolescents soumettent librement leurs informations personnelles à des journaux intimes en ligne. [...] Cela se produit parce que souvent, les adolescents ne sont pas conscients de la nature publique d'Internet[993] ». Le numérique engendrerait-il la fin de la vie privée sur internet dans un avenir proche ? Plusieurs études contredisent cette hypothèse. En effet, les jeunes ne sont pas du tout

---

[990] CEDH, 6 septembre 2006, *Segerstedt-Wiberg et autres c. Suède*, *op. cit.*

[991] Catherine Gauthier *et al.*, *Droit européen des droits de l'Homme*, Paris, Dalloz, 2017. p.163.

[992] Louis Favoreu *et al.*, *Droit des libertés fondamentales*, 7e édition, Paris, Dalloz, 2015. p.515.

[993] Susan B. Barnes, « A privacy paradox: Social networking in the United States », *First Monday* 2006, 11, n°9. [réf. 20/10/2017], v.: http://firstmonday.org/ojs/index.php/fm/article/view/1394/1312. *While American adults are concerned about how the government and corporations are centrally collecting data about citizens and consumers, teenagers are freely giving up personal and private information in online journals. This occurs because often teens are not aware of the public nature of the Internet.* V. aussi Henri Oberdorff, *Droits de l'homme et libertés fondamentales*, *op. cit.* p.411. *La naïveté ou l'inconscience des utilisateurs d'Internet facilitent l'atteinte aux libertés individuelles par le biais des technologies de l'information.*

indifférents au respect de leur vie privée. Par exemple, ils sont beaucoup plus que les adultes enclins à faire prévaloir la protection de la vie privée sur les mesures sécuritaires antiterroristes[994]. Cependant, chez les jeunes, le concept même de vie privée change, en passant du contrôle des données au contrôle de la situation sociale, c'est-à-dire de la façon dont leur identité est présentée et cela se passe en ligne, où le processus de la formation de leur identité s'effectue[995]. Dans cette perspective, la question se pose de savoir si le droit ne doit pas changer d'approche concernant les données personnelles, en passant de la protection à leur contrôle efficace par la personne concernée (l'autodétermination informationnelle). En tout état de cause, le droit au respect de la vie privée semble avoir besoin de nouveaux contours à l'ère d'internet **(Section 1)**.

584. Par ailleurs, l'avènement de l'e-démocratie repose la question de la dimension politique de certains droits fondamentaux. A l'évidence, la citoyenneté ne se limite plus à la seule participation aux élections. L'émergence du droit à la participation politique[996], nécessite-t-il une fondamentalisation, à l'instar du droit à des élections libres, proclamé par la Conv.EDH ? Le droit au respect de la vie privée, par le biais du concept d'autonomie personnelle (autodétermination), a été déjà lié à la liberté d'association, liberté politique, par la CEDH[997]. A l'heure actuelle, cette jurisprudence reste isolée. Cependant, dans l'e-démocratie, l'autodétermination politique, nouvelle dimension du droit à l'autodétermination personnelle **(Section 2)**, pourrait servir de support au droit naissant à la participation politique pour achever la formation de l'environnement de l'e-démocratie.

---

[994] A Pew Research Center/Washington Post Survey, *Majority Views NSA Phone Tracking as Acceptable Anti-terror Tactic*, Washington, D.C., 2013. [réf. 20/10/2017], v.: http://www.people-press.org/2013/06/10/majority-views-nsa-phone-tracking-as-acceptable-anti-terror-tactic/. p.5.

[995] John Henley, « Are teenagers really careless about online privacy? », *The Guardian*, 21/10/2013. [réf. 20/10/2017], v.: https://www.theguardian.com/technology/2013/oct/21/teenagers-careless-about-online-privacy.

[996] Stéphanie Hennette-Vauchez, Diane Roman, *Droits de l'Homme et libertés fondamentales*, *op. cit.* p.613.

[997] CEDH, 11 janvier 2006, *Sørensen et Rasmussen c. Danemark*, [réf. 20/10/2017], v. : http://hudoc.echr.coe.int/eng?i=001-72017.

Section 1. Le droit au respect de la vie privée, un droit en recherche d'équilibre

585. L'art.8 de la Conv.EDH formule le droit au respect de la vie privée[998] et familiale de manière suivante :

> « 1. Toute personne a droit au respect de sa vie privée et familiale, de son domicile et de sa correspondance.
> 2. Il ne peut y avoir ingérence d'une autorité publique dans l'exercice de ce droit que pour autant que cette ingérence est prévue par la loi et qu'elle constitue une mesure qui, dans une société démocratique, est nécessaire à la sécurité nationale, à la sûreté publique, au bien-être économique du pays, à la défense de l'ordre et à la prévention des infractions pénales, à la protection de la santé ou de la morale, ou à la protection des droits et libertés d'autrui. »

586. La Charte des droits fondamentaux de l'UE (CDFUE) à son tour, distingue le droit au respect de la vie privée et familiale (l'art. 7) du droit à la protection des données à caractère personnel (art.8). Ce dernier est posé ainsi :

> « 1. Toute personne a droit à la protection des données à caractère personnel la concernant.
> 2. Ces données doivent être traitées loyalement, à des fins déterminées et sur la base du consentement de la personne concernée ou en vertu d'un autre fondement légitime prévu par la loi. Toute personne a le droit d'accéder aux données collectées la concernant et d'en obtenir la rectification.
> 3. Le respect de ces règles est soumis au contrôle d'une autorité indépendante. »

587. De la lecture attentive de l'art. 8 de la CDFUE, il résulte que la Charte ne protège que la rectification des données, non la suppression. Ainsi, le nouveau droit à l'oubli vient pallier cette insuffisance, faute d'une protection efficace (**Paragraphe 2**). Quant au droit au respect de la vie privée, il se trouve encore moins protégé sur internet (**Paragraphe 1**) ce qui peut remettre en question le bon fonctionnement de l'e-démocratie.

---

[998] La DDHC ne mentionne pas expressément le droit au respect de la vie privée. *C'est en définitive par voie prétorienne que le droit au respect de la vie privée a fini par s'imposer comme un droit fondamental autonome.* Par trois décisions de 1999, le Conseil constitutionnel l'a finalement rattaché à l'art.2 de la DDHC. Louis Favoreu *et al.*, *Droit des libertés fondamentales*, *op. cit.* p.271. V. aussi Ferdinand Mélin-Soucramanien, *Libertés fondamentales*, *op. cit.* p.151-152.

§1. L'intimité de l'accès à internet, un droit (presque) inexistant

588. « Malheureusement, l'anonymat en ligne est déjà mort[999] ». Ces propos de Ladar Levison, fondateur d'un service de courrier électronique fermé dans le sillage des révélations d'Edward Snowden, ne sont pas complètement corrects. En effet, l'anonymat n'a pas été inclus dans l'architecture d'internet[1000]. A l'inverse, le réseau des réseaux a été conçu comme particulièrement ouvert **(A)**, tant lors de sa construction que dans son fonctionnement. Au fur et à mesure du développement des technologies et surtout, du goût pour le *Big Data*, il est devenu facile de collecter et d'analyser les flux d'information passant par le réseau, très souvent à l'insu de leurs émetteurs et destinataires, au point que certains ont pu dire que « tout est nu sur le Web ». Il est évident qu'une telle situation n'est pas compatible avec le déploiement de l'e-démocratie supposant la libre formation et l'échange des opinions, ainsi que la libre expression de la volonté politique. A cette fin, il est donc nécessaire que le droit prévoie certains moyens de protection de la vie privée en ligne **(B)**.

A. Le fonctionnement d'internet propice à l'ouverture

589. Le fonctionnement du Web ne laisse presque pas de place à l'intimité de la vie privée **(1)** et le secret des correspondances n'y existe pas *a priori* **(2)**.

1. Le fonctionnement d'internet ne laissant pas de place à l'intimité

590. Afin de bien saisir la difficulté d'assurer le respect de la vie privée sur internet, il serait opportun d'expliquer, dans les grandes lignes, comment ce dernier fonctionne. Tout ordinateur connecté à internet a une unique adresse IP, par le biais de laquelle les machines de l'émetteur et du destinataire de chaque message sont identifiées. En effet, l'adresse IP sert de base à tout système de routage des messages sur internet. De plus, tout ordinateur a une adresse MAC, un identifiant stocké dans une carte réseau. Si les adresses IP peuvent être attribuées provisoirement, l'adresse MAC est permanente[1001] et unique au monde. Une autorité d'enregistrement IEEE distribue ces adresses aux fabricants des cartes réseau. Alors, au niveau physique, l'information est transmise par internet au travers d'un ensemble de routeurs, c'est-à-dire des ordinateurs minimaux dédiés. Au niveau du logiciel, l'information est transmise en suivant un ensemble de protocoles de transfert de données,

---

[999] Jose Pagliery, « Online privacy is dead », *CNN Money*, 17/10/2013. [réf. 20/10/2017], v. : http://money.cnn.com/2013/10/17/technology/online-privacy/?iid=EL.

[1000] V. par ex. Dominique Cardon, *La démocratie Internet : promesses et limites*, *op. cit.*p. 30. *[Les pionniers d'Internet] se sont montrés assez peu soucieux des questions de vie privée.*

[1001] Elle peut être changée mais pour les non-informaticiens, cela serait difficile à faire.

autrement dit, des « traducteurs » permettant de structurer les échanges d'informations entre les différents réseaux, machines, systèmes d'exploitation et applications. internet est construit comme un modèle de couches successives, où au niveau d'une couche, un protocole est utilisé pour assurer les échanges informatiques. Suivant le modèle TCP/IP, le plus répandu, il y a quatre couches :

- la couche application, où la plupart des applications d'internet fonctionnent, telles que les pages web (le protocole HTTP), les services de courrier électronique (SMTP), la transmission des fichiers (FTP), etc. Si un internaute veut envoyer un message, il utilise une de ces applications comme interface ;
- la couche transport, où le protocole TCP découpe le message en segments avant de le transmettre au destinataire, puis ordonne les segments reçus afin de s'assurer qu'aucun n'a été perdu lors de la transmission ;
- la couche réseau, où les segments TCP sont encapsulés dans des paquets par le protocole IP qui y rajoute les adresses IP de l'émetteur et du destinataire ;
- la couche liaison, où la transmission des paquets est effectuée en utilisant par exemple, le protocole Ethernet (pour les réseaux locaux) ou IEEE 802.11 (pour le Wi-Fi). Ces protocoles utilisent les adresses MAC pour effectuer la transmission.

Chez le destinataire, ces opérations s'effectuent en sens inverse. Ainsi, lorsqu'un internaute engage un échange informatique par internet, son adresse IP, reconnue comme une donnée à caractère personnel par la CJUE[1002], est obligatoirement divulguée. De plus, dans la nouvelle version du protocole IP, IPv6, l'adresse IP inclut l'adresse MAC, ce qui permet d'établir la corrélation des activités d'un ordinateur, la géolocalisation, le scanning des adresses et la divulgation de paramètres techniques[1003]. Il est possible que le serveur du destinataire demande la divulgation d'informations techniques de l'ordinateur de l'émetteur permettant d'identifier l'utilisateur[1004]. En outre, par le biais du protocole HTTP, les informations circulent « en clair » sur internet, ce qui veut dire qu'elles peuvent facilement être lues si interceptées. En effet, il existe plusieurs possibilités de réaliser une interception puisque, avant

[1002] CJUE, 24 novembre 2011, *Scarlet Extended SA c. Société belge des auteurs, compositeurs et éditeurs SCRL (SABAM), affaire C-70/10*, *op. cit.* §51.

[1003] Internet Engineering Task Force (IETF), *Security and Privacy Considerations for IPv6 Address Generation Mechanisms*, 2016. [réf. 20/10/2017], v.: https://tools.ietf.org/html/rfc7721. p.5 et s.

[1004] Steven Engelhardt, Arvind Narayanan, « Online tracking: A 1-million-site measurement and analysis. Draft: July 11th, 2016 », *Random Walker* 2016. [réf. 20/10/2017], v.: http://randomwalker.info/publications/OpenWPM_1_million_site_tracking_measurement.pdf. *Third parties can obtain users' browsing histories through a combination of cookies and other tracking technologies that allow them to uniquely identify users, and the "referer" header that tells the third party which first-party site the user is currently visiting. Other sensitive information such as email addresses may also be leaked to third parties via the referer header.*

d'atteindre le destinataire, les paquets d'informations transitent par plusieurs routeurs. Selon Electronic Frontier Foundation, « la majorité du trafic sur Internet [est] visible à toute personne qui a accès aux ordinateurs que votre message traverse - l'ordinateur de votre maison, votre FAI local, le destinataire final de votre message et tous les points intermédiaires[1005] ».

591. Par ailleurs, le trafic internet est fortement concentré ce qui le rend facile à intercepter. En 2013, par exemple, Google seul aurait représenté jusqu'à 40 pour cent de tout le trafic internet[1006]. La même année, YouTube, qui appartient à Google, avait 1 milliard d'utilisateurs mensuels. En 2016, Facebook a comptabilisé 1,7 milliard d'utilisateurs mensuels dont 1,1 étaient quotidiens[1007] ; WhatsApp, propriété de Facebook, comptait 1 milliard d'utilisateurs mensuels[1008] ; et ce, sans compter les autres géants du Web et les FAI nationaux. Il est évident que ces derniers sont devenus les bases de données personnelles les plus grandes au monde et ainsi les cibles préférées des hackers de toute sorte, y compris ceux gouvernementaux.

En 2013, l'Agence nationale de sécurité (NSA) aurait intercepté les communications entre les centres de données de Google et Yahoo, ce qui lui a permis de collecter des données personnelles des utilisateurs transitant par les réseaux internes de ces sociétés[1009]. D'ailleurs, certains opérateurs coopèrent eux-mêmes avec les services de renseignements, leur délivrant des données collectées. Ainsi, l'un des plus grands FAI américains, AT&T, copierait tout le trafic internet passant par ses réseaux et le transmettrait à la

---

1005 Surveillance Self-Defense. Animated Overview: How Strong Encryption Can Help Avoid Online Surveillance, Electronic Frontier Foundation. [réf. 20/10/2017], v.: https://ssd.eff.org/en/module/animated-overview-how-strong-encryption-can-help-avoid-online-surveillance. *With the majority of traffic on the Internet viewable to anyone that has access to the computers that your message passes through—from the computer in your home, to your local ISP, to the final destination of your message and all points in between—how is anyone able to mitigate online surveillance and keep their communications private?*

1006 V. par ex. Joshua Kopstein, « The Mission to Decentralize Internet », *The New Yorker*, 12/12/2013. [réf. 20/10/2017], v.: http://www.newyorker.com/tech/elements/the-mission-to-decentralize-the-internet. V. aussi X., « Google linked to internet disruptions in Japan », *The Japan Times*, 26/08/2017. [réf. 20/10/2017], v.: https://www.japantimes.co.jp/news/2017/08/26/national/japanese-government-probes-internet-disruption/#.WgtbZRNSzL8. *A widespread internet disruption hit Japan on Friday, blocking access to banking and train reservation services as well as gaming sites. NTT Communications [...] said the problem occurred because an overseas network service provider [...] suddenly switched internet routes. Several experts said Google might be the network provider in question.*

1007 Facebook Reports Second Quarter 2016 Results, Facebook. [réf. 20/10/2017], v.: https://investor.fb.com/investor-news/press-release-details/2016/Facebook-Reports-Second-Quarter-2016-Results/default.aspx.

1008 One billion, WhatsApp blog. [réf. 20/10/2017], v.: https://blog.whatsapp.com/616/One-billion.

1009 Joshua Kopstein, « The Mission to Decentralize Internet », *op. cit. [T]he National Security Agency secretly wiretapped the connections between data centers owned by Google and Yahoo, allowing the agency to collect users' data as it flowed across the companies' networks.*

NSA[1010]. Par ailleurs, les plus grands intermédiaires sont les points d'échange internet qui effectuent la transmission des messages au niveau physique, le plus souvent par le biais de la fibre optique, et assurent l'interconnexion. Par exemple, tout le trafic internet passant par le point d'échange allemand DE-CIX, qui dessert 750 FAI européens et est le plus grand point d'échange au monde, serait intercepté par une agence de renseignement allemande depuis 2009[1011], et ce ne serait pas un cas isolé. En outre, les services de renseignement de différents pays se livrent eux aussi au commerce de données, en s'échangeant des informations reçues afin de franchir certaines limites imposées par leur législation nationale[1012]. Enfin, grâce à la prolifération des bases de données en tout genre, il est devenu possible de combiner ces dernières, de sorte que les données anonymisées peuvent être reliées aux personnes physiques concrètes avec un haut degré de précision. Effectivement, tout est nu sur internet.

592. La situation la plus grave au regard du respect de la vie privée existe cependant dans le domaine des courriels.

2. *Le secret inexistant des correspondances*

593. « Ceux qui envoient un courriel à l'un des 425 millions d'utilisateurs de Gmail ne peuvent pas avoir une « attente raisonnable » que leurs communications soient confidentielles[1013] ». Cet « aveu étonnant » de Google lors d'un procès l'accusant de violation du secret des correspondances sur Gmail n'est pas si étonnant si la règle du jeu du marché internet est bien comprise : gratuité en échange des données personnelles. Cette règle peut être appliquée à plusieurs services gratuits sur internet, y compris les boîtes aux lettres personnelles censées être protégées par le secret de la correspondance

---

[1010] *NSA Spying,* Electronic Frontier Foundation. [réf. 20/10/2017], v.: https://www.eff.org/nsa-spying.

[1011] Andre Meister, « How the German Foreign Intelligence Agency BND tapped the Internet Exchange Point DE-CIX in Frankfurt, since 2009 », *NetzPolitik*, 31/03/2015. [réf. 20/10/2017], v.: https://netzpolitik.org/2015/how-the-german-foreign-intelligence-agency-bnd-tapped-the-internet-exchange-point-de-cix-in-frankfurt-since-2009/. *The German Foreign Intelligence Agency Bundesnachrichtendienst taps internet traffic directly at the Internet Exchange Point DE-CIX in Frankfurt since 2009.*

[1012] V. par ex. *Ibid. Intelligence agencies „engage in a flourishing trade of data", a „business like any other"* ou Emmanuel Paquette, « Louis Pouzin: "Internet est bâti sur un marécage" », *L'Express L'Expansion*, 15/02/2015. [réf. 20/10/2017], v. : http://lexpansion.lexpress.fr/high-tech/louis-pouzin-internet-est-bati-sur-un-marecage_1650342.html. *Pour rester dans la légalité, les services de renseignement n'écoutent pas la population de leur pays. Afin de contourner ce problème, ils s'échangent les données amassées par des services étrangers sur leurs propres sols.*

[1013] Dominic Rushe, « Google : don't expect privacy when sending to Gmail », *The Guardian*, 15/08/2013. [réf. 20/10/2017], v. : https://www.theguardian.com/technology/2013/aug/14/google-gmail-users-privacy-email-lawsuit.

(non seulement Gmail). Ainsi, envoyer un courriel est comme envoyer une carte postale dont le contenu peut être lu par plusieurs personnes. Selon Google, les utilisateurs des boîtes aux lettres sur internet ne peuvent pas être surpris que leurs messages soient traités par le serveur du fournisseur de services du destinataire, de la même façon que des courriers professionnels sont ouverts par l'assistant du destinataire. Tout comme pour la recherche « naturelle », les messages privés reçus par Gmail sont scannés par des machines, notamment afin de mieux cibler les publicités adressées aux utilisateurs Gmail[1014]. La société a souligné que cela ne concernait que les messages reçus et non ceux envoyés par les utilisateurs eux-mêmes. Pourtant, si un message reçu inclut une copie du message envoyé précédemment par l'utilisateur Gmail, ce dernier sera inévitablement traité. En conséquence, en 2014, Google modifie ses conditions d'utilisation en admettant que tout le contenu des correspondances soit analysé, y compris des messages envoyés ou stockés par les utilisateurs[1015]. Néanmoins, ce changement dans les conditions d'utilisation n'a pas protégé Google d'une condamnation en Russie après qu'un utilisateur avait porté plainte contre Google Russie, alléguant la violation par Gmail du secret de ses correspondances, protégées par l'art. 23 de la Constitution russe[1016]. Selon cette dernière, le secret ne peut être violé qu'en vertu d'une décision judiciaire. En premier lieu, le juge russe a dû répondre à la question de sa compétence au cas d'espèce. Il est intéressant de noter qu'il a appliqué ici le même raisonnement que le juge belge dans l'affaire Facebook[1017]. Ce dernier soutenait que dès l'affichage et donc le traitement de données personnelles effectué dans le cadre de l'activité publicitaire et commerciale de l'établissement du responsable du traitement sur le territoire d'un Etat membre, le droit national de protection des données

---

1014 Le 23 juin 2017, face à des poursuites, Google a annoncé qu'il ne lirait plus les e-mails des utilisateurs de Gmail pour faire de la publicité ciblée. X., « Google ne lira plus les e-mails pour faire de la publicité ciblée », *FranceInfo*, 24/06/2017. [réf. 20/10/2017], v.: http://www.francetvinfo.fr/internet/securite-sur-internet/google-ne-lira-plus-les-mails-sur-gmail-pour-faire-de-la-publicite-ciblee_2252635.html. Cela ne signifie pas qu'il ne lise pas les e-mails à d'autres fins. V. par ex. Alex Fitzpatrick, « How To Turn Off Gmail's New 'Smart Reply' Feature », *Time*, 19/05/2017. [réf. 20/10/2017], v. : http://time.com/4785732/gmail-google-smart-reply/. *Google a présenté une nouvelle fonctionnalité de Gmail, Smart Reply, qui scanne vos e-mails et propose quelques réponses possibles.*

1015 Conditions d'utilisation de Google, Google Inc. [réf. 20/10/2017], v. : https://www.google.com/intl/fr/policies/terms/. *Nos systèmes automatisés analysent vos contenus (y compris les e-mails) afin de vous proposer des fonctionnalités pertinentes sur les produits, telles que des résultats de recherche personnalisés, des publicités sur mesure et la détection des spams et des logiciels malveillants. Cette analyse a lieu lors de l'envoi, de la réception et du stockage des contenus.*

1016 Московский городской суд, Апелляционная инстанция, 16/09/2015, №33-30344/2015, [Cour de la ville de Moscou, Arrêt du 16 septembre 2015, №33-30344/2015].

1017 Tribunal de première instance néerlandophone de Bruxelles, Chambre des référés, 9 novembre 2015, 2015/57/C, *Président de la Commission belge de la protection de la vie privée c. Facebook*, *op. cit.*

était applicable : le juge belge était donc compétent. Le juge russe a adopté un point de vue similaire : dès que dans le cadre de son activité publicitaire, le logiciel utilisé par Google Russie viole les droits et libertés protégés par la Constitution russe, le juge national est compétent. Après avoir établi sa compétence, le juge russe a reconnu la violation du secret des correspondances constitutionnellement garanti, sans juger pour autant si la lecture des correspondances électroniques par les machines constituait une telle violation.

594. Plusieurs juristes réfléchissaient à cette question. D'après les opérateurs Web américains, la lecture automatisée des courriels constitue un *ordinary course of business*, « une pratique courante des affaires » ce qui la soustrait à l'emprise de l'*Electronic Communications Privacy Act of 1986* (ECPA). Il est vrai qu'elle permet notamment de prévenir les spams ou les logiciels malveillants. Cependant, il semble qu'une telle pratique soit moins tolérable si elle est effectuée à des fins commerciales, d'autant plus que les opérateurs ne se limitent pas à la lecture seule. Le logiciel Twitter par exemple, modifie le contenu des messages en rajoutant un « t » à tout hyperlien envoyé, afin de signaler au site visité par son biais, la provenance du visiteur. La question se pose alors de savoir si de telles pratiques sont compatibles avec la protection du secret des correspondances. Bien qu'un juge américain ait statué qu'afin de justifier la lecture automatisée des courriels, l'opérateur devait « démontrer qu'une telle interception facilitait le service de communication ou était incidente par rapport au fonctionnement du service[1018] », cela n'a pas empêché les opérateurs de continuer à appliquer les pratiques en cause.

595. Etant donné ce qui précède, il apparaît que le droit doit se saisir de moyens de protection de la vie privée sur internet.

B. Les moyens de protection de la vie privée sur internet

596. Ces moyens pourraient inclure ceux ayant vocation à assurer l'anonymat sur internet **(1)** et le secret effectif des correspondances électroniques **(2)**.

1. L'anonymat pour la protection de l'intimité

597. L'ouverture est inhérente à internet, alors que préserver son intimité représente un effort incommensurable pour la plupart des utilisateurs. Pour protéger la vie privée en ligne, il faut donc commencer avec le mode de

[1018] United States District Court, Northern District of California, San Jose Division, 26/09/2013, *Google Inc. Gmail litigation*, [réf. 20/10/2017], v.: http://digitalcommons.law.scu.edu/cgi/viewcontent.cgi?article=1526&context=historical. p.15 *[E]lectronic communication service provider engaged in the alleged interception must demonstrate the interception facilitated the communication service or was incidental to the functioning of the provided communication service.*

fonctionnement d'internet au niveau de logiciel, afin d'assurer que les protocoles utilisés minimisent l'intrusion à son minimum, ce dernier étant nécessaire au bon fonctionnement du réseau.

598. D'après le juriste américain Lawrence Lessig, *code is law*, c'est-à-dire le code fait loi sur internet : il régule les comportements et met en place des valeurs. « La question n'est donc pas de savoir qui décidera de la manière dont le cyberespace est régulé : ce seront les codeurs. La seule question est de savoir si nous aurons collectivement un rôle dans leur choix – et donc dans la manière dont ces valeurs sont garanties – ou si nous laisserons aux codeurs le soin de choisir nos valeurs à notre place[1019] ». La question est effectivement de savoir quelles sont les valeurs, autrement dit, quel concept de vie privée veut-on implanter dans le code ?

Dans son ouvrage, l'auteur analyse trois concepts de *privacy* que le droit américain a dégagé du Quatrième amendement : *privacy* entendu comme (1) la protection de la personne d'une charge injustifiée de la recherche indiscriminée, (2) la protection de la dignité de la personne ou (3) la limitation des pouvoirs des autorités publiques. Selon lui, si la surveillance électronique de masse est confrontée à ces concepts, faute d'un dommage réel subi, elle s'avère être compatible avec les deux premiers, mais non avec le troisième[1020] qui ne couvre pourtant pas le cas de la surveillance des opérateurs privés. Pour protéger *privacy* de cette dernière, l'auteur mobilise les concepts de présomption d'innocence, de non-discrimination et enfin d'égalité d'accès au service[1021]. En Europe, deux enseignements de cet exemple américain peuvent être tirés. En premier lieu, si la surveillance privée de masse est analysée à la lumière du dommage subi, il sera assez difficile de le démontrer. Une des pistes proposée par l'ONU serait d'utiliser le biais de la liberté d'opinion, protégée par l'art.10 de la CEDH et dont l'exercice libre est mis en cause par la prolifération des systèmes de surveillance en ligne, tant publics que privés[1022]. Ensuite, en prenant en considération que les codeurs se trouvent

---

1019 Code is Law – Traduction française du célèbre article de Lawrence Lessig, *Framablog*. [réf. 20/10/2017], v. : https://framablog.org/2010/05/22/code-is-law-lessig/. V. aussi l'article originel Lawrence Lessig, « Code is Law. On Liberty in Cyberspace », *Harvard Magazine* 2000. [réf. 20/10/2017], v. : http://harvardmagazine.com/2000/01/code-is-law-html. Pour illustrer les propos de l'auteur, v. par ex. Primavera De Philippi, Benjamin Loveluck, « The invisible politics of Bitcoin: governance crisis of a decentralised infrastructure », *Internet Policy Review Journal on Internet Regulation* 2016, 5, n°3. v.: https://policyreview.info/articles/analysis/invisible-politics-bitcoin-governance-crisis-decentralised-infrastructure. *[T]he Bitcoin network exhibits a strong market-driven approach to social trust and coordination, which has been embedded directly into the technical protocol.*

1020 Lawrence Lessig, *Code: Version 2.0,* New York, Basic Books, 2006. [réf. 20/10/2017], v.: http://codev2.cc/download+remix/Lessig-Codev2.pdf. p. 211 et s.

1021 *Ibid.* p.218 et s.

1022 Nations Unies, Assemblée générale. Conseil des droits de l'homme. Vingt-neuvième session. *Rapport du Rapporteur spécial sur la promotion et la protection du droit à la liberté d'opinion et d'expression David Kaye, op. cit.* p.9.

pour la plupart aux Etats-Unis et soumis donc au droit américain et ses concepts, le droit européen aura-t-il un rôle dans le choix des valeurs par les codeurs américains ? Le cas de *Safe Harbour* et les négociations difficiles sur *Privacy Shield* ont déjà montré la complexité de conciliation entre les valeurs et concepts européens et américains.

599. Dans le cadre de cette étude, il convient de dégager des éléments essentiels, techniques et normatifs, permettant de protéger la vie privée sur internet pour ensuite essayer de les fédérer en un concept de vie privée en ligne. Deux caractéristiques d'internet posent problème majeur : la traçabilité des adresses IP et l'acheminement des messages « en clair ». Le premier élément pour y faire face est l'anonymat et tous les moyens techniques permettant de l'assurer. Dans la pratique, les gouvernements sont plutôt enclins à s'opposer à l'introduction de l'anonymat, voire à en imposer l'ouverture. La raison en est claire : l'ouverture facilite la recherche des criminels. Le réseau Tor par exemple, un moyen technique permettant d'assurer l'anonymat en ligne, est constamment attaqué par les forces d'ordre dans plusieurs pays[1023]. D'ailleurs, l'utilisation du Tor ne permet d'assurer la protection absolue que si l'utilisateur chiffre ses messages[1024]. Le second élément donc est le chiffrement permettant de cacher le contenu des messages. Il est également mal perçu par les forces de l'ordre pour les mêmes raisons de sécurité[1025]. Le cas notoire d'un projet de politique nationale de chiffrement en Inde en est significatif. Il prévoyait l'obligation des utilisateurs de conserver tous les messages reçus et envoyés pendant 90 jours, ainsi que de les décrypter à la demande des autorités publiques. Dans un tel cas, les fournisseurs de services auraient été obligés de n'utiliser que les algorithmes et les clefs de chiffrement déterminés par le gouvernement indien[1026]. Le projet a suscité de nombreuses protestations et a été retiré. Parallèlement, en Russie, une loi similaire est entrée en vigueur[1027]. Celle-ci prévoit l'obligation des

---

[1023] V. par ex. X., « Японская полиция просит местных ISP-провайдеров блокировать работу Tor », *IXBT*, 23/04/2013. [réf. 20/10/2017], v. : http://www.ixbt.com/news/soft/index.shtml?16/76/29. [X, La police japonaise demande les FAI de bloquer le Tor]. ou Jose Pagliery, « Developer of anonymous Tor software dodges FBI, leaves US », *CNN Money*, 17/05/2016. [réf. 20/10/2017], v.: http://money.cnn.com/2016/05/17/technology/tor-developer-fbi/index.html.

[1024] Kim Zetter, « Rogue Nodes Turn Tor Anonymizer Into Eavesdropper's Paradise », *Wired*, 18/08/2016. [réf. 20/10/2017], v. : http://archive.wired.com/politics/security/news/2007/09/embassy_hacks?currentPage=all.

[1025] D'après Bernard Cazeneuve, par ex., le chiffrement est utilisé par les terroristes afin d'accéder à des armes. Assemblée nationale, Compte rendu intégral de la première séance du mardi 22 mars 2016. [réf. 20/10/2017], v. : http://www.assemblee-nationale.fr/14/cri/2015-2016/20160156.asp.

[1026] Андрей Васильков, «Конец приватности для 1/6 населения планеты», *Компьютерра*, 22/09/2015. [réf. 20/10/2017], v. : https://www.computerra.ru/180759/encryption-policy-in-india/. [Andrei Vassilkov, La fin de vie privée pour 1/6 de la population de la planète].

[1027] Федеральный закон №374-ФЗ от 6 июля 2016 года о внесении изменений в Федеральный закон "О противодействии терроризму" и отдельные законодательные opérateurs internet de sauvegarder les données de connexion pendant trois ans et le contenu des messages pendant six mois[1028], de les garder sur le territoire russe et de les divulguer à la demande des forces de l'ordre. De plus, les fournisseurs de services de chiffrement des messages sont obligés selon cette loi de fournir les clefs de chiffrement au Service fédéral de sécurité de la Fédération de Russie. Entre-temps, les ministres français et allemand de l'Intérieur ont proposé à la Commission européenne d'étudier la possibilité d'une directive encadrant les moyens de chiffrement utilisés par certains opérateurs internet[1029]. Aux Etats-Unis, les chefs du FBI et de la NSA ont recommandé que le gouvernement fédéral oblige les compagnies à intégrer dans les logiciels de chiffrement, des moyens permettant l'accès aux contenus chiffrés[1030]. De telles mesures visent, bien évidemment, le terrorisme mais par ricochet, elles mettent en danger les journalistes, les militants, les lanceurs d'alerte, les citoyens ordinaires. Selon l'ONU, « [l]es tendances en ce qui concerne la sécurité et la confidentialité en ligne, sont très préoccupantes. [...] [D]e nombreuses lois et mesures [restreignant l'utilisation du chiffrement et de l'anonymat des communications] ne remplissent pas les critères de nécessité et de proportionnalité et nuisent grandement à la capacité des individus d'exercer librement leurs droits au respect de la vie privée et à la liberté d'opinion et d'expression[1031] ». C'est dans cette perspective que le rapport précité recommande aux Etats de reconnaître la liberté de protéger la confidentialité de ses communications électroniques, à l'aide du chiffrement

---

акты Российской Федерации в части установления дополнительных мер противодействия терроризму и обеспечения общественной безопасности, 2016, [réf. 20/10/2017], v.: http://www.consultant.ru/cons/cgi/online.cgi?req=doc&base=LAW&n=201078&fld=134&dst=1000000001,0&rnd=0.4244291263166815. [Fédération de Russie, Loi fédérale N374-FZ du 6 juillet 2016].

1028 A comparer avec Loi n° 2015-912 du 24 juillet 2015 relative au renseignement, JORF n°0171 du 26 juillet 2015, p. 12735, [réf. 20/10/2017], v. : https://www.legifrance.gouv.fr/affichTexte.do?cidTexte=JORFTEXT000030931899&categorieLien=id, dont l'art. 2 prévoit la conservation des données de connexion pour la période de quatre ans et du contenu pour trente jours. En ce qui concerne les messages chiffrés, leur conservation est prévue pour six ans maximum et le délai court à compter de leur déchiffrement.

1029 Initiative franco-allemande sur la sécurité intérieure en Europe, Ministère de l'Intérieur. [réf. 20/10/2017], v.: http://www.interieur.gouv.fr/Actualites/L-actu-du-Ministere/Initiative-franco-allemande-sur-la-securite-interieure-en-Europe.

1030 Andrea Peterson, « U.N. report : Encryption is important to human rights — and backdoors undermine it », *The Washington Post*, 28/05/2015. [réf. 20/10/2017], v.: https://www.washingtonpost.com/news/the-switch/wp/2015/05/28/un-report-encryption-is-important-to-human-rights-and-backdoors-undermine-it/.

1031 Nations Unies, Assemblée générale. Conseil des droits de l'homme. Vingt-neuvième session. *Rapport du Rapporteur spécial sur la promotion et la protection du droit à la liberté d'opinion et d'expression David Kaye, op. cit.* p.14.

et l'anonymat en ligne[1032]. Au niveau européen, au moins, la CJUE a soutenu qu'une réglementation permettant aux autorités publiques d'avoir l'accès généralisé au contenu des communications en ligne portait atteinte au droit au respect de la vie privée[1033].

600. Le secret des correspondances électroniques a besoin d'une protection encore plus développée.

2. Le secret effectif des correspondances électroniques

601. Les fournisseurs de services de messagerie analysent la correspondance : pour prévenir les spams ou les logiciels malveillants, pour améliorer leurs produits ou leurs fonctionnalités et optimiser l'affichage des publicités en fonction des intérêts de l'utilisateur. Que cette surveillance s'effectue de manière automatisée, par des machines, a permis à certains d'en tirer la conclusion qu'elle ne violait pas le secret des correspondances. Ainsi, le professeur américain de droit Bruce E. Boyden argumente que « le traitement automatisé qui ne laisse aucune trace du contenu d'une communication ne viole pas la ECPA, car il n'« intercepte » pas la communication au sens de cette loi. L'histoire, le but et l'interprétation juridictionnelle de la ECPA soutiennent tous cette lecture : l'interception nécessite au moins le potentiel de la connaissance humaine du contenu[1034] ». Selon lui, le concept de *privacy* est vaste et nébuleux. Si toute conséquence négative de l'utilisation par des tiers de l'information privée en transit est considérée comme portant préjudice à la *privacy*, cela englobe aussi les dommages qui ne résultent pas de la violation de la *privacy*, mais d'autres droits, tels que la liberté d'expression ou le droit de la concurrence[1035]. Pour lui, la lecture automatisée des correspondances est une condition d'accès aux avancements technologiques et il n'est nul besoin d'ériger une barrière légale à un tel traitement au nom de la protection de la *privacy*[1036].

602. Il est possible d'opposer à cette argumentation les réponses suivantes. D'abord, évoquer le fait que la lecture des correspondances privées soit

---

[1032] *Ibid.* p.24. V. dans le même sens, Amnesty International, *Encryption : A Matter of Human Rights*, 2016. [réf. 20/10/2017], v. : http://www.amnestyusa.org/sites/default/files/encryption_-_a_matter_of_human_rights_-_pol_40-3682-2016.pdf. p.13 et s.

[1033] CJUE, Grande chambre, 6 octobre 2015, Arrêt du 6 octobre 2015, *Maximillian Schrems*, *op. cit.*, § 94.

[1034] Bruce E. Boyden, « Can a Computer Intercept Your Email ? », *Cardozo Law Review* 2012, 34, p. 669-716. [réf. 20/10/2017], v.: http://papers.ssrn.com/sol3/papers.cfm?abstract_id=2028980. p.669. *I argue that automated processing that leaves no record of the contents of a communication does not violate the ECPA, because it does not "intercept" that communication within the meaning of the Act. The history, purpose, and judicial interpretation of the ECPA all support this reading: interception requires at least the potential for human awareness of the contents.*

[1035] *Ibid.* p.712 et s.

[1036] *Ibid.* p.716.

automatisée afin d'écarter l'argument des droits de l'homme est une voie dangereuse. Juriste américain Jonathan Mayer l'a montré en analysant des cas publiés de piratage d'ordinateurs privés par les services de police à des fins d'enquête criminelle. Selon les publications, le FBI a établi un argumentaire leur permettant d'intervenir sans mandat puisque « les enquêteurs peuvent limiter, à l'aide d'un algorithme, le spectre d'informations qu'ils récupèrent d'un dispositif piraté, s'assurant qu'ils ne reçoivent que les données qui, isolées, ne sont pas protégées par la Constitution[1037] ». L'auteur évoque deux concepts de *privacy* : (1) que le Quatrième amendement protège l'intégrité de l'ordinateur et le piratage nécessite donc un mandat et (2) qu'il protège les informations stockées sur l'ordinateur dont certaines catégories sont exclues de sa protection[1038], leur extraction pouvant donc s'effectuer sans mandat. Jonathan Mayer soutient que ces concepts doivent être cumulés, non opposés, afin d'assurer la protection efficace de la *privacy*. Cet exemple montre que le traitement automatisé en tant que tel ne peut justifier une intrusion dans la vie privée. Il est nécessaire ainsi d'analyser la mesure intrusive.

603. De ce côté-ci de l'Atlantique, il est intéressant de comparer cette doctrine avec le raisonnement du juge dans l'affaire Bărbulescu c. Roumanie[1039]. En l'espèce, il s'agissait de la lecture de la correspondance électronique privée par un tiers (l'employeur). Dans le cadre de la Conv.EDH, la Cour s'interrogerait d'abord sur la question de savoir si la plainte tombe dans le champ de l'un des droits protégés par l'art.8 de la Convention, à savoir le droit au respect de la vie privée et familiale, du domicile ou des correspondances. Selon la Cour, « [l]e droit à la vie privée inclut la confidentialité des communications, y compris celle des échanges par [...] messagerie électronique [...], ainsi que la confidentialité des informations[1040] ». La réponse était donc positive. La seconde question était celle de savoir s'il y avait une ingérence dans ce droit. Le libellé du §2 de l'art.8 ne semble considérer que l'ingérence des autorités publiques. Néanmoins, par le jeu de l'effet horizontal de la Convention, la responsabilité de l'Etat peut être engagée en raison de l'obligation positive de prendre des mesures de prévention des violations du droit au respect de la vie privée. Si on applique l'analyse du juge à un cas de lecture du contenu des messages

---

1037 Jonathan Mayer, « Constitutional Malware », *SSRN* 2015. [réf. 20/10/2017], v.: http://ssrn.com/abstract=2633247. p.1. *Investigators can algorithmically constrain the information that they retrieve from a hacked device, ensuring they receive only data that is - in isolation - constitutionally unprotected.*

1038 Notamment, les données de connexion (*metadata* en anglais).

1039 CEDH, Grande Chambre, 5 septembre 2017, *Bărbulescu c. Roumanie*, [réf. 20/10/2017], v. : http://hudoc.echr.coe.int/eng?i=001-177083. §121.

1040 Conseil de l'Europe/Cour européenne des Droits de l'Homme, *Internet : la jurisprudence de la Cour européenne des droits de l'homme*, 2015. [réf. 20/10/2017], v. : http://www.echr.coe.int/Documents/Research_report_internet_FRA.pdf. p.8.

électroniques par l'opérateur, les autorités nationales pourraient se voir obliger de prendre en compte les facteurs suivants :

- L'utilisateur a-t-il été informé de la possibilité que l'opérateur prenne des mesures de surveillance de sa correspondance ainsi que de la mise en place de telles mesures ? Dans le cas de l'accès au contenu des correspondances par l'opérateur, il semble nécessaire de rajouter un critère de consentement exprès et éclairé de l'utilisateur.
- Quels ont été l'étendue de la surveillance opérée par l'opérateur et le degré d'intrusion dans la vie privée de l'utilisateur ? La durée de conservation des données reçues lors de la surveillance a-t-elle été limitée et leur sécurité assurée ?
- L'opérateur a-t-il avancé des motifs légitimes pour justifier la surveillance de ces communications et l'accès à leur contenu ? La surveillance du contenu des communications étant par sa nature une méthode nettement plus invasive, elle requiert des justifications plus sérieuses.
- Aurait-il été possible de mettre en place un système de surveillance reposant sur des moyens et des mesures moins intrusifs que l'accès direct au contenu des communications de l'utilisateur ?
- Quelles ont été les conséquences de la surveillance pour l'utilisateur qui en a fait l'objet ? De quelle manière l'opérateur a-t-il utilisé les résultats de la mesure de surveillance, notamment ces résultats ont-ils été utilisés pour atteindre le but déclaré de la mesure ?
- L'utilisateur s'est-il vu offrir des garanties adéquates, face au caractère intrusif de la lecture des messages ? Ces garanties doivent notamment permettre d'empêcher que l'opérateur n'ait accès au contenu même des communications en cause sans que l'utilisateur n'ait été averti d'une telle éventualité.

604. A la lumière de cette analyse, il apparaît que d'abord, le cadre normatif mis en place par l'Etat devrait exiger que l'utilisateur soit informé de ce que ses correspondances et leur contenu soient surveillés par l'opérateur[1041]. Il semble en ce sens que les Conditions générales d'utilisation dont l'utilisateur confirme la connaissance par un clic puissent difficilement constituer un tel avertissement. Puis, la question du consentement de l'utilisateur nécessite une analyse poussée. L'opérateur avance un motif légitime quand il fonde son accès au contenu des correspondances sur les motifs de gestion du service (prévention des spams, des virus, etc.). Cependant, le consentement de l'utilisateur ne peut pas porter un caractère général[1042] ; il doit y avoir la possibilité de le diviser, en fonction des buts déclarés par l'opérateur. Ainsi, l'utilisateur peut donner son accord pour l'accès au contenu des messages aux fins de la gestion du service, mais s'opposer s'il s'agit des motifs commerciaux. En ce sens, la loi pour une

---

[1041] CEDH, Grande Chambre, 5 septembre 2017, *Bărbulescu c. Roumanie*, *op. cit.*

[1042] François Pellegrini, « La liberté à l'ère numérique », *Politeia* 2017, n°31, p. 161-172.

République numérique constitue une vraie avancée puisqu'elle divise le consentement général de l'utilisateur en plusieurs parts, chacune liée à chaque type de traitement. Par conséquent, le traitement automatisé du contenu des messages à des fins publicitaires, statistiques et d'amélioration du service est interdit sauf consentement exprès de l'utilisateur renouvelé annuellement[1043]. Il est possible d'ajouter qu'un tel consentement peut en outre être donné selon les fonctionnalités utilisées, par la possibilité de désactiver les options intrusives. Enfin se pose la question du degré d'intrusion dans la vie privée de l'utilisateur ainsi que l'utilisation des résultats de la surveillance par l'opérateur. Il semble que c'est ici que le positionnement de l'opérateur s'avère le plus fragile. Souvent, les résultats de la surveillance sont sauvegardés sous forme de profils des utilisateurs permettant de les regrouper en fonction de l'âge, des intérêts, des habitudes, de la situation économique, des déplacements, etc. Ces données, certes anonymisées, servent à attirer les annonceurs. De plus, un délai de conservation des données n'est normalement pas prévu. Dans ces conditions, il semble que l'opérateur ait pu utiliser d'autres moyens, moins intrusifs, pour protéger ses intérêts commerciaux.

605. Quant au droit de l'UE, il est intéressant de noter que selon la directive 95/46/CE, dans le cadre du fonctionnement du courrier électronique, l'émetteur du message est considéré comme responsable du traitement des données contenues dans le message, alors que le service n'est responsable que des données supplémentaires nécessaires au fonctionnement du service[1044]. Ainsi, il est possible de présumer que l'ingérence du service dans le contenu des messages n'a pas été prévue par la directive. Cependant, elle a été abrogée par le RGPD qui ne distingue plus le traitement des données par le courrier électronique d'autres types de traitement. De surcroît, il prévoit la possibilité de profilage des utilisateurs avec la faculté de s'y opposer. Même si un tel traitement est effectué par une personne non établie dans l'Union, le règlement s'applique[1045]. Ce qui peut empêcher de reconnaître qu'une telle ingérence est désormais « prévue par la loi » est l'absence de mention expresse de la faculté de violer, fût-ce de manière automatisée, le secret des correspondances aux fins de profilage.

606. Pour revenir à la CEDH, il serait aussi possible d'évoquer l'argument de la protection octroyée par l'art.10. En effet, le lien entre l'art.8 et l'art.10

[1043] Loi n° 2016-1321 du 7 octobre 2016 pour une République numérique, *op. cit.* art.68.

[1044] Directive 95/46/CE du Parlement européen et du Conseil, du 24 octobre 1995, relative à la protection des personnes physiques à l'égard du traitement des données à caractère personnel et à la libre circulation de ces données. J.O.U.E. n° L 281 du 23/11/1995 p. 0031 - 0050, [réf. 20/10/2017], v. : http://eur-lex.europa.eu/legal-content/FR/TXT/?uri=celex%3A31995L0046. cons. 47.

[1045] Règlement (UE) 2016/679 du Parlement européen et du Conseil du 27 avril 2016 relatif à la protection des personnes physiques à l'égard du traitement des données à caractère personnel et à la libre circulation de ces données, et abrogeant la directive 95/46/CE (règlement général sur la protection des données), *op. cit.* cons.24.

quant au fichage des personnes est observable dans l'arrêt Segerstedt-Wiberg et autres c. Suède où la Cour a estimé que « la conservation de données personnelles ayant trait à des opinions, tendances ou activités politiques qui a été jugée injustifiée au regard de l'article 8 §2 constitue ipso facto une ingérence injustifiée dans l'exercice des droits protégés par les articles 10 et 11[1046] ». Dans le cadre de l'e-démocratie, ce lien est décisif. Premièrement, on pourrait réfléchir à la possibilité qu'un tel traitement ait un effet paralysant sur la liberté d'expression protégée par l'art.10 de la Conv.EDH. Sachant que leurs messages sont analysés, les expéditeurs seront moins enclins à s'exprimer librement, surtout sur des questions sensibles, notamment s'ils peuvent être sanctionnés. Les faits que les mots-clefs recherchés par les machines ne soient pas publiés et que certains opérateurs internet aient un passé de coopération avec les services de renseignements suggèrent que de telles mesures pourraient particulièrement mettre en danger les journalistes, les militants, les lanceurs d'alerte, etc. Serait-il acceptable dans une société démocratique, tant de la part des autorités publiques que des opérateurs privés ?[1047] Deuxièmement, en collectant de telles informations personnelles, en les traitant, en créant des profils et en les retransmettant aux personnes sous forme d'informations et de publicités visant ces personnalités, les opérateurs obtiennent des moyens d'influencer les esprits. En effet, la plupart des services de messagerie web appartiennent à de grands opérateurs internet dont les politiques peuvent prévoir que toutes les données personnelles collectées à travers tous les services du groupe ainsi que par les services partenaires utilisés par l'utilisateur sont cumulées et analysées ensemble, afin de créer les profils les plus détaillés et précis possible, pour mieux cerner les publics visés par les publicités. Le problème est que cela concerne non seulement les publicités, mais aussi les résultats de la recherche sur un moteur de recherche ou les informations sur un portail d'actualités ou dans un réseau social. Autrement dit, si deux personnes introduisent les mêmes termes de recherche ou se rendent sur le même site, il est possible qu'elles obtiennent des résultats qui différeront, car leur profil est différent. En outre, c'est l'opérateur qui décide ce qui est le plus pertinent pour l'utilisateur puisque c'est lui qui gère les algorithmes qui ensuite vont optimiser l'affichage des informations. Une telle

---

[1046] CEDH, 6 septembre 2006, *Segerstedt-Wiberg et autres c. Suède*, *op. cit.* §107. V dans le même sens aussi par.616.

[1047] En ce qui concerne la surveillance des opérateurs privés, il semble que la Commission européenne réfléchisse à des limitations possibles, par le biais de l'extension aux fournisseurs de services d'appels et de messagerie en ligne de la Directive 2002/58/CE du Parlement européen et du Conseil du 12 juillet 2002 concernant le traitement des données à caractère personnel et la protection de la vie privée dans le secteur des communications électroniques.J.O.U.E. n°L201 du 31/07/2002 p. 0037 - 0047, [réf. 20/10/2017], v. : http://eur-lex.europa.eu/legal-content/FR/TXT/HTML/?uri=CELEX:32002L0058&from=EN. V. par ex., Julia Fioretti, « EU plans to extend some telecom rules to web-based providers », *Reuters*, 15/08/2016. [réf. 20/10/2017], v. : http://www.reuters.com/article/us-eu-telecoms-idUSKCN10Q154.

optimisation, préconisée par les opérateurs comme bénéfique pour les utilisateurs, peut en réalité biaiser la perception du monde de ces derniers, réduire le spectre d'informations reçues à celles que l'opérateur pense être pertinentes pour eux. Cela donne encore une fois des moyens d'influence non négligeables aux opérateurs internet. Enfin, en revenant à la protection octroyée par l'art.8, il est possible de noter que « la réalité de big data est qu'une fois que les données sont collectées, il peut être très difficile de garder l'anonymat[1048] », sans parler d'un risque de leur divulgation involontaire à grande échelle.

607. De ce qui précède, il peut rapidement être conclu que tout utilisateur d'internet est surveillé, même si ce n'est que par des algorithmes. Cependant, ces algorithmes sont créés par les êtres humains et servent leurs buts. Ainsi, ce sentiment d'être surveillé par plusieurs acteurs, aussi publics que privés, dans plusieurs aspects de la vie et à tout instant, peut conduire à se poser la question : la vie privée a-t-elle sa place sur internet ?[1049] L'Homme, a-t-il des moyens de contrôler son périmètre ? Dans la négative, cela pourrait réduire internet avec tous ses moyens inédits de communication à une place de commerce et d'amusement, sans parler de la perte de confiance à internet en tant que tel ce qui serait fatal pour l'e-démocratie.

608. Le juge européen a répondu positivement à la question de l'existence de la vie privée en ligne et la contrôlabilité de ses frontières dans l'affaire Google Spain, même si cette réponse semble encore inadaptée.

§2. Le droit à l'oubli, un pas inadapté vers la protection des données personnelles

609. Selon Isabelle Falque-Pierrotin, « poser la question de la vie privée sur Internet, c'est s'interroger sur les données à caractère personnel concernant une personne qui sont ou peuvent être rendues disponibles, à son initiative ou à son insu, et qui peuvent faire l'objet d'une réutilisation, d'une exploitation ou d'un stockage potentiellement dommageables[1050] ». Plus précisément : qui détient le contrôle sur les données personnelles ? Aujourd'hui, il semble que ce soient les géants d'internet qui les collectent, les croisent, les analysent et les commercialisent. Ce dernier procédé fait inévitablement réfléchir à la question de l'appartenance des données

---

[1048] United Nations. General Assembly, *The right to privacy in the digital age. Report of the Office of the United Nations High Commissioner for Human Rights*, A/HRC/27/37, 2014. [réf. 20/10/2017], v.: http://www.ohchr.org/EN/Issues/DigitalAge/Pages/DigitalAgeIndex.aspx. p.6.

[1049] V. dans le même sens Henri Oberdorff, *Droits de l'homme et libertés fondamentales*, *op. cit.* p.398-399.

[1050] Isabelle Falque-Pierrotin, « La Constitution et l'Internet », *Nouveaux Cahiers du Conseil constitutionnel* 2012, n°36.

personnelles **(A)**. S'il est possible de parler de la propriété des données, qui en est le propriétaire ? Sinon, quel régime juridique doit y être appliqué ? Puis, s'il est avéré que la personne doit pouvoir reprendre le contrôle de ses données personnelles, comment un tel contrôle doit-il se faire ? Le juge européen a donné sa vision en instaurant le droit au déréférencement, autrement dit, le droit à l'oubli dont la mise en œuvre semble cependant inadaptée **(B)**.

A. La question de l'appartenance des données personnelles revisitée

610. Il est opportun de revisiter la question de l'appartenance des données personnelles à la lumière de l'e-démocratie. Dans son cadre, quel régime juridique est-il pertinent pour la protection des données personnelles et, plus généralement, de la vie privée en ligne ? Les thèses en présence ne permettent pas de traiter cette question **(1)**. Il y a donc lieu de donner une autre réponse en les assimilant à des « éléments de personnalité » **(2)**.

1. Des thèses contradictoires ne permettant pas la prise en compte des données numérisées

611. La possibilité d'acquérir le droit de propriété sur les données personnelles agite plusieurs esprits, surtout si les revenus exorbitants des certains opérateurs internet sont pris en compte. Ces derniers sont dus, en grande partie, à la gratuité des données collectées et leur étendue, dont l'échelle réelle est encore ignorée par la plupart. Dans le cadre de cette recherche, le sujet de l'appartenance des données est important non dans sa dimension financière, mais en ce qui concerne la possibilité d'appréhender de nouveaux types de leur traitement en ligne. Comme l'argumente Lawrence Lessig, « [s]i les données personnelles étaient reconnues comme propriété de l'individu, alors leur collecte sans consentement exprès s'apparenterait à du vol[1051] ». Assez efficace, cette thèse n'a néanmoins pas eu beaucoup de succès. En France, le Conseil d'Etat distingue deux objections principales : la difficulté technique de la mise en œuvre de ce droit en pratique et la fragilisation des capacités des pouvoirs publics de réglementer l'utilisation des données[1052]. En effet, « la reconnaissance d'un droit de propriété de l'individu impliquerait en réalité de renoncer largement à la logique de protection[1053] ». Dans le cadre de l'e-démocratie, ce ne serait pas un inconvénient en soi puisque d'un point de vue conceptuel, la logique de protection fait partie de la logique de représentation, d'un concept du citoyen passif, un « mineur

---

[1051] Code is Law – Traduction française du célèbre article de Lawrence Lessig, *op. cit.*

[1052] Conseil d'Etat, *Etude annuelle 2014 - Le numérique et les droits fondamentaux, op. cit.*p.265-266.

[1053] *Ibid.*

politique » qui a besoin d'être représenté, protégé, même de lui-même[1054]. Il est significatif que par la difficulté technique de la mise en œuvre de ce droit le Conseil d'Etat entende notamment la nécessité de créer des sociétés de gestion collective, une instance représentative, alors que justement pour faire fonctionner l'e-démocratie, il faudrait d'abord renoncer à cette logique représentative, même partiellement, afin qu'elle ne soit plus la logique de base. Le citoyen actif est un acteur politique qui doit monter sur scène. Il est alors nécessaire de lui donner les moyens de protéger ses droits activement. D'ailleurs, il semble que l'avantage principal d'internet soit toujours négligé : la possibilité de régulation par le biais du code, grâce auquel il serait possible pour chacun d'ajuster son niveau de *privacy*, comme l'argumente Lawrence Lessig[1055] et de gérer la commercialisation de ses données. Le Conseil d'Etat considère la valeur des données d'un seul individu dérisoire, mais au fur et à mesure de l'implémentation des moyens permettant d'assurer la vie privée sur internet, cette valeur va inévitablement augmenter. En outre, la patrimonialité sur les données permettrait des actions collectives qui en France par exemple sont circonscrites aux dommages matériels. La possibilité d'ester en justice collectivement constituerait un moyen fort de contrer le déséquilibre des forces entre les géants du Web et les internautes. Enfin, l'argument du Conseil concernant la difficulté de gérer les situations dans des juridictions différentes (celles qui reconnaîtraient le droit de propriété sur les données et celles qui ne le feraient pas) n'est pas convaincant non plus puisqu'une telle gestion est possible grâce au code[1056], à l'instar de l'affaire LICRA c. Yahoo ! après laquelle la dernière avait rendu inaccessibles aux internautes français les pages internet vendant des objets prohibés en France.

612. La thèse du droit de propriété sur ses données a trouvé des adversaires également outre-Atlantique où l'argument principal est qu'un tel droit nuirait au concept de *free speech* protégé par le Premier amendement. Effectivement, il est possible d'envisager des situations dans lesquelles un individu restreindrait l'accès à ses données personnelles, alors qu'elles seraient nécessaires pour le débat d'intérêt général. Dans le contexte européen, une telle situation serait inacceptable, la jurisprudence de la CEDH en témoigne[1057]. Pourtant, sur le sol américain, « l'application des règles du droit privé général à la collecte d'informations n'enfreint pas le Premier amendement, même si la collecte d'informations par les médias est une

---

[1054] V. par ex. Nicolas Ochoa, « Pour en finir avec l'idée d'un droit de propriété sur ses données personnelles : ce que cache véritablement le principe de libre disposition », *RFDA* 2015, p. 1157.

[1055] Lawrence Lessig, *Code : Version 2.0*, *op. cit. We must build into the architecture a capacity to enable choice—not choice by humans but by machines. The architecture must enable machine-to-machine negotiations about privacy so that individuals can instruct their machines about the privacy they want to protect.*

[1056] *Ibid.*

[1057] V. par ex. CEDH, 7 février 2012, *Von Hannover c. Allemagne (no 2)*, *op. cit.*

activité protégée en vertu de la clause de presse du Premier amendement. [...] La collecte d'informations par des entités non médiatiques soulève encore moins de préoccupations au regard du Premier amendement que celle par la presse[1058] ».

613. Ainsi, les critiques portées contre la reconnaissance du droit de propriété sur les données personnelles ne sont-elles pas très convaincantes. Néanmoins, la thèse du droit de propriété ne semble pas pertinente pour une autre raison, à savoir, la nature de ces données qui ne s'apparente pas à un bien, mais plutôt à des « *éléments de personnalité de chacun*[1059] », à l'instar des éléments du corps humain qui ne peuvent pas faire l'objet d'un droit patrimonial[1060].

2. Données personnelles, des « éléments de personnalité »

614. La question principale d'une réflexion sur le statut juridique des données personnelles est la capacité de ce statut à assurer une utilisation contrôlée efficace de ces dernières. En ce sens, il est possible de distinguer deux points de vue opposés : (1) l'Etat doit s'occuper du contrôle des données afin de protéger ses résidents, (2) les utilisateurs eux-mêmes doivent contrôler leurs données. Il est logique que dans le cadre de l'e-démocratie promouvant l'autonomie des citoyens, la deuxième approche soit préférable. Cependant, une telle approche n'est viable qu'à condition de changement d'environnement où l'individu est censé prendre ses décisions. Aujourd'hui, comme l'argumente docteur en droit Nicolas Ochoa, « le principe est la liberté de traitement des données personnelles et sa restriction, pour des motifs de protection des droits de la personne fichée, l'exception. [...] [L]a personne fichée [apparaît] comme une partie structurellement faible dans le cadre d'un échange de données. Dans ces conditions, la reconnaissance d'un droit de la personnalité en la matière, sous couvert d'exalter sa « maîtrise », revient à priver de facto l'individu de la protection de l'État[1061] ». Il est cependant inopportun de plaider pour le renversement du principe au détriment de l'essor de l'industrie informatique. Donner à l'individu des moyens d'établir son

---

[1058] Neil M. Richards, « Reconciling Data Privacy and the First Amendment », *UCLA Law Review,* Vol 52, p 1149, 2005; Washington U School of Law Working Paper No 04-09-03. p.1189. *[A]pplication of ordinary private law rules to newsgathering does not violate the First Amendment, even though newsgathering by the media is a protected activity under the Press Clause of the First Amendment. [...] Information collection by nonmedia entities raises even fewer First Amendment concerns than does newsgathering by the press.*

[1059] Judith Rochfeld, « Les géants de l'internet et l'appropriation des données personnelles : plaidoyer contre la reconnaissance de leur "propriété" », in *L'effectivité du droit face à la puissance des géants de l'Internet Vol 1 : Actes des journées du 14,15 et 16 octobre 2014*, Paris, IRJS éditions, p. 73-88.

[1060] Art. 16-1 du Code civil français.

[1061] Nicolas Ochoa, « Pour en finir avec l'idée d'un droit de propriété sur ses données personnelles : ce que cache véritablement le principe de libre disposition », *op. cit.*

propre périmètre de vie privée et la possibilité de le faire respecter par le biais des négociations de machine à machine, est ce qu'il faudrait faire. L'Etat ne peut et ne doit pas imposer à tout le monde sa vision du périmètre, cette décision étant par principe personnelle, subjective[1062]. Ce qu'il doit faire est de permettre à l'individu de le faire lui-même. Tout cela est de toute évidence impossible aujourd'hui : les conditions générales d'utilisation imposées et incompréhensibles, les protocoles antinomiques au respect de la vie privée, les modèles de business construits sur la collecte illimitée des données personnelles des utilisateurs et même des non-utilisateurs du service le rappellent. Dans ce *Wild West* informatique, l'utilisateur est une proie et non une partie prenante du contrat, condition expresse à une relation équilibrée.

615. Comme l'argumente Isabelle Falque-Pierrotin, « s'affirme la nécessité de donner à l'individu la possibilité de reprendre la maîtrise sur cette dispersion de ses données et d'affermir le lien entre l'individu et son double numérique. [...] [L]a seule vision défensive de la protection des données personnelles ne suffit plus ; il faut l'accompagner d'un versant plus positif, plus prospectif[1063] ». Ainsi, la possibilité pour chacun de garder son propre périmètre de vie privée pourrait-elle devenir cette nouvelle vision de protection des données : non comme une protection étatique de ses sujets, mais comme une autoprotection des individus dotés des moyens efficaces à cet effet : d'abord techniques, au niveau du code, et puis juridiques.

616. Au niveau des moyens juridiques, le droit fondamental à l'autodétermination informationnelle pourrait constituer le support juridique d'une telle autoprotection. La Cour constitutionnelle fédérale allemande a été la première à dégager ce droit qu'elle a défini comme « le pouvoir de l'individu de décider lui-même, sur la base du concept d'autodétermination, quand et dans quelle mesure une information relevant de sa vie privée peut être communiquée à autrui[1064] ». Dans sa décision, la Cour a prévenu contre le risque inhérent de la collecte massive de données personnelles amplifié par le développement des nouvelles technologies de communication[1065], à savoir

---

[1062] V. par ex. cinq profils capital vie privée proposés par Marie-Charlotte Roques-Bonnet, *Le droit peut-il ignorer la révolution numérique ?*, Paris, Michalon, 2010. p.425-426 ou l'arrêt du 17 mars 1966 de la CAA de Paris qui souligne que *la personne privée a seule le droit de fixer les limites de ce qui peut être publié ou non sur sa vie intime*. Cité par Agathe Lepage, « Personnalité (Droits de la) », *Rép civ* 2009. §40. V. dans le même sens aussi Dominique Cardon, *La démocratie Internet : promesses et limites*, *op. cit.* p.36. *[C]e sont désormais les internautes qui définissent eux-mêmes la frontière, souple et mouvante, du public et du privé.*

[1063] Isabelle Falque-Pierrotin, « La Constitution et l'Internet », *op. cit.*

[1064] Yves Poullet, Antoinette Rouvroy, « Le droit à l'autodétermination informationnelle et la valeur du développement personnel. Une réévaluation de l'importance de la vie privée pour la démocratie », in *Etat de droit et Virtualité*, Montréal, Thémis, 2009. p.159.

[1065] Surtout le risque que représente le profilage des individus en utilisant le *Big Data*. *[E]lles peuvent être rattachées à d'autres données déjà collectées – en particulier lorsqu'on crée des systèmes d'information intégrés – pour constituer ensemble un profile partiel ou complet de la* le risque d'autocensure des individus. Ce dernier va de la peur d'adopter certains comportements non conventionnels jusqu'au refus de participer à des actions collectives de la société civile, par crainte que ces informations soient enregistrées, connues, mal vues par d'autres, voire retenues contre eux notamment par des décideurs[1066], surtout si le régime politique venait à changer. De ce qui précède, il est visible aujourd'hui que ce risque est bien réel et commence à se réaliser au fur et à mesure des fuites d'informations concernant des abus d'autorités publiques ou d'opérateurs privés collectant les données personnelles.

617. Par ailleurs, le droit à l'autodétermination informationnelle a été conçu en tant qu'outil essentiel pour la mise en œuvre du droit au libre développement de la personnalité et de la dignité humaine[1067] : « le régime de protection des données est un outil permettant de garantir ces valeurs fondamentales et doit être interprété à la lumière de ces valeurs[1068] ». En outre, toutes les autres libertés sont conditionnées par la dignité et le droit d'autodétermination[1069]. Ainsi, le droit à l'autodétermination informationnelle s'avère-t-il être la pierre angulaire de l'exercice des libertés et droits fondamentaux dans la société d'information et notamment, dans le fonctionnement de l'e-démocratie. Cependant, comme cela a été montré plus haut, l'exercice de ce droit manque d'efficacité.

618. Dans la logique de ce qui vient d'être exposé, le droit à l'oubli affirmé par la CJUE est devenu un premier pas vers la reconnaissance de ce droit au niveau européen, même si sa réalisation semble peu efficace.

B. Le droit de suppression de ses données au lieu du droit à l'oubli

619. Le droit au déréférencement, plus connu comme le droit à l'oubli numérique, proclamé par la CJUE, censé être le premier exemple du contrôle naissant de tout un chacun sur ses données personnelles en ligne, a en réalité transféré la charge de protection de l'Etat à certains acteurs du marché **(1)** au lieu de le rendre aux citoyens eux-mêmes **(2)**.

1. La personne, le centre de protection de ses données

620. L'arrêt de la CJUE du 13 mai 2014 Google Spain et Google Inc. c. AEPD et Mario Costeja Gonzáles a proclamé le droit au déréférencement dans

---

personnalité de l'individu. [...] Les possibilités d'inspecter et de gagner en influence ont augmenté à un point jamais atteint. Ibid. p.174.

[1066] *Ibid.*p.162.

[1067] *Ibid.*p.176.

[1068] *Ibid.* V. aussi CEDH, Grande Chambre, 27 juin 2017, *Satakunnan Markkinapörssi Oy and Satamedia Oy c. Finland,* [réf. 20/10/2017], v. : http://hudoc.echr.coe.int/eng?i=001-175218, §137.

[1069] *Ibid.* p.177.

le cadre européen. A l'origine de l'affaire se trouve un citoyen espagnol ayant saisi la Cour pour contester le traitement de ses données personnelles. En effet, son nom, une fois introduit dans le moteur de recherche Google, donnait comme résultat deux pages du quotidien La Vanguardia de 1998 qui annonçaient une vente aux enchères immobilière liée à une saisie pratiquée en recouvrement de dettes du requérant. Ce dernier avait souligné que ces dettes avaient été déjà réglées, et ce depuis plusieurs années, et que leur mention n'était donc plus pertinente et même attentatoire à son droit de protection des données personnelles. Avant la CJUE, le requérant avait saisi l'AEPD, une autorité de protection, en demandant qu'il soit ordonné à La Vanguardia de « dépersonnaliser » les publications en cause ou à Google de faire en sorte que ses données personnelles n'apparaissent plus dans les résultats de recherche menant vers les publications de la Vanguardia. Par sa décision du 30 juillet 2010, l'AEPD a rejeté la demande concernant La Vanguardia, en estimant que les publications en cause étaient justifiées. En effet, elles avaient été ordonnées par le ministère responsable, afin de promouvoir la vente publique et d'attirer le plus grand nombre possible des enchérisseurs. En revanche, l'AEPD a accueilli favorablement la demande concernant Google Spain et Google Inc. Selon l'autorité, en tant que responsable du traitement, ces dernières étaient tenues de restreindre l'accès à des données si leur localisation et diffusion pouvaient porter atteinte au droit de protection des données et à la dignité des personnes. Les deux sociétés ont contesté cette décision, mais le juge espagnol a, à son tour, sursis à statuer en posant au juge européen une série de questions préjudicielles concernant l'interprétation de la directive 95/46. Dans le cadre de cette recherche, il est intéressant d'en évoquer deux : (1) une autorité nationale de protection peut-elle ordonner directement au moteur de recherche de retirer de ses index les informations publiées légalement par des tiers, sans s'adresser à ces mêmes tiers, et (2) le droit d'accès et le droit d'opposition, prévus respectivement dans les art. 12 et 14 de la directive, doivent-ils être interprétés comme permettant à la personne concernée de s'adresser directement aux moteurs de recherche afin de faire obstacle à l'indexation des informations la concernant, arguant que ces informations peuvent lui porter préjudice ou qu'elle souhaite simplement que celles-ci soient « oubliées ». La CJUE a répondu positivement à la première question, en confirmant le pouvoir de l'autorité nationale de protection (ou de l'autorité judiciaire) d'ordonner à l'exploitant d'un moteur de recherche de supprimer de la liste de résultats d'une recherche à partir du nom d'une personne, des liens vers des publications des tiers concernant cette personne sans nécessairement s'adresser à ces tiers[1070]. La Cour a constaté qu'un tel droit au déréférencement prévaut non seulement sur la liberté d'entreprendre

[1070] CJUE, Grande chambre, 13 mai 2014, *Google Spain SL, Google Inc. contre Agencia Española de Protección de Datos (AEPD), Mario Costeja González*, affaire C-131/12, *op. cit.* §82.

de l'exploitant du moteur de recherche mais aussi sur le droit à l'information du public (sauf s'il s'agit d'une figure publique dont le périmètre de protection est beaucoup moins étroit). En ce sens, elle a répondu positivement à la seconde question, à savoir si la personne concernée peut demander directement à un moteur de recherche d'effacer certaines références des résultats de recherche à partir de son nom. Ainsi, la Cour a adopté une démarche hybride, en combinant une approche protectrice et représentative, supposant la protection des personnes par le biais d'une autorité publique, avec une approche individualiste et directe, permettant l'autoprotection des personnes elles-mêmes, et par conséquent, posant là, la première pierre de l'autodétermination informationnelle dans le cadre européen[1071].

621. Il est intéressant d'analyser la logique qui a conduit les juges à cette décision. Il apparaît que la justification principale était la capacité du moteur de recherche à affecter significativement les droits au respect de la vie privée et à la protection des données personnelles, par le biais des résultats de recherche, à partir du nom d'une personne, qui permettent d'obtenir « un aperçu structuré des informations relatives à cette personne trouvables sur Internet, qui touchent potentiellement à une multitude d'aspects de sa vie privée et qui, sans ledit moteur de recherche, n'auraient pas ou seulement que très difficilement pu être interconnectées, et ainsi d'établir un profil plus ou moins détaillé de celle-ci[1072] ». S'y rajoute la possibilité de voir démultiplier l'effet d'une telle ingérence par le fait que les moteurs de recherche donnent à de tels résultats « un caractère ubiquitaire ». La raison tout à fait légitime *a priori,* mais non vraiment dans les circonstances d'espèce, où il s'agissait de deux pages web d'un quotidien évoquant des faits d'ancienneté de 16 ans au moment du litige. Dans le cas d'espèce, il serait peut-être plus pertinent que l'autorité espagnole de protection ordonne la dépersonnalisation accompagnée par un avertissement approprié[1073] et seulement sur internet, des annonces de vente aux enchères, tenant compte que les finalités de ces publications ont déjà été largement dépassées. Cependant, le juge espagnol n'a pas posé cette question à la CJUE, alors que l'avocat général s'est prononcé contre une telle mesure en l'assimilant à la « falsification de l'histoire[1074] ».

[1071] En ce qui concerne la CEDH, v. une affaire plus récente CEDH, Grande Chambre, 27 juin 2017, *Satakunnan Markkinapörssi Oy and Satamedia Oy c. Finland, op. cit.*

[1072] *Ibid.* §80.

[1073] V. mutatis mutandis CEDH, 10 mars 2009, *Times Newspapers Ltd c. Royaume-Uni (nos 1 et 2), op. cit.* Dans le même sens, Cécile de Terwangne, « Droit à l'oubli numérique, élément du droit à l'autodétermination informationnelle ? », in *Le droit à l'oubli numérique. Données nominatives - approche comparée*, Bruxelles, Editions Larcier, 2015. p.23-49. p.42-43.

[1074] Conclusions de l'avocat général M. Niilo Jääskinen présentées le 25 juin 2013. Affaire C-131/12. Google Spain SL, Google Inc.c. Agencia Española de Protección de Datos (AEPD), Mario Costeja González, [réf. 20/10/2017], v.: http://curia.europa.eu/juris/document/document.jsf?text=&docid=138782&pageIndex=0&doclang=FR&mode=lst&dir=&occ=first&part=1&cid=660316. §129.

622. En général, la possibilité pour des personnes physiques d'adresser directement aux opérateurs internet des plaintes alléguant la violation de leurs droits fondamentaux est une mesure préventive permettant d'éviter l'engorgement des tribunaux, étant donné que leur nombre augmentera au fur et à mesure du développement des technologies de recherche et de profilage sur internet. Ainsi, il semble que les opérateurs s'érigent non seulement en « partenaires de l'Etat[1075] », mais en une instance d'arbitrage entre l'utilisateur, l'éditeur et le public, censée mettre en balance le droit au respect de la vie privée de l'un contre la liberté d'expression et le droit à l'information des deux autres. En conséquence, la suppression de certains liens des résultats de recherche à l'issue d'un tel l'arbitrage, semble la moins attentatoire. Cependant, il est douteux que cette mesure le soit à l'égard de l'obligation de loyauté au sens large[1076]. Comme il a été montré précédemment, les résultats de recherche sont déjà biaisés par les considérations diverses des opérateurs (ainsi que par la censure des Etats) auxquelles il faudrait rajouter les considérations personnelles des individus. Sans doute, sont-elles toutes parfaitement légitimes en tant que telles, mais en fin de compte, la réalité devient déformée sur internet qui perdrait alors sa qualité de moyen fiable d'information. De plus, comme l'argumente Maryline Boizard, cette mesure octroie aux moteurs de recherche un « pouvoir excessif[1077] ». Elle cite le cas d'un article relatif à la démission forcée de l'ancien patron de la banque Merrill Lynch, qui a été effacé de certaines recherches. « Si la décision est laissée à l'arbitrage du moteur de recherche, il y a fort à parier que ces cas se multiplieront[1078] ». Ce risque est bien réel, d'autant plus qu'il est assez compliqué, voire impossible, de définir des critères suffisamment précis pour assurer une application de déréférencement de manière uniforme. Par exemple, s'il s'agit d'une figure publique, pouvant être définie comme « une personne qui, en raison de ses fonctions et/ou engagements, a un certain degré d'exposition médiatique[1079] ». Peut-on définir comme telle, par exemple, une

---

[1075] Marie-Charlotte Roques-Bonnet, *Le droit peut-il ignorer la révolution numérique ?*, *op. cit.* p.172.

[1076] V. par.520 et s.

[1077] V. aussi Henri Oberdorff, *Droits de l'homme et libertés fondamentales*, *op. cit.* p.407. *[Le moteur de recherche] dispose du pouvoir exorbitant de décider concrètement de la mise en œuvre du droit au déréférencement.*

[1078] Maryline Boizard, « La tentation de nouveaux droits fondamentaux face à Internet : vers une souveraineté individuelle ? Illustration à travers le droit à l'oubli numérique », in *Droits et souveraineté numérique en Europe*, Bruxelles, Bruylant, 2016. p.31-55. p.50.

[1079] V. CNIL, Droit au déréférencement. Les critères communs utilisés pour l'examen des plaintes. [réf. 20/10/2017], v.: https://www.cnil.fr/sites/default/files/typo/document/Droit_au_dereferencement-criteres.pdf. p.3 et Article 29 Data Protection Working Party, *Guidelines on the implementation of the Court of Justice of the European Union judgment on "Google Spain and Inc. v. Agencia Española de Protección de Datos (AEPD) and Mario Costeja González" C-131/12*, 14/EN WP 225, 2014. [réf. 20/10/2017], v.: https://ec.europa.eu/justice/article-29/documentation/opinion-recommendation/files/2014/wp225_en.pdf. p.13.

personne qui avait été largement médiatisée en tant que criminel ? En effet, un homme d'affaires russe, personnalité notoire dans les années 1990 en tant que chef présumé d'une bande organisée de grande ampleur, a déjà profité de son droit à l'oubli numérique[1080], nonobstant l'intérêt public évident pour sa figure[1081]. En ce sens, l'auteure plaide pour le contrôle d'une autorité indépendante sur les déréférencements effectués.

623. En tout état de cause, dans le cadre européen, la politique relative au profilage des utilisateurs semble hétérogène. D'une part, le profilage sans précédent effectué par les opérateurs internet est non seulement toléré mais aussi promu. D'après Isabelle Falque-Pierrotin, « [u]n enjeu crucial pour l'avenir de notre compétitivité économique [...] réside dans l'accompagnement des entreprises. Il s'agit de leur permettre de bénéficier de la manne que représentent aujourd'hui les données personnelles, dans un cadre respectueux de nos valeurs[1082] ». D'autre part, le même procédé mais beaucoup moins lourd de conséquences et dispersé dans les mains des internautes est perçue comme suffisamment dangereux pour permettre l'intervention des tiers dans la liberté d'expression des éditeurs. Il est clair que dans l'arène économique mondiale, il n'est plus possible de se passer de cette « manne » et rester compétitif par rapport à d'autres opérateurs issus d'états moins protecteurs des droits fondamentaux. Il serait illogique cependant d'appliquer au même procédé le principe de « deux poids, deux mesures ».

2. Le changement d'approche dans la protection des données

624. Le règlement 2016/679 (RGPD) abrogeant la directive 95/46/CE, applicable à partir du 25 mai 2018, dispose que « les personnes physiques devraient avoir le contrôle des données à caractère personnel les concernant ». Ainsi, le nouveau règlement pose un premier fondement à la consécration d'un droit à l'autodétermination informationnelle. Les contours, pour l'instant assez modestes, de ce droit sont concrétisés dans la section 3 de ce texte. Aux droits d'information, d'accès et de rectification issus de la directive abrogée, le règlement rajoute le droit au retrait du consentement, d'opposition, à la limitation du traitement, à la portabilité et à l'effacement des données (droit à l'oubli). Ce dernier est défini comme « le droit d'obtenir du responsable du traitement l'effacement, dans les meilleurs délais, de données à caractère

---

[1080] « Бизнесмен Сергей Михайлов воспользовался "правом на забвение" », *РБК*, 03/05/2016. [réf. 20/10/2017], v. : http://www.rbc.ru/technology_and_media/30/05/2016/574873bc9a79477bf8e5a75d. [Rbk, Un homme d'affaires Sergueï Mikhailov a utilisé son "droit à l'oubli"].

[1081] Olivia Tambou s'interroge ainsi sur la pertinence du critère de jouer un rôle dans la vie publique puisque d'après elle, la légitimité de l'intérêt du public à être informé est déterminante dans la balance des intérêts. Olivia Tambou, « Protection des données personnelles : les difficultés de la mise en œuvre du droit européen au déréférencement », *RTD Eur, 2016*, p. 249.

[1082] Isabelle Falque-Pierrotin, « La CNIL face à l'économie de la donnée », *AJCA* 2016, p. 175.

personnel la concernant », et ce dans l'un des cas suivants : (1) la conservation des données n'est plus nécessaire aux finalités pour lesquelles elles ont été collectées ; (2) la personne physique retire son consentement et il n'y a pas d'autres fondements au traitement des données en cause ; (3) la personne physique s'oppose au traitement nécessaire à l'exécution d'une mission d'intérêt public par le responsable du traitement ou à des fins d'intérêts légitimes de ce dernier ou de tiers, à moins que le responsable du traitement ne démontre qu'il existe des motifs légitimes et impérieux pour le traitement qui prévalent, sauf si les données en cause ont été collectées à des fins de prospection (l'effacement inconditionnel) ; (4) les données personnelles d'un enfant ont été collectées ; (5) le traitement est illicite ou il y a une obligation légale pesant sur le responsable du traitement d'effacer les données. Sauf l'effacement, si les données en cause ont été rendues publiques, le responsable du traitement est obligé de « prendre des mesures raisonnables » pour informer d'autres responsables qui les traitent, de la demande d'effacement.

625. Parallèlement, le règlement prévoit des limites assez étroites à l'exercice de ce droit à l'oubli. En effet, il ne s'applique pas si le traitement en cause est nécessaire : (1) à l'exercice du droit à la liberté d'expression et d'information ; (2) au respect d'une obligation légale pesant sur le responsable du traitement ; (3) aux motifs d'intérêt général dans le domaine de santé publique ; (4) à des fins statistiques, scientifiques, etc. ; (5) à l'exercice de droits en justice. Des limites à ce droit peuvent être imposées davantage par le droit de l'Union et d'un Etat membre « dans la mesure nécessaire et proportionnée dans une société démocratique » poursuivant l'un des buts légitimes énoncés au considérant 73 du règlement. Ainsi, les responsables du traitement, autres que les moteurs de recherche, se sont vu officiellement imposer une obligation d'arbitrage entre les demandes d'effacement et la liberté d'expression et d'information. Quant aux autorités de contrôle, elles peuvent en vertu de l'art. 58 du règlement, ordonner la rectification ou l'effacement des données personnelles ou la limitation de leur traitement. Cependant, le règlement ne prévoit rien en ce qui concerne la possibilité de leur contrôle des effacements effectués. Dans ces conditions, il est probable que des cas de censure à des fins privées se multiplient, surtout en l'absence d'un registre public des effacements. D'un autre côté, un tel registre pourrait mettre en cause l'efficacité du droit à l'oubli.

626. En tout état de cause, il semble que le règlement, malgré son caractère indubitablement avancé, reste largement confiné à la logique de protection, alors qu'il a été montré plus haut que dans le cadre de l'e-démocratie, qu'il est nécessaire de dépasser cette logique pour que le droit à l'autodétermination informationnelle puisse être effectif. Dans cette perspective, il faut comprendre que le chemin vers ce droit passe d'abord et surtout, par le

code[1083], autrement dit des moyens techniques octroyés aux utilisateurs pour faire valoir leurs droits. Comme l'a bien montré la CJUE[1084], l'effet d'ingérence dans ces droits est démultiplié en raison du caractère ubiquitaire du traitement et de l'accès à leurs données personnelles, non seulement conférés par les moteurs de recherche, mais aussi par la possibilité de divulgation et de republications ultérieures de ces données à l'échelle mondiale. Dans de tels cas, il est peu concevable que la personne dont les droits ont été affectés puisse vraiment s'adresser à tous les responsables du traitement en vue de l'effacement, alors que comme montré précédemment, la distorsion des résultats de recherche par les moteurs de recherche ne semble pas souhaitable. Ainsi, il serait opportun de donner à la personne les moyens techniques de gérer de telles situations de manière automatique, dans le cadre des outils de protection de sa vie privée en ligne[1085]. En effet, la veille et la protection de sa réputation ainsi que les demandes d'effacement aux responsables du traitement peuvent se faire automatiquement du côté utilisateur et d'ailleurs du côté responsables de traitement, au moins en ce qui concerne l'obligation d'information des tiers en vertu de l'art.17 par.2 du règlement. Ceci est d'autant plus important, tenant compte d'un besoin social évident du contrôle de ses données sur internet. Par exemple, depuis la mise en application du droit à l'oubli par Google, ce dernier a reçu près de six cent mille demandes de déréférencement et a examiné près de 1,7 million de sites[1086]. Simultanément, le moteur de recherche russe Yandex, qui doit appliquer la loi russe relative au droit à l'oubli numérique[1087], n'a reçu que près de 4.000 demandes. A cause de l'imperfection de la loi, le moteur de recherche n'a pas le droit d'imposer la forme de la demande de déréférencement. Ainsi, il est fréquent que les demandes arrivent en format

---

[1083] V. dans le même sens Urs Gasser, « Recoding Privacy Law: Reflections on the Future Relationship among Law, Technologie, and Privacy », *Harvard Law Review Forum* 2016, 130, n°2, p. 61-70.

[1084] CJUE, Grande chambre, 13 mai 2014, *Google Spain SL, Google Inc. contre Agencia Española de Protección de Datos (AEPD), Mario Costeja González, affaire C-131/12, op. cit.*, §80.

[1085] V. par. 611. V. dans le même sens aussi François Lhemery, Marie-Charlotte Roques-Bonnet, « Peering into the Future of Privacy », in *Enjeux européens et mondiaux de la protection des données personnelles*, Bruxelles, Larcier, 2015. p.429-440. p.433 et s.

[1086] Demandes de suppression de contenus liés à la vie privée dans les résultats de recherche dans l'Union européenne, Google. [réf. 20/10/2017], v.: https://www.google.com/transparencyreport/removals/europeprivacy/?hl=fr.

[1087] Федеральный закон от 13 июля 2015 г. N 264-ФЗ "О внесении изменений в Федеральный закон "Об информации, информационных технологиях и о защите информации" и статьи 29 и 402 Гражданского процессуального кодекса Российской Федерации", [réf. 20/10/2017], v.: http://www.consultant.ru/cons/cgi/online.cgi?req=doc;base=LAW;n=182637. [Fédération de Russie, Loi fédérale du 13 juillet 2015 N 264-FZ relative aux amendements à la loi fédérale relative à l'information, les technologies d'information et la protection de données et aux articles 29 et 402 du Code de la procédure civile de la Fédération de Russie].

papier ce qui complique évidemment leur traitement. La numérisation du contrôle sur ses données en ligne est d'autant plus nécessaire qu'il faut tenir compte de la complexité pour les gens « ordinaires » de veiller et d'empêcher la divulgation de leurs données, surtout à grande échelle. En outre, une telle « réponse technique[1088] » permettrait de s'opposer à un traitement des données personnelles à l'insu de l'utilisateur, une pratique qui n'est pas du tout rare.

627. Afin d'assurer le respect effectif de la vie privée, il faut aussi un appareil juridique efficace en plus des moyens techniques. Dans le cadre de l'Union européenne, ce dernier pourrait se construire à partir des art.7 et 8 de la CDFUE, alors que dans le cadre de la Conv.EDH, à partir de l'art.8 seul, dont la CEDH a déduit le droit à la protection des données personnelles. Il y a lieu de constater cependant que l'importance de ce dernier s'est considérablement accrue à l'ère numérique. Il serait judicieux peut-être d'introduire ce droit en tant que tel dans la Conv.EDH en considérant qu'aujourd'hui il « constitue en effet un droit fondamental à part entière, au croisement du droit de propriété - les données qu'une personne diffuse sur un réseau social lui appartiennent-elles encore ? - de la liberté d'expression - notamment via les blogs - et de la protection de la vie privée[1089] ».

628. Grâce à tous ces moyens, les individus doivent être au cœur de la protection de leurs données personnelles. « Cette maîtrise peut alors contribuer à l'émergence d'une souveraineté individuelle, une sorte de droit d'autodétermination[1090] », autodétermination qui ne saurait être qu'informationnelle mais aussi politique.

[1088] Cécile de Terwangne, « Droit à l'oubli numérique, élément du droit à l'autodétermination informationnelle ? », *op. cit.* p.47.

[1089] Isabelle Falque-Pierrotin, « La Constitution et l'Internet », *op. cit.*

[1090] Maryline Boizard, « La tentation de nouveaux droits fondamentaux face à Internet : vers une souveraineté individuelle ? Illustration à travers le droit à l'oubli numérique », *op. cit.*, p.34.

Section 2. Le droit à l'autodétermination politique, une nouvelle dimension du droit à l'autodétermination personnelle ?

629. Le droit à l'autodétermination personnelle, autrement dit l'autonomie personnelle, s'annonce comme hautement controversé. Les juristes peinent à définir la frontière entre la protection nécessaire des individus et le protectionnisme étatique traditionnel. « Il est probable que l'on se trouve dans une phase de transition juridique, à la rencontre aussi de deux traditions, l'une anglo-saxonne, l'autre continentale, ce qui expliquerait en grande partie les incertitudes, voire les contradictions actuelles. [...] Il semble en réalité que, tout en consacrant certaines avancées de l'autonomie personnelle, le droit contemporain laisse subsister en son sein certains piliers de l'ordre public traditionnel, qui ne sont pas forcément en cohérence avec les libertés nouvelles[1091] ». La question essentielle que l'on se pose est de savoir « une fois que l'on a dit « autonomie personnelle », comment met-on une limite à la marchandisation dès lors qu'elle est consentie ?[1092] » Autrement dit, à quel moment le consentement ne suffit-il plus pour justifier les choix de l'individu ?

630. A ce bouleversement des valeurs s'ajoute une confusion conceptuelle créée par la CEDH dont la jurisprudence emploie les notions d'autonomie personnelle, de développement personnel et d'épanouissement personnel sans distinction apparente[1093]. En tout état de cause, selon Frédéric Sudre, l'autonomie personnelle semble devenir un principe matriciel du droit au respect de la vie privée et peut être interprétée comme le droit à l'autodétermination[1094]. Ce dernier est le versant positif du droit garanti par l'art.8 qui s'ajoute à son versant négatif, le droit d'être laissé seul. Concept individualiste en conflit avec l'intérêt général, le droit à l'autodétermination personnelle est actuellement en pleine construction par les juges européens (**Paragraphe 1**). Les choix déjà reconnus concernent, pour la plupart, les choix identitaires et sexuels. Cependant, en tant que principe matriciel, le droit à l'autodétermination pourrait être essentiel dans le cadre de l'e-démocratie afin d'appuyer les nouveaux droits politiques (**Paragraphe 2**), actuellement non suffisamment développés dans le cadre européen.

[1091] Muriel Fabre-Magnan *et al.*, « Controverse sur l'autonomie personnelle et la liberté du consentement », *Droits* 2009, n°48, p. 3-57. p.5.

[1092] *Ibid.* p.44.

[1093] Frédéric Sudre, *Droit européen et international des droits de l'homme*, 12e édition refondue, Paris, PUF, 2015. p.709. Dans le même sens, v. aussi Catherine Gauthier *et al.*, *Droit européen des droits de l'Homme*, *op. cit.* p.163. Dans le cadre français, *le rattachement constitutionnel de la vie privée au concept générique de liberté, droit naturel et imprescriptible de l'homme selon l'article 2 de la DDHC, implique une conception du droit à la vie privée comme l'un des aspects de l'autonomie personnelle.* Emmanuel Putman, « Vie privée », in *Dictionnaire des Droits de l'Homme*, Paris, PUF, 2008. p.984-987. p.984.

[1094] Frédéric Sudre, *Droit européen et international des droits de l'homme*, *op. cit.*

§1. L'autodétermination de la personnalité, un droit en construction

631. Dans l'arrêt de principe Pretty c. Royaume-Uni, la CEDH a dégagé le principe d'autodétermination personnelle du droit au respect de la vie privée protégé par l'art.8 de la Convention. Après avoir rappelé que le droit à la vie privée ne peut être défini de manière exhaustive, la Cour a soutenu que « [b]ien qu'il n'ait été établi dans aucune affaire antérieure que l'article 8 de la Convention comporte un droit à l'autodétermination en tant que tel, la Cour considère que la notion d'autonomie personnelle reflète un principe important qui sous-tend l'interprétation des garanties de l'article 8[1095] ». La reconnaissance d'un droit à l'autodétermination a été réitérée dans l'affaire Parillo c. Italie[1096]. Etant donné son caractère matriciel, confirmé par la Cour, il serait opportun de se demander si, dans l'e-démocratie, ce droit ne pourrait appuyer des choix non seulement identitaires et sexuels, mais aussi certains choix politiques **(B)**. Une telle étude serait d'autant plus intéressante compte tenu de l'indigence des droits politiques protégés par la Convention **(A)**.

A. Le cadre européen des droits politiques encore perfectible

632. Il est possible de constater une protection limitée du droit de vote **(1)** ainsi que d'autres droits politiques **(2)** au niveau européen, alors qu'ils sont fondamentaux dans l'e-démocratie.

1. La protection limitée du droit de vote

633. Dans le droit européen des droits de l'homme, un constat s'impose : ce droit n'est que ponctuellement protecteur des droits politiques. Cela est particulièrement frappant si l'on compare les textes européens à la DUDH et au Pacte international relatif aux droits civils et politiques de 1966 (PIDCP). En effet, l'art. 21 de la DUDH dispose que :

> « 1. Toute personne a le droit de prendre part à la direction des affaires publiques de son pays, soit directement, soit par l'intermédiaire de représentants librement choisis.
> 2. Toute personne a droit à accéder, dans des conditions d'égalité, aux fonctions publiques de son pays.

1095 CEDH, 29 avril 2002, *Pretty c. Royaume-Uni*, [réf. 20/10/2017], v. : http://hudoc.echr.coe.int/eng?i=001-65003. §61.

1096 CEDH, Grande chambre, 27 août 2015, *Parrillo c. Italie*, [réf. 20/10/2017], v. : http://hudoc.echr.coe.int/eng?i=001-156492. §153 *[L]a Cour rappelle d'emblée que, selon sa jurisprudence, la notion de vie privée au sens de l'article 8 de la Convention est une notion large qui ne se prête pas à une définition exhaustive et qui englobe notamment un droit à l'autodétermination.*

3. La volonté du peuple est le fondement de l'autorité des pouvoirs publics ; cette volonté doit s'exprimer par des élections honnêtes qui doivent avoir lieu périodiquement, au suffrage universel égal et au vote secret ou suivant une procédure équivalente assurant la liberté du vote. »

La formulation de l'art.25 du PIDCP est sensiblement la même et elle évoque en outre l'absence de discriminations possibles et de restrictions déraisonnables. En comparant ces textes de nature déclarative aux textes européens directement applicables, il est possible de voir un fossé entre les déclarations et la pratique. D'un côté, la Conv.EDH n'évoque que le droit de vote, en le limitant d'ailleurs aux élections législatives. Dans son art.3 du protocole 1, elle dispose que « [l]es Hautes Parties contractantes s'engagent à organiser, à des intervalles raisonnables, des élections libres au scrutin secret, dans les conditions qui assurent la libre expression de l'opinion du peuple sur le choix du corps législatif. » Il est possible de constater que selon la formulation de l'article, il ne protège que le droit objectif à des élections libres. Autrement dit *a priori*, il ne crée qu'une obligation positive pour les Etats d'organiser des élections libres et n'est nullement un droit subjectif pour les individus. Enfin, il n'évoque pas le suffrage universel. D'un autre côté, la CDFUE, texte limité par la compétence européenne, ne protège que le droit de vote et d'éligibilité aux élections au Parlement européen et aux élections municipales. Selon l'art.39, le vote doit être direct, libre et secret, alors que l'universalité du suffrage n'est pas invoquée non plus.

634. La carence des textes européens est tout à fait compréhensible étant donné la diversité des régimes politiques en Europe. En effet, toute tentative d'y inscrire des droits plus poussés conduirait à une possibilité de contestations de ces régimes et des procédures existantes devant le juge européen et ainsi équivaudrait à une démarche visant à instaurer un régime politique européen uniformisé. Néanmoins, le juge européen a pu faire preuve d'audace ce qui l'amène à créer « touche après touche un véritable modèle politique européen en faisant produire à l'article 3 du Protocole n°1 des effets « insoupçonnés à l'origine[1097] ». Ainsi, dans l'arrêt Mathieu-Mohin et Clerfayt[1098], la CEDH homologue la jurisprudence de la Commission européenne des droits de l'homme, reconnaît le suffrage universel et, par la voie de conséquence, le droit de vote et le droit de se porter candidat comme découlant de l'art.3 du protocole 1 de la Convention. Pourtant, la reconnaissance de ces droits a été postérieurement remise en cause par l'arrêt

---

[1097] Yannick Lécuyer, *Les droits politiques dans la jurisprudence de la Cour européenne des droits de l'homme*, Thèse de doctorat en droit public, dir. Joël Andriantsimbazovina, Dalloz, 2009. p.32.

[1098] CEDH, 2 mars 1987, *Mathieu-Mohin et Clerfayt c. Belgique*, [réf. 20/10/2017], v. : http://hudoc.echr.coe.int/eng?i=001-62094. §51.

Ždanoka[1099], dans lequel le juge européen a approuvé une inéligibilité permanente d'une personne en raison de son passé au sein du parti communiste, alors que dans l'arrêt Paksas, il soutenait que « le caractère définitif et irréversible de l'inéligibilité au mandat législatif qui atteint le requérant, conduisent la Cour à juger cette restriction disproportionnée[1100] ». En outre, le juge européen ne peut aller au-delà du texte de la Convention qui pose une limite organique à la protection octroyée, c'est-à-dire la limite par les élections du corps législatif. Il est vrai que la Cour a tenté d'appréhender cette limite de manière plus large, en l'interprétant en fonction « de la structure constitutionnelle de l'État en cause[1101] ». Ainsi, elle a pu élargir la notion d'organe législatif aux parlements régionaux[1102] et au parlement européen[1103]. Néanmoins, les chambres héréditaires[1104] et les élections exécutives[1105] restent exclues du champ d'application de l'art.3 du protocole 1. De même, la Cour a exclu les référendums de ce champ[1106]. En outre, selon la Cour, les droits civiques ne font pas partie des droits « de caractère civil » bénéficiant de la protection de l'art.6 §1 de la Convention[1107], ainsi, le contentieux électoral est exclu de son champ d'application[1108].

635. Selon Frédéric Sudre, « en pratique, le contrôle de la Cour s'efface devant l'ample marge d'appréciation reconnue à l'Etat partie[1109] ». La jurisprudence de la CJUE qui d'ailleurs suit fréquemment celle de la CEDH

[1099] CEDH, Grande Chambre, 16 mars 2006, *Ždanoka c. Lettonie*, [réf. 20/10/2017], v. : http://hudoc.echr.coe.int/eng?i=001-72795.

[1100] CEDH, Grande chambre, 6 janvier 2011, *Paksas c. Lituanie*, [réf. 20/10/2017], v. : http://hudoc.echr.coe.int/eng?i=001-102618. §112.

[1101] CEDH, 2 mars 1987, *Mathieu-Mohin et Clerfayt c. Belgique*, *op. cit.* §53.

[1102] *Ibid.*

[1103] CEDH, Grande Chambre, 18 février 1999, *Matthews c. Royaume-Uni*, [réf. 20/10/2017], v. : http://hudoc.echr.coe.int/eng?i=001-63460. §54 La CJUE a donné suite à cette jurisprudence dans son arrêt CJUE, 12 septembre 2006, *Royaume d'Espagne c. Royaume-Uni, affaire C-145/04*, [réf. 20/10/2017], v. : http://curia.europa.eu/juris/document/document.jsf;jsessionid=9ea7d0f130d68b25953244cc41febb528929570225ab.e34KaxiLc3eQc40LaxqMbN4PaheTe0?text=&docid=63873&pageIndex=0&doclang=FR&mode=lst&dir=&occ=first&part=1&cid=110354.

[1104] Yannick Lécuyer, *L'européanisation des standards démocratiques*, Rennes, PUR, 2011. p.72-74.

[1105] Même si la Cour laisse la porte ouverte en indiquant les pouvoirs du président qui auraient permis de le qualifier en tant qu'organe législatif dont *l'initiative législative et le pouvoir d'adopter des lois ou [...] de vastes prérogatives en matière de contrôle de l'adoption des lois ou le pouvoir de censurer les principaux organes législatifs*. CEDH, 2 septembre 2004, *Boškoski c. l'ex-République yougoslave de Macédoine*, [réf. 20/10/2017], v. : http://hudoc.echr.coe.int/eng?i=001-72124.

[1106] CEDH, 7 septembre 1999, *Hilbe c. le Liechtenstein*, [réf. 20/10/2017], v. : http://hudoc.echr.coe.int/eng?i=001-30673.

[1107] Frédéric Sudre, *Droit européen et international des droits de l'homme*, *op. cit.* p.829.

[1108] CJUE, 12 septembre 2006, *Royaume d'Espagne c. Royaume-Uni, affaire C-145/04*, *op. cit.*

[1109] Frédéric Sudre, *Droit européen et international des droits de l'homme*, *op. cit.* p.828.

témoigne de la même approche[1110]. En ce qui concerne d'autres droits politiques, cette marge d'appréciation semble réduite.

2. *La protection variable d'autres droits politiques*

636. D'autres droits politiques ou des droits « de nature politique », comme les qualifie Joël Andriantsimbazovina, comprennent la liberté de réunion et d'association, protégée par l'art.11 de la Conv.EDH et l'art.12 de la CDFUE, ainsi que la liberté d'expression de l'art. 10 de la Convention et l'art. 11 de la CDFUE. De plus, la CDFUE mentionne un droit de pétition dans son art. 44. Il convient alors d'étudier leur régime bâti dans le cadre européen, dans la perspective de l'introduction possible de l'e-démocratie.

637. En ce qui concerne la liberté d'expression, « l'un des fondements essentiels d'une société démocratique », il y a lieu de rappeler que la liberté d'expression jouit d'une protection accrue au niveau européen et que la marge d'appréciation octroyée aux Etats est presque inexistante, en ce qui concerne le débat d'intérêt général[1111]. Au regard de la liberté de réunion et d'association qui est la manifestation de la liberté d'expression collective, dans la Conv.EDH, elle est énoncée de la manière suivante :

> « 1. Toute personne a droit à la liberté de réunion pacifique et à la liberté d'association, y compris le droit de fonder avec d'autres des syndicats et de s'affilier à des syndicats pour la défense de ses intérêts.
> 2. L'exercice de ces droits ne peut faire l'objet d'autres restrictions que celles qui, prévues par la loi, constituent des mesures nécessaires, dans une société démocratique, à la sécurité nationale, à la sureté publique, à la défense de l'ordre et à la prévention du crime, à la protection de la santé ou de la morale, ou à la protection des droits et libertés d'autrui. Le présent article n'interdit pas que des restrictions légitimes soient imposées à l'exercice de ces droits par les membres des forces armées, de la police ou de l'administration de l'Etat. »

La formulation de l'art.12 de la CDFUE en est assez proche, la Charte n'évoquant pas des restrictions possibles mais mentionnant en revanche le rôle des partis politiques « à l'expression de la volonté politique des citoyens ou citoyennes de l'Union ». Nonobstant son caractère dualiste, il convient d'analyser cette liberté dans ses deux aspects : la liberté de réunion et la liberté d'association.

638. La liberté de réunion protège les rassemblements ponctuels, pacifiques et organisés dans un but précis[1112] ; elle couvre les réunions privées

---

[1110] *Ibid.* p.830.
[1111] La liberté d'expression est traitée dans le chapitre précédent.
[1112] Stéphanie Hennette-Vauchez, Diane Roman, *Droits de l'Homme et libertés fondamentales*, *op. cit.* p.617.

comme les réunions publiques. Ces dernières comprennent la liberté de manifestation qui ressort implicitement de l'énoncé de l'art.12[1113]. La liberté de réunion n'ayant pas fait l'objet d'une jurisprudence abondante, le juge européen a pu bâtir un régime très protecteur de cette liberté[1114]. Selon la CEDH, « [l]'essence de la démocratie tient à sa capacité à résoudre des problèmes par un débat ouvert. [...] [L]es idées politiques qui contestent l'ordre établi et dont la réalisation est défendue par des moyens pacifiques, doivent se voir offrir une possibilité convenable de s'exprimer à travers l'exercice de la liberté de réunion[1115] ». Dans cette logique, pour justifier l'interdiction d'une réunion, il faut établir un risque réel d'action violente, d'incitation à la violence ou toute autre forme de rejet des principes démocratiques[1116]. Cependant, une fois encore, il semble qu'une large marge d'appréciation parfois octroyée à l'Etat, puisse remettre en cause les acquis de la protection européenne[1117].

639. La liberté d'association, quant à elle, protège l'expression politique au sein de groupements institutionnels, qu'il s'agisse d'associations, de syndicats ou de partis politiques[1118]. Dans le cadre du régime représentatif que sont les régimes européens, il est logique que les partis politiques bénéficient d'une protection particulière. Dans ce domaine, l'Etat ne dispose que d'une marge d'appréciation réduite dont fait partie, par exemple, la question du financement des partis politiques par des fonds étrangers[1119]. Les partis politiques sont libres de se fonder et de mener leurs activités, dès lors qu'ils ne remettent pas en cause les principes démocratiques de base. Même si le programme d'un parti envisage la sécession d'une région, cela ne peut pas justifier la dissolution de cette dernière[1120]. En revanche, peuvent être dissous les partis promouvant des valeurs non démocratiques, incompatibles avec la Convention. Ainsi, le juge européen a-t-il approuvé la dissolution des partis islamistes, terroristes et théocratiques[1121]. En ce qui concerne d'autres associations que les partis politiques, leur fondation est *a priori* libre et seules

[1113] *Ibid.*, p.619.

[1114] Frédéric Sudre, *Droit européen et international des droits de l'homme*, *op. cit.* p.809.

[1115] CEDH, 12 juillet 2005, *Güneri et autres c. Turquie*, [réf. 20/10/2017], v. : http://hudoc.echr.coe.int/eng?i=001-69678. §76.

[1116] CEDH, 2 octobre 2001, *Stankov et Organisation macédonienne unie Ilinden c. Bulgarie*, [réf. 20/10/2017], v. : http://hudoc.echr.coe.int/eng?i=001-64248. §111.

[1117] Frédéric Sudre, *Droit européen et international des droits de l'homme*, *op. cit.* p.809-810.

[1118] Stéphanie Hennette-Vauchez, Diane Roman, *Droits de l'Homme et libertés fondamentales*, *op. cit.* p. 621.

[1119] CEDH, 7 juin 2007, *Parti nationaliste basque – Organisation régionale d'Iparralde c. France*, [réf. 20/10/2017], v. : http://hudoc.echr.coe.int/eng?i=001-80896.

[1120] CEDH, 20 octobre 2005, *United Macedonian Organisation Ilinden – PIRIN and Others v. Bulgaria*, [réf. 20/10/2017], v.: http://hudoc.echr.coe.int/eng?i=001-70731. §61.

[1121] V. par ex. CEDH, Grande chambre, 13 février 2003, *Refah Partisi (Parti de la Prospérité) et autres c. Turquie*, [réf. 20/10/2017], v. : http://hudoc.echr.coe.int/eng?i=001-65493. ou CEDH, 3 juin 2009, *Herri Batasuna et Batasuna c. Espagne*, [réf. 20/10/2017], v. : http://hudoc.echr.coe.int/eng?i=001-93348.

des raisons « impératives et convaincantes », notamment la promotion des valeurs antidémocratiques, peuvent justifier un refus d'enregistrement[1122]. Cependant, encore une fois, l'Etat jouit d'une large marge d'appréciation concernant les restrictions posées par le §2, en ce qui concerne « les membres des forces armées, de la police ou de l'administration de l'Etat ».

640. Selon Jean-François Renucci, « en général, la liberté d'association ne donne pas lieu à d'importantes difficultés, sauf peut-être dans le cas particulier de la liberté syndicale[1123] ». En effet, la CEDH inclut la liberté syndicale dans la liberté d'association, en refusant d'y voir une spécificité quelconque[1124]. Par conséquent, l'Etat jouit ici encore d'une très large marge d'appréciation pour déterminer les modalités d'exercice de cette liberté. Par exemple, le droit de grève, le moyen principal de lutte syndicale, n'est pas reconnu en tant qu'un de ses éléments inhérents[1125].

641. Néanmoins, c'est dans le contentieux ayant pour objet la liberté syndicale que la Cour a introduit le droit à l'autonomie, autrement dit à l'autodétermination, dans le champ des droits politiques[1126]. Ce droit a déjà pu appuyer plusieurs choix identitaires, ce qui a permis à d'aucuns de conclure à son caractère matriciel, important pour l'e-démocratie.

B. Le droit à l'autodétermination de la personnalité, fondement des libres choix politiques

642. Sur le fondement du caractère matriciel du droit d'autodétermination, certains choix personnels ont été déjà acquis **(1)** ce qui permet de s'interroger sur la possibilité de l'extension de ce droit à des choix politiques, dans le cadre de l'e-démocratie **(2)**.

1. Le droit à l'autodétermination : certains choix acquis

643. D'après Stéphanie Hennette-Vauchez et Diane Roman, la notion de vie privée a évolué sous l'influence de la jurisprudence européenne : ne comprenant initialement que « le droit de se voiler », elle ne concernait que l'intimité de la personne. Aujourd'hui, elle englobe également la liberté de choix de vie et de relations, alias « le droit de se dévoiler ». Ainsi, le droit à la vie privée protège-t-il l'autonomie de la personne (« autodétermination personnelle »)[1127]. Xavier Bioy précise que « le droit à l'autonomie de la vie

---

[1122] Frédéric Sudre, *Droit européen et international des droits de l'homme*, *op. cit.* p.815.

[1123] Jean-François Renucci, *Droit européen des droits de l'homme*, Paris, LGDJ, Lextenso éditions, 2012. p.333.

[1124] Frédéric Sudre, *Droit européen et international des droits de l'homme*, *op. cit.* p.819-820.

[1125] *Ibid.* p.820.

[1126] CEDH, 11 janvier 2006, *Sørensen et Rasmussen c. Danemark*, *op. cit.*

[1127] Stéphanie Hennette-Vauchez, Diane Roman, *Droits de l'Homme et libertés fondamentales*, *op. cit.* p.488.

privée implique le libre choix de ses occupations, de son identité, de ses relations[1128] », autrement dit, l'autodétermination. Il est possible de voir que selon ces auteurs, l'autonomie de la personne et l'autodétermination personnelle sont deux concepts similaires, interchangeables qui désignent un aspect de la liberté personnelle de faire ses propres choix dans la vie. D'ailleurs, un tel point de vue est confirmé par la jurisprudence de la CEDH qui assimile plutôt ces deux notions[1129]. Jean Rivero assimile le pouvoir d'autodétermination à la liberté elle-même : « les libertés publiques sont des pouvoirs d'autodétermination consacrés par le droit positif[1130] », ce qui montre le potentiel matriciel du droit à l'autodétermination.

644. En tout état de cause, le droit à l'autodétermination commence à se développer. Manifestation d'un fort individualisme[1131], il a du mal à s'imposer dans les ordres juridiques qui préfèrent l'intérêt général. En France par exemple, le droit au respect de la vie privée a un statut constitutionnel très fragile[1132]. Néanmoins, grâce aux efforts des juges européens, il est devenu possible de reconnaître certains droits sur le fondement de l'autodétermination personnelle. Ces droits incluent tout d'abord le droit « d'établir les détails de son identité d'être humain[1133] ». Selon Stéphanie Hennette-Vauchez et Diane Roman, ce droit concerne les choix identitaires concernant l'état civil, tels que le droit à un nom[1134] et à un prénom ou le droit de connaître ses origines. Il comprend non seulement le droit d'accès à l'histoire personnelle, mais aussi le droit d'accès aux informations sur la personne détenues par les autorités étatiques[1135]. La protection s'étend également aux choix personnels liés à la vie amoureuse ou familiale, notamment à la liberté sexuelle où « la volonté individuelle devient le seul déterminant de la licéité des pratiques sexuelles[1136] ». Ainsi, la Cour a pu reconnaître la liberté de l'orientation sexuelle, notamment la liberté de changer d'identité sexuelle[1137]. Jean-François Renucci parle en ce sens d'un nouveau droit fondamental naissant : le droit à l'identité sexuelle[1138]. En ce qui concerne la vie familiale, ont été

[1128] Xavier Bioy, *Droits fondamentaux et libertés publiques*, Issy-les-Moulineaux, LGDJ, Lextenso éditions, 2014. p.400.

[1129] V. par ex., les arrêts CEDH, 29 avril 2002, *Pretty c. Royaume-Uni*, *op. cit.* et CEDH, Grande chambre, 27 août 2015, *Parrillo c. Italie*, *op. cit.*

[1130] Jean Rivero, Hugues Moutouh, *Libertés publiques. Tome 1*, *op. cit.* p.7.

[1131] Xavier Bioy, *Droits fondamentaux et libertés publiques*, *op. cit.* p.428.

[1132] Louis Favoreu *et al.*, *Droit des libertés fondamentales*, *op. cit.* p.272.

[1133] CEDH, Grande chambre, 11 juillet 2002, *Christine Goodwin c. Royaume-Uni*, [réf. 20/10/2017], v. : http://hudoc.echr.coe.int/eng?i=001-65153. §90.

[1134] CEDH, 1 juillet 2008, *Daróczy v. Hungary*, [réf. 20/10/2017], v. : http://hudoc.echr.coe.int/eng?i=001-87221. §32.

[1135] Stéphanie Hennette-Vauchez, Diane Roman, *Droits de l'Homme et libertés fondamentales*, *op. cit.* p.499-500.

[1136] Xavier Bioy, *Droits fondamentaux et libertés publiques*, *op. cit.* p. 431.

[1137] CEDH, Grande chambre, 11 juillet 2002, *Christine Goodwin c. Royaume-Uni*, *op. cit.*

[1138] Jean-François Renucci, *Droit européen des droits de l'homme*, *op. cit.* p.278.

reconnus le droit de devenir ou non parent[1139], le droit de « choisir les circonstances dans lesquelles devenir parent[1140] ». Le droit de se marier sous-entend également la liberté de création du lien matrimonial dont l'expression de la volonté des époux est la première condition fondamentale[1141], cependant, non sans limites. Un pan important des droits concerne le droit à la vie pour lequel la Cour, tout en refusant de reconnaître le droit à la mort, a néanmoins admis « le droit d'un individu de décider de quelle manière et à quel moment sa vie doit prendre fin à condition qu'il soit en mesure de forger librement sa propre volonté à ce propos et d'agir en conséquence[1142] ». L'obligation positive de prendre les mesures de précaution, sans pour autant empiéter sur l'autonomie de la personne, s'impose à l'Etat[1143]. Plus encore, les droits acquis sur le fondement de l'autodétermination personnelle concernent le droit pour tout individu de nouer et de développer les relations avec ses semblables non seulement dans la sphère privée mais aussi professionnelle et plus largement sociale[1144]. Ainsi, les restrictions apportées aux activités professionnelles ou bien un refus arbitraire d'octroyer une nationalité[1145] peuvent se répercuter « dans la façon dont l'individu forge son identité sociale[1146] ». A ce titre, la Cour EDH a lié le droit à la protection de la réputation au droit au développement de chaque individu dans les relations avec ses semblables[1147]. De même, la liberté syndicale négative s'est vue protégée sur le fondement de l'autodétermination personnelle[1148].

645. Au regard de cette généralisation du principe d'autodétermination personnelle, Frédérique Sudre considère son éventuelle vocation à devenir un principe général d'interprétation de la Convention[1149]. Aujourd'hui, ce n'est pas le cas. Dans le cadre de l'e-démocratie cependant, il pourrait protéger non

---

1139 CEDH, Grande chambre, 10 avril 2007, *Evans c. Royaume-Uni*, [réf. 20/10/2017], v. : http://hudoc.echr.coe.int/eng?i=001-80036.

1140 CEDH, 14 décembre 2010, *Ternovszky c. Hongrie*, [réf. 20/10/2017], v. : http://hudoc.echr.coe.int/eng?i=001-102254.

1141 François Boulanger, « La vie familiale », in *Libertés et droits fondamentaux*, Paris, Dalloz, 2016. p.271.

1142 CEDH, 20 janvier 2011, *Haas c. Suisse*, [réf. 20/10/2017], v. : http://hudoc.echr.coe.int/eng?i=001-102939. §51.

1143 CEDH, 16 octobre 2008, *Renolde c. France*, [réf. 20/10/2017], v. : http://hudoc.echr.coe.int/eng?i=001-88960. §83.

1144 CEDH, 16 décembre 1992, *Niemietz c. Allemagne*, [réf. 20/10/2017], v. : http://hudoc.echr.coe.int/eng?i=001-62344.

1145 ECHR, 11 October 2011, *Genovese v. Malta*, [réf. 20/10/2017], v. : http://hudoc.echr.coe.int/eng?i=001-106785. §30.

1146 CEDH, 28 mai 2009, *Bigaeva c. Grèce*, [réf. 20/10/2017], v. : http://hudoc.echr.coe.int/eng?i=001-92753. §23.

1147 CEDH, 14 octobre 2008, *Petrina c. Roumanie*, [réf. 20/10/2017], v. : http://hudoc.echr.coe.int/eng?i=001-88963. §27-28.

1148 CEDH, 11 janvier 2006, *Sørensen et Rasmussen c. Danemark*, *op. cit.* §54.

1149 Frédéric Sudre, *Droit européen et international des droits de l'homme*, *op. cit.* p.710.

seulement des choix personnels liés à la sphère privée ou professionnelle, mais ceux liés à la sphère politique.

2. *L'extension politique nécessaire pour l'e-démocratie*

646. En 1999, Michel Levinet se demandait si le droit au développement, condition de la pleine réalisation du droit des peuples à disposer d'eux-mêmes, devait être compris comme un droit de la personne ou un droit de l'Etat, autrement dit, si « la liberté du corps social commande la liberté dans le corps social[1150] ». Pour l'e-démocratie, ce lien entre deux faces de la liberté du peuple serait essentiel. Sur le plan européen, il n'est pas encore établi, mais il semble que la CEDH ait franchi le premier pas en affirmant dans les arrêts Pretty et Evans que la notion de vie privée « englobe, entre autres, des aspects de l'identité physique et sociale d'un individu, notamment le droit à l'autonomie personnelle, le droit au développement personnel et le droit d'établir et entretenir des rapports avec d'autres êtres humains et le monde extérieur[1151] ». Comme déjà évoqué[1152], la CEDH semble employer indistinctement les notions d'autodétermination, d'autonomie, de développement et d'épanouissement personnel. En tout état de cause, le principe d'autodétermination n'est pas sans limites. Plusieurs membres de la doctrine argumentent sur l'exemple des pratiques sadomasochistes, qu'il doit être limité par la dignité humaine, malgré le consentement de la « victime[1153] ». Encore une limite possible, l'autonomie d'une personne qui entre en conflit avec celle de l'autre. L'arrêt Odièvre[1154] illustre un tel conflit en confrontant deux volontés inconciliables : le droit de la mère de garder le secret de son identité et le droit de l'enfant d'avoir accès à ses origines. L'intérêt de la mère prévalant dans loi française, la Cour a conclu à la non-violation de l'art.8. Cependant, Jean-François Renucci expose que la décision de la Cour est loin de faire l'unanimité, « la force des opinions dissidentes est significative de la complexité de la question[1155] ». Il semble donc opportun de s'interroger sur le contenu et l'étendue du principe d'autodétermination.

1150 Michel Levinet, « La juridicité problématique du droit au développement de la personne humaine dans la jurisprudence récente des organes de la Convention européenne des droits de l'homme », in *Les défis des droits fondamentaux Actes des deuxièmes Journées scientifiques du Réseau Droits fondamentaux de l'Agence Universitaire de la Francophonie, Québec, 29 septembre - 2 octobre 1999*, Bruxelles, Bruylant, 2000. p.97.

1151 CEDH, Grande chambre, 10 avril 2007, *Evans c. Royaume-Uni*, *op. cit.*, §71.

1152 V. le par. 629-630.

1153 V. par ex. Jean-François Renucci, *Droit européen des droits de l'homme*, *op. cit.* p.275 ou Muriel Fabre-Magnan *et al.*, « Controverse sur l'autonomie personnelle et la liberté du consentement », *op. cit.*, p.51-57.

1154 CEDH, 13 février 2003, *Odièvre c. France*, [réf. 20/10/2017], v. : http://hudoc.echr.coe.int/eng?i=001-65492.

1155 Jean-François Renucci, *Droit européen des droits de l'homme*, *op. cit.* p.289.

647. D'origine grecque, le mot « autonomie » signifie la capacité de la personne à vivre indépendamment d'autrui, de se déterminer par ses propres règles. Entrée dans le droit des libertés par le biais de la liberté contractuelle, la notion d'autonomie présume que « la volonté de l'homme serait autonome dès lors qu'elle est juridiquement apte à engendrer ses propres normes[1156] ». Ainsi, la volonté personnelle trouve ses limites dans la loi qui préserve l'intérêt général, c'est-à-dire qui assure l'aménagement et la cohabitation pacifique des volontés particulières. Dans le cadre strict de la liberté contractuelle, l'exercice de l'autonomie personnelle consiste en la liberté de créer des obligations par la rencontre d'au moins deux volontés ce qui implique la liberté de se lier, pour le débiteur, et de lier autrui, pour le créancier, bien évidemment, sur le consentement de l'obligé[1157]. Ainsi, la volonté de ce dernier devient essentielle à la validité de l'acte juridique créé. D'ailleurs, Marie-Laure Mathieu argumente qu'il n'y a pas de raison de limiter le thème de la « liberté contractuelle » aux seuls contrats. Elle serait alors la liberté d'accomplir des actes juridiques quelconques, sur le fondement de l'autonomie de la volonté[1158]. Cependant, c'est dans le cadre du droit des contrats que se trouve une nouvelle limite à la volonté personnelle, celle de l'exigence de l'équilibre objectif des forces en présence. Autrement dit, le souci de protéger une partie supposé « faible », même contre son gré, notamment par le biais de l'information obligatoire de cette dernière et un délai de rétractation pour qu'elle puisse choisir librement de s'engager ou non[1159].

648. Dans le cadre de cette recherche, il convient de connaître l'étendue des contours de l'autonomie, au-delà du cadre du droit des contrats. Notamment, il convient de réfléchir à l'application de ce principe dans un cadre plus large qui s'intéresse d'abord aux données personnelles, puis aux droits et libertés politiques. En effet, la première question ne semble pas poser de difficultés puisque selon la jurisprudence européenne, les affaires liées aux données personnelles tombent sous l'empire de l'art.8 de la Conv.EDH où le principe d'autonomie ou d'autodétermination a déjà fait son entrée. Dans la forme du droit à l'autodétermination informationnelle, il pourrait faire partie d'un droit naissant à la protection des données personnelles, un droit au carrefour du droit de propriété, de la liberté d'expression et du droit au respect de la vie privée[1160]. Dans cette perspective, la limite relative à la protection de la partie présumée « faible » se traduit par les moyens juridiques prévus pour assurer le consentement éclairé de cette dernière. Une telle limite pourrait être utile sans pour autant tomber dans la

---

[1156] Marie-Laure Mathieu, « La liberté contractuelle », in *Libertés et droits fondamentaux*, Paris, Dalloz, 2016. p.848.

[1157] *Ibid.* p.849-850.

[1158] *Ibid.* p.851.

[1159] *Ibid.* p.866.

[1160] V. par. 627.

logique de protection de type paternaliste. En ce qui concerne la deuxième question, à savoir s'il est possible d'appliquer ce principe aux droits et libertés de nature politique, il convient de regarder la réponse déjà ponctuellement amorcée par la CEDH qui l'a invoquée dans l'arrêt Sørensen et Rasmussen. Amenée à trancher le litige concernant la liberté d'association négative, la Cour a mobilisé l'autonomie personnelle « considérée comme un corollaire essentiel de la liberté de choix de l'individu implicite dans l'article 11, ainsi que comme un élément confirmant l'importance que revêt l'aspect négatif de cette disposition[1161] ». Ceci dit, d'autres droits politiques sous-entendent-ils « la liberté de choix de l'individu » ? En effet, il convient de voir que la liberté de réunion, liberté sœur de celle d'association, sous-entend la liberté de choix de l'individu, même si comme l'a indiqué la Cour, cette liberté est implicite dans la formulation de l'art.11. Toutes les deux sont la dimension collective de la liberté d'expression. Cette dernière présume elle aussi du libre choix de l'individu d'avoir des opinions et de les exprimer. Le droit de vote, par son essence même, présume de la liberté de choix de l'électeur. Selon la formule de l'art.3 du protocole 1, ce droit implique des élections libres pour assurer la libre expression de l'opinion du peuple sur le choix du corps législatif. Il semble donc que dans le cadre de l'e-démocratie, la liberté de choix ayant comme corollaire l'autonomie ou l'autodétermination personnelles puisse servir de base à l'interprétation des dispositions de la Convention, surtout vues à la lumière de la DUDH visée dans le préambule de la Convention, et son art.21 §3 qui dispose que « [l]a volonté du peuple est le fondement de l'autorité des pouvoirs publics ». Ainsi, dans le concept analysé ici, la garantie de cette liberté de choix doit devenir primordiale ce qui pourrait être réalisé sur le fondement du principe de l'autodétermination personnelle.

649. En outre, dans le cadre de l'e-démocratie, ce dernier pourrait appuyer de nouveaux droits politiques ou des droits politiques renouvelés.

§2. Les nouveaux droits nécessaires pour l'e-démocratie

650. Après l'analyse de l'état des lieux concernant les droits politiques au niveau européen, il est clair qu'un tel cadre restreint ne saurait favoriser le développement de l'e-démocratie. Pour son bon fonctionnement, il serait d'abord nécessaire de repenser le droit de vote **(A)** pour ensuite introduire un nouveau droit de participation et renouveler le droit à la liberté de réunion et d'association numériques **(B)** en se fondant sur le principe d'autodétermination personnelle. Une telle démarche reposerait la question de l'introduction d'un régime politique européen unifié, ce qui n'est pas à l'ordre du jour. Néanmoins, peut-être il est temps de s'interroger sur la pertinence de

[1161] CEDH, 11 janvier 2006, *Sørensen et Rasmussen c. Danemark*, *op. cit.*, §54.

certaines spécificités politiques des Etats membres, sans pour autant parler d'unification des régimes politiques.

A. Le droit de vote modernisé

651. Une telle modernisation concernerait une étude de la pertinence de l'obligation de voter **(1)** ainsi que du droit fondamental d'accès à internet comme le support nécessaire de l'i-vote **(2)**.

1. Obligation de voter, quel avenir à l'ère de l'e-démocratie ?

652. Dans l'arrêt Parti conservateur russe des entrepreneurs et autres c. Russie, la CEDH a affirmé que « le suffrage libre comporte deux aspects : la libre formation de la volonté de l'électeur et la libre expression de cette volonté[1162] ». Il semble que le droit de vote s'apparente ainsi à la liberté d'expression[1163] qui, elle aussi, présente deux aspects : la liberté de se former une opinion et la liberté d'exprimer cette opinion. A l'instar de la liberté d'expression, la liberté d'expression électorale ne saurait être limitée qu'exceptionnellement tant elle touche au débat d'intérêt général. La marge d'appréciation de l'Etat doit donc par principe être réduite. En outre, comme montré plus haut[1164], la Convention offre une protection « capitale » au refus de communiquer ses opinions qui aurait pu être également applicable au refus de communiquer ses opinions concernant le choix électoral par le biais d'abstention. Cependant, tel n'est pas le cas.

653. L'abstention électorale est devenue l'un des problèmes les plus préoccupants des régimes démocratiques, car un taux bas de participation aux élections remet en question la légitimité de la représentation. Il est temps de considérer d'ailleurs que cette abstention signale notamment un décalage des représentants avec le *demos*, causé par le repliement de ces premiers sur eux-mêmes. La situation nécessite un changement d'approche de la représentation en général. Pourtant, les gouvernants sont plutôt enclins à l'assurer par le biais de la contrainte sous la forme du vote obligatoire[1165].

[1162] CEDH, 11 janvier 2007, *Parti conservateur russe des entrepreneurs et autres c. Russie*, [réf. 20/10/2017], v. : http://hudoc.echr.coe.int/eng?i=001-78985. §71.

[1163] Ce qui n'est pas exclu par la Comm.EDH. V. Comm.EDH, 22 mars 1972, *X. c. Autriche*, [réf. 20/10/2017], v. : http://hudoc.echr.coe.int/eng?i=001-27952. où le requérant se plaignait que l'obligation de voter constitue une atteinte à la liberté de conscience et à la liberté de manifester en public ses convictions. En l'espèce, la Comm.EDH n'a pas exclu que les art.9 et 3 du protocole 1 sont applicables.

[1164] V. par. 496.

[1165] V. par ex. Assemblée nationale, *Refaire la démocratie. Rapport n° 3100*, Paris, 2015. [réf. 20/10/2017], v. : http://www2.assemblee-nationale.fr/static/14/institutions/Rapport_groupe_travail_avenir_institutions_T1.pdf, p.66 et s. V. aussi les expériences diverses de l'introduction du vote obligatoire dans le monde dans Maria Gratschew, « Compulsory voting », in *Voter Turnout since 1945. A Global Report*,

654. En effet, le vote obligatoire est une des conséquences du concept de souveraineté nationale et suppose que le vote n'est pas un droit, mais une fonction susceptible d'être une obligation dont le non-exercice pourrait être sanctionné. Le droit de vote découle du concept de souveraineté populaire et, par principe, nul ne peut être contraint à l'exercer. Ainsi, le vote obligatoire remet en question le concept même de souveraineté véhiculé par le régime politique. Il est vrai que si la constitution donnée proclame le principe de souveraineté du peuple, d'un point de vue théorique, il est difficile d'y introduire l'obligation de voter. En pratique, certaines constitutions, telles que la constitution française, ont fait des tentatives de modification ou de fusion des deux concepts. En soi, cela ne pose pas de problème si la souveraineté populaire est plus théorique que pratique. Cependant, dans le cadre de l'e-démocratie instaurant la souveraineté effective du peuple, la question d'obligatoriété du vote devient importante.

655. Selon la Comm.EDH, l'obligation de voter « ne vise que le vote, c'est-à-dire le fait de se présenter aux urnes, mais [...] l'électeur n'est pas "obligé [...] de choisir l'un des deux candidats indiqués sur le bulletin de vote officiel". En effet, l'électeur peut, après s'être présenté, soit déposer un bulletin blanc, soit rendre son bulletin non valable[1166] ». Le raisonnement de la Commission est compréhensible étant donné la méfiance des Etats membres à l'égard de toute tentative de remise en cause de leurs pratiques politiques par le biais de la jurisprudence européenne. Cependant, une telle prise de position par la Commission dans l'affaire relative au vote obligatoire en Autriche, d'ailleurs homologuée par la CEDH, ne sape-t-elle pas subrepticement, les fondements mêmes de la souveraineté du peuple ? Cette dernière est indirectement invoquée dans l'art.1 de Loi constitutionnelle fédérale d'Autriche qui dispose que « [l]'Autriche est une République démocratique. Son droit émane du peuple ». En effet, le caractère obligatoire du vote met en cause la qualité du peuple souverain si les bulletins blancs et non valables ne sont pas comptabilisés et ne peuvent donc pas influencer les résultats des élections. Le souverain est ainsi obligé de maintenir artificiellement à flot un régime dont la représentativité ne serait plus en adéquation avec lui, sans pouvoir exprimer son désaccord par le biais de l'abstention qui permettrait justement, la remise en cause efficace de ce régime. C'est ainsi que le rapport « Refaire la démocratie » s'interroge sur les conséquences de la loi du 21 février 2014 visant à reconnaître le vote blanc aux élections et de comptabiliser ces derniers « au risque que les votes blancs représentent, lors d'une élection, une majorité relative forte ou même une majorité absolue[1167] ». D'ailleurs, le rapport mentionne la division du groupe

---

Halmstad, International Institute for Democracy and Electoral Assistance (International IDEA), 2002. p.105-110.

[1166] Comm.EDH, 22 mars 1972, *X. c. Autriche*, *op. cit.*

[1167] Assemblée nationale, *Refaire la démocratie. Rapport n° 3100*, *op. cit.*, p.67.

de travail sur cette question, tout en hésitant à proposer l'instauration du vote obligatoire accompagnée de la comptabilisation des votes blancs ce qui montre que ses auteurs sont conscients que l'un ne peut aller sans l'autre.

656. Dans le cadre de l'e-démocratie, d'un point de vue théorique, la question d'obligatoriété du vote ne peut se poser puisque cela contredirait le concept de la souveraineté populaire. En pratique, plusieurs ajustements de ce concept ont été faits. D'un point de vue des droits de l'homme, en ce qui concerne la décision de se présenter aux urnes, le vote obligatoire ne va-t-il pas à l'encontre du principe d'autodétermination, fondement nécessaire du droit de vote[1168] ? En tout état de cause, le vote obligatoire ne peut pas être imposé sans comptabilisation des votes blancs et nuls, pour permettre l'expression efficace du peuple souverain.

657. En revanche, la question de fondamentalité du droit d'accès à internet dans le cadre de l'e-démocratie ne pose pas de difficultés de prime abord.

2. *Droit fondamental d'accès à internet*

658. Dans le chapitre précédent, il a été montré qu'aujourd'hui, l'objectif est plutôt le service universel, ce qui est logique dans le cadre d'un régime politique dont le bon fonctionnement ne dépend pas directement de la connexion à internet. Cependant, l'e-démocratie se base sur l'accès à internet, un droit fondamental de cet accès devient vital, pour son bon fonctionnement. Cela justifierait l'introduction d'un droit-créance à l'égard de l'Etat, d'assurer une connexion de qualité suffisante, permettant la libre expression des opinions politiques, y compris par le biais du vote.

659. En pratique, des opérateurs internet ont déjà commencé à déployer un accès gratuit à internet dans certains pays où un tel accès n'est pas abordable. L'initiative de Facebook *Internet.org* notamment, vise à connecter quatre milliards de personnes d'améliorer les connexions réduites[1169]. Cependant, cette initiative a déjà reçu plusieurs critiques négatives des utilisateurs potentiels, car le libre accès ne permet d'accéder qu'à certains sites, dont Facebook, ce qui a donné lieu à des accusations de non-respect du principe de neutralité d'internet. Sachant que le modèle de business de Facebook est bâti sur la collecte et la commercialisation de données personnelles des utilisateurs, y compris de données de connexion, la sélectivité des sites accessibles ne peut surprendre[1170]. Il n'est pas étonnant d'ailleurs que le

---

[1168] V. *supra*, par. 648.

[1169] Newley Purnell, Resty Woro Yuniar, « Facebook's Free Internet Access Program in Developing Countries Provokes Backlash », *The Wall Street Journal*, 24/09/2015. [réf. 20/10/2017], v.: http://www.wsj.com/articles/facebooks-free-internet-access-program-in-developing-countries-provokes-backlash-1443119580?mod=e2fb.

[1170] V. par ex., AdVox Global Voices, *Free Basics in Real Life. Six case studies on Facebook's internet "On Ramp" initiative from Africa, Asia and Latin America*, Amsterdam, 2017. [réf. 20/10/2017], v.: https://advox.globalvoices.org/wpmoteur de recherche Google dont le modèle de business est sensiblement identique ne soit normalement pas accessible dans le cadre de l'initiative de Facebook[1171]. Une telle sélectivité des sites ne saurait être acceptable dans le cadre de l'e-démocratie qui nécessite un accès suffisant permettant non seulement de participer aux procédures démocratiques, mais de se former et d'exprimer librement ses opinions ce qui n'est possible qu'avec un accès non restreint à internet.

660. Est-il raisonnable de confier à l'Etat la tâche d'assurer un accès libre à internet ? En effet, il a été montré précédemment, que les états mettent en œuvre tous les moyens offerts par internet pour organiser une surveillance et un espionnage sans précédent. Si le contrôle sur l'accès à internet leur est conféré, ne va-t-on pas ajouter encore à leurs moyens de surveillance ? Le cas de la mise en œuvre concrète du Plan France Très Haut Débit[1172] qui prévoit le contrôle de certains réseaux ruraux par les collectivités territoriales induit la question des droits et libertés des utilisateurs. Comment ce contrôle va-t-il être organisé ? Plus généralement, toute concentration massive du trafic internet sous le contrôle d'une seule entité est potentiellement dangereuse. C'est pour cela que par exemple, les initiatives de Facebook ou SpaceX, une compagnie américaine envisageant de mettre en orbite plus de quatre mille satellites pour fournir une connexion à haut débit pour un prix dérisoire à chaque habitant de notre planète[1173], posent problème. La concentration massive du trafic internet donne des moyens inédits de contrôle à l'opérateur. Comme montré dans une étude de l'Université de Stanford, la collecte des données de connexion est aussi révélatrice de la vie privée que l'analyse du contenu des communications[1174] et ce n'est qu'un moindre mal que les opérateurs utilisent ces informations à des fins commerciales. La pire crainte relève de ce qu'elles peuvent potentiellement être utilisées à d'autres fins. Dans cette perspective, il semble opportun de diviser le consentement[1175] à

---

content/uploads/2017/07/FreeBasicsinRealLife_FINALJul27.pdf. p.2. *We also conclude that Free Basics' architectural and content limitations are largely artificial and exist primarily as a mechanism for collecting profitable data from users.*

[1171] Newley Purnell, Resty Woro Yuniar, « Facebook's Free Internet Access Program in Developing Countries Provokes Backlash », *op. cit. Though arrangements vary by country, the Internet.org app typically provides a simplified, low-data version of Facebook, its Messenger service and selected local websites [...] Facebook notes that Google and Microsoft Corp. 's Bing search engine are a part of the program in some countries.*

[1172] Qu'est-ce que le Plan France Très Haut Débit ?, [réf. 20/10/2017], v. : http://www.francethd.fr/le-plan-france-tres-haut-debit/qu-est-ce-que-le-plan-france-tres-haut-debit.html.

[1173] Irene Klotz, « SpaceX seeks U.S. approval for internet-via-satellite network », *Reuters*, 17/11/2016. [réf. 20/10/2017], v.: http://uk.reuters.com/article/us-space-spacex-idUKKBN13C085.

[1174] Jonathan Mayer *et al.*, « Evaluating the privacy properties of telephone metadata », *Proceedings of the National Academy of Sciences* 2016. [réf. 20/10/2017], v. : http://www.pnas.org/content/113/20/5536.full.

[1175] François Pellegrini, « La liberté à l'ère numérique », *op. cit.*

tout type de traitement de données personnelles par l'opérateur, de sorte que la finalité de traitement, quelle qu'elle soit, nécessitera un consentement distinct de l'utilisateur. Cela ne sécurisera pas complètement les données personnelles des utilisateurs, mais permettra à un utilisateur de s'opposer à un traitement non souhaitable, par un opérateur loyal. En ce qui concerne les abus de ce pouvoir de contrôle par des opérateurs déloyaux, il serait peut-être pertinent d'étudier la possibilité de préserver la concurrence sur le marché d'accès à internet, en posant des limites quantitatives à la part de marché détenu par un opérateur d'accès.

661. Ainsi, l'obligation positive de l'Etat serait non pas de fournir l'accès à internet lui-même, mais d'assurer le fonctionnement concurrentiel et sûr du marché. Une telle obligation ne correspond pas réellement à la notion de service public dont la création serait la conséquence de l'instauration d'un droit fondamental d'accès à internet. Pourtant, il y a un domaine où le service public d'accès serait le bienvenu : la fourniture d'accès internet et des équipements nécessaires à des catégories défavorisées de la population. En effet, le service universel inclut déjà la possibilité d'une réduction du montant de la facture ainsi que le maintien de la connexion internet en cas de factures non payées. En outre, afin d'assurer un accès public et gratuit à internet, des services publics d'accès sont ouverts dans plusieurs pays européens. En France par exemple, les Espaces publics numériques[1176] assurent l'accès libre et gratuit à internet et des formations au numérique. En ce sens, il est possible de constater qu'une certaine dose de service public d'accès et d'éducation combinée avec le service universel est nécessaire.

662. Dans le cadre de l'e-démocratie, le droit de vote ne peut être effectif non seulement sans accès à internet libre, mais aussi sans d'autres droits liés à la participation efficace du peuple souverain dans la vie politique.

B. Les droits liés à la participation effective

663. Il s'agit d'un droit à la participation **(1)** qui fonderait les « libertés de l'action collective[1177] » **(2)**.

1. Le droit à la participation, un nouveau droit en construction

664. « La démocratie doit accepter que le peuple puisse intervenir et participer au débat public par d'autres voies que celles qui lui sont en principe dévolues[1178] », énoncent Jean Rivero et Hugues Moutouh. Force est de constater que l'espace de participation, voire de contestation, octroyé au

---

[1176] Qu'est-ce qu'un espace public numérique ?, NetPublic. [réf. 20/10/2017], v. : http://www.netpublic.fr/net-public/espaces-publics-numeriques/presentation/.

[1177] Jean Rivero, Hugues Moutouh, *Libertés publiques. Tome 2*, Paris, PUF, 2003. p.237.

[1178] *Ibid.* p.248.

peuple dans le régime représentatif est très encadré et codifié[1179]. Internet permet de penser autrement l'action participative en lui octroyant des moyens inédits de la mise en œuvre, indépendants de l'Etat et parfois, de manière inattendue[1180]. Le plus souvent, les Etats, confrontés à cette nouvelle réalité politique, tendent à réprimer les comportements qui ne rentrent pas dans le cadre codifié de la participation conventionnelle. Cependant, il conviendrait de savoir si ce cadre prescrit n'est pas trop étroit et obsolète à l'ère de l'e-démocratie.

665. Dominique Rousseau pense qu'à la place du paradigme classique de l'assimilation de la démocratie au droit de vote vient un nouveau paradigme démocratique consistant en « l'affirmation d'autres droits aussi nécessaires et aussi indispensables que le droit de vote[1181] », notamment la liberté d'opinion et les droits de la défense. Selon l'auteur, il est nécessaire, à côté du droit de vote, de développer des procédures de délibération publique afin de promouvoir la qualité du citoyen actif, tout en réduisant la délégation de pouvoir, fondement du droit de vote. Ainsi, le droit de vote se verrait intégré dans une procédure plus large, de la délibération publique. Dans le même sens, Stéphanie Hennette-Vauchez et Diane Roman notent qu'« en dehors du système électoral, des expériences de participation directe se développent, au point qu'on a pu évoquer la formation d'un droit à la participation[1182] » et énumèrent plusieurs manifestations de ce droit, telles que les consultations et les enquêtes publiques, les concertations, les débats publics, bref, plusieurs formes d'association du public à la prise de décisions. Cependant, ces moyens de participations restent eux aussi, largement encadrés et contrôlés par l'administration[1183], au point qu'il n'est pas si pertinent de parler d'un droit à la participation, mais plutôt à une faculté octroyée au citoyen.

666. Pourtant, la démocratie et surtout, l'e-démocratie, établissant une souveraineté effective du peuple, peuvent-elles faire l'économie d'un vrai droit à la participation à la prise de décisions politiques[1184] ? Un tel droit, pourrait-il être considéré comme un droit de l'homme ? Les droits de l'homme sont un ensemble de droits inhérents à la nature de l'homme, et qu'on ne peut méconnaître sans porter atteinte à celle-ci[1185]. Ces droits sont préexistants à

1179 Geoffroy de Lagasnerie, « Surveiller l'Etat. Lanceurs d'alerte, pratiques numériques et contrôle démocratique », in *Journée d'études de l'AFDC « Le numérique au service du renouvellement de la vie politique ? »*, 04/11/2016.

1180 *Ibid.*

1181 Dominique Rousseau, « Liberté politique et droit de vote », in *Libertés et droits fondamentaux*, Paris, Dalloz, 2016. p.401.

1182 Stéphanie Hennette-Vauchez, Diane Roman, *Droits de l'Homme et libertés fondamentales*, *op. cit.* p.625.

1183 V. Partie I, Titre 2, Ch. 1.

1184 En ce sens, v. aussi Marie-Charlotte Roques-Bonnet, *Le droit peut-il ignorer la révolution numérique ?*, *op. cit.* p.409-413.

1185 Jean Rivero, Hugues Moutouh, *Libertés publiques. Tome 1*, *op. cit.* p.7.

tout support formel et ainsi transcendent leur reconnaissance par les textes[1186]. Le droit à la participation est-il préexistant et inhérent à la qualité de l'homme ? En effet, le droit à la participation incarnant le droit à l'autodétermination politique pourrait faire partie des droits de l'homme. Le but ultime de leur reconnaissance est d'assurer la liberté qui est « un pouvoir d'autodétermination, en vertu duquel l'homme choisit lui-même ses comportements personnels[1187] ». A l'heure actuelle, ce pouvoir d'autodétermination se limite à des choix identitaires, relationnels et professionnels. Néanmoins, dans le cadre de l'e-démocratie, il est nécessaire de l'étendre à des libertés politiques. Il est probable que dans une démocratie, de telles libertés sous-entendent un pouvoir d'autodétermination. En outre, en tant que choix liés à l'identité personnelle et ses valeurs, ils conditionnent l'environnement relationnel et social de l'individu, influencent ses conditions et son mode de vie et, au bout du compte, son univers personnel. En ce sens, ils sont intrinsèquement personnels et touchent à l'essence de sa vie privée[1188]. Il est vrai que la doctrine les aborde uniquement dans leur dimension collective. Cependant, il faut garder à l'esprit que même si un citoyen n'est qu'une partie infime du souverain, sa volonté particulière est une partie irremplaçable de la volonté générale sans laquelle cette dernière ne peut se former[1189]. C'est ainsi que l'autodétermination politique prend tout son sens et sert de base à son corollaire, le droit à la participation à la prise de décisions politiques. Ce n'est qu'en assumant la double nature individuelle et collective de l'autodétermination politique, que celle-ci pourra se réaliser, un peu au sens dworkinien[1190].

[1186] *Ibid.*

[1187] *Ibid.* p.5.

[1188] V. par ex., l'influence des choix politiques sur la vie privée des individus in Ronald Dworkin, « The Roots of Justice », in *Dworkin : un débat*, Bruxelles, Editions OUSIA, 1999. p.15-126. p.86. *[W]hen we grant the government we elect the power to adopt laws and policies for reasons other than to affect our choices of values or lives, which laws we nevertheless anticipate <u>will</u> affect those choices.* [n.s.].

[1189] V. par ex. Jean-Jacques Rousseau, *Du contrat social ou principes du droit politique, op. cit.* p.19. ou Raymond Carré de Malberg, *Contribution à la théorie générale de l'Etat, op. cit.* p. VIII.

[1190] V. par ex. Christina Chalanouli, *Kant et Dworkin. De l'autonomie individuelle à l'autonomie privée et publique*, Thèse de doctorat en philosophie du droit, dir. François Vallançon, Paris II, 2010. p.13. *Chaque partenaire de la démocratie est et reste autonome dans sa sphère privée et agit avec une autonomie analogue sur la scène politique, guidé par un sens aigu du respect égal pour ses co-partenaires* ou Ronald Dworkin, « The Roots of Justice », *op. cit. [S]ome forms of political organization – democratic forms – provide self-government. We mean that they provide the kind of government that each of us can choose to accept, endorse, and support as <u>an appropriate vehicle for furthering his personal responsibility towards his own life consistently with the ethical premises of that responsibility</u>. Citizens of a community organized in that way can sensibly treat themselves as having formed a partnership of equals, each pursuing his own good and the good of all through institutions <u>whose authority each can endorse out of his own personal ethics</u>. They can sensibly mark the special value of this kind of government, and <u>its special connection to their sense of personal responsibility for their own</u>*

667. Le droit à la participation pourrait à son tour, servir de base pour le « nouveau paradigme démocratique » dépassant la seule dimension du vote en englobant tous les droits et libertés politiques et de nature politique, pour assurer une délibération publique au sens large. Les libertés de l'action politique, faisant également partie de ce paradigme, devraient elles aussi être renouvelées dans l'e-démocratie.

2. Les « libertés de l'action collective » à l'ère de l'e-démocratie

668. A l'ère de l'e-démocratie, il est nécessaire d'accepter des voies inédites d'intervention du peuple au débat politique[1191]. Le droit à la participation pourrait être un fondement juridique pour de telles interventions, faute de possibilité de les prévoir et d'en fixer toutes les normes. Sans doute, avec le développement du numérique, de nouvelles voies inattendues de participation se multiplieront-elles. L'absence de normes particulières d'intervention ne pouvant être un empêchement légitime à l'action du peuple souverain. Néanmoins, de quelle manière le droit peut-il appréhender et réguler de telles actions pour prévenir les dommages et excès possibles ? Henri Oberdorff indique à juste titre qu'« on voit aussi se développer à l'heure d'Internet et du numérique de nouveaux types de rassemblements sur lesquels il est juridiquement difficile de se déterminer entre attroupement et manifestation, comme les rassemblements « Facebook » [...]. [L]es autorités publiques sont souvent contraintes de prendre des mesures visant à limiter de type de manifestation reposant sur une certaine spontanéité collective du fait de l'absence d'organisateur désigné et de responsable de leur déroulement[1192] ». Comme il a déjà été montré concernant les lanceurs d'alerte, la question de la responsabilité dans l'espace public et, en conséquence, des personnes responsables se trouve particulièrement remise en cause par le développement d'internet. Cela indique peut-être que le droit doit se saisir d'une reconsidération de cette notion à l'ère numérique.

669. Quant à la liberté de réunion, la jurisprudence française[1193] par exemple, a depuis longtemps élaboré une distinction entre les réunions privées et les réunions publiques, permettant d'y appliquer des régimes juridiques différents. Si ces premières ne sont aucunement réglementées, les dernières

---

lives" [n.s.]. V. dans le même sens aussi, Georges Vedel, *Manuel élémentaire de droit constitutionnel. Réédition présentée par Guy Carcassonne et Olivier Duhamel, op. cit.*p.186. *La démocratie classique marie l'auto-détermination de chacun par lui-même et la détermination de la collectivité par elle-même.*

1191 Jean Rivero, Hugues Moutouh, *Libertés publiques. Tome 2, op. cit.* p.237.

1192 Henri Oberdorff, *Droits de l'homme et libertés fondamentales, op. cit.* p.663.

1193 V. Cass. crim., 9 janvier 1869, *de Jaubert-Larcy*, Bull.crim., T. LXXIV, n°12. et Conseil d'Etat, *Ordonnance du juge des référés du 19 août 2002. Front national et Institut de formation des élus locaux (IFOREL)*, [réf. 20/10/2017], v.: https://www.conseil-etat.fr/ressources/decisions-contentieuses/dernieres-decisions-importantes/ordonnance-du-juge-des-referes-du-19-aout-2002.

sont soumises à certaines obligations, dont la constitution d'un bureau responsable. Cette question de responsabilité est loin d'être tranchée quand il s'agit de manifestations numériques. En outre, Stéphanie Hennette-Vauchez et Diane Roman s'interrogent sur le critère de distinction entre réunions privées et réunions publiques, à savoir, le mode d'invitation : invitation personnelle et nominative pour les réunions privées et impersonnelle et anonyme pour les réunions publiques. « A l'heure d'Internet et des réseaux sociaux, la distinction entre un événement public et privé peut être difficile à faire... Une invitation postée sur Facebook est-elle personnelle et nominative ?[1194] ».

670. De la même façon, le droit de pétition a connu un essor remarquable avec internet. Les sites de pétitions tels que www.change.org se multiplient[1195], sans connaître de frontières. Par exemple, il est devenu une pratique courante de soumettre des pétitions adressées aux autorités nationales sur des sites étrangers. Les autorités nationales sont-elles tenues d'organiser, *a minima*, des débats publics sur les pétitions obtenant un certain nombre de voix ? Doivent-elles être obligées de considérer des pétitions provenant des sites étrangers, c'est-à-dire, encore une fois, utilisant des voies d'intervention non prescrites ?

671. En ce qui concerne la liberté d'association, il est possible de distinguer entre autres, deux cas de figure. Premièrement, le cas des e-partis dont des exemples sont le Parti pirate ou le Mouvement cinq étoiles. La question essentielle qui se pose est la suivante : dans le cadre de l'e-démocratie, les e-partis constitués en ligne sont-ils obligés de sortir de l'espace numérique pour reprendre les voies normatives prescrites, afin de se constituer encore une fois mais hors ligne ? En effet, une telle exigence peut représenter un obstacle à l'exercice de la liberté d'association, comme c'est le cas avec le Parti pirate russe qui n'a pas été enregistré par les autorités publiques étant donné son nom « illégal ». Même si ce n'est qu'un cas isolé, les droits et libertés hors ligne doivent être respectés en ligne, comme le préconise l'ONU[1196]. En outre, leur exercice doit-il être pleinement assuré en ligne comme hors ligne ? Théoriquement, la réponse positive semble aller de soi, ce qui n'est pas encore le cas en réalité. Ainsi, le droit doit-il trouver comment assurer l'exercice de la liberté d'association en ligne, sans en sortir hors ligne.

672. Deuxièmement, la liberté d'association à l'ère du numérique est menacée par les producteurs[1197]. Ces derniers peuvent limiter les capacités des utilisateurs en ce qui concerne les applications disponibles et instaurer ainsi un contrôle sur les moyens de communication des uns avec les autres. Pour

---

[1194] Stéphanie Hennette-Vauchez, Diane Roman, *Droits de l'Homme et libertés fondamentales*, *op. cit.* p.619.

[1195] *Ibid.* p.620.

[1196] Nations unies, *La promotion, la protection et l'exercice des droits de l'homme sur l'Internet.* A/HRC/20/L.13, 2012.

[1197] François Pellegrini, « La liberté à l'ère numérique », *op. cit.*

l'auteur, le droit à l'interopérabilité accompagné du droit à la portabilité des données personnelles pourrait être une réponse efficace à ce type de menaces. En effet, le contrôle sur les moyens de communication menace non seulement la liberté d'association, mais toutes les autres libertés d'action collective, ainsi que la liberté d'expression, la liberté mère de toute action politique. Dans ce prolongement, la notion de monopole pourrait-elle s'analyser non par rapport à d'autres opérateurs mais à l'égard des utilisateurs ? La position dominante de certains géants du Web qui, en soi, n'est pas interdite par le droit européen, leur octroie des moyens inédits de contrôle et d'influence sur les utilisateurs[1198]. Dans le cadre de l'e-démocratie, une telle situation serait peu concevable. Des limitations de ces pouvoirs ont été proposées, notamment l'obligation de loyauté ou la limitation de la part de marché d'un opérateur. En ce sens, on pourrait s'interroger sur le point de savoir si la position dominante devrait être tolérée dans le cadre du marché numérique, dans la mesure où elle donne lieu à de tels pouvoirs de contrôle et d'influence qui peuvent gravement nuire aux droits et libertés politiques, fondement de l'e-démocratie, tout comme d'ailleurs de la démocratie tout court ?

[1198] V. par. 520 et s. ou par. 660.

CONCLUSION DU TITRE PREMIER

673. Les mesures de surveillance nationales et internationales ainsi que la surveillance des opérateurs privés, font peser une menace sans précédent sur les droits les plus fondamentaux pour le bon fonctionnement de l'e-démocratie. La prise de conscience de cette situation conduit à organiser un débat public, afin de redéfinir le champ strict des pouvoirs des services de renseignement, ainsi que de renouveler et d'étendre les moyens de contrôle démocratique sur l'exercice de ces pouvoirs. Avec le développement d'internet, une plus grande transparence s'impose. Il est donc opportun de redéfinir non seulement le spectre des informations couvertes par le secret, mais aussi des procédures et des activités des services de renseignement, puisque c'est précisément par le secret que le contrôle démocratique est empêché. Ainsi, « les constitutions doivent parvenir à ajuster le secret aux revendications politiques et normatives des régimes démocratiques[1199] ».

674. En ce qui concerne la surveillance des opérateurs privés, ces derniers sont parfois obligés de « coopérer » avec les services de renseignement en leur transmettant des données des utilisateurs. De telles procédures devraient aussi être rigoureusement circonscrites et passibles d'un contrôle démocratique. Les opérateurs privés mènent aussi une surveillance privée à des fins commerciales, en collectant et analysant massivement des informations, et parfois tentent d'influencer les comportements, même les résultats des élections. Leurs moyens de surveillance doivent passer au crible des instances démocratiques qui pourraient réfléchir à l'introduction de nouvelles obligations des opérateurs du Web 2.0[1200], ainsi qu'au développement de la concurrence sur le marché numérique, aujourd'hui fortement concentré. Pour être efficace, le contrôle doit s'effectuer également par les citoyens ordinaires. Pour se protéger d'une surveillance abusive et parvenir au contrôle efficace de leurs données personnelles, ces derniers doivent être munis des outils

---

[1199] Günter Frankenberg, « Democracy », *op. cit.* p.262. *[C]onstitutions do have to cope with adjusting secrecy to the political and normative claims of democratic regimes.*

[1200] V. par ex. Conseil d'Etat, *Etude annuelle 2017 - Puissance publique et plateformes numériques : accompagner l'«ubérisation», op. cit.* p.18-19. *Le règlement de l'Union européenne pourrait en premier lieu proposer un ensemble d'instruments de régulation du secteur des plateformes fondés sur des obligations de conformité (compliance), en deuxième lieu affirmer des principes de loyauté et de responsabilité lors de l'utilisation des algorithmes et de l'intelligence artificielle.*

numériques permettant la mise en œuvre réelle du droit à l'autodétermination informationnelle.

675. Force est de constater que dans le cadre européen, les droits politiques sont les moins développés comparativement à d'autres droits fondamentaux protégés par la Conv.EDH et la CDFUE. Une telle situation ne saurait être compatible avec l'instauration de l'e-démocratie. Cependant, en considérant l'hostilité de certains Etats membres à toute précision de ces droits, comprise comme une tentative d'instauration d'un régime politique européen, il est difficile de s'attendre à l'extension des droits politiques dans les textes européens. Ainsi, il semble qu'il serait plus probable d'introduire l'e-démocratie par la voie des infléchissements au niveau national, en l'accompagnant des droits nécessaires. Le principe d'autodétermination élargi pourrait servir de base à l'extension des droits politiques.

TITRE SECOND

LE CADRE NORMATIF DE L'E-DÉMOCRATIE

676. L'e-démocratie en tant que modalité d'exercice de la souveraineté est naturellement censée être saisie par la Constitution. La question qui se pose spontanément est de savoir par quelle Constitution ? De quel Etat ? Et surtout, selon quelles modalités ? Car il est évident que chaque Etat introduirait l'e-démocratie de manière différente, choisirait une séquence différente de présentation de ses instruments, même si l'idée générale de sa mise en œuvre restait la même : procéder par le biais de petits infléchissements en changeant peu à peu la culture politique et en renforçant le rôle du peuple, élément central du nouveau régime politique.

677. A l'heure actuelle, il n'y a pas d'e-démocraties établies ou en voie de développement. L'Estonie ou la Suisse pourraient être des exemples d'e-démocratie en développement, étant donné que ces Etats ont introduit certains de ses instruments. En réalité, elles ne le sont pas plus que la Russie ou la France. Il a certes été montré précédemment que tous ces pays avaient commencé à introduire certains instruments de l'e-démocratie. Cependant, leurs régimes politiques restent inchangés, ce sont toujours des régimes représentatifs, même si la Suisse constitue un cas à part étant donné son régime politique *sui generis*, à mi-chemin entre le régime représentatif et la démocratie directe. Néanmoins, même en Suisse, le régime politique est davantage représentatif que démocratique où le peuple n'est qu'un organe de l'Etat[1201] et donc l'un des souverains au sens développé précédemment[1202]. Alors que l'e-démocratie n'est pas une somme de ses instruments, c'est avant tout un exercice de la souveraineté par le peuple.

678. Ainsi donc, faute d'un exemple d'une e-démocratie en voie de construction, il ne semble pas pertinent de choisir de manière purement artificielle un Etat, afin de l'utiliser en tant que fondement d'une réflexion abstraite. Il convient en revanche de réfléchir de manière plus théorique, dans le but de donner un cadre constitutionnel théorique à cette notion. De même,

---

[1201] Andreas Auer *et al.*, *Droit constitutionnel suisse. Vol. I. L'Etat*, Berne, Stämpfli Edition SA, 2006. p.205.

[1202] V. par. 206.

au lieu de présenter un cadre minimum de l'e-démocratie, autrement dit, une première étape de son introduction, cette recherche va se focaliser sur son état relativement développé et le cadre constitutionnel nécessaire à ce stade-là. En effet, il apparaît que bien que les Etats aient des points de départ différents pour déployer l'e-démocratie, tous parviennent, à un certain moment, à un stade équivalent de son développement. C'est sur cet objectif intermédiaire que cette recherche va se concentrer, pour essayer de voir quel est l'encadrement constitutionnel possible pour l'e-démocratie établie.

679. En premier lieu, il est opportun de réfléchir à la façon dont la Constitution pourrait se saisir de l'e-démocratie **(Chapitre 1)**, tout en sachant que cette dernière n'est pas qu'une panoplie de « gadgets » à finalité de « démocratiser » certains mécanismes de délibération et de la prise de décision du régime représentatif, mais bien un régime politique mettant en œuvre une souveraineté populaire efficace. En second lieu, il convient alors d'explorer les conséquences d'un tel changement de régime politique, en mobilisant de nouveaux concepts par lesquels la Constitution sera inévitablement saisie (**Chapitre 2**), afin d'accompagner le changement nécessaire de la culture politique.

Chapitre 1. L'e-démocratie saisie par la Constitution

Chapitre 2. La Constitution saisie par les notions de l'e-démocratie

Chapitre 1. L'e-démocratie saisie par la Constitution

680. L'e-démocratie étant une notion complexe, son encadrement par la Constitution peut se faire en deux temps. Le premier serait la question de la protection constitutionnelle de son environnement, à savoir le numérique, sa base et des droits fondamentaux bouleversés par le numérique **(Section 1)**. En effet, le numérique et les droits fondamentaux concernés sont tous deux les supports essentiels de l'e-démocratie. Pour le succès de cette dernière, il est nécessaire tout d'abord de protéger ces supports, sans lesquels elle ne pourra pas s'installer et se développer. En ce qui concerne le numérique, il conviendra de se focaliser sur sa composante essentielle, internet, même s'il est nécessaire de protéger et en même temps d'encadrer non seulement ce dernier, mais le numérique en entier, en tenant compte de son potentiel transformateur aussi bénéfique que dangereux pour la société. Il est primordial notamment que le droit se saisisse dès à présent de l'encadrement de la recherche sur l'intelligence artificielle. Même si partiellement, cette question dépasse les limites de cette thèse, il y a lieu de considérer ses certains aspects, étant donné que certaines technologies peuvent être utilisées dans le cadre de l'e-démocratie.

681. Le second temps nécessite de réfléchir sur l'encadrement de l'e-démocratie **(Section 2)** en tant que telle, comme un régime politique. En ce sens, il faut considérer les termes essentiels à fixer dans la Constitution, à savoir la souveraineté, le peuple, la représentation, la place de ces deux derniers dans le fonctionnement du régime et leurs rapports politiques. En effet, la place centrale du peuple au sein de ce régime politique bouleverserait plusieurs notions fondamentales du droit constitutionnel ; de même qu'elle nécessiterait de nouveaux principes de base, pénétrant tout le système constitutionnel de l'e-démocratie et servant de repères pour son interprétation. De la même manière, il est pertinent de se demander quels sont les mécanismes de l'exercice de la souveraineté du peuple qui doivent être introduits au niveau constitutionnel ? Dans cette perspective, il convient de faire le tri entre les instruments de l'e-démocratie analysés précédemment[1203], pour choisir ceux qui servent à un tel exercice et ceux qui peuvent être utilisés au sein de presque tout régime politique. Ces premiers constitueront le noyau dur du système qui ne saurait en revanche être fermé. A l'inverse, il doit rester

[1203] V. Partie I, Titre 2.

ouvert pour permettre l'introduction de nouveaux instruments qui pourront surgir dans l'avenir et ainsi, l'exercice du pouvoir de décision du peuple souverain.

Section 1. L'environnement constitutionnel de l'e-démocratie

682. L'encadrement constitutionnel de l'e-démocratie peut être effectué en deux temps. En premier, il serait question de la protection constitutionnelle d'internet en tant que son support essentiel **(Paragraphe 1)**. Il a été montré que la liberté et la neutralité d'internet sont menacées par les activités de renseignement des Etats, ainsi que celles commerciales des opérateurs privés. Cela peut affaiblir la confiance dans l'e-démocratie et ainsi mettre un terme à toute tentative de la développer, car le fonctionnement de l'e-démocratie est profondément lié à la formation et à l'expression d'idées politiques dont la liberté est remise en question par la surveillance et la manipulation des courants d'information sur internet. C'est ainsi que non seulement, il est besoin d'une « convention de Genève[1204] » en ce qui concerne l'encadrement de la surveillance internationale des communications électroniques et l'application du principe de neutralité, en ses deux versants[1205], mais aussi les communications par le biais d'internet doivent être protégées au niveau interne par la Constitution. En d'autres termes, il y a lieu de protéger les droits et libertés sur internet et internet lui-même en tant que support.

683. Le second temps est dédié à une réflexion sur la question des nouveaux droits fondamentaux nécessaires au bon fonctionnement de l'e-démocratie[1206] **(Paragraphe 2)**. Dans le chapitre précédent, il a été traité des raisons du besoin de ces droits. Dans ce chapitre, il sera question de formuler ces nouveaux droits de manière plus précise. Une liste de ces droits ne saurait être exhaustive, d'ailleurs, elle a été déjà formulée par Marie-Charlotte Roques-Bonnet dans sa thèse[1207]. Il s'agit ici d'identifier des droits les plus importants, les « plus fondamentaux » pour le fonctionnement du concept de l'e-démocratie proposé plus haut[1208].

§1. L'encadrement constitutionnel d'internet

684. La nature particulière d'internet dépasse le rôle de simple média ou d'un canal de communication. Elle nécessite un statut juridique particulier. A l'heure du développement explosif des technologies de communication, il

---

[1204] Selon le rapporteur spécial des Nations unies sur la vie privée Josef Cannataci.

[1205] V. par. 514 et s., 520 et s.

[1206] V. aussi Actes de la journée d'études de l'AFDC du 24 novembre 2016. « Les métamorphoses des droits fondamentaux à l'ère du numérique ». *Politeia* 2017, n°31, p. 157-298.

[1207] V. Marie-Charlotte Roques-Bonnet, *La Constitution et l'Internet*, Thèse de doctorat en droit public, dir. Lucien Rapp, Université Toulouse 1 - Sciences sociales, 2008. p.367 et s. développée dans Marie-Charlotte Roques-Bonnet, *Le droit peut-il ignorer la révolution numérique ?*, *op. cit.* p.399 et s.

[1208] V. Partie I, Titre I, Ch. 2.

semble que tout son potentiel ne puisse encore être saisi complètement. D'ores et déjà, une protection juridique renforcée est nécessaire pour que ce potentiel puisse se réaliser, mais il apparaît qu'une telle protection ne pourrait exister pleinement dans le cadre des instruments juridiques existants. Il y a alors lieu, d'essayer de proposer un statut constitutionnel pour protéger internet **(A)**, ainsi que de tirer des conséquences de l'instauration d'un tel statut **(B)**.

A. Le statut constitutionnel d'internet

685. Dans la communauté juridique, il n'y a pas de consensus sur la nécessité d'un tel statut. Il est pertinent de traiter tout d'abord de sa nécessité **(1)**, puis de ses contours **(2)**.

1. La nécessité d'un statut constitutionnel d'internet

686. L'e-démocratie, en tant qu'exercice effectif de la souveraineté par le peuple, est censée être instaurée au niveau constitutionnel, afin d'en permettre la garantie. Dans cette perspective, la fixation du statut d'internet dans la Constitution va de soi. En effet, internet est le support fondamental de l'e-démocratie et tant que cette dernière est censée être instaurée au niveau constitutionnel, son support l'est aussi, afin de bénéficier d'un même degré de protection. En outre, étant donné les menaces sans précédent envers la liberté et la neutralité d'internet et les droits fondamentaux en ligne et hors ligne, également concernés par la surveillance sur internet, il apparaît nécessaire de protéger et encadrer internet au plus haut niveau possible. Néanmoins, il semble que cette question ne soit pas si évidente.

687. Outre-Atlantique, elle serait difficile à aborder. En effet, la question qui viendrait en premier à l'esprit d'un juriste américain serait à l'inverse, de savoir s'il faut une intervention étatique du tout pour réguler internet[1209]. Les propos du professeur américain de droit Lawrence Lessig sont assez significatifs quand il argumente que « [l]a crainte d'une corruption inévitable, du moins en partie, ont incité nos pères fondateurs à limiter la taille du gouvernement fédéral […]. La reconnaissance de l'inutilité de certains types de règles a conduit les gouvernements à éviter la réglementation dans des domaines évidents, ou à dérèglementer lorsqu'ils voyaient leur réglementation échouer. Ce sont les expressions historiques de l'humilité réglementaire. [...] Nous avons oublié ces limites d'humilité. Partout où il y a un problème, le premier instinct de notre gouvernement est d'envoyer l'équivalent juridique des marines[1210] ». Il est curieux de noter en passant qu'aux origines opposées,

---

1209 En ce sens, v. par ex. les débats sur la neutralité d'internet, par. 514.

1210 Lawrence Lessig, *Remix. Making Art and Commerce Thrive in the Hybrid Economy*, London, Bloomsbury, 2008. p. XX. *Fears of inevitable corruption, in part at least, drove our framers to limit the size of the federal government […]. Recognizing the uselessness of certain* les systèmes juridiques anglo-saxon et continental sont arrivés au même problème : la surproduction normative. Ainsi, en Europe, il est pertinent de se demander si internet a réellement besoin de normes constitutionnelles et d'identifier les alternatives possibles à ces normes.

688. La première possibilité serait de confier aux opérateurs internet eux-mêmes la tâche de se réglementer par le biais d'un droit « mou » créé à cet effet. Ce mode de contrôle existe déjà sur certains marchés de titres par exemple. Cependant, la différence capitale entre un marché purement financier et le marché d'internet consiste en ce que le fonctionnement de ce dernier met en cause l'exercice de droits et libertés essentielles. En outre, il a été montré que les intérêts des opérateurs de ce marché ne coïncident pas, au moins à court terme, avec ceux de leurs utilisateurs, ce qui peut provoquer des violations massives et inédites des droits et libertés de ces derniers. De surcroît, le marché d'internet est concentré, avec la prédominance des géants du Web. Dans ces conditions, une autoréglementation du marché serait en réalité laissée à la discrétion des quelques plus grands acteurs, le plus souvent au détriment d'autres opérateurs moins puissants et des utilisateurs. Enfin, l'Histoire montre qu'à l'évidence, l'autoréglementation des opérateurs n'est pas toujours efficace quand il s'agit de leurs intérêts commerciaux : en témoigne le cas de l'accord Safe Harbor où certains opérateurs américains n'assuraient pas la protection des données personnelles au niveau déclaré.

689. La deuxième possibilité serait de continuer à appliquer la même approche qu'il est possible d'observer aujourd'hui dans l'Union européenne. Les Etats membres ont pris conscience qu'il n'était plus efficace d'encadrer internet au niveau strictement national et qu'il était nécessaire de mettre en place une politique unique de réglementation d'internet au niveau de l'Union, afin d'assurer le même niveau de protection et d'encadrement d'internet. Cette modification est visible sur l'exemple des deux derniers règlements : 2015/2120 du 25 novembre 2015 établissant des mesures relatives à l'accès à un internet ouvert et 2016/679 du 27 avril 2016 relatif à la protection des personnes physiques à l'égard du traitement des données à caractère personnel. Ayant un effet direct, ces règlements ont instauré un régime internet homogène sur tout le territoire de l'UE. Non seulement il semble plus efficace du point de vue de l'encadrement, internet ayant mis en cause la territorialité du droit, mais également pour ce qui est des négociations avec les parties prenantes, dont la principale aujourd'hui est les Etats-Unis[1211]. En

sorts of rules led governments to avoid regulation in obvious areas, or to deregulate when they saw their regulation failing. These are the historical expressions of regulatory humility [...] We've forgotten these limits of humility. Wherever there is a wrong, the first instinct of our government is to send in the legal equivalent of the marines.

[1211] V. aussi Henri Oberdorff, *La démocratie à l'ère numérique*, *op. cit.* p.155. *[L]'Union européenne est l'un des espaces les mieux placés pour concevoir une gouvernance adéquate de l'Internet.*

conséquence, est-il toujours nécessaire de réglementer au niveau national ? Assurément oui, en vertu du principe de subsidiarité, comme le montre l'exemple de la conception de la société européenne du gigabit, selon laquelle, les Etats membres se voient imposer certaines obligations minimales relatives à la fourniture d'accès à internet à leurs résidents[1212]. S'ils veulent aller plus loin, ils auront besoin de normes internes. La même approche est envisageable dans le cadre de l'e-démocratie. Etant donné que pour l'instant, il est peu probable d'atteindre une société e-démocratique paneuropéenne, un Etat membre voulant introduire l'e-démocratie serait confronté à la nécessité d'ériger un corpus de règles internes supplémentaires, par rapport aux normes européennes, protégeant son support, internet, ne serait-ce que dans le cadre strictement national, donc n'offrant qu'une protection partielle. Aussi, un tel corpus de règles est nécessaire en tant que « verrou », afin que l'activité réglementaire de l'exécutif en matière d'internet soit contrebalancée par le juridictionnel[1213]. C'est la raison pour laquelle ce corpus devrait être érigé au niveau constitutionnel, afin de donner des normes de référence au juge constitutionnel.

690. Selon Henri Oberdorff toutefois, « la Constitution ne saurait être considérée comme un mur érigé en obstacle au droit communautaire[1214] ». Il faut donc une conciliation entre les ordres juridiques afin de définir le statut d'internet.

2. Les contours et la création complexe du statut d'internet

691. Le statut d'internet concerné ici est important en tant que tel puisqu'il conditionne le bon déploiement et fonctionnement de l'e-démocratie. La protection des droits fondamentaux en ligne sera considérée plus loin.

692. En effet, la nature inédite d'internet nécessite un statut *sui generis*. Dans ces conditions, internet est un canal de communication comme les moyens de communication traditionnels (télévision, radio, téléphone) et un moyen de coopération et de collaboration constituant un fondement de l'e-démocratie. Cette spécificité d'internet devrait trouver sa formulation, au moins sur le plan interne. Si sur le plan international, l'idéal serait de songer à un statut d'espace international[1215], par analogie avec la régulation internationale « qui a conduit à restreindre l'exercice par les Etats de leur souveraineté, [...] dans des espaces qui relèvent de leurs territoires terrestre ou

---

[1212] Commission Européenne, *Communication de la commission au Conseil, au Parlement européen, au Comité économique et social européen et au Comité des régions. Connectivité pour un marché unique numérique compétitif – Vers une société européenne du gigabit, op. cit.*

[1213] V. en ce sens, Marie-Charlotte Roques-Bonnet, *La Constitution et l'Internet. op. cit.* p. 608.

[1214] Louis Favoreu, Henri Oberdorff, « Droit constitutionnel et droit communautaire. Les rapports de deux ordres juridiques », *RMCUE* 2000, n°435, p. 94. p.95.

[1215] Mario Bettati, « Un statut international pour internet ? », in *La communication numérique, un droit, des droits*, Paris, Editions Panthéon-Assas, 2012. p.95-119. p.104.

maritime, au profit d'une liberté de navigation ou de transit[1216] », sur le plan interne, il incombe à la Constitution nationale, autrement dit au peuple constituant, de se saisir de la recherche d'un statut pertinent d'internet. Il importerait alors de faire en sorte que le statut choisi établisse et protège cette nature unique d'internet comme espace de collaboration et de contrôle, support nécessaire de l'e-démocratie. Il en découle le droit d'accès à l'information et l'expression sur internet, libre de toute intervention infondée ou disproportionnée, tant des autorités publiques que des opérateurs privés. Par conséquent, la neutralité d'internet, assurée par les FAI et les plateformes, ainsi que la limitation de surveillance étatique et privée doivent faire partie de son statut[1217].

693. Cependant, cette protection constitutionnelle ne peut qu'être limitée, comme l'expliquent les avocats Thibault Verbiest et Etienne Wéry : « [l]a réglementation étatique doit subsister. Il importe seulement d'en concevoir différemment le rôle, en ayant conscience de ses limites et de son interaction nécessaire avec d'autres modes de régulation[1218] ». Les auteurs mentionnent plusieurs moyens de régulation : autorégulation, autoréglementation, contrats, « Netiquette », usages et coutume, labellisation et les systèmes électroniques différents de détection des infractions en ligne et de résolution automatique des conflits. En outre, la régulation interne est en interaction permanente avec les régulations nationales[1219] et internationales. Cette dernière repose sur un ensemble de textes internationaux ainsi que la régulation « virtuelle », au niveau du code[1220]. Elle comprend aussi l'autorégulation et l'autoréglementation des opérateurs internet. En ce sens, internet accentue la complexité croissante de la réalité juridique, « où la multiplicité des foyers de création du droit ne peut pas toujours être dérivée d'un point unique et souverain[1221] » et où la hiérarchie des normes cède partiellement la place aux rapports de collaboration et de coordination internormatives.

694. Dans cet univers régulatoire complexe, l'individu devient un acteur actif. Déjà en 2000, François Ost et Michel van Kerchove évoquaient plusieurs pratiques d'autorégulation à l'initiative des utilisateurs eux-mêmes, notamment par les référendums informels sur divers sujets d'organisation d'un forum de discussion, les instruments dénonçant les propos ou les forums inacceptables ou illégaux[1222], etc. Plus récemment, l'initiative de Facebook

---

[1216] *Ibid.*

[1217] V. en ce sens, par. 514 et s.

[1218] Thibault Verbiest, Etienne Wéry, *Le droit de l'internet et de la société de l'information. Droits européen, belge et français*, Bruxelles, Larcier, 2001. p.521.

[1219] V. en ce sens, Marie-Charlotte Roques-Bonnet, *Le droit peut-il ignorer la révolution numérique ?*, *op. cit.* p.330. *Le droit mis en œuvre par un Etat provoque directement des effets de droit dans les autres droits.*

[1220] V. *supra*, par. 598.

[1221] François Ost, Michel Van de Kerchove, « De la pyramide au réseau ? Vers un nouveau mode de production du droit ? », *RIEJ* 2000, n°44, p. 1-92. p.9-10.

[1222] *Ibid.* p.84.

d'instaurer un « référendum » des utilisateurs s'inscrit dans le même ordre d'idée. Par le biais du « référendum », chaque utilisateur pourra établir ses propres contours de liberté d'expression sur le site qu'une intelligence artificielle mettra en application. Les choix majoritairement faits à l'issue d'un tel « référendum » serviront de normes par défaut à ceux qui n'ont pas voté dans la région géographique donnée. S'y rajoutent les blocages possibles des contenus contrevenant aux normes locales ou aux politiques du réseau social. Avec ce système, l'utilisateur qui aura mis en place des filtres sera protégé des contenus qu'il a choisis de ne pas voir apparaître de façon intempestive sur son écran. Comme l'argumente Marc Zuckerberg, « [n]otre espoir est que ce système de contrôles personnels et de référendums démocratiques devrait minimiser les restrictions sur ce que nous pouvons partager[1223] ». Ainsi, l'utilisateur devient le centre de régulation de son propre espace sur le site, en choisissant des contours personnalisés du contenu afin d'augmenter la liberté d'expression de la communauté au maximum.

695. En 2001, Thibault Verbiest et Etienne Wéry écrivaient qu'un nouveau modèle basé sur la corégulation d'internet surgissait : « L'individu responsabilisé évolue dans un cadre tressé par l'interaction permanente entre la loi d'une part, et les autres modes de régulation d'autre part – ou pour reprendre un terme cher aux anglo-saxons, par l'interaction entre la hardlaw et la softlaw[1224] ». Aujourd'hui, il est possible de dire que l'individu devient acteur d'une telle interaction. Dans le cadre de l'e-démocratie, il en deviendra même le centre.

B. Les composantes du statut constitutionnel d'internet

696. Le statut constitutionnel d'internet devrait donner aux individus des moyens de co-créer leur espace de régulation personnalisé sur internet **(1)** alors que les opérateurs internet, eux aussi co-créateurs de régulation, devront le respecter **(2)**.

1. L'individu, le centre de la régulation

697. Hans Kelsen définissait la démocratie comme *l'autonomie*, c'est-à-dire une forme de gouvernement où les individus sont soumis aux normes qu'ils ont eux-mêmes produites[1225]. Il l'opposait en outre à l'autocratie, une

---

[1223] Mark Zuckerberg, *Building Global Community*, Facebook, 2017. [réf. 20/10/2017], v. : https://www.facebook.com/notes/mark-zuckerberg/building-global-community/10154544292806634.

[1224] Thibault Verbiest, Etienne Wéry, *Le droit de l'internet et de la société de l'information. Droits européen, belge et français*, *op. cit.* p.523.

[1225] Hans Kelsen, *Théorie générale du droit et de l'État*, Paris, Bruylant LGDJ, 1997. p.283 et s.

forme de gouvernement où les individus sont soumis aux normes produites par d'autres individus. Certes, la pure autonomie est impossible dès qu'il s'agit de la vie en société. Néanmoins, en tant que « type idéal[1226] », l'autonomie peut guider la réflexion juridique sur la place de l'individu dans la production normative ou plus largement, dans la régulation.

698. En ce sens, la régulation d'internet se montre significative d'une telle approche basée sur l'autonomie de l'individu, mais jusqu'où cette autonomie devrait-elle s'étendre ? D'après Hans Kelsen, le terme « [d]émocratie signifie identité du sujet et de l'objet du pouvoir, des gouvernants et des gouvernés, gouvernement du peuple par le peuple. Cependant, il semble que la démocratie suppose nécessairement, fondamentalement, que cette pluralité constitue une unité, et cela d'autant plus que « le peuple » y est [...] moins objet que sujet. Mais d'où peut résulter cette unité ?[1227] ». En démontrant l'absence d'unité du peuple dans les faits, il souligne que le peuple n'est un que d'un point de vue juridique et l'unicité du peuple ne résulte que de la soumission de tous les individus le composant, au même ordre étatique[1228] ou juridique, l'Etat et le droit se confondant. Depuis Hans Kelsen, l'Etat a cessé d'être le seul et unique producteur du droit, cependant, au niveau de l'ordre juridique, l'unicité du peuple peut toujours être relevée. Ceci n'infirme pas l'existence et surtout l'accroissement du nombre de différents statuts juridiques de personnes. Ainsi, le peuple uni est en réalité très diversifié et il importe de noter que les statuts existants, et par principe limités, ne peuvent pas décrire cette diversité de manière suffisamment précise. Il a été montré plus haut qu'aujourd'hui, tout se personnalise, de l'offre politique[1229] aux normes applicables[1230]. Ainsi, agissant dans le cadre normatif complexe, résultant des efforts régulatoires de l'Etat, d'autres Etats, des communautés internationales et des opérateurs privés, l'individu peut personnaliser cet espace normatif hétérogène et créer, en quelque sort, son propre statut unique, relatif au sujet donné, qu'il s'agisse de la liberté d'expression ou de la vie privée sur le site donné, pourvu que les normes applicables soient suffisamment libres pour permettre une telle marge d'appréciation par tout un chacun.

699. La question qui se pose spontanément est de savoir s'il s'agit ici d'ignorer des contraventions qui peuvent passer inaperçues. En effet, sur l'exemple de l'initiative de Facebook, un utilisateur ayant voté pour construire son propre corpus des règles, applicables au contenu qu'il peut voir sur le réseau social, ne se rend-il pas aveugle à un contenu qui pourrait autrement le troubler, au point d'être reconnu comme contenu abusif par le juge ? Par conséquent, le contrevenant pourra échapper à la condamnation légitimement

---

[1226] Francis Hamon, Michel Troper, *Droit constitutionnel*, *op. cit.* p.84.
[1227] Hans Kelsen, *La démocratie : sa nature, sa valeur*, *op. cit.* p.25.
[1228] *Ibid.* p.26.
[1229] V. par. 190.
[1230] V. par. 694.

méritée. A cette interrogation, il est possible de répondre d'abord que l'ordre juridique punit les contraventions « évidentes », c'est-à-dire, dont la qualification et le blocage se font sans difficulté particulière, par tout opérateur d'internet, par exemple les propos nazis. Puis, s'il existe des zones grises où la qualification ne peut s'effectuer sans passage par le juge, il est possible de se demander si le rôle du droit est de tout qualifier et de tout punir. Pour le moment, il semble que cette idée d'omniprésence du droit prévale, ce qui contribue à l'engorgement des tribunaux. D'un autre côté, il serait peut-être plus judicieux de donner aux individus le pouvoir de choisir de voir ou non certains propos ou comportements contestables.

700. Une autre objection possible serait d'évoquer le cloisonnement des individus dans leur propre univers d'idées, un repli sur soi inévitable s'il est possible de limiter de sa propre initiative ce qui est visible ou consultable. En effet, d'aucuns redoutaient la capacité des réseaux sociaux à limiter par son cercle d'« amis », l'espace d'idées et d'opinions de chacun de leurs utilisateurs. Cela est certes possible, mais un tel cloisonnement n'est caractéristique que pour les communautés très fermées[1231], telles que les sectes ou les groupements radicaux. L'individu moyen, en revanche, évolue simultanément dans plusieurs cercles sociaux, ainsi que sous l'influence des médias, se trouvant au croisement de points de vue différents.

701. Un risque beaucoup plus avéré serait la diminution de la protection étatique des individus. Comme l'indique Nicholas Ochoa, docteur en droit, sur l'exemple du droit de maîtriser ses propres données, la reconnaissance de ce dernier équivaudrait à priver l'individu de la protection étatique[1232]. Certes, toute émancipation de l'individu, toute *autonomisation*, comporte tant des gains de liberté que des risques. Pourtant, il a été argumenté que dans le cadre de l'e-démocratie, il faut renoncer à la logique de la protection au profit de l'autodétermination de la personne, tout en la munissant des moyens juridiques et techniques de faire valoir ses droits. A défaut, l'autodétermination informationnelle induirait effectivement la fragilisation de la personne face à la puissance des géants d'internet.

702. Contrairement à l'individu renforcé par le statut constitutionnel d'internet, l'Etat et les opérateurs se verront limités dans leurs actions.

2. *Les autres acteurs d'internet limités dans leurs actions*

703. Nous avons montré précédemment que la liberté et la neutralité d'internet sont menacées de manière sans précédent. D'une part, les pratiques commerciales de certains opérateurs font que les flux d'information en ligne ne sont parfois pas transmis de manière équitable. Les opérateurs manipulent

---

[1231] V. en ce sens, Dominique Cardon, *La démocratie Internet : promesses et limites*, *op. cit.*p.92-93.

[1232] V. *supra*, par. 614.

également le contenu des informations, notamment leur présentation aux utilisateurs, ce qui déforme le spectre d'information que l'individu reçoit. En outre, une telle distorsion des informations est parfois imposée par les pouvoirs publics[1233]. D'autre part, les Etats et les opérateurs ont déployé une surveillance inédite sur internet. Certes, leurs finalités sont différentes : les intérêts sont militaires, sécuritaires et économiques en ce qui concerne les Etats et ils sont commerciaux pour les opérateurs. Néanmoins, ces derniers sont souvent amenés à collaborer avec les Etats, en leur transmettant des données d'utilisateurs, qui peuvent constituer un profil assez précis de la personnalité et de la vie de l'individu en question. En outre, en collectant la multitude des données des utilisateurs y compris le contenu des messages, les comportements sur le site, les photos stockées sur l'appareil utilisé, le cercle des contacts, etc. les opérateurs s'érigent ainsi en « agences de renseignement » informelles et non contrôlées démocratiquement. En effet, ce sont des entreprises privées et leurs activités sont couvertes par le secret d'affaires alors que l'ampleur du fichage des individus peut devancer les pouvoirs d'une agence de renseignement étatique. Prenant en compte les ambitions de certains géants d'internet, d'influencer les résultats des élections en manipulant les utilisateurs par le biais de données collectées, il semble nécessaire de limiter leurs activités. *Idem*, en ce qui concerne les activités de renseignement des Etats qui semblent profiter du contexte de la menace terroriste augmentée, pour élargir plus encore, le spectre de leurs interventions, dont l'utilité pour combattre le terrorisme n'est pas avérée. S'y rajoute l'échange de données entre les agences de différents Etats dans le but de contourner les limitations à leurs activités, imposées par le législateur. Dans un tel environnement de surveillance et de distorsion des communications électroniques, le déploiement de l'e-démocratie est impossible.

704. De ce qui précède, il découle que le statut constitutionnel d'internet devrait comprendre certaines restrictions relatives aux activités économiques et au renseignement. Dans le cadre de l'e-démocratie, internet devient un espace public de collaboration, d'information, d'échange d'idées, etc. Il est donc nécessaire qu'il soit un espace aussi libre de surveillance que possible. Pour le moment, ce but semble difficile à atteindre parce qu'internet est considéré comme un moyen de communication égal aux autres, voire inférieur. La surveillance massive des communications postales ou téléphoniques est inconcevable de nos jours, alors qu'elle est largement pratiquée en ligne. Pourtant, dans le cadre de l'e-démocratie, pilier de son développement et soutien à cette dernière, il serait protégé par la constitution, sous réserve de l'existence d'une convention internationale limitant la surveillance internationale, sans laquelle la protection constitutionnelle ne serait que très partielle. Afin de compléter davantage la protection constitutionnelle, au niveau international, il serait opportun de réfléchir à

[1233] Comme par ex., le droit à l'oubli imposé aux moteurs de recherche. V. par. 620 et s.

l'encadrement de la surveillance internationale des opérateurs internet. En effet, la sauvegarde – sans leur consentement véritablement éclairé - de données personnelles de personnes résidant à l'étranger qui permet le profilage et l'analyse de ces dernières, peut relever de la surveillance internationale. Cependant, les personnes morales privées ne jouissent pas de qualité de sujet de droit international public et ne peuvent donc être amenées à signer une convention internationale limitant la surveillance, sans mentionner que ces pratiques constituent souvent leur modèle de business. En même temps, tout le spectre de leurs activités ne peut pas être saisi par seul droit national de l'Etat de rattachement de la société mère. En ce sens, les géants d'internet ne font qu'accentuer le problème déjà existant en droit international public relatif aux sociétés transnationales : « ces sociétés formellement ont des liens de rattachement avec plusieurs Etats sans pouvoir être régies de façon globale et systématique par une législation nationale spécifique. Le droit local applicable à chaque élément constitutif ne suffit pas pour régir l'ensemble du système. [...] [L]a solution internationale du problème passe par une véritable coopération des États face à la puissance de négociation de ces groupes, qui n'ont pas la personnalité internationale[1234] ». Ces lignes ont été écrites il y a 25 ans et il est assez significatif que le droit international public n'ait pas encore trouvé la solution à ce problème. En 2014, l'ONU a mis en place un groupe de travail intergouvernemental sur les sociétés transnationales et autres entreprises et les droits de l'homme, afin d'élaborer « un instrument international juridiquement contraignant pour réglementer, dans le cadre du droit international des droits de l'homme, les activités des sociétés transnationales et autres entreprises[1235] ». Aujourd'hui, un tel instrument est toujours en cours d'élaboration. Les travaux du groupe[1236] ne témoignent en outre pas d'un intérêt particulier pour les activités des opérateurs internet internationaux. En tout état de cause, ce sujet sort du champ de cette étude.

705. Même si là encore, la question dépasse les limites de cette recherche, il serait important de savoir s'il est nécessaire de limiter, au moins au niveau national, la position dominante sur le marché numérique. Dans le chapitre précédent[1237], les menaces inédites aux droits de l'homme provoquées par la position dominante de certains opérateurs ont été analysées. Tout en se rendant compte du caractère partiel d'une telle interdiction en ce qui concerne les

---

[1234] Raymond Ranjeva, Charles Cadoux, *Droit international public*, Vanves, EDICEF, 1992. p.136.

[1235] Nations unies, Résolution adoptée par le Conseil des droits de l'homme 26/9 du 14 juillet 2014. *Élaboration d'un instrument international juridiquement contraignant sur les sociétés transnationales et autres entreprises et les droits de l'homme* A/HRC/RES/26/9, 2014.

[1236] Les documents de travail du Groupe de travail sur la question des droits de l'homme et des sociétés transnationales et autres entreprises, Nations unies. [réf. 20/10/2017], v. : http://ap.ohchr.org/documents/dpage_f.aspx?s=58.

[1237] V. par. 660, 672.

entreprises transnationales, il serait opportun de réfléchir à la limitation possible de la position dominante sur le marché national tenue par certains FAI et d'autres opérateurs nationaux. De même, il semble nécessaire de fixer au niveau constitutionnel l'obligation de neutralité des FAI et de loyauté de certains opérateurs, afin de combler des lacunes du droit européen[1238].

706. Hormis le statut constitutionnel d'internet, les droits fondamentaux liés au numérique nécessitent eux aussi une constitutionnalisation.

§2. Les droits fondamentaux numériques

707. Déjà en 2008[1239], Marie-Charlotte Roques-Bonnet proposait de constitutionnaliser le droit du développement numérique, sous la forme d'une charte des droits fondamentaux du citoyen-internaute. Dans cette perspective, l'auteure établissait une liste des droits individuels, collectifs, économiques, sociaux et intellectuels, ainsi que les droits du citoyen : « Car attribuer valeur constitutionnelle aux droits et libertés émergeant de la révolution numérique [...] conditionne dans l'espace numérique autant que dans l'environnement politique, social et économique le respect de l'ensemble de nos droits constitutionnels[1240] ». Cette proposition n'a pas encore trouvé sa place dans le texte constitutionnel français. Apparemment, l'approche des pouvoirs publics français peut se résumer aux propos du Conseil constitutionnel qui dans sa décision du 11 juillet 2013 considérait que : « Bien que l'usage d'internet pose des questions nouvelles, celles-ci paraissent pouvoir trouver une solution dans le cadre de l'application des règles générales[1241] ».

708. En ce qui concerne l'e-démocratie, il semble en revanche que la proposition susmentionnée soit opportune. En tant qu'étude générale et théorique, cette thèse traitera de certains droits fondamentaux nécessitant une constitutionnalisation, notamment, les droits d'accès aux nouvelles technologies **(A)**, ainsi que les nouveaux droits fondés sur l'autodétermination **(B)**.

A. Les droits d'accès aux nouvelles technologies

709. Les droits relatifs à l'accès aux nouvelles technologies comprennent le droit d'accès à internet **(1)** et le droit à l'éducation numérique **(2)**.

[1238] V. par. 517, 521.
[1239] V. le contenu de la proposition dans Marie-Charlotte Roques-Bonnet, *La Constitution et l'Internet. op. cit.* p.367 et s. développée dans Marie-Charlotte Roques-Bonnet, *Le droit peut-il ignorer la révolution numérique ?*, *op. cit.* p.399 et s.
[1240] Marie-Charlotte Roques-Bonnet, *La Constitution et l'Internet. op. cit.* p.677.
[1241] Conseil constitutionnel, Décision n°2013-26 ELEC, 11 juillet 2013, *Observations du Conseil constitutionnel relatives aux élections législatives des 10 et 17 juin 2012*, [réf. 20/10/2017], v. : www.conseil-constitutionnel.fr/decision/2013/201326elec.htm.

1. Le droit d'accès à internet

710. Le droit d'accès à internet est une notion composée : « cet accès peut être envisagé en termes de couverture du territoire, en termes de technologies utilisées (accès par câble, accès électrique, accès par ondes), de qualité d'accès (haut ou bas débit), de zones d'accès (urbaines ou enclavées), d'espaces numériques (espaces publics mettant à disposition des terminaux ou espaces privés fonction de l'équipement des ménages français), de propositions commerciales (dégroupage total ou partiel) ou enfin d'aide à l'équipement (pour les publics défavorisés ou à handicap)[1242] ». Les contours du droit d'accès dépendent donc du contexte politique, géographique, technique, économique et concurrentiel de l'Etat donné. Il convient donc d'analyser ici quelques composantes principales de ce droit. En premier lieu, l'Etat promeut-il le concept d'accès universel ou de service universel[1243] ? La réponse définit les politiques concernant la qualité d'accès et l'aide à l'équipement.

711. En tout état de cause, dans l'e-démocratie, le droit fondamental d'accès à internet s'impose. Sauf le droit-liberté, il comprendrait le droit-créance « d'accès minimum à un terminal numérique[1244] ». Il est clair cependant qu'à l'ère de l'internet des objets, un terminal ne serait pas suffisant. C'est ainsi que le choix entre le concept d'accès universel et de service universel devient important. Le second semble plus opérationnel, assorti cependant d'accès universel et de service public. En effet, l'accès universel peut se comprendre comme « la possibilité pour chacun d'avoir accès à des installations et services de communication mis à la disposition du public[1245] », notamment, par le biais des « terminaux communautaires d'accès à l'internet ». Le service universel a « pour but de promouvoir ou de maintenir la connectivité universelle de tous les foyers aux installations et services de réseau public, à des prix abordables[1246] ». Ainsi, la ligne de partage se trouve dans le mode de connexion : par le biais des installations publiques ou depuis la maison. Pourtant, l'Union internationale des télécommunications note que ces deux notions sont souvent utilisées de manière interchangeable et propose d'utiliser la notion d'accès universel en y incluant le service universel.

[1242] Marie-Charlotte Roques-Bonnet, *Le droit peut-il ignorer la révolution numérique ?*, *op. cit.* p.401.

[1243] La notion de service public d'internet n'est que partiellement envisageable. V. par. 660.

[1244] Conseil d'Etat, *Etude annuelle 2017 - Puissance publique et plateformes numériques : accompagner l'«ubérisation»*, *op. cit.* p.122.

[1245] Repenser l'accès universel, Union Internationale des Télécommunications. [réf. 20/10/2017], v. : https://www.itu.int/itunews/manager/display.asp?lang=fr&year=2007&issue=07&ipage=universal-access&ext=html.

[1246] *Ibid.*

712. Pour rester dans la lignée de la politique européenne relative à l'accès à internet, il est opportun d'adopter une démarche inverse, à savoir d'utiliser le service universel comme la notion de base, tout en le complétant par la notion d'accès universel et de service public. En pratique, cela donnerait le droit de se connecter à tous depuis chez soi, à un prix abordable sans être gratuit, pour assurer les investissements nécessaires au développement du réseau. Les personnes moins aisées pourraient recourir à une aide des collectivités. En outre, un tel droit devrait être complété par le droit d'utiliser les installations publiques prévues à cet effet, par le biais des « espaces numériques », des centres informatiques publics fournissant gratuitement l'utilisation de la connexion et de l'équipement nécessaire à tout intéressé, ou du wifi fourni par une collectivité territoriale. De tels espaces numériques peuvent être conçus comme un service public ou organisés par des associations, alors que le wifi serait un service public. Un autre service public serait d'assurer l'éducation numérique, ce qui sera envisagé plus loin.

713. Relativement à la qualité d'accès, il paraît inenvisageable de limiter l'accès à un cercle restreint de sites afin d'assurer le service minimum, pour ne pas vider la liberté d'expression - la liberté mère de ce droit naissant - de sa substance. La limitation même de la vitesse de connexion n'est pas appropriée, le contenu en ligne tendant à se complexifier, allant des textes et des messages vers les appels et les vidéos. Dans ces conditions, la limitation de la vitesse de connexion reviendrait à créer des obstacles à la réalisation concrète de ce droit. En toute hypothèse, le droit effectif d'accès à internet n'est possible que si en amont, le droit à l'éducation numérique est largement développé.

2. Le droit à l'éducation numérique

714. Henri Oberdorff estime qu'à l'ère numérique, le droit à l'éducation pour tous devient indispensable. « D'une part, il faut apprendre à utiliser utilement ces ressources, donc apprendre à surfer sur Internet, en ayant toujours un esprit critique. D'autre part, il s'agit aussi de trouver des moyens efficaces de lutte contre l'illettrisme numérique. Ces deux approches permettent de s'assurer de l'émergence d'une véritable cybercitoyenneté[1247] ». Le droit à l'éducation numérique est ainsi un droit plus large que celui nécessaire pour fonder le droit d'accès au réseau. Si aujourd'hui en Europe, la lutte contre l'illettrisme numérique, concerne plutôt les catégories défavorisées de la population et les personnes âgées, l'éducation à utiliser les ressources internet en ayant un esprit critique est importante à tous. En effet, il est frappant d'observer une certaine maladresse des individus face à l'ouverture d'un espace public de débat et plus largement, de la « démocratisation » de l'accès et du partage de l'information. L'on peut noter

[1247] Henri Oberdorff, *La démocratie à l'ère numérique*, *op. cit.* p.169.

assez souvent l'absence de scrupules en ce qui concerne le choix des sources d'information pourvu que les informations retenues appuient le point de vue de la personne. L'absence d'une culture des débats conduit à ce que les discussions sont souvent guidées par les émotions, la peur, la haine et le non-respect d'autres opinions. Par ces exemples, il est visible que l'éducation nécessaire dépasse le champ du numérique. Elle englobe aussi la capacité de rechercher et d'analyser les informations de manière objective, ainsi que de mener une discussion sans préjugés, en s'appuyant sur des faits et non sur des émotions. Sans parler de l'obligation du respect des droits et libertés fondamentaux en ligne tels que le droit à la vie privée, la liberté d'expression ou de la propriété intellectuelle. Jean-Jacques Rousseau écrivait que « [s]'il y avait un peuple de dieux, il se gouvernerait démocratiquement. Un gouvernement si parfait ne convient pas à des hommes[1248] ». Il peut sembler en effet que ces capacités dépassent celles de tout un chacun et sont plutôt surhumaines. Cependant, cela ne veut pas dire qu'elles ne nous soient pas accessibles, par le biais d'une éducation et la promotion de la culture de débats démocratiques. C'est ainsi que le droit à l'éducation devient crucial pour l'e-démocratie. Hormis l'éducation et la culture générale qui dépassent le champ de cette étude, il faut que le droit à l'éducation inclue les connaissances numériques, l'aptitude à explorer, utiliser et analyser les ressources d'internet d'un point de vue critique, afin de bâtir son propre point de vue, sans pour autant violer les droits des autres[1249].

715. Etonnamment, il apparaît que ce sont les jeunes qui doivent être particulièrement formés au numérique, alors qu'« [i]ls ont grandi dans le monde de l'image, de l'instantané, des tâches multiples et du zapping[1250] ». La raison en est que pour bien s'orienter dans l'espace public numérique, il faut un recul, une analyse et une capacité de réflexion que la maturité permet d'acquérir. L'aptitude de rechercher utilement des informations, de se construire des convictions et de les mettre à l'essai dans des débats, peut être considérée possible chez une personne adulte autonome, capable de s'autodéterminer et de supporter les risques de ses choix, pourvu que ces derniers soient éclairés. Ainsi, le principe d'autodétermination s'avère-t-il un principe de base de l'e-démocratie qui façonnerait ses acteurs, ses procédures et ses normes.

[1248] Jean-Jacques Rousseau, *Du contrat social ou principes du droit politique, op. cit.*p.48.

[1249] En ce sens, l'on peut noter que le code de l'éducation français a adopté une approche assez partielle qui se focalise plutôt sur le respect de la vie privée et l'éducation à la protection de la propriété intellectuelle en ligne. V. son art.312-9 : *La formation à l'utilisation des outils et des ressources numériques [...] comporte une sensibilisation aux droits et aux devoirs liés à l'usage de l'internet et des réseaux, dont la protection de la vie privée et le respect de la propriété intellectuelle.*

[1250] Olivier le Deuff, Marc Prensky, « L'élève numérique, comment pensent et apprennent les Digital Natives », cités par Henri Oberdorff, *La démocratie à l'ère numérique, op. cit.* p.170.

716. En ce qui concerne le second volet du droit à l'éducation numérique, à savoir la lutte contre l'illettrisme numérique, il convient de se demander s'il faut comprendre l'illettrisme plus largement, sans se limiter au maniement de l'ordinateur et des ressources internet en tant qu'utilisateur. Il n'est plus suffisant aujourd'hui, de pouvoir tout simplement utiliser ses ressources et outils. Chacun devrait davantage comprendre leur fonctionnement, pour pouvoir évaluer les conséquences et les risques de son comportement en ligne. Il a été démontré plus haut[1251], qu'afin d'exercer efficacement son droit à l'autodétermination informationnelle, les individus ont besoin de pouvoir comprendre et d'utiliser les ressources et les outils numériques de manière beaucoup plus avancée qu'un simple utilisateur. *Idem*, en ce qui concerne le contrôle des procédures démocratiques, telles que les e-élections où la procédure devient presque entièrement virtuelle. Elle nécessite en conséquence un changement d'approche à leur surveillance. Faut-il apprendre à coder ? Avec l'arrivée possible des intelligences artificielles capables de programmer d'autres logiciels ainsi que les recherches des moyens d'interagir avec les logiciels par le biais de la langue humaine[1252], ce point cède peut-être la place au contrôle des logiciels intelligents par les hommes[1253].

717. L'autodétermination formée par l'éducation en général et l'éducation au numérique en particulier serait le principe de base de l'exercice d'autres droits nécessaires à l'e-démocratie.

B. Les droits fondés sur l'autodétermination

718. L'autodétermination est naturellement au cœur de toutes les libertés. En se concentrant sur les droits les plus nécessaires à l'ère de l'e-démocratie, on envisagera successivement le droit à l'autodétermination informationnelle **(1)** et le droit à la participation politique **(2)**.

1. Le droit à l'autodétermination informationnelle

719. A l'ère de l'e-démocratie, les individus devraient être autonomes et capables de se former indépendamment de leurs opinions et convictions, de construire leur vie privée et relationnelle conformément à ces dernières, ainsi que de participer à la construction de l'espace public en respectant autrui. D'un côté, cela passe par l'éducation à l'indépendance, l'autodétermination et le discernement pour comprendre les conséquences, les chances et les risques des choix faits. Une telle éducation développe l'aptitude de la personne à être

---

[1251] V. par. 626.

[1252] Gary Marcus, Ernest Davis, « Do We Really Need to Learn to Code? », *New Yorker*, 06/06/2014. [réf. 20/10/2017], v.: http://www.newyorker.com/tech/elements/do-we-really-need-to-learn-to-code.

[1253] V. par. 843 et s.

le citoyen requis par l'e-démocratie. D'un autre côté, il faut munir cet e-citoyen (cybercitoyen) des moyens de protéger les frontières de son autonomie et ses choix. C'est en ce sens que le principe d'autodétermination est conçu.

720. En premier lieu, c'est une autodétermination informationnelle. Comme il a été montré dans le chapitre précédent[1254], dans le cadre de l'e-démocratie, il faudrait renoncer à la logique de protection étatique, au profit de l'autoprotection de l'individu, autrement dit de l'autodétermination. D'abord, l'individu déterminerait lui-même si les contours de sa vie privée ont été atteints en ligne, pour ensuite s'adresser aux responsables du traitement en vue de faire cesser l'atteinte. Pour ce faire, il aurait besoin de moyens d'abord techniques afin de faire effectuer la veille et la protection des données de l'individu, de machine à machine. En effet, une telle veille et l'envoi des demandes d'effacement aux responsables du traitement peuvent se faire automatiquement par l'ordinateur de l'utilisateur, pourvu qu'il lui donne les instructions à cet effet. Il en est de même en ce qui concerne le responsable du traitement dont les machines peuvent automatiquement remplir l'obligation d'information des tiers, en vertu du règlement européen 2016/679. Ensuite, il faut munir l'individu de moyens juridiques capables d'appuyer ses choix, concernant l'utilisation de ses données par les responsables du traitement et ses demandes d'effacement. Un tel moyen juridique pourrait être le droit à l'autodétermination informationnelle[1255], grâce auquel l'individu pourra par exemple demander l'effacement de ses données personnelles aux responsables du traitement. Ces derniers devront respecter un tel droit, en le confrontant à d'autres droits et obligations en cause. C'est ainsi que le principe de contrôle de ses données par l'individu, un des principes de base du RGPD, deviendra réellement efficace.

721. Bien évidemment, le droit à l'autodétermination informationnelle ne se limite pas aux demandes d'effacement de données personnelles. L'individu doit pouvoir construire sa propre politique concernant la collecte, l'utilisation, la sauvegarde et l'effacement de ses données par les responsables du traitement et, en outre, demander son application par eux. Pour Henri Oberdorff, « [d]orénavant, il s'agit plus d'aller vers une nouvelle maîtrise des usages des données, c'est-à-dire d'avoir une attitude plus active et moins passive sur leur protection dans l'espace numérique. On évoque une démarche plus citoyenne et responsable pour la protection des données personnelles[1256] ». En effet, la maîtrise de ses données par l'individu est devenue une nécessité, pour faire face à la prolifération des applications, auxquelles s'ajoutent désormais les objets connectés, des responsables du

---

[1254] V. par. 701.

[1255] Pour l'introduction d'un tel droit dans la Constitution française v. Henri Oberdorff, « L'espace numérique et la protection des données personnelles au regard des droits fondamentaux », *RDP* 2016, n°1, p. 41.

[1256] *Ibid.*

traitement et des traitements multiples et variés des données collectées. En outre, un individu peut concevoir différemment sa « politique des données personnelles » en fonction de l'application ou de l'objet, du responsable du traitement et du traitement en question. Dans ces conditions, la protection purement étatique ne peut tout simplement pas être assurée de manière suffisamment efficace. Cependant, l'Etat doit assurer que les responsables du traitement permettent d'abord à l'individu de choisir sa propre « politique des données personnelles » relative à chaque type de traitement effectué. Autrement dit, si l'utilisateur le décide, il ne peut y avoir qu'une seule politique possible pour tous les types de traitement mais plusieurs, en fonction du traitement particulier et ses conséquences. En l'absence de prise de position de l'utilisateur, le responsable pourra appliquer la « politique des données personnelles » définie en application des principes de protection des données dès la conception (*privacy by design*) et de protection des données par défaut (*privacy by default*). De plus, l'utilisation abusive de données ne peut pas être la condition de l'utilisation d'un service par l'individu[1257]. Ensuite, il incombe à l'Etat de s'assurer que les responsables du traitement respectent les choix faits par l'individu. Comme le souligne Marie-Charlotte Roques-Bonnet, les responsables du traitement « n'auraient plus alors la faculté, mais l'obligation d'en respecter les contraintes concernant les données qu'ils transmettent[1258] ». Certes, une telle obligation nuirait potentiellement à l'économie numérique profitant de l'utilisation presque non contrôlée des données personnelles. Cette utilisation a déjà permis plusieurs avancées scientifiques et aujourd'hui, elle est la clé de la compétitivité d'une entreprise ou même d'un pays, sur le marché mondial. Néanmoins, il semble que demain, les plus scrupuleux seront gagnants sur ce marché.

722. En outre, un tel droit à l'autodétermination informationnelle serait essentiel pour contrer la puissance de négociation des géants du numérique, en élargissant le cercle des parties devant s'accorder, ainsi que pour prévenir les dérives sécuritaires des Etats eux-mêmes. Ils sont tous les deux devenus la menace aux droits fondamentaux en ligne et ainsi, à l'introduction de l'e-démocratie. Un autre droit indispensable pour l'e-démocratie serait un droit à la participation politique.

2. Le droit à la participation politique

723. Le principe d'autodétermination ne s'arrête pas au contrôle des données personnelles. En effet, l'autodétermination est inséparable de toute

---

1257 V. en ce sens, Lucie Cluzel-Métayer, « La loi pour une République numérique : l'écosystème de la donnée saisi par le droit », *AJDA* 2017, p. 340.

1258 Marie-Charlotte Roques-Bonnet, *Le droit peut-il ignorer la révolution numérique ?*, *op. cit.* p.425.

liberté. Comme l'écrivait Jean Rivero, « les libertés publiques sont des pouvoirs d'autodétermination consacrés par le droit positif[1259] ». Etant donné que l'e-démocratie, comme d'ailleurs toute démocratie effective sert à développer la liberté des citoyens, le principe d'autodétermination est censé devenir le principe matriciel d'interprétation dans son cadre. C'est ainsi que ce principe viendrait appuyer le droit à la participation politique, support nécessaire de l'e-démocratie et le moyen principal des cybercitoyens d'être reconnus en tant qu'acteurs politiques.

724. Aujourd'hui, le peuple, constitutionnellement souverain, ne peut exercer sa souveraineté que par les voies prescrites par la Constitution elle-même. En analysant les dispositions constitutionnelles françaises, Michel Troper conclut ainsi que le peuple français réel n'est souverain qu'en vertu de la Constitution, alors que la Déclaration des droits de l'homme et du citoyen (DDHC) met la souveraineté dans les mains de la Nation, un être abstrait : le peuple « n'est donc pas souverain par nature, mais seulement en conséquence d'une habilitation reçue de la Constitution. [...] C'est ainsi qu'il ne peut l'exercer directement que lorsque la Constitution lui donne une compétence explicite et seulement dans les formes prévues. Dans les autres cas, il exerce sa souveraineté par ses représentants[1260] ». Ainsi, le peuple constituant français se serait lui-même placé dans le cadre très étroit de l'exercice de la souveraineté. Dans un régime essentiellement représentatif, une telle autolimitation du peuple constituant ne pose pas problème. Cependant, un environnement si étroit ne saurait être compatible avec l'e-démocratie.

725. Il est intéressant de savoir s'il n'est pas suffisant d'élargir tout simplement, le cadre constitutionnel de l'exercice de la souveraineté par le peuple, au lieu de lui donner un instrument de son élargissement potentiellement illimité et ainsi dangereux, à savoir un droit à la participation politique. Admettre une participation non prévue par les textes, équivaudrait-il à l'acceptation de toute forme de participation, prenant le risque de fragiliser l'ordre public ou la communauté même ? Pourtant, il ne s'agit que d'une inversion de la logique conventionnelle. En effet, dans le cadre des divers régimes existants, l'exercice direct de la souveraineté par le peuple est limité par la participation aux élections, aux référendums. Quelques rares régimes admettent l'initiative populaire (ainsi que d'autres instruments de participation fondés sur elle), en la soumettant à plusieurs règles de forme et de fond. Les interventions du peuple non prévues par les textes sont normalement bloquées. Il est possible d'en conclure qu'en principe, l'exercice de la souveraineté par le peuple n'est autorisé que dans les cas strictement énumérés et dans le cadre limité, alors que par le biais du droit à la

[1259] Jean Rivero, Hugues Moutouh, *Libertés publiques. Tome 1*, *op. cit.* p.7.

[1260] Michel Troper, « Comment la Constitution de 1958 définit la souveraineté nationale ? », in *La Constitution en 20 questions,* 2008. [réf. 20/10/2017], v. : https://www.droitconstitutionnel.net/Souverainete.htm.

participation, en principe, le peuple a le droit d'exercer directement sa souveraineté, sauf dans les cas où cela nuirait à l'intérêt général, au sens large du terme, ou à la sauvegarde de l'ordre public. De tels garde-fous doivent être strictement énumérés pour que le droit à la participation reste général et sa limitation exceptionnelle. De plus, il est difficile aujourd'hui, de prévoir toutes les formes de participation pouvant émerger au fur et à mesure du développement des outils numériques. C'est pourquoi l'e-démocratie efficace nécessite un droit général à la participation politique, pour permettre une participation populaire libre et sans entraves dans les affaires publiques. En effet, cette participation est la clé du succès de l'e-démocratie, puisqu'elle ne peut survivre qu'en étant constamment soutenue par le peuple. Il faut donc qu'elle mette en œuvre le principe formulé par Jean Rivero : « La démocratie doit accepter que le peuple puisse intervenir et participer au débat public par d'autres voies que celles qui lui sont en principe dévolues[1261] ».

726. Pour être efficace, dans le cadre de l'e-démocratie, le droit à la participation politique doit donc être associé au droit d'accès à internet et le droit à l'éducation numérique. Ces trois droits constituent le socle de l'e-démocratie au niveau des droits fondamentaux, sans lequel elle ne pourrait fonctionner durablement. Au niveau constitutionnel, c'est essentiellement le droit à la participation politique qui serait au fondement du cadre de l'e-démocratie.

[1261] Jean Rivero, Hugues Moutouh, *Libertés publiques. Tome 2*, *op. cit.* p.248.

Section 2. L'encadrement constitutionnel de l'e-démocratie

727. L'e-démocratie étant une modalité de l'exercice direct de la souveraineté par le peuple, son cadre constitutionnel est censé en fournir les moyens juridiques. C'est de cette manière que cette étude conçoit un tel cadre théorique, non lié à une Constitution spécifique existante ou à une expérience constitutionnelle particulière.

728. Force est de constater que l'e-démocratie réelle va différer de ce cadre théorique, tout comme une démocratie représentative dans un pays donné diffère d'un autre et de son cadre théorique. En effet, un régime politique n'est jamais qu'une construction juridique. Certes, c'est un ensemble des règles et des institutions, mais aussi des mœurs, des conventions, des valeurs écrites ou non, basé sur l'histoire, l'économie, la politique, la culture et la manière de vivre ensemble[1262]. C'est ainsi que le régime politique dépasse largement toute étude juridique possible puisqu'il consiste en des éléments que la science juridique ne peut pas saisir dans leur globalité. Plusieurs chercheurs soutiennent que la démocratie n'est pas un objet juridique mais une manière de vivre ensemble. Cependant, tout régime politique est une manière de vivre ensemble. En ce sens, la démocratie ne se distingue pas de l'autocratie. Par ailleurs, cette assertion peut être comprise différemment : la démocratie n'est pas un régime politique. C'est précisément cela que l'e-démocratie est censée changer.

729. Etant consciente de la faiblesse du droit constitutionnel à pouvoir englober tous les aspects de l'e-démocratie, cette recherche s'arrêtera sur la mise en œuvre conceptuelle du principe de la souveraineté du peuple (**Paragraphe 1**), pour analyser les moyens fournis par la Constitution afin d'exercer cette souveraineté efficacement (**Paragraphe 2**).

§1. Le principe de la souveraineté effective du peuple

730. L'une des difficultés principales pour concevoir l'e-démocratie comme régime politique découle de ce que, dans l'esprit des juristes, elle est associée à la démocratie directe qui est « impossible » à mettre en œuvre en pratique. En ce sens, il convient de noter que l'e-démocratie proposée ici, n'est pas une démocratie directe. L'idée de cette étude est d'essayer de concilier certains éléments de la démocratie directe et du régime représentatif. Cette tâche a d'ailleurs été déjà amorcée, par la démocratie semi-représentative. Cependant, il semble qu'il faille renforcer la composante démocratique de ce régime. Un tel renforcement requiert plusieurs ajustements de concepts bien établis[1263]. En premier lieu, il est nécessaire de repenser la notion de

---

[1262] V. dans ce sens Jacques Chevallier, *L'État post-moderne*, *op. cit.* p.162.

[1263] V. l'analyse détaillée de ces ajustements dans la Partie I, Titre 1, Ch. 2.

peuple **(A)**, notion centrale de l'e-démocratie. En deuxième lieu, il convient de changer d'approche de la représentation, afin de la concilier avec l'exercice direct de la souveraineté par le peuple **(B)**.

A. La nécessité de repenser la notion du peuple et sa souveraineté

731. L'e-démocratie mettant en scène politique le peuple réel, le droit constitutionnel devrait donc s'intéresser à la notion de peuple et ses contours **(1)**, ainsi que repenser la notion de souveraineté **(2)**.

1. Les nouveaux contours du peuple

732. Hans Kelsen écrivait que « le privilège que fonde l'institution de la nationalité apparaît comme allant absolument de soi parce que [...] on tient cette institution pour inhérente à la notion même d'Etat. Cependant, [...] le lien entre les droits politiques et la nationalité n'a rien de nécessaire[1264] ». Le juriste remarquait que la non-reconnaissance des droits politiques aux étrangers était caractéristique de la « lenteur extrême des progrès de l'idée d'humanité ». L'étranger était considéré autrefois comme ennemi hors la loi, puis comme bénéficiaire des droits civils mais non politiques[1265]. La situation des étrangers a progressé depuis l'époque de Kelsen, il y a déjà certains Etats qui octroient des droits politiques à ses résidents étrangers[1266]. Cependant, ce n'est toujours pas la norme.

733. Il semble que le privilège de nationalité soit inhérent au concept d'Etat-nation. Comme l'explique la professeure écossaise Jan Penrose, « [d]ans les Etats-nations, la « nation » est devenue un terme politique parce qu'elle définissait les personnes qui étaient membres d'un Etat et qui en détenaient la souveraineté. [...] C'est à travers la combinaison d'une identité culturelle avec une identité territoriale et du fait que cette identité composite est privilégiée par rapport à toutes les autres que le nationalisme tire une grande partie de son attrait et de sa résilience. Le processus actuel de fusion de ces deux types d'identité donne aux Etats-nations une souplesse intrinsèque[1267] ». L'auteure note que les nouvelles formes de conception du territoire peuvent émerger, ce qui peut saper la domination des Etats-nations.

1264 Hans Kelsen, *La démocratie : sa nature, sa valeur*, *op. cit.* p.28.

1265 *Ibid.*

1266 V. par. 198.

1267 Jan Penrose, « Nations, states and homelands: territory and territoriality in nationalist thought », *Nations and Nationalism* 2002, 8, n°3, p. 277-297. p.284. *In nation-states, nation became a political term because it defined the people who were members of, and who held sovereignty within, a state. [...] It is through the combination of a cultural identity with a territorial identity, and the privileging of this composite identity over all others, that nationalism derives much of its appeal and resilience. The ongoing process of attempting to merge these two types of identity gives nation-states an in-built flexibility.*

En effet, la mondialisation et plus particulièrement, l'intégration européenne ont déjà montré qu'il était possible d'appréhender le territoire différemment. Il est vrai que le contexte actuel européen n'est pas propice au développement de ces concepts. La crise économique et institutionnelle de l'Union européenne, cumulée à la crise migratoire, incite les états membres à se protéger derrière leur identité nationale et, ainsi, à renforcer l'idée d'Etat-nation. Cependant, l'e-démocratie, par sa nature, s'inscrit bien dans le processus de la découverte des nouvelles formes d'appréhension du territoire. Certains de ses instruments servent à le mettre en œuvre[1268]. Ainsi, l'e-démocratie dans sa forme achevée, est difficilement compatible avec le concept de l'Etat-nation et donc de la nationalité, comme condition de citoyenneté. Au contraire, les contours du peuple dans le cadre de l'e-démocratie, devraient être élargis pour inclure les résidents étrangers.

734. Une telle inclusion ne saurait certes être inconditionnelle. Comme il a été développé plus haut, le peuple à l'époque de l'e-démocratie, est une association libre d'individus, réunis par des buts qu'ils attribuent à cette association ou plus précisément, par leur vision du bonheur, le but ultime de toute association politique[1269]. Ainsi, les individus formant le peuple sont-ils censés partager les mêmes valeurs fondamentales, décrivant les buts de leur association, ainsi que les moyens de les atteindre. Il semble donc justifié que les nouveaux membres du peuple confirment leur adhésion à ces mêmes valeurs, au moment de leur intégration à la communauté. En quelque sorte, l'ensemble de ces valeurs deviendra un trait distinctif de l'Etat parmi d'autres Etats sur le plan mondial, permettant d'attirer les membres qui conviennent et de refuser l'intégration à ceux qui ne les partagent pas. De cette façon, l'e-démocratie s'inscrit dans la tendance décrite par le professeur américain de science politique Samuel P. Huntington[1270] pour qui la politique mondiale entrait dans une nouvelle phase où le conflit entre les civilisations prendrait le relais de celui idéologique, fini par l'écroulement de l'Union soviétique. Ce futur conflit ne serait pas centré sur les intérêts économiques ou l'idéologie politique, mais sur la différence culturelle. Il est possible d'en déduire que notamment, les valeurs fondamentales constitueront les lignes de partage entre les civilisations[1271]. Selon l'auteur, ces dernières ne coïncideront pas avec les Etats-nation. Il semble donc que la culture et plus particulièrement les valeurs

---

[1268] V. Partie I, Titre 2, Ch. 2.
[1269] V. par. 192.
[1270] V. Samuel P. Huntington, « The Clash of Civilizations? », *Foreign Affairs* 1993, 72, n°3. [réf. 20/10/2017], v.: https://www.foreignaffairs.com/articles/united-states/1993-06-01/clash-civilizations. et Samuel P. Huntington, « If Not Civilizations, What? Samuel Huntington Responds to His Critics », *Foreign Affairs* 1993, 72, n°5. [réf. 20/10/2017], v.: https://www.foreignaffairs.com/articles/global-commons/1993-12-01/if-not-civilizations-what-samuel-huntington-responds-his-critics.
[1271] V. sur la notion de culture et de civilisation Guy Rocher, « La notion de culture. Extraits du chapitre IV : "Culture, civilisation et idéologie" », in *Introduction à la sociologie générale*, Montréal, Éditions Hurtubise HMH ltée, 1992. p.101-127.

soient le nouveau critère de l'association des individus, au-delà des frontières nationales. L'inclusion des résidents étrangers serait limitée davantage par leur « degré d'intérêt porté à la chose publique[1272] ». Comme dit plus haut[1273], plusieurs migrants n'exerceront pas leurs droits politiques, s'ils ne considèrent pas leur pays d'accueil comme un centre d'intérêts vitaux. Cependant, une telle appréciation, assez subjective, est susceptible de changer avec le temps ; l'inclusion politique des résidents étrangers donnera ainsi les moyens juridiques de leur autonomisation[1274], condition nécessaire au bon fonctionnement de l'e-démocratie.

735. Du droit à la participation politique, ouvert à tous les résidents d'un Etat donné, découle la question de savoir si l'exercice de la souveraineté peut être compris comme un droit fondamental, conformément à la conception classique de la théorie générale du droit constitutionnel.

2. Un droit fondamental à l'exercice de la souveraineté ?

736. En comparant l'art. 3 de la DDHC et l'art.3 de la Constitution de 1958, Michel Troper écrit que « le peuple n'est pas titulaire de la souveraineté en vertu d'une Déclaration des droits, mais de la Constitution elle-même. Il n'est donc pas souverain par nature, mais seulement en conséquence d'une habilitation reçue de la Constitution[1275] ». L'auteur en déduit que la souveraineté nationale qui appartient (paradoxalement) au peuple en vertu de l'art. 3 de la Constitution, n'est pas une qualité naturelle. Le peuple la détient, il a une sorte de droit de propriété dont l'objet peut être défini par le droit positif. Ainsi, c'est la Constitution qui le définit d'où il s'ensuit que le peuple ne peut exercer la souveraineté que conformément à la Constitution. « C'est ainsi qu'il ne peut l'exercer directement que lorsque la Constitution lui donne une compétence explicite et seulement dans les formes prévues. Dans les autres cas, il exerce sa souveraineté par ses représentants. La représentation de la souveraineté ne découle pas de la nature de son titulaire, qui est un être réel, capable par conséquent de l'exercer lui- même, mais de la seule volonté du constituant[1276] ». Le peuple français souverain s'est donc autolimité, en encadrant strictement les voies de l'exercice de sa souveraineté. En d'autres termes, il ne s'est octroyé que la compétence d'attribution, alors que les représentants ont la compétence de droit commun. Leur qualité de représentant justifie leur compétence d'exprimer la volonté générale pour le peuple.

[1272] Hans Kelsen, *La démocratie : sa nature, sa valeur*, *op. cit.* p.28.
[1273] V. par. 196.
[1274] Compris au sens de *empowerment*.
[1275] Michel Troper, « Comment la Constitution de 1958 définit la souveraineté nationale ? », *op. cit.*
[1276] *Ibid.*

737. En analysant cette construction juridique subtile, il convient de se poser la question suivante : si la souveraineté appartenait au peuple en vertu de la DDHC, serait-il possible de revendiquer un droit fondamental à l'exercice de la souveraineté ? Une situation pareille existe déjà en droit américain, où le *grand jury* est mentionné dans le *Bill of Rights* mais non dans la Constitution. Selon Justice Antonin Scalia, il semble alors représenter un organe du quatrième pouvoir :« il n'a donc pas été attribué textuellement à l'une des branches décrites dans les trois premiers articles [de la Constitution]. Il "est un élément constitutionnel à part entière." [...]En fait, toute la théorie de sa fonction est qu'il n'appartient à aucune branche du gouvernement institutionnel, servant de type de tampon ou d'arbitre entre le gouvernement et le peuple[1277] ». La question de la souveraineté ne se pose pas, peut-être en raison « de la haine pour ce concept monarchique[1278] », auprès des Américains. Cependant, au sein des régimes européens, ce concept a survécu, avec la nécessité de son adaptation aux principes démocratiques. Ainsi, est-il possible de considérer l'exercice de la souveraineté comme l'objet d'un droit fondamental ? La question n'est pas superflue puisque le droit fondamental à la participation politique développé plus haut[1279] peut être analysé comme un droit à l'exercice de la souveraineté. En revanche, la question est de savoir ce que la souveraineté comprend.

738. Pour Michel Troper, la souveraineté exercée par les représentants est l'ensemble du pouvoir constituant et du pouvoir législatif. Quant au peuple français, il n'exerce sa souveraineté que par les voies prescrites par la Constitution de 1958, qui proposent l'adoption des normes constitutionnelles et législatives, ainsi que l'élection des représentants. Ces trois voies sont limitées à « tous les nationaux français majeurs des deux sexes, jouissant de leurs droits civils et politiques[1280] ». En même temps, les représentants expriment la volonté générale de tout le peuple français, y compris des non-électeurs. Ainsi, selon Michel Troper, il est admis que « la volonté du souverain ou volonté générale ne se confond pas avec la volonté des électeurs[1281] ». Il en résulte que la notion de peuple français a une géométrie variable et dépend du contexte.

[1277] Supreme Court of the United States, *United States v. Williams (90-1972),* 504 U.S. 36 (1992). Justice Antonin Scalia's majority opinion, [réf. 20/10/2017], v.: https://www.law.cornell.edu/supct/html/90-1972.ZO.html. *[T]he grand jury is mentioned in the Bill of Rights, but not in the body of the Constitution. It has not been textually assigned, therefore, to any of the branches described in the first three Articles. It "is a constitutional fixture in its own right." [...] In fact the whole theory of its function is that it belongs to no branch of the institutional government, serving as a kind of buffer or referee between the Government and the people.*

[1278] Elisabeth Zoller, *Introduction au droit public*, *op. cit.* p.123.

[1279] V. par. 723.

[1280] Art. 3 de la Constitution du 4 octobre 1958.

[1281] Michel Troper, « Comment la Constitution de 1958 définit la souveraineté nationale ? », *op. cit.*

739. Dans le cadre de l'e-démocratie, il convient tout d'abord d'écarter les êtres fictifs, titulaires de la souveraineté. Même le peuple dont la volonté est exprimée par les représentants n'est qu'un peuple juridique, un être fictif[1282]. Sans mentionner la fiction de la notion de Nation. En effet, il est facile de voir que le droit invente des titulaires fictifs de la souveraineté, pour justifier l'exercice de la souveraineté par une autre personne ou d'autres personnes bien réelles. Une telle limitation du cercle des personnes exerçant la souveraineté ne saurait être compatible avec l'e-démocratie. Ainsi, suivant l'approche réaliste, le peuple est l'ensemble des résidents[1283] jouissant de droits politiques.

740. La seconde notion à préciser est celle de souveraineté. La doctrine s'efforce de cerner « cette mystérieuse puissance », en distinguant d'abord la souveraineté externe de l'interne, autrement dit, la souveraineté *de* l'Etat de la celle *dans* l'Etat. En réalité, d'un point de vue conceptuel, il serait plus simple d'accepter l'approche du droit international public, selon laquelle la souveraineté externe signifie l'indépendance[1284]. Il ne reste donc que la souveraineté interne. De plus, il est nécessaire d'ôter le caractère absolu de la souveraineté. Il ne convenait qu'au pouvoir monarchique, par nature arbitraire, alors que le pouvoir démocratique ne peut l'être en aucun cas. Plus encore, la doctrine accepte que la souveraineté ne puisse être réduite à l'ensemble des compétences étatiques, puisque la théorie des pouvoirs régaliens est devenue partiellement obsolète : la réalité montre que plusieurs de ces pouvoirs peuvent être transférés. Ainsi, dans le cadre de l'e-démocratie, il serait trop étroit de limiter la souveraineté à « l'ensemble du pouvoir constituant et du pouvoir législatif[1285] ». L'époque où la loi était la seule expression de la volonté générale, le Parlement était le pouvoir suprême et le peuple souverain élisait ses représentants au Parlement semble révolue. A l'époque actuelle, qui se caractérise par la prépondérance du pouvoir exécutif ou dans le futur, où le pouvoir du juge s'affirmera peut-être par rapport aux deux autres[1286] ou encore un ou des pouvoirs émergeront[1287], il y a lieu d'assumer que l'exercice de la souveraineté englobe tous les pouvoirs, ou

---

[1282] V. par. 191.

[1283] Sur les conditions d'octroi des droits politiques, v. par. 734.

[1284] Emmanuel Décaux, Olivier de Frouville, *Droit international public*, Paris, Dalloz, 2012. p.153.

[1285] Michel Troper, « Comment la Constitution de 1958 définit la souveraineté nationale ? », *op. cit.*

[1286] V. en ce sens, Serge Guinchard *et al.*, *Institutions juridictionnelles*, Paris, Dalloz, 2013. p.194.

[1287] Par ex., dans la doctrine suisse, le peuple est considéré comme un quatrième pouvoir bien institutionnalisé. V. Andreas Auer *et al.*, *Droit constitutionnel suisse. Vol. I. L'Etat*, *op. cit.* p.105. Il y a des opinions pareilles aux Etats-Unis. V. Supreme Court of the United States, *United States v. Williams (90-1972)*, 504 U.S. 36 (1992). Justice Antonin Scalia's majority opinion, *op. cit.* En ce qui concerne ce concept d'e-démocratie, v. sur le quatrième pouvoir en tant que pouvoir contrôleur Partie I, Titre I, Ch.2, par. 257 et s.

suivant l'approche américaine, toutes les branches du pouvoir. Autrement dit, toutes les déclinaisons du pouvoir étatique sont l'objet de l'exercice de la souveraineté. Ainsi, dans le cadre du concept de l'e-démocratie analysé dans cette recherche, la souveraineté émane du peuple et est exercée par les pouvoirs publics, en vertu du mandat gestionnaire[1288] octroyé par le peuple, ainsi que par le peuple lui-même.

741. Ceci dit, l'exercice de la souveraineté conçue comme la puissance originaire de décision du peuple, autrement dit son autodétermination, pourrait-il être le fondement du droit fondamental à la participation politique ? Dans le cadre de l'e-démocratie, la réponse tend vers le positif puisque les droits fondamentaux sont par nature des pouvoirs d'autodétermination consacrés par le droit positif[1289].

742. L'exercice de la souveraineté définie de cette manière requiert alors un changement d'approche de la représentation.

B. Le changement d'approche de la représentation

743. Dans le cadre de l'e-démocratie, le peuple prend la place centrale occupée précédemment par des représentants **(1)** ce qui nécessite une opération de conciliation ou de coordination entre les deux **(2)**.

1. La place centrale du peuple au sein de l'e-démocratie

744. Elisabeth Zoller note[1290] qu'en comparant les régimes européens avec le régime américain, Alexis de Tocqueville écrivait qu'en Europe, le pouvoir étatique est extérieur au peuple et conçu comme une puissance de contrainte. Autrement dit, il est possible d'en déduire qu'en Europe, le pouvoir étatique était venu remplacer le pouvoir monarchique, sans changer radicalement la nature de ce dernier. Certes, avec l'adoption du concept de l'Etat de droit, le pouvoir étatique ne reste pas arbitraire. En outre, l'élection de certains gouvernants permet d'éviter l'hérédité du pouvoir politique (sous réserve de certaines dynasties électives ou l'émergence d'une classe politique au pouvoir), les mandats politiques sont assez courts et il existe des instances de contrôle des pouvoirs publics. Pourtant, et cela est notable, en dehors des élections, l'exercice du pouvoir politique reste, même de nos jours, extérieur au peuple alors que ce dernier est présumé en être la source. En décrivant le régime américain, Alexis de Tocqueville l'argumente que la société américaine agit « par elle-même et sur elle-même. Il n'existe de puissance que dans son sein. [...] Le peuple règne sur le monde politique américain comme Dieu sur l'univers. Il est la cause et la fin de toutes choses ; tout en sort et tout

[1288] V. par. 223 et s.
[1289] Jean Rivero, Hugues Moutouh, *Libertés publiques. Tome 1*, *op. cit.* p.7.
[1290] Elisabeth Zoller, *Introduction au droit public*, *op. cit.* p.129.

s'y absorbe[1291] ». Certes, c'est un regard enthousiaste, d'un ressortissant d'un régime politique qui n'avait pas encore adopté le suffrage universel, au moment de la comparaison. Néanmoins, le génie de Tocqueville a permis de saisir l'un des traits principaux d'un régime démocratique : l'intériorité du pouvoir politique du peuple ainsi que la place centrale de ce dernier au sein du régime politique.

745. C'est précisément ce principe que le concept de l'e-démocratie proposé entend mettre en œuvre. Le peuple, l'ensemble des résidents jouissant de droits politiques, forme une association libre d'individus réunis par les buts qu'ils attribuent à cette association politique. La souveraineté conçue comme leur puissance de décision est exercée soit par le peuple lui-même, soit par les gestionnaires, en vertu du mandat octroyé par le peuple. Ce n'est pas que la décision de former ou de rejoindre l'association qui constitue une telle puissance. Comme il a été montré plus haut[1292], les membres du peuple deviennent les « propriétaires » et les « investisseurs » de l'association « Etat ». Ainsi, ils obtiennent le pouvoir de décision relatif à la définition des objectifs de leur association, au choix des gestionnaires, au contrôle de leur performance et à leur révocation, si nécessaire. Suivant cette logique, les gestionnaires constituent les organes du pouvoir politique. Cette recherche a adopté le terme « gestionnaire » et « le mandat gestionnaire » pour marquer la rupture avec le concept théorique de la représentation[1293].

Dans le cadre de cette recherche, il convient de considérer les trois pouvoirs existants : le législatif, l'exécutif et le juridictionnel, comme tels organes. S'y rajoute le quatrième pouvoir, celui contrôleur[1294]. En effet, le mandat octroyé aux gestionnaires est beaucoup plus large que le mandat représentatif. Ce dernier n'entend donner le pouvoir qu'aux représentants, autrement dit, « seules les autorités législatives sont des représentants et non les autorités exécutives ou judiciaires[1295] ». La raison d'une telle limitation du cercle des représentants est que seul le législateur est considéré comme la bouche du souverain, alors que les autres organes sont les exécutants de la volonté générale. Un tel raisonnement reste confiné dans la logique du légicentrisme qui, il faut le dire, n'existe plus. Non seulement le cercle des représentants doit être élargi[1296], mais il faut que la théorie du droit constitutionnel assume finalement, le rôle prépondérant joué par l'exécutif qui est aujourd'hui, très loin de celui de simple exécutant de la volonté générale, ainsi que le rôle politique du juridictionnel.

1291 Alexis de Tocqueville, *De la démocratie en Amérique I (1835). Première partie.* Une édition électronique réalisée à partir de la 13e édition, *op. cit.* p.53.
1292 V. par. 216 et s.
1293 V. par. 223 et s.
1294 V. par. 257 et s.
1295 Francis Hamon, Michel Troper, *Droit constitutionnel*, *op. cit.* p.155.
1296 V. par. 225.

746. Le concept de l'e-démocratie proposé ici n'entend bien sûr pas en finir avec la représentation. Cependant, dans son cadre, il faut développer le rôle du peuple au sein du régime politique. Alors, la question de savoir comment concilier l'intervention du peuple et l'action des représentants (ou plutôt des gestionnaires) devient centrale.

2. La conciliation de la représentation et de la participation

747. A titre d'exemple, l'art.3 de la Constitution française de 1958 distribue de la manière suivante, les compétences du peuple et des représentants quant à l'exercice de la souveraineté : le peuple détient la souveraineté, mais ne peut l'exercer que par des voies strictement délimitées par le texte constitutionnel, notamment par le biais des élections des représentants et par le référendum. Les représentants élus par le peuple englobent les parlementaires et pour certains, le président de la République. En vertu du mandat représentatif, ils doivent exprimer la volonté générale pour le peuple. En ce qui concerne les parlementaires, selon l'art.24 de la Constitution, l'exercice de la souveraineté est circonscrit à la participation à la fonction législative et au contrôle du gouvernement. Le contrôle du président, s'ils le contrôlent, est très marginal, par le biais des art. 13 et 68. En revanche, si le président de la République est aussi un représentant, l'exercice de sa souveraineté se traduit par l'exercice de la fonction exécutive qui est assez large et peut toucher aux compétences d'autres pouvoirs. De même, il peut s'adresser directement au peuple en tant qu'institution d'adoption des lois, ayant le dernier mot. En ce qui concerne le gouvernement, son action ne s'effectue pas sur le fondement d'un mandat. Ce qui n'empêche pas que sa participation à l'élaboration des lois soit décisive. En ce qui concerne le pouvoir juridictionnel, son travail d'interprétation des textes législatifs et constitutionnels permet aussi de le considérer comme participant à la fonction législative[1297]. Pourtant, l'absence d'un lien direct avec le peuple évacue toute question de mandat. Par conséquent, l'exécutif (sauf le président de la République) et le juridictionnel, sont exclus de toute réflexion constitutionnelle sur la responsabilisation des pouvoirs publics par le peuple, puisqu'ils sont insaisissables pour ce dernier.

748. Le concept de l'e-démocratie proposé ici entend élargir le cercle des personnes recevant le mandat du peuple. En effet, « il n'y a aucun lien nécessaire entre représentation et élection. Certains élus, qui ne contribuent pas à l'expression de la volonté générale, ne sont pas des représentants. D'autres autorités, non élues mais qui contribuent à l'expression de cette volonté, doivent être appelées représentants[1298] ». En outre, il convient de

---

[1297] V. dans ce sens par. 226.

[1298] Michel Troper, « Comment la Constitution de 1958 définit la souveraineté nationale ? », *op. cit.*

considérer que l'expression de la volonté générale est beaucoup plus large que la seule production législative. Il semble que tout acte juridique ayant la portée générale, passé par un ou des pouvoirs publics, puisse être considéré comme l'expression de la volonté générale, puisque ce qu'ils font est effectué normalement, dans l'intérêt et sur le compte public. Ainsi, il est nécessaire de définir le fondement juridique de ces actions et les moyens de leur contrôle.

749. C'est ainsi que dans cette thèse, le mandat gestionnaire[1299] est proposé avec un cercle des mandataires plus large comprenant toutes les branches du pouvoir. Il combinerait des éléments du mandat représentatif et du mandat impératif pour permettre une certaine liberté dans les actions des mandataires, assortie cependant par leur contrôlabilité. Cette dernière induirait la flexibilité du système, puisque l'idée est non pas de faire participer le peuple de manière permanente mais de permettre sa participation spontanée, s'il la considère comme nécessaire. La participation du peuple sera cependant nécessaire quant à la détermination des buts de l'association « Etat », ses valeurs fondamentales (cela peut être exprimé dans la Constitution) et plus régulièrement, les priorités de l'action publique. Les personnes ou les partis qui prétendront aux postes publics devront présenter leurs programmes permettant d'atteindre ses priorités. En tant que souverain, le peuple octroiera des mandats à ceux dont les programmes sont les plus convenables. Puis, il interviendra pour contrôler ces derniers ou contrer certaines de leurs décisions. Ainsi, l'idée du mandat gestionnaire est qu'il est libre en ce qui concerne la prise de décisions par le mandataire, mais à tout moment, le mandant peut annuler ou modifier la décision prise. De plus, un tel mandat permettra la soumission du mandataire au contrôle régulier du mandant et à sa révocation possible, si le mandant le décide.

750. De cette manière, le régime politique de l'e-démocratie devient plus flexible et plus « démocratique » en comparaison avec les régimes représentatifs existants, marqués par une certaine rigidité. Le peuple souverain a des moyens pour intervenir et corriger les politiques publiques, s'il l'estime opportun, alors que les pouvoirs publics, autrement dit les gestionnaires, deviennent responsabilisés devant le souverain en gardant en même temps, une certaine liberté d'action.

751. Pour mettre en œuvre ce cadre théorique de l'e-démocratie, il faut que la Constitution prévoie les moyens d'exercice de la souveraineté par le peuple souverain.

§2. Les moyens constitutionnels de l'exercice de la souveraineté

752. Afin d'assurer la souveraineté effective du peuple, il faut introduire les instruments de son exercice dans la Constitution. Il semble que plusieurs

[1299] V. l'analyse détaillée dans le par. 223 et s.

constitutions démocratiques prévoient déjà de tels instruments (élections et référendum). Mais à quelques exceptions près, ces outils de l'exercice de la souveraineté par le peuple, sont en réalité à l'initiative des pouvoirs publics qui donnent la liste des candidats ou choisissent les questions et le moment du référendum, organisent la procédure, convoquent les participants, calculent et publient les résultats. L'initiative populaire n'est pas un moyen qui est fréquemment prévu par la constitution et même s'il y en a, elle peut être entourée par plusieurs formalités et conditions, la rendant (presque) impossible à mettre en œuvre. Le système constitutionnel de l'exercice de la souveraineté par le peuple **(A)** doit donc non seulement comprendre des outils participatifs, mais avant tout, l'initiative populaire, relativement facile à déclencher, tout en gardant un certain seuil de participants, pour permettre une stabilité du régime. En outre, une telle initiative doit être comprise de la façon la plus large possible, pour que le système soit ouvert à l'introduction des nouveaux instruments de participation par le peuple.

753. La seconde question importante est le contenu d'un système constitutionnel. En effet, l'idée est de créer une coopération du peuple avec les pouvoirs constitutionnels. Ce système pourrait s'autoréguler et assurerait un fonctionnement dynamique et durable du régime, à l'instar du système des *checks and balances*. Proposer un schéma détaillé d'un tel système est délicat, car il doit être en lien avec un régime politique existant. Pour autant, il est possible de jeter les bases d'un tel système **(B)**.

A. Le système constitutionnel de l'exercice de la souveraineté par le peuple

754. Il est pertinent de s'interroger d'abord, sur la nécessité d'un tel système constitutionnel **(1)** puis, de questionner les principes de base de son fonctionnement **(2)**.

1. La nécessité pour ce système d'être inscrit dans la Constitution

755. Dans le cadre de l'e-démocratie, il semble nécessaire que la Constitution contienne un système achevé des mécanismes de l'exercice de la souveraineté par le peuple, coopérant avec et arrêtant si nécessaire les pouvoirs publics dans leurs actions. Certes, ce système doit être enraciné dans le contexte politique, historique, économique et culturel d'un Etat donné, pour que son fonctionnement soit durable. En effet, les mêmes mécanismes de l'e-démocratie fonctionneraient différemment dans chaque Etat, étant donné la particularité de son contexte, sa culture politique, enfin, ses valeurs fondamentales, partagées majoritairement. Il est très important donc d'ajuster le système au contexte et de corriger ainsi les instruments de l'e-démocratie. Il faudrait donc un processus de son introduction extrêmement incrémental,

avec la mise en œuvre graduelle de ses instruments[1300]. L'essentiel dans ce cas est de changer la culture politique dans la société, ce qui peut prendre du temps et surtout beaucoup d'effort de la part des toutes les parties prenantes.

756. Cependant, dès le début de la transition vers l'e-démocratie, il faut garder à l'esprit le système complet des mécanismes constitutionnels de l'exercice de la souveraineté et de la coopération, avec les pouvoirs constitutionnels institués. En premier lieu, parce que tout système démocratique de l'exercice du pouvoir politique doit être équilibré, c'est-à-dire permettre la réalisation du pouvoir d'empêcher, préconisé par Montesquieu, afin que le système se rééquilibre par lui-même. Cela sous-entend aussi que tous les pouvoirs constitutionnels institués soient également puissants pour qu'un tel rééquilibrage atteigne son but, sans domination d'un pouvoir sur d'autres. Ainsi, en fonction du contexte particulier d'un Etat donné, il faut réajuster à chaque fois le système de l'e-démocratie, pour projeter son fonctionnement dans cet Etat et voir si son fonctionnement permet le rééquilibrage du système. C'est ainsi que l'e-démocratie nécessite des « Pères fondateurs » dans chaque Etat l'introduisant, afin de réaliser un projet extrêmement compliqué. En deuxième lieu, le concept de l'e-démocratie proposé est celui de la « démocratie de surveillance ». Dans la foulée des idées de Dominique Rousseau qui avance le concept de démocratie continue, "une nouvelle forme de relation entre représentants et représentés caractérisée par le droit de regard, le contrôle des seconds sur les premiers dont l'indépendance serait ainsi réduite[1301] » et de Pierre Rosanvallon développant la contre-démocratie comme la « surveillance du pouvoir par la société[1302] », ce concept met en avant la possibilité du contrôle des gouvernants par le peuple, ainsi que des moyens de contrer les décisions de ces premiers. C'est ainsi que cette thèse propose d'instaurer un quatrième pouvoir[1303], un pouvoir de contrôle[1304], dont la mission serait le recueil des demandes de citoyens souhaitant engager la responsabilité d'un gestionnaire au sens défini plus haut[1305] ou d'un organe de pouvoir public. Dans cette perspective, il serait nécessaire d'incorporer ce quatrième pouvoir dans le paysage constitutionnel actuel, tout en gardant l'équilibre de ce dernier. En troisième lieu, la fixation d'un tel système au niveau constitutionnel est essentielle, pour que l'exercice de la souveraineté par le peuple soit instauré au niveau le plus haut des normes d'un Etat donné. D'un côté, pour poser des bases de la fondamentalité du droit

---

[1300] Thomas Carothers, « The End of the Transition Paradigm », *Journal of Democracy* 2002, 13, n°1, p. 5-21. p.15.

[1301] Dominique Rousseau, « De la démocratie continue », *op. cit.*p.15.

[1302] Pierre Rosanvallon, *La contre-démocratie : la politique à l'âge de la défiance*, *op. cit.*p.38.

[1303] V. en ce sens par. 257 et s.

[1304] V. dans ce sens, sur le rôle des contre-pouvoirs dans le rééquilibrage du système politique, Fabrice Hourquebie, *Sur l'émergence du contre-pouvoir juridictionnel sous la Vème République*, *op. cit.* p.60-68.

[1305] V. par. 745.

à la participation populaire. D'un autre côté, pour que les moyens de participation introduits au niveau constitutionnel ne soient pas anéantis par les gouvernants. En quatrième lieu, il semble qu'un tel système constitutionnel doive inclure non seulement des moyens juridiques de l'exercice de la souveraineté du peuple, mais aussi les droits fondamentaux nécessaires présentés plus haut[1306], ainsi que le système de l'éducation, notamment civique.

757. En effet, la démocratie n'est pas que l'affaire des institutions et des normes. C'est aussi et principalement, l'affaire des comportements. Le régime politique démocratique ne peut pas être introduit et régulé que par des institutions démocratiques. Il faut également une culture politique démocratique, non seulement auprès des institutions, mais aussi auprès des acteurs politiques, parmi lesquels le peuple joue le premier rôle. Une telle culture politique s'apprend notamment par l'éducation. Ainsi, le droit d'un Etat en voie de développement de l'e-démocratie, doit réfléchir à la façon dont une telle culture peut être introduite et enseignée à tous les acteurs politiques. Pour ce faire, des normes et procédures adaptées au contexte de l'Etat, sont nécessaires. Finalement, une telle culture politique démocratique va véhiculer les principes du système de l'e-démocratie.

2. Les principes constitutionnels du système

758. Le principe fondamental du système est la centralité du peuple. Suivant la pensée d'Alexis de Tocqueville déjà cité, au sein de l'e-démocratie, le peuple est le souverain effectif, tous les pouvoirs en émanent et lui sont inférieurs. En tant que souverain, il a le droit de définir les objectifs à long et à court terme pour les gestionnaires, d'instituer et de destituer les organes de pouvoir et les gestionnaires, ainsi que d'apprécier leur performance. C'est ainsi que le système de l'e-démocratie met en œuvre l'autonomie et l'autodétermination du peuple en tant que collectivité d'individus et de la personne en tant qu'individu, membre d'une collectivité. Autrement dit, le système de l'e-démocratie n'est pas une fin en soi, mais un moyen de libération de l'individu, conformément aux idées de Georg Hegel et Georges Burdeau[1307].

759. Ainsi libéré, l'individu est autonome et capable de s'autodéterminer. Parce qu'il est instruit, il peut réfléchir indépendamment des opinions extérieures à lui ; parce qu'il est informé, il peut prendre des décisions éclairées. Sachant qu'il est plus avantageux de se développer au sein d'une collectivité que tout seul, il s'associe à d'autres individus autonomes, sur la base de valeurs et de buts communs. Ces derniers doivent être discutés, définis et fixés dans la Constitution pour donner des repères aux pouvoirs publics

---

[1306] V. Section 1.
[1307] V. par. 79.

dans leurs actions. Ils serviront par exemple aux juges, leur permettant d'interpréter les conflits des normes et des droits, suivant le fil conducteur des valeurs fondamentales. Le peuple e-démocratique se forme donc sur la base des valeurs et des buts de son association.

760. L'autonomie de l'individu doit aussi être protégée par des moyens juridiques tels que le droit au respect de la vie privée. En outre, comme il a été montré[1308], la protection de la vie privée est de plus en plus considérée comme le pouvoir de décision et d'action de l'individu lui-même et non plus comme l'affaire de l'Etat, par l'intermédiaire du juge. C'est ainsi que le droit à l'autodétermination informationnelle est conçu, comme le droit de l'individu de fixer lui-même, les contours de sa vie privée et les protéger, en ayant les instruments juridiques nécessaires pour le faire efficacement. De plus, le droit doit non seulement donner les moyens de se protéger aux individus autonomes, mais aussi agir de manière proactive, pour donner les moyens aux individus de devenir autonomes et capables de s'autodéterminer. Ainsi, le système de l'e-démocratie doit promouvoir le droit à l'éducation générale et civique. Cette dernière servira à développer et enraciner la culture et une certaine éthique démocratique. En effet, au sein de l'e-démocratie, la culture politique ne servirait plus seulement à l'autorégulation de la classe politique, mais pénètrerait toute la société. Elle serait le fondement du fonctionnement durable du régime politique. Sans culture politique e-démocratique, développant l'autonomie et l'autodétermination de l'individu et promouvant les valeurs, l'éthique et les compétences démocratiques (par ex., l'aptitude à dialoguer efficacement et correctement), l'e-démocratie ne pourrait pas fonctionner puisqu'elle est fondée sur l'individu capable de réfléchir, de discuter et d'agir avec indépendance, conformément aux valeurs démocratiques.

761. Le peuple au sein du régime de l'e-démocratie est censé prendre les décisions fondamentales pour le bon fonctionnement de son association politique, en d'autres termes, pouvoir s'autodéterminer collectivement. Il doit donc être assez informé pour pouvoir le faire. A cette fin, le droit doit assurer encore un moyen nécessaire : un droit d'accès à l'information. Ce droit est actuellement en train de se construire au sein de la CEDH[1309]. Il est pertinent de distinguer le droit à l'information qui promeut l'individu actif et indépendant, de l'obligation de transparence dans la logique de l'Etat protecteur, sous la tutelle duquel se trouve l'individu. En effet, suivant cette logique, les pouvoirs publics (donc, l'Etat) définissent eux-mêmes les contours de la transparence ce qui veut dire qu'ils restent maîtres de toute l'information. Ainsi, l'Etat est le seul capable de prendre des décisions,

---

[1308] V. par ex., par. 643.
[1309] V. par. 538 et s.

d'autant plus que l'individu ne l'est pas puisqu'il n'est pas assez informé[1310]. Pour que l'e-démocratie soit efficace, il faut donc renverser la logique, en reconnaissant le droit fondamental d'accès à l'information. Certes, non sans limites, qui doivent être débattues et définies par le biais d'un débat public[1311].

762. Un autre principe fondamental pour la survivance de l'e-démocratie, est le débat le plus large possible. En effet, au sein d'un régime démocratique, il faut pouvoir discuter tout sujet de la vie publique, pour ne limiter la liberté d'expression qu'exceptionnellement. Une telle discussion est nécessaire pour que les intéressés puissent se faire une opinion avertie, débarrassée des idées fausses et prendre des décisions éclairées. A l'inverse, la limitation des sujets du débat public afin d'exclure ceux qui font polémique, voire qui sont tabous, peut être dangereuse pour le bon fonctionnement du régime. Il convient d'évoquer à titre d'exemple le concept suédois de *åsiktskorridor* ou « corridor d'opinion », qui prescrit ce qu'il est permis de dire en public ou de publier dans les médias. Ce concept se rapproche plus d'une sorte d'autocensure que d'une limitation de la liberté d'expression telle qu'elle est pratiquée dans des états dits autoritaires ou dictatoriaux. Néanmoins, ses effets ne sont pas moins dévastateurs pour la liberté d'expression et le droit d'accès à l'information. Dans le silence de l'espace public, les idées fausses et les préjugés se répandent. Ainsi, il est important que le droit à la liberté d'expression soit interprété de manière plus large[1312].

763. Dans cette perspective de permettre le développement d'individus autonomes et capables de s'autodéterminer, l'initiative populaire devient l'instrument juridique principal de la participation populaire. En effet, de la logique de l'octroi au peuple d'un nombre strictement limité de moyens de participation, le droit constitutionnel passe à la logique d'instauration d'un droit fondamental de participation du peuple aux affaires publiques, avec des limites strictement circonscrites. L'initiative populaire, qui devrait pouvoir être lancée par voie numérique, devient alors un moyen de réaliser ce droit à la participation. Encore une fois non sans limites, qui doivent être définies en fonction du contexte, sans pour autant être conçues à neutraliser ce droit[1313].

764. L'initiative populaire sera au fondement d'un éventail de mécanismes du système constitutionnel de l'e-démocratie.

[1310] V. Андрей Архангельски, « Дырка от этики. Что не так с российской системой ценностей », *Московский центр Карнеги* 2017. [réf. 20/10/2017], v.: http://carnegie.ru/commentary/63999. [Andrei Arkhangelski, Un trou dans l'éthique. Qu'est-ce qui ne va pas avec le système de valeurs russe].

[1311] V. en ce sens, par ex., par. 439.

[1312] En ce sens, certaines jurisprudences européennes limitant ce droit ne peuvent qu'inquiéter. V. par ex., par. 569 et s., 573 et s. ainsi que par. 622 et s.

[1313] En ce sens, l'exemple du référendum français d'initiative partagée (art.11 de la Constitution) peut être cité dont les conditions le rendent presque impossible à déclencher.

B. Les bases du système constitutionnel de l'exercice de la souveraineté par le peuple

765. Il convient d'analyser le corpus d'instruments de l'e-démocratie faisant partie du système **(1)**, ainsi que son interaction avec le système normatif et la hiérarchie des normes **(2)**.

1. Un ensemble d'instruments de l'exercice de la souveraineté

766. Dans la première partie de cette thèse, les instruments de l'e-démocratie dégagés par le Conseil de l'Europe, d'autres organisations internationales ainsi que par la pratique, ont été analysés. Il a été montré que ce ne sont pas tous les instruments mentionnés dans les travaux du Conseil de l'Europe, qui concernent l'exercice de la souveraineté, objet essentiel du concept d'e-démocratie proposé ici. Ainsi, il convient de dégager les instruments ayant trait à cet objet, pour former le corpus d'instruments pertinents dans le cadre de ce concept.

767. Pour commencer, il est pertinent d'exclure les instruments qui n'ont pas de tel trait. Exclure ne veut pas dire qu'ils ne seront pas utilisés du tout au sein de l'e-démocratie. A l'inverse, il semble qu'ils puissent être utilisés au sein de plusieurs types de régimes politiques, y compris l'e-démocratie. En revanche, ils ne sont pas spécifiques au concept d'e-démocratie proposé ici. Ainsi, il apparaît que les instruments proposés par le Conseil aux fins du « marketing politique » n'ont pas à faire partie de notre concept. Parmi eux, se trouvent d'abord les outils promouvant les personnalités politiques (e-politicien-ne) et les partis (e-parti)[1314]. Leur tâche est de créer une image publique de la personne ou du parti en question, d'expliquer sa plateforme politique, d'attirer et de communiquer avec les sympathisants, enfin de recevoir des dons. Puis, ce sont les outils ayant vocation à faire la campagne politique (e-campagne)[1315], donc essentiellement à la disposition des politicien-ne-s et des partis politiques ; ainsi qu'orienter les électeurs parmi les programmes politiques différents, les aidant à trouver ceux qui expriment le mieux leurs vœux (e-navigateur de vote)[1316]. En effet, les instruments mentionnés ci-dessus peuvent être utilisés au sein de tout régime politique pratiquant les élections, même s'il n'est démocratique que de façade. En ce sens, ces instruments ne contribuent pas spécifiquement à l'exercice de la souveraineté par le peuple. Le deuxième type d'instruments à exclure du concept de l'e-démocratie est l'e-législation[1317], à savoir la publication de textes normatifs sur internet. Cet outil important de l'amélioration de l'accès

---

[1314] V. par. 282 et s.
[1315] V. par. 289.
[1316] V. par. 295.
[1317] V. par. 298.

au droit n'est pas spécifique à l'e-démocratie et doit donc être exclu. La troisième famille d'instruments à exclure est les e-consultations[1318], sauf l'e-environnement qui a une valeur constitutionnelle. En revanche, l'e-consultation n'a pas de caractère contraignant et ne peut être classifiée comme servant à l'exercice de la souveraineté par le peuple.

768. Les e-pouvoirs sont un cas à part, car essentiellement conçus comme les instruments de transparence des organes du pouvoir politique. Comme il a été montré plus haut[1319], leur idée principale n'est pas compatible avec ce concept. Ainsi, l'e-parlement[1320] visant essentiellement la transparence des assemblées élues, l'e-justice[1321] permettant l'accès aux décisions juridictionnelles et plus généralement, l'accès au juge et l'e-gouvernement[1322] conçu en tant que plateforme de l'administration électronique, fournissant des services administratifs (état civil, etc.) aux citoyens, doivent également être exclus. Cependant, ces mêmes instruments peuvent être mis en œuvre pour permettre l'accomplissement d'autres tâches au cœur de l'e-démocratie : la révocation des membres élus, la participation au processus juridictionnel, la formation de la stratégie gouvernementale. Ainsi, leur place au sein du système de l'e-démocratie se détermine selon les fonctions qu'ils assurent. De même, le quatrième pouvoir est censé être introduit en son sein, avec les instruments de l'e-communication[1323], pour institutionnaliser ses relations avec le peuple et permettre le déclenchement du contrôle par son biais.

769. En second lieu, il convient de se concentrer sur les instruments qui caractérisent un tel système. A part le quatrième pouvoir, c'est d'abord l'initiative populaire, autrement dit l'e-initiative[1324]. C'est un outil principal des individus autonomes qui veulent réaliser leur droit à la participation politique. Il est important d'interpréter le plus largement possible ce moyen pour faire entrer au système de l'e-démocratie de nouveaux instruments qui pourraient apparaître dans le futur. De même, l'e-délibération[1325] constitue aussi un instrument transversal qui pénètre tout le système et assure son bon fonctionnement. S'y rajoutent ensuite les instruments qui ne sont pas spécifiques à l'e-démocratie et peuvent être utilisés au sein de plusieurs régimes dits démocratiques. Ce sont l'i-vote[1326] et fondés sur ce dernier l'e-élection[1327] et l'e-référendum[1328]. Ils sont inclus dans le système puisqu'ils sont fondamentaux pour le fonctionnement de l'e-démocratie : l'i-vote est le

---

[1318] V. par. 325 et s.
[1319] V. par. 761.
[1320] V. par. 302.
[1321] V. par. 305.
[1322] V. par. 310.
[1323] V. par. 318 et s.
[1324] V. par. 363.
[1325] V. par. 331.
[1326] V. par. 337 et s.
[1327] V. par. 352 et s.
[1328] V. par. 356 et s.

mécanisme de base pour plusieurs autres instruments fondés sur le vote ; l'e-élection peut être réalisée comme un instrument permettant de nommer et de révoquer les gestionnaires ; enfin, l'e-référendum assorti d'une initiative populaire visant son organisation, peut être l'un des moyens principaux de la prise de décisions.

770. Une autre section importante d'instruments du système est l'e-norme collaborative. Pour mémoire, elle rassemble en son sein l'e-constitution[1329], l'e-budget[1330], l'e-loi[1331] et les e-normes inférieures[1332]. Il apparaît que l'e-constitution et l'e-budget sont des instruments très importants puisque les résultats de leur utilisation constituent le cadre principal de l'action des gestionnaires : la constitution au niveau des normes et des valeurs fondamentales, le budget au niveau des moyens financiers. Ainsi, ils doivent obligatoirement être utilisés pour assurer le bon fonctionnement du régime. En ce qui concerne les normes inférieures à la constitution, elles peuvent être utilisées si besoin est, pour donner les orientations générales aux gestionnaires avant l'élaboration des règles. Que le peuple participe constamment au processus législatif et règlementaire, n'est pas indispensable, dès lors qu'il a des organes spécialement désignés à cet effet. Cependant, il doit pouvoir contrer les décisions prises par ces organes. En d'autres termes dans ce cas, il doit pouvoir annuler ou abroger les normes prises par eux. Cela peut être réalisé de plusieurs manières : soit par le biais de l'e-initiative populaire assortie par l'e-référendum, soit par le biais de l'e-loi ou de l'e-norme inférieure négatives. Même dans ce premier cas de figure, il n'est pas opportun d'exclure ces deux derniers instruments du système pour que le peuple garde une marge de manœuvre dans le choix convenable des instruments.

771. Enfin, il y a la famille d'instruments visant la mise en œuvre du contrôle ponctuel ou permanent des pouvoirs publics par le peuple, c'est-à-dire la mise en œuvre de l'idée principale du système de l'e-démocratie. En font partie l'e-observation[1333], l'e-journalisme[1334] et l'e-lanceurs d'alerte[1335]. Ce sont eux qui font véritablement fonctionner le régime et c'est pour leur fonctionnement efficace que le système a besoin d'un droit fondamental d'accès à l'information. Parallèlement, le contrôle permanent du travail des gestionnaires serait assuré par les e-jurés[1336] qui jugeront les affaires de la reddition des comptes par les gestionnaires[1337].

[1329] V. par. 380.
[1330] V. par. 384.
[1331] V. par. 390.
[1332] V. par. 395.
[1333] V. par. 428 et s.
[1334] V. par. 322.
[1335] V. par. 436 et s.
[1336] V. par. 447 et s.
[1337] V. en ce sens par. 264 et s.

772. Reste le cas particulier du dernier instrument analysé précédemment, consacré aux instruments de l'e-démocratie : l'e-citoyen[1338]. Pour l'instant, il est difficile de dire s'il a un avenir, surtout en tenant compte du contexte politique actuel caractérisé par un nationalisme accru et un repli sur soi d'états auparavant assez ouverts à la mondialisation. L'importance de l'e-citoyen n'est pas à démontrer puisqu'il ne peut y avoir d'e-démocratie sans e-citoyen. Il peut former une association politique « Etat » et la quitter si les valeurs fondamentales et les buts de cette dernière entrent en contradiction avec ceux de l'e-citoyen. Il est ainsi à la base du système puisqu'il sert au développement de sa valeur primordiale, la liberté de l'individu, de l'autonomie et de l'autodétermination qui en découlent.

773. Le fonctionnement de ce système complexe d'instruments de l'e-démocratie aura certainement des conséquences sur le système normatif et plus précisément, sur la hiérarchie des normes.

2. La consécration du système de l'e-démocratie dans la hiérarchie des normes

774. Au premier abord, la question de la place du système constitutionnel de l'e-démocratie ne présente pas de difficultés. Etant donné son appellation, il apparaît clairement que sa place est dans la Constitution. Les nouveaux droits fondamentaux faisant partie du système se trouveront dans une Déclaration des droits, alors que les instruments de l'e-démocratie - dans le texte constitutionnel[1339]. En outre, grâce au droit à la participation politique, le système de l'e-démocratie ne sera pas fermé à l'apparition potentielle de nouveaux instruments que la pratique créera avec le temps, au fur et à mesure du développement de la culture démocratique et des technologies. Il conviendra, dans ce cas, de réviser le texte constitutionnel afin d'y ajouter ces évolutions, pour renforcer le système et le protéger contre l'intervention possible des pouvoirs publics.

775. Cependant, la pratique de la construction constitutionnelle s'avère compliquée comme le note Marie-Charlotte Roques-Bonnet : « le réseau démontre que le droit ne saurait plus être construit, uniquement, sur un modèle statique et hiérarchique, mais doit aussi être construit en réseau avec d'autres systèmes de normes. Cette démarche est d'autant plus nécessaire que l'Internet « prétend [...] offrir un véritable espace public à une communauté regroupée sur un nouveau lien social[1340] ». Avec l'introduction de l'e-démocratie, le peuple, partie prenante et producteur possible de droit rejoint

---

[1338] V. en ce sens par. 466 et s.

[1339] V. en ce sens, par. 754 et s.

[1340] Marie-Charlotte Roques-Bonnet, *Le droit peut-il ignorer la révolution numérique ?*, *op. cit.* p.337.

le réseau normatif. Quelles en sont conséquences pour la hiérarchie des normes ?

776. Dans le cadre proposé ici, le peuple n'est pas considéré comme un producteur de droit au même titre que le législatif ou l'exécutif. En effet, la production de normes n'est pas sa vocation principale. Il est plutôt observateur et contrôleur de l'activité des gestionnaires. Cependant, une telle activité de contrôle peut en effet influencer les normes. D'abord, par l'annulation ou l'abrogation des normes existantes, il se rapprocherait du pouvoir juridictionnel, en s'érigeant en « législateur négatif ». Puis, par les orientations normatives ou budgétaires possibles[1341], il deviendrait un co-législateur, avec l'obligatoriété de ses orientations pour le législateur effectif. Enfin, par sa mission fondamentale de définition des buts et des valeurs fondamentales de son association, il serait le constituant. La question ne se poserait donc que s'il produisait les normes lui-même. Le concept de l'e-démocratie n'exclut pas une telle éventualité. Ainsi, la question peut être résolue de deux manières : soit attribuer la valeur constitutionnelle à toute norme créée par le peuple puisqu'il est souverain (critère organique), soit lui attribuer une place dans la hiérarchie des normes en fonction de la nature de la norme (critère matériel). Le droit constitutionnel français tend habituellement à appliquer le premier critère[1342]. Selon Pierre Pactet et Ferdinand Mélin-Soucramanien, « le critère de la loi est sans lien avec son contenu et ne comporte donc aucun élément matériel[1343] ». La loi française doit donc être définie par le seul critère organique comme « l'acte voté par le Parlement selon la procédure législative[1344] », en vertu de l'art.24 de la Constitution. Les auteurs remarquent cependant que « la définition pourrait être complétée ainsi : dans l'espace de libre création normative dont disposent les autorités de la République, mais sous réserve de l'intervention prioritaire des instances communautaires, la loi est l'acte voté par le Parlement selon la procédure législative[1345] ». Ainsi, le droit français semble retenir le critère organique, tout en reconnaissant le réseau normatif européen. Pour autant, les lois adoptées par le référendum populaire de l'art.11 occupent une place dans la hiérarchie des normes, en fonction de la nature de la norme soumise au peuple. Par exemple, la loi du 6 novembre 1962 relative à l'élection du président de la République au suffrage universel, adoptée par le peuple au référendum, a rejoint les normes constitutionnelles, alors que la loi du 24 septembre 1992 autorisant la ratification du Traité sur l'Union européenne, adoptée elle aussi par référendum, conserve la valeur législative. Le droit constitutionnel suisse semble adopter le second critère, à savoir le critère

---

1341 V. par ex. par. 749.

1342 V. par ex., Pierre Pactet, Ferdinand Mélin-Soucramanien, *Droit constitutionnel*, *op. cit.* p.541 qui font remarquer *la prédominance des critères organiques en droit français.*

1343 *Ibid.* p.597.

1344 *Ibid.*

1345 *Ibid.* [n.s.].

matériel. Si au niveau fédéral, le peuple ne peut que lancer l'initiative populaire visant une révision constitutionnelle (et donc, la norme adoptée sera de valeur constitutionnelle), au niveau cantonal ou communal, il peut également déclencher l'initiative législative, qui cette fois, aboutira à une loi. En d'autres termes, sa qualité de souverain n'a pas d'incidence sur la place de ses actes dans la hiérarchie des normes. D'une part, cela s'explique par le fait que le peuple en droit constitutionnel suisse est un organe de l'Etat[1346]. D'autre part, cela peut être expliqué par la doctrine elle-même : « le peuple ne peut ni penser, ni discuter, ni délibérer, ni formuler une volonté propre. [...] Il ne peut que confirmer ou infirmer une volonté formée ailleurs par un autre organe de l'Etat[1347] ». Ainsi, le texte formulé par un autre organe de l'Etat acquiert la valeur correspondante à la place de cet organe dans la hiérarchie des organes. De ce qui précède, il découle que la question de la place des actes populaires dans la hiérarchie des normes est circonscrite au contexte national. Il est possible d'observer que si le peuple ne peut qu'accepter ou rejeter les textes, ces derniers garderaient la place qu'ils occuperaient sans intervention populaire. Si le peuple est le véritable auteur du texte (ce qui n'est pas impossible), sa place dans la hiérarchie dépendrait de la nature du texte. Par exemple, si le peuple écrit une constitution en utilisant l'e-constitution comme instrument, ce serait un texte de valeur constitutionnelle. S'il utilise l'e-loi pour écrire une loi, c'est-à-dire un texte matériellement législatif, ce serait une loi.

777. A cet égard, qui va distinguer dans ce cas une loi d'une constitution ? En d'autres termes, n'est-il que la volonté du peuple qui prime sur tout ? Un tel questionnement est caractéristique du droit français qui malgré la réalité, fonctionne sur le principe du souverain omnipotent. Cependant, le XXe siècle a vu l'apparition du droit communautaire et conventionnel, le développement de la décentralisation et le XXIe siècle avec internet est le théâtre de l'effervescence de plusieurs droits en conflit. Ces deux siècles démontrent qu'à l'heure actuelle, le souverain est devenu une catégorie relative. Si le droit suisse, en qualifiant le peuple de souverain, lui octroie la qualité d'un organe de l'Etat, le concept proposé ici ne voit pas de contradiction entre la qualité de souverain effectif du peuple et la valeur juridique différente de ses actes. Cet élément est d'autant plus important qu'il permet de rassurer ceux qui craignent qu'une souveraineté populaire conduise à l'anarchie politique. En réalité, l'intervention populaire restera soumise au contrôle de constitutionnalité, à l'instar par exemple de la procédure française du contrôle obligatoire dont le résultat est soit « le feu vert » des Sages, soit l'invitation à réviser la Constitution si le texte soumis au contrôle est jugé inconstitutionnel. Dans le cadre proposé, une telle procédure doit être obligatoire pour tout texte, même issu du peuple. Puis, il faut qu'il soit analysé, comme tout autre projet

[1346] Andreas Auer *et al.*, *Droit constitutionnel suisse. Vol. I. L'Etat, op. cit.* p.205.
[1347] *Ibid.* p.208.

d'ailleurs, par d'autres organes de pouvoir politique, non pas pour donner « le feu rouge », mais pour étudier l'objet du texte et ses conséquences. En effet, le peuple nomme les gestionnaires pour effectuer la gestion opérationnelle de son association, en fonction de leur aptitude à bien la diriger, parce qu'ils sont spécialistes dans leurs domaines respectifs. C'est ainsi qu'il faut apprécier les avis des gestionnaires, comme les avis des professionnels sur la question posée par le souverain, ce qui ne diminue pas l'importance de la volonté de ce dernier.

778. Et c'est ainsi que cette recherche arrive à l'ultime question de ce paragraphe : y a-t-il un corpus de règles qui s'imposent au souverain et auxquelles il ne peut déroger ? Autrement dit, y a-t-il des règles supraconstitutionnelles limitant le souverain dans ses actions ? Pour Georges Vedel, « la contradiction fondamentale commune à toutes les constructions possibles de la supraconstitutionnalité se trouve dans l'idée qu'il est possible de construire un ordre juridique démocratique à la condition que le peuple souverain demeure sous surveillance[1348] ». Dans le cadre du concept d'e-démocratie, où le peuple souverain surveille les pouvoirs publics, la question du Doyen peut être reformulée de manière suivante : qui surveille les surveillants ? Si le pouvoir de surveiller le peuple est analysé comme un pouvoir de contraindre qui était extérieur à ce peuple, il n'est certes pas possible de répondre à cette question. Il est vrai que si un tel pouvoir existait, le peuple ne saurait être le souverain effectif. Cependant, il est possible de concevoir cette limitation du souverain différemment. D'un côté, comme l'autolimitation fondée sur la culture politique démocratique, sur les valeurs fondamentales et la culture personnelle enracinées dans les esprits des membres de l'association « Etat ». Le droit constitutionnel ne peut saisir cette matière complexe que partiellement : directement, par la fixation des valeurs fondamentales dans la Constitution et indirectement, par la réalisation du droit à l'éducation. Pour autant, il est impuissant à faire s'enraciner la culture politique démocratique dans la société. D'un autre côté, comme l'autolimitation du souverain influencé par d'autres souverains. Cela ne saurait être le pouvoir direct de contraindre ; cependant, dans le contexte actuel de mondialisation, il semble évident que tout souverain national se trouve obligé de composer de plus en plus, avec les autres souverains. Il n'est plus totalement libre dans ses actions[1349], même si d'autres souverains ne peuvent rien (ou presque) lui imposer directement. Cette tendance risque de se développer dans les années qui viennent. Ainsi, au questionnement de la supraconstitutionnalité, il est possible de répondre à la manière de Louis

---

[1348] Georges Vedel, « Souveraineté et supraconstitutionnalité », *Pouvoirs* 1993, n°67. p.79-97, p.92.

[1349] Jacques Chevallier, « La gouvernance, un nouveau paradigme étatique ? », *Revue française d'administration publique* 2003/1, n°105-106, p. 203-217. p.208.

Favoreu qui a dégagé deux supraconstitutionnalités : interne et externe[1350], en réponse à l'idée du Doyen que « le concept de normes juridiques supraconstitutionnelles est logiquement inconstructible[1351] ». Certes, puisqu'il n'est pas possible de fixer juridiquement les matières qui ne sont pas matériellement juridiques. Cependant, le droit peut fixer les droits et les normes qui serviront au développement de la culture politique et de la culture générale du souverain. Ces dernières seront les limites naturelles de son action.

779. L'e-démocratie analysée ici semblerait donc pouvoir changer non seulement la culture politique inhérente au régime représentatif, mais aussi les concepts et les principes de gouvernance bien établis depuis des siècles.

[1350] Louis Favoreu, « Souveraineté et supraconstitutionnalité », *Pouvoirs* 1993, n°67, p. 71-77.
[1351] Georges Vedel, « Souveraineté et supraconstitutionnalité », *op. cit.* p.87.

Chapitre 2. La Constitution saisie par les notions de l'e-démocratie

780. Au fur et à mesure du développement des technologies (donc de l'élargissement du possible) et de la progression de l'éducation et de la culture politique enracinant la culture démocratique dans les esprits, certains concepts intangibles du droit constitutionnel et certains principes de gouvernance peuvent évoluer. Les concepts aujourd'hui classiques tels que « one man, one vote » peuvent devenir obsolètes avec l'arrivée des nouvelles manières de concevoir le fonctionnement de la démocratie. D'ailleurs, ce principe est déjà mis en cause même au sein du Conseil de l'Europe. Par exemple, l'Islande ne l'applique pas lors des élections parlementaires, comme le note le rapport de l'OSCE : « [p]our ces élections, les trois circonscriptions de la région de Reykjavik comptaient collectivement 50 pour cent d'électeurs inscrits de plus par siège que les trois autres, l'écart étant le plus important pour la circonscription du Sud-Ouest par rapport à celle du Nord-Ouest, où la différence était d'environ 100 pour cent. [...] Il serait opportun d'envisager une révision des dispositions législatives pertinentes pour la répartition des sièges parlementaires, afin de garantir le respect du principe de l'égalité des suffrages[1352] ». Le cadre légal n'a apparemment pas changé depuis lors. Cette situation montre bien, même si c'est de façon marginale, qu'en réalité, le principe de l'égalité des suffrages ne constitue pas un principe indérogeable en Europe. De plus, le principe majoritaire, principe fondamental des régimes démocratiques depuis Athènes, peut lui aussi être bouleversé par l'élargissement des possibilités offertes par les nouvelles technologies de communication **(Section 1)**.

781. La conception européenne de gouvernance peut elle aussi changer. Depuis des siècles, les gouvernants sont perçus comme des « médiums » : les rois, représentants de Dieu, puis les élus, représentants d'un autre être abstrait : la Nation. De cette manière, le pouvoir politique est devenu

[1352] OSCE, *Iceland. Early Parliamentary Elections. 25 April 2009.* OSCE/ODIHR Election Assessment Mission Report, Warsaw, 2009. [réf. 20/10/2017], v.: http://www.osce.org/odihr/elections/iceland/38309?download=true. p.5. *For these elections, the three constituencies in the Reykjavik area had collectively some 50 per cent more registered voters per seat than the remaining three, the differential being greatest for the Southwest constituency vis a vis the Northwest, where the difference was approximately 100 per cent. [...] It would be timely to consider a review of the relevant legal provisions for the distribution of parliamentary seats, in order to ensure compliance with the principle of equal suffrage.*

sacralisé[1353], inaccessible aux profanes, mystique, voire mythifié. Dans le cadre de l'e-démocratie, le pouvoir politique est rendu au peuple réel et il devient donc bien réel, banalisé, libre de tout mystère ou mythe. Le pouvoir politique, en outre, devient subordonné au peuple souverain et doit donc rendre des comptes de manière permanente et efficace. Cela devrait bouleverser le concept bien établi de gouvernance et les principes qui en découlent **(Section 2)**.

[1353] Sur la sacralisation du pouvoir politique v. Pierre Pactet, Ferdinand Mélin-Soucramanien, *Droit constitutionnel*, *op. cit.* p.13-14.

Section 1. Le vote et le principe majoritaire : un couple classique - bouleversé

782. Le concept de *delegative democracy* (ou *liquid democracy*), connu en France sous le nom de la démocratie délégative, est apparu pour la première fois au XIXe siècle dans la pensée du professeur de mathématiques anglais Charles L. Dodgson[1354]. Ce n'est que dans les années 2000 qu'il a été repris et développé par plusieurs auteurs. Selon l'un d'eux, le professeur d'informatique Brian Ford[1355], l'idée générale de la démocratie délégative reste inchangée malgré ses plusieurs déclinaisons : la possibilité pour chacun, de choisir son rôle dans le régime politique, en fonction de la décision politique à prendre. Dans ce cadre[1356], toutes les questions sur la vie publique sont ouvertes au vote des citoyens. Chacun peut soit voter lui-même, soit choisir une autre personne, pour lui déléguer sa voix. En outre, il peut choisir les délégués différents en fonction des sujets posés au vote. Il est possible alors pour un délégué de recueillir un nombre illimité de voix, de voter à la place des délégants et, ainsi, devenir une sorte de représentant. En ce sens, pour chaque question de référendum, il y aurait toujours des votants individuels qui auraient chacun une voix et des délégués ayant tous un nombre de voix différent en fonction de leur popularité et de leurs connaissances sur le sujet donné. Le principe « one man, one vote » ne saurait être pleinement appliqué dans le cadre du modèle de la démocratie délégative (**Paragraphe 1**).

783. En ce qui concerne le principe majoritaire, c'est aussi le progrès des nouvelles technologies qui rend possible sa mise en cause, lors de la prise de décisions politiques. A l'instar des élections présidentielles aux Etats-Unis de 2016 ou du référendum sur l'appartenance du Royaume-Uni à l'Union européenne, il semble qu'il soit risqué pour la cohésion de la communauté politique de prendre à la simple majorité des décisions importantes touchant aux intérêts de tous ses membres. Un contre-exemple, l'e-consultation publique à Taïwan sur l'autorisation de l'activité d'Uber, montre qu'il est devenu possible de mettre en œuvre le principe de consensus, lors de la prise de décisions par des communautés assez grandes. Il y a donc lieu de s'interroger sur la possibilité pour le concept d'e-démocratie de remplacer le principe majoritaire par l'exigence du consensus (**Paragraphe 2**).

1354 Charles L. Dodgson, *The Principles of Parliamentary Representation,* London, Harrison and Sons, 1884. [réf. 20/10/2017], v.: https://en.wikisource.org/wiki/The_Principles_of_Parliamentary_Representation.

1355 Brian Ford, *Delegative democracy revisited*, Brian Ford's Blog, 2014. [réf. 20/10/2017], v. : https://bford.github.io/2014/11/16/deleg.html.

1356 Ce modèle envisage d'utiliser les TIC pour réaliser ce concept.

§1. Le principe "one man, one vote" mis en question par le vote délégatif

784. La démocratie délégative constitue un concept d'e-démocratie différent de celui servant l'objet de cette étude **(A)**. Si l'idée principale de celui-ci est de permettre un contrôle du peuple efficace sur les activités des autorités publiques, tout en gardant les organes représentatifs, le concept de démocratie délégative va plus loin vers la démocratie directe, en instaurant un référendum décisionnel permanent, où tous les citoyens peuvent voter directement ou déléguer leur voix à une autre personne. La différence entre les deux modèles se trouve dans le degré et la nature d'implication du peuple dans la vie politique : soit l'intervention est ponctuelle, aux fins d'orienter ou de corriger des politiques publiques, soit l'intervention est permanente, en tant qu'instance principale de la prise de décisions politiques. Nonobstant la différence fondamentale de l'approche, il est possible de voir que la démocratie délégative n'est pas incompatible avec notre concept **(B)**.

A. Démocratie délégative, un autre modèle de l'e-démocratie

785. A l'heure actuelle, le modèle de la démocratie délégative est par exemple réalisé par le Parti pirate allemand dont certaines unités régionales utilisent une plateforme numérique dédiée : LiquidFeedback. Cette plateforme met en œuvre l'idée générale du concept : la délégation dynamique des voix **(1)** aux dépens du secret du vote cependant **(2)**.

1. La délégation dynamique au lieu de la représentation stable

786. Au sein de LiquidFeedback, chaque utilisateur peut lancer une *initiative,* par exemple faire une proposition concernant l'élaboration du programme du parti. Si un certain quorum des utilisateurs se déclare « intéressés » par cette initiative, elle passe à l'étape suivante : « en débat ». Lors de cette étape, les autres utilisateurs sont invités à proposer des initiatives alternatives. Un utilisateur peut proposer une initiative d'inclure dans le programme du parti un point sur la réduction de l'émission du dioxyde de carbone, par le biais du financement des éoliennes ; un autre peut, à ce stade-là de débat, proposer d'y inclure le financement des champs solaires[1357]. Toutes les initiatives sont regroupées dans les *sujets*, ces derniers appartenant aux *domaines*. Les initiatives mentionnées plus haut se retrouveront ainsi dans le domaine de la politique environnementale[1358]. Au terme de la période de

---

[1357] Christoph Carl Kling *et al.*, « Voting Behaviour and Power in Online Democracy: A Study of LiquidFeedback in Germany's Pirate Party », Association for the Advancement of Artificial Intelligence, 2015. [réf. 20/10/2017], v.: https://arxiv.org/pdf/1503.07723.pdf.
[1358] *Ibid.*

« débat », les initiatives sont « gelées », les auteurs ne peuvent plus les modifier, et le sujet passe au vote.

787. Comme déjà mentionné, l'utilisateur peut voter lui-même sur toutes les questions, déléguer son vote sur certains sujets ou domaines, déléguer son vote sur tous les domaines. En effet, le principe de la démocratie délégative considère que tout le monde ne peut pas être compétent ou intéressé dans tous les domaines de la vie, c'est pourquoi la délégation de vote est nécessaire. Elle permet de choisir des personnes dans le cercle des intimes, soit de préférer des experts dans le domaine donné. Le votant transfère donc son pouvoir de vote. En d'autres termes, un utilisateur peut voter sur certains sujets lui-même, sur d'autres sujets - déléguer son vote à des personnes différentes. En outre, tous les votes sont transitifs, c'est-à-dire que le délégué peut transférer le vote reçu à un autre délégué. Tous les votes et les transferts de vote sont enregistrés et publiés par le système, pour que les votants puissent vérifier leur vote ou l'usage fait de leur vote transféré. Ils peuvent aussi révoquer leur vote à tout moment, s'ils le veulent. En fin de compte, au moment du vote, les votants ont un nombre de voix différent à leur disposition, peut-être même pas de vote, s'il a été transféré. Cependant, la violation du principe « one man, one vote » n'est qu'apparente[1359] puisqu'en réalité, chaque votant a toujours un vote. S'il n'a pas voté, c'est un autre votant qui l'a fait pour lui.

788. Ainsi, au lieu de la représentation « traditionnelle » statique, limitée à une personne de représentant sur toutes les questions de la vie publique, avec un mandat long et non révocable, LiquidFeedback offre un système de prise de décisions très flexible : un vote direct ou une délégation du vote dynamique, avec un nombre en principe illimité des personnes représentantes en fonction du sujet posé et un mandat dont la durée n'est définie que par le délégant lui-même.

789. Il est intéressant d'observer la nature modifiable du « mandat » reçu par les délégués. Elle combine des traits du mandat représentatif et impératif, tout en gardant une certaine spécificité. En effet, si le délégant transfère son vote à une personne experte, en lui laissant le choix de la réponse à la question posée, le « mandat » reçu par le délégué sera proche de celui représentatif qui est aussi libre. Comme l'explique le docteur en sciences sociales Christoph C. Kling, « les délégués ne semblent pas recevoir des délégations principalement en raison des opinions politiques partagées, mais ils décident souvent différemment de leurs électeurs lors de votes passés. Les délégués dans le système ne sont donc pas censés représenter l'opinion de leurs électeurs, ils agissent de manière indépendante, ce qui leur confère une grande liberté d'action[1360] ». En revanche, ce « mandat » n'est pas global, autrement dit ce

[1359] V. en ce sens, Jan Behrens *et al.*, *The Principles of LiquidFeedback*, Berlin, Interaktive Demokratie e. V., 2014. p.34.

[1360] Christoph Carl Kling *et al.* « Voting Behaviour and Power in Online Democracy: A Study of LiquidFeedback in Germany's Pirate Party », *op. cit. Delegates do not seem to receive* ne sont pas toutes les questions qui sont décidées par le délégué, bien que cela soit possible si le délégant transfère son vote pour tous les sujets à un délégué. Ce « mandat » peut ne pas être long, puisque le délégant peut le révoquer à tout moment. C'est en ce sens qu'il s'approche du mandat impératif. Cependant, il peut être long si le délégant ne le révoque pas pendant une période de temps conséquent. Il est donc possible de noter que la nature de ce mandat inédit est en grande partie déterminée par le délégant. Cela peut en réalité faire émerger des mandats différents au sein du même système : d'un mandat libre, assez long et global mais révocable à un mandat libre mais court et limité par un sujet ou un domaine donnés, jusqu'à une absence de mandat chez les votants indépendants ou chez les délégués qui ne transfèrent pas les votes.

790. Il est également opportun de mentionner la facilité du contrôle des délégués au sein du système. En effet, grâce à la transparence des votes, l'utilisateur peut à tout moment contrôler la façon dont son délégué a utilisé son vote : comment il a voté ou à qui il l'a transféré. Si le résultat de son contrôle ne lui convient pas, l'utilisateur peut révoquer son vote. Le statut de délégué devient ainsi fragile, alors que le corpus des délégués - assez contingent. En outre, « [é]tant donné que le nombre de délégations de vote change fréquemment dans les démocraties délégatives, aucune coalition fixe n'est formée[1361] ». Parallèlement, avec le temps et la consolidation de la communauté des participants, il est possible de noter l'apparition des *super-voters,* c'est-à-dire des délégués qui disposent d'un nombre très élevé de voix de manière permanente et par conséquent, d'observer une concentration du pouvoir[1362]. Une telle situation aurait pu créer des conséquences indésirables, notamment l'abus de pouvoir, s'exprimant par exemple en blocage des initiatives par certains *super-voters,* grâce au nombre beaucoup plus grand de voix à leur disposition. Pour l'instant, cela ne s'est pas produit. Les délégués exercent leur pouvoir accru de manière responsable. Selon les chercheurs, cela s'explique par le choix raisonnable des délégués, la possibilité du contrôle des voix dans le système, ainsi que par le moyen de révocation des voix, ce qui discipline les délégués[1363]. Mais ces moyens de contrôle des délégués ne sont possibles que si le système sacrifie le secret du vote.

---

delegations mainly because of shared political views, but they often decide different than their voters in past votes. Delegates in the system then are not expected to represent the opinion of their voters and act independently, giving them a high freedom of action.

1361 *Ibid. As voting weights change frequently in delegative democracies, no fixed coalitions are formed.*

1362 *Ibid. The inequality of the number of received delegations increases over time. This is consistent with a consolidation of the network, i.e., the emergence of super-voters and a stronger concentration of power.*

1363 *Ibid.*

2. *Le principe du secret du vote mis en question*

791. Les auteurs de l'e-plateforme soulignent le fait que le système ne permet pas d'assurer le secret du vote[1364]. « Compte tenu des préoccupations légitimes concernant le secret du vote électronique, [...] il a été décidé de créer un concept qui n'implique pas le scrutin secret, mais uniquement un vote par appel nominal (vote enregistré). À l'aide d'un vote enregistré pour chaque vote de chaque électeur, le bulletin de vote est relié à une marque distinctive [...] qui permet de corréler efficacement la personne qui vote. Ainsi, le système serait capable de prendre des décisions fiables et dignes de confiance, même si des médias électroniques sont utilisés[1365] ». Autrement dit, ils ont préféré un vote vérifiable à celui secret, pour pouvoir créer un e-système véritable de la prise de décisions. Pourtant, cette décision a provoqué des conséquences indésirables au sein du Parti pirate. Plusieurs ont été ceux qui n'acceptaient pas l'idée du vote enregistré. Sous leur pression, la décision de permettre de voter sous pseudonyme a été prise.

792. La mise en œuvre du vote sous pseudonyme a requis la nécessité d'accréditation des votants et dans cette perspective, la création d'une base de codes d'invitation envoyés aux membres du parti. La pseudonymisation n'a donc pas vraiment résolu le problème. D'un côté, l'établissement d'un lien indirect entre le membre du parti et son compte dans LiquidFeedback était toujours possible, par le croisement des bases de données des membres et des utilisateurs du système, soit suivant une décision éventuelle des organes du parti ou de la cour, soit de manière illégitime et inaperçue[1366]. Même pseudonymisé, le vote restait non complètement secret. D'un autre côté, la vérifiabilité du système était mise en question. Par conséquent, les décisions prises par son biais étaient privées de caractère obligatoire pour les organes du parti, alors que l'obligatoriété des décisions prises était un principe de base du système. L'utilité du système pour la prise de décisions est devenue douteuse.

793. A l'intérieur du parti, excepté les préoccupations liées à la pseudonymisation inefficace, un autre sujet a émergé : est-il nécessaire d'introduire un « droit à l'oubli » des votes enregistrés par le système[1367] ? Afin de répondre à toutes ces interrogations, une « chambre de

---

1364 LiquidFeedback Information Kit, Interaktive Demokratie. [réf. 20/10/2017], v.: http://www.interaktive-demokratie.org/files/downloads/LF-Information-Kit-EN.pdf. p. 8.

1365 Björn Swierczek, « 5 years of Liquid Democracy in Germany », *The Liquid Democracy Journal* 2014, 1, n°1. *In view of the legitimate concerns regarding secret electronic voting, [...], it was decided to create a concept that doesn't involve secret voting. Instead, only voting by roll call (recorded vote) was being planned for. Using a recorded vote for every cast ballot of each voter, the ballot is connected with a distinguishing mark [...] which effectually allows the correlating of the person casting a particular vote. Thus, the system would be capable to make reliable decisions that could be trusted even though electronic media were being used.*

1366 *Ibid.*

1367 *Ibid.*

compensation[1368] » a été créée pour compléter l'accréditation et rendre la corrélation entre l'utilisateur et son identité encore plus difficile. En outre, le concept d'accréditation a été modifié, afin de détruire toutes les données liées aux votes émis par le biais du système après toutes les quatre conférences du parti[1369]. Selon l'un des créateurs de la plateforme LiquidFeedback Björn Swierczek, « [o]utre le fait que la vérifiabilité était déjà perdue, [...], le contrôle de l'accréditation des membres est désormais impossible sans efforts considérables[1370] ». De tels changements de principes fondamentaux du système ont forcé ses créateurs à se démarquer de son utilisation par le Parti pirate[1371]. Ils s'opposaient ainsi à la prise de décisions contraignantes par le biais du système modifié, en tenant compte des intentions de certains candidats de voter au Bundestag, en fonction de la position prise par les membres du parti sur la plateforme. En d'autres termes, selon les créateurs, il serait irresponsable de fonder une obligation issue d'un « mandat impératif » sur des résultats de vote non vérifiables, pour éviter une manipulation de décisions politiques réelles par des données virtuelles potentiellement incorrectes. Il est intéressant de noter que les principes de base d'une autre plateforme mettant en œuvre les principes de démocratie délégative Adhocracy, ont été également radicalement modifiés lors de son introduction dans la vie politique réelle. En effet, elle a été choisie par *Enquete-Kommission « Internet und digitale Gesellschaft »* mandatée par le Bundestag pour permettre aux citoyens et aux groupes d'intérêt de soumettre leurs questions et propositions à la Commission[1372]. Comme le note Björn Swierczek, faute d'accréditation des citoyens, le système permet de créer autant de profils d'utilisateur que nécessaire pour donner plus de poids à une proposition. Même s'il a conséquemment été décidé de bloquer la délégation de votes (encore un principe fondamental de la démocratie liquide sacrifié), cela n'a pas résolu le problème, puisqu'il est toujours possible d'utiliser les votes ordinaires émis par plusieurs comptes utilisateurs créés et ainsi, de manipuler la prise de décisions de la Commission[1373].

794. Pour l'instant, les e-plateformes mentionnées se heurtent au problème déjà bien connu du vote électronique : « Anonymat, vérifiabilité, numérisation : choisissez-en deux ». Néanmoins, au fur et à mesure du progrès

---

[1368] "Clearingstelle" en allemand.

[1369] Björn Swierczek, « 5 years of Liquid Democracy in Germany », *op. cit.*

[1370] *Ibid. In addition to the fact that verifiability was already lost, [...], checking the accreditation of the members is now impossible without extensive efforts.*

[1371] *LiquidFeedback-Entwickler distanzieren sich vom Einsatz ihrer Software in der Piratenpartei,* Interaktive Demokratie. [réf. 20/10/2017], v.: http://www.interaktive-demokratie.org/news/2012/20120917-LiquidFeedback-Entwickler-distanzieren-sich-vom-Einsatz-ihrer-Software-in-der-Piratenpartei.de.html. *Daher distanzieren wir uns vom Einsatz unserer Software bei der Piratenpartei Deutschland und ihren Untergliederungen.*

[1372] V. EnqueteBeteiligung, Enquete-Kommission « Inernet und digitale Gesellschaft ». [réf. 20/10/2017], v.: https://enquetebeteiligung.de/.

[1373] Björn Swierczek, « 5 years of Liquid Democracy in Germany », *op. cit.*

du numérique, il serait possible de voir que le modèle de la démocratie délégative peut être compatible avec le concept d'e-démocratie proposé.

B. Une compatibilité possible de la démocratie délégative avec le concept proposé

795. Une compatibilité partielle **(1)** ne serait possible qu'à la condition de la résolution de plusieurs problèmes juridiques, dont le principal est la nécessité de repenser le secret du vote **(2)**.

1. Une compatibilité partielle

796. A première vue, il semble que ces deux concepts d'e-démocratie soient incompatibles. En effet, la démocratie délégative serait beaucoup plus « directe » puisque selon plusieurs auteurs, elle est fondée sur le « référendum permanent ». La délégation de voix est alors conçue comme un compromis entre la nécessité de la participation intensive et un manque de temps, de volonté ou d'expertise pour le faire. Pourtant, ce n'est qu'une interprétation du modèle. Par exemple, les créateurs de LiquidFeedback soulignent que leur système n'a pas vocation à se substituer au régime de la démocratie représentative. Selon eux, il « ne fournit aucune alternative à la république constitutionnelle parlementaire, à la république présidentielle ou à la monarchie constitutionnelle parlementaire [...]. Il peut être utilisé dans la participation populaire comme un canal de communication supplémentaire entre les citoyens et l'administration, ou dans la participation au sein des circonscriptions, pour mieux relier les représentants à leur circonscription électorale[1374] ».

797. Néanmoins, il semble que le réel avantage du concept de démocratie délégative soit sa flexibilité qui permet de l'utiliser de plusieurs manières. Comme il a été montré plus haut[1375], dans le cadre de ce modèle, le mandat politique peut varier d'un mandat représentatif à un mandat plus impératif, jusqu'à l'absence totale de mandat. Dans ce sens, les possibilités d'utiliser ce modèle sont innombrables. Il peut être intégré dans plusieurs concepts de démocratie, notamment dans celui analysé dans cette recherche.

798. En effet, ce dernier prévoit l'initiative populaire relativement facile à déclencher, notamment dans le but d'organiser un référendum populaire, ainsi que les référendums obligatoires. C'est à ce moment-là qu'il serait possible d'introduire certains éléments de la démocratie délégative, tels que la

---

[1374] LiquidFeedback Information Kit, *op. cit.* p. 9. *Liquid Democracy provides no alternative to the parliamentary constitutional republic, the presidential republic or the parliamentary constitutional monarchy [...]. It may be used in civic participation as an additional communication channel between citizens and their administration, or in constituency participation for better connecting representatives to their electoral district.*

[1375] V. par. 789.

délégation de voix. Il apparaît que la situation visée par une telle délégation, un manque d'expertise ou de volonté pour participer au référendum sur un sujet particulier, peut aussi se produire dans le cadre de ce modèle. En ce sens, la possibilité de déléguer sa voix peut être utile : d'un côté, l'individu ne s'abstient pas de voter complètement, en choisissant son délégué et en lui transmettant sa voix ; d'un autre côté, l'abstentionnisme ne se développe pas grâce à la possibilité de voter non sur le sujet, mais en déléguant son vote et, en quelque sorte, en substituant le vote pour une personne au vote sur la question.

799. La question qui se pose dans ce sens est de savoir si la démocratie délégative ne favorise pas les pratiques « plébiscitaires ». Il peut arriver effectivement que pour une certaine partie des votants, la délégation de leur voix soit le moyen de soutenir l'opinion, quelle qu'elle soit, de leur délégant, de sorte que partiellement, le référendum sur une question spécifique se transforme en un « plébiscite » en faveur de ce dernier. Cependant, la différence principale entre le vrai plébiscite et un référendum, assorti de la délégation des voix, serait le fait que le délégant soit ne dispose pas de pouvoir politique institutionnel, soit son pouvoir politique ne dépend pas directement des résultats du référendum. Il est possible que des référendums puissent favoriser la promotion de certaines personnalités politiques vers plus de notoriété. Cela peut être considéré comme un bon résultat pour une participation directe.

800. Simultanément, il est possible de tracer des limites de l'application du concept de la démocratie délégative. En effet, ce dernier inclut certains types de référendums pour lesquels la délégation de la voix n'est pas souhaitable. Par exemple, lors de la fixation des valeurs fondamentales de l'association « Etat », il semble inopportun de déléguer la prise de décision à quelqu'un d'autre, puisque la définition des principes servant de base pour le fonctionnement de l'association doit être l'affaire de tous ses membres. En revanche, il semble nécessaire de compléter le concept de démocratie délégative par la possibilité de diviser sa voix par le nombre de questions posées lors du vote de textes ou de concepts complexes (voix sécable). En effet, une telle division de la voix est déjà amorcée par le concept qui prévoit la possibilité de déléguer sa voix en matière budgétaire par exemple, à un délégué X, en matière environnementale à un délégué Y, alors que pour les sujets liés aux politiques militaires de voter soi-même. Il apparaît utile d'encore plus diviser la voix. Tout d'abord, pour affiner les questions liées aux textes complexes tels que la Constitution, pour pouvoir les voter article par article, à l'instar des pratiques parlementaires. Ensuite, pour pouvoir déléguer sa voix non en fonction du sujet de la votation, mais en fonction des questions posées dans le cadre du sujet donné.

801. Ainsi, le concept de la démocratie délégative s'avère propice à l'introduction de la flexibilité au sein des régimes politiques, y compris du

concept d'e-démocratie exposé ici, même si son utilisation est conditionnée à certains aménagements nécessaires.

2. *Le principe du secret du vote repensé*

802. Comme il a été montré plus haut[1376], le concept de démocratie délégative, une fois mis en œuvre dans la vie politique, se heurte à la nécessité de plusieurs aménagements afin de le rendre compatible avec les principes juridiques de base qui la régissent. Le principal d'entre eux est le secret du vote. A l'heure actuelle, les plateformes existantes de la démocratie délégative ne peuvent assurer simultanément le secret et la vérifiabilité des votes émis par le biais du système. Il est probable qu'au fur et à mesure du développement du numérique, ce problème essentiel soit résolu, afin de permettre l'application de ce concept dans la vie politique. Pour autant, d'aucuns sont d'avis que le vote public serait mieux pour le développement de la démocratie, comme le montre par exemple le débat sur l'anonymat. En effet, plusieurs membres du parti proposaient de renoncer au principe du vote secret, afin de permettre la pleine réalisation du concept de démocratie délégative. Même si enfin, le vote secret l'emportait, certaines unités régionales du parti ont décidé de renoncer au vote secret au sein du Parti. Par exemple, dans l'unité de Berlin, Piratenpartei Berlin, la prise de décisions est effectuée par le biais de LiquidFeedback où les votes sont personnalisés[1377]. Il semble improbable pour l'instant qu'une telle pratique soit établie au sein d'un régime politique. Il est avéré que le vote secret protège l'expression libre de la volonté des votants et permet d'éviter de possibles pressions. Ainsi, le concept d'e-démocratie analysé dans cette recherche met-il en œuvre le principe du vote secret, tout en reconnaissant qu'à l'heure actuelle, ce concept ne pourrait pas être pleinement mis en œuvre.

803. En outre, même à l'intérieur d'un parti politique, le vote public ne va pas de soi. D'après l'avis du *Berliner Beauftragter für Datenschutz und*

[1376] V. par. 791 et s.

[1377] V. Satzung des Landesverbandes Berlin der Piratenpartei Deutschland, [réf. 20/10/2017], v. : http://berlin.piratenpartei.de/partei/satzung/. [Parti pirate, Statuts du Parti pirate Berlin]. *§7b (3) Die SMVB arbeitet transparent und nachvollziehbar. Es finden ausschließlich namentliche Abstimmungen statt, bei denen jedes Mitglied der Piratenpartei Deutschland Berlin innerhalb einer Nachvollziehbarkeitsfrist das Abstimmungsverhalten jeder abstimmenden Person einsehen und der entsprechenden Person zuordnen kann. Nichtmitglieder können das Abstimmverhalten nicht einsehen.* ou *Präsentation der Teilhabeplattform P-voting,* Piraten Berlin. [réf. 20/10/2017], v.: https://berlin.piratenpartei.de/allgemein/praesentation-der-teilhabeplattform-p-voting/. *Im LiquidFeedback wird dieser Antrag dann innerhalb der Partei diskutiert und abgestimmt. Dabei sind auch Gegenanträge und Verbesserungsvorschläge von Parteimitgliedern möglich. Im LiquidFeedback ist die Abstimmung personalisiert und nachvollziehbar. Ein Beschluss wird dann an die zuständigen Fraktionen übergeben, die den Antrag im entsprechenden Parlament stellen.*

Informationsfreiheit (le délégué pour la protection des données et de la liberté de l'information de Berlin), l'enregistrement des votes des membres du parti pose problème non seulement d'un point de vue de la protection des données personnelles, mais en outre il serait inconstitutionnel. L'enregistrement des votes lors du vote des initiatives équivaudrait à l'enregistrement des opinions politiques d'individus, membres du parti, dont la collecte et l'utilisation ne sont autorisées que si elles sont nécessaires à l'activité du parti, poursuivent un but légitime et sont proportionnées au but recherché. Selon le *Beauftragter*, un tel traitement des données sensibles par le parti serait disproportionné, étant donné qu'il existe d'autres moyens moins intrusifs (le contrôle de l'activité des administrateurs du système, etc.)[1378]. D'autre part, en vertu de l'art.21 de la Loi fondamentale, l'organisation interne des partis politiques doit être conforme aux principes démocratiques. D'après le *Beauftragter*, cela inclurait le respect du principe du vote secret lors de toutes les votations, non seulement les élections internes du parti[1379].

804. En guise de réponse, les créateurs de LiquidFeeback, en se référant au § 15 de la *Parteiengesetz* (la loi relative aux partis politiques), ont souligné que, tout en demandant l'application du principe du vote secret, cette loi n'encadre que certaines élections au sein du parti : les élections des membres des organes directeurs et des instances représentatives[1380]. La loi est cependant muette en ce qui concerne d'autres votations. Cela est compréhensible étant donné que dans le régime représentatif, la prise de décisions au sein du parti par ses membres se borne aux élections de ses organes. En tout état de cause, les partis politiques allemands sont donc libres dans l'organisation et l'encadrement des votations internes, non électives. En outre, la loi dispose

---

[1378] Stellungnahme zur geplanten Klarnamenpflicht im LiquidFeedback-System der Piraten partei Deutschland . Berlin, Piraten partei. [réf. 20/10/2017], v.: http://wiki.piratenpartei.de/wiki/images/1/12/Stellungnahme_LDSB.pdf. p. 3. *Die Einführung der Klarnamenpflicht stellt jedoch nicht die mildeste, gleich geeignete Maßnahme dar, um solche Manipulationsunternehmungen zu unterbinden. Milder ist jede Maßnahme, die weniger stark in das Recht auf informatorische Selbstbestimmung der Nutzer von LQFB eingreift als es eine uneingeschränkte Klarnamenpflicht tun würde. Eine denkbare mildere Maßnahme wäre hier eine verbesserte Kontrolle der Tätigkeiten der System administratoren.*

[1379] *Ibid.* p. 4. *Auch der demokratische Grundsatz der parteiinternen Öffentlichkeit spricht nicht für die Erforderlichkeit des Klarnamenprinzips. Der demokratische Willensbildungsprozess einer Partei setzt verfassungsrechtlich nämlich keineswegs eine generelle Kenntnis des Abstimmungsverhaltens der Mitglieder voraus; im Gegenteil ist gerade die Möglichkeit geheimer Abstimmungen eine Minderheiten schützende, demokratische Vorkehrung. Wenn durch das Klarnamenprinzip im LQFB also Abstimmungen generell namentlich nachvollziehbar werden, läuft das den verfassungsrechtlichen Vorgaben einer demokratischen Parteistruktur zuwider.*

[1380] Gesetz über die politischen Parteien (Parteiengesetz), [réf. 20/10/2017], v.: https://www.gesetze-im-internet.de/partg/. *(2) Die Wahlen der Vorstandsmitglieder und der Vertreter zu Vertreterversammlungen und zu Organen höherer Gebietsverbände sind geheim. Bei den übrigen Wahlen kann offen abgestimmt werden, wenn sich auf Befragen kein Widerspruch erhebt.*

qu'il est possible de recourir à un vote public lors « d'autres élections », si personne ne s'y oppose. Il semble donc que le principe de vote secret ne soit pas d'applicabilité générale, en vertu de la loi allemande.

805. Quant à la protection des données personnelles sensibles des membres du parti, il a été décidé que dès lors que seuls les membres du parti pourraient avoir accès à ces données et ont consenti à un tel accès à leurs données, la fixation de ce consentement dans les Statuts du parti pourrait servir de base légale pour leur traitement[1381]. Cependant, quel serait le cercle des personnes habilitées à avoir accès à ces données ? Hormis les membres du parti, ce serait aussi le prestataire du service et ses employés, alors que ces derniers ne sont pas forcément membres du parti. Ainsi, il a été décidé que le parti opérait la plateforme lui-même[1382].

806. Le cas du Parti pirate Berlin fait réfléchir sur les conséquences de l'introduction possible de la démocratie délégative au niveau national. En effet, l'enregistrement et l'accès universel aux données sensibles, liées aux opinions politiques de tous les résidents, semblent impensables. Bien que pratiqué aux Etats-Unis par exemple (les données sont fournies par les électeurs lors de l'inscription sur la liste électorale), leur accès n'est pas universel ; il n'est ouvert qu'aux partis politiques et aux membres des bureaux électoraux. Il se peut que l'ère numérique impose plus de transparence aux électeurs individuels. Cependant, il semble que la voie la plus sûre soit la combinaison de la démocratie délégative avec le secret du vote, ce qui est la question du développement des TIC. Dès que chacun pourrait vérifier que son vote ou sa délégation sont comptabilisés correctement, le modèle pourrait fonctionner conformément aux normes en vigueur. En revanche, il est nécessaire que les délégués publient les votes effectués en vertu des délégations. En effet, ils reçoivent les votes en tant que « représentants », il serait donc logique que l'utilisation des votes délégués soit transparente, même si leur propre vote peut rester secret.

807. Il est donc possible de noter que dans le cadre de l'e-démocratie, le principe du secret du vote se complique et acquiert « une géométrie variable ». Un autre principe démocratique encore plus fondamental, le principe majoritaire, se trouve lui aussi remis en question.

§2. Le principe majoritaire remis en cause par l'exigence du consensus

808. Selon Pierre Pactet et Ferdinand Mélin Soucramanien, « [s]ituant la source du pouvoir dans le peuple, la démocratie s'efforce de faire prévaloir la

---

[1381] V. Satzung des Landesverbandes Berlin der Piratenpartei Deutschland, [Parti pirate, Statuts du Parti pirate Berlin], *op. cit.* § 7b.

[1382] *Ibid.*, § 7b. *(6) Die SMVB verwendet technische Systeme, die bevorzugt asynchrone Zusammenarbeit bei der Meinungs- und Willensbildung ermöglichen. Die Piratenpartei Deutschland Berlin betreibt die hierzu notwendigen technischen Systeme.*

volonté des plus nombreux. Elle repose donc sur le suffrage universel et implique à la fois le pluralisme des formations politiques et la liberté des citoyens et des groupes. A partir de ces données, la règle majoritaire peut s'appliquer[1383] ». Les auteurs distinguent le principe majoritaire en tant que « condition indispensable » de la démocratie **(A)**, au même titre que le pluralisme et le libéralisme politiques. Ce mode de prise de décisions politiques est incontestablement associé à la démocratie. Cependant, malgré toute son efficacité, il n'est pas toujours adapté à la prise de décisions importantes, ayant des conséquences pour tous les membres de la société politique et pouvant ainsi la diviser irrémédiablement. C'est ainsi que le principe de consensus peut s'avérer utile **(B)**.

A. Le principe majoritaire, « condition indispensable de la démocratie »

809. Le principe majoritaire façonne les régimes démocratiques **(1)**. Pourtant, son utilisation peut être dangereuse pour le bien-être de la société politique **(2)**.

1. La compatibilité difficile du principe majoritaire et de la volonté générale

810. Hans Kelsen souligne qu'« [e]mpêcher la domination d'une classe, c'est précisément ce que le principe majoritaire est en état de faire dans le cadre du parlementarisme. Il est déjà caractéristique qu'il se montre conciliable avec la protection de la minorité ; et par suite, le droit de la majorité suppose le droit d'une minorité à l'existence. De là résulte [...] la possibilité de protéger la minorité contre la majorité[1384] ». Selon lui, même si le principe majoritaire signifie la domination de la majorité sur la minorité, cette domination le plus souvent ne se réalise pas. En réalité sociale, le principe majoritaire façonne l'organisation du groupe social en deux camps, en effaçant « les innombrables facteurs de différenciation et de division qui agissent à l'intérieur de la société[1385] ». Peu importe le poids numérique de ces deux camps (majorité et minorité) ; politiquement, ils sont relativement égaux en importance. C'est ainsi que se forge la volonté générale, non de la décision dictatoriale de la majorité, mais de l'influence que ces deux camps exercent l'un sur l'autre[1386]. Il est important de souligner que Hans Kelsen raisonne dans le cadre de la démocratie parlementaire et analyse donc ce principe, en l'appliquant à la procédure parlementaire dont le sens, en théorie au moins, est la réalisation du compromis. Dans le cadre du régime parlementaire, la

---

[1383] Pierre Pactet, Ferdinand Mélin-Soucramanien, *Droit constitutionnel*, *op. cit.* p. 77.
[1384] Hans Kelsen, *La démocratie : sa nature, sa valeur*, *op. cit.* p. 57.
[1385] *Ibid.* p. 59.
[1386] *Ibid.*

simplification de la réalité sociale complexe par l'élection des représentants puis par la formation de la majorité et de la minorité au sein des représentants rend possible un compromis. Il est déjà préparé par une telle simplification et de tous les compromis précédents des électeurs, lors du choix du représentant, et les compromis des représentants, pendant la formation des camps. Selon l'auteur, ce compromis serait la synthèse de la thèse de la majorité et de l'antithèse de minorité. « Mais ceci ne peut signifier ici qu'une chose : non pas – comme on le sous-entendait à tort, confondant la réalité du parlementarisme avec son idéologie – une vérité « supérieure » absolue, une valeur absolue supérieure aux intérêts des groupes, mais : un compromis[1387] ».

811. En ce sens, il semble que le juriste autrichien penche plutôt pour le concept américain de l'intérêt général dont l'expression est la loi, fruit du compromis parlementaire. Contrairement au concept français par exemple, où l'intérêt général exige le dépassement des intérêts particuliers et dont la formulation est conférée à l'Etat[1388], le concept américain entend que l'intérêt général, « s'il existe, ne peut pas être autre chose que la somme de tous [l]es intérêts, soit l'agrégation de toutes les préférences individuelles[1389] ». Le rôle de l'Etat est ainsi réduit à celui de médiateur entre tous les intérêts particuliers qui y sont représentés[1390]. Il ne faut donc pas dépasser les intérêts mais les concilier. Ainsi, outre-Atlantique, le principe majoritaire (paradoxalement, du point de vue de la doctrine kelsenienne) est réfuté au profit du compromis. « Aux Etats-Unis, les majorités sont en principes consensuelles, exceptionnellement partisanes[1391] ».

812. Depuis l'époque de Kelsen, la réalité a changé et démontre plutôt la pertinence de l'approche américaine, en ce qui concerne la compatibilité possible du principe majoritaire et du compromis. En effet, la doctrine kelsenienne part du constat que la majorité et la minorité sont politiquement égales. Aujourd'hui, ce n'est pas le cas. Certes, la majorité parlementaire tient théoriquement compte de la minorité, mais elle n'hésite pourtant pas à imposer sa volonté non seulement à cette dernière, mais aussi à ses propres partisans hésitants. En outre, cette volonté ne naît plus au sein de l'assemblée, mais dans l'exécutif. Le parlement a perdu la qualité du lieu de discussion véritable où les intérêts en question s'affrontent, en devenant un lieu de proclamation de la volonté de la majorité. La minorité, à son tour, ne renonce pas à participer à

1387 *Ibid.* p. 60.

1388 Réflexions sur l'intérêt général - Rapport public 1999, *op. cit.* V. aussi Hans Kelsen, *La démocratie : sa nature, sa valeur*, *op. cit.* p.32. *L'idéal d'un intérêt général supérieur et transcendant aux intérêts de groupes, [...] l'idéal d'une solidarité d'intérêts de tous les membres de la collectivité sans distinction de confession, de nationalité, de classes, etc., est une illusion métaphysique.*

1389 Elisabeth Zoller, *Introduction au droit public*, *op. cit.* p. 153.

1390 *Ibid.*

1391 *Ibid.* p. 152.

une discussion formelle comme l'argumentait Kelsen[1392], mais continue à « jouer le jeu » en attendant la prochaine échéance électorale pour arriver au pouvoir et imposer sa propre volonté. Ainsi, l'intérêt général se trouve remplacé par la volonté de la majorité. Le principe majoritaire s'avère donc moins compatible avec le compromis par rapport à ce que démontrait Kelsen.

813. De plus, la réalité politique est toute autre qu'à l'époque de Kelsen. Le Conseil d'Etat souligne qu'à l'heure actuelle, il est difficile de légitimement espérer que le législateur puisse accomplir sa mission de formulation de l'intérêt général de manière satisfaisante. D'une part, le droit européen s'impose à lui, ce qui veut dire que l'intérêt général ne peut plus être apprécié seulement dans le cadre national. D'autre part, « nos sociétés sont devenues trop complexes et les contributions à leur fonctionnement trop fragmentées pour que la définition de normes communes puisse s'opérer selon des procédures aussi simples que par le passé. La conception de l'Etat ordonnant de l'extérieur la société civile laisse place à une représentation nouvelle d'un Etat qui arbitre entre les intérêts[1393] ». Ainsi, le Conseil d'Etat préconise-t-il l'approche participative pour associer les citoyens à l'élaboration des décisions, tout en gardant cependant le rôle de l'Etat comme le décideur ultime, sous contrôle du juge administratif, en ce qui concerne le choix entre les intérêts conflictuels. Autrement dit, le droit français semble privilégier la conciliation des intérêts à la domination d'un intérêt, fût-il étatique. Le principe majoritaire cède donc peu à peu la place au compromis contrôlé par l'Etat.

814. Si le principe majoritaire peut être assez risqué s'il est appliqué par un régime représentatif[1394], il le serait encore plus au sein de l'e-démocratie.

2. Le danger du principe majoritaire

815. Il est possible que l'application universelle du principe majoritaire dans le cadre de l'e-démocratie puisse être dangereuse. L'idée rousseauiste : « La volonté constante de tous les membres de l'État est la volonté générale [...]. Quand donc l'avis contraire au mien l'emporte, cela ne prouve autre chose sinon que je m'étais trompé, et que ce que j'estimais être la volonté générale ne l'était pas[1395] », peut être interprétée comme permettant la

[1392] Hans Kelsen, *La démocratie : sa nature, sa valeur*, *op. cit.* p. 59.

[1393] Réflexions sur l'intérêt général - Rapport public 1999, *op. cit.*

[1394] *Ibid. La pensée libérale contemporaine n'est pas moins sévère à l'égard d'une représentation de l'intérêt général entendu comme l'intérêt de la société, distinct des intérêts de ses membres. Elle met l'accent sur les risques politiques que fait courir un tel projet à la société civile et aux libertés individuelles. [...] Le phénomène s'est trouvé aggravé par la mise en cause de la légitimité de l'Etat, ainsi que de sa capacité à faire prévaloir un véritable intérêt général.*

[1395] Jean-Jacques Rousseau, *Du contrat social ou principes du droit politique*, *op. cit.* p.77.

répression des minorités[1396]. Ainsi, « [s]i l'on fait abstraction de la fiction que la majorité représente aussi la minorité, que sa volonté est la volonté du groupe tout entier, il apparaît que le principe majoritaire signifie la domination de la majorité sur la minorité[1397] ». Dans la société diversifiée, où les droits des minorités sont assurés, cela peut mettre en cause la cohésion sociétale. Privée des filtres dont le passage est subordonné à plusieurs compromis comme dans la procédure parlementaire, une large discussion publique sur des questions épineuses, démasquant des clivages profonds dans la société, peut amener à des décisions inacceptables pour certains de ses groupes, jusqu'à diviser la société tout entière. Cela est devenu visible lors de la dernière élection présidentielle aux Etats-Unis ou le référendum relatif à la sortie du Royaume-Uni de l'Union européenne. Comme il a été déjà dit[1398], la société contemporaine est devenue beaucoup plus complexe et diversifiée pour pouvoir espérer que la prise de décisions politiques puisse fonctionner de manière aussi simple qu'autrefois : par la voie de simplification de la diversité sociétale, en la réduisant à deux camps et à des questions binaires. En outre, « la tendance autrefois fiable des procédures majoritaires à produire des résultats politiques relativement centristes a cédé la place à des partis politiques et des groupes d'intérêt plus radicaux[1399] ». Ce, dans les conditions où la diversité d'opinions politiques se trouve réduite par le spectre de la représentation, disponible pour le choix lors des élections. En réalité, il semble que l'expression électorale et référendaire puisse être beaucoup plus diversifiée s'il y a des moyens de l'exprimer. Dans cette situation, les nouveaux médias censés orienter les individus dans leurs choix politiques « sont devenus des moteurs très chargés de la polarisation politique du public, avec des déclarations gouvernementales non médiatisées (et souvent inexactes) se mêlant à des théories de complot, à un contenu exagéré provoquant des clics et conçu pour insulter ou indigner, et une forte tendance à la sélection systématiquement biaisée de la personne moyenne quant à des informations politiques et d'actualités[1400] ». Et cela dans le cadre de la censure déjà mise en œuvre par les plateformes sur l'injonction de l'Etat pour éliminer les propos racistes, incitant à la haine, etc. Enfin, c'est précisément l'ignorance

---

[1396] Raymond Carré de Malberg, *Contribution à la théorie générale de l'Etat*, *op. cit.* p.156.
[1397] Hans Kelsen, *La démocratie : sa nature, sa valeur*, *op. cit.* p. 58.
[1398] V. par. 813.
[1399] Democratic Politics in the Post-Truth Era, Manchester Centre for Political Theory. [réf. 20/10/2017], v.: http://www.mancept.com/mancept-workshops/mancept-workshops-2017/panels-a-e/democratic-politics-in-the-post-truth-era/. *The once-reliable tendency of majoritarian procedures to produce relatively centrist political outcomes has given way to the rise of more radical political parties and interest groups.*
[1400] *Ibid. The new and social media, meanwhile, have become highly-charged engines for the public's political polarisation, with unmediated (and often inaccurate) governmental claims mingling with conspiracy theories, exaggerated 'clickbait' content designed to insult or outrage, and a strong tendency toward systematised selection-bias in the average person's encounters with news and political information.*

générale et souvent radicale du public qui sert de terreau pour ces tendances et les amplifie[1401]. Dans ces conditions, il apparaît que la discussion publique aboutissant à des décisions politiques contraignantes ne serait pas constructive et fructueuse. De même, il serait complexe d'organiser une procédure menant au compromis, en l'absence de centres de décision apparents.

816. Dans cette situation, il semble nécessaire que le droit constitutionnel se saisisse dès à présent, de la réflexion sur l'introduction des élections proportionnelles et donc du gouvernement de coalition, afin de répondre à ce nouveau défi de diversité dans le cadre du régime actuel de la démocratie représentative. En ce qui concerne l'e-démocratie, il faut aller plus loin. En effet, les démocraties représentatives actuelles en sont relativement éloignées. Tout d'abord, par le niveau d'éducation des individus. Comme il a été déjà souligné[1402], le droit à l'éducation devient l'un des droits les plus importants à l'ère de l'e-démocratie. Cependant, même la présence de ce droit dans les textes normatifs ne garantit que tous les individus soient bien instruits. Autrement dit, le traitement juridique de ce problème n'est pas suffisant pour arriver à une société composée de personnes cultivées. Il faut des efforts politiques, économiques, sociétaux et individuels, ainsi qu'une culture de l'éducation dans la société, pour que le droit à l'éducation soit encore plus efficace et fructueux. Puis, les démocraties représentatives en sont éloignées par l'accès à l'information de l'individu moyen. Comme il a été montré plus haut[1403], à l'heure actuelle, le droit d'accès à l'information est toujours en cours de construction dans le cadre européen, alors que dans l'e-démocratie, il sera un droit bien établi et développé. Ensuite, elles en sont éloignées par le niveau de culture de la société qui doit promouvoir certaines valeurs et compétences démocratiques[1404]. Les sociétés contemporaines manquent de système de valeurs fondamentales définies, fixées et partagées. Suivant les processus de mondialisation et de migration massive, les sociétés sont devenues très diversifiées, sans prendre le soin de changer de bases de coexistence des diverses communautés en leur sein. Il serait déraisonnable de penser que les nouveaux arrivants puissent automatiquement adhérer, par le seul fait de leur arrivée, aux valeurs fondamentales de la communauté d'accueil, surtout si celles-ci ne sont pas formulées et fixées. En revanche, les valeurs de la communauté d'accueil peuvent être déjà partiellement obsolètes, par le seul fait de la formation des nouvelles communautés en son sein.

817. Dans une telle situation, la définition et la fixation des valeurs fondamentales d'une société ne seraient possibles qu'en vertu du principe de consensus.

[1401] *Ibid.*

[1402] V. le chapitre précédent.

[1403] V. par. 538 et s.

[1404] V. par. 714 et s.

B. Le principe de consensus plutôt que celui majoritaire

818. Dans le cadre de la procédure de définition des valeurs fondamentales d'une société, l'intérêt général ne peut être défini ni comme l'intérêt transcendant les intérêts des groupes et imposé par l'Etat, ni comme un compromis entre eux, fait avec le concours de l'Etat. Seul le consensus peut être un moyen légitime, pour exprimer la volonté générale **(1)**, à l'aide des TIC **(2)**.

1. La nécessité du consensus pour exprimer la volonté générale

819. Jean-Jacques Rousseau souligne que « [l]a première et la plus importante conséquence des principes ci-devant établis, est que la volonté générale peut seule diriger les forces de l'État selon la fin de son institution, qui est le bien commun ; car, si l'opposition des intérêts particuliers a rendu nécessaire l'établissement des sociétés, c'est l'accord de ces mêmes intérêts qui l'a rendu possible. C'est ce qu'il y a de commun dans ces différents intérêts qui forme le lien social ; et s'il n'y avait pas quelque point dans lequel tous les intérêts s'accordent, nulle société ne saurait exister. Or, c'est uniquement sur cet intérêt commun que la société doit être gouvernée[1405] ». Il en découle deux principes : la souveraineté, autrement dit l'exercice de la volonté générale, est inaliénable et indivisible. Selon l'auteur, nul ne peut représenter la volonté d'un membre de la société ou de cette dernière toute entière, de la même façon qu'une partie de la société ne peut s'exprimer pour tous. Cependant, l'exigence de la généralité de la volonté n'est que formelle, car l'unanimité n'est pas indispensable, mais il faut que tous puissent s'exprimer lors de sa définition. Par conséquent, la prise de décision s'effectue sur le principe majoritaire, alors que la minorité s'est trompée en estimant être la volonté générale ce qui ne l'était pas[1406]. Une telle construction philosophique rentre parfaitement dans l'idée rousseauiste selon laquelle la volonté générale est toujours droite alors que les délibérations du peuple peuvent être erronées, d'autant plus qu'idéalement, le peuple doit délibérer sans avoir des communications entre ses membres[1407]. Il est vrai que dans ces conditions, d'une part les corps intermédiaires ne peuvent substituer leur volonté à celle de ses membres ; mais d'autre part, il serait difficile de définir sa volonté sans l'opposer à une autre[1408]. Seule la collision de tous les points de vue peut-elle servir de base pour s'en construire un, personnel, et l'exprimer pendant la prise de la décision.

[1405] Jean-Jacques Rousseau, *Du contrat social ou principes du droit politique, op. cit.* p. 16.
[1406] *Ibid.* p. 77.
[1407] *Ibid.* p. 19.
[1408] Alors que Rousseau l'argumente qu'*[i]l importe donc, pour avoir bien l'énoncé de la volonté générale, qu'il n'y ait pas de société partielle dans l'État, et que chaque citoyen n'opine que d'après lui. Ibid.* p. 19.

820. Dans la définition des valeurs fondamentales en outre, la question de savoir si un membre de la société peut se tromper lors de ce processus ne se pose pas. Il n'est pas possible de se tromper en définissant ses propres valeurs qui dirigent toute une existence, même si pour les autres, elles peuvent être erronées. Dans ce cas, le mode de prise de décisions à la majorité préconisé par Rousseau ne pourrait s'appliquer. Une majorité n'est pas en droit d'imposer à tous ses valeurs. Elles sont acceptées volontairement et c'est le rôle de la culture de les diffuser, non du droit[1409]. Malgré tout, il est possible de définir le socle commun du lien social : un ensemble minimum de valeurs communément partagées. Cet ensemble existe bien, puisqu'en son absence, la société n'existerait pas.

821. Tous les intérêts sont importants dans ce processus, car au moment où la société se divise sur des questions politiques délicates, une tendance est visible de dénigrer les points de vue opposants, surtout s'ils se trouvent à la marge. Pourtant, suivant la pensée de Jean-Jacques Rousseau, il est nécessaire de comprendre que toutes les opinions existant dans la société sont le fruit de ce socle commun de valeurs sur lequel la société s'est formée. Même les opinions les plus opposées, se trouvant aux extrémités de l'échelle, ont quelque chose en commun. En ce sens, au lieu de stigmatiser les personnes exprimant les opinions marginales, il vaudrait mieux réfléchir quelles valeurs de cet ensemble alimentent de telles opinions « indésirables » et comment les modifier. En tout état de cause, il est important de noter que toutes les opinions sont importantes pour la définition de la volonté générale et doivent par conséquent l'influencer.

822. Dans cette perspective, ni la prise de décision à la majorité ni le compromis ne sont applicables, puisqu'ils ne permettent pas de prendre en compte tous les intérêts. Dans le premier cas, ce serait toujours la domination de la majorité et la négation de la minorité ; dans le second, tous les intérêts doivent évoluer pour pouvoir former un compromis. Il a été montré que dans le cas de la définition des valeurs fondamentales, un compromis ne saurait être possible, sans changement profond de la personnalité de tout un chacun. La prise de décision au consensus s'impose donc. Le consensus ne se présente pas comme la décision par consensus apparent[1410] ni comme l'unanimité fabriquée où tous sont contraints de voter de la même façon. Le consensus est la prise de décisions par des personnes instruites, informées, cultivées dans l'esprit de la culture démocratique, donc autonomes et capables de

[1409] V. par ex., Réflexions sur l'intérêt général - Rapport public 1999, *op. cit. Ce n'est pas par la contrainte que des individus porteurs de droits -et attachés à leur sauvegarde- seront amenés à se comporter en citoyens et à faire preuve de cette vertu dans laquelle les philosophes du XVIIIème siècle ont vu le ressort de la République.*

[1410] Philippe Urfalino, « La décision par consensus apparent. Nature et propriétés », *Revue européenne des sciences sociales* 2007, XLV, n°136, p. 47-70. Selon lui, ce type de la prise de décisions se caractérise notamment par l'absence de vote, la décision est prise quand une proposition de consensus n'est plus contestée.

s'autodéterminer. Comme l'argumente le Conseil d'Etat, « [c]'est en tant qu'êtres autonomes et responsables qu[e les citoyens] participeront à la définition et à la mise en œuvre des fins d'intérêt général[1411] ». Il préconise dans ce sens la promotion de l'éducation et de l'éthique de responsabilité.

823. Comme il a été montré[1412], l'éducation, notamment numérique et une certaine éthique qui fait partie de la culture démocratique, sont cruciales pour l'e-démocratie. Pourtant, elles ne sont pas suffisantes pour arriver au consensus, surtout s'il s'agit de communautés très nombreuses et c'est en ce sens que les TIC peuvent assurer la technologie de la prise de décisions.

2. La possibilité de trouver un consensus avec les TIC

824. L'utilisation des TIC pour trouver un consensus ne doit pas surprendre. Déjà en 1986, le professeur de philosophie Alexis Philonenko traduisait les propos de Jean-Jacques Rousseau sur l'essence de la volonté générale en langue mathématique. Selon lui, les propos expliquant la différence entre la volonté de tous et la volonté générale, où cette dernière serait la somme des volontés particulières (donc la volonté de tous), mais libérées des plus et des moins qui s'entre-détruisent[1413], relèvent de la logique mathématique. « L'entre-destruction des plus et des moins est une expression qui se relie directement au calcul infinitésimal. Si par exemple je veux obtenir l'équation d'une courbe, le principe consistera à la concevoir comme composée d'une quasi-infinité de petites droites et chaque erreur [...] sera compensée par l'autre erreur. De même, [...] quand on parle du « grand nombre de petites différences » dont résulterait toujours la volonté générale et en conséquence la justesse de la délibération, on fait intervenir encore une fois la méthode infinitésimale[1414] ». En d'autres termes, la volonté générale peut être calculée à partir de la volonté de tous, en utilisant le calcul infinitésimal. En ce sens, la volonté générale serait une intégrale de toutes les volontés infiniment petites, qui s'appuie sur l'entre-destruction des plus et des moins[1415]. Une étude postérieure propose que l'entre-destruction des plus et des moins dégage non seulement l'intérêt général, mais aussi un consensus autour de cet intérêt[1416].

1411 Réflexions sur l'intérêt général - Rapport public 1999, *op. cit.*

1412 V. par. 714.

1413 Jean-Jacques Rousseau, *Du contrat social ou principes du droit politique, op. cit.* p. 19.

1414 Alexis Philonenko, « Rousseau. Contrat social », in *Dictionnaire des œuvres politiques*, Paris, Presses Universitaires de France, 1986. p. 698.

1415 *Ibid.* p. 699.

1416 Radu Dobrescu, « La distinction rousseauiste entre volonté de tous et volonté générale : une reconstruction mathématique et ses implications pour la théorie démocratique », *Canadian Journal of Political Science / Revue canadienne de science politique* 2009, 42, n°2, p. 467–490. p. 476.

825. Cependant, le consensus dont cette recherche entend parler n'est pas un calcul direct à partir des volontés particulières, mais la recherche des idées qui font le consensus. Ce principe était à la base d'un procédé utilisé par exemple, par le gouvernement de Taïwan lors de l'élaboration des normes concernant les plateformes numériques telles que Uber ou Airbnb. Le caractère inédit des nouvelles pratiques de business revendiquait des normes également inédites, alors que le débat public démontrait l'absence de consensus politique sur ces questions. C'est pourquoi le gouvernement taïwanais a organisé un débat public numérique à l'aide d'une intelligence artificielle (IA) sur l'encadrement possible de ces activités. L'idée était d'organiser un débat public constructif et efficace qui permettrait d'arriver à une décision. En outre, le gouvernement s'engageait à ce que ses résultats soient contraignants. Dans le cadre du débat, tout participant pouvait laisser un commentaire ; en revanche, les réponses aux commentaires étaient impossibles. Les participants ne pouvaient réagir que par trois moyens : approuver le commentaire, s'y opposer ou l'ignorer. Les réactions des participants formaient des groupes d'opinion étudiés et visualisés par l'IA. Ce processus permettait de révéler des clivages, bien évidemment, mais aussi des opinions qui faisaient consensus, même auprès des groupes d'opinion opposés. Par exemple, le débat public sur la réglementation de l'activité d'Uber a mis en évidence deux groupes d'opinion opposés : les anti-Uber prônaient la nécessité de la mise en place de licences étatiques encadrant ses services, les pro-Uber étaient favorables à l'idée de ce service tel qu'il était. Il était important néanmoins que les deux groupes soient d'accord sur les exigences de sécurité et de l'assurance responsabilité civile. A partir de ce consensus, le gouvernement a préparé un projet de loi qui a été voté par le Parlement, ce qui illustre la théorie de Rousseau[1417].

826. Les organisateurs[1418] notent que le caractère contraignant du débat a été décisif pour la participation. Cependant, ce ne sont que dix pour cent de la totalité des participants qui ont laissé au moins un commentaire. Les organisateurs expliquent que cela montre la réalité de la discussion publique, où seulement un faible pourcentage des participants s'exprime et a des choses à dire. Il est possible d'y rajouter deux remarques. En premier lieu, il semble que la majorité des individus participant à un débat public n'aient *a priori* pas d'opinion précise et se rejoignent l'une des opinions présentées. En second

---

[1417] Jean-Jacques Rousseau, *Du contrat social ou principes du droit politique, op. cit.* p. 16. *C'est ce qu'il y a de commun dans ces différents intérêts qui forme le lien social ; et s'il n'y avait pas quelque point dans lequel tous les intérêts s'accordent, nulle société ne saurait exister. Or, c'est uniquement sur cet intérêt commun que la société doit être gouvernée.*

[1418] Colin Megill, pol.is in Taiwan, 2016. [réf. 20/10/2017], v. : https://blog.pol.is/pol-is-in-taiwan-da7570d372b5. V. aussi Tom Simonite, « The Internet Doesn't Have to Be Bad for Democracy », *MIT Technology Review*, 02/06/2017. [réf. 20/10/2017], v. : https://www.technologyreview.com/s/607990/the-internet-doesnt-have-to-be-bad-for-democracy/#comments.

lieu, un tel pourcentage ne diffère pas beaucoup de l'expérience athénienne où de dix à vingt pour cent des citoyens étaient présents à l'Assemblée du peuple[1419] et encore moins de citoyens y prenaient la parole.

827. Cette expérience taïwanaise peut notamment être utilisée dans les cas de la prise de décisions nécessitant une forte adhésion de la communauté, notamment dans la définition de ses valeurs fondamentales. En outre, elle renseigne sur les nouvelles formes d'élaboration des normes, pour aller au-delà d'une inefficacité parlementaire sur certaines questions, induite par la discipline des partis, la pression des groupes d'intérêts et le volontarisme de l'exécutif. Une telle réglementation pourrait produire des normes se basant sur le vrai consensus sociétal, certes sous réserve de la garantie de la sincérité du vote en ligne et la transparence des algorithmes utilisés. Enfin, elle fait réfléchir à une utilisation plus large des TIC à des fins de gouvernance et donc au changement possible des principes de cette dernière.

[1419] V. par. 88.

Section 2. Les principes de gouvernance repensés

828. La gouvernance (ou la bonne gouvernance), venue se substituer au gouvernement classique conçu comme un pouvoir de contrainte et de coercition, implique « que la sécurité des citoyens soit assurée et le respect de la loi garanti (État de droit) ; que les organismes publics gèrent de façon correcte et équitable les deniers publics (bonne administration) ; que les dirigeants rendent compte de leurs actions (responsabilité et imputabilité) ; que l'information soit disponible et accessible à tous[1420] ». Selon l'OCDE[1421], la gestion du secteur public fait partie de ce concept, y compris les systèmes d'*accountability*[1422] (qui peut s'interpréter comme l'exercice ouvert et responsable du pouvoir politique) et d'information permettant le contrôle des gouvernants par les gouvernés. En ce sens, le concept de gouvernance est lié au régime politique en place et notamment, à son fonctionnement. Ainsi, dans le cadre du concept de l'e-démocratie analysé dans cette recherche, il serait opportun de réfléchir à la façon dont de tels systèmes pourraient être organisés. L'information des gouvernés en tant que droit fondamental d'accès à l'information a été vue plus haut[1423]. La mise en œuvre du principe d'*accountability* des gouvernants sera donc analysée (**Paragraphe 1**).

829. La complexité et la taille de l'Etat contemporain induisent l'introduction de *l'accountability* évaluée à l'aide de moyens numériques. Une telle solution soulève une autre question importante, à savoir, comment vérifier les résultats du contrôle des gouvernants effectué par les algorithmes ? La pratique démontre que les codes ne sont pas absolument parfaits. Des erreurs, des dysfonctionnements ou même des utilisations frauduleuses à des fins politiques sont possibles. En ce sens, il sera nécessaire de réfléchir aux moyens de contrôle par les individus du fonctionnement des algorithmes, ainsi que des gouvernants eux-mêmes (**Paragraphe 2**).

§1. La mise en œuvre du principe d'*accountability* des gouvernants

830. L'e-démocratie analysée ici, est censée mettre en œuvre le contrôle des gouvernants par le peuple. Sur le plan théorique[1424], un tel contrôle se

---

1420 Définition de la Banque mondiale citée par Jacques Chevallier, « La gouvernance, un nouveau paradigme étatique ? », *op. cit.*p. 213.

1421 Organisation for Economic Co-operation and Development, *Participatory Development and Good Governance*, Paris, 1995. [réf. 20/10/2017], v.: https://www.oecd.org/dac/accountable-effective-institutions/31857685.pdf. p. 16.

1422 Les documents de l'OCDE et de la Banque mondiale analysés ne mentionnent pas la traduction française du terme qui, avec un certain degré d'approximation, peut être traduit comme redevabilité.

1423 V. par. 538 et s. et par. 761.

1424 V. en ce sens, Partie I, Titre 1, Ch. 2 ainsi que par. 730 et s.

fonde sur la souveraineté effective du peuple et le mandat gestionnaire, ainsi que l'introduction possible d'un quatrième pouvoir, celui contrôleur. La mise en œuvre de ce concept soulève également certaines questions pratiques : comment réaliser un tel contrôle des gouvernants sachant qu'il requiert des efforts considérables des contrôleurs, sachant qu'il ne serait pas souhaitable d'élargir considérablement l'effectif du quatrième pouvoir ? A l'ère du numérique, la solution possible serait d'utiliser les nouvelles techniques de contrôle des gouvernants offerts par le numérique **(A)**. Il est cependant nécessaire qu'un tel contrôle « numérique » soit à son tour surveillé par les individus **(B)**.

A. Les gouvernants et leur contrôle à l'ère numérique

831. A l'ère numérique, il est possible d'utiliser les moyens de contrôle assurés par les algorithmes **(1)**, voire même de remplacer certaines fonctions par ces derniers **(2)**.

1. Les gouvernants contrôlés par les algorithmes

832. Le concept d'*accountability* est complexe. Dans le sens le plus simple du terme, il s'agit de la responsabilité, autrement dit pour les gouvernants d'être responsables de leurs actions devant le peuple. Cependant, ce terme peut être entendu de manière plus large, comme la situation « où les dirigeants délèguent volontiers le pouvoir, où les subordonnés exercent avec confiance leur pouvoir, où l'abus de pouvoir est appelé de son propre nom et est correctement puni en vertu de Rule of Law qui se situe au-dessus de la faction politique[1425] ». D'ailleurs, ce concept politique et administratif a également un sens économique, car l'efficacité des subventions et de l'utilisation des ressources publiques, y compris dans l'organisation du secteur public lui-même[1426], doit pouvoir être démontrée. Ce concept d'origine anglo-saxonne dépasse donc la notion française de responsabilité.

833. Au sens de l'OCDE, *l'accountability* comprend trois concepts clés : la transparence (les citoyens ont accès aux engagements pris par l'Etat et peuvent vérifier leur réalisation), la reddition des comptes (les citoyens ont le droit d'exiger que l'Etat justifie ses actions) et l'applicabilité (les citoyens peuvent sanctionner l'Etat s'il échoue à assurer certaines de ses

---

[1425] World Bank, *Governance and Development*, Washington, 1992. [réf. 20/10/2017], v.: http://documents.worldbank.org/curated/en/604951468739447676/pdf/multi-page.pdf. p.13. *[Accountability] is found where rulers readily delegate authority, where subordinates confidently exercise their discretion, where the abuse of power is given its proper name, and is properly punished under a rule of law which stands above political faction.*
[1426] *Ibid.* p.14.

obligations)[1427]. Elle est assurée par plusieurs voies : le renforcement d'institutions d'audit et de contrôle (le quatrième pouvoir dans le concept analysé), concomitamment avec le pouvoir judiciaire ; le contrôle des emplois publics, l'augmentation de la compétence et de l'efficacité des fonctionnaires ; le contrôle de l'utilisation des ressources publiques ; la décentralisation accompagnée par la formation des fonctionnaires locaux ; la mise en place d'un cadre législatif et du contrôle du juge efficace pour protéger le secteur privé et faire respecter les droits fondamentaux ; le renforcement de la société civile, pour qu'elle serve de contrepoids au pouvoir étatique, et de l'éducation des gouvernés, pour assurer leur participation et leur utilisation des services étatiques[1428]. Ceci dit, il s'avère compliqué d'assurer *l'accountability* en raison de trois facteurs : (1) l'accroissement du rôle de l'Etat qui a rendu impossible l'application du principe *d'accountability* politique à toutes les innombrables actions des pouvoirs publics ; (2) la difficulté de mesurer numériquement les résultats de l'action publique, ce qui fait que *l'accountability* financière, par exemple, se focalise sur les dépenses ; (3) sauf la responsabilité politique de certains gouvernants, le contrôle de l'action publique s'effectue par les gouvernants eux-mêmes, en vertu du principe hiérarchique, il peut favoriser les pratiques occultes et est donc souvent inefficace[1429]. Etant donné le cercle vaste d'organes, d'actions et de niveaux où s'exerce le pouvoir public, son contrôle ne serait possible qu'à l'aide d'algorithmes.

834. D'ailleurs, des tentatives de contrôle numérique des gouvernants ont déjà été faites. En France par exemple, le site nosdéputés.fr collecte les données relatives à l'activité des députés au sein de la chambre basse, que ce soit la participation à des commissions, les interventions à la séance, le vote des lois, les questions posées, etc. L'idée est de donner aux citoyens des outils pour analyser le travail et l'implication de leurs représentants[1430]. Cependant, de telles initiatives ponctuelles de contrôle ne sauraient se substituer à un système général d'évaluation de l'action publique comprenant tous les organes du pouvoir étatique, tous leurs champs d'action et à tous les niveaux. Selon l'OCDE, le système d'*accountability* fonctionne « en bloc », impliquant un large éventail d'acteurs et d'institutions, les flux d'informations et les

---

[1427] OECD, *Accountability and Democratic Governance. Orientations and Principles for Development*, Paris, 2014. [réf. 20/10/2017], v. : https://www.oecd-ilibrary.org/development/accountability-and-democratic-governance_9789264183636-en. p. 23. *Accountability [...] involves three key concepts: -Transparency: citizens have access to information about commitments that the state has made and whether it has met them. -Answerability: citizens are able to demand that the state justifies its actions. -Enforceability: citizens are able to sanction the state if it fails to meet certain standards.*

[1428] Organisation for Economic Co-operation and Development, *Participatory Development and Good Governance, op. cit.* p. 17-18.

[1429] World Bank, *Governance and Development, op. cit.*

[1430] V. aussi par. 448 et s.

modes d'influence et d'incitation[1431]. Il est important donc qu'en fin du compte, il y ait un système achevé de contrôle, dont le fonctionnement et les résultats seraient rendus publics. Dans cette perspective, une numérisation (presque) totale des flux informatiques au sein des pouvoirs publics est nécessaire, afin de rendre possible leur saisie algorithmique, en assurant cependant la sécurité des échanges. Cela ne veut pas dire en revanche qu'il faille une seule plateforme où toutes les informations seraient rassemblées. En tout état de cause, la souveraineté numérique[1432] devient cruciale dans ce contexte pour protéger les informations non destinées au grand public.

835. Dans son aspect pratique, cette numérisation au sein des organes étatiques va inévitablement poser la question du remplacement de certains types de fonctions courantes, par des algorithmes.

2. *Le remplacement des gouvernants par les algorithmes ?*

836. Les premiers essais dans le domaine de l'e-administration[1433] (la fourniture de certains services étatiques par le biais des plateformes numériques dédiées) ont ouvert des perspectives sur la modernisation ultérieure des pouvoirs publics. Par exemple, la vocation du projet « La Russie du futur : 2017-2035 » est essentiellement de réfléchir sur les possibilités de reconstruire les mécanismes de fonctionnement des organes de pouvoir étatique. Selon les participants, « l'idée de l'Etat comme plateforme se base sur le concept de « machine to machine » (M2M), la communication de machine à machine, sans intervention humaine[1434] ». L'utilisation de ce concept entend que plusieurs fonctions étatiques, pour lesquelles l'Etat dépense beaucoup, seront automatisées grâce aux applications élaborées tant par l'Etat que par les entreprises et les associations. L'approche d'un Etat plateforme permettra de résoudre un certain nombre de problèmes de l'administration publique, tels que les difficultés de la coopération interinstitutionnelle, l'accès à certaines données non fournies par le biais des statistiques traditionnelles, ainsi que les difficultés d'interaction des citoyens et des entreprises avec l'Etat : « Un défi important à la mise en œuvre de cette

---

[1431] OECD, *Accountability and Democratic Governance. Orientations and Principles for Development, op. cit.* p. 13.

[1432] Au sens technologique du terme. V. Pierre Bellanger, « De la souveraineté en général et de la souveraineté numérique en particulier », *Les Echos*, 22/11/2014. [réf. 20/10/2017], v. : http://archives.lesechos.fr/archives/cercle/2011/08/30/cercle_37239.htm. ; Bernard Benhamou, « Les dimensions internationales de la souveraineté numérique », *Nouveaux Cahiers du Conseil constitutionnel* 2017, n°57, p. 87-92.

[1433] V. par. 312.

[1434] Мария Шклярук, Савва Шипов, « Приложение вместо чиновника: как цифровизация изменит госуправление », *РБК*, 19/06/2017. [réf. 20/10/2017], v. : http://www.rbc.ru/opinions/politics/19/06/2017/594783599a7947080264623e?from=center_17. [Maria Chkliarouk et Savva Chipov, Application au lieu d'un agent public : comment la numérisation va changer l'administration d'Etat].

approche est d'assurer la triple protection des données, à savoir la protection des données personnelles des citoyens, des données des entreprises et des institutions publiques ; la mise en œuvre de l'intégration de tous les éléments de la plateforme nationale avec des mécanismes intégrés pour éliminer des conflits; la sécurité des infrastructures critiques[1435] ». Selon les auteurs, la mise en œuvre d'une telle plateforme va inévitablement changer le mode de prise de décisions au sein des pouvoirs publics. Le processus bureaucratique fondé sur plusieurs interactions entre fonctionnaires d'autorités publiques différentes va céder la place à la prise de décisions routinières par les « agents intellectuels », systèmes de logiciels fonctionnant sur la base de l'intelligence artificielle, en utilisant la technologie d'apprentissage profond sur la base de *Big Data*[1436]. Dans cette perspective, l'appareil d'Etat se transformerait en un service avec un personnel peu nombreux, comprenant pour l'essentiel des spécialistes de *Big Data* et d'apprentissage profond. Ce qui inquiète dans ce futur parfait de l'administration numérisée est que « [l]a prise de décisions sera basée sur l'analyse des Big Data, ce qui permettra la mise en œuvre d'une approche individuelle plus souple à tous les participants (qu'ils soient citoyens ou entreprises) dans leurs interactions avec l'Etat. Dans l'avenir, il rendra possible la construction d'un système fiscal et d'un système de sécurité sociale souples[1437] ». Il semble donc que les participants du projet n'entendent assurer la protection des données personnelles qu'à l'égard des tiers et non contre l'intervention possible de l'Etat lui-même. D'une part, il est logique que l'Etat dispose d'un certain nombre d'informations afin de vérifier par exemple, les revenus imposables d'une personne ou d'une entreprise. D'autre part, il se peut que sur la base d'une telle plateforme nationale, les *Big Data*, même non fournies par les individus ou les entreprises et n'ayant pas trait aux finalités du traitement, soient analysées. Enfin d'où proviendront de telles données ? La perspective d'un Etat *Big Brother* devient dans ce cas de plus en plus réelle.

837. En Chine[1438], un tel système national permettant le contrôle non de l'Etat, mais des individus et des entreprises est en train d'être mis en place. Il fonctionne déjà dans une trentaine de villes et doit englober toute la Chine d'ici 2020. Au début, tous les résidents de la ville obtiendront un score de mille points. Puis, en fonction du comportement de la personne, le score augmente ou baisse. La plateforme recueille et traite des *Big Data* sur la vie et l'activité des habitants, provenant des institutions municipales, commerciales, policières et judiciaires. Environ 160.000 différents paramètres provenant de 142 institutions seront analysés. En outre, le système acceptera

---

[1435] *Ibid.*

[1436] *Ibid.*

[1437] *Ibid.*

[1438] Леонид Ковачич, « Большой брат 2.0. Как Китай строит цифровую диктатуру », *Московский центр Карнеги* 2017. [réf. 20/10/2017], v.: http://carnegie.ru/commentary/71546. [Leonid Kovatchitch, Big Brother 2.0. Comment la Chine construit une dictature numérique].

les dénonciations faites par d'autres habitants, en octroyant au délateur cinq points. Peuvent être pris en compte, par exemple, des faits tels qu'un individu ne rendant pas assez visite à ses parents ou utilisant sans raison le klaxon de sa voiture. Ainsi, un habitant exemplaire pourrait avoir 1050 points ou plus, un autre moins méritant en aurait 849, et citoyen considéré mauvais, 599. En fonction de son score, un citoyen exemplaire pourra compter sur un prêt bancaire sans gage ni garant ; celui douteux ne serait pas éligible pour travailler en tant qu'agent public ; tandis que le mauvais ne pourrait pas trouver de travail, ni emprunter d'argent, ni même louer une bicyclette sans gage. Il est intéressant de noter que le système permettra d'analyser le comportement des fonctionnaires, quoique de rang inférieur. Les données relatives à la fréquence des réunions du parti, des réseaux sociaux ainsi que la corrélation entre les revenus et les dépenses seront analysées, afin de détecter les fonctionnaires corrompus ou immoraux. En ce qui concerne les entreprises, le respect de la loi et notamment des normes écologiques, les rapports financiers, les conditions et la sécurité du travail seront analysées. Ainsi, les compagnies ayant un bon score pourront avoir accès à de bonnes conditions de prêt bancaire, alors que les « mauvais élèves » se heurteront à plusieurs obstacles pour obtenir un prêt ou investir. Toutes les données utilisées par la plateforme seront accumulées dans une seule base de données dont l'alimentation s'effectuera non seulement par les organes du pouvoir public, mais également par les entreprises. Parmi eux, se trouvent par exemple Tencent, propriétaire d'une messagerie instantanée WeChat, et AliBaba, possédant des plateformes de vente en ligne et de paiements. Il faut noter que WeChat est beaucoup plus qu'une messagerie, elle inclut notamment un moteur de recherche, un réseau social, des services de paiements, de visioconférences, de réservations de places, un site de rencontres, des applications de mise en contact aux fins de fourniture de services différents[1439]. Elle permet donc de reconstruire toute la vie de l'individu si nécessaire, ce qui s'avère dangereux pour ce dernier. Ainsi, sur la base des informations provenant d'AliBaba, la Cour populaire suprême de la Chine a déjà sanctionné plus de sept millions de personnes[1440].

838. Par conséquent, les perspectives de la numérisation des pouvoirs publics s'annoncent controversées. Il semble très probable que certaines fonctions étatiques soient numérisées, cependant, il faudrait veiller à ce que la logique du contrôle *de* l'Etat ne soit pas renversée au profit du contrôle des gouvernés *par* l'Etat. En tout état de cause, les décisions prises par les algorithmes doivent être contrôlées par les humains.

[1439] *How China Is Changing Your Internet*, The New York Times, 2016. [réf. 20/10/2017], v. : https://www.youtube.com/watch?v=VAesMQ6VtK8.

[1440] *Ibid.*

B. Le contrôle démocratique des algorithmes

839. Ce contrôle démocratique peut s'effectuer en amont, par l'imposition de l'exigence de transparence des algorithmes **(1)** et en aval, par le contrôle postérieur des individus **(2)**.

1. La transparence des algorithmes

840. La transparence des algorithmes doit être comprise au sens large, non seulement comme la transparence du code utilisé. Selon Roger Taylor[1441], le fondateur du Réseau des services publics ouverts, si la transparence est définie en volume plus qu'en termes d'utilité, cela provoque des grosses quantités d'informations qui ne sont pas toujours utiles. « [A]ccéder à davantage d'information n'augmente pas la transparence et encore moins l'autonomie des gens : parfois la volumétrie sert surtout à rendre les choses moins transparentes[1442] ». En outre, les algorithmes d'apprentissage profond, utilisés pour traiter des *Big Data,* sont capables de s'adapter en permanence à de nouvelles informations, ce qui complique le contrôle. Toutefois, le danger déjà avéré d'une société de surveillance exige un accès et un contrôle ouverts au public[1443] ; sinon, ceux qui traitent les données de larges sphères de populations de manière quasi monopolistique vont en effet contrôler ces dernières. Ainsi pour Taylor, la transparence doit être comprise comme la symétrie d'accès à l'information[1444]. De plus, il faut que la transparence soit capable de produire des effets, autrement dit de servir de base pour la responsabilité. En tout état de cause, selon l'auteur, la transparence est limitée par les technologies utilisées et leur complexité. Il donne en exemple l'intelligence artificielle qui n'est pas toujours capable d'expliquer ce qu'elle fait[1445].

841. La transparence des algorithmes peut comprendre plusieurs facettes. D'abord, au niveau de la conception des plateformes de contrôle, touchant aux

---

[1441] Hubert Guillaud, « Peut-on armer la « transparence » des algorithmes ? », *InternetActu*, 2017. [réf. 20/10/2017], v. : http://internetactu.blog.lemonde.fr/2017/01/21/peut-on-armer-la-transparence-de-linformation/.

[1442] *Ibid.*

[1443] *Ibid.*

[1444] *Ibid.*

[1445] *Ibid.* Dans ce sens, il est intéressant de noter que le Parlement européen dans sa résolution sur la robotique pose le principe de transparence comprenant notamment *qu'il devrait toujours être possible de fournir la justification rationnelle de toute décision prise avec l'aide de l'intelligence artificielle qui est susceptible d'avoir une incidence importante sur la vie d'une ou de plusieurs personnes.* Parlement européen, Résolution du 16 février 2017 contenant des recommandations à la Commission concernant des règles de droit civil sur la robotique (2015/2103(INL)), 2017, [réf. 20/10/2017], v. : http://www.europarl.europa.eu/sides/getDoc.do?pubRef=-//EP//NONSGML+TA+P8-TA-2017-0051+0+DOC+PDF+V0//FR.

intérêts de groupes considérables de population. Il semble qu'un débat public relatif aux principes généraux de leur fonctionnement soit nécessaire à cette étape. Notamment, concernant l'exigence de la transparence du code utilisé. Même si cela peut être moins efficace, elle semble inévitable. Elle ne peut pas être remplacée par l'observation du fonctionnement, étant donné que « notre capacité à « voir » le fonctionnement d'un système crée une illusion d'une transparence plus qu'une transparence réelle[1446] ». Puis, il faut réfléchir également à la façon de concilier le secret commercial si la plateforme est élaborée avec le concours d'acteurs privés et le secret protégeant les données non destinées au public, avec l'exigence de la transparence. Ce serait la tâche du débat public de définir le périmètre du secret et de le concilier avec la transparence. Puis, il convient de se saisir de l'encadrement des algorithmes prédictifs utilisés par les plateformes pour détecter, par exemple, les risques de corruption des fonctionnaires dont les données sont traitées. Le Conseil d'Etat dans son rapport de 2014, met en garde contre ce type de traitement des données, en en soulignant les risques associés : l'enfermement de l'individu dans la « personnalisation » qu'il n'avait pas conçue et ne peut influencer ; la confiance excessive dans les résultats des algorithmes, alors qu'ils peuvent produire des erreurs ou mal fonctionner ; de nouvelles questions d'équité concernant l'utilisation toujours plus fine des données personnelles[1447]. Dans ce cas, il est pertinent de se demander si les risques induits par un tel type de traitement sont inférieurs aux bénéfices de leur utilisation et donc de se poser la question de la pertinence de leur utilisation. Une fois encore, une telle question ne peut être tranchée par l'administration qui le met en place. Il faut que toutes les parties prenantes puissent s'exprimer sur son opportunité. Une autre question relevant du débat public est de définir les types de données collectés et traités et donc, de limiter le cercle de telles données. En tout état de cause, les données dites sensibles (origine ethnique, religion, etc.) ne peuvent pas être collectées et analysées. Il faut donc veiller à ce que des contournements à cette interdiction ne soient pas mis en place[1448]. Enfin, il faudrait aussi que le débat public se saisisse de la question concernant la provenance des données traitées. D'un point de vue de la protection des données personnelles, il semble dangereux que des opérateurs privés

---

[1446] Hubert Guillaud, « Peut-on armer la « transparence » des algorithmes ? », *op. cit.*

[1447] Conseil d'Etat, *Etude annuelle 2014 - Le numérique et les droits fondamentaux, op. cit.* p. 22.

[1448] V. en ce sens, *ibid.* p. 238-239 sur les difficultés de la mise en œuvre du principe de non-discrimination. Notamment, *l'interdiction de traiter de telles données peut être contournée par l'introduction d'autres variables, en apparence anodines, qui les révèlent avec un haut degré de probabilité. [...] En second lieu, [...] les modalités de mise en œuvre des algorithmes sont complexes et difficiles à comprendre [...]. C'est pourquoi le contrôle de la mise en œuvre des algorithmes, par les opérations de testing, peut être une manière efficace d'appréhender les discriminations dont ils seraient porteurs.* Dans la limite que la *capacité de voir le fonctionnement des algorithmes crée une illusion de transparence.* Hubert Guillaud, « Peut-on armer la « transparence » des algorithmes ? », *op. cit.*

(plateformes ou courtiers de données[1449]) puissent soumettre à une telle plateforme les données dont ils disposent. Même le croisement des données entre personnes publiques peut se révéler excessivement intrusif par rapport aux finalités du traitement, à l'égard du droit au respect de la vie privée des individus dont les données sont croisées. Le délai de sauvegarde des données traitées par le système et leur sécurité (limitation du cercle des personnes, des finalités de traitement, des niveaux de traitement, etc.) s'ajoutent à tous ces sujets.

842. En ce qui concerne les risques liés aux algorithmes prédictifs, le Conseil d'Etat en distingue encore un : « [s]i dans 99% des cas, la mesure prise est celle proposée par le système automatique, alors le système présenté comme une « aide à la décision » est en réalité un système de décision[1450] ». Il faut donc que dès la conception de la plateforme, il y ait des garde-fous l'empêchant de s'ériger en un système de décision, dont le premier est le contrôle humain des décisions prises par les algorithmes.

2. La possibilité du contrôle des décisions prises par les individus

843. Le contrôle des décisions produisant des effets juridiques résultant d'un traitement automatisé de données a été imposé par la directive n°95/46/CE du Parlement européen et du Conseil du 24 octobre 1995, transposée par la loi n° 2004-801 du 6 août 2004 modifiant la loi n°78-17 du 6 janvier 1978 relative à l'informatique, aux fichiers et aux libertés. L'art. 10 de la loi de 1978 dispose qu'« [a]ucune décision de justice impliquant une appréciation sur le comportement d'une personne ne peut avoir pour fondement un traitement automatisé de données à caractère personnel destiné à évaluer certains aspects de sa personnalité. Aucune autre décision produisant des effets juridiques à l'égard d'une personne ne peut être prise sur le seul fondement d'un traitement automatisé de données destiné à définir le profil de l'intéressé ou à évaluer certains aspects de sa personnalité ». Il est intéressant de noter que la proposition de règlement votée par le Parlement européen le 12 mars 2014 allait dans le même sens, en disposant que « le profilage conduisant à des mesures produisant des effets juridiques pour la personne concernée ou affectant de manière significative ses intérêts, droits ou libertés n'est pas fondé exclusivement ou principalement sur le traitement automatisé et inclut une appréciation humaine, y compris une explication de la décision prise à la suite de cette appréciation[1451] ». Pourtant, cet article ne fait pas partie

---

[1449] La question de l'encadrement des activités des courtiers de données dépasse les limites de cette étude. Il est possible néanmoins de noter qu'un tel encadrement est inévitable non seulement dans le cadre du concept d'e-démocratie mais également au sein de toute démocratie respectant les droits fondamentaux.

[1450] Conseil d'Etat, *Etude annuelle 2014 - Le numérique et les droits fondamentaux, op. cit.* p. 237.

[1451] Cité par *ibid.* p. 238.

de la version définitive du règlement. Son art. 22 consacré à la « Décision individuelle automatisée, y compris le profilage » contient des formulations plus modérées : « [l]a personne concernée a le droit de ne pas faire l'objet d'une décision fondée exclusivement sur un traitement automatisé, y compris le profilage, produisant des effets juridiques la concernant ou l'affectant de manière significative de façon similaire ». En outre, le traitement exclusivement automatisé peut toujours avoir lieu, s'il est nécessaire à la conclusion ou à l'exécution d'un contrat entre la personne et le responsable du traitement, à condition qu'il soit fondé sur le consentement explicite de la personne. Dans ce cas, le responsable du traitement est obligé d'assurer l'exercice du droit de la personne concernée à ce que la décision prise soit contrôlée, pour que la personne concernée puisse exprimer son point de vue et contester ladite décision. Enfin, les décisions résultant d'un traitement automatisé ne peuvent pas être fondées sur des données « sensibles » (origine ethnique, opinions politiques, convictions religieuses, etc.), sauf s'il y a consentement explicite de la personne ou des motifs d'intérêt public importants[1452]. En d'autres termes, il peut désormais y avoir des décisions produisant des effets juridiques, fondées exclusivement sur un traitement automatisé de données, sauf si la personne concernée refuse d'en être l'objet. Dans ce cas, il est très probable qu'elle ne puisse pas utiliser les services du responsable du traitement, si un tel traitement automatisé est nécessaire pour les fournir. Ce n'est donc que si la personne accepte d'être l'objet d'un tel traitement, qu'elle obtiendra le droit à un contrôle des décisions prises par les machines. Mais le consentement de la personne en cause dans cette perspective, est-il vraiment éclairé ou dicté par le souhait d'utiliser le service ? D'autre part, combien de personnes vont se prévaloir du droit prévu par l'art.22 du règlement ? Serait-il possible que le règlement confirme les inquiétudes du Conseil d'Etat, concernant les systèmes d'« aide à la décision » se transformant en systèmes de décision[1453] ?

844. Il apparaît qu'à l'ère numérique, le contrôle postérieur de toutes les décisions prises par les machines est privé de sens économique pour les responsables du traitement. Dans ce cas, il est possible d'appliquer les séquences de contrôle proposées par le Conseil d'Etat[1454] : le contrôle *ex ante* se focaliserait sur les facteurs permettant aux contrôleurs d'avoir une qualification, d'autres éléments d'information et une marge de manœuvre suffisants, pour modifier la décision proposée à l'issue d'un traitement automatisé. Le contrôle *ex post* évaluerait lui, le pourcentage de décisions

---

1452 V. l'art. 9 du Règlement (UE) 2016/679 du Parlement européen et du Conseil du 27 avril 2016 relatif à la protection des personnes physiques à l'égard du traitement des données à caractère personnel et à la libre circulation de ces données, et abrogeant la directive 95/46/CE (règlement général sur la protection des données), *op. cit.*

1453 V. par. 842.

1454 Conseil d'Etat, *Etude annuelle 2014 - Le numérique et les droits fondamentaux, op. cit.* p. 238.

proposées qui ont été suivies. C'est ainsi qu'il apparaîtrait si l'algorithme utilisé par le responsable du traitement est effectivement celui qui prend les décisions. En outre, le Conseil d'Etat[1455], se basant sur les travaux des professeurs américains de droit Kate Crawford et Jason Schulz, préconise la mise en œuvre de garanties de procès équitable, entourant l'application des algorithmes du *Big Data*. Au sens de la loi de 1978, il suffit que la personne concernée puisse présenter ses observations contestant la décision. En ce sens, le Conseil prend position pour l'élargissement du champ d'application et les conditions de mise en œuvre de la possibilité de présenter ses observations, en recourant si nécessaire au droit souple.

845. Pour remédier à l'asymétrie d'information inhérente à l'utilisation des algorithmes du Big Data, le Conseil adhère à la proposition du professeur de droit anglais Viktor Mayer-Schönberger et du journaliste américain Kenneth Cukier, de créer une profession d'algorithmiste. Ce serait des spécialistes en science informatique et en statistiques, soumis à une certaine déontologie et à des contrôles, comme les médecins. Leur tâche consisterait à procéder à des contrôles internes ou externes, pour vérifier la validité des algorithmes[1456]. Une proposition tout à fait opportune, dans la limite du fait que les algorithmes peuvent parfois errer ou mal fonctionner. L'observation de leur fonctionnement ne crée qu'une « illusion de transparence », car il ne semble pas possible d'inspecter tout leur code. Ce n'est qu'en toute lucidité sur les limites de leur contrôle par des moyens humains qu'il est possible d'introduire la prise de décisions automatiques ayant des effets juridiques concernant les individus.

846. En ce qui concerne le contrôle des gouvernants au sein de l'e-démocratie, il est nécessaire d'élargir davantage les moyens d'un contrôle par les individus des algorithmes utilisant les *Big Data* et l'IA.

§2. Les moyens de contrôle effectué par les individus

847. « Pris ensemble, les cinq [Gafam[1457]] sont parmi les plus grands investisseurs en recherche et développement sur la planète[1458] ». En 2017, ils investiront soixante milliards de dollars. Pour comparer, en 2015, le gouvernement fédéral américain a dépensé soixante-sept milliards en recherche non liée à la défense, notamment 1,1 milliard en recherche relative

---

1455 *Ibid.* p. 239.

1456 *Ibid.*

1457 L'acronyme pour Google, Apple, Facebook, Amazon et Microsoft.

1458 Farhad Manjoo, « Google, Not the Government, Is Building the Future », *The New York Times*, 17/05/2017. [réf. 20/10/2017], v.: https://www.nytimes.com/2017/05/17/technology/personaltech/google-not-the-government-is-building-the-future.html. *Collectively, the five are among the biggest investors in research and development on the planet.*

à l'intelligence artificielle. L'auteur avance qu'étant donné que de tels investissements privés ne sont pas contrebalancés par ceux gouvernementaux, cette situation peut inquiéter. En effet, la recherche privée est naturellement véhiculée par des intérêts privés qui ne coïncident pas forcément avec les intérêts publics. Dans cette perspective, l'augmentation des dépenses gouvernementales sur la recherche dans le domaine de l'IA est préconisée[1459]. Dans le cadre de l'e-démocratie, une telle augmentation doit être complétée par l'introduction de moyens de contrôle à long terme **(A)**, ainsi qu'à court terme **(B)**, afin de permettre le développement efficace mais encadré, des nouvelles techniques de gouvernance.

A. Le contrôle à long terme

848. Un tel contrôle devrait être fondé sur un plan stratégique de recherche et d'application des technologies **(1)** qui serait le fruit d'un large débat sociétal **(2)**.

1. Le plan stratégique de recherche et d'application des technologies de gouvernance

849. A l'heure actuelle, la société globale semble se trouver à la charnière de deux ères : industrielle et numérique. Cette étape se caractérise par un décalage entre les avancements des technologies inhérents à l'ère numérique et le droit et l'éthique propres à l'ère industrielle (même si corrigés par l'idée de postmodernité), qui ne sont pas adaptés pour saisir ces avancements technologiques. Etant donné leur caractère inédit, il est difficile de prédire les conséquences de leur application[1460]. Dans ce but, l'éthique pourrait servir de garde-fou pour limiter certaines recherches qui auraient des conséquences indésirables pour la société. Cependant, l'éthique de l'ère industrielle n'est pas capable de le faire, alors qu'il faut du temps pour que la nouvelle éthique de l'ère numérique apparaisse. C'est pour cela qu'il est crucial qu'en l'absence de nouvelle éthique qui limiterait naturellement la recherche scientifique, le droit se saisisse dès à présent de l'élaboration de garde-fous permettant

---

[1459] *Ibid.*

[1460] V. en ce sens, Tim Higgins, « Elon Musk Lays Out Worst-Case Scenario for AI Threat. Powerful technology will threaten all human jobs, could even spark a war, Tesla CEO says », *The Wall Street Journal*, 15/07/2017. [réf. 20/10/2017], v.: https://www.wsj.com/articles/elon-musk-warns-nations-governors-of-looming-ai-threat-calls-for-regulations-1500154345?mod=mktw ; Peter Holley, « Bill Gates on dangers of artificial intelligence: 'I don't understand why some people are not concerned' », *The Washington Post*, 29/01/2015. [réf. 20/10/2017], v.: https://www.washingtonpost.com/news/the-switch/wp/2015/01/28/bill-gates-on-dangers-of-artificial-intelligence-dont-understand-why-some-people-are-not-concerned/?utm_term=.31de2eb5a821 ; Rory Cellan-Jones, « Stephen Hawking warns artificial intelligence could end mankind », *BBC*, 02/12/2014. [réf. 20/10/2017], v.: http://www.bbc.com/news/technology-30290540.

d'encadrer la recherche, tant privée que publique, par les considérations de l'intérêt public.

850. Les avancements technologiques s'opèrent dans plusieurs domaines : les voitures sans conducteur, la modification du génome, l'immunothérapie du cancer, etc. Cette étude va se focaliser sur celles qui sont susceptibles d'être utilisées au sein de l'e-démocratie en tant que supports de nouvelles techniques de gouvernance et ainsi, avoir un impact sur son fonctionnement et les droits fondamentaux y correspondant. Au premier rang se trouvent les technologies du *Big Data* et l'intelligence artificielle. Il faut noter que la recherche concernant ces technologies est menée essentiellement dans le privé et « ces entités n'ont pas de mécanisme intégré garantissant que tout le monde bénéficie de ces avancées. [...] Les intentions et les motivations de leurs créateurs seront des facteurs majeurs pour déterminer leur impact. [...] Si le développement de l'IA est entièrement mené par des entreprises à but lucratif, il est probable que ces systèmes seront déployés au profit d'une seule organisation et d'un seul groupe de personnes[1461] ». L'éthique scientifique n'est toutefois pas absente de la recherche dans les entreprises privées. Elles publient régulièrement des articles relatifs aux résultats de leurs recherches et permettent aux compagnies tierces d'accéder à certaines de leurs dernières technologies d'IA[1462]. Cependant, l'éthique peut potentiellement entrer en conflit avec des intérêts privés. Dans ce cas, l'un des risques de la recherche non encadrée et, en outre, incitée par des motifs économiques est qu'elle puisse sortir des mains des chercheurs et provoquer des conséquences irréparables. Pour l'instant, ce risque n'est pas avéré, mais il existe déjà des cas où une recherche aurait été arrêtée parce qu'elle ne se passait pas comme prévu. Par exemple, une recherche au sein de Facebook afin de créer des *chatbots* (agents conversationnels) basés sur une intelligence artificielle a été arrêtée, les chatbots ayant créé leur propre langue, incompréhensible pour les humains. Facebook a pourtant démenti les allégations selon lesquelles la recherche aurait être interrompue en raison de l'alarme éthique[1463]. Quelle que soit la raison, il n'est pas possible de nier que « les IA peuvent évoluer de manière invisible pour nous. En d'autres termes, nous n'avons pas nécessairement une idée de la raison pour laquelle un programme ou un

---

[1461] Farhad Manjoo, « Google, Not the Government, Is Building the Future », *op. cit. [T]hese entities don't have a built-in mechanism to ensure that everyone benefits from advances. [...] [T]he intent and motivations of their creators will be major factors in determining their impact. [...] If A.I. development is done entirely in for-profit companies, then these systems are likely to be deployed to benefit just one organization and group of people.*

[1462] *Ibid.*

[1463] Corrected: Facebook AI Bot Scare Debunked. Reports over an AI bot research project were hype, *Inc.com*. [réf. 20/10/2017], v.: https://www.inc.com/thomas-koulopoulos/facebook-may-have-just-shown-what-elon-musk-bill-g.html?cid=sf01002&sr_share=facebook. *A.I. can evolve in ways that are invisible to us. In other words, we don't necessarily have any idea why a program or a device powered by A.I. is doing what it's doing, because its decisions and actions go far beyond what it was told to do.*

périphérique alimenté par IA font ce qu'ils font, car leurs décisions et leurs actions vont bien au-delà de ce qu'il leur a été dit de faire[1464] ». Dans cette perspective, il est crucial d'assurer qu'il y ait des garde-fous permettant d'éviter des risques à grande échelle, tout en développant la recherche. De plus, il est inquiétant de voir que même parmi les entrepreneurs les plus avancés dans le domaine, il n'y ait pas d'accord sur le sujet, ce que le dernier débat entre Mark Zuckerberg et le fondateur de Tesla Motors et SpaceX Elon Musk a montré[1465].

851. C'est dans cette perspective qu'un plan stratégique de la recherche et de l'application des technologies en général et notamment dans la gouvernance est nécessaire. En effet, plusieurs chercheurs et entrepreneurs américains plaident déjà pour l'élaboration d'un tel plan et proposent ses contours dans une lettre ouverte[1466]. Dans un document joint esquissant des priorités de la recherche et son encadrement, il est possible de trouver par exemple une section portant sur le droit et l'éthique de la recherche. Parmi les questions de la réglementation des armes autonomes ou de l'éthique professionnelle des chercheurs se trouve le sujet des politiques publiques. Le document pose deux questions principales : (1) quels sont les domaines dans lesquels les politiques publiques doivent intervenir et comment ? et (2) comment évaluer l'opportunité d'une politique publique ?[1467] En effet, la difficulté est que les technologies progressent trop vite, il faudrait donc une réglementation efficace très adaptable, afin de réduire les risques inhérents. Face à ces défis inédits, les auteurs soulignent la nécessité d'entamer une réflexion multidisciplinaire incluant des informaticiens, des juristes, des politologues et des éthiciens[1468].

852. Etant donné que les résultats d'une telle réflexion ont pour vocation d'être au cœur de la réglementation encadrant l'IA et ainsi d'affecter non seulement les producteurs de l'IA, mais ses utilisateurs, donc tout un chacun, un large débat public est nécessaire.

[1464] *Ibid.*

[1465] Mark Zuckerberg thinks AI fearmongering is bad. Elon Musk thinks Zuckerberg doesn't know what he's talking about, *Re/code*. [réf. 20/10/2017], v.: https://www.vox.com/2017/7/25/16026184/mark-zuckerberg-artificial-intelligence-elon-musk-ai-argument-twitter.

[1466] An Open Letter. Research Priorities for Robust and Beneficial Artificial Intelligence, *Future of Life Institute*. [réf. 20/10/2017], v.: https://futureoflife.org/ai-open-letter.

[1467] Stuart Russell *et al.*, « Research Priorities for Robust and Beneficial Artificial Intelligence », *AI Magazine* 2015, p. 105-114. [réf. 20/10/2017], v.: https://futureoflife.org/data/documents/research_priorities.pdf?x56934. p.107. *(1) What is the space of policies worth studying, and how might they be enacted? (2) Which criteria should be used to determine the merits of a policy?*

[1468] *Ibid.*

2. *La nécessité d'un large débat public sur le développement et l'application des algorithmes de gouvernance*

853. En février 2017, le Parlement européen a voté une résolution appelant la Commission européenne de proposer un cadre normatif relatif aux règles de droit civil sur la robotique et l'intelligence artificielle. Selon lui, « l'humanité se trouve à l'aube d'une ère où les robots, les algorithmes intelligents, les androïdes et les autres formes d'intelligence artificielle, de plus en plus sophistiquées, semblent être sur le point de déclencher une nouvelle révolution industrielle qui touchera probablement toutes les couches de la société, il est d'une importance fondamentale pour le législateur d'examiner les conséquences et les effets juridiques et éthiques d'une telle révolution, sans pour autant étouffer l'innovation[1469] ». Notamment, le Parlement invitait la Commission et les Etats membres d'encourager la recherche, relative à des risques et perspectives à long terme de l'intelligence artificielle, et l'ouverture d'un dialogue public sur les conséquences du développement de ces technologies « le plus rapidement possible ». Le législateur européen soulignait aussi la nécessité d'actualiser et de compléter le cadre juridique européen, en se fondant sur des principes éthiques de référence, afin de mettre au point un cadre éthique couvrant toutes les étapes du développement et de l'utilisation des robots[1470].

854. La résolution parlementaire ne visait pas spécialement les algorithmes de gouvernance, plutôt ceux de la vie courante (véhicules autonomes, robots médicaux, etc.). Cependant, en citant en tant que principes généraux s'appliquant aux concepteurs, producteurs et opérateurs des robots, les lois de la robotique d'Asimov :

> « 1) Un robot ne peut attenter à la sécurité d'un être humain, ni, par inaction, permettre qu'un être humain soit mis en danger.
> 2) Un robot doit obéir aux ordres d'un être humain, sauf si ces ordres entrent en conflit avec la première loi.
> 3) Un robot doit protéger sa propre existence tant que cela n'entre pas en conflit avec la première ou la deuxième loi.[1471] »

le législateur européen semble prendre position sur l'existence des robots tueurs[1472]. Outre-Atlantique, leur utilisation par les forces de l'ordre a été déjà entamée, ce qui donne lieu à plusieurs préoccupations face au vide juridique

---

[1469] Parlement européen, Résolution du 16 février 2017 contenant des recommandations à la Commission concernant des règles de droit civil sur la robotique (2015/2103(INL)), *op. cit.*

[1470] *Ibid.*

[1471] *Ibid.*

[1472] La résolution évoque aussi le grand potentiel de l'utilisation des robots pour accomplir des tâches dangereuses et nocives pour les humains, en soulignant cependant qu'elle peut *entraîner son propre lot de nouveaux risques. Ibid.*

entourant leur application[1473]. En 2016, la police de Dallas a pour la première fois utilisé un robot armé d'une bombe pour tuer un tireur. Selon certaines recherches[1474], environ sept cents robots tueurs ont été vendus par le Pentagone à la police, sans que les policiers se soient entraînés avec la rigueur des militaires ni aient de règles précises de l'utilisation de ces robots. La nécessité d'un débat public sur la possibilité même d'utiliser les robots tueurs pour le maintien de l'ordre public est à nouveau soulignée[1475].

855. Dans le cadre de l'e-démocratie, un large débat public sur le développement et l'utilisation des IA aux fins de gouvernance serait nécessaire[1476]. Comme il a été montré plus haut[1477], des systèmes de contrôle des pouvoirs publics par les gouvernés et ceux de contrôle des gouvernés par les gouvernants sont assez proches. Les premiers peuvent être transformés en second si les gouvernés ne sont pas suffisamment vigilants. Dans cette perspective, il est crucial de définir les principes généraux et les garde-fous entourant la conception et l'utilisation de tels systèmes. A l'heure actuelle, la difficulté principale de l'organisation d'un débat public sur les perspectives de l'utilisation de ces technologies semble être l'absence de réponses des pouvoirs publics aux questions sous-jacentes, relatives à l'incidence sur l'emploi, de la généralisation des technologies. La résolution susmentionnée[1478] appelle en ce sens à une réflexion sur l'avenir de l'éducation, de l'emploi et des politiques sociales. Le Parlement estime que ce sont plutôt les emplois moins qualifiés qui sont menacés et plaide pour la réorientation des personnes vers des emplois plus créatifs. En réalité, les nouvelles technologies ont déjà pénétré des métiers de la traduction[1479], de

---

1473 The Future of Police Robots Began Last Year - Where Is It Now?, *The Ringer*. [réf. 20/10/2017], v.: https://www.theringer.com/2017/7/28/16078098/police-robots-dallas-police-department-906c429ce823.

1474 Bard University's Center for the Study of the Drone, *Law Enforcement Robots Datasheet*, Annandale-on-Hudson, 2016. [réf. 20/10/2017], v.: http://dronecenter.bard.edu/law-enforcement-robots-datasheet/. p. 2.

1475 The Future of Police Robots Began Last Year - Where Is It Now?, *op. cit.*

1476 Sur la nécessité d'un débat public sur le futur des technologies d'IA v. Stanford University, *"Artificial Intelligence and Life in 2030." One Hundred Year Study on Artificial Intelligence: Report of the 2015-2016 Study Panel*, Stanford, CA, 2016. [réf. 20/10/2017], v. : http://ai100.stanford.edu/2016-report. et Conseil d'Etat, *Etude annuelle 2017 - Puissance publique et plateformes numériques : accompagner l'«ubérisation», op. cit.* p.110.

1477 V. par. 836, 837.

1478 Parlement européen, Résolution du 16 février 2017 contenant des recommandations à la Commission concernant des règles de droit civil sur la robotique (2015/2103(INL)), *op. cit.*

1479 Alexis Piraina, « Skype propose la traduction automatique pour tous sur Windows », *Numérama*. [réf. 20/10/2017], v. : http://www.numerama.com/tech/138788-skype-propose-la-traduction-automatique-pour-tous-sur-windows.html.

l'assurance[1480] ou du notariat[1481]. Ainsi, les risques politiques d'entamer une discussion publique sur des questions si angoissantes sont considérables. Les gouvernants essaient donc de l'éviter. Les propos d'Axelle Lemaire, ancienne secrétaire d'Etat française, sont significatifs : « la destruction des emplois « n'est pas la bonne manière d'aborder le sujet », [...] les emplois vont « se transformer » et non être « détruits » par l'IA[1482] ». Un autre exemple : sous la pression de l'industrie de la robotique, le Parlement européen a refusé de discuter des conséquences de l'utilisation de l'IA sur le marché du travail et notamment, a rejeté une proposition de créer un impôt sur l'utilisation des robots destinée à financer les allocations chômage et la réorientation des travailleurs privés d'emploi à cause des robots[1483]. Encore une fois, la logique inhérente du fonctionnement du régime représentatif peut devenir un frein pour le développement durable de la société à l'ère numérique.

856. Un autre obstacle découle du premier : un déficit d'information du grand public sur le sujet, notamment à cause de sa complexité technique. En ce sens, certains préconisent la formation du public : « [t]ous ces sujets sont encore très anxiogènes en France. Il faut faire beaucoup de formation pour les remettre à leur juste place[1484] ». Un certain éclairage est certes nécessaire, pour mieux comprendre les enjeux du débat. Pourtant, il faut principalement une volonté politique pour poser des questions assez simples à la société, telles que « Voulez-vous que la police utilise les robots tueurs ? », assorties des « pros » et « contra » d'une telle utilisation.

857. En tout état de cause, un tel débat semble inévitable, « pour ne pas avoir à adopter et à vivre avec des normes définies par d'autres, c'est-à-dire des pays tiers qui sont eux aussi à la pointe du développement de la robotique et de l'intelligence artificielle[1485] ». Etant donné qu'en Europe en 2020, une pénurie de plus de huit cent mille professionnels des TIC sera constatée[1486], il semble qu'encore une fois, les chercheurs et les producteurs outre-Atlantique aient la possibilité d'imposer leurs règles et leur éthique aux utilisateurs européens.

858. Excepté le plan stratégique et les normes encadrant la conception et l'utilisation des technologies de gouvernance, servant de moyens de contrôle

---

[1480] L'Intelligence artificielle menace-t-elle nos emplois ?, *PublicSénat*. [réf. 20/10/2017], v. : https://www.publicsenat.fr/article/societe/l-intelligence-artificielle-menace-t-elle-nos-emplois-53282.

[1481] Blockchains publiques : l'inquiétude des notaires, *Bitcoin.fr*. [réf. 20/10/2017], v. : https://bitcoin.fr/blockchains-publiques-linquietude-des-notaires/.

[1482] L'Intelligence artificielle menace-t-elle nos emplois ?, *op. cit.*

[1483] X., « European parliament calls for robot law, rejects robot tax », *Reuters*, 16/02/2017. [réf. 20/10/2017], v. : http://www.reuters.com/article/us-europe-robots-lawmaking-idUSKBN15V2KM.

[1484] L'Intelligence artificielle menace-t-elle nos emplois ?, *op. cit.*

[1485] Parlement européen, Résolution du 16 février 2017 contenant des recommandations à la Commission concernant des règles de droit civil sur la robotique (2015/2103(INL)), *op. cit.*

[1486] *Ibid.*

à long terme, il y a lieu d'introduire également, des moyens de contrôle à court terme.

B. Le contrôle à court terme

859. Le contrôle à court terme s'effectue principalement par le biais des e-jurys populaires **(1)** dont le fonctionnement doit assurer leur efficacité **(2)**.

1. Les e-jurys populaires pour juger les résultats de la gouvernance

860. Dans sa résolution sur la robotique, le Parlement européen souligne « qu'un développement et une utilisation accrus des processus décisionnels automatiques et algorithmiques ont sans aucun doute une incidence sur les choix opérés par les personnes privées (comme les entreprises ou les internautes) et les autorités administratives, judiciaires ou autres autorités publiques lorsqu'elles prennent une décision en tant que consommateur, entreprise ou autorité; qu'il est nécessaire d'intégrer des garanties et des possibilités de contrôle et de vérification par l'homme dans les processus décisionnels automatiques et algorithmiques[1487] ». Si sur le long terme, le contrôle public de conception et d'application des algorithmes est une mesure appropriée, il faudrait la compléter par les moyens de contrôle à court terme, autrement dit, contrôler les résultats des processus décisionnels par les algorithmes. Un tel contrôle pourrait s'effectuer par des e-jurys.

861. Les e-jurys peuvent être conçus à l'instar du tribunal populaire d'Athènes aux -V-IV siècles, *l'Héliée*. Pour rappel[1488], 6.000 membres du tribunal populaire ont été tirés au sort parmi des volontaires et représentaient toutes les entités administratives athéniennes (les tribus). Le jour de l'audience, il y avait un nouveau tirage au sort pour composer les 10 sections du tribunal. En fonction de l'affaire à juger, les sections comprenaient de 201 à 401 héliastes pour les affaires privées et de 501 à 1.501 héliastes pour les publiques. Cette composition très nombreuse, suivant la règle de double aléa (dans la composition du tribunal et des sections), assurait la représentativité et une certaine impartialité du tribunal. Sauf le jugement des affaires, le tribunal assurait également la *dokimasia* des magistrats, un examen de capacité légale, avant de prendre la fonction (seuls les citoyens âgés de plus de 30 ans ayant acquitté leurs devoirs civiques et religieux pouvaient le passer), ainsi que *l'euthyna*, la reddition des comptes, à la fin de leur mandat ou en cas de destitution, avant d'être nommé à un autre poste, de quitter le pays ou même de disposer librement de sa propriété. C'est la procédure de reddition des comptes qui servirait d'exemple pour le contrôle des résultats de la gouvernance par les individus. A Athènes, elle comportait deux volets :

[1487] *Ibid.*

[1488] Pour plus de détails, v. par. 91 et s.

politique et financier[1489], gérés par des magistrats spécialisés : les *euthynes* (pour le contrôle politique) et les *logistes* (pour le contrôle financier). La décision définitive appartenait à *l'Héliée*. Dans l'e-démocratie, il est proposé d'instituer un quatrième pouvoir de contrôle[1490]. Etant donnée la taille de l'Etat actuel et la diversité des tâches qu'il assure, il convient de réaliser un contrôle par l'intermédiaire des algorithmes[1491]. Ce sont eux qui seraient les *euthynes* et les *logistes* numériques. Les résultats de leur contrôle seraient d'abord supervisés par les membres du quatrième pouvoir puis, contrôlés par les e-jurys populaires, l'équivalent de *l'Héliée* à l'ère numérique.

862. Cela veut dire que le contrôle des pouvoirs publics serait permanent et automatique. Comme il a été montré plus haut[1492], dans cette e-démocratie, le peuple définit les priorités de l'action publique, choisit les gouvernants en fonction de leurs programmes conçus pour atteindre ses priorités, puis contrôle leur performance. Le contrôle s'effectue lui aussi par plusieurs moyens : durant le mandat, par la possibilité de contrer les décisions des gouvernants ou de saisir leur responsabilité par le biais du quatrième pouvoir et à la fin du mandat, par le contrôle automatique doublé du contrôle des e-jurys. Dans cette perspective, les e-jurys doivent-ils juger les résultats du travail de tous les gouvernants ? A Athènes, *l'Héliée* jugeait tous les magistrats (donc tous les membres du pouvoir exécutif) à la fin de leur mandat. Etant donné que selon des sources différentes, les citoyens athéniens comptaient de trente mille à soixante mille personnes, le nombre des magistrats passant par la reddition de comptes était d'environ 1.100-1.200 (plus de 600 magistratures civiles, plus de 30 magistratures militaires et 500 *bouleutes*[1493]), donc 2 à 3,7 pour cent des citoyens passaient annuellement par cette procédure. Ils étaient jugés par les sections de *l'Héliée* comprenant de 501 à 1.501 membres (au total 6.000, soit 10 à 20 pour cent des citoyens), donc 1,7 à 2,5 pour cent des citoyens par affaire. Transposés à la taille d'un état contemporain tel que la France, cela donne la proportion de 1,3 à 2,5 millions de gouvernants jugés par 1,1 à 1,7 million de citoyens, par affaire (au total 6,7 à 13,4 millions de citoyens). Considérant qu'à la dernière élection présidentielle, 47,6 millions de citoyens ont été inscrits sur les listes électorales dont la majorité est âgée de plus de 30 ans, il serait théoriquement possible d'y calquer la procédure athénienne. Pourtant, il semble qu'un tel nombre de procès serait exagéré et peu utile. A Athènes, étant donné la population peu nombreuse, tous les magistrats étaient « en vue » des citoyens, plusieurs personnes pouvaient témoigner ou poser des questions informées lors de *l'euthyna* et ainsi assurer son utilité. A l'échelle des états

---

[1489] Pour plus de détails, v. par. 162 et s.

[1490] V. en ce sens, par. 217 et s., 257 et s., et par. 756.

[1491] V. en ce sens, par. 833, 834.

[1492] V. par. 749.

[1493] V. par. 89, 90.

contemporains, cela serait difficile à faire, puisqu'en règle générale, seuls les gouvernants les plus haut placés sont visibles à tous les citoyens. Il semble donc qu'il soit plus opportun de répondre à cette question en fonction du contexte de l'état particulier entendant introduire l'e-démocratie. Il serait possible par exemple d'appliquer un cadre territorial à ce type de procès, en jugeant les gouvernants locaux par les citoyens locaux. Aussi, il serait possible de se focaliser sur les cas où soit le contrôle par les algorithmes a donné de mauvais résultats[1494], soit des plaintes contre les gouvernants particuliers ont été déposées par les citoyens lésés, auprès du quatrième pouvoir.

863. Quel que soit le champ d'intervention des e-jurys, il convient de considérer leur fonctionnement.

2. *Le fonctionnement des e-jurys*

864. Pour un fonctionnement efficace, les e-jurys doivent être représentatifs, leur composition doit assurer la prise de décisions impartiales et des règles entourant leur activité doivent mettre en œuvre ces principes. En premier lieu, en ce qui concerne la représentativité des jurys, il faut veiller à ce que leur composition soit conçue de sorte que toutes les catégories socioprofessionnelles y soient présentes. Il semble peu utile de reconfigurer à cette fin la division administrative de l'état, comme Clisthène l'avait fait en créant les tribus « administratives », mélangeant ainsi la population athénienne pour assurer sa représentativité aux institutions politiques[1495]. Il faudrait donc réfléchir à la meilleure façon d'atteindre cette représentativité en fonction des différents contextes.

865. En deuxième lieu, relativement à l'impartialité des e-jurys, il convient de noter que leur composition diversifiée et surtout nombreuse peut déjà constituer un fondement des décisions impartiales. Il faut donc d'abord réfléchir sur le nombre des membres des e-jurys, assez grand pour assurer leur impartialité, assez réduit pour garder leur efficacité et ne pas surcharger les citoyens d'un travail fastidieux généré par une participation trop fréquente. Puis, à l'instar de la procédure athénienne, il serait opportun de moduler le nombre des jurés en fonction de l'importance de l'affaire, notamment du rang du gouvernant en cause ou de la gravité des irrégularités constatées. Enfin, il est nécessaire également d'imposer le caractère aléatoire de leur composition. Dans cette perspective, faut-il limiter par les volontaires le cercle de personnes à partir desquelles les jurys sont composés, sur l'exemple athénien, ou faut-il que tous participent à cette charge citoyenne, à l'instar des jurés américains ? Ce choix est aussi à faire en fonction du contexte, même s'il apparaît que la composition sur la base du volontariat pourrait assurer non seulement

---

[1494] Dans ce cas, il faut prêter encore plus d'attention à la transparence des algorithmes et au contrôle des résultats de leur fonctionnement.

[1495] V. par. 90.

l'impartialité, mais également une certaine efficacité des e-jurys, puisque seules les personnes motivées participeraient dans ce cas. Il existe une troisième voie : imposer ce travail comme un devoir civique en y subordonnant le paiement d'un revenu de base. En tout état de cause, l'aléa nécessiterait un tirage au sort, soit parmi les volontaires, soit parmi tous les citoyens éligibles.

866. En troisième lieu, s'agissant de l'efficacité du fonctionnement des e-jurys, comme leur appellation l'indique, ils sont censés fonctionner en ligne. Le procès où les demandeurs (comprenant éventuellement les personnes physiques lésées par les actions ou l'inaction du gouvernant) et les défendeurs, y compris obligatoirement le gouvernant lui-même, serait transmis à tous les membres du jury, en temps réel. Il faudrait également que tous les membres puissent poser des questions au défendeur. Il convient en ce sens de réfléchir à la façon dont un tel procès, potentiellement très long, peut être mené de manière dynamique et efficace.

867. En quatrième lieu, il convient d'aborder la procédure d'adoption des décisions de l'e-jury. Le vote doit-il être majoritaire (et si oui, avec quel seuil de votes) ou consensuel ? Dans les deux cas, il est opportun d'assurer une certaine flexibilité dans la prise de décisions ; par exemple, d'imposer la règle selon laquelle plus la sanction risque d'être grave, plus la majorité est requise, jusqu'au consensus pour les sanctions les plus graves. Dans cette perspective, il faudrait réfléchir aux sanctions possibles. A Athènes, par exemple, les gouvernants condamnés par *l'Héliée* étaient passibles du paiement d'une amende (s'ils étaient condamnés de détournement de fonds publics ou de délits moins graves), d'exil et de la peine de mort[1496]. Comme le soutient Gustave Glotz, « [q]uant aux amendes, elles n'étaient si nombreuses que parce que la dignité du citoyen paraissait inconciliable depuis Solon avec les peines privatives de la liberté. L'emprisonnement, aussi bien que la détention préventive, pouvait convenir aux métèques ; la flagellation, aux esclaves ; ce n'étaient pas des sanctions applicables à des Athéniens[1497] ». En outre, il est important de noter qu'après que la peine ait été purgée, les gouvernants pouvaient revenir à la vie politique (dans le cas de délits moins graves). A l'heure actuelle, ni la peine de mort ni l'exil ne constituent des sanctions envisageables et la pratique athénienne des amendes au décuple dans le cas d'une faute grave dans le maniement de fonds publics[1498], semble peu réalisable, étant donné la taille des budgets publics contemporains. D'autre part, une responsabilité purement politique semble trop légère en tant que sanction, surtout dans le cadre des affaires de corruption ou de détournement

---

[1496] Владислав Петрович Бузескул, *История афинской демократии*, [Vladislav Buzeskul, Histoire de la démocratie athénienne], *op. cit.* p. 257-258.
[1497] Gustave Glotz, *La cité grecque*, Paris, la Renaissance du Livre, 1928. [réf. 20/10/2017], v. : http://gallica.bnf.fr/ark:/12148/bpt6k921268/f26.item. p. 30.
[1498] *Ibid.* p. 266.

de fonds publics. En tout état de cause, il faut bien distinguer les cas où les erreurs de gouvernance ont été malintentionnées ou provoquées par la négligence, l'absence d'expérience particulière ou tout simplement dictées par de bonnes intentions. Dans le cadre de l'e-démocratie, la gouvernance est un métier civique qui s'apprend. Suivant une telle logique, le procès ne se fait pas pour condamner, mais pour vérifier que ce métier est correctement appris. La sanction infligée sert elle aussi à apprendre et après avoir appris, de retourner dans la vie de la cité pour, cette fois, gouverner mieux.

868. En décrivant le fonctionnement de l'Héliée, Gustave Glotz souligne que « [d]ès qu'une affaire touchait à la politique, le prétoire se changeait en assemblée publique : les juges ne se défendaient plus de céder aux entraînements de parti, la partialité se déguisait en justice. Aussi bien la loi n'avait-elle qu'à se taire là où le sentiment de la responsabilité professionnelle était remplacé par l'orgueil d'une souveraineté irresponsable[1499] ». Même si cela était possible dans certains cas, surtout vers la fin de régime démocratique à Athènes, il semble toutefois que ces propos soient exagérés. Si le tribunal populaire fonctionnait de cette manière, il ne serait pas resté en place pendant deux siècles. D'une façon ou d'une autre, il aurait été supprimé puisque les héliastes d'un jour étaient censés gouverner un autre jour, chacun pouvait donc être jugé par le tribunal populaire. Pourtant, il est vrai qu'un tel tribunal peut effectivement servir d'arme dans la lutte politique. Il est essentiel alors d'assurer sa composition nombreuse et aléatoire pour réduire la partialité à son minimum.

1499 *Ibid.* p. 295.

CONCLUSION DU TITRE SECOND

869. L'autodétermination de l'individu et l'autodétermination collective d'une association d'individus « Etat » semblent être deux facettes du même droit. En effet, c'est la liberté de la personne au sens large dont certains éléments sont reconnus par le droit positif. Cependant, elle est encore très loin de sa vraie et complète reconnaissance juridique, dans les limites de la vie en société certes, parmi lesquelles se trouvent l'ordre public ou la liberté des autres membres de la société. Néanmoins, en tant que régime politique promouvant la liberté, la démocratie en général et l'e-démocratie en particulier, requièrent cette reconnaissance au niveau des normes. En outre, l'autodétermination de l'individu est censée avoir plusieurs déclinaisons dont certaines sont déjà acquises, telles que l'autodétermination informationnelle ou personnelle. Dans le concept d'e-démocratie envisagé ici, il est proposé de considérer l'autodétermination politique comme une autre déclinaison du principe général d'autodétermination faisant fonctionner et développer le concept. Afin d'atteindre le degré nécessaire d'autonomie et d'autodétermination chez les individus, le droit à l'éducation constitue encore un instrument juridique indispensable. A l'heure actuelle, ce droit occupe une place relativement marginale dans la réflexion juridique, tandis que pour l'e-démocratie, ce droit devient essentiel.

870. L'introduction de l'e-démocratie peut nécessiter non seulement une reformulation de certaines notions théoriques telles que la souveraineté ou la représentation, mais aussi, au niveau plus pratique, de tels concepts classiques que l'égalité du vote ou le principe majoritaire. Son introduction nécessite une nouvelle culture politique et citoyenne plus démocratique et plus flexible. Elle permettrait d'ajuster le fonctionnement du régime politique aux besoins de l'individu, en quelque sorte de le « personnaliser ». Dans cette perspective, le concept de la démocratie délégative peut être intéressant en tant que moyen de personnalisation du régime politique « sur mesure » de l'individu, sous réserve que le problème technique « vérification du vote – secret du vote » soit résolu.

D'ailleurs, cette nouvelle culture politique peut également imposer une nouvelle approche au vote. Le principe majoritaire et le choix binaire peuvent céder la place à l'exigence du consensus et la recherche de formules convenables à (presque) tous. Dans les communautés à forte population, ce ne sera certes possible qu'avec l'aide des TIC. Il existe déjà des exemples de mise en œuvre de cette nouvelle approche, qui peuvent témoigner d'une tentative d'aller plus loin que le simple principe majoritaire[1500]. D'ailleurs, la pratique politique a démontré que ce dernier peut devenir dangereux pour la cohésion de la communauté politique.

871. Conjointement, les principes de gouvernance devraient être repensés. Le numérique offre des moyens inédits de reddition des comptes par les gouvernants. Elle peut ainsi se transformer d'une action ponctuelle et facultative (en vertu du principe de représentation), en un processus permanent, automatique, public et universel. Ainsi, le principe *d'accountability*[1501] pourrait-il devenir effectif et véritablement façonner le fonctionnement du régime conçu comme la « surveillance du pouvoir par la société[1502] ». Dans cette perspective, deux questions essentielles se posent : (1) comment assurer le contrôle du fonctionnement des algorithmes de contrôle et (2) comment assurer que le-s système-s *d'accountability* ne deviennent pas le-s système-s de contrôle des gouvernés par les gouvernants ? En ce qui concerne la première question, les deux principaux moyens s'imposent : la transparence des algorithmes comprise au sens large et le contrôle humain *ex post* des résultats de leur fonctionnement. Pour la deuxième question, il semble que les moyens de contrôle exposés plus haut, ainsi que le débat public sur l'avenir des algorithmes en général et sur la conception et la mise en œuvre de-s système-s *d'accountability* en particulier, assortis de la vigilance constante de la société, puissent prévenir le risque d'assujettissement par l'intermédiaire des algorithmes des gouvernés par les gouvernants.

[1500] Simultanément, la création de prototypes de l'ordinateur quantique dépassant la logique binaire peut aussi en quelque sorte servir d'exemple de changement de paradigme de la prise de décisions.

[1501] V. par. 832.

[1502] Pierre Rosanvallon, *La contre-démocratie : la politique à l'âge de la défiance*, *op. cit.*p. 38.

CONCLUSION DE LA SECONDE PARTIE

872. Dans un premier temps, les droits fondamentaux, supports essentiels de l'e-démocratie, ont été analysés. Après cette analyse, un constat inquiétant peut être fait : les libertés et les droits les plus fondamentaux, tels que la liberté d'expression et, surtout, le droit au respect de la vie privée sont, en ligne, violés de manière inédite. En ce qui concerne les droits politiques qui seraient au fondement du concept d'e-démocratie proposé ici, ce sont les droits les moins développés, en comparaison avec d'autres droits fondamentaux, dans le cadre européen. Il a été montré que l'obstacle principal à leur développement est la diversité des régimes politiques européens. Ainsi, toute tentative d'aller plus loin est considérée comme une prémisse à l'instauration d'un régime européen unifié. Dans ces conditions, l'avenir de l'e-démocratie semble moins prometteur, étant donné que ses supports essentiels sont fragilisés ou non suffisamment développés.

873. Dans un second temps, une autre composante essentielle de l'environnement de l'e-démocratie a été envisagée, à savoir son encadrement constitutionnel possible et ses principes essentiels, en lien avec les principes politiques. En ce qui concerne le traitement constitutionnel, il a été analysé en deux temps : comme un essai d'identification des droits fondamentaux indispensables au bon fonctionnement du concept et comme une tentative d'esquisser les grandes lignes du cadre constitutionnel de ce dernier. Ce cadre se compose de notions essentielles : le peuple, la souveraineté, la représentation, les pouvoirs constitutionnels et leur coordination en coopération avec le pouvoir du peuple souverain. En ce qui concerne les moyens constitutionnels, le corpus d'instruments de l'e-démocratie constitue l'aspect concret du fonctionnement du concept d'e-démocratie.

L'introduction de l'e-démocratie rend possible la réflexion sur le changement du paradigme de la prise de décisions politiques et des principes de gouvernance. Aujourd'hui, les décisions politiques sont prises sur la base de la suprématie du principe majoritaire et de l'incontestabilité du principe « one man, one vote ». L'introduction de l'e-démocratie permet de reconsidérer ces principes et leur cadre constitutionnel grâce à l'émergence de nouvelles pratiques politiques, telles que l'exigence du consensus et la démocratie délégative. Enfin, certains principes de gouvernance, notamment *l'accountability*, ont été envisagés, afin de montrer qu'ils devront eux aussi être repensés. Au lieu de surveiller les gouvernés par le biais des outils numériques, il faut que les avancements technologiques permettent d'introduire le contrôle accru des gouvernants par les gouvernés, tout en respectant les droits fondamentaux et les principes démocratiques essentiels. Dans cette perspective, ces avancements doivent être orientés par une réflexion commune et un débat public de toutes les parties prenantes, alors que les résultats du fonctionnement d'un tel contrôle doivent, à leur tour, être contrôlés et évalués.

CONCLUSION GÉNÉRALE

874. Le concept d'e-démocratie est conçu comme un régime politique mettant en œuvre l'exercice de la souveraineté par le peuple. Cela ne veut pas dire qu'il exclut la représentation. En effet, le rôle du peuple souverain, dans ce cadre, ne consiste pas en l'exercice permanent de la souveraineté, mais en un contrôle des représentants au sens large et en la possibilité de contrer leurs décisions. L'idée est d'appliquer le modèle de gouvernance utilisé au sein de l'entreprise dans la pratique politique. Le peuple, c'est-à-dire l'ensemble des résidents jouissant de droits politiques, forme une association libre d'individus réunis par les buts qu'ils attribuent à cette association politique. Leur souveraineté, conçue comme leur puissance de décision, est exercée soit par le peuple lui-même, soit par les gestionnaires, en vertu du mandat octroyé par le peuple. Les membres du peuple deviennent les « propriétaires » et les « investisseurs » de l'entreprise « Etat », autrement dit, de leur association. Ainsi, ils obtiennent le pouvoir de décision relatif à la définition des objectifs de leur association, au choix des gestionnaires, au contrôle de leur performance et à leur révocation. Le principe véhiculé par ce concept consiste à subordonner et à intérioriser le pouvoir politique au peuple souverain, suivant les idées d'Alexis de Tocqueville[1503].

875. Etant donné qu'une telle association politique serait nécessairement une société des minorités très diversifiée, il est proposé de construire un accord social minimal sur la base des valeurs fondamentales qui feront le consensus. La détection de telles valeurs consensuelles dans des sociétés très nombreuses ne pourrait s'effectuer que par le biais du numérique. Dans le sillage de Jean-Jacques Rousseau, la volonté générale dégagée ainsi peut « seule diriger les forces de l'Etat », puisque « [c]'est ce qu'il y a de commun dans ces différents intérêts qui forme le lien social ; et s'il n'y avait pas quelque point dans lequel tous les intérêts s'accordent, nulle société ne saurait exister. Or, c'est uniquement sur cet intérêt commun que la société doit être gouvernée[1504] ».

876. La gestion quotidienne de l'« Etat » dans sa nouvelle acception serait assumée par les gestionnaires. La mise en œuvre de la souveraineté effective

---

[1503] Alexis de Tocqueville, *De la démocratie en Amérique I (1835). Première partie.* Une édition électronique réalisée à partir de la 13e édition, *op. cit.* p.53.

[1504] Jean-Jacques Rousseau, *Du contrat social ou principes du droit politique, op. cit.* p.16.

du peuple et l'introduction du contrôle populaire des pouvoirs publics nécessitent en effet de repenser le lien gouvernants-gouvernés. Dans cette perspective, il est proposé d'abord d'élargir le cercle de représentants, en y incluant tous les pouvoirs constitutionnels, et de leur donner un autre nom, des gestionnaires, pour exclure la connotation à la seule fonction législative. Puis, le renouvellement du lien gouvernants-gouvernés passe par l'introduction d'un nouveau type de mandat, le mandat gestionnaire, qui pourrait permettre la mise en œuvre du contrôle des gestionnaires. Le mandat gestionnaire est conçu comme la fusion des mandats représentatif et impératif : il combinera une certaine marge de liberté nécessaire à l'heure actuelle à l'exercice du pouvoir politique avec la possibilité du contrôle des gestionnaires. Enfin, pour institutionnaliser ce contrôle, la création d'un quatrième pouvoir contrôleur est envisagée. Sous son égide, plusieurs organes déjà existants de contrôle des pouvoirs publics seraient regroupés ce qui permettrait de systématiser et de généraliser un tel contrôle alors que son statut constitutionnel le rendra plus efficace.

877. Envisageant l'instauration du contrôle du pouvoir politique, le concept d'e-démocratie ne demande pas d'intervention populaire permanente et universelle. Elle ne serait nécessaire que pour la définition des valeurs fondamentales. Puis, ce n'est que dans les cas où les décisions prises par les pouvoirs publics seraient contraires à la volonté générale que le peuple pourrait intervenir directement. Pour ce faire, l'e-initiative populaire serait indispensable, pour déclencher un référendum, une révocation ou lancer un contrôle politique d'un gestionnaire. Le contrôle financier serait en revanche obligatoire et régulier et sera effectué par les algorithmes. Pour contrôler les résultats d'un tel contrôle algorithmique, des e-jurys populaires seraient institués, qui devront trancher en dernier ressort.

Le concept n'est néanmoins pas fermé à la participation permanente. Elle peut s'effectuer à l'aide d'une panoplie d'instruments d'e-démocratie, panoplie prenant son origine dans les travaux du Conseil de l'Europe en la matière, mais élargie grâce à l'apparition des nouveaux instruments qui n'y ont pas été prévus. En outre, la souveraineté effective du peuple s'exprimant en droit d'initiative conçu au sens large permettrait de l'élargir davantage, au fur et à mesure du développement du numérique et de la culture participative.

878. L'e-démocratie met en évidence le lien déjà révélé par plusieurs juristes entre la démocratie et les droits fondamentaux. Avec l'e-démocratie, ce lien devient évident. En effet, l'avènement du numérique a permis de remettre en cause l'exercice de plusieurs droits fondamentaux en ligne, dont le plus vulnérable serait le droit au respect de la vie privée confrontée à la surveillance généralisée des Etats et des opérateurs internet privés. Le droit à la liberté d'expression est lui aussi violé par le blocage des sites internet, l'apparition de la censure privée et les menaces inédites à la liberté d'opinion. Ces droits sont fondamentaux non seulement pour l'homme, mais aussi pour le fonctionnement de la démocratie. C'est ainsi qu'ils conditionnent la

possibilité même de l'introduction de l'e-démocratie, et réciproquement cette dernière peut devenir un moyen d'assurer leur protection. En effet, si internet est utilisé pour exercer la souveraineté, il doit être protégé des distorsions informatiques, de la surveillance, de l'intrusion généralisée dans la vie privée des individus. Ainsi, l'e-démocratie peut devenir non seulement un outil d'exercice de la souveraineté par le peuple, mais aussi un moyen de protection des droits et libertés en ligne.

879. Dans cette perspective, l'autodétermination[1505] serait un principe d'interprétation des droits fondamentaux menacés à l'ère numérique. Accompagné d'autres nouveaux droits indispensables à la réalisation et au fonctionnement du concept, le droit à l'autodétermination deviendrait la pierre angulaire du concept d'e-démocratie. Ce dernier permet en ce sens une mise en œuvre des idées de Georg Hegel en ce que l'histoire de l'humanité progresse vers la libération de l'individu[1506] et de Georges Burdeau qui remarquait que la démocratie est intrinsèquement liée à la liberté[1507]. La démocratie en tant que régime politique est censée servir à l'autodétermination de l'individu et de la collectivité d'individus et ainsi, à leur libération. Il est possible de noter en ce sens qu'au niveau juridique, le niveau de développement du droit à l'autodétermination peut indiquer le niveau de développement de la démocratie politique, autrement dit de l'exercice effectif de la souveraineté par le peuple.

880. Dans le cadre de cette recherche, le droit à l'autodétermination informationnelle, déjà existant en Allemagne et dont certains aspects sont prévus par le nouveau règlement européen 2016/679 (RGPD)[1508], est développé, afin de permettre aux individus de se protéger eux-mêmes contre les ingérences possibles dans leur vie privée en ligne[1509]. Un tel développement est d'autant plus nécessaire qu'en premier lieu, les contours de la vie privée sont propres à tout un chacun qui peut, en outre, les concevoir différemment en fonction du traitement, de son responsable, de son objet et de ses conséquences. En deuxième lieu, il ne semble pas possible d'assurer par le biais du juge la protection étatique de la vie privée de tout un chacun à l'ère numérique, tandis qu'en troisième lieu, vu le caractère ubiquitaire d'internet, il semble peu faisable pour un utilisateur de s'adresser directement à chaque responsable du traitement, pour exercer par exemple son droit à l'oubli numérique. Il convient ainsi de prévoir des moyens techniques, afin de gérer

---

[1505] L'autodétermination, conçue comme un principe en vertu duquel l'individu est libre de choisir les traits de son identité, son mode de vie au sens large et d'établir et de développer ses relations avec d'autres individus et le monde extérieur, est à la base de toute liberté publique (Jean Rivero). Plus généralement, elle serait donc à la base de la liberté elle-même.

[1506] Georg W. F. Hegel, *La philosophie de l'histoire*, *op. cit.* p. 64.

[1507] Georges Burdeau, *La démocratie*, *op. cit.* p. 15.

[1508] V. par. 624 et s.

[1509] V. dans le même sens François Lhemery, Marie-Charlotte Roques-Bonnet, « Peering into the Future of Privacy », *op. cit.* p.433 et s.

de telles situations, intégrés par défaut : d'une part, pour effectuer la veille et la protection de sa réputation ainsi qu'envoyer les demandes d'effacement aux responsables du traitement (au moins en ce qui concerne l'obligation d'information des tiers) ; d'autre part, pour protéger les contours de sa vie privée en encadrant la collecte, l'utilisation, la sauvegarde et l'effacement de ses données par les responsables du traitement, par le biais du paramétrage du navigateur et de la négociation de machine à machine.

881. Plus fondamentalement, le principe d'autodétermination serait au fondement du droit à la participation politique, dont la reconnaissance juridique serait nécessaire pour appuyer l'exercice de la souveraineté effective par le peuple. En effet, il est possible de poser la question de savoir si l'exercice de la souveraineté peut être considéré comme un droit fondamental ? Il a été montré que le droit à la participation, permettant un tel exercice, le peut. En tout état de cause, il le faut dans le cadre du concept d'e-démocratie proposé. Ainsi, l'autodétermination individuelle se conjuguerait avec l'autodétermination collective, pour fonder la puissance originaire de décision du peuple, la souveraineté.

882. En ce qui concerne d'autres droits, une liste étendue des droits fondamentaux du citoyen-internaute, nécessaires à l'ère numérique, a été déjà proposée par Marie-Charlotte Roques-Bonnet dans sa thèse[1510]. Pour cette raison, cette recherche ne se concentre que sur certains d'entre eux qui nécessitent une considération particulière dans son cadre. En premier lieu, le droit à l'éducation serait un instrument juridique dans un système de formation des personnes autonomes et capables de s'autodéterminer, ayant une culture et des compétences démocratiques. Etant donné que le concept proposé se base sur l'autodétermination, un tel droit serait lui aussi à son fondement. Un tel droit serait également indispensable pour promouvoir l'éducation au numérique[1511]. En deuxième lieu, le droit à la liberté d'expression a été considéré. Il comprend deux volets : la liberté d'opinion et la liberté de recevoir et de communiquer des informations. Il a été montré que le caractère absolu de la première se trouve anéanti à l'ère numérique où « les mécanismes de formation de l'opinion évoluent et exposent les individus à des risques importants[1512] ». Ainsi, il est possible d'analyser la surveillance généralisée, mise en œuvre par l'Etat et les opérateurs internet privés, ainsi que les attaques à la neutralité d'internet comme violant directement la liberté d'opinion à laquelle la Conv.EDH octroie la protection absolue, rendant impossible toute

---

[1510] V. le contenu de la proposition dans Marie-Charlotte Roques-Bonnet, *La Constitution et l'Internet. op. cit.* p.367 et s. développée dans Marie-Charlotte Roques-Bonnet, *Le droit peut-il ignorer la révolution numérique ?, op. cit.* p.399 et s.

[1511] Henri Oberdorff, *La démocratie à l'ère numérique, op. cit.*p.169.

[1512] Nations Unies, Assemblée générale. Conseil des droits de l'homme. Vingt-neuvième session. *Rapport du Rapporteur spécial sur la promotion et la protection du droit à la liberté d'opinion et d'expression David Kaye, op. cit.* p.9.

ingérence[1513]. Le second volet de la liberté d'expression comprend le droit d'accès à l'information, aujourd'hui en construction par la CEDH et qui, dans le cadre de l'e-démocratie, devient crucial. En effet, ce droit, qui doit devenir un droit-créance, revigorerait le concept de transparence, conçue suivant la logique de la primauté de la décision étatique quant à l'ouverture informationnelle. En troisième lieu, le droit d'accès à internet serait encore un droit fondamental à l'ère de l'e-démocratie. En ce qui concerne sa mise en œuvre pratique, il convient d'envisager ce droit comme ayant à son fondement le service universel, complété par la notion d'accès universel (les points d'accès à internet ouvert au public) et de service public (la formation au numérique).

883. Enfin, pour assurer le fonctionnement efficace du concept proposé et l'exercice paisible des droits fondamentaux qui le conditionnent, l'encadrement constitutionnel d'internet devient nécessaire. Certes, il ne saurait être efficace sans être complétée par la reconnaissance du statut unique d'internet au niveau international et, par conséquent, par la limitation des activités étatiques et privées qui peuvent violer sa neutralité, liberté, ainsi que d'autres principes fondamentaux[1514].

884. Le concept d'e-démocratie ainsi conçu permet de répondre aux défis inédits, amenés par le changement civilisationnel : la société des minorités, le capital social libéré par l'avènement de la robotique, ainsi que le poids croissant du fardeau de la décision, supporté par les pouvoirs publics. Dans le cadre du concept, les minorités étant circonstancielles et changeantes, il semble opportun de les appréhender en termes de peuple, afin de les saisir au niveau conceptuel. Leur implication naturelle dans la formation concurrentielle de la volonté générale permettrait d'employer le capital social libéré. De cette manière, la charge de la décision qui ne cesse d'ailleurs de s'accroître, notamment en raison de l'émergence du numérique, serait partagée avec les individus. En effet, cela serait profitable non seulement pour les pouvoirs publics qui n'arrivent parfois plus à gérer toutes les questions de la vie publique, mais aussi pour les individus, qui seront associés directement à l'exercice du pouvoir politique et seront donc plus autonomes et mieux protégés dans l'exercice de leurs droits.

885. En conclusion, il convient de noter en premier lieu que le droit ne peut pas rester indifférent à la réflexion générale et surtout interdisciplinaire, réunissant des politologues, économistes, géographes, sociologues, psychologues, anthropologues, historiens et, bien sûr, mathématiciens et informaticiens, consacrée à l'avenir de la démocratie à l'ère numérique. Une telle réflexion commune serait essentielle en ces jours de défis inédits, mettant en question la survivance de la démocratie représentative, voire la cohésion

---

1513 *Ibid.*

1514 V. par ex. Jordane Arlettaz, « La révolution numérique est-elle une révolution démocratique ? », *op. cit.* p.42 et s.

de la société. Il est l'heure de sortir de l'espace étanche de l'autorégulation de la classe politique, pour intégrer cette dernière à la société.

En deuxième lieu, il apparaît que l'ère numérique marque le passage de l'humanité vers une nouvelle étape de son développement. L'ère agraire se caractérisait par l'absorption de l'individu par la famille, le commun prévalait sur l'individuel. L'ère industrielle a permis l'émancipation de l'individu, voire l'individualisme qui dictait la suprématie de l'individuel sur le commun. L'ère numérique constituerait une période historique où il faudrait synthétiser les deux modèles. L'individu doit pouvoir devenir un membre actif de la société, tout en gardant son individualité. En termes juridiques, il faudrait trouver l'équilibre entre l'autodétermination de la personne et l'intérêt général. Seules les personnes autonomes, capables de s'autodéterminer, de protéger les frontières de leur espace personnel et simultanément, de concilier leurs intérêts privés avec l'intérêt de la communauté au nom des valeurs fondamentales communes, pourraient véhiculer l'e-démocratie. Même si l'éducation et la culture démocratiques cruciales ici[1515], se trouvent hors de la portée du droit, ce dernier doit agir de manière proactive, anticipatrice, en permettant de fixer les valeurs fondamentales et en assurant les droits fondamentaux nécessaires. C'est seulement en coopération avec d'autres disciplines, tout en gardant ses frontières, que le droit pourrait contribuer au développement de la démocratie à l'ère numérique.

[1515] V. Aristote, *La politique, op. cit.* Livre III, Ch. XII, §1.

BIBLIOGRAPHIE

I. Références en français

A. Ouvrages

1. Ouvrages généraux

BERGEL Jean-Louis, *Méthodologie juridique*, Paris, PUF, 2001.

BIOY Xavier, *Droits fondamentaux et libertés publiques*, Issy-les-Moulineaux, LGDJ, Lextenso éditions, 2014.

BOULOC Bernard, MATSOPOULOU Haritini, *Droit pénal général et procédure pénale*, Paris, Sirey, 2014.

CHEVALLIER Jacques, *Science administrative*, 5e édition, Paris, PUF, 2013.

CONSTANTINESCO Vlad, PIERRÉ-CAPS Stéphane, *Droit constitutionnel français*, Paris, PUF, 2010.

CORNU Gérard, *Vocabulaire juridique*, 11e édition, Paris, PUF, 2011.

DÉCAUX Emmanuel, de FROUVILLE Olivier, *Droit international public*, Paris, Dalloz, 2012.

DUHAMEL Olivier, MÉNY Yves, *Dictionnaire constitutionnel*, Paris, Presses universitaires de Paris, 1992.

FAVOREU Louis *et al.*, *Les grandes décisions du Conseil constitutionnel*, 15e édition, Paris, Dalloz, 2011.

FAVOREU Louis *et al.*, *Droit constitutionnel*, Paris, Dalloz, 2015.

FAVOREU Louis *et al.*, *Droit des libertés fondamentales*, 7e édition, Paris, Dalloz, 2015.

GAUTHIER Catherine *et al.*, *Droit européen des droits de l'Homme*, Paris, Dalloz, 2017.

GICQUEL Jean, GICQUEL Jean-Éric, *Droit constitutionnel et institutions politiques*, 26e édition, Paris, Montchrestien, 2012.

GICQUEL Jean, GICQUEL Jean-Éric, *Droit constitutionnel et institutions politiques*, 30e édition, Issy-les-Moulineaux, LGDJ, 2016.

GUINCHARD Serge, DEBARD Thierry, *Lexique des termes juridiques 2014*, 21e édition, Paris, Dalloz, 2013.

GUINCHARD Serge, DEBARD Thierry, *Lexique des termes juridiques 2016-2017*, 24e édition, Paris, Dalloz, 2016.

GUINCHARD Serge *et al.*, *Institutions juridictionnelles*, Paris, Dalloz, 2013.

HAMON Francis, TROPER Michel, *Droit constitutionnel*, Paris, LGDJ, 2013.

HAMON Francis, TROPER Michel, *Droit constitutionnel*, Issy-les-Moulineaux, LGDJ, 2016.

HAURIOU Maurice, *Précis de droit administratif et de droit public*, Paris, Dalloz, 2002.

HENNETTE-VAUCHEZ Stéphanie, ROMAN Diane, *Droits de l'Homme et libertés fondamentales*, 2e édition, Paris, Editions Dalloz, 2015.
KELSEN Hans, *Théorie générale du droit et de l'État*, Paris, Bruylant LGDJ, 1997.
LAVROFF Dmitri Georges, *Principes généraux du droit constitutionnel*, Bordeaux, Librairie Montaigne, 2000.
LOMBARD Martine *et al.*, *Droit administratif*, Paris, Dalloz, 2013.
MÉLIN-SOUCRAMANIEN Ferdinand, *Libertés fondamentales*, Paris, Dalloz, 2016.
MÉLIN-SOUCRAMANIEN Ferdinand, PACTET Pierre, *Droit constitutionnel*, 35e édition, Paris, Dalloz, 2017.
MILACIC Slobodan, *Science politique. DEUG 2ème année*, Bordeaux, Mon livre, 2004.
MORAND-DEVILLER Jacqueline, *Droit administratif*, Issy-les-Moulineaux, LGDJ - Lextenso éd., 2015.
OBERDORFF Henri, *Droits de l'homme et libertés fondamentales*, Issy-les-Moulineaux, LGDJ, Lextenso éditions, 2015.
OBERDORFF Henri, *Droits de l'homme et libertés fondamentales*, Issy-les-Moulineaux, LGDJ, 2017.
PACTET Pierre, MÉLIN-SOUCRAMANIEN Ferdinand, *Droit constitutionnel*, 32e édition, Paris, Dalloz, 2013.
PONTHOREAU Marie-Claire, *Droit(s) constitutionnel(s) comparé(s)*, Paris, Economica, 2010.
RANJEVA Raymond, CADOUX Charles, *Droit international public*, Vanves, EDICEF, 1992.
RENUCCI Jean-François, *Droit européen des droits de l'homme*, Paris, LGDJ, Lextenso éditions, 2012.
RENUCCI Jean-François, *Droit européen des droits de l'homme : droits et libertés fondamentaux garantis par la CEDH*, 6e édition, Paris, LGDJ - Lextenso Editions, 2015.
RIVERO Jean, MOUTOUH Hugues, *Libertés publiques. Tome 1*, Paris, PUF, 2003.
RIVERO Jean, MOUTOUH Hugues, *Libertés publiques. Tome 2*, Paris, PUF, 2003.
ROUVILLOIS Frédéric, *Droit constitutionnel. 1. Fondements et pratiques*, Paris, Flammarion, 2017.
SUDRE Frédéric, *Droit européen et international des droits de l'homme*, 12e édition refondue, Paris, PUF, 2015.
TROPER Michel, CHAGNOLLAUD Dominique, *Traité international de droit constitutionnel. Tome I : Théorie de la Constitution*, Paris, Dalloz, 2012.
TRUCHET Didier, *Droit administratif*, 5e édition, Paris, PUF, 2013.
TÜRK Pauline, *Principes fondamentaux de droit constitutionnel*, Issy-les-Moulineaux, Gualino, 2017.

VEDEL Georges, *Manuel élémentaire de droit constitutionnel. Réédition présentée par Guy Carcassonne et Olivier Duhamel*, Paris, Dalloz, 2002.
VEDEL Georges, *Cours de droit constitutionnel et d'institutions politiques*, Paris, Les cours de droit, 1959.
VERPEAUX Michel *et al.*, *Droit constitutionnel. Les grandes décisions de la jurisprudence*, Paris, PUF, 2010.
VILLIERS Michel de, DIVELLEC Armel Le, *Dictionnaire du droit constitutionnel*, Paris, Sirey, 2015.
ZOLLER Elisabeth, *Introduction au droit public*, Paris, Dalloz, 2013.

2. Ouvrages spéciaux

ARENDT Hannah, *Du mensonge à la violence : essais de politique contemporaine*, Paris, Calmann-Lévy, 1972.
ARLETTAZ Jordane, BONNET Julien, *Pouvoirs et démocratie en France*, SCÉRÉN CNDP-CRDP, 2012.
AUER Andreas *et al.*, *Droit constitutionnel suisse. Vol. I. L'Etat*, Berne, Stämpfli Edition SA, 2006.
BASTID Paul, *Sieyès et sa pensée*, Paris, Librairie Hachette, 1970.
BLONDIAUX Loïc, *Le nouvel esprit de la démocratie : actualité de la démocratie participative*, Paris, Seuil, 2008.
BOBBIO Norberto, *Le futur de la démocratie*, Paris, Éditions du Seuil, 2007.
BRUNET Pierre, *Vouloir pour la nation : le concept de représentation dans la théorie de l'État*, Paris, LGDJ, 2004.
BURDEAU Georges, *La démocratie*, Paris, Ed. du Seuil, 1966.
BURDEAU Georges, *Traité de science politique. Tome VIII, La démocratie et les contraintes du nouvel âge*, Paris, Librairie générale de droit et de jurisprudence, 1974.
CALLON Michel *et al.*, *Agir dans un monde incertain : essai sur la démocratie technique*, Paris, Seuil, 2001.
CAMBY Jean-Pierre, *Le Conseil constitutionnel, juge électoral*, 5e édition, Paris, Dalloz, 2009.
CANTEGREIL Julien, *L'E-justice ; suivi de Dialogue et pouvoir*, Paris, Dalloz, 2011.
CARDON Dominique, *La démocratie Internet : promesses et limites*, Paris, Seuil, 2010.
CARDON Dominique, *A quoi rêvent les algorithmes. Nos vies à l'heure des big data*, Paris, Editions du Seuil et La République des Idées, 2015.
CASTELLS Manuel, *La société en réseaux*, Paris, Fayard, 1998.
CASTETS-RENARD Céline, *Droit de l'internet : droit français et européen*, 2e édition, Paris, Lextenso éditions, 2012.
CASTORIADIS Cornelius, *La Cité et les lois*, Paris, Editions du Seuil, 2008.
CHEVALLIER Jacques, *L'État post-moderne*, 3e édition, Paris, LGDJ-Lextenso éd., 2008.

FUSTEL DE COULANGES Numa Denys, *La cité antique*, Paris, Flammarion, 1984.
DAHMANI Ahmed *et al.*, *La démocratie à l'épreuve de la société numérique*, Paris, GEMDEV, 2007.
DECHENAUD David, (Ed). *Le droit à l'oubli*, Grenoble, Mission de recherche "Droit et justice", 2014.
DELEMOTTE Bernard, *Le droit de vote des étrangers, une histoire de quarante ans*, Amiens, Licorne, 2017.
DUEZ Paul, *Les actes de gouvernement*, Paris, Dalloz, 2006.
FAURÉ Christine, *Des manuscrits de Sieyès. 1773-1799*, Paris, Honoré Champion Editeur, 1999.
FAURÉ Christine, *Des manuscrits de Sieyès. T. II 1770-1815*, Paris, Honoré Champion éditeur, 2007.
FINLEY Moses, *Démocratie antique et démocratie moderne*, Paris, Payot, 2003.
FORMERY Simon-Louis, *La Constitution commentée article par article*, 15e édition, Paris, Hachette supérieur, 2012.
GAUDEMONT Christelle de, MALIGNER Bernard, *Code électoral*, Paris, Dalloz, 2015.
GESLOT Christophe, FOREY Elsa, *Internet, machines à voter et démocratie*, Paris, L'Harmattan, 2011.
GICQUEL Jean *et al.*, *La démocratie représentative devant un défi historique*, Bruxelles, Bruylant, 2006.
GLOTZ Gustave, *Études sociales et juridiques sur l'Antiquité grecque*, Paris, Librairie Hachette et Cie, 1906.
GUGLIELMI Gilles J., IHL Olivier, *Le vote électronique*, Issy-les-Moulineaux, LGDJ-Lextenso éd., 2015.
HAMILTON Alexander *et al.*, *Le Fédéraliste*, Paris, Economica, 1988.
HAMON Francis, *Le référendum : étude comparative*, 2e édition, Paris, LGDJ, 2012.
HANSEN Mogens H., *La démocratie athénienne à l'époque de Démosthène*, Paris, Les belles lettres, 1993.
HAYES Graeme, OLLITRAULT Sylvie, *La désobéissance civile*, Paris, Presses de Sciences Po, 2012.
HEGEL Georg W. F., *La philosophie de l'histoire*, Paris, Librairie Générale Française, 2009.
HOURQUEBIE Fabrice, *Sur l'émergence du contre-pouvoir juridictionnel sous la Vème République*, Bruxelles, Bruylant, 2004.
HOURQUEBIE Fabrice, *Le pouvoir juridictionnel en France*, Paris, LGDJ-Lextenso éd., 2010.
HOURQUEBIE Fabrice, PONTHOREAU Marie-Claire, *La motivation des décisions des cours suprêmes et cours constitutionnelles*, Bruxelles, Bruylant, 2012.

JELLINEK Georg, *L'État moderne et son droit. Deuxième partie. Théorie juridique de l'État*, Paris, Ed. Panthéon-Assas, 2005.
KANT Emmanuel, *Métaphisique des mœurs. Première partie. Doctrine du droit*, Paris, Librairie philosophique J.Vrin, 1993.
KELSEN Hans, *La démocratie : sa nature, sa valeur*, 2e édition, Paris, Dalloz, 2004.
LAUVAUX Philippe, *Les grandes démocraties contemporaines*, Paris, PUF, 2004.
LÉCUYER Yannick, *L'européanisation des standards démocratiques*, Rennes, PUR, 2011.
LÉVY Pierre, *Cyberdémocratie : essai de philosophie politique*, Paris, O. Jacob, 2001.
MACOVEI Monica, *Liberté d'expression. Un guide sur la mise en œuvre de l'article 10 de la Convention européenne des Droits de l'Homme*, Strasbourg, Conseil de l'Europe, 2003.
MALBERG Raymond Carré de, *Contribution à la théorie générale de l'Etat*, Paris, Dalloz, 2003.
MANIN Bernard, *Principes du gouvernement représentatif*, Paris, Flammarion, 2012.
MICCHIELLI Roger, *Opinions et changement d'opinion*, Paris, ESF-Entreprise moderne d'édition - Librairies techniques, 1988.
MILACIC Slobodan, *De l'âge idéologique à l'âge politique : l'Europe postcommuniste vers la démocratie pluraliste (1989-2009). écrits d'accompagnements*, Bruxelles, Bruylant, 2010.
MONTESQUIEU Charles-Louis de Secondat, *De l'esprit des lois*, Paris, Flammarion, 2008.
OBERDORFF Henri, *La démocratie à l'ère numérique*, Grenoble, Presses universitaires de Grenoble, 2010.
RENOUX Thierry, *Le Conseil constitutionnel et l'autorité judiciaire*, Paris, Economica, 1984.
ROAGNA Ivana, *La protection du droit au respect de la vie privée et familiale par la Convention européenne des droits de l'homme. Série des précis sur les droits de l'homme du Conseil de l'Europe*, Strasbourg, Conseil de l'Europe, 2012.
ROQUES-BONNET Marie-Charlotte, *Le droit peut-il ignorer la révolution numérique ?*, Paris, Michalon, 2010.
ROSANVALLON Pierre, *Le peuple introuvable : histoire de la représentation démocratique en France*, Paris, Gallimard, 2002.
ROSANVALLON Pierre, *La démocratie inachevée : histoire de la souveraineté du peuple en France*, Paris, Gallimard, 2003.
ROSANVALLON Pierre, *La contre-démocratie : la politique à l'âge de la défiance*, Paris, Éd. du Seuil, 2008.
ROSANVALLON Pierre, *La légitimité démocratique : impartialité, réflexivité, proximité*, Paris, Éd. du Seuil, 2008.

ROSANVALLON Pierre, *La société des égaux*, Paris, Ed. du Seuil, 2011.
ROSANVALLON Pierre, *Le parlement des invisibles*, Paris, Éd. du Seuil, 2014.
ROUSSEAU Dominique, *Radicaliser la démocratie. Propositions pour une refondation*, Paris, Ed. du Seuil, 2015.
ROUSSEAU Dominique *et al.*, *Droit du contentieux constitutionnel*, 9e édition, Issy-les-Moulineaux, LGDJ-Lextenso éditions, 2016.
SCHNEIER Bruce, *Cryptographie appliquée : protocoles, algorithmes et codes source en C*, 2e édition, Paris, Vuibert, 2001.
SIEYÈS Emmanuel-Joseph, « Préliminaire de la Constitution », in *Ecrits politiques*, Paris, Ed. des archives contemporaines, 1985.
SINTOMER Yves, BACQUÉ Marie-Hélène, *La démocratie participative : histoire et généalogie*, Paris, Ed. la Découverte, 2011.
SUNSTEIN Cass R., *Vers une e-démocratie*, Paris, Bayard, 2004.
THOREAU Henry David, *La désobéissance civile*, Paris, Mille et une nuits, 1996.
TOFFLER Alvin, *La troisième vague, essai*, Paris, Denoël, 1980.
TOFFLER Alvin, TOFFLER Heidi, *Créer une nouvelle civilisation : la politique de la troisième vague*, Paris, Fayard, 1995.
TOURAINE Alain, *Qu'est-ce que la démocratie ?* Paris, Fayard, 1994.
TOUVET Laurent, DOUBLET Yves-Marie, *Droit des élections*, Paris, Economica, 2014.
TRONQUOY Philippe, *Les nouvelles dimensions de la citoyenneté*, Paris, La Documentation française, 2003.
VANBREMEERSCH Nicolas, *De la démocratie numérique*, Paris, Seuil, 2009.
VELU Jacques, ERGEC Rusen, *La convention européenne des droits de l'homme. Extrait du Répertoire pratique du droit belge*, Bruxelles, Bruylant, 1990.
VERBIEST Thibault, WÉRY Etienne, *Le droit de l'internet et de la société de l'information. Droits européen, belge et français*, Bruxelles, Larcier, 2001.
WISLER Dominique, *La démocratie genevoise*, Chêne-Bourg, Georg éd., 2008.

◦ ***Thèses***

CHALANOULI Christina, *Kant et Dworkin. De l'autonomie individuelle à l'autonomie privée et publique*, Thèse de doctorat en philosophie du droit, dir. François VALLANÇON, Paris II, 2010.
HOUILLON Grégory, *Le lobbying en droit public*, Thèse de doctorat en droit public, dir. Frédéric ROUVILLOIS, Paris-Descartes, 2012.
HOURQUEBIE Fabrice, *Le juge sous la Vème République, entre pouvoir et contre pouvoir. Contribution au débat sur la notion de contre-pouvoir*, Thèse

de doctorat ès Sciences Juridiques, dir. Slobodan MILACIC, Université Montesquieu-Bordeaux IV, 2003.
KAFKA Charikleia, *L'autonomie personnelle. Etude des jurisprudences de la Cour Européenne des Droits de l'Homme, de la Cour Suprême des Etats-Unis d'Amérique et de la Cour Suprême du Canada*, Thèse pour le doctorat de droit public, soutenue le 8 octobre 2012, dir. Rémy HERNU, Université de Picardie Jules Verne, 2012.
LÉCUYER Yannick, *Les droits politiques dans la jurisprudence de la Cour européenne des droits de l'homme*, Thèse de doctorat en droit public, dir. Joël ANDRIANTSIMBAZOVINA, Dalloz, 2009.
LEVADE Anne, *Souveraineté et compétences des Etats*, dir. Jean-Jacques ISRAËL, Université Paris XII, 1997.
ROQUES-BONNET Marie-Charlotte, *La Constitution et l'Internet*, Thèse de doctorat en droit public, dir. Lucien RAPP, Université Toulouse 1 - Sciences sociales, 2008.

◦ ***Ouvrages non publiés***

DUBOS Olivier, Cours de droit administratif de M2 Droit public fondamental, Université de Bordeaux 2014.
PONTHOREAU Marie-Claire, Cours de droit constitutionnel. 1ère année, Université de Bordeaux 2014.

B. Articles, contributions

AUBY Jean-Bernard, « La réutilisation des données publiques », *Droit Administratif* 2011, 8, n°repère 8.
AUBY Jean-Bernard, « Le droit administratif français vu du droit comparé », *AJDA* 2013, p. 407 et s.
BEAUD Olivier, « Le droit de vote des étrangers : l'apport de la jurisprudence constitutionnelle allemande à une théorie du droit de suffrage », *RFDA, 1992*, p. 409.
BEAUD Olivier, BLANQUER Jean-Michel, « Le principe d'irresponsabilité. La crise de la responsabilité politique sous la Ve République », *Le Débat* 2000, n°108, p. 32-44.
BEN ACHOUR Yadh, « Le régime représentatif, modèle constitutionnel indépassable », in *La démocratie représentative devant un défi historique*, Bruxelles, Bruylant, 2006, p. 283-294.
BENHAMOU Bernard, « Les dimensions internationales de la souveraineté numérique », *Nouveaux Cahiers du Conseil constitutionnel* 2017, n°57, p. 87-92.

BETTATI Mario, « Un statut international pour internet ? », in *La communication numérique, un droit, des droits*, Paris, Editions Panthéon-Assas, 2012, p. 95-119.

BOIZARD Maryline, « La tentation de nouveaux droits fondamentaux face à Internet : vers une souveraineté individuelle ? Illustration à travers le droit à l'oubli numérique », in *Droits et souveraineté numérique en Europe*, Bruxelles, Bruylant, 2016, p. 31-55.

BONNET Julien, TÜRK Pauline, « Le numérique : un défi pour le droit constitutionnel », *Nouveaux Cahiers du Conseil constitutionnel* 2017, n°57, p. 13-24.

BOULANGER François, « La vie familiale », in *Libertés et droits fondamentaux*, Paris, Dalloz, 2016.

BOURCIER Danièle, « L'acte de juger est-il modélisable ? De la logique à la justice », in *L'E-Justice Dialogue et Pouvoir*, Paris, Dalloz, 2011, p. 37-54.

BOURCIER Danièle, De FILIPPI Primavera, « L'Open Data : universalité du principe et diversité des expériences ? », *La Semaine Juridique Administrations et Collectivités territoriales* 2013, n° 38.

CASTETS-RENARD Céline, « L'adoption du Privacy Shield sur le transfert de données personnelles », *Rec Dalloz 2016 p1696* 2016.

CHEVALLIER Jacques, « La gouvernance, un nouveau paradigme étatique ? », *Revue française d'administration publique* 2003/1 n°105-106, p. 203-217.

CHEVALLIER Michel *et al.*, « La solution genevoise de vote électronique à coeur ouvert », *Flash informatique* 2011, n°6.

CHOPIN Frédérique, « Défenseur des droits », *Répertoire de droit pénal et de procédure pénale,* janvier 2015.

CLUZEL-MÉTAYER Lucie, « La loi pour une République numérique : l'écosystème de la donnée saisi par le droit », *AJDA* 2017, p. 340.

COHEN-JONATHAN Gérard, « Article 10 », in *La Convention européenne des droits de l'homme Commentaire article par article*, Paris, Economica, 1999.

COLLOMB Alexis, SOK Klara, « Blockchain et autres registres distribués : quel avenir pour les marchés financiers ? », *Opinions&Débats* 2016, Institut Louis Bachelier.

DELLA CANANÉA Giacinto, « Grands systèmes de droit administratif et globalisation du droit », in *Traité de droit administratif Tome I*, Paris, Dalloz, 2011, p. 773.

DOBRESCU Radu, « La distinction rousseauiste entre volonté de tous et volonté générale : une reconstruction mathématique et ses implications pour la théorie démocratique », *Canadian Journal of Political Science / Revue canadienne de science politique* 2009, 42, n°2, p. 467–490.

ENGUEHARD Chantal, « Vote par Internet : failles techniques et recul démocratique », *Jus Politicum* 2009, n°2.

ENGUEHARD Chantal, « Introduction à l'analyse de chimères technologiques, le cas du vote électronique », *Cahiers Droit Sciences et Technologie* 2010, n°3, p. 261-278.
ENGUEHARD Chantal, « Transparence, élections et vote électronique », in *Internet, machines à voter et démocratie*, Paris, L'Harmattan, 2011.
FABRE-MAGNAN Muriel *et al.*, « Controverse sur l'autonomie personnelle et la liberté du consentement », *Droits* 2009, n°48, p. 3-57.
FALQUE-PIERROTIN Isabelle, « La Constitution et l'Internet », *Nouveaux Cahiers du Conseil constitutionnel* 2012, n°36.
FALQUE-PIERROTIN Isabelle, « La CNIL face à l'économie de la donnée », *AJCA* 2016, p. 175.
FAVOREU Louis, « Souveraineté et supraconstitutionnalité », *Pouvoirs* 1993, n°67, p. 71-77.
FAVOREU Louis, OBERDORFF Henri, « Droit constitutionnel et droit communautaire. Les rapports de deux ordres juridiques », *RMCUE* 2000, n°435, p. 94.
FERRAND Luc, « Nouvelles technologies et nouvelle culture judiciaire », in *L'E-Justice Dialogue et Pouvoir*, Paris, Dalloz, 2011, p. 13-20.
GASNAULT Jean, « Les NTIC et les avocats », in *L'E-Justice Dialogue et Pouvoir*, Paris, Dalloz, 2011, p. 93-122.
GAYET Carole, « Vers la fin des citoyens assesseurs ? », *Dalloz actualité* 05 mars 2013.
GONOD Pascale, « Renseignement : le Conseil d'Etat, simple réceptacle d'une juridiction d'exception ? », *AJDA* 2015, p. 777 et s.
GOUNELLE Max, « Démocratiser le mandat représentatif », *Le Débat* 2006/4 n°n° 141, p. 110-117.
GYSELAERS Lore, « Valérie P. Hans, The Jury System, The International Library of Essays in Law and Society, Ashgate, Ashgate Publishing Limited, 2006, 546 pages », *RSC* 2007, n°4, p. 932.
IHL Olivier, « L'urne électorale. Formes et usages d'une technique de vote », *Revue française de science politique* 1993, 43e année, n°1, p. 30-60.
INGALL-MONTAGNIER Philippe, « Droit pénale, procédure pénale et nouvelles technologies », in *L'E-Justice Dialogue et Pouvoir*, Paris, Dalloz, 2011, p. 21-28.
KIFFER Laurence, « Les NTIC et l'arbitrage », in *L'E-Justice Dialogue et Pouvoir*, Paris, Dalloz, 2011, p. 55-66.
LANCELOT Alain, « L'orientation du comportement électoral », in *Traité de science politique. Vol. III L'action politique*, Paris, PUF, 1985.
LAPRADE Bruno Martin, « La procédure administrative et les NTIC », in *L'E-Justice Dialogue et Pouvoir*, Paris, Dalloz, 2011, p. 29-36.
LEPAGE Agathe, « Personnalité (Droits de la) », *Rép civ* 2009.
LEVINET Michel, « La juridicité problématique du droit au développement de la personne humaine dans la jurisprudence récente des organes de la Convention européenne des droits de l'homme », in *Les défis des droits*

fondamentaux Actes des deuxièmes Journées scientifiques du Réseau Droits fondamentaux de l'Agence Universitaire de la Francophonie, Québec, 29 septembre - 2 octobre 1999, Bruxelles, Bruylant, 2000.
LOCHAK Danièle, « Le droit administratif, rempart contre l'arbitraire ? », *Pouvoirs* 1988, 46, p. 43-55.
LOCHAK Danièle, « L'alerte éthique, entre dénonciation et désobéissance », *AJDA* 2014, p. 2236.
MAÏA Jean, « L' "efficacité du droit" et les nouvelles technologies », in *L'E-Justice Dialogue et Pouvoir*, Paris, Dalloz, 2011, p. 7-12.
MALLEIN Elise, « Un citoyen assesseur nous raconte », *AJ pénal* 2012, p. 59.
MARINO Laure, « Le droit d'accès à internet, nouveau droit fondamental », *Recueil Dalloz 2009 p 2045.*
MATHIEU Marie-Laure, « La liberté contractuelle », in *Libertés et droits fondamentaux*, Paris, Dalloz, 2016.
MILACIC Slobodan, « La démocratie représentative devant un défi historique ? », in *La démocratie représentative devant un défi historique*, Bruxelles, Bruylant, 2006.
MILACIC Slobodan, « L' "e-démocratie" en questions. L'insertion des TIC dans le modèle de démocratie pluraliste, pour une problématique générale », in *Usages politiques des nouveaux médias*, Paris, L'Harmattan, 2012.
OBERDORFF Henri, « L'espace numérique et la protection des données personnelles au regard des droits fondamentaux », *RDP* 2016, n°1, p. 41.
OBERDORFF Henri, « La liberté d'expression à l'ère numérique en Europe », *Politeia* 2017, n°31, p. 193-208.
OCHOA Nicolas, « Pour en finir avec l'idée d'un droit de propriété sur ses données personnelles : ce que cache véritablement le principe de libre disposition », *RFDA* 2015, p. 1157.
OST François, KERCHOVE Michel van de, « De la pyramide au réseau ? Vers un nouveau mode de production du droit ? », *RIEJ* 2000, n°44, p. 1-92.
PELLEGRINI François, « La liberté à l'ère numérique », *Politeia* 2017, n°31, p. 161-172.
PERALDI Sandrine, « Traduire le droit : vers des normes de référencement européennes ? », in *L'E-Justice Dialogue et Pouvoir*, Paris, Dalloz, 2011, p. 123-132.
PHILONENKO Alexis, « Rousseau. Contrat social », in *Dictionnaire des œuvres politiques*, Paris, Presses Universitaires de France, 1986.
PIERRE-CAPS Stéphane, « Généalogie de la participation de tous aux affaires communes », *Revue de droit public* 2009, n°1, p. 151-170.
PONTHOREAU Marie-Claire, « Trois interprétations de la globalisation juridique », *AJDA* 2006, p. 20.
POULLET Yves, ROUVROY Antoinette, « Le droit à l'autodétermination informationnelle et la valeur du développement personnel. Une réévaluation

de l'importance de la vie privée pour la démocratie », in *Etat de droit et Virtualité*, Montréal, Thémis, 2009.
PUTMAN Emmanuel, « Vie privée », in *Dictionnaire des Droits de l'Homme*, Paris, PUF, 2008.
ROCHER Guy, « La notion de culture. Extraits du chapitre IV : "Culture, civilisation et idéologie" », in *Introduction à la sociologie générale*, Montréal, Éditions Hurtubise HMH ltée, 1992, p. 101-127.
ROUSSEAU Dominique, « Liberté politique et droit de vote », in *Libertés et droits fondamentaux*, Paris, Dalloz, 2016.
SALES Éric, « La transformation de l'écriture de la Constitution, l'exemple islandais », *Nouveaux Cahiers du Conseil constitutionnel* 2017, n°57, p. 45-57.
SÉGUIN Philippe, « La dégradation des finances publiques et ses remèdes », *RFDA, 2010, p 193.*
SHULGA-MORSKAYA Tatiana, « Le numérique saisi par le juge, l'exemple du Conseil constitutionnel », *Nouveaux Cahiers du Conseil constitutionnel* 2017, n°57.
SZEFTEL Marc, « Les principautés russes avant Moscou », in *La monocratie Deuxième partie*, Bruxelles, Editions de la librairie encyclopédique, 1969.
TAMBOU Olivia, « Protection des données personnelles : les difficultés de la mise en œuvre du droit européen au déréférencement », *RTD Eur, 2016*, p. 249.
TERWANGNE Cécile de, « Droit à l'oubli numérique, élément du droit à l'autodétermination informationnelle ? », in *Le droit à l'oubli numérique Données nominatives - approche comparée*, Bruxelles, Editions Larcier, 2015, p. 23-49.
TROUDE-CHASTENET Patrick, « La crise de la démocratie représentative : fait nouveau, récurrent ou consubstantiel ? », in *Mélanges à l'honneur de Slobodan Milacic, Démocratie et liberté : tension, dialogue, confrontation*, Bruxelles, Bruylant, 2008.
TÜRK Pauline, « La souveraineté des Etats à l'épreuve d'internet », *RDP* 2013, n°6, p. 1490-1521.
TURPIN Dominique, « Critiques de la représentation. - Le régime représentatif est-il démocratique ? », *Pouvoirs* 1978, n°n°07 - novembre 1978 (avril 1981), p. 7-16.
URFALINO Philippe, « La décision par consensus apparent. Nature et propriétés », *Revue européenne des sciences sociales* 2007, XLV, n°136, p. 47-70.
VATINET Raymonde, « Association Henri Capitant, Les droits de tradition civiliste en question. A propos des Rapports Doing Business de la Banque mondiale », *RTD civ, 2006, p 845.*
VEDEL Georges, « Souveraineté et supraconstitutionnalité », *Pouvoirs* 1993, n°67.

VEDEL Thierry, « Une nouvelle société de l'information : l'Internet et la démocratie », *Les cahiers français* 2000, n°295.
VEDEL Thierry, « Les usages politiques de l'Internet (dossier : la démocratie électronique) », *Regards sur l'actualité* 2007, n°327.
VIDAL-NAQUET Ariane, « La transformation de l'écriture de la loi : l'exemple de la loi sur la République numérique », *Nouveaux Cahiers du Conseil constitutionnel* 2017, n°57, p. 59-68.
VOSS W. Gregory, « Le concept de données à caractère personnel : divergences transatlantiques Safe Harbor et Privacy Shield », *Dalloz IP/IT 2016 p119* 2016.
X, « Élections législatives de juin 2012, bilan du contentieux devant le Conseil constitutionnel », *Nouveaux Cahiers du Conseil constitutionnel* 2013, n°41.
X, « Commentaire de la décision n° 2009-580 DC – 10 juin 2009. Loi relative à la diffusion et à la protection de la création sur internet », *Les cahiers du Conseil constitutionnel* 2009, n°27.

C. Colloques

Actes du colloque de Nice du 16 novembre 2009, *La démocratie en un clic ? : réflexions autour de la notion d'e-démocratie*, ARLETTAZ Jordane, LE BOT Olivier (dir.), Paris, L'Harmattan, 2010.
Actes de la journée d'études du 4 décembre 2009, Sénat, Paris. *Nouvelles questions sur la démocratie*, DELCAMP Alain et al. (dir.), Paris, Dalloz, 2010.
Actes de la journée d'étude du 4 novembre 2011, *Théorie et pratiques du référendum*, Paris, Société de législation comparée, 2012.
COTTIN Stéphane, « Vers une stratégie européenne en matière d'e-justice », *Conférence « les mardis de l'ADIJ » du 16 février 2010*, Association pour le Développement de l'Informatique Juridique.
Droit et réseaux sociaux : [actes de la journée d'étude organisée par le Laboratoire d'études juridiques et politiques à l'Université de Cergy-Pontoise le 12 juin 2014], NDIOR Valère (dir.), Cergy-Pontoise, LEJEP, Lextenso éditions, 2015.
ENGUEHARD Chantal, « Le vote en ligne : expertise du système de vote électronique et chiffrement du bulletin de vote », *Colloque international "La démocratie : du crépuscule à l'aube ?*, 13 et 14 juin 2013, Nanterre.
ENGUEHARD Chantal, SHULGA-MORSKAYA Tatiana, « De l'annulation d'élections par internet par le moyen des insuffisances du système de vote », *Les convergences du droit et du numérique, colloque des 11,12,13 septembre 2017*, Bordeaux.
Journée d'études de l'AFDC du 7 octobre 2016, *La souveraineté numérique. Le concept, les enjeux*, TÜRK Pauline, VALLAR Christian (dir.), Paris, Mare et Martin, 2018.

Journée d'études de l'AFDC du 4 novembre 2016, Le numérique au service du renouvellement de la vie politique ? Université de Montpellier I.
Journée d'études de l'AFDC du 10 novembre 2016, La démocratie connectée : ambitions, enjeux, réalité, Aix Marseille Université et Université de Toulon.
Journée d'études de l'AFDC du 24 novembre 2016, « Les métamorphoses des droits fondamentaux à l'ère du numérique », *Politeia* 2017, n°31, p. 157-298.
Journée nationale de l'AFDC du 17 mars 2017. Le droit constitutionnel à l'épreuve du numérique. *Nouveaux Cahiers du Conseil constitutionnel* 2017, n°57.
La démocratie continue : actes du colloque de Montpellier, 2-4 avril 1992. Montpellier, ROUSSEAU Dominique (dir.), Paris, L.G.D.J., Bruylant, 1992.
La participation directe du citoyen à la vie politique et administrative : travaux des XIIes journées d'études juridiques Jean Dabin, DELPÉRÉE Francis (dir.), Bruxelles, Bruylant, 1986.
L'effectivité du droit face à la puissance des géants de l'Internet Vol 1 : Actes des journées du 14,15 et 16 octobre 2014, BEHAR-TOUCHAIS Martine (dir.), Paris, IRJS éditions, 2014.
MEYER Nicole Marie, « La protection des lanceurs d'alerte en France et dans le monde », *Colloque "Alerte, expertise & démocratie"*. [réf. 20/10/2017], v.: http://www.fabriquedesens.net/Alerte-Expertise-et-Democratie-1.
Où va l'Etat ? *Cycle de conférences du Conseil d'Etat Tome 1*, Paris, Conseil d'Etat, 2016.

D. Jurisprudence

1. Conseil constitutionnel

Conseil constitutionnel. *Décision n° 78-841 AN du 21 juin 1978. A.N., Corse-du-Sud (2ème circ.)*. [réf. 20/10/2017]. v.: www.conseil-constitutionnel.fr/decision/1978/78841an.htm.
Conseil constitutionnel. *Décision n° 86-224 DC du 23 janvier 1987, Conseil de la concurrence*. [réf. 20/10/2017]. v.: https://www.conseil-constitutionnel.fr/decision/1987/86224DC.htm.
Conseil constitutionnel. *Décision n° 92-308 DC du 09 avril 1992. Traité sur l'Union européenne*. [réf. 20/10/2017]. v.: www.conseil-constitutionnel.fr/decision/1992/92308dc.htm.
Conseil constitutionnel. *Décision n° 92-312 DC du 2 septembre 1992, Traité sur l'Union européenne*. [réf. 20/10/2017]. v.: www.conseil-constitutionnel.fr/decision/1992/92312dc.htm.
Conseil constitutionnel. *Décision n° 96-378 DC du 23 juillet 1996, Loi de réglementation des télécommunications*. [réf. 20/10/2017]. v.: http://www.conseil-constitutionnel.fr/conseil-con..ecision-n-96-378-dc-du-23-juillet-1996.10818.html.

Conseil constitutionnel, n° 2002-2703/2745 AN, 5 décembre 2002 *A.N., Bouches-du-Rhône (7ème circ.)*. [réf. 20/10/2017]. v.: www.conseil-constitutionnel.fr/decision/2002/20022703_2745an.htm.
Conseil constitutionnel. *Décision n°2002-2727 AN, 19 décembre 2002. A.N., Hauts-de-Seine (8ème circ.)*. [réf. 20/10/2017]. v.: www.conseil-constitutionnel.fr/decision/2002/20022727an.htm.
Conseil constitutionnel. *Décision n°2002-2690 AN, 20 janvier 2003. A.N., Paris (1ère circ.)*. [réf. 20/10/2017]. v.: www.conseil-constitutionnel.fr/decision/2003/20022690an.htm.
Conseil constitutionnel. *Décision n°2004-496 DC, 10 juin 2004. Loi pour la confiance dans l'économie numérique*. [réf. 20/10/2017]. v.: http://www.conseil-constitutionnel.fr/decision/2004/2004496dc.htm.
Conseil constitutionnel. *Décision n°2007-3532 AN, 22 novembre 2007, A.N., Paris (15ème circ.)*. [réf. 20/10/2017]. v.: www.conseil-constitutionnel.fr/decision/2007/20073532an.htm.
Conseil Constitutionnel. *Décision n°2009-580 DC, 10 juin 2009. Loi favorisant la diffusion et la protection de la création sur internet*. [réf. 20/10/2017]. v.: www.conseil-constitutionnel.fr/decision/2009/2009580dc.htm.
Conseil constitutionnel. *Décision n° 2011-626 DC du 29 mars 2011. Loi organique relative au Défenseur des droits*. [réf. 20/10/2017]. v.: www.conseil-constitutionnel.fr/decision/2011/2011626dc.htm.
Conseil constitutionnel. *Décision n°2011-164 QPC, 16 septembre 2011. M. Antoine J. [Responsabilité du « producteur » d'un site en ligne]*. [réf. 20/10/2017]. v.: www.conseil-constitutionnel.fr/decision/2011/2011164qpc.htm.
Conseil constitutionnel. *Décision n°2012-155 PDR, 21 juin 2012. Observations du Conseil constitutionnel sur l'élection présidentielle des 22 avril et 6 mai 2012*. [réf. 20/10/2017]. v.: www.conseil-constitutionnel.fr/decision/2012/2012155pdr.htm.
Conseil constitutionnel. *Requête déposée le 28 juin 2012 pour M Pablo Martin et M Alix Guillard contre élection de M Philip Cordery et sa suppléante Mme Hélène Le Moing proclamée le lundi 18 juin 2012*. [réf. 20/10/2017]. v.: http://wiki.partipirate.org/images/e/e9/CONSEIL_CONSTITUTIONNEL.pdf.
Conseil constitutionnel. *Décision n°2012-4606 AN, 20 juillet 2012, A.N., Val-d'Oise (9ème circ.)*. [réf. 20/10/2017]. v.: www.conseil-constitutionnel.fr/decision/2012/20124606an.htm.
Conseil constitutionnel. *Décision n°2012-4599 AN, 4 octobre 2012, A.N., Vaucluse (5ème circ.)*. [réf. 20/10/2017]. v.: www.conseil-constitutionnel.fr/decision/2012/20124599an.htm.

Conseil constitutionnel. *Décision n°2012-4601 AN, 29 novembre 2012, A.N., Eure-et-Loir (1ère circ.).* [réf. 20/10/2017]. v.: www.conseil-constitutionnel.fr/decision/2012/20124601an.htm.
Conseil constitutionnel. *Décision n°2012-4596 AN, 29 novembre 2012, A.N., Doubs (2ème circ.).* [réf. 20/10/2017]. v.: www.conseil-constitutionnel.fr/decision/2012/20124596an.htm.
Conseil constitutionnel. *Décision n°2012-4589 AN, 7 décembre 2012, A.N., Meurthe-et-Moselle (5ème circ.).* [réf. 20/10/2017]. v.: www.conseil-constitutionnel.fr/decision/2012/20124589an.htm.
Conseil constitutionnel, n° 2012-4592 AN, 18 janvier 2013. *A.N., Hauts-de-Seine (6ème circ.).* [réf. 20/10/2017]. v.: www.conseil-constitutionnel.fr/decision/2013/20124592an.htm.
Conseil constitutionnel. *Décision n°2012-4592 AN, 18 janvier 2013, A.N., Hauts-de-Seine (6ème circ.).* [réf. 20/10/2017]. v.: www.conseil-constitutionnel.fr/decision/2013/20124592an.htm.
Conseil Constitutionnel. *Décision n° 2012-4597/4626 AN du 15 février 2013. A.N., Français établis hors de France (4ème circ.)* [réf. 20/10/2017]. v.: www.conseil-constitutionnel.fr/decision/2013/20124597_4626an.htm.
Conseil constitutionnel. *Décision n°2012-4554 AN, 15 février 2013, A.N., Français établis hors de France (7ème circ.).* [réf. 20/10/2017]. v.: www.conseil-constitutionnel.fr/decision/2013/20124554an.htm.
Conseil constitutionnel. *Décision n°2012-4627 AN, 15 février 2013, A.N., Français établis hors de France (2ème circ.).* [réf. 20/10/2017]. v.: www.conseil-constitutionnel.fr/decision/2013/20124627an.htm.
Conseil constitutionnel. *Décision n°2012-4551 AN, 15 février 2013, A.N., Français établis hors de France (1ère circ.).* [réf. 20/10/2017]. v.: www.conseil-constitutionnel.fr/decision/2013/20124551an.htm.
Conseil constitutionnel. *Décision n°2013-26 ELEC, 11 juillet 2013, Observations du Conseil constitutionnel relatives aux élections législatives des 10 et 17 juin 2012.* [réf. 20/10/2017]. v.: www.conseil-constitutionnel.fr/decision/2013/201326elec.htm.
Conseil Constitutionnel. *Décision n° 2014-439 QPC du 23 janvier 2015. M. Ahmed S. [Déchéance de nationalité].* [réf. 20/10/2017]. v.: www.conseil-constitutionnel.fr/decision/2015/2014439qpc.htm.
Conseil constitutionnel. *Décision n° 2015-478 QPC du 24 juillet 2015, Association French Data Network et autres [Accès administratif aux données de connexion].* [réf. 20/10/2017]. v.: www.conseil-constitutionnel.fr/decision/2015/2015478qpc.htm.
Conseil constitutionnel, n° 2015-722 DC, 26 novembre 2015. *Loi relative aux mesures de surveillance des communications électroniques internationales.* [réf. 20/10/2017]. v.: www.conseil-constitutionnel.fr/decision/2015/2015722dc.htm.

Conseil constitutionnel. *Décision n°2016-739 DC, 17 novembre 2016. Loi de modernisation de la justice du XXIe siècle.* [réf. 20/10/2017]. v.: http://www.conseil-constitutionnel.fr/decision/2016/2016739dc.htm.
Conseil constitutionnel. *Décision n° 2016-741 DC du 8 décembre 2016, Loi relative à la transparence, à la lutte contre la corruption et à la modernisation de la vie économique.* [réf. 20/10/2017]. v.: www.conseil-constitutionnel.fr/decision/2016/2016741dc.htm.
Conseil constitutionnel. *Décision n° 2017-646/647 QPC du 21 juillet 2017. M. Alexis K. et autre.* [réf. 20/10/2017]. v.: www.conseil-constitutionnel.fr/decision/2017/2017646_647qpc.htm.

2. Conseil d'Etat

Conseil d'Etat, 13 juillet 1963. *Elections municipales de Caderousse,* Rec. Lebon, Tables, p. 898.
Conseil d'Etat, Ass., 10 juillet 1981. *Retail, 05130.* [réf. 20/10/2017]. v.: http://www.legifrance.gouv.fr/affichJuriAdmin.do?idTexte=CETATEXT000007664894&dateTexte=.
Conseil d'Etat, 20 juillet 1990. *Ville de Melun et l'association "Melun-Culture-Loisirs".* [réf. 20/10/2017]. v.: https://www.legifrance.gouv.fr/affichJuriAdmin.do?idTexte=CETATEXT000007757467.
Conseil d'Etat, 28 décembre 1992. *Elections régionales de Provence-Alpes-Côte d'Azur,* N° 135966. [réf. 20/10/2017]. v.: https://www.legifrance.gouv.fr/affichJuriAdmin.do?idTexte=CETATEXT000007823508.
Conseil d'Etat, 16 novembre 1994. *Commune d'Awala-Yalimapo,* req. 148995, Rec. Leb. p. 498.
Conseil d'Etat, 16 décembre 1994. *Commune d'Avrillé, AJDA,* 1995, p. 838.
Conseil d'Etat, 21 juin 2000. *Commune de Charvieu-Chavagneux,* 198237. [réf. 20/10/2017]. v.: http://www.legifrance.gouv.fr/affichJuriAdmin.do;jsessionid=8E7EEF75371DB8FC49083913BEEDC641.tpdjo02v_1?oldAction=rechExpJuriAdmin&idTexte=CETATEXT000008001694&fastReqId=870396755&fastPos=5.
Conseil d'Etat, Ass., 30 novembre 2001. *Ministre de l'économie, des finances et de l'industrie,* 219562. [réf. 20/10/2017]. v.: http://www.legifrance.gouv.fr/affichJuriAdmin.do?idTexte=CETATEXT000008024215&dateTexte=.
Conseil d'Etat. *Ordonnance du juge des référés du 19 août 2002. Front national et Institut de formation des élus locaux (IFOREL).* [réf. 20/10/2017]. v.: https://www.revuegeneraledudroit.eu/blog/decisions/conseil-detat-19-aout-2002-front-national-et-iforel-requete-numero-249666/.
Conseil d'Etat, 27 juin 2005, *Elections régionales de Lorraine*, N° 272551, [réf. 20/10/2017]. v.:

https://www.legifrance.gouv.fr/affichJuriAdmin.do?idTexte=CETATEXT000008231663.
Conseil d'Etat, Ass., 8 février 2007. *Gardedieu, 279522*. [réf. 20/10/2017]. v.: https://www.legifrance.gouv.fr/affichJuriAdmin.do?idTexte=CETATEXT000018005399.
Conseil d'Etat, 13 février 2009. *Elections municipales de la commune de Furveau,* n° 317637. [réf. 20/10/2017]. v.: https://www.legifrance.gouv.fr/affichJuriAdmin.do?oldAction=rechJuriAdmin&idTexte=CETATEXT000020253073&fastReqId=387946142&fastPos=1.
Conseil d'Etat, 23 mai 2011. *Commune de Six-Fours-les-Plages*. [réf. 20/10/2017]. v.: https://www.legifrance.gouv.fr/affichJuriAdmin.do?oldAction=rechJuriAdmin&idTexte=CETATEXT000024081926&fastReqId=1169288380&fastPos=1.

3. Cour de cassation

Cass. crim., *9 janvier 1869, de Jaubert-Larcy.* Bull.crim., T. LXXIV, n°12.
Cass. soc. *Arrêt n° 4164 du 2 octobre 2001, Société Nikon France SA*. [réf. 20/10/2017]. v.: https://www.legifrance.gouv.fr/affichJuriJudi.do?idTexte=JURITEXT000007046161.

4. Autres juridictions françaises

Tribunal administratif de Lille, 21 septembre 1995. *Election municipales de Marchiennes,* N° 95-1753. [réf. 20/10/2017]. v.: https://www.legifrance.gouv.fr/affichJuriAdmin.do?idTexte=CETATEXT000008285096.
Tribunal d'instance de Paris, 18e ardt. *Arrêt du 28 avril 2004. Rec. Dalloz* 2004, p. 1351.
Tribunal de grande instance de Paris 17ème chambre, 14 novembre 2011. *Olivier M. / Prisma Presse, Google*. [réf. 20/10/2017]. v.: http://www.legalis.net/spip.php?page=jurisprudence-decision&id_article=3267.
Cour d'appel de Paris, Pôle 2, chambre 7. *Arrêt du 11 décembre 2013. Google Ireland, Google France / Olivier M.* [réf. 20/10/2017]. v.: http://www.legalis.net/spip.php?page=jurisprudence-decision&id_article=3981.
Cour d'appel de Paris. Pôle 2 - Chambre 2. *Arrêt du 12 février 2016 (n° 2016-58)*. [réf. 20/10/2017]. v.: http://mafr.fr/media/assets/paris-12-fevrier-2016-facebook.pdf.

5. Autorite de la concurrence

Autorité de la concurrence. *Décision n° 15-D-13 du 9 septembre 2015 relative à une demande de mesures conservatoires de la société Gibmedia.* [réf. 20/10/2017]. v.: http://www.autoritedelaconcurrence.fr/pdf/avis/15d13.pdf.

6. CEDH

CEDH, 7 décembre 1976. *Handyside c. Royaume-Uni*. [réf. 20/10/2017]. v.: http://hudoc.echr.coe.int/eng?i=001-62057.
CEDH (Plénière), 6 septembre 1978. *Klass et autres c. Allemagne*. [réf. 20/10/2017]. v.: http://hudoc.echr.coe.int/eng?i=001-62068.
CEDH (Plénière), 2 août 1984. *Malone c. Royaume-Uni*. [réf. 20/10/2017]. v.: http://hudoc.echr.coe.int/eng?i=001-62091.
CEDH. Assemblée plénière, 8 juillet 1986. *Lingens c. Autriche*. [réf. 20/10/2017]. v.: http://hudoc.echr.coe.int/fre?i=001-62081.
CEDH, 2 mars 1987. *Mathieu-Mohin et Clerfayt c. Belgique*. [réf. 20/10/2017]. v.: http://hudoc.echr.coe.int/eng?i=001-62094.
CEDH, 26 mars 1987. *Leander c. Suède*. [réf. 20/10/2017]. v.: http://hudoc.echr.coe.int/eng?i=001-62077.
CEDH, 15 octobrc 1987. *Clavel c. Suisse*. [réf. 20/10/2017]. v.: http://hudoc.echr.coe.int/eng?i=001-24250.
CEDH, 7 juillet 1989. *Gaskin c. Royaume-Uni*. [réf. 20/10/2017]. v.: http://hudoc.echr.coe.int/eng?i=001-62049.
CEDH, 16 décembre 1992. *Hadjianastassiou c. Grèce*. [réf. 20/10/2017]. v.: http://hudoc.echr.coe.int/eng?i=001-62335.
CEDH, 16 décembre 1992. *Niemietz c. Allemagne*. [réf. 20/10/2017]. v.: http://hudoc.echr.coe.int/eng?i=001-62344.
CEDH, Grande Chambre, 23 septembre 1994. *Jersild c. Danemark*. [réf. 20/10/2017]. v.: http://hudoc.echr.coe.int/eng?i=001-62456.
CEDH, Grande Chambre, 27 mars 1996. *Goodwin c. Royaume-Uni*. [réf. 20/10/2017]. v.: http://hudoc.echr.coe.int/eng?i=001-62533.
CEDH, 16 septembre 1996. *Gaygusuz c. Autriche*. [réf. 20/10/2017]. v.: http://hudoc.echr.coe.int/eng?i=001-62619.
CEDH, 7 avril 1997. *GRUPO INTERPRES S.A. c. Espagne*. [réf. 20/10/2017]. v.: http://hudoc.echr.coe.int/eng?i=001-28637.
CEDH, 21 octobre 1997. *Pierre-Bloch c. France*. [réf. 20/10/2017]. v.: http://hudoc.echr.coe.int/eng?i=001-62671.
CEDH, 9 juin 1998. *McGinley et Egan c. Royaume-Uni*. [réf. 20/10/2017]. v.: http://hudoc.echr.coe.int/eng?i=001-62735.
CEDH, 21 janvier 1999. *Fressoz et Roire c. France*. [réf. 20/10/2017]. v.: http://hudoc.echr.coe.int/eng?i=001-63456.

CEDH, Grande Chambre, 18 février 1999. *Matthews c. Royaume-Uni.* [réf. 20/10/2017]. v.: http://hudoc.echr.coe.int/eng?i=001-63460.
CEDH, 7 septembre 1999. *Hilbe c. le Liechtenstein.* [réf. 20/10/2017]. v.: http://hudoc.echr.coe.int/eng?i=001-30673.
CEDH, 4 mai 2000. *Rotaru c. Roumanie.* [réf. 20/10/2017]. v.: http://hudoc.echr.coe.int/eng?i=001-63075.
CEDH, Grande Chambre, 18 janvier 2001. *Chapman c. Royaume-Uni.* v.: http://hudoc.echr.coe.int/eng?i=001-63721.
CEDH, 28 juin 2001. *VgT Verein gegen Tierfabriken c. Suisse.* [réf. 20/10/2017]. v.: http://hudoc.echr.coe.int/eng?i=001-64092.
CEDH, 25 septembre 2001. *P.G. et J.H. c. Royaume-Uni.* [réf. 20/10/2017]. v.: http://hudoc.echr.coe.int/eng?i=001-64224.
CEDH, 2 octobre 2001. *Stankov et Organisation macédonienne unie Ilinden c. Bulgarie.* [réf. 20/10/2017]. v.: http://hudoc.echr.coe.int/eng?i=001-64248.
CEDH, 29 avril 2002. *Pretty c. Royaume-Uni.* [réf. 20/10/2017]. v.: http://hudoc.echr.coe.int/eng?i=001-65003.
CEDH, Grande chambre, 11 juillet 2002. *Christine Goodwin c. Royaume-Uni.* [réf. 20/10/2017]. v.: http://hudoc.echr.coe.int/eng?i=001-65153.
CEDH, 28 janvier 2003. *Peck c. Royaume-Uni.* [réf. 20/10/2017]. v.: http://hudoc.echr.coe.int/eng?i=001-65455.
CEDH, 13 février 2003. *Odièvre c. France.* [réf. 20/10/2017]. v.: http://hudoc.echr.coe.int/eng?i=001-65492.
CEDH, Grande chambre, 13 février 2003. *Refah Partisi (Parti de la Prospérité) et autres c. Turquie.* [réf. 20/10/2017]. v.: http://hudoc.echr.coe.int/eng?i=001-65493.
CEDH, 18 mai 2004. *Editions Plon c. France.* [réf. 20/10/2017]. v.: http://hudoc.echr.coe.int/eng?i=001-66318.
CEDH, 2 septembre 2004. *Boškoski c. l'ex-République yougoslave de Macédoine.* [réf. 20/10/2017]. v.: http://hudoc.echr.coe.int/eng?i=001-72124.
CEDH, 28 septembre 2004. *Loiseau c. France.* [réf. 20/10/2017]. v.: http://hudoc.echr.coe.int/eng?i=001-66716.
CEDH, 12 juillet 2005. *Güneri et autres c. Turquie.* [réf. 20/10/2017]. v.: http://hudoc.echr.coe.int/eng?i=001-69678.
CEDH, 19 octobre 2005. *Roche c. Royaume-Uni.* [réf. 20/10/2017]. v.: http://hudoc.echr.coe.int/eng?i=001-70658.
CEDH, 11 janvier 2006. *Sørensen et Rasmussen c. Danemark.* [réf. 20/10/2017]. v.: http://hudoc.echr.coe.int/eng?i=001-72017.
CEDH, Grande Chambre, 16 mars 2006. *Ždanoka c. Lettonie.* [réf. 20/10/2017]. v.: http://hudoc.echr.coe.int/eng?i=001-72795.
CEDH, 25 avril 2006. *Dammann c. Suisse.* [réf. 20/10/2017]. v.: http://hudoc.echr.coe.int/eng?i=001-75174.
CEDH, 10 juillet 2006. *Sdružení Jihočeské Matky c. la République tchèque.* [réf. 20/10/2017]. v.: http://hudoc.echr.coe.int/eng?i=001-76707.

CEDH, 6 septembre 2006. *Segerstedt-Wiberg et autres c. Suède*. [réf. 20/10/2017]. v.: http://hudoc.echr.coe.int/eng?i=001-75592.
CEDH, 11 janvier 2007. *Parti conservateur russe des entrepreneurs et autres c. Russie*. [réf. 20/10/2017]. v.: http://hudoc.echr.coe.int/eng?i=001-78985.
CEDH, 3 avril 2007. *Copland c. Royaume-Uni*. [réf. 20/10/2017]. v.: http://hudoc.echr.coe.int/fre?i=001-79997.
CEDH, Grande chambre, 10 avril 2007. *Evans c. Royaume-Uni*. [réf. 20/10/2017]. v.: http://hudoc.echr.coe.int/eng?i=001-80036.
CEDH, 7 juin 2007. *Parti nationaliste basque – Organisation régionale d'Iparralde c. France*. [réf. 20/10/2017]. v.: http://hudoc.echr.coe.int/eng?i=001-80896.
CEDH, Grande chambre, 10 décembre 2007. *Stoll c. Suisse*. [réf. 20/10/2017]. v.: http://hudoc.echr.coe.int/eng?i=001-83917.
CEDH, Grande Chambre, 12 février 2008. *Guja c. Moldova*. v.: http://hudoc.echr.coe.int/eng?i=001-85017.
CEDH, 1 juillet 2008. *Daróczy v. Hungary*. [réf. 20/10/2017]. v.: http://hudoc.echr.coe.int/eng?i=001-87221.
CEDH, 14 octobre 2008. *Petrina c. Roumanie*. [réf. 20/10/2017]. v.: http://hudoc.echr.coe.int/eng?i=001-88963.
CEDH, 16 octobre 2008. *Renolde c. France*. [réf. 20/10/2017]. v.: http://hudoc.echr.coe.int/eng?i=001-88960.
CEDH, 2 décembre 2008. *K.U. c. Finlande*. [réf. 20/10/2017]. v.: http://hudoc.echr.coe.int/eng?i=001-90015.
CEDH, 10 mars 2009. *Times Newspapers Ltd c. Royaume-Uni (nos 1 et 2)*. [réf. 20/10/2017]. v.: http://hudoc.echr.coe.int/eng?i=001-91713.
CEDH, 14 avril 2009. *Társaság a Szabadságjogokért c. Hongrie*. [réf. 20/10/2017]. v.: http://hudoc.echr.coe.int/eng?i=001-92179.
CEDH, 28 mai 2009. *Bigaeva c. Grèce*. [réf. 20/10/2017]. v.: http://hudoc.echr.coe.int/eng?i=001-92753.
CEDH, 3 juin 2009. *Herri Batasuna et Batasuna c. Espagne*. [réf. 20/10/2017]. v.: http://hudoc.echr.coe.int/eng?i=001-93348.
CEDH, 18 mai 2010. *Kennedy c. Royaume-Uni*. [réf. 20/10/2017]. v.: http://hudoc.echr.coe.int/eng?i=001-98672.
CEDH, 14 décembre 2010. *Ternovszky c. Hongrie*. [réf. 20/10/2017]. v.: http://hudoc.echr.coe.int/eng?i=001-102254.
CEDH, Grande chambre, 6 janvier 2011. *Paksas c. Lituanie*. [réf. 20/10/2017]. v.: http://hudoc.echr.coe.int/eng?i=001-102618.
CEDH, 20 janvier 2011. *Haas c. Suisse*. [réf. 20/10/2017]. v.: http://hudoc.echr.coe.int/eng?i=001-102939.
CEDH, 5 mai 2011. *Comité de rédaction de Pravoye Delo et Shtekel c. Ukraine*. [réf. 20/10/2017]. v.: http://hudoc.echr.coe.int/eng?i=001-104686.
CEDH, 24 mai 2011. *Association « 21 Décembre 1989 » et autres c. Roumanie*. [réf. 20/10/2017]. v.: http://hudoc.echr.coe.int/eng?i=001-104865.

CEDH, Grande chambre, 7 juillet 2011. *Bayatyan c. Arménie*. [réf. 20/10/2017]. v.: http://hudoc.echr.coe.int/eng?i=001-105610.
CEDH, 2 février 2012. *Růžový panter, o.s. c. République tchèque*. [réf. 20/10/2017]. v.: http://hudoc.echr.coe.int/eng?i=001-108886.
CEDH, 7 février 2012. *Von Hannover c. Allemagne (no 2)*. [réf. 20/10/2017]. v.: http://hudoc.echr.coe.int/eng?i=001-109027.
CEDH, 13 juillet 2012. *Mouvement raëlien suisse c. Suisse*. [réf. 20/10/2017]. v.: http://hudoc.echr.coe.int/eng?i=001-112157.
CEDH, 18 décembre 2012. *Ahmet Yildirim c. Turquie*. [réf. 20/10/2017]. v.: http://hudoc.echr.coe.int/eng?i=001-115401.
CEDH, Grande Chambre, 22 avril 2013. *Animal defenders international c. Royaume-Uni*. [réf. 20/10/2017]. v.: http://hudoc.echr.coe.int/eng?i=001-119279.
CEDH, 25 juin 2013. *Youth Initiative for Human Rights v. Serbia*. [réf. 20/10/2017]. v.: http://hudoc.echr.coe.int/eng?i=001-120955.
CEDH, 28 novembre 2013. *Österreichische Vereinigung zur Erhaltung, Stärkung und Schaffung eines wirtschaftlich gesunden land- und forstwirtschaftlichen Grundbesitzes v. Austria*. [réf. 20/10/2017]. v.: http://hudoc.echr.coe.int/eng?i=001-139084.
CEDH, 11 mars 2014. *Akdeniz c. Turquie*. [réf. 20/10/2017]. v.: http://hudoc.echr.coe.int/eng?i=001-142383.
CEDH, Grande chambre, 16 juin 2015. *Delfi AS c. Estonie*. [réf. 20/10/2017]. v.: http://hudoc.echr.coe.int/eng?i=001-155627.
CEDH, Grande chambre, 27 août 2015. *Parrillo c. Italie*. [réf. 20/10/2017]. v.: http://hudoc.echr.coe.int/eng?i=001-156492.
CEDH, 1 décembre 2015. *Cengiz et autres c. Turquie*. [réf. 20/10/2017]. v.: http://hudoc.echr.coe.int/eng?i=001-158948.
CEDH, Grande chambre, 4 décembre 2015. *Roman Zakharov c. Russie*. [réf. 20/10/2017]. v.: http://hudoc.echr.coe.int/eng?i=001-160008.
CEDH, 19 janvier 2016. *Görmüş et autres c. Turquie*. v.: http://hudoc.echr.coe.int/eng?i=001-160244.
CEDH, Grande Chambre, 8 novembre 2016. *Magyar Helsinki Bizottsàg c. Hongrie*. [réf. 20/10/2017]. v.: http://hudoc.echr.coe.int/eng?i=001-168716.
CEDH, Grande Chambre, 27 juin 2017, *Satakunnan Markkinapörssi Oy and Satamedia Oy c. Finland*, [réf. 20/10/2017], v.: http://hudoc.echr.coe.int/eng?i=001-175218.
CEDH, Grande Chambre, 5 septembre 2017. *Bărbulescu c. Roumanie*. [réf. 20/10/2017]. v.: http://hudoc.echr.coe.int/eng?i=001-177083.
CEDH. *Big Brother Watch et autres c. Royaume-Uni*. [réf. 20/10/2017]. v.: http://hudoc.echr.coe.int/fre?i=001-140713.

7. CJUE

CJUE, 12 septembre 2006. *Royaume d'Espagne contre Royaume-Uni, affaire C-145/04.* [réf. 20/10/2017]. v.: http://curia.europa.eu/juris/document/document.jsf;jsessionid=9ea7d0f130d68b25953244cc41febb528929570225ab.e34KaxiLc3eQc40LaxqMbN4PaheTe0?text=&docid=63873&pageIndex=0&doclang=FR&mode=lst&dir=&occ=first&part=1&cid=110354.

CJUE, Grande chambre, 23 mars 2010. *Google France SARL.* [réf. 20/10/2017]. v.: http://curia.europa.eu/juris/document/document.jsf?text=&docid=83961&pageIndex=0&doclang=fr&mode=lst&dir=&occ=first&part=1&cid=701613.

CJUE, 24 novembre 2011. *Scarlet Extended SA c. Société belge des auteurs, compositeurs et éditeurs SCRL (SABAM), affaire C-70/10.* [réf. 20/10/2017]. v.: http://curia.europa.eu/juris/document/document.jsf?text=&docid=115202&pageIndex=0&doclang=FR&mode=lst&dir=&occ=first&part=1&cid=416535.

CJUE, Grande chambre, 8 avril 2014. *Digital Rights Ireland and Seitlinger and others, affaires C-293/12 et C-594/12.* [réf. 20/10/2017]. v.: http://curia.europa.eu/juris/document/document.jsf?text=&docid=150642&pageIndex=0&doclang=FR&mode=lst&dir=&occ=first&part=1&cid=324889.

CJUE, Grande chambre, 13 mai 2014. *Google Spain SL, Google Inc. contre Agencia Española de Protección de Datos (AEPD), Mario Costeja González, affaire C-131/12.*

Conclusions de l'avocat général M. Niilo Jääskinen présentées le 25 juin 2013. Affaire C-131/12. Google Spain SL, Google Inc.c. Agencia Española de Protección de Datos (AEPD), Mario Costeja González. [réf. 20/10/2017]. v.: http://curia.europa.eu/juris/document/document.jsf?text=&docid=138782&pageIndex=0&doclang=FR&mode=lst&dir=&occ=first&part=1&cid=660316.

CJUE, 1 octobre 2015. *Weltimmo s. r. o. c. Nemzeti Adatvédelmi és Információszabadság Hatóság, affaire C-230/14.* [réf. 20/10/2017]. v.: http://curia.europa.eu/juris/document/document.jsf?docid=168944&doclang=FR.

CJUE, Grande chambre, 6 octobre 2015. *Maximillian Schrems c. Data Protection Commissioner, en présence de Digital Rights Ireland Ltd, affaire C-362/14.* [réf. 20/10/2017]. v.: http://curia.europa.eu/juris/document/document.jsf?docid=169195.

CJUE, Grande chambre, 21 décembre 2016. *Tele2 Sverige AB c. Post- och telestyrelsen, C-203/15 et Secretary of State for the Home Department c. Tom Watson e.a., affaire C-698/15.* [réf. 20/10/2017]. v.: http://curia.europa.eu/juris/document/document.jsf;jsessionid=9ea7d2dc30d517be724cc1ea4a87aa01b7e3bb9ba1aa.e34KaxiLc3qMb40Rch0SaxyLaxb0?text=&docid=186492&pageIndex=0&doclang=FR&mode=lst&dir=&occ=first&part=1&cid=968813.

CJUE, 3 février 2017. *Affaire T-646/13 Bürgerausschuss für die Bürgerinitiative Minority SafePack – one million signatures for diversity in Europe c. Commission européenne.* [réf. 20/10/2017]. v.: http://curia.europa.eu/juris/documents.jsf?num=T-646/13.

8. *Autres juridictions étrangères et internationales*

Supreme Court of the United States. *Hustler Magazin, Inc. v. Falwell.* [réf. 20/10/2017]. v.: http://caselaw.findlaw.com/us-supreme-court/485/46.html.

Comm.EDH, 22 mars 1972. *X. c. Autriche.* [réf. 20/10/2017]. v.: http://hudoc.echr.coe.int/eng?i=001-27952.

République et canton de Genève. Tribunal administratif. *M B et M C c. la Chancellerie d'Etat, H (Suisse) Sàrl et la Médiatrice en matière d'information du public et d'accès aux documents.* 29/11/2005. [réf. 20/10/2017]. v.: http://justice.geneve.ch/tdb/Decis/TA/FichierWord/2005/0008/ATA_000807_2005_A_2499_2004.pdf.

Tribunal de première instance néerlandophone de Bruxelles, Chambre des référés, 9 novembre 2015, 2015/57/C. *Président de la Commission belge de la protection de la vie privée c. Facebook.* [réf. 20/10/2017]. v.: https://www.privacycommission.be/sites/privacycommission/files/documents/vonnis_fr.pdf.

Tribunal d'arrondissement de et à Luxembourg, 12ème chambre, siègeant en matière correctionnelle. *Audience publique du 29 juin 2016.* [réf. 20/10/2017]. v.: http://www.justice.public.lu/fr/actualites/2016/06/jugement-affaire-luxleaks/index.html.

E. Documents officiels, rapports

Amnesty International Belgique francophone, *Les droits humains au coeur de la cité. Guide de bonnes pratiques d'ici et d'ailleurs pour les responsables des collectivités locales et les associations citoyennes*, Bruxelles, 2010. [réf. 20/10/2017], v.: http://www.lesdroitshumainsaucoeurdelacite.org/IMG/pdf/charte_agenda.pdf.

ARCEP, *Rapport public d'activité de l'ARCEP 2011*, 2011. [réf. 20/10/2017], v.: http://www.arcep.fr/uploads/tx_gspublication/rapport-activite-2011.pdf.

ARCEP, *Loyauté entre les acteurs économiques*, 2015. [réf. 20/10/2017], v.: http://www.arcep.fr/fileadmin/reprise/communiques/communiques/2015/2015-02_CNNum_ARCEP_loyaute_VF.pdf.

Article 29 Data Protection Working Party, *Guidelines on the implementation of the Court of Justice of the European Union judgment on "Google Spain and Inc. v. Agencia Española de Protección de Datos (AEPD) and Mario Costeja González" C-131/12*, 14/EN WP 225, 2014. [réf. 20/10/2017], v.:

https://ec.europa.eu/justice/article-29/documentation/opinion-recommendation/files/2014/wp225_en.pdf.
Assemblée générale des Nations Unies. Conseil des droits de l'homme. Dix-septième session, *Rapport du Rapporteur spécial sur la promotion et la protection du droit à la liberté d'opinion et d'expression, Franck La Rue*, A/HRC/17/27, Nations unies, 2011. [réf. 20/10/2017], v.: https://undocs.org/en/A/HRC/17/27.
Assemblée nationale, XIIIe législature, *Session ordinaire de 2009-2010, Première séance du mercredi 14 octobre 2009*, [réf. 20/10/2017], v.: http://www.assemblee-nationale.fr/13/cri/2009-2010/20100013.asp.
Assemblée nationale, XIIIe législature, *Session ordinaire de 2011-2012, Première séance du mardi 8 novembre 2011*, [réf. 20/10/2017], v.: http://www.assemblee-nationale.fr/13/cri/2011-2012/20120044.asp.
Assemblée nationale, *Rapport d'information déposé en application de l'article 145 du Règlement par la Commission des affaires économiques sur la neutralité de l'internet et des réseaux*, Paris, 2011. v.: http://www.assemblee-nationale.fr/13/rap-info/i3336.asp.
Assemblée Nationale. Commission des lois constitutionnelles, de la législation et de l'administration générale de la République, *Rapport d'information sur l'évaluation du cadre juridique applicable aux services de renseignement*, Paris, 2013. [réf. 20/10/2017], v.: http://www.assemblee-nationalc.fr/14/pdf/rap-info/i1022.pdf.
Assemblée Nationale, *Statistiques sur l'activité de l'Assemblée nationale (XIVe législature)*, Paris, 2014. [réf. 20/10/2017], v.: http://www.assemblee-nationale.fr/14/seance/fiches/fiche22.pdf.
Assemblée Nationale, *Rapport d'information déposé par la Commission de réflexion et de propositions sur le droit et les libertés à l'âge du numérique*, 2015. [réf. 20/10/2017], v.: http://www.assemblee-nationale.fr/14/rapports/r3119.asp.
Assemblée nationale, *Refaire la démocratie. Rapport n° 3100*, Paris, 2015. [réf. 20/10/2017], v.: http://www2.assemblee-nationale.fr/static/14/institutions/Rapport_groupe_travail_avenir_institutions_T1.pdf.
Assemblée nationale, *Compte rendu intégral de la première séance du mardi 22 mars 2016*, [réf. 20/10/2017], v.: http://www.assemblee-nationale.fr/14/cri/2015-2016/20160156.asp.
Assemblée parlementaire du Conseil de l'Europe, *L'expression « principle of the Rule of Law ». Rapport de la Commission des questions juridiques et des droits de l'homme*, Doc. 11343, Strasbourg, 2007. [réf. 20/10/2017], v.: http://assembly.coe.int/nw/xml/XRef/Xref-DocDetails-FR.asp?FileID=11593&lang=FR.
Assemblée parlementaire du Conseil de l'Europe, *Rapport : La démocratie en Europe: crises et perspectives*, Doc. 12279, Strasbourg, 2010.

[réf. 20/10/2017], v.: http://assembly.coe.int/nw/xml/XRef/Xref-DocDetails-fr.asp?FileID=12462&lang=fr.
Banque internationale pour la reconstruction et le développement/La Banque Mondiale, *Doing business 2014. Comprendre les réglementations pour les petites et moyennes entreprises*, Washington, 2013. [réf. 20/10/2017], v.: http://francais.doingbusiness.org/reports/global-reports/doing-business-2014.
Chancellerie d'État de Genève. *Le système genévois de vote par Internet.* Genève. 2010.
Chancellerie d'État de Genève. *Votation cantonale. 27 novembre 2011.* Genève. 2011.
Chancellerie fédérale, *Cyberdémocratie et cyberparticipation. Rapport au Conseil fédéral*, Berne, 2011. [réf. 20/10/2017], v.: https://www.bk.admin.ch/bk/fr/home/documentation/cyberadministration/cyberdemocratie-et-cyberparticipation.html.
Chancellerie fédérale. *La Confédération en bref.* Berne. 2011.
CNCCFP, Guide de candidat et du mandataire, 2013, [réf. 20/10/2017], v.: http://www.cnccfp.fr/docs/campagne/cnccfp_2013_Guide_candidat_et_mandataire_20130606.pdf.
CNIL, *Droit au déréférencement. Les critères communs utilisés pour l'examen des plaintes*, [réf. 20/10/2017], v.: https://www.cnil.fr/sites/default/files/typo/document/Droit_au_dereferencement-criteres.pdf.
CNIL, Autorisation unique n° AU-004 - Délibération n°2005-305 du 8 décembre 2005 portant autorisation unique de traitements automatisés de données à caractère personnel mis en œuvre dans le cadre de dispositifs d'alerte professionnelle. (Modifiée par la délibération n° 2014-042 du 30 janvier 2014), 2005, [réf. 20/10/2017], v.: http://www.cnil.fr/documentation/deliberations/deliberation/delib/83/.
CNIL, Délibération n° 2010-371 du 21 octobre 2010 portant adoption d'une recommandation relative à la sécurité des systèmes de vote électronique, v.: http://www.legifrance.gouv.fr/affichTexte.do?cidTexte=JORFTEXT000023124205.
CNIL, Délibération n° 2012-083 du 15 mars 2012 portant avis sur un projet d'arrêté relatif à la mise en œuvre du traitement automatisé de données à caractère personnel prévu à l'article R. 178-3 du code électoral : système de vote électronique pour l'élection par les Français établis hors de France de leurs députés (demande d'avis n° 12005139) 2012, [réf. 20/10/2017], v.: https://www.legifrance.gouv.fr/affichTexte.do?cidTexte=JORFTEXT000025826116.
CNIL, *Politique de confidentialité de Facebook : 5 autorités européennes prennent position.* 2015. [réf. 20/10/2017]. v.: https://www.cnil.fr/fr/politique-de-confidentialite-de-facebook-5-autorites-europeennes-prennent-position.

CNIL, [Communiqué G29] Publication de l'avis du G29 sur l'accord Privacy Shield, 2016. [réf. 20/10/2017], v.: https://www.cnil.fr/fr/communique-g29-publication-de-lavis-du-g29-sur-laccord-privacy-shield.

Commission des communautés européennes, Communication de la commission au Conseil, au Parlement européen, au Comité économique et social européen et au Comité des régions. Le rôle de l'administration en ligne (eGovernment) pour l'avenir de l'Europe, COM(2003) 567 final, Bruxelles, 2003. [réf. 20/10/2017], v.: http://eur-lex.europa.eu/LexUriServ/LexUriServ.do?uri=COM:2003:0567:FIN:FR:PDF.

Commission des communautés européennes, Communication de la Commission au Conseil, au Parlement européen, au comité économique et social européen et au comité des régions.Vers un système de partage d'informations sur l'environnement (SEIS), COM(2008) 46 final, Brussels, 2008. [réf. 20/10/2017], v.: http://eur-lex.europa.eu/legal-content/FR/TXT/?uri=CELEX:52008DC0046.

Commission européenne. *Livre blanc sur la gouvernance.* Journal officiel n° 287 du 12/10/2001 p. 0001 - 0029. [réf. 20/10/2017]. v.: http://eur-lex.europa.eu/legal-content/FR/TXT/HTML/?uri=CELEX:52001DC0428&qid=1426093570720&from=EN.

Commission européenne, Communication COM(2013) 846 final, Bruxelles, 2013. [réf. 20/10/2017], v.: http://eur-lex.europa.eu/procedure/fr/1041464.

Commission européenne, Communication COM(2013) 847 final, Bruxelles, 2013. [réf. 20/10/2017], v.: http://eur-lex.europa.eu/procedure/fr/1041465.

Commission européenne, Communication de la Commission relative à l'initiative citoyenne européenne « Un de nous », 2014, COM(2014) 355 final, le 28/05/2014. [réf. 20/10/2017], v.: http://ec.europa.eu/transparency/regdoc/rep/1/2014/FR/1-2014-355-FR-F1-1.Pdf.

Commission européenne, Communication de la Commission sur l'initiative citoyenne européenne « L'eau et l'assainissement sont un droit humain! L'eau est un bien public, pas une marchandise! », 2014, COM(2014) 177 final du 19/3/2014 [réf. 20/10/2017], v.: http://eur-lex.europa.eu/legal-content/FR/TXT/HTML/?uri=CELEX:52014DC0177&from=EN.

Commission européenne, Aides d'État: la Commission enquête sur des accords sur les prix de transfert dans le cadre de l'impôt sur les sociétés applicable à Apple (Irlande), Starbucks (Pays-Bas) et Fiat Finance and Trade (Luxembourg), 2014. [réf. 20/10/2017], v.: http://europa.eu/rapid/press-release_IP-14-663_fr.htm.

Commission européenne, Communication de la Commission sur l'initiative citoyenne européenne « Stop Vivisection », 2014, C(2015) 3773 final, 03/06/2015 [réf. 20/10/2017], v.:

http://ec.europa.eu/transparency/regdoc/rep/3/2015/FR/3-2015-3773-FR-F1-1.PDF.
Commission européenne, Communication de la commission au Conseil, au Parlement européen, au Comité économique et social européen et au Comité des régions. Connectivité pour un marché unique numérique compétitif – Vers une société européenne du gigabit, COM(2016) 587 final, Bruxelles, 2016. [réf. 20/10/2017], v.: https://ec.europa.eu/transparency/regdoc/rep/1/2016/FR/1-2016-587-FR-F1-1.PDF.
Commission européenne, Pratiques anticoncurrentielles : la Commission inflige à Google une amende de 2,42 milliards d'euros pour abus de position dominante sur le marché des moteurs de recherche en favorisant son propre service de comparaison de prix, 27 juin 2017. [réf. 20/10/2017], v.: http://europa.eu/rapid/press-release_IP-17-1784_fr.htm.
Commission européenne pour la démocratie par le droit (Commission de Venise), *Rapport sur le mandat impératif et les pratiques similaires*, CDL-AD(2009)027, Strasbourg, 2009. [réf. 20/10/2017], v.: http://www.venice.coe.int/webforms/documents/default.aspx?pdffile=CDL-AD(2009)027-f.
Commission nationale de contrôle de la campagne électorale, *Rapport établi par la Commission nationale de contrôle de la campagne électorale en vue de l'élection présidentielle (scrutins des 22 avril et 6 mai 2012)*, 2012. [réf. 20/10/2017], v.: http://www.legifrance.gouv.fr/affichTexte.do?cidTexte=JORFTEXT000026194366#JORFARTI000026194399.
Commission nationale consultative des droits de l'homme, *Avis sur la lutte contre les discours de haine sur internet*, 2015. [réf. 20/10/2017], v.: http://www.cncdh.fr/fr/publications/avis-sur-la-lutte-contre-les-discours-de-haine-sur-internet.
Council of Europe/European Court of Human Rights, *Internet: case-law of the European Court of Human Rights*, Strasbourg, 2015. [réf. 20/10/2017], v.: http://www.echr.coe.int/Documents/Research_report_internet_ENG.pdf.
La visioconférence dans le cadre de la justice en ligne européenne. L'essentiel sur la visioconférence dans les procédures judiciaires transfrontières, Conseil de l'Union européenne, 2009. [réf. 20/10/2017], v.: https://e-justice.europa.eu/fileDownload.do?id=9d7433ee-2a5b-42af-adf8-c506e56bc6d0.
Conseil de l'éthique publicitaire, *Publicité et politique*, Paris, 2013. [réf. 20/10/2017], v.: https://www.cep-pub.org/avis/avis-cep-publicite-politique/.
Assemblée parlementaire du Conseil de l'Europe, Résolution 1121 (1997) relative aux instruments de la participation des citoyens dans la démocratie représentative, 1997. [réf. 20/10/2017], v.:

http://assembly.coe.int/nw/xml/XRef/Xref-XML2HTML-fr.asp?fileid=16532&lang=fr.
Conseil de l'Europe. Le congrès des pouvoirs locaux et régionaux, Résolution 266 (2008). Outils électroniques : une réponse aux besoins des collectivités locales, Strasbourg, 2008.
Conseil de l'Europe. Le congrès des pouvoirs locaux et régionaux, Résolution 267 (2008). Démocratie électronique et concertation sur les projets urbains, Strasbourg, 2008.
Conseil de l'Europe, *Exposé des motifs à la Recommandation CM/Rec(2009)1 du Comité des Ministres aux Etats membres sur la démocratie électronique*, Strasbourg, 2009. [réf. 20/10/2017], v.: http://www.coe.int/t/dgap/democracy/activities/ggis/cahde/2009/RecCM2009_1_and_Accomp_Docs/CM(2009)1_Expla_Memo_to_E-Recommendation_F_FINAL.asp#TopOfPage.
Conseil de l'Europe, *Recommandation CM/Rec(2009)1 du Comité des Ministres aux Etats membres sur la démocratie électronique*, Strasbourg, 2009. [réf. 20/10/2017], v.: http://www.coe.int/t/dgap/democracy/activities/ggis/cahde/2009/RecCM2009_1_and_Accomp_Docs/Recommandation%20CM_Rec(2009)1F_FINAL.asp#TopOfPage.
Conseil de l'Europe, *Fiche d'information. La démocratie électronique*, Strasbourg, 2010.
Conseil de l'Europe, *Recommandation CM/Rec(2014)7. Protection des lanceurs d'alerte*, Strasbourg, [réf. 20/10/2017], v.: https://rm.coe.int/09000016807096c8.
Conseil de l'Europe, *Recommandation CM/Rec(2017)5 du Comité des Ministres aux Etats membres sur les normes relatives au vote électronique*, Strasbourg, 2017. [réf. 20/10/2017], v.: https://search.coe.int/cm/Pages/result_details.aspx?ObjectId=0900001680726f6a.
Conseil d'État, *Rapport public 2006 - Sécurité juridique et complexité du droit*, Paris, La documentation française, 2006.
Conseil d'État, *Rapport public 2010. Vol. 1. Activité juridictionnelle et consultative des juridictions administratives*, Paris, La documentation française, 2010.
Conseil d'État, *Rapport public 2011. Consulter autrement, participer effectivement*, Paris, La documentation française, 2011.
Conseil d'Etat, *Etude annuelle 2014 - Le numérique et les droits fondamentaux*, 2014. [réf. 20/10/2017], v.: http://www.ladocumentationfrancaise.fr/rapports-publics/144000541-etude-annuelle-2014-du-conseil-d-etat-le-numerique-et-les-droits-fondamentaux.
Conseil d'Etat, *Etude annuelle 2017 - Puissance publique et plateformes numériques : accompagner l'«ubérisation»*, 2017. [réf. 20/10/2017], v.:

http://www.ladocumentationfrancaise.fr/rapports-publics/174000714/index.shtml.
Conseil fédéral, *Rapport du Conseil fédéral sur le vote électronique. Evaluation de la mise en place du vote électronique (2006-2012) et bases de développement*, Berne, 2013. [réf. 20/10/2017], v.: https://www.admin.ch/opc/fr/federal-gazette/2013/4519.pdf.
Conseil national du numérique. *Synthèse 6. Neutralité de l'Internet*. 2015. [réf. 20/10/2017]. v.: https://contribuez.cnnumerique.fr/sites/default/files/media/6_synthese_-_theme_2_-_neutralite_du_net_0.pdf.
Consortium des universités belges, *BeVoting. Etude des systèmes de vote électronique. Deuxième partie de "L'Etude du vote automatisé. Def. Vs 18122006 "*, 2007. [réf. 20/10/2017], v.: https://www.poureva.be/IMG/pdf/bevoting-2_fr.pdf.
Cour de cassation. Parquet général, *Rapport à Madame la garde des sceaux, ministre de la justice sur l'expérimentation des citoyens assesseurs dans les ressorts des cours d'appel de Dijon et Toulouse*, 2013. [réf. 20/10/2017], v.: http://www.presse.justice.gouv.fr/art_pix/1_1_Rapport_bilan_experimentation_citoyens_assesseurs.pdf.
Cour européenne des droits de l'homme, *Protection des sources journalistiques*, 2016. [réf. 20/10/2017], v.: http://www.echr.coe.int/Documents/FS_Journalistic_sources_FRA.pdf.
Groupe de travail "Article 29" sur la protection des données, *Avis 8/2010 sur le droit applicable*, 2010. [réf. 20/10/2017], v.: https://ec.europa.eu/newsroom/article29/item-detail.cfm?item_id=640614.
Insee. *Répartition des étrangers par nationalité en 2012*. 2012. [réf. 20/10/2017]. v.: http://www.insee.fr/fr/themes/tableau.asp?reg_id=0&ref_id=etrangersnat.
Insee, *Accroissement de la population*, 2011. [réf. 20/10/2017], v.: https://www.insee.fr/fr/statistiques/1373635?sommaire=1373710.
Institut suisse de droit comparé, *Etude comparative sur le blocage, le filtrage et le retrait de contenus illégaux sur Internet*, Lausanne, 2015. [réf. 20/10/2017], v.: http://www.coe.int/fr/web/freedom-expression/study-filtering-blocking-and-take-down-of-illegal-content-on-the-internet.
Commission de Venise, *Code de bonne conduite en matière électorale*, CDL-AD (2002) 23, Strasbourg, 2002. [réf. 20/10/2017], v.: http://www.eods.eu/library/VC.Code%20of%20Good%20Practice%20in%20Electoral%20MattersFR.pdf.
Commission de Venise, *Avis sur la loi d'Ukraine portant modification de la législation concernant le statut des députés de la Verkhovna Rada de la République autonome de Crimée et des conseils locaux en Ukraine*, Strasbourg, 2007. [réf. 20/10/2017], v.: http://www.venice.coe.int/webforms/documents/default.aspx?pdffile=CDL-AD(2007)018-f.

Haute autorité pour la transparence de la vie publique, *Renouer la confiance publique. Rapport au Président de la République sur l'exemplarité des responsables publics*, Vie publique, 2015. [réf. 20/10/2017], v.: https://www.vie-publique.fr/rapport/34548-renouer-la-confiance-publique-exemplarite-des-responsables-publics.
Nations unies, *La promotion, la protection et l'exercice des droits de l'homme sur l'Internet. A/HRC/20/L.13*, 2012.
Nations unies, Résolution adoptée par le Conseil des droits de l'homme 26/9 du 14 juillet 2014. *Élaboration d'un instrument international juridiquement contraignant sur les sociétés transnationales et autres entreprises et les droits de l'homme* A/HRC/RES/26/9, 2014.
Nations Unies, Assemblée générale. Conseil des droits de l'homme. Vingt-neuvième session. *Rapport du Rapporteur spécial sur la promotion et la protection du droit à la liberté d'opinion et d'expression David Kaye*, A/HRC/29/32, Genève, 2015.
Promesses et limites de la démocratie électronique. Les défis de la participation citoyenne en ligne, Paris, OCDE, 2003. [réf. 20/10/2017], v.: http://www.oecd.org/fr/sti/prospective/35401843.pdf.
OCDE, *Mieux légiférer en Europe : France*, Editions OCDE, 2010. [réf. 20/10/2017], v.: http://www.oecd.org/regreform/regulatory-policy/45249654.pdf.
Opening Parliament, [réf. 20/10/2017], v.: http://www.openingparliament.org.
Sénat, *Séance du 2 mars 2011*, [réf. 20/10/2017], v.: http://www.senat.fr/seances/s201103/s20110302/s20110302_mono.html.
Sénat, *Étude de législation comparée n° 218 - novembre 2011 - Le droit de vote des étrangers aux élections locales*, Paris, 2011. [réf. 20/10/2017], v.: http://www.senat.fr/lc/lc218/lc218_mono.html.
Transparency International France, *Analyse et recommandations : Loi relative à la transparence, la lutte contre la corruption, et la modernisation de la vie économique*, 2016. [réf. 20/10/2017], v.: https://transparency-france.org/wp-content/uploads/2016/11/Analyse-de-la-loi-Sapin-2-après-vote-final-0911-V5.pdf.

F. Normes

1. Normes françaises

Constitution de 1791.
Constitution du 24 juin 1793.
Constitution du 4 octobre 1958.
Loi constitutionnelle no 95-880 du 4 août 1995 portant extension du champ d'application du référendum, instituant une session parlementaire ordinaire unique, modifiant le régime de l'inviolabilité parlementaire et abrogeant les

dispositions relatives à la Communauté et les dispositions transitoires, [réf. 20/10/2017], v.: https://www.legifrance.gouv.fr/affichTexte.do?cidTexte=JORFTEXT000000188958.

Loi organique n° 2011-333 du 29 mars 2011 relative au Défenseur des droits, [réf. 20/10/2017], v.: https://www.legifrance.gouv.fr/affichTexte.do?cidTexte=JORFTEXT000023781167&categorieLien=id.

Loi organique n° 2013-1114 du 6 décembre 2013 portant application de l'article 11 de la Constitution, [réf. 20/10/2017], v.: https://www.legifrance.gouv.fr/affichTexte.do?cidTexte=JORFTEXT000028278925&categorieLien=id.

Loi organique n° 2016-1690 du 9 décembre 2016 relative à la compétence du Défenseur des droits pour l'orientation et la protection des lanceurs d'alerte, [réf. 20/10/2017], v.: https://www.legifrance.gouv.fr/affichTexte.do?cidTexte=LEGITEXT000033562615.

Code civil, [réf. 20/10/2017], v.: https://www.legifrance.gouv.fr/affichCode.do?cidTexte=LEGITEXT000006070721.

Code de l'éducation, [réf. 20/10/2017], v.: http://www.legifrance.gouv.fr/affichCode.do;jsessionid=79209D91E65125E3BB5EE78F175897C4.tpdjo13v_2?cidTexte=LEGITEXT000006071191&dateTexte=20121128.

Code de l'éducation, [réf. 20/10/2017], v.: http://www.legifrance.gouv.fr/affichCode.do;jsessionid=79209D91E65125E3BB5EE78F175897C4.tpdjo13v_2?cidTexte=LEGITEXT000006071191&dateTexte=20121128.

Code de l'environnement, [réf. 20/10/2017], v.: http://www.legifrance.gouv.fr/affichCode.do;jsessionid=0F8ECB410A3C84639A3D49EFF3A538BB.tpdila12v_1?cidTexte=LEGITEXT000006074220&dateTexte=20150218.

Code des relations entre le public et l'administration, [réf. 20/10/2017], v.: https://www.legifrance.gouv.fr/affichCode.do?cidTexte=LEGITEXT000031366350&idSectionTA=.

Code électoral, [réf. 20/10/2017], v.: https://www.legifrance.gouv.fr/affichCode.do?dateTexte=20130830&cidTexte=LEGITEXT000006070239&fastReqId=1438730794&fastPos=1&oldAction=rechCodeArticle.

Code général des collectivités territoriales [réf. 20/10/2017], v.: http://www.legifrance.gouv.fr/affichCode.do;jsessionid=3AE853F1B96CEB73F42B1EAF872B4DE8.tpdjo16v_3?cidTexte=LEGITEXT000006070633&dateTexte=20041231.

Loi n° 78-17 du 6 janvier 1978 relative à l'informatique, aux fichiers et aux libertés, v.: http://www.legifrance.gouv.fr/affichTexte.do;jsessionid=467D98981C654BF9FE072EEEF33A96C5.tpdjo13v_2&dateTexte=?cidTexte=JORFTEXT000000886460&categorieLien=cid.
Loi n° 78-753 du 17 juillet 1978 portant diverses mesures d'amélioration des relations entre l'administration et le public et diverses dispositions d'ordre administratif, social et fiscal [réf. 20/10/2017], v.: http://www.legifrance.gouv.fr/affichTexte.do?cidTexte=JORFTEXT000000339241.
Loi n° 86-1067 du 30 septembre 1986 relative à la liberté de communication (Loi Léotard) [réf. 20/10/2017], v.: http://www.legifrance.gouv.fr/affichTexte.do?cidTexte=LEGITEXT000006068930&dateTexte=20110921.
Loi n° 2002-276 du 27 février 2002 relative à la démocratie de proximité, [réf. 20/10/2017], v.: http://www.legifrance.gouv.fr/affichTexte.do?cidTexte=JORFTEXT000000593100.
Loi n° 2003-277 du 28 mars 2003 tendant à autoriser le vote par correspondance électronique des Français, [réf. 20/10/2017], v.: http://www.legifrance.gouv.fr/affichLoiPubliee.do;jsessionid=467D98981C654BF9FE072EEEF33A96C5.tpdjo13v_2?idDocument=JORFDOLE000017760450&type=general.
Loi n° 2005-102 du 11 février 2005 pour l'égalité des droits et des chances, la participation et la citoyenneté des personnes handicapées, [réf. 20/10/2017], v.: https://www.legifrance.gouv.fr/affichTexte.do?cidTexte=JORFTEXT000000809647&categorieLien=id.
Loi n° 2009-258 du 5 mars 2009 relative à la communication audiovisuelle et au nouveau service public de la télévision, [réf. 20/10/2017], v.: http://legifrance.gouv.fr/affichTexte.do?cidTexte=JORFTEXT000020352071.
Loi n° 2011-411 du 14 avril 2011 ratifiant l'ordonnance n° 2009-936 du 29 juillet 2009 relative à l'élection de députés par les Français établis hors de France, [réf. 20/10/2017], v.: http://www.legifrance.gouv.fr/affichTexte.do?cidTexte=JORFTEXT000023877109&dateTexte=&categorieLien=id.
Loi n° 2011-672 du 16 juin 2011 relative à l'immigration, à l'intégration et à la nationalité, [réf. 20/10/2017], v.: https://www.legifrance.gouv.fr/affichTexte.do?categorieLien=id&cidTexte=JORFTEXT000024191380.
Loi n° 2011-939 du 10 août 2011 sur la participation des citoyens au fonctionnement de la justice pénale et le jugement des mineurs [réf. 20/10/2017], v.:

https://www.legifrance.gouv.fr/affichTexte.do?cidTexte=JORFTEXT000024456769&categorieLien=id.
Loi n° 2011-94 du 25 janvier 2011 portant réforme de la représentation devant les cours d'appel, [réf. 20/10/2017], v.: http://www.legifrance.gouv.fr/affichTexte.do?cidTexte=JORFTEXT000023474278&dateTexte=&categorieLien=id.
Loi n° 2012-1460 du 27 décembre 2012 relative à la mise en œuvre du principe de participation du public défini à l'article 7 de la Charte de l'environnement, [réf. 20/10/2017], v.: http://www.legifrance.gouv.fr/affichTexte.do?cidTexte=JORFTEXT000026843093&dateTexte=&categorieLien=id.
Loi n° 2014-172 du 21 février 2014 visant à reconnaître le vote blanc aux élections. JORF n°0045 du 22 février 2014 p. 3138, [réf. 20/10/2017], v.: https://www.legifrance.gouv.fr/affichTexte.do?cidTexte=JORFTEXT000028636783.
Loi n° 2015-1556 du 30 novembre 2015 relative aux mesures de surveillance des communications électroniques internationales. JORF n°0278 du 1 décembre 2015, p. 22185, [réf. 20/10/2017], v.: https://www.legifrance.gouv.fr/eli/loi/2015/11/30/DEFX1521757L/jo/texte.
Loi n° 2015-912 du 24 juillet 2015 relative au renseignement, JORF n°0171 du 26 juillet 2015, p. 12735, [réf. 20/10/2017], v.: https://www.legifrance.gouv.fr/affichTexte.do?cidTexte=JORFTEXT000030931899&categorieLien=id.
Loi n° 2015-990 du 6 août 2015 pour la croissance, l'activité et l'égalité des chances économiques, [réf. 20/10/2017], v.: https://www.legifrance.gouv.fr/affichTexte.do?cidTexte=JORFTEXT000030978561&categorieLien=id.
Loi n° 2016-1321 du 7 octobre 2016 pour une République numérique, [réf. 20/10/2017], v.: https://www.legifrance.gouv.fr/affichTexte.do?cidTexte=JORFTEXT000033202746&categorieLien=id.
Loi n° 2016-1691 du 9 décembre 2016 relative à la transparence, à la lutte contre la corruption et à la modernisation de la vie économique, [réf. 20/10/2017], v.: https://www.legifrance.gouv.fr/affichTexte.do?cidTexte=JORFTEXT000033558528.
Projet de loi pour une République numérique, [réf. 20/10/2017], v.: http://www.assemblee-nationale.fr/14/ta/ta0663.asp.
Projet de loi pour une République numérique. Etude d'impact, 2015, [réf. 20/10/2017], v.: http://www.assemblee-nationale.fr/14/projets/pl3318-ei.asp.
Ordonnance n° 2013-714 du 5 août 2013 relative à la mise en œuvre du principe de participation du public défini à l'article 7 de la Charte de l'environnement [réf. 20/10/2017]. v.:

http://www.legifrance.gouv.fr/affichTexte.do?cidTexte=JORFTEXT000027805931.

Ordonnance n° 2016-1060 du 3 août 2016 portant réforme des procédures destinées à assurer l'information et la participation du public à l'élaboration de certaines décisions susceptibles d'avoir une incidence sur l'environnement. [réf. 20/10/2017]. v.: https://www.legifrance.gouv.fr/eli/ordonnance/2016/8/3/DEVD1614801R/jo/texte.

Décret n° 2008-1281 du 8 décembre 2008 relatif aux conditions de publication des instructions et circulaires, [réf. 20/10/2017], v.: http://www.legifrance.gouv.fr/affichTexte.do?cidTexte=JORFTEXT000019900707&categorieLien=id.

Décret n° 2012-1025 du 6 septembre 2012 relatif aux conditions de publication des instructions et circulaires [réf. 20/10/2017], v.: http://www.legifrance.gouv.fr/affichTexte.do;jsessionid=ABAA5DDFACD4D6A0A31BD69D967554F6.tpdjo14v_2?cidTexte=JORFTEXT000019900707&dateTexte=20141123.

Décret n° 2012-1246 du 7 novembre 2012 relatif à la gestion budgétaire et comptable publique. JORF n°0262 du 10 novembre 2012 page 17713, [réf. 20/10/2017], v.: http://www.legifrance.gouv.fr/eli/decret/2012/11/7/EFIX1205948D/jo#JORFSCTA000026597046.

Décret n° 2017-330 du 14 mars 2017 relatif aux droits des personnes faisant l'objet de décisions individuelles prises sur le fondement d'un traitement algorithmique, [réf. 20/10/2017], v.: https://www.legifrance.gouv.fr/eli/decret/2017/3/14/PRMJ1632786D/jo/texte.

2. Autres normes

◦ *UE*

Charte des droits fondamentaux de l'Union Européenne, [réf. 20/10/2017], v.: http://eur-lex.europa.eu/legal-content/fr/TXT/?uri=CELEX%3A12012P%2FTXT.

Règlement (CE) n° 44/2001 du Conseil du 22 décembre 2000 concernant la compétence judiciaire, la reconnaissance et l'exécution des décisions en matière civile et commerciale, [réf. 20/10/2017]. v.: http://eur-lex.europa.eu/LexUriServ/LexUriServ.do?uri=CELEX:32001R0044:fr:HTML.

Règlement (UE) No 211/2011 du Parlement européen et du Conseil du 16 février 2011 relatif à l'initiative citoyenne, [réf. 20/10/2017], v.: http://eur-lex.europa.eu/legal-content/FR/TXT/PDF/?uri=CELEX:02011R0211-20150728&from=FR.

Règlement (UE) 2015/2120 du Parlement européen et du Conseil du 25 novembre 2015 établissant des mesures relatives à l'accès à un internet ouvert et modifiant la directive 2002/22/CE concernant le service universel et les droits des utilisateurs au regard des réseaux et services de communications électroniques et le règlement (UE) no 531/2012 concernant l'itinérance sur les réseaux publics de communications mobiles à l'intérieur de l'Union, [réf. 20/10/2017], v.: http://eur-lex.europa.eu/legal-content/FR/TXT/HTML/?uri=CELEX:32015R2120&from=FR.

Règlement (UE) 2016/679 du Parlement européen et du Conseil du 27 avril 2016 relatif à la protection des personnes physiques à l'égard du traitement des données à caractère personnel et à la libre circulation de ces données, et abrogeant la directive 95/46/CE (règlement général sur la protection des données), [réf. 20/10/2017], v.: http://eur-lex.europa.eu/legal-content/FR/TXT/HTML/?uri=CELEX:32016R0679&from=FR.

Directive 2000/31/CE du Parlement européen et du Conseil du 8 juin 2000 relative à certains aspects juridiques des services de la société de l'information, et notamment du commerce électronique, dans le marché intérieur (« directive sur le commerce électronique »), [réf. 20/10/2017], v.: http://eur-lex.europa.eu/LexUriServ/LexUriServ.do?uri=CELEX:32000L0031:fr:HTML.

Directive 95/46/CE du Parlement européen et du Conseil, du 24 octobre 1995, relative à la protection des personnes physiques à l'égard du traitement des données à caractère personnel et à la libre circulation de ces données, [réf. 20/10/2017], v.: http://eur-lex.europa.eu/legal-content/FR/TXT/?uri=celex%3A31995L0046.

Directive 2002/21/CE du Parlement européen et du Conseil du 7 mars 2002 relative à un cadre réglementaire commun pour les réseaux et services de communications électroniques (directive "cadre"), [réf. 20/10/2017], v.: http://eur-lex.europa.eu/legal-content/FR/TXT/HTML/?uri=CELEX:32002L0021&from=EN.

Directive 2002/58/CE du Parlement européen et du Conseil du 12 juillet 2002 concernant le traitement des données à caractère personnel et la protection de la vie privée dans le secteur des communications électroniques, [réf. 20/10/2017], v.: http://eur-lex.europa.eu/legal-content/FR/TXT/HTML/?uri=CELEX:32002L0058&from=EN.

Directive 2003/98/CE du Parlement européen et du Conseil du 17 novembre 2003 concernant la réutilisation des informations du secteur public, [réf. 20/10/2017], v.: http://eur-lex.europa.eu/LexUriServ/LexUriServ.do?uri=OJ:L:2003:345:0090:0096:FR:PDF.

Directive 2008/52/CE du Parlement européen et du Conseil du 21 mai 2008 sur certains aspects de la médiation en matière civile et commerciale. [réf. 20/10/2017], v.: http://eur-lex.europa.eu/LexUriServ/LexUriServ.do?uri=OJ:L:2008:136:0003:0008:Fr:PDF.

Directive 2009/136/CE du Parlement européen et du Conseil du 25 novembre 2009 modifiant la directive 2002/22/CE concernant le service universel et les droits des utilisateurs au regard des réseaux et services de communications électroniques, la directive 2002/58/CE concernant le traitement des données à caractère personnel et la protection de la vie privée dans le secteur des communications électroniques et le règlement (CE) no 2006/2004 relatif à la coopération entre les autorités nationales chargées de veiller à l'application de la législation en matière de protection des consommateurs, [réf. 20/10/2017], v.: http://eur-lex.europa.eu/legal-content/FR/TXT/HTML/?uri=CELEX:32009L0136&from=FR.

Directive 2013/37/UE du Parlement européen et du Conseil du 26 juin 2013 modifiant la directive 2003/98/CE concernant la réutilisation des informations du secteurs public, [réf. 20/10/2017], v.: http://eur-lex.europa.eu/LexUriServ/LexUriServ.do?uri=OJ:L:2013:175:0001:0008:FR:PDF.

Commission des communautés européennes, Livre vert sur les modes alternatifs de résolution des conflits relevant du droit civil et commercial. 2002 COM(2002) 196 final, [réf. 20/10/2017]. v.: http://eur-lex.europa.eu/LexUriServ/site/fr/com/2002/com2002_0196fr01.pdf.

Commission européenne, Livre vert sur les services d'intérêt général. COM/2003/0270 final. 2003, [réf. 20/10/2017]. v.: http://eur-lex.europa.eu/legal-content/FR/TXT/?uri=celex:52003DC0270.

Parlement européen, Résolution du 4 juillet 2013 sur le programme de surveillance de l'agence nationale de sécurité américaine (NSA), les organismes de surveillance de plusieurs États membres et leur impact sur la vie privée des citoyens de l'Union (2013/2682(RSP)), v.: http://www.europarl.europa.eu/sides/getDoc.do?pubRef=-//EP//TEXT+TA+P7-TA-2013-0322+0+DOC+XML+V0//FR.

Parlement européen, Résolution du 16 février 2017 contenant des recommandations à la Commission concernant des règles de droit civil sur la robotique (2015/2103(INL)), [réf. 20/10/2017]. v.: http://www.europarl.europa.eu/sides/getDoc.do?pubRef=-//EP//NONSGML+TA+P8-TA-2017-0051+0+DOC+PDF+V0//FR.

◦ ***Suisse***

Constitution fédérale de la Confédération suisse du 18 avril 1999 (Etat le 1er janvier 2011).

Loi fédérale du 19 décembre 1975 sur les droits politiques des Suisses de l'étranger, [réf. 20/10/2017], v.: https://www.admin.ch/opc/fr/classified-compilation/19750378/.

Loi fédérale du 17 décembre 1976 sur les droits politiques, [réf. 20/10/2017], v.: https://www.admin.ch/opc/fr/classified-compilation/19760323/index.html.

Loi de la République et canton de Genève sur l'exercice des droits politiques (LEDP du 15 octobre 1982), [réf. 20/10/2017], v.: https://www.ge.ch/legislation/rsg/f/rsg_a5_05.html.

Ordonnance du 24 mai 1978 sur les droits politiques, [réf. 20/10/2017], v.: https://www.admin.ch/opc/fr/classified-compilation/19780105/index.html.
Ordonnance du 16 octobre 1991 sur les droits politiques des Suisses de l'étranger. [réf. 20/10/2017]. v.: https://www.admin.ch/opc/fr/classified-compilation/19910263/.
Ordonnance de la ChF sur le vote électronique (OVotE) du 13 décembre 2013, [réf. 20/10/2017], v.: https://www.admin.ch/opc/fr/classified-compilation/20132343/.
Exigences techniques et administratives applicables au vote électronique. Annexe à l'ordonnance de la ChF sur le vote électronique (OVotE) du 13 décembre 2013, 2013, [réf. 20/10/2017], v.: https://www.bk.admin.ch/themen/pore/evoting/07979/index.html?lang=fr.

G. Entretiens

Entretien avec Mme CATHERINE GAUTHIER, maître de conférences à l'Université de Bordeaux. Bordeaux. 16/05/2017.
Entretien avec M. SÉBASTIEN MARTIN, maître de conférences à l'Université de Bordeaux. Bordeaux. 25/05/2016.
Entretien avec M. SLOBODAN MILACIC, professeur émérite à l'Université de Bordeaux. Bordeaux. 17/12/2011.

H. Articles de presse

ABESCAT Michel, TESQUET Olivier, « Les "lanceurs d'alerte" inventent-ils une nouvelle forme de démocratie ? », *Télérama*, 04/04/2015. [réf. 20/10/2017], v.: http://www.telerama.fr/idees/les-lanceurs-d-alerte-inventent-ils-une-nouvelle-forme-de-democratie,123715.php.
AFP, « Les Etats-Unis s'engagent pour la « neutralité » d'internet », *Libération*, 26/02/2015. [réf. 20/10/2017], v.: http://www.liberation.fr/ecrans/2015/02/26/les-etats-unis-s-engagent-pour-la-neutralite-d-internet_1210610.
BEKMEZIAN Hélène, « Nosdeputes.fr contre Vidalies : comment juger le travail des élus ? », *Le Monde*, 30/03/2015. [réf. 20/10/2017], v.: http://www.lemonde.fr/politique/article/2012/09/14/nosdeputes-fr-contre-vidalies-comment-evaluer-le-travail-des-elus_1760318_823448.html#zmLql8F4xSzRDSzr.99.
BELLANGER Pierre, « De la souveraineté en général et de la souveraineté numérique en particulier », *Les Echos*, 22/11/2014. [réf. 20/10/2017], v.: http://archives.lesechos.fr/archives/cercle/2011/08/30/cercle_37239.htm.
BRANDELEER Céline, « Le budget participatif : un outil de citoyenneté active au service des communes », *Cahiers pour la solidarité* 2014, n°33.
CAZI Emeline, « LuxLeaks : prison avec sursis pour les lanceurs d'alerte français », *Le Monde*, 29/06/2016. [réf. 20/10/2017], v.:

http://www.lemonde.fr/europe/article/2016/06/29/luxleaks-au-luxembourg-verdict-attendu-pour-les-trois-lanceurs-d-alerte-francais_4960591_3214.html.

Delève, E. « Facebook devra payer 20 millions de dollars pour l'usage de données à des fins publicitaires ». *FranceInfo*. 2013. [réf. 20/10/2017]. v.: http://www.franceinfo.fr/societe/facebook-une-amende-de-20-millions-de-dollars-pour-l-usage-de-donnees-a-des-1121573-2013-08-27?fb_action_ids=10202017428945912&fb_action_types=og.likes&fb_source=aggregation&fb_aggregation_id=288381481237582.

DESTOUCHES Jean-Jérôme, « Stéphanie Gibaud, profession lanceuse d'alerte », *TV5Monde*, 29/09/2015. [réf. 20/10/2017], v.: http://information.tv5monde.com/terriennes/stephanie-gibaud-profession-lanceuse-d-alerte-54810.

DUCOURTIEUX Cécile, « Bruxelles accuse Google d'abus de position dominante avec Android », *Le Monde*, 20/04/2016. [réf. 20/10/2017], v.: http://www.lemonde.fr/economie/article/2016/04/20/abus-de-position-dominante-ce-que-bruxelles-reproche-a-google_4905468_3234.html.

DUMOUT Estelle, « Présidentielle : le vote électronique passe le premier tour », *ZDNet*, 23/04/2002. [réf. 20/10/2017], v.: http://www.zdnet.fr/actualites/presidentielle-le-vote-electronique-passe-le-premier-tour-2108980.htm.

Eveno, « A. Google : un poids (très) lourd, mais quelques alternatives ». *Le Monde*. 2015. [réf. 20/10/2017]. v.: http://www.lemonde.fr/economie/article/2015/04/15/goole-un-poids-tres-lourd-mais-quelques-alternatives_4616155_3234.html#3jLCLb52v2Mhl8TT.99

GALIERO Emmanuel, « Français et politique : la confiance se dégrade nettement, selon le Cevipof », *Le Figaro*, [réf. 20/10/2017], v.: http://www.lefigaro.fr/politique/2014/01/13/01002-20140113ARTFIG00369-francais-et-politique-la-confiance-se-degrade-nettement-selon-le-cevipof.php.

GUITON Amaelle, « Laura Poitras : "Le débat sécurité contre liberté est un faux débat" », *Libération*, 05/03/2015. [réf. 20/10/2017], v.: http://next.liberation.fr/culture/2015/03/05/laura-poitras-le-debat-securite-contre-liberte-est-un-faux-debat_1214321.

JAMET Constance, « La double nationalité, une tradition française », *Le Figaro*, 22/06/2011. [réf. 20/10/2017], v.: http://www.lefigaro.fr/politique/2011/06/22/01002-20110622ARTFIG00689-la-double-nationalite-une-tradition-francaise.php.

JAUVERT Vincent, « Comment la France écoute (aussi) le monde », *L'obs*, 30/03/2017. [réf. 20/10/2017], v.: http://tempsreel.nouvelobs.com/societe/20150625.OBS1569/exclusif-comment-la-france-ecoute-aussi-le-monde.html.

KILIÇ, S. « L'extension de la déchéance de nationalité menace le droit du sol et du sang ». *ZamanFrance*. 2015. [réf. 20/10/2017]. v.:

http://www.zamanfrance.fr/article/lextension-decheance-nationalite-menace-droit-sol-sang-19196.html.
LE LOËT Karine, « Budget participatif à Paris : et ailleurs, ça marche comment ? », *Terraeco*, 08/07/2014. [réf. 20/10/2017], v.: http://www.terraeco.net/Budget-participatif-a-Paris-et,55798.html.
LEGRAND Baptiste, « SONDAGE. 70% des Français n'ont pas confiance dans les politiques », *Le nouvel observateur politique*, 29/07/2014. [réf. 20/10/2017], v.: http://tempsreel.nouvelobs.com/politique/20130415.OBS7968/sondage-70-des-francais-ne-croient-pas-en-l-honnetete-des-politiques.html.
MASSEMIN Emilie, « Elections : le vote en ligne pèche », *Libération*, 27/05/2012. [réf. 20/10/2017], v.: http://www.liberation.fr/medias/2012/05/27/elections-le-vote-en-ligne-peche_821823.
MONNIER Raymonde, « Démocratie et Révolution française », *Mots* 1999, n°59, p. 47-68.
OREMUS Will, « Facebook n'est plus « le » réseau social », *Slate*, 15/05/2016. [réf. 20/10/2017], v.: http://www.slate.fr/story/117879/facebook-plus-le-reseau-social.
PAQUETTE Emmanuel, « Louis Pouzin : "Internet est bâti sur un marécage" », *L'Express L'Expansion*, 15/02/2015. [réf. 20/10/2017], v.: http://lexpansion.lexpress.fr/high-tech/louis-pouzin-internet-est-bati-sur-un-marecage_1650342.html.
STUPP Catherine, « Les CNIL européennes ne demandent pas un Safe Harbor 2. Interview avec Mme Isabelle Falque-Pierrotin, la directrice de la CNIL », *EuroActif*, 11/12/2015. [réf. 20/10/2017], v.: http://www.euractiv.fr/sections/societe-de-linformation/les-cnil-europeennes-ne-demandent-pas-un-safe-harbor-2-320357.
TESQUET Olivier, « Aux Etats-Unis, le combat solitaire des "whistleblowers", patriotes de la transparence », *Télérama*, 26/03/2015. [réf. 20/10/2017], v.: http://www.telerama.fr/monde/aux-etats-unis-le-combat-solitaire-des-whistleblowers-patriotes-de-la-transparence,85185.php.
VITKINE Benoît, « Procès Navalny : Yves Rocher, une plainte au service du pouvoir », *Le Monde*, 18/03/2015. [réf. 20/10/2017], v.: http://www.lemonde.fr/international/article/2014/12/30/proces-navalny-yves-rocher-une-plainte-au-service-du-pouvoir_4547460_3210.html.
WIELS Jason, « Sur Internet, les dépenses électorales sous haute surveillance », *Regards sur le numérique*, 21/02/2012. [réf. 20/10/2017], v.: http://www.rslnmag.fr/post/2012/02/21/Sur-Internet-les-depenses-electorales-sous-haute-surveillance.aspx.
WIELS Jason, « Dépenses, publicité, temps de parole : quelles limites pour les partis politiques sur Internet ? », *Regards sur le numérique*, 07/02/2012. [réf. 20/10/2017], v.: http://www.rslnmag.fr/post/2012/02/07/Depenses-

publicite-temps-de-parole-quelles-limites-pour-les-partis-politiques-sur-Internet-.aspx.
X. « LuxLeaks : l'auteur présumé des fuites inculpé de vol au Luxembourg », *Le Monde*, 13/12/2014. [réf. 20/10/2017], v.: http://www.lemonde.fr/economie/article/2014/12/13/luxleaks-l-auteur-presume-des-fuites-sur-l-evasion-fiscale-inculpe-pour-vol_4539970_3234.html#wJpv1IlR75OHxEz6.99.
X. « Sondage : les français de moins en moins favorables au droit de vote des étrangers », *Huffington Post*, 24/11/2014. [réf. 20/10/2017], v.: http://www.huffingtonpost.fr/2014/11/24/droit-de-vote-etrangers-francais-moins-favorables-politique_n_6212012.html.
X. « SwissLeaks : clôture de l'enquête suisse sur HSBC après un accord sur une amende de 38 millions d'euros », *Le Monde*, 04/06/2015. [réf. 20/10/2017], v.: http://www.lemonde.fr/economie/article/2015/06/04/swissleaks-cloture-de-l-enquete-suisse-sur-hsbc-apres-un-accord-sur-une-amende-de-38-millions-d-euros_4647538_3234.html#xjIotKIcM1dABq1q.99.
X., « Google ne lira plus les e-mails pour faire de la publicité ciblée », *FranceInfo*, 24/06/2017. [réf. 20/10/2017], v.: http://www.francetvinfo.fr/internet/securite-sur-internet/google-ne-lira-plus-les-mails-sur-gmail-pour-faire-de-la-publicite-ciblee_2252635.html.

I. Web-bibliographie

1. Ouvrages numériques

ARISTOTE, *Constitution d'Athènes. Traduction par B. Haussoulier,* [réf. 20/10/2017], v.: http://remacle.org/bloodwolf/philosophes/Aristote/constitution.htm.
ARISTOTE, *La politique,* Paris, Librairie philosophique de Ladrange, 1874. [réf. 20/10/2017], v.: http://remacle.org/bloodwolf/philosophes/Aristote/tablepolitique.htm.
AUER Andreas, TRECHSEL Alexander H., *Voter par Internet ? Le projet e-voting dans le canton de Genève dans une perspective socio-politique et juridique,* Etat de Genève, Centre d'études et de documentation sur la démocratie directe, 2001. [réf. 20/10/2017], v.: http://160.53.186.12/chancellerie/communiques/2002/doc/20020322_voter_par_internet.pdf.
BODIN Jean, *Les Six Livres de la République. Un abrégé du texte de l'édition de Paris de 1583. Edition numérique,* Chicoutimi, Université du Québec à Chicoutimi, 1993. [réf. 20/10/2017], v.: http://classiques.uqac.ca/classiques/bodin_jean/six_livres_republique/six_livres_republique.html.

DIOGÈNE LAËRCE, *Vies et doctrines des philosophes de l'Antiquité suivies de la vie de Plotin par Porphyre. Traduction nouvelle par M. Ch. Zevort. Livre I. Solon,* [réf. 20/10/2017], v.: http://remacle.org/bloodwolf/philosophes/laerce/solon.htm.
DURKHEIM Émile, *De la division du travail social : livres II et III,* Paris, PUF, 1967. [réf. 20/10/2017], v.: http://classiques.uqac.ca/classiques/Durkheim_emile/division_du_travail/division_travail_2.pdf.
GLOTZ Gustave, *La cité grecque,* Paris, la Renaissance du Livre, 1928. [réf. 20/10/2017], v.: http://gallica.bnf.fr/ark:/12148/bpt6k921268/f26.item.
KANT Emmanuel, *Essai philosophique sur la paix perpétuelle. Une édition numérisée par Gallica. Bibliothèque nationale de France,* Paris, G. Fischbacher. Libraire-éditeur, 1880. [réf. 20/10/2017], v.: http://gallica.bnf.fr/ark:/12148/bpt6k75749w.
KANT Emmanuel, *Opuscules relatifs à la morale. Traduction par Jules Barni,* Wikisource. La bibliothèque libre, [réf. 20/10/2017], v.: http://fr.wikisource.org/wiki/D'un_prétendu_droit_de_mentir_par_humanité.
LOCKE John, *Traité du gouvernement civil. Traduction française de David Mazel en 1795. Numérisé à partir de la 5e édition de Londres en 1725.,* Chicoutimi, Université du Québec à Chicoutimi, [réf. 20/10/2017], v.: http://classiques.uqac.ca/classiques/locke_john/traite_du_gouvernement/traite_du_gouv_civil.pdf.
MACHIAVEL Nicolas, *Le Prince. Traduction française de Jean-Vincent Périès (1825),* Wikisource. La bibliothèque libre, [réf. 20/10/2017], v.: http://fr.wikisource.org/wiki/Le_Prince.
MONTESQUIEU Charles-Louis de Secondat, *De l'esprit des lois.* Première partie : Livres I à VIII. Une édition électronique réalisée à partir du livre de Montesquieu, De l'Esprit des lois (1748). Genève, Barillot, Chicoutimi, Université du Québec de Chicoutimi, 1748. [réf. 20/10/2017], v.: http://classiques.uqac.ca/classiques/montesquieu/de_esprit_des_lois/partie_1/esprit_des_lois_Livre_1.pdf.
PLATON, *La République. Trad. Emile Chambry,* Wikisource, [réf. 20/10/2017], v.:
https://fr.wikisource.org/wiki/La_R%C3%A9publique_(trad._Chambry).
PLUTARQUE, *Vie des hommes illustres : Solon. Traduction par D. Ricard,* Remacle, [réf. 20/10/2017], v.:
http://remacle.org/bloodwolf/historiens/Plutarque/solon.htm.
Promesses et limites de la démocratie électronique. Les défis de la participation citoyenne en ligne, Paris, OCDE, 2003. [réf. 20/10/2017], v.: http://www.oecd.org/fr/sti/prospective/35401843.pdf.
ROUSSEAU Jean-Jacques, *Du contrat social ou principes du droit politique,* MetaLibri Digital Library, 2007. [réf. 20/10/2017], v.: http://www.ibiblio.org/ml/libri/r/RousseauJJ_ContratSocial_p.pdf.

THUCYDIDE, *Histoire de la guerre du Péloponnèse,* Remacle, [réf. 20/10/2017], v.: http://remacle.org/bloodwolf/historiens/thucydide/livre2.htm#XXXV.
TOCQUEVILLE Alexis de, *De la démocratie en Amérique I (1835). Première partie. Une édition électronique réalisée à partir de la 13e édition.*, Chicoutimi, Université du Québec à Chicoutimi, 2002. [réf. 20/10/2017], v.: http://classiques.uqac.ca/classiques/De_tocqueville_alexis/democratie_1/democratie_t1_1.pdf.
XÉNOPHON, *Mémorables (Mémoires sur Socrate). Trad. par Eugène Talbot,* Remacle, [réf. 20/10/2017], v.: http://remacle.org/bloodwolf/historiens/xenophon/memorable2.htm#VII.

2. Articles, contributions numériques

BLONDIAUX Loic, « La démocratie participative, sous conditions et malgré tout. Un plaidoyer paradoxal en faveur de l'innovation démocratique », *Mouvements* 2007, n°50. v.: http://www.adels.org/edition/Blondiaux_Mouvements_07.pdf.
BÖCKENFÖRDE Ernst Wolfgang, « Démocratie et représentation : pour une critique du débat contemporain », *Trivium* 2014, 16. [réf. 20/10/2017], v.: https://trivium.revues.org/4805.
BONDOLFI Sibilla, « Ce pays où l'on paye volontairement plus d'impôts », *SWI swissinfo* 2017. [réf. 20/10/2017], v.: https://www.swissinfo.ch/fre/démocratie-directe_ce-pays-où-l-on-paye-volontairement-plus-d-impôts/43460900.
CHAMPEAU Guillaume, « Le Parlement européen adopte un cadre flou sur la neutralité du net », *Numérama*, 2015. [réf. 20/10/2017], v.: http://www.numerama.com/tech/128331-le-parlement-europeen-adopte-un-cadre-flou-sur-la-neutralite-du-net.html.
DENQUIN Jean-Marie, « Que veut-on dire par " démocratie " ? L'essence, la démocratie et la justice constitutionnelle », *Jus Politicum* 2009, n°2. [réf. 20/10/2017], v.: http://juspoliticum.com/article/Que-veut-on-dire-par-democratie-L-essence-la-democratie-et-la-justice-constitutionnelle-76.html.
DENQUIN Jean-Marie, « Pour en finir avec la crise de la représentation », *Jus Politicum* 2010, n°4. [réf. 20/10/2017], v.: http://juspoliticum.com/article/Pour-en-finir-avec-la-crise-de-la-representation-215.html.
FRISON-ROCHE Marie-Anne, « Les conséquences régulatoires d'un monde repensé à partir de la notion de "donnée" », *Site personnel de la Pr Frison-Roche* 2016. [réf. 20/10/2017], v.: http://mafr.fr/fr/article/les-consequences-regulatoires-dun-monde-repensee-a/.
GHEVONTIAN Richard, « La notion de sincérité du scrutin », *Cahiers du Conseil constitutionnel n° 13 (Dossier : La sincérité du scrutin)* 2003. [réf. 20/10/2017], v.: http://www.conseil-constitutionnel.fr/conseil-

constitutionnel/francais/nouveaux-cahiers-du-conseil/cahier-n-13/la-notion-de-sincerite-du-scrutin.52035.html.
GUILLAUD Hubert, « *Peut-on armer la « transparence » des algorithmes ?* », *InternetActu*, 2017. [réf. 20/10/2017], v.: http://internetactu.blog.lemonde.fr/2017/01/21/peut-on-armer-la-transparence-de-linformation/.
GREBENNIKOVA KRASAUTSAVA Irina, « L'interaction médiatisée à travers le chat comme dispositif sociotechnique », *Les Enjeux de l'information et de la communication* 2008, 09/1. [réf. 20/10/2017], v.: https://lesenjeux.univ-grenoble-alpes.fr/2008/varia/03-linteraction-mediatisee-a-travers-le-chat-comme-dispositif-sociotechnique.
HENRY Silvain. Le vote en ligne inquiète. *Acteurs publics*. 2012. [réf. 20/10/2017], v.: http://www.acteurspublics.com/2012/05/24/le-vote-en-ligne-inquiete.
LAGASNERIE Geoffroy de, « Une césure dans l'histoire de la révolte. Entretien dans L'Obs à propos de Snowden, Assange, Manning », *Site personnel du Pr de Lagasnerie* 2015. [réf. 20/10/2017], v.: http://geoffroydelagasnerie.com/2015/02/25/une-cesure-dans-lhistoire-de-la-revolte-entretien-dans-lobs-a-propos-de-snowden-assange-manning/.
LAGASNERIE Geoffroy de, « Entretien dans les Inrocks : Assange, Manning et Snowden, un nouveau rapport à la politique », *Site personnel du Pr Lagasnerie* 2015. [réf. 20/10/2017], v.: http://geoffroydelagasnerie.com/2015/01/24/entretien-dans-les-inrocks-assange-manning-et-snowden-un-nouveau-rapport-a-la-politique/.
LANDEMORE Hélène, « La démocratie représentative est-elle réellement démocratique ? », *La vie des idées* 2008. [réf. 20/10/2017], v.: http://www.laviedesidees.fr/La-democratie-representative-est.html.
LLORENS François *et al.*, « Chapitre VI. Jurisprudence », *Annuaire des collectivités locales* 1984, 4, p. 263-362. [réf. 20/10/2017], v.: http://www.persee.fr/web/revues/home/prescript/article/coloc_0291-4700_1984_num_4_1_932.
MAALOUF Ziad, « Comment Obama for America a réinventé la campagne numérique », *Atelier des médias* 2012. [réf. 20/10/2017], v.: http://atelier.rfi.fr/profiles/blogs/campagne-numerique-obama.
PIRAINA Alexis, « Skype propose la traduction automatique pour tous sur Windows », *Numérama*. [réf. 20/10/2017], v.: http://www.numerama.com/tech/138788-skype-propose-la-traduction-automatique-pour-tous-sur-windows.html.
ROSANVALLON Pierre, « Cours : La démocratie : esquisse d'une théorie générale », Collège de France, 2011. [réf. 20/10/2017], v.: http://www.college-de-france.fr/media/pierre-rosanvallon/UPL2560267062397023493_R1112_Rosanvallon.pdf.
SIEYÈS Emmanuel, « Discours sur l'organisation du pouvoir législatif et la sanction royale, 7 septembre 1789, Assemblée nationale constituante »,

Université Nice Sophia Antipolis. [réf. 20/10/2017], v.: http://bcl.unice.fr/politext/database/Revolution/Sieyes/sieyesTextes.html#S5.
TIBI Zeina el, « Analyse : Internet et les crises des pays arabes », *Grotius International* 2011. [réf. 20/10/2017], v.: http://www.grotius.fr/analyse-internet-et-les-crises-des-pays-arabes-2/.
TROPER Michel, « Comment la Constitution de 1958 définit la souveraineté nationale ? », in *La Constitution en 20 questions*, 2008. [réf. 20/10/2017], v.: https://www.droitconstitutionnel.net/Souverainete.htm.
X., « 2015 : évolutions du système de vote électronique genevois », La République et canton de Genève. Chancellerie, 2015. [réf. 20/10/2017], v.: https://www.ge.ch/actualite/2015-evolutions-du-systeme-vote-electronique-genevois-17-12-2016.
« Juin 2014 : La Charte de l'environnement de 2004 », *Conseil constitutionnel*. [réf. 20/10/2017], v.: http://www.conseil-constitutionnel.fr/conse²il-constitutionnel/francais/a-la-une/juin-2014-la-charte-de-l-environnement-de-2004.141685.html.
X., « Lettre ouverte d'un collectif d'entreprises technologiques et d'investisseurs américains au Parlement européen et au Commissaire à l'économie et la société numériques », 2015. [réf. 20/10/2017], v.: http://www.netfreedom.us/wp-content/uploads/2015/10/TechLettertoEUOct2015.pdf.
X., « Les Suisses ont cloué le Gripen au sol », *SW1 swissinfo* 2014. [réf. 20/10/2017], v.: https://www.swissinfo.ch/fre/votations-fédérales_les-suisses-ont-cloué-le-gripen-au-sol/38597908.
X., « Réflexions sur l'intérêt général - Rapport public 1999 ». *Conseil d'Etat*. [réf. 20/10/2017]. v.: http://www.conseil-etat.fr/Decisions-Avis-Publications/Etudes-Publications/Rapports-Etudes/Reflexions-sur-l-interet-general-Rapport-public-1999.

3. Sites internet

Assemblée nationale. [réf. 20/10/2017]. v.: http://assemblee-nationale.fr/.
Bitcoin.fr. [réf. 20/10/2017]. v.: http://www.bitcoin.fr/.
Body of European Regulators for Electronic Communications (BEREC). [réf. 20/10/2017]. v.: http://berec.europa.eu/.
Le Portail de la modernisation de l'action publique. [réf. 20/10/2017]. v.: http://www.modernisation.gouv.fr/sites/default/files/fichiers-attaches/charte-g8-ouverture-donnees-publiques-fr.pdf.
Forum mondial de la démocratie de 2014. Conseil de l'Europe. [réf. 20/10/2017]. v.: http://www.coe.int/fr/web/world-forum-democracy/lab10_.
Ministère de l'Intérieur. [réf. 20/10/2017]. v.: http://www.interieur.gouv.fr/.
Google Inc. [réf. 20/10/2017]. v.: https://www.google.fr/.
Union européenne. [réf. 20/10/2017]. v.: http://europa.eu/.

EuroVoc. Thésaurus multilingue de l'Union européenne. [réf. 20/10/2017]. v.: http://eurovoc.europa.eu/drupal/?q=fr.
Chancellerie de l'Etat de Genève. [réf. 20/10/2017]. v.: http://ge.ch/.
Forum pour l'avenir de la démocratie. Conseil de l'Europe. [réf. 20/10/2017]. v.: http://www.coe.int/t/dgap/forum-democracy/default_FR.asp#Background_Publications.fr.
Gestionnaire de litiges. Ebay. [réf. 20/10/2017]. v.: http://resolutioncenter.ebay.fr/.
Gouvernement ouvert. Gouvernement du Canada. [réf. 20/10/2017]. v.: http://ouvert.canada.ca/fr.
Government Digital Service. Gov.uk. [réf. 20/10/2017]. v.: https://gds.blog.gov.uk/category/government-as-a-platform/.
Chancellerie fédérale. Confédération suisse. [réf. 20/10/2017]. v.: https://www.bk.admin.ch/.
Portail e-Justice européen. [réf. 20/10/2017]. v.: https://e-justice.europa.eu/home.do?plang=fr&action=home.
PublicSénat. [réf. 20/10/2017]. v.: https://www.publicsenat.fr/.
La Commission européenne pour la démocratie par le droit (Commission de Venise). Conseil de l'Europe. [réf. 20/10/2017]. v.: http://www.venice.coe.int/webforms/events/default.aspx?lang=fr.
Commission de la protection de la vie privée. [réf. 20/10/2017]. v.: https://www.privacycommission.be/.
Larousse. Dictionnaire de français en ligne. [réf. 20/10/2017]. v.: http://www.larousse.fr/.
Conseil supérieur de l'audiovisuel. [réf. 20/10/2017]. v.: http://www.csa.fr/.
Les documents de travail du Groupe de travail sur la question des droits de l'homme et des sociétés transnationales et autres entreprises. Nations unies. [réf. 20/10/2017]. v.: http://ap.ohchr.org/documents/dpage_f.aspx?s=58.
Etalab. [réf. 20/10/2017]. v.: https://www.etalab.gouv.fr/.
Le Budget Participatif. Mairie de Paris. [réf. 20/10/2017]. v.: https://budgetparticipatif.paris.fr/bp/le-budget-participatif-.html.
Conseil national du numérique. [réf. 20/10/2017]. v.: https://cnnumerique.fr/.
Quadrature du Net. [réf. 20/10/2017]. v.: https://www.laquadrature.net/fr/.
Nosdéputés.fr. [réf. 20/10/2017]. v.: http://www.nosdeputes.fr/.
NosSénateurs.fr. [réf. 20/10/2017]. v.: http://www.NosSenateurs.fr/.
Conseil Constitutionnel. [réf. 20/10/2017]. v.: http://www.conseil-constitutionnel.fr/.
Opening Parliament. [réf. 20/10/2017]. v.: http://www.openingparliament.org.
Vos-droits.fr. [réf. 20/10/2017]. v.: http://vosdroits.service-public.fr/.
Facebook. [réf. 20/10/2017]. v.: https://fr-fr.facebook.com/.
Qu'est-ce qu'un espace public numérique ? NetPublic. [réf. 20/10/2017]. v.: http://www.netpublic.fr/net-public/espaces-publics-numeriques/presentation/.

Plan France Très Haut Débit [réf. 20/10/2017]. v.: http://www.francethd.fr/le-plan-france-tres-haut-debit/qu-est-ce-que-le-plan-france-tres-haut-debit.html.
Union Internationale des Télécommunications. [réf. 20/10/2017]. v.: https://www.itu.int/.
Conseil d'Etat. [réf. 20/10/2017]. v.: http://www.conseil-etat.fr/.
France Diplomatie. [réf. 20/10/2017]. v.: http://www.diplomatie.gouv.fr/.
Worldometer. [réf. 20/10/2017]. v.: http://www.worldometers.info/fr/.

4. Ressources audio-visuelles

« 2015: comment va la démocratie? », *Arte*, 2015. [réf. 20/10/2017], v.: *http://info.arte.tv/fr/comment-va-la-democratie*.
« Qu'est-ce qu'être gouverné et être représenté? » Conférence de Pierre Rosanvallon, C2D, Bordeaux, 2012. [réf. 20/10/2017], v.: *https://youtu.be/Dug7Tr-0TP4*.

II. Références en anglais

A. Ouvrages spéciaux

BEHRENS Jan *et al.*, *The Principles of LiquidFeedback*, Berlin, Interaktive Demokratie e. V., 2014.

JONES Douglas W., SIMONS Barbara, *Broken Ballots: Will Your Vote Count?*, Stanford, CA, CSLI Publications, 2012.

MANIN Bernard *et al.*, *Democracy, accountability, and representation*, Cambridge, Cambridge University Press, 1999.

REINSALU Kristina, *Handbook on E-democracy*, Tampere, EPACE THEME PUBLICATION, 2010.

B. Articles, contributions

BERGSSON Baldvin Thor, BLOKKER Paul, « The Constitutional Experiment in Iceland », in *Verfassunggebung in konsolidierten Demokratien: Neubeginn oder Verfall eines Systems?*, Nomos Verlag, 2013.

BERMAN Sheri, « How Democracies Emerge. Lessons from Europe », *Journal of Democracy* 2007, 18, n°1.

BEUERMANN Diether W., AMELINA Maria, « Does Participatory Budgeting Improve Decentralized Public Service Delivery? », *IDB working paper series No IDB-WP-547* 2014.

BOND Robert M. *et al.*, « A 61-million-person experiment in social influence and political mobilization », *Nature* 2012, 489, p. 295-298.

BREYER Patrick, « Telecommunications Data Retention and Human Rights: The Compatibility of Blanket Traffic Data Retention with the ECHR », *European Law Journal* 2005, 11, n°3, p. 365-375.

CAROTHERS Thomas, « The End of the Transition Paradigm », *Journal of Democracy* 2002, 13, n°1, p. 5-21.

CIRIC Pierre, « How I Convinced the French Supreme Court to Cancel the First French Legislative Elections in the United States », *South Carolina Journal of International Law and Business* 2014, 10, n°2, p. 270-297.

COHEN Carl, « Law, Speech, and Desobedience », *The Nation* 1966, 202, n°13.

DWORKIN Ronald, « The Roots of Justice », in *Dworkin : un débat*, Bruxelles, Editions OUSIA, 1999, p. 15-126.

FRANKENBERG Günter, « Democracy », in *The Oxford handbook of Comparative constitutional law*, Oxford, Oxford University Press, 2012, p. 251-268.

GASSER Urs, « Recoding Privacy Law: Reflections on the Future Relationship among Law, Technologie, and Privacy », *Harvard Law Review Forum* 2016, 130, n°2, p. 61-70.

GRATSCHEW Maria, « Compulsory voting », in *Voter Turnout since 1945 A Global Report*, Halmstad, International Institute for Democracy and Electoral Assistance (International IDEA), 2002, p. 105-110.
HANS Valerie, « The Twenty-First Century Juror - the Worst of Times or the Best of Times », *American University Criminal Law Brief* 2006, 1, n°1.
HOWES David, « e-Legislation: Law-Making in the Digital Age », *McGill Law Journal* (2001) 47 McGill L.J. 39.
KRAMER Adam D. I. *et al.*, « Experimental evidence of massive-scale emotional contagion through social networks », *Proceedings of the National Academy of Sciences* 2014, 111, n°24, p. 8788-8790.
LHEMERY François, ROQUES-BONNET Marie-Charlotte, « Peering into the Future of Privacy », in *Enjeux européens et mondiaux de la protection des données personnelles*, Bruxelles, Larcier, 2015, p. 429-440.
LUCCHI Nicola, « Internet Content Governance and Human Rights », *Vanderbilt Journal of Entertainment and Technology Law* Vol. 16, n°n. 4 (2014), p. 809-856.
MÜLLER Jan-Werner, « Militant democracy », in *The Oxford handbook of Comparative constitutional law*, Oxford, Oxford University Press, 2012, p. 1253-1260.
PENNEY Jon, « Chilling Effects: Online Surveillance and Wikipedia Use », *Berkeley Technology Law Journal* 2016, 31, n°1, p. 117.
PENROSE Jan, « Nations, states and homelands: territory and territoriality in nationalist thought », *Nations and Nationalism* 2002, 8, n°3, p. 277-297.
RICHARDS Neil M., « Reconciling Data Privacy and the First Amendment », *UCLA Law Review, Vol 52, p 1149, 2005; Washington U School of Law Working Paper No 04-09-03*.
SAMPAIO Rafael Cardoso, PEIXOTO Tiago, « Electronic participatory budgeting: false dilemmas and true complexities », in *Hope for democracy 25 years of participatory budgeting worldwide*, Sao Bras de Alportel, Portugal, In Loco Association, 2014.
SEN Amartya, « Democracy as a Universal Value », *Journal of Democracy* 1999, 10, n°3, p. 3-17.
SINTOMER Yves *et al.*, « From Porto Alegre to Europe: Potentials and Limitations of Participatory Budgeting », *Participatory budgets* 2005.
SINTOMER Yves *et al.*, « Transnational Models of Citizen Participation: The Case of Participatory Budgeting », *Journal of Public Deliberation* 2012, 8, n°2.
SOMIN Ilya, « Foot Voting, Political Ignorance, and Constitutional Design », *Social Philosophy and Policy* 2010, 28, n°1, p. 202-227.
SWIERCZEK Björn, « 5 years of Liquid Democracy in Germany », *The Liquid Democracy Journal* 2014, 1, n°1.
WELZEL Christian, INGLEHART Ronald, « The Role of Ordinary People in Democratization », *Journal of Democracy* 2008, 19, n°1, p. 126-140.

WU Tim, « Network neutrality, broadband discrimination », *Journal of Telecommunications and High Technology Law* 2003, Vol. 2, p. 141-178.

C. Colloques

ADIDA Ben, « Helios: Web-based Open-Audit Voting », *17th USENIX Security Symposium (Security '08)*, San Jose, CA, USA. [réf. 20/10/2017], v.: http://static.usenix.org/events/sec08/tech/full_papers/adida/adida.pdf.

BULL Christian, « Safety first! Verifiability in the e-vote 2011-system », *Norwegian e-voting conference*, 11 septembre 2011, Oslo.

EARNEST David C., « Voting Rights for Resident Aliens: A Comparison of 25 Democracies », *2003 annual meeting of the Northeast Political Science Association and the International Studies Association-Northeast.* [réf. 20/10/2017], v.: http://ww2.odu.edu/~dearnest/pdfs/Earnest_ISANE_2003.pdf.

GJØSTEEN Kristian, « The mathematics of Internet voting », *Norwegian e-voting conference*, 11/09/2011, Oslo.

GRIFFITH Jeffrey C., « ICT in parliaments. Current practices, future possibilities », *World e-Parliament Conference 2007*, 11/10/2007, Geneva, Switzerland. [réf. 20/10/2017], v.: http://www.ipu.org/splz-e/e-parliament07/paper1.pdf.

HALDERMAN J. Alex *et al.*, « Research paper. Security Analysis of the Estonian Internet Voting System », *21st ACM Conference on Computer and Communications Security (CCS '14), November 2014*, Scottsdale, Arizona, USA. [réf. 20/10/2017], v.: https://jhalderm.com/pub/papers/ivoting-ccs14.pdf.

HALDERMAN J. Alex *et al.*, « Attacking the Washington, D.C. Internet Voting System », *16th Conference on Financial Cryptography & Data Security*, Kralendijk, Bonaire N.A. [réf. 20/10/2017], v.: https://jhalderm.com/pub/papers/dcvoting-fc12.pdf.

LUCCHI Nicola, « Digital media pluralism: The question of access », *The IXth AIDC-IACL World Congress*, 18/06/2014, Oslo. [réf. 20/10/2017], v.: http://hj.diva-portal.org/smash/record.jsf?pid=diva2%3A692289&dswid=8173.

MACINTOSH Ann, « Characterizing e-participation in policy-making », *37th Hawaii International Conference on System Sciences*, 5-8 January 2004, Big Island, Hawaii. [réf. 20/10/2017], v.: https://www.computer.org/csdl/proceedings/hicss/2004/2056/05/205650117a-abs.html.

MONNOYER-SMITH Laurence, « How e-voting technology challenges traditional concepts of citizenship: an analysis of French voting rituals », *Electronic Voting 2006 2nd International Workshop*, 2-4 August 2006, Bregenz, Austria. [réf. 20/10/2017], v.: https://www.e-voting.cc/en/proceedings/proceedings-2006-2/.

SAGLIE Jo, SEGAARD Signe Bock, « Internet voting in Norway in 2013. The principle of the secret ballot in practice », *23rd IPSA World Congress of Political Science, 19-24 July 2014*, Montréal.
SEGAARD Signe Bock, « The Research and Evaluation of the E-voting Trial 2011 », *Norwegian e-voting conference*, 11/09/2011, Oslo.

D. Jurisprudence

1. CEDH

ECHR, 20 octobre 2005, *United Macedonian Organisation Ilinden – PIRIN and Others v. Bulgaria*, [réf. 20/10/2017], v.: http://hudoc.echr.coe.int/eng?i=001-70731.
ECHR, Grand Chamber, 12 February 2008. *Guja v. Moldova.* [réf. 20/10/2017], v.: http://hudoc.echr.coe.int/eng?i=001-85016.
ECHR, 20 may 2010. *Cox v. Turkey.* [réf. 20/10/2017]. v.: http://hudoc.echr.coe.int/eng?i=001-98752.
ECHR, 11 October 2011. *Genovese v. Malta.* [réf. 20/10/2017]. v.: http://hudoc.echr.coe.int/eng?i=001-106785.
ECHR, 12 may 2014. *Ilgar Mammadov v. Azerbaijan.* [réf. 20/10/2017]. v.: http://hudoc.echr.coe.int/eng?i=001-144124.
ECHR, 19 janvier 2016. *Kalda v. Estonia.* [réf. 20/10/2017]. v.: http://hudoc.echr.coe.int/eng?i=001-160270.
ECHR, 2 février 2016. *Magyar Tartalomszolgáltatók Egyesülete and Index.hu Zrt v. Hungary.* [réf. 20/10/2017]. v.: http://hudoc.echr.coe.int/eng?i=001-160314.
ECHR, 23 février 2016. *Navalnyy and Ofitserov v. Russia.* [réf. 20/10/2017]. v.: http://hudoc.echr.coe.int/eng?i=001-161060.
ECHR, 17 January 2017. *Jankovskis v. Lithuania.* [réf. 20/10/2017]. v.: http://hudoc.echr.coe.int/eng?i=001-170354.
ECHR. *Bureau of investigative journalism and Alice Ross v. the United Kingdom.* [réf. 20/10/2017]. v.: http://hudoc.echr.coe.int/eng?i=001-150946.
ECHR. *10 Human Rights Organisations v. The United Kingdom.* [réf. 20/10/2017]. v.: http://hudoc.echr.coe.int/eng?i=001-159526.

2. Autres juridictions étrangères et internationales

District Court. E.D. Pennsylvania. *Berg v. Obama et al., 574 F. Supp. 2d 509, 529 (E.D.Pa 2008).* [réf. 20/10/2017]. v.: http://www.fec.gov/law/litigation/berg_mem_order_dismiss.pdf.
High Court of Justice, Administrative court. *Decision of 22 April 2008. Mr Weeler v. Office of Prime Minister and Secretary of State for Foreign and Commonwealth affairs.* [réf. 20/10/2017]. v.: http://www.bailii.org/ew/cases/EWHC/Admin/2008/936.html.

High Court of Justice, Divisional court. *Decision of 9-10 June 2008. The Queen (on the application of Weeler) v. Office of Prime Minister and Secretary of State for Foreign and Commonwealth affairs and Speaker of the House of Commons.* [réf. 20/10/2017]. v.: http://www.europeanrights.eu/index.php?lang=fra&funzione=S&op=2&id=582.

Inter-American Court of Human Rights, 24 November 2010. *Case of Gomes Lund et al. ("Guerrilha Do Araguaia") v. Brazil.* [réf. 20/10/2017]. v.: http://www.corteidh.or.cr/docs/casos/articulos/seriec_219_ing.pdf.

Supreme Court of the United States. *United States v. Williams (90-1972), 504 U.S. 36 (1992). Justice Antonin Scalia's majority opinion.* [réf. 20/10/2017]. v.: https://www.law.cornell.edu/supct/html/90-1972.ZO.html.

Supreme Court of the United States. *Garcetti et al. v. Ceballos, 547 U.S. 410 (2006).* [réf. 20/10/2017]. v.: http://www.supremecourt.gov/opinions/05pdf/04-473.pdf.

The Constitutional review chamber of the Supreme Court of the Republic of Estonia, *Constitutional judgement 3-4-1-4-11, 21 March 2011, Complaint of Paavo Pihelgas for annulment of electronic votes cast in the Riigikogu elections 2011,* [réf. 20/10/2017], v.: https://www.riigikohus.ee/en/constitutional-judgment-3-4-1-4-11.

The Constitutional review chamber of the Supreme Court of the Republic of Estonia, *Constitutional judgement 3-4-1-7-11, 23 March 2011, Complaint of Teet Raatsin for declaration of invalidity of the voting results of the Riigikogu elections 2011,* [réf. 20/10/2017], v.: https://www.riigikohus.ee/en/constitutional-judgment-3-4-1-7-11.

The Constitutional review chamber of the Supreme Court of the Republic of Estonia, *Constitutional judgement 3-4-1-6-11, 23 March 2011, Complaint of Henn Põlluaas for annulment of electronic votes cast in the Riigikogu elections 2011,* [réf. 20/10/2017], v.: https://www.riigikohus.ee/en/constitutional-judgment-3-4-1-6-11.

The European Commission of Human Rights. *Peters v. the Netherlands, 30 November 1994*. v.: http://hudoc.echr.coe.int/eng?i=001-2432.

United States District Court, Northern District of California, San Jose Division, 26/09/2013, *Google Inc. Gmail litigation*, [réf. 20/10/2017], v.: http://digitalcommons.law.scu.edu/cgi/viewcontent.cgi?article=1526&context=historical.

E. Documents officiels, rapports

A Pew Research Center/Washington Post Survey, *Majority Views NSA Phone Tracking as Acceptable Anti-terror Tactic*, Washington, D.C., 2013. [réf. 20/10/2017], v.: http://www.people-press.org/2013/06/10/majority-views-nsa-phone-tracking-as-acceptable-anti-terror-tactic/.

AdVox Global Voices, *Free Basics in Real Life. Six case studies on Facebook's internet "On Ramp" initiative from Africa, Asia and Latin America*, Amsterdam, 2017. [réf. 20/10/2017], v.: https://advox.globalvoices.org/wp-content/uploads/2017/07/FreeBasicsinRealLife_FINALJul27.pdf.

Amnesty International, *Encryption : A Matter of Human Rights*, 2016. [réf. 20/10/2017], v.: http://www.amnestyusa.org/sites/default/files/encryption_-_a_matter_of_human_rights_-_pol_40-3682-2016.pdf.

Bard University's Center for the Study of the Drone, *Law Enforcement Robots Datasheet*, Annandale-on-Hudson, 2016. [réf. 20/10/2017], v.: http://dronecenter.bard.edu/law-enforcement-robots-datasheet/.

Body of European Regulators for Electronic Communications (BEREC), Guidelines on the Implementation by National Regulators of European Net Neutrality Rules, 2016, BoR (16) 127. [réf. 20/10/2017], v.: http://berec.europa.eu/eng/document_register/subject_matter/berec/regulatory_best_practices/guidelines/6160-berec-guidelines-on-the-implementation-by-national-regulators-of-european-net-neutrality-rules.

Bundesrechnungshof, *The Bundesrechnungshof*, Bonn, 2015. [réf. 20/10/2017], v.: https://www.bundesrechnungshof.de/en/bundesrechnungshof/booklet/booklet-the-bundesrechnunghof-pdf.

Carnegie Corporation of New York, *Promoting Democracy in the 1990s: Actors and Instruments, Issues and Imperatives. A Report to the Carnegie Commission on Preventing Deadly Conflict*, Washington, D.C., 1995. [réf. 20/10/2017], v.: https://www.carnegie.org/publications/promoting-democracy-in-the-1990s-actors-and-instruments-issues-and-imperatives/.

Council of Europe. *Recommendation Rec(2004)11 of the Committee of Ministers to member states on legal, operational and technical standards for e-voting*. Strasbourg: 2004.

Council of Europe, *E-voting handbook. Key steps in the implementation of e-enabled elections,* Strasbourg, Council of Europe Publishing, 2010.

Council of Europe, *Understanding e-democracy developments in Europe. Scoping paper prepared for the CAHDE by Professor Lawrence Pratchett*, CAHDE(2006) 2 E, Strasbourg, 2006.

Council of Europe. *Explanatory memorandum to Recommendation CM/Rec(2009)1 of the Committee of Ministers to member states on e-democracy*. Strasbourg, 2009.

Council of Europe. *Recommendation CM/Rec(2017)5 of the Committee of Ministers to member States on standards for e-voting*. Strasbourg: 2017. [réf. 20/10/2017]. v.: https://rm.coe.int/1680726f6f.

Council of Europe/European Court of Human Rights, *Internet: case-law of the European Court of Human Rights*, Strasbourg, 2015. [réf. 20/10/2017], v.: http://www.echr.coe.int/Documents/Research_report_internet_ENG.pdf.

Council of Europe's Ad Hoc Committee on e-democracy (CAHDE), *Indicative Guide No.1 to Recommendation Rec(2009) 1 of the Committee of Ministers to member states on e-democracy. Generic tools and policies for an electronic democracy*, CAHDE (2009) 1E, Strasbourg, 2009.
Council of the European Union, *JURINFO 112*, Brussels, 2009. [réf. 20/10/2017], v.: http://register.consilium.europa.eu/pdf/en/09/st13/st13759.en09.pdf.
Council of the European Union, *JURINFO 26*, Brussels, 2009. [réf. 20/10/2017], v.: http://register.consilium.europa.eu/pdf/fr/09/st07/st07628-ad02.fr09.pdf.
European Commission, *2012 Survey on eIdentification (SSEDIC)*, 2012. [réf. 20/10/2017], v.: http://ec.europa.eu/digital-agenda/en/news/2012-survey-eidentification-ssedic.
European Commission, *Refused request for registration of the initiative "My voice against nuclear power"*, C(2012) 3687 final, Brussels, 2012.
European Commission, *Refused request for registration of the initiative "Minority SafePack - one million signatures for diversity in Europe"*, C(2013) 5969 final, Brussels, 2013
European Commission, *Antitrust: Commission sends Statement of Objections to Google on comparison shopping service*, 2015. [réf. 20/10/2017], v.: https://ec.europa.eu/commission/presscorner/detail/en/MEMO_15_4781.
European Commission, *Statement by Commissioner Vestager on Commission state aid decisions regarding illegal tax advantages granted by Luxembourg (Fiat) and the Netherlands (Starbucks) and on the optical disk drives cartel*, Brussels, 2015. [réf. 20/10/2017], v.: http://europa.eu/rapid/press-release_STATEMENT-15-5881_en.htm?locale=FR.
European commission, *Report on the first annual review of the functioning of the EU–U.S. Privacy Shield. SWD(2017) 344 final*, Brussels, 2017. [réf. 20/10/2017], v.: http://ec.europa.eu/newsroom/document.cfm?doc_id=47798.
European University Institute, Robert Schuman Centre for Advanced Studies, *Internet voting in the March 2007 Parliamentary Elections in Estonia*, 2007. [réf. 20/10/2017], v.: http://cadmus.eui.eu/bitstream/handle/1814/7549/Report_Evoting_Estonia_for_the_CoE_2007.pdf.
Freedom House, *Freedom on the Net 2015. Privatizing Censorship, Eroding Privacy*, Washington, 2015. [réf. 20/10/2017], v.: https://freedomhouse.org/sites/default/files/FOTN%202015%20Full%20Report.pdf.
Internet Engineering Task Force (IETF), *Security and Privacy Considerations for IPv6 Address Generation Mechanisms*, 2016. [réf. 20/10/2017], v.: https://tools.ietf.org/html/rfc7721.

International Foundation for Electoral Systems, *Compliance with International Standards. Norwegian E-Vote Project*, IFES, Washington, 2012.
The International Foundation for Electoral Systems, *International Experience with E-voting. Norwegian E-vote Project*, IFES, Washington, 2012.
International Foundation for Electoral Systems, *Speed and Efficiency of the Vote Counting Process: Norwegian E-vote Project*, IFES, Washington, 2012.
International Bank for Reconstruction and Development / The World Bank, *Doing Business 2015. Going Beyond Efficiency*, Washington, 2014. [réf. 20/10/2017], v.: http://www.doingbusiness.org/reports/global-reports/doing-business-2015.
Ministry of Justice of British Columbia, *White Paper on Justice Reform. Part one: A Modern, Transparent Justice System*, 2012. [réf. 20/10/2017], v.: https://www2.gov.bc.ca/assets/gov/law-crime-and-justice/about-bc-justice-system/justice-reform-initiatives/whitepaperone.pdf.
Ministry of Local Government and Regional Development, *e-Vote 2011 Security Objectives*, Oslo, 2009.
Ministry of Local Government and Regional Development, *The Norwegian E-voting Trials – Legal Framework*, Oslo, 2011.
OECD, *Participatory Development and Good Governance*, Paris, 1995. [réf. 20/10/2017], v.: https://www.oecd.org/dac/accountable-effective-institutions/31857685.pdf.
OECD, *Promise and problems of e-democracy,* Paris, OECD, 2003. [réf. 20/10/2017], v.: http://www.keepeek.com/Digital-Asset-Management/oecd/governance/promise-and-problems-of-e-democracy_9789264019492-en
OECD, *e-Government for Better Government,* OECD Publishing, 2005. [réf. 20/10/2017], v.: http://www.keepeek.com/Digital-Asset-Management/oecd/governance/e-government-for-better-government_9789264018341-en#.WNvQjhhh3L8.
OECD, *Accountability and Democratic Governance. Orientations and Principles for Development*, Paris, 2014. [réf. 20/10/2017], v.: https://www.oecd-ilibrary.org/development/accountability-and-democratic-governance_9789264183636-en.
OSCE, Office for Democratic Institutions and Human Rights, *2 November 2004 Elections OSCE/ODIHR Election Observation Mission Final Report*, Warsaw, 2004. [réf. 20/10/2017], v.: http://www.osce.org/odihr/elections/usa/14028.
OSCE, *Iceland. Early Parliamentary Elections. 25 April 2009. OSCE/ODIHR Election Assessment Mission Report*, Warsaw, 2009. [réf. 20/10/2017], v.: http://www.osce.org/odihr/elections/iceland/38309?download=true.
OSCE, *Estonia. Parliamentary elections 6 March 2011. OSCE/ODIHR Election Assessment Mission Report*, Warsaw, 2011. [réf. 20/10/2017], v.: http://www.osce.org/odihr/77557?download=true.

Parliament of the United Kingdom. Intelligence and Security Committee of Parliament, *Privacy and Security: A modern and transparent legal framework*, London, 2015. [réf. 20/10/2017], v.: http://isc.independent.gov.uk/committee-reports/special-reports.
Stanford University, *"Artificial Intelligence and Life in 2030." One Hundred Year Study on Artificial Intelligence: Report of the 2015-2016 Study Panel*, Stanford, CA, 2016. [réf. 20/10/2017], v.: http://ai100.stanford.edu/2016-report.
Transparency International, *Whistleblowing in Europe. Legal protections for whistleblowers in the EU*, 2013. [réf. 20/10/2017], v.: http://www.transparency.org/whatwedo/publication/whistleblowing_in_europe_legal_protections_for_whistleblowers_in_the_eu.
UK Cabinet Office, *OGP UK 2013 Draft National Action Plan: From Open Data to Open Government*, London, 2013. [réf. 20/10/2017], v.: https://www.gov.uk/government/consultations/open-government-partnership-uk-draft-national-action-plan-2013/ogp-uk-2013-draft-national-action-plan-from-open-data-to-open-government.
UNESCO, *Keystones to foster inclusive Knowledge Societies. Access to information and knowledge, Freedom of Expression, Privacy, and Ethics on a Global Internet*, Paris, 2015. [réf. 20/10/2017], v.: http://www.unesco.org/new/fileadmin/MULTIMEDIA/HQ/CI/CI/pdf/internet_draft_study.pdf.
United Nations Division for Public Economics and Public Administration. American Society for Public Administration, *Benchmarking E-government: A Global Perspective. Assessing the Progress of the UN Member States*, 2002. [réf. 20/10/2017], v.: https://publicadministration.un.org/egovkb/portals/egovkb/documents/un/english.pdf.
United Nations. Department of Economic and Social Affairs, *E-Government Survey 2012 E-Government for the People*, New York, 2012. [réf. 20/10/2017], v.: http://unpan1.un.org/intradoc/groups/public/documents/un/unpan048065.pdf.
United Nations. General Assembly, *The right to privacy in the digital age. Report of the Office of the United Nations High Commissioner for Human Rights*, A/HRC/27/37, 2014. [réf. 20/10/2017], v.: http://www.ohchr.org/EN/Issues/DigitalAge/Pages/DigitalAgeIndex.aspx.
U.S. Vote Foundation, *The Future of Voting. End-to-End Verifiable Internet Voting*, 2015. [réf. 20/10/2017], v.: https://usvotefoundation-drupal.s3.amazonaws.com/prod/E2EVIV_nontechnical_audience_report.pdf.
Vabariigi Valimiskomisjon/National Electoral Committee, *Vastulause The Guardianis ilmunud artiklile/Comment on the article published in The Guardian*, 2014. [réf. 20/10/2017], v.: http://www.vvk.ee/uudised/vabariigi-valimiskomisjoni-vastulause-the-guardianis-ilmunud-artiklile/.

Verified Voting Foundation. *Counting Votes 2012 : A State by State look at Voting Technology Preparedness. Executive Summary.* 2012. [réf. 20/10/2017]. v.: http://countingvotes.org/sites/default/files/ExecutiveSummaryAugust2012.pdf.
World Bank, *Empowerment Case Studies: Participatory budgeting in Brazil*, [réf. 20/10/2017], v.: https://siteresources.worldbank.org/INTEMPOWERMENT/Resources/14657_Partic-Budg-Brazil-web.pdf.
World Bank, *Governance and Development*, Washington, 1992. [réf. 20/10/2017], v.: http://documents.worldbank.org/curated/en/604951468739447676/pdf/multi-page.pdf.

F. Normes

Act on a Constitutional Assembly, passed by the Althing on 16 June 2010, [réf. 20/10/2017], v.: http://thjodfundur2010.is/other_files/2010/doc/Act-on-a-Constitutional-Assembly.pdf.
Basic Law for the Federal Republic of Germany, [réf. 20/10/2017], v.: https://www.btg-bestellservice.de/pdf/80201000.pdf.
Constitución de la República del Ecuador - Versión en Inglés, [réf. 20/10/2017], v.: http://www.asambleanacional.gob.ec/es/noticia/constitucion_de_la_republica_del_ecuador_version_en_ingles.
The Constitution of Greece, As revised by the parliamentary resolution of May 27th 2008 of the VIIIth Revisionary Parliament, [réf. 20/10/2017], v.: http://www.hellenicparliament.gr/UserFiles/f3c70a23-7696-49db-9148-f24dce6a27c8/001-156%20aggliko.pdf.
Constitution of the Republic of Iceland, [réf. 20/10/2017]. v.: http://www.government.is/constitution/.
Ministry of Transport and Communications (Finland), Communications Market Act 393/2003, [réf. 20/10/2017]. v.: http://www.finlex.fi/en/laki/kaannokset/2003/en20030393.pdf.
Ministry of Transport and Communications (Finland), Decree on the minimum rate of a functional Internet access as a universal service (732/2009), [réf. 20/10/2017]. v.: http://www.finlex.fi/en/laki/kaannokset/2009/en20090732.pdf.
Nationality Act of 22 July 1913 (Reich Law Gazette I p. 583 - Federal Law Gazette III 102-1), as last amended by Article 1 of the Second Act Amending the Nationality Act of 13 November 2014 (Federal Law Gazette I p. 1714), [réf. 20/10/2017]. v.: http://www.gesetze-im-internet.de/englisch_rustag/englisch_stag.html.

Parliament of the United Kingdom, Recall of MPs Act 2015, [réf. 20/10/2017]. v.: http://services.parliament.uk/bills/2014-15/recallofmps.html.
The United States Congress, Telecommunications Act of 1996, Pub. LA. No. 104-104, 110 Stat. 56 (1996), [réf. 20/10/2017]. v.: https://transition.fcc.gov/Reports/tcom1996.pdf.

G. Entretiens

Entretien avec M. HARALD BALDERSHEIM, professeur à l'université d'Oslo. Oslo, Norvège. 19/06/2014.
Entretien avec Mme MARIE H. SVENDSEN MJØSUND, M. CHRISTIAN BULL, Norwegian Ministry of Local Government and Modernisation. Oslo, Norvège. 19/06/2014.
Entretien avec Mme SIGNE BOCK SEGAARD, M. JOE SAGLIE, Institut of Social Research. Oslo, Norvège. 19/06/2014.

H. Articles de presse

ABUTALEB Yasmeen, « EU hate speech deal shows mounting pressures over internet content blocking », *Reuters*, 01/06/2016. [réf. 20/10/2017], v.: http://www.reuters.com/article/us-socialmedia-hatespeech-eu-idUSKCN0YN33C.
ALEXANDER Adam, « Digital surveillance "worse than Orwell", says new UN privacy chief », *The Guardian*, 24/08/2015. [réf. 20/10/2017], v.: http://www.theguardian.com/world/2015/aug/24/we-need-geneva-convention-for-the-internet-says-new-un-privacy-chief?CMP=share_btn_fb.
ARTHUR Charles, « Estonian e-voting shouldn't be used in European elections, say security experts », *The Guardian*, 12/05/2014. [réf. 20/10/2017], v.: http://www.theguardian.com/technology/2014/may/12/estonian-e-voting-security-warning-european-elections-research.
CARR James, « The Supreme Court Should Keep Facebook In Check », *The Shadow League*, 12/08/2013. [réf. 20/10/2017], v.: http://www.theshadowleague.com/articles/the-supreme-court-should-keep-facebook-in-check.
CELLAN-JONES Rory, « Stephen Hawking warns artificial intelligence could end mankind », *BBC*, 02/12/2014. [réf. 20/10/2017], v.: http://www.bbc.com/news/technology-30290540.
FIORETTI Julia, « EU plans to extend some telecom rules to web-based providers », *Reuters*, 15/08/2016. [réf. 20/10/2017], v.: http://www.reuters.com/article/us-eu-telecoms-idUSKCN10Q154.

FITZPATRICK Alex, « How To Turn Off Gmail's New 'Smart Reply' Feature », *Time*, 19/05/2017. [réf. 20/10/2017], v.: http://time.com/4785732/gmail-google-smart-reply/.

GALLAGHER Ryan, « Operation Socialist. The inside story of how British spies hacked Belgium's largest telco », *The Intercept*, [réf. 20/10/2017], v.: https://theintercept.com/2014/12/13/belgacom-hack-gchq-inside-story/.

GALLAGHER Ryan, « Profiled. From radio to porn, British spies track web users' online identities », *The Intercept*, [réf. 20/10/2017], v.: https://theintercept.com/2015/09/25/gchq-radio-porn-spies-track-web-users-online-identities/.

GYLFASON Thorvaldur, « Democracy on ice: a post-mortem of the Icelandic constitution », *Open Democracy*, 19/06/2013. [réf. 20/10/2017], v.: https://www.opendemocracy.net/can-europe-make-it/thorvaldur-gylfason/democracy-on-ice-post-mortem-of-icelandic-constitution.

HENLEY John, « Are teenagers really careless about online privacy? », *The Guardian*, 21/10/2013. [réf. 20/10/2017], v.: https://www.theguardian.com/technology/2013/oct/21/teenagers-careless-about-online-privacy.

HIGGINS Tim, « Elon Musk Lays Out Worst-Case Scenario for AI Threat. Powerful technology will threaten all human jobs, could even spark a war, Tesla CEO says », *The Wall Street Journal*, 15/07/2017. [réf. 20/10/2017], v.: https://www.wsj.com/articles/elon-musk-warns-nations-governors-of-looming-ai-threat-calls-for-regulations-1500154345?mod=mktw.

HOLLEY Peter, « Bill Gates on dangers of artificial intelligence: 'I don't understand why some people are not concerned' », *The Washington Post*, 29/01/2015. [réf. 20/10/2017], v.: https://www.washingtonpost.com/news/the-switch/wp/2015/01/28/bill-gates-on-dangers-of-artificial-intelligence-dont-understand-why-some-people-are-not-concerned/?utm_term=.31de2eb5a821.

HUANG Carol, « Facebook and Twitter key to Arab Spring uprisings: report », *The National*, 06/06/2011. [réf. 20/10/2017], v.: http://www.thenational.ae/news/uae-news/facebook-and-twitter-key-to-arab-spring-uprisings-report#ixzz2dg2ywj8i.

JOHNSON Bobbie, « Privacy no longer a social norm, says Facebook founder », *The Guardian*, 11/01/2010. [réf. 20/10/2017], v.: https://www.theguardian.com/technology/2010/jan/11/facebook-privacy.

KINGSLEY Patrick, « Julian Assange tells students that the web is the greatest spying machine ever », *The Guardian*, 15/03/2011. [réf. 20/10/2017], v.: http://www.theguardian.com/media/2011/mar/15/web-spying-machine-julian-assange.

KLOTZ Irene, « SpaceX seeks U.S. approval for internet-via-satellite network », *Reuters*, 17/11/2016. [réf. 20/10/2017], v.: http://uk.reuters.com/article/us-space-spacex-idUKKBN13C085.

KOPSTEIN Joshua, « The Mission to Decentralize Internet », *The New Yorker*, 12/12/2013. [réf. 20/10/2017], v.: http://www.newyorker.com/tech/elements/the-mission-to-decentralize-the-internet.
MANJOO Farhad, « Google, Not the Government, Is Building the Future », *The New York Times*, 17/05/2017. [réf. 20/10/2017], v.: https://www.nytimes.com/2017/05/17/technology/personaltech/google-not-the-government-is-building-the-future.html.
MARCUS Gary, DAVIS Ernest, « Do We Really Need to Learn to Code? », *New Yorker*, 06/06/2014. [réf. 20/10/2017], v.: http://www.newyorker.com/tech/elements/do-we-really-need-to-learn-to-code.
MEISTER Andre, « How the German Foreign Intelligence Agency BND tapped the Internet Exchange Point DE-CIX in Frankfurt, since 2009 », *NetzPolitik*, 31/03/2015. [réf. 20/10/2017], v.: https://netzpolitik.org/2015/how-the-german-foreign-intelligence-agency-bnd-tapped-the-internet-exchange-point-de-cix-in-frankfurt-since-2009/.
MORRIS Nigel, « Online courts modelled on eBay to settle legal disputes », *The Independent*, 16/02/2015. [réf. 20/10/2017], v.: http://www.independent.co.uk/news/uk/home-news/online-courts-modelled-on-ebay-to-settle-legal-disputes-10047780.html.
ÓMARSDÓTTIR Silja Bára, « You Say You Want a Constitution? », *Huffington Post*, 12/01/2010. [réf. 20/10/2017], v.: http://www.huffingtonpost.com/silja-b/you-say-you-want-a-consti_b_790359.html.
PAGLIERY Jose, « Online privacy is dead », *CNN Money*, 17/10/2013. [réf. 20/10/2017], v.: http://money.cnn.com/2013/10/17/technology/online-privacy/?iid=EL.
PAGLIERY Jose, « Developer of anonymous Tor software dodges FBI, leaves US », *CNN Money*, 17/05/2016. [réf. 20/10/2017], v.: http://money.cnn.com/2016/05/17/technology/tor-developer-fbi/index.html.
PETERSON Andrea, « U.N. report: Encryption is important to human rights - and backdoors undermine it », *The Washington Post*, 28/05/2015. [réf. 20/10/2017], v.: https://www.washingtonpost.com/news/the-switch/wp/2015/05/28/un-report-encryption-is-important-to-human-rights-and-backdoors-undermine-it/.
PURNELL Newley, YUNIAR Resty Woro, « Facebook's Free Internet Access Program in Developing Countries Provokes Backlash », *The Wall Street Journal*, 24/09/2015. [réf. 20/10/2017], v.: http://www.wsj.com/articles/facebooks-free-internet-access-program-in-developing-countries-provokes-backlash-1443119580?mod=e2fb.
RUSHE Dominic, « Google: don't expect privacy when sending to Gmail », *The Guardian*, 15/08/2013. [réf. 20/10/2017], v.:

https://www.theguardian.com/technology/2013/aug/14/google-gmail-users-privacy-email-lawsuit.
SCAHILL Jeremy, BEGLEY Josh, « The great SIM heist. How spies stole the keys to the encryption castle », *The Intercept*, 19/02/2015. [réf. 20/10/2017], v.: https://theintercept.com/2015/02/19/great-sim-heist/.
SCHILLINGER Raymond, « Social Media and the Arab Spring: What Have We Learned? », *Huffington Post*, 20/09/2011. [réf. 20/10/2017], v.: http://www.huffingtonpost.com/raymond-schillinger/arab-spring-social-media_b_970165.html.
SIMONITE Tom, « The Internet Doesn't Have to Be Bad for Democracy », *MIT Technology Review*, 02/06/2017. [réf. 20/10/2017], v.: https://www.technologyreview.com/s/607990/the-internet-doesnt-have-to-be-bad-for-democracy/#comments.
UMMELAS Ott, « Estonia Approves E-Residence to Lure Foreign Investments », *Bloomberg*, 04/04/2015. [réf. 20/10/2017], v.: http://www.bloomberg.com/news/articles/2014-10-21/estonia-approves-e-residence-to-lure-foreign-investments.
X., « Four in Five Regard Internet Access as a Fundamental Right: Global Poll », *BBC World Service*, 07/03/2010. [réf. 20/10/2017], v.: http://www.bbc.co.uk/pressoffice/pressreleases/stories/2010/03_march/07/poll.shtml.
X., « News Review: The Supreme Court's Verdict », *Iceland review online*, 26/01/2011. [réf. 20/10/2017], v.: http://icelandreview.com/news/2011/01/26/news-review-supreme-courts-verdict.
X., « Citizens of the Cloud. An Interview with Susanne Tarkowski Tempelhof », *The Freeman*, 19/11/2014. [réf. 20/10/2017], v.: http://fee.org/freeman/detail/citizens-of-the-cloud.
X., « A Double Standard on Leaks? As Whistleblowers Jailed, Petraeus Escapes Prison & Advises White House », *Democracy Now*, 17/03/2015. [réf. 20/10/2017], v.: http://www.democracynow.org/2015/3/17/a_double_standard_on_leaks_as.
X., « European parliament calls for robot law, rejects robot tax », *Reuters*, 16/02/2017. [réf. 20/10/2017], v.: http://www.reuters.com/article/us-europe-robots-lawmaking-idUSKBN15V2KM.
X., « Google linked to internet disruptions in Japan », *The Japan Times*, 26/08/2017. [réf. 20/10/2017], v.: https://www.japantimes.co.jp/news/2017/08/26/national/japanese-government-probes-internet-disruption/#.WgtbZRNSzL8.
ZETTER Kim, « Rogue Nodes Turn Tor Anonymizer Into Eavesdropper's Paradise », *Wired*, 18/08/2016. [réf. 20/10/2017], v.: http://archive.wired.com/politics/security/news/2007/09/embassy_hacks?currentPage=all.

ZETTER Kim, « Nation's First Open Source Election Software Released », *Wired*, 23/10/2009. [réf. 20/10/2017], v.: http://www.wired.com/threatlevel/2009/10/open-source.

I. Web-bibliographie

1. Ouvrages numériques

ARNSTEIN Sherry R., *A Ladder of Citizen Participation. Originally published in Journal of the American Institute of Planners, Vol. 35, No. 4, July 1969, pp. 216-224,* Duncan Lithgow's Website, 2006. [réf. 20/10/2017], v.: http://lithgow-schmidt.dk/sherry-arnstein/ladder-of-citizen-participation.html.

DIAMOND Larry, *Stanford University. On-line course "Democratic Development".* Coursera Inc., 2013. [réf. 20/10/2017], v.: https://class.coursera.org/democraticdev-001/class.

DODGSON Charles L., *The Principles of Parliamentary Representation,* London, Harrison and Sons, 1884. [réf. 20/10/2017], v.: https://en.wikisource.org/wiki/The_Principles_of_Parliamentary_Representation.

HALDERMAN J. Alex, *Securing digital democracy. On-line course provided by University of Michigan.,* Coursera, 2012. [réf. 20/10/2017], v.: https://class.coursera.org/digitaldemocracy-2012-001/class/index.

KAUFMANN Bruno *et al.*, *Guidebook to direct democracy in Switzerland and beyond,* The Initiative & Referendum Institute Europe, 2010. [réf. 20/10/2017], v.: http://stjornlagarad.is/servlet/file/Guidebook+to+direct+democracy.pdf?ITEM_ENT_ID=33018&ITEM_VERSION=2&COLLSPEC_ENT_ID=98.

LESSIG Lawrence, *Code : Version 2.0,* New York, Basic Books, 2006. [réf. 20/10/2017], v.: http://codev2.cc/download+remix/Lessig-Codev2.pdf.

MASLOW Abraham, *A Theory of Human Motivation,* Toronto, Classics in the History of Psychology, 2000. [réf. 20/10/2017], v.: http://psychclassics.yorku.ca/Maslow/motivation.htm.

THOREAU Henry David, *On the Duty of Civil Disobedience,* London, The Simple Life Press, 1903. [réf. 20/10/2017], v.: http://babel.hathitrust.org/cgi/pt?id=mdp.39015080471231;view=1up;seq=1.

2. Articles, contributions numériques

BARNES Susan B., « A privacy paradox: Social networking in the United States », *First Monday* 2006, 11, n°9. [réf. 20/10/2017], v.: http://firstmonday.org/ojs/index.php/fm/article/view/1394/1312.

BOYDEN Bruce E., « Can a Computer Intercept Your Email ? », *Cardozo Law Review* 2012, 34, p. 669-716. [réf. 20/10/2017], v.: http://papers.ssrn.com/sol3/papers.cfm?abstract_id=2028980.
CALVEZ-PETIT Adrien, « Iceland: a new people's constitution », *Responsive Public Management* 2012, n°43. [réf. 20/10/2017], v.: https://www.economie.gouv.fr/files/files/directions_services/igpde-editions-publications/revuesGestionPublique/IGPDE_Reactive_Islande_mars_2012_En.pdf.
CLIFT Steven, « E-Governance to E-Democracy: Progess in Australia and New Zealand toward Information-Age Democracy », *Publicus* 2002. [réf. 20/10/2017], v.: http://www.publicus.net/articles/aunzedem.html.
DAVIS-ROBERTS Avery, CARROLL David J., « Using International Law to Assess Elections », *Democratization* 2010, 17, n°3, p. 416-441. [réf. 20/10/2017], v.: http://www.tandfonline.com/doi/abs/10.1080/13510341003700253.
ELKINS Zachary *et al.*, « A Review of Iceland's Draft Constitution », The Comparative Constitutions Project, 2012. [réf. 20/10/2017], v.: http://comparativeconstitutionsproject.org/wp-content/uploads/CCP-Iceland-Report.pdf?6c8912.
ENGELHARDT Steven, NARAYANAN Arvind, « Online tracking: A 1-million-site measurement and analysis. Draft: July 11th, 2016 », *Random Walker* 2016. [réf. 20/10/2017], v.: http://randomwalker.info/publications/OpenWPM_1_million_site_tracking_measurement.pdf.
ETISH Scott J., « In re Facebook Privacy Litigation - Uphill Battle for Plaintiffs », E-Discovery Law Alert, 2011. [réf. 20/10/2017], v.: http://www.ediscoverylawalert.com/2011/12/articles/legal-decisions-court-rules/in-re-facebook-privacy-litigation-uphill-battle-for-plaintiffs/.
FORD, B. « Delegative democracy revisited ». Brian Ford's Blog. 2014. [réf. 20/10/2017]. v.: https://bford.github.io/2014/11/16/deleg.html.
HAUTALA Laura, « Social media's echo chamber fuels migrant backlash in Sweden, Finland », *C|net* 2016. [réf. 20/10/2017], v.: https://www.cnet.com/news/refugee-crisis-europe-social-media-impact-on-sweden-finland/.
HOWARD Philip N., « The Arab Spring's Cascading Effects », *Pasific Standard* 2011. [réf. 20/10/2017], v.: http://www.psmag.com/politics/the-cascading-effects-of-the-arab-spring-28575/.
HUNTINGTON Samuel P., « If Not Civilizations, What? Samuel Huntington Responds to His Critics », *Foreign Affairs* 1993, 72, n°5. [réf. 20/10/2017], v.: https://www.foreignaffairs.com/articles/global-commons/1993-12-01/if-not-civilizations-what-samuel-huntington-responds-his-critics.
HUNTINGTON Samuel P., « The Clash of Civilizations? », *Foreign Affairs* 1993, 72, n°3. [réf. 20/10/2017], v.:

https://www.foreignaffairs.com/articles/united-states/1993-06-01/clash-civilizations.
KELSEY Tim, « The future is Open: why transparency will be the organising principle of 21st-century public services », in *The next ten years*, Reform, 2012. [réf. 20/10/2017], v.: http://www.reform.uk/wp-content/uploads/2014/11/The-future-is-Open-why-transparency-will-be-the-organising-principle-of-21st-century-public-services.pdf.
KLING Christoph Carl *et al.*, « Voting Behaviour and Power in Online Democracy: A Study of LiquidFeedback in Germany's Pirate Party », Association for the Advancement of Artificial Intelligence, 2015. [réf. 20/10/2017], v.: https://arxiv.org/pdf/1503.07723.pdf.
KUNDRA Vivek, « Digital Fuel of the 21st Century: Innovation through Open Data and the Network Effect », Harvard University, 2011. [réf. 20/10/2017], v.: http://shorensteincenter.org/2012/01/digital-fuel-of-the-21st-century-innovation-through-open-data-and-the-network-effect/.
KUNDRA Vivek, « Reflections on Public Service », Harvard University, 2011. [réf. 20/10/2017], v.: http://shorensteincenter.org/wp-content/uploads/2012/03/kundra_reflections_on_public_service_2011.pdf.
LESSIG Lawrence, « Code is Law. On Liberty in Cyberspace », *Harvard Magazine* 2000. [réf. 20/10/2017], v.: http://harvardmagazine.com/2000/01/code-is-law-html.
MAYER Jonathan *et al.*, « Evaluating the privacy properties of telephone metadata », *Proceedings of the National Academy of Sciences* 2016. [réf. 20/10/2017], v.: http://www.pnas.org/content/113/20/5536.full.
MAYER Jonathan, « Constitutional Malware », *SSRN* 2015. [réf. 20/10/2017], v.: http://ssrn.com/abstract=2633247.
MCMILLAN Kate, « National Voting Rights for Permanent Residents: New Zealand's Experience », in *Global Migration: Old Assumptions, New Dynamics*, Santa Barbara, Praeger, 2015. [réf. 20/10/2017], v.: http://ssrn.com/abstract=2449068.
MEGILL Colin, pol.is in Taiwan, 2016. [réf. 20/10/2017], v.: https://blog.pol.is/pol-is-in-taiwan-da7570d372b5.
NORDEN Lawrence, « Voting system failures: a database solution », Brennan Center for Justice, 2012. [réf. 20/10/2017], v.: https://www.brennancenter.org/publication/voting-system-failures-database-solution.
O'REILLY Tim, « Chapter 2. Government As a Platform », in *Open Government*, O'Reilly Media, [réf. 20/10/2017], v.: https://www.oreilly.com/library/view/open-government/9781449381936/ch02.html.
PEIXOTO Tiago, « e-Participatory Budgeting: e-Democracy from theory to success? », *e-Working Papers 2008*. [réf. 20/10/2017], v.: https://joinup.ec.europa.eu/sites/default/files/document/2014-12/media2242.pdf.

PHILIPPI Primavera de, LOVELUCK Benjamin, « The invisible politics of Bitcoin: governance crisis of a decentralised infrastructure », *Internet Policy Review Journal on Internet Regulation* 2016, 5, n°3. v.: https://policyreview.info/articles/analysis/invisible-politics-bitcoin-governance-crisis-decentralised-infrastructure.
REVENTLOW Nani Jansen, MCCULLY Jonathan, « The European Court of Human Rights and Access to Information: Clarifying the Status, with Room for Improvement », Harvard Law School, 2016. [réf. 20/10/2017], v.: http://clinic.cyber.harvard.edu/2016/11/22/the-european-court-of-human-rights-and-access-to-information-clarifying-the-status-with-room-for-improvement/.
RUSSELL Stuart *et al.*, « Research Priorities for Robust and Beneficial Artificial Intelligence », *AI Magazine* 2015, p. 105-114. [réf. 20/10/2017], v.: https://futureoflife.org/data/documents/research_priorities.pdf?x56934.
SIMONS Barbara, « Report on the Estonian Internet Voting System », Verified Voting, 2011. [réf. 20/10/2017], v.: http://www.verifiedvoting.org/report-on-the-estonian-internet-voting-system-2/.
SIMONS Barbara, JONES Douglas W., « Internet Voting in the U.S. », *Communications of the ACM* 2012, 55, p. 68-77. [réf. 20/10/2017], v.: http://cacm.acm.org/magazines/2012/10/155536-internet-voting-in-the-us/fulltext.
THURMAN James, GASSER Urs, « Three Case Studies from Switzerland: Smartvote », *Internet & Democracy Case Study Series* 2009. [réf. 20/10/2017], v.: http://cyber.law.harvard.edu/sites/cyber.law.harvard.edu/files/Thurman-Gasser_SwissCases_Smartvote.pdf.
ZUCKERBERG Mark, *Building Global Community*, Facebook, 2017. [réf. 20/10/2017], v.: https://www.facebook.com/notes/mark-zuckerberg/building-global-community/10154544292806634.

3. Sites internet

E-voting. Council of Europe. [réf. 20/10/2017]. v.: http://www.coe.int/en/web/electoral-assistance/e-voting.
21st Century Statecraft. The "Internet moment" in foreign policy. U.S. Department of State. [réf. 20/10/2017]. v.: http://www.state.gov/statecraft/overview/index.htm.
About Constitution UK. LSE Institut of public affairs. [réf. 20/10/2017]. v.: https://constitutionuk.com/page/view/1906.
E-Estonia.com. The digital society. [réf. 20/10/2017]. v.: https://e-estonia.com/wp-content/uploads/2014/09/eResident_leaflet.pdf.
Bitnation. Governance 2.0. [réf. 20/10/2017]. v.: http://www.bitnation.co/.

Consensus Mediation Limited. [réf. 20/10/2017]. v.: http://www.e-mediator.co.uk/.
The Constitutional Council hands over the bill for a new constitution. Stjórnlagaráð 2011. [réf. 20/10/2017]. v.: http://stjornlagarad.is/english/.
Inc.com. [réf. 20/10/2017]. v.: https://www.inc.com/.
Council of Europe activities in the field of e-democracy. Conseil de l'Europe. [réf. 20/10/2017]. v.: http://www.coe.int/t/dgap/democracy/Activities/GGIS/CAHDE/Default_en.asp.
Data.gov. [réf. 20/10/2017]. v.: http://data.gov.
Merriam-Webster. [réf. 20/10/2017]. v.: https://www.merriam-webster.com/dictionary/.
The Economist Intelligence Unit. Democracy Index 2012. The Economist. [réf. 20/10/2017]. v.: https://www.eiu.com/public/topical_report.aspx?campaignid=DemocracyIndex12.
E-Democracy.org – Project Blog. [réf. 20/10/2017]. v.: http://blog.e-democracy.org/.
eJury.com. [réf. 20/10/2017]. v.: http://www.ejury.com/.
eLegislation: Practical experiences in Austria. (E-Law: Electronic support of law-making). Council of Europe: CAHDE Workshop on eParliament. [réf. 20/10/2017]. v.: http://www.bmeia.gv.at/fileadmin/user_upload/bmeia/media/AOes/eParliament/4832_ppt_engeljehringer.pdf.
End-to-End Verifiable Internet Voting Project. Overseas Voter Foundation. [réf. 20/10/2017]. v.: https://www.overseasvotefoundation.org/E2E-Verifiable-Internet-Voting-Project.
e-petitions – create and sign petitions online. HM Government. [réf. 20/10/2017]. v.: http://epetitions.direct.gov.uk/.
The Federal Agency for Civic Education. [réf. 20/10/2017]. v.: http://www.bpb.de/die-bpb/138852/the-federal-agency-for-civic-education.
The Ringer. [réf. 20/10/2017]. v.: https://www.theringer.com/.
G8 Information Centre. [réf. 20/10/2017]. v.: http://www.g8.utoronto.ca/.
Parliament of Australia. [réf. 20/10/2017]. v.: http://www.aph.gov.au/.
Hansard. Parliament of Australia. [réf. 20/10/2017]. v.: http://www.aph.gov.au/Parliamentary_Business/Hansard.
InterActive Terminology for Europe. [réf. 20/10/2017]. v.: http://iate.europa.eu/iatediff/SearchByQueryLoad.do;jsessionid=9ea7991930d825d5696f0c1b4dc7aefcdc83b79cb90f.e38KbN4Mc34Nay0TahqLahiLc3v0?method=load.
Norwegian Government. [réf. 20/10/2017]. v.: https://www.regjeringen.no/en/.
The city of Edmonton (Canada). [réf. 20/10/2017]. v.: http://www.edmonton.ca/city_government/.
Learn About the FreedomBox! FreedomBox Foundation. [réf. 20/10/2017]. v.: https://www.freedomboxfoundation.org/learn/.

LiquidFeedback Information Kit. Interaktive Demokratie. [réf. 20/10/2017]. v.: http://www.interaktive-demokratie.org/files/downloads/LF-Information-Kit-EN.pdf.
Re/code. [réf. 20/10/2017]. v.: https://www.recode.net/.
Massachusetts Trial Court Law Libraries. [réf. 20/10/2017]. v.: http://www.lawlib.state.ma.us/index.html.
Ministry of Justice. [réf. 20/10/2017]. v.: http://webarchive.nationalarchives.gov.uk/20130128112038/http://www.justice.gov.uk/information-access-rights/.
N-Lex. A common gateway to National Law. [réf. 20/10/2017]. v.: http://eur-lex.europa.eu/n-lex/index_en.htm.
Electronic Frontier Foundation. [réf. 20/10/2017]. v.: https://www.eff.org/.
Democrats abroad. [réf. 20/10/2017]. v.: https://web.archive.org/web/20080221170638/http://democratsabroad.org/.
WhatsApp blog. [réf. 20/10/2017]. v.: https://blog.whatsapp.com.
Open Government Partnership. [réf. 20/10/2017]. v.: http://www.opengovpartnership.org/.
Federal Communications Commission. [réf. 20/10/2017]. v.: https://www.fcc.gov/.
Future of Life Institute. [réf. 20/10/2017]. v.: https://futureoflife.org/.
Participatory budgeting. Map initiated by Tiago Peixoto. [réf. 20/10/2017]. v.: http://bit.ly/1tHI0Kz.
CiviQ. [réf. 20/10/2017]. v.: http://www.civiq.eu/consultation/.
The Citizen's handbook. [réf. 20/10/2017]. v.: http://www.citizenshandbook.org/.
Law Institute of the University of Iceland. [réf. 20/10/2017]. v.: http://www.thjodaratkvaedi.is/.
The American Presidency Project. [réf. 20/10/2017]. v.: http://www.presidency.ucsb.edu/ws/?pid=43277.
Social Media in the Middle East. United States Institute of Peace. [réf. 20/10/2017]. v.: http://www.usip.org/publications/social-media-in-the-middle-east.
Wikipedia. [réf. 20/10/2017]. v.: http://en.wikipedia.org/wiki/.
Statistics about Internet Voting in Estonia. Vabariigi Valimiskomisjon. [réf. 20/10/2017]. v.: http://vvk.ee/voting-methods-in-estonia/engindex/statistics.
International Telecommunication Union. [réf. 20/10/2017]. v.: http://www.itu.int/en/.
Steven Clift's e-democracy resource links. [réf. 20/10/2017]. v.: http://www.publicus.net/articles/edemresources.html.
They work for you. Keeping tabs on the UK's parliaments&assemblies. [réf. 20/10/2017]. v.: http://www.theyworkforyou.com/.
Traffic Penalty Tribunal. England and Wales. [réf. 20/10/2017]. v.: http://www.trafficpenaltytribunal.gov.uk/.

TrialJuries.com. [réf. 20/10/2017]. v.: https://www.tlextranet.com/trialjuries/.
Centre for E-Democracy. [réf. 20/10/2017]. v.: http://www.centreforedemocracy.com/.

4. Ressources audio-visuelles

How China Is Changing Your Internet. The New York Times. 2016. [réf. 20/10/2017]. v.: https://www.youtube.com/watch?v=VAesMQ6VtK8.

III. Références en russe

A. Ouvrages

БУЗЕСКУЛ Владислав Петрович, *История афинской демократии*, С.-Петербург, Типография М. М. Стасюлевича, 1909. [Vladislav BUZESKUL, Histoire de la démocratie athénienne].

РИФКИН Джереми, *Третья промышленная революция. Как горизонтальные взаимодействия меняют энергетику, экономику и мир в целом*, Москва, Альпина нонфикшн, 2014. [Jeremy RIFKIN, La troisième révolution industrielle : Comment le pouvoir latéral va transformer l'énergie, l'économie et le monde].

B. Articles, contributions

АБРАМОВА Дария, « Электронная демократия в России: проблемы политической коммуникации. », *Гуманитарные научные исследования* 2013. [réf. 20/10/2017], v.: http://human.snauka.ru/2013/01/2145. [Daria ABRAMOVA, La démocratie électronique en Russie: les problèmes de la communication politique].

ГРЫЗЛОВ Б.В., « Кризис представительной демократии и тенденции развития западного парламентаризма », *Политэкс* 2007, n°1. [Boris GRYZLOV, Crise de la démocratie représentative et tendances de développement du parlementarisme occidental].

КУДРЯВЦЕВА Т. В., « Процессы в связи со сдачей отчета в Афинах V в. до н.э. и "дело Пахета" », *Вестник древней истории* 2013, 4, n°287, p. 74-84. [T. KUDRYAVTSEVA, Les procès de reddition des comptes à Athènes au -Ve siècle et "l'affaire de Pakhès"].

ПАТАРАКИН Евгений, « Организация совместной сетевой деятельности для совершенствования структурированных документов », *Электронный научный журнал «Современные проблемы науки и образования»* 2012. [réf. 20/10/2017], v.: http://www.science-education.ru/pdf/2012/5/7227.pdf. [Evgueni PATARAKINE, Organiser des activités collaboratives en ligne pour améliorer les documents structurés].

ХОХЛОВА Е., « Общественное обсуждение законопроектов и важных вопросов государственной и/или общественной жизни: конституционно-правовое регулирование и практика применения », *Конституционное и муниципальное право* 2013, n°N4. [E. KHOKHLOVA, Le débat public sur des projets de loi et des questions importantes de la vie de l'État et/ou de la vie publique : réglementation constitutionnelle et pratique d'application].

C. Colloques

ЧУРОВ Владимир, « Электронное голосование – обеспечение баланса между доступностью голосования и доверием граждан к системам голосования », *Семинар ОБСЕ «Роль политических партий в политическом процессе» (18-20 мая 2011 года)*, Варшава. [réf. 20/10/2017], v.: http://cikrf.ru/activity/relevant/detail/29799/. [Vladimir CHUROV, Vote électronique: trouver un équilibre entre l'accès au vote et la confiance des citoyens dans le système de vote].

ЧУРОВ Владимир, « Выступление на совещании ОБСЕ в Вене », *The supplementary human dimension meeting on democratic elections and election observation 13 July 2012*, Вена, ОБСЕ. [réf. 20/10/2017], v.: http://www.osce.org/ru/odihr/elections/92145?download=true. [Vladimir CHUROV, Discours à la reunion supplémentaire de l'OSCE sur la dimension humaine des élections démocratiques et l'observation électorale. Vienne, 13 juillet 2012].

D. Jurisprudence

Верховный Суд РФ, *Решение от 24/02/2012 N АКПИ12-226*, [réf. 20/10/2017], v.: https://www.consultant.ru/document/cons_doc_LAW_128692/. [Cour suprême de la Fédération de Russie, Arrêt du 24 février 2012 N АКПИ12-226].

Верховный Суд РФ, *Определение от 02/03/2012 N АПЛ12-143*, [réf. 20/10/2017], v.: https://www.consultant.ru/document/cons_doc_LAW_127986/. [Cour suprême de la Fédération de Russie, Ordonnance du 2 mars 2012 N АПЛ12-143].

Верховный Суд РФ, *Решение от 23.12.2014 N АКПИ14-1260 Об отказе в удовлетворении заявления рыболовецкого колхоза им. Н.И. Калинина о признании частично недействующим Постановления Правительства Российской Федерации от 26 февраля 2013 г. N 153 "Об учреждении национального парка "Онежское Поморье"*. [Cour suprême de la Fédération de Russie, Arrêt N АКПИ14-1260 du 23 décembre 2014].

Московский городской суд, Апелляционная инстанция, 16/09/2015, *№33-30344/2015*. [Cour de la ville de Moscou. Arrêt du 16 septembre 2015, №33-30344/2015].

E. Documents officiels, rapports

Доклад заместителя Председателя ЦИК России С.В. Вавилова к вопросу заседания ЦИК России «Об определении результатов выборов Президента РФ», 2012. [réf. 20/10/2017], v.:

http://www.cikrf.ru/activity/relevant/detail/29943/. [Serguei VAVILOV. Rapport du vice-président de la Commission électorale centrale de la Russie au sujet de la réunion de la CEC "Sur la détermination des résultats de l'élection du président de la Fédération de la Russie"].
Фонд борьбы с коррупцией, *Энциклопедия трат Сочи-2014. Отчет Фонда борьбы с коррупцией о расходах на Олимпиаду*, 2015. [réf. 20/10/2017], v.: http://sochi.fbk.info/ru/report/. [L'encyclopédie des dépenses Sotchi-2014. Rapport de la Fondation pour la lutte contre la corruption, relatif aux dépenses sur les jeux olympiques].
Общественный совет "Честный выбор", *Выборы 4 марта 2012 г. и состояние политической системы России*, ИА Регнум, 2012. [réf. 20/10/2017], v.: http://www.regnum.ru/news/polit/1512900.html#ixzz3UZLOQkhS. [Dmitri ORLOV, *et al.* Conseil civil "Juste choix". L'élection du 4 mars 2012 et l'état du système politique russe].
Проект "РосПил". Отчет за 2011-2012, 2012. [réf. 20/10/2017], v.: http://www.slideshare.net/ros-pil/2011-2012-15696503. [Projet Rospil, Rapport 2011-2012].

F. Normes

Федеральный закон N5485-1 от 21 июля 1993 года "О государственной тайне". [Loi fédérale N5485-1 du 21 juillet 1993 relative au secret d'Etat].
Указ Президента РФ от 30.11.1995 N 1203 (ред. от 03.10.2014) "Об утверждении Перечня сведений, отнесенных к государственной тайне". [Décret du président de la Fédération de Russie N1203 du 30 novembre 1995 relatif à l'adoption de la liste des informations classifiées].
РИЙГИКОГУ, Закон о публичной информации от 15 ноября 2000, [réf. 20/10/2017], v.: https://www.juristaitab.ee/sites/www.juristaitab.ee/files/elfinder/ru-seadused/ЗАКОН%20О%20ПУБЛИЧНОЙ%20ИНФОРМАЦИИ%2001.01.2015.pdf. [Loi sur l'information publique du 15 novembre 2000].
Федеральный закон от 4 апреля 2005 г. N 32-ФЗ "Об Общественной палате Российской Федерации", 2005. [Loi fédérale N 32-ФЗ du 4 avril 2005 relative à la chambre civique de la Fédération de Russie].
Федеральный закон от 21 июля 2005 года N 94-ФЗ "О размещении заказов на поставки товаров, выполнение работ, оказание услуг для государственных и муниципальных нужд". [Loi fédérale du 21 juillet 2005 N94-ФЗ relative à la passation des marchés publics sur les biens, travaux, services pour les besoins étatiques et municipaux].
Указ Президента Российской Федерации от 9 февраля 2011 г. N 167 "Об общественном обсуждении проектов федеральных конституционных законов и федеральных законов". [Décret N 167 du 9 février 2011 relative

à la discussion publique des projets de lois constitutionnelles fédérales et des projets de lois fédérales].

Постановление ЦИК РФ № N82/635-6 от 27.12.2011 "О порядке видеонаблюдения в помещении для голосования на выборах Президента Российской Федерации 4 марта 2012 года". [Arrêté N82/635-6 du 27 décembre 2011 de la Commission électorale centrale "Sur l'ordre de la vidéosurveillance dans les bureaux de vote lors de l'élection du Président de la Fédération de Russie le 4 mars 2012"].

Распоряжение Правительства Российской Федерации от 30 декабря 2011 г. N 2438-р "Об организации видеотрансляций". [Décret du gouvernement de la Fédération de Russie du 30 décembre 2011 N2438-p relatif à l'organisation des transmissions vidéo].

Постановление Правительства Российской Федерации от 25 августа 2012 г. № 851 «О порядке раскрытия федеральными органами исполнительной власти информации о подготовке нормативных правовых актов и их общественного обсуждения». [Décret N851 du 25 août 2012 "De l'ordre de la communication de l'information concernant la préparation des projets de règlements et les résulats des débats publics"].

Постановление Правительства Российской Федерации от 17 декабря 2012 г. N 1318 "О порядке проведения федеральными органами исполнительной власти оценки регулирующего воздействия проектов нормативных правовых актов, проектов поправок к проектам федеральных законов и проектов решений Совета Евразийской Экономической Комиссии, а также о внесении изменений в некоторые акты правительства Российской Федерации" [Décret du gouvernement de la Fédération de la Russie N1318 du 17 décembre 2012 relatif à l'ordre de la mise en oeuvre par les organes du pouvoir exécutif de l'évaluation de l'impact de régulation des projets d'actes normatifs, d'amendements aux projets des lois fédérales et de projets de décisions du conseil de la commission économique eurasienne, et de la modification de certains actes du gouvernement de la Fédération de Russie].

Федеральный закон от 21 июля 2014 г. N 212-ФЗ "Об основах общественного контроля в Российской Федерации". [Loi fédérale N 212-ФЗ du 21 juillet 2014 relative aux fondements du contrôle populaire dans la Fédération de Russie].

Федеральный закон от 13 июля 2015 г. N 264-ФЗ "О внесении изменений в Федеральный закон "Об информации, информационных технологиях и о защите информации" и статьи 29 и 402 Гражданского процессуального кодекса Российской Федерации", [réf. 20/10/2017], v.: http://www.consultant.ru/cons/cgi/online.cgi?req=doc;base=LAW;n=182637. [Loi fédérale du 13 juillet 2015 N 264-FZ relative aux amendements à la loi fédérale relative à l'information, les technologies d'information et la protection de données et aux articles 29 et 402 du Code de la procédure civile de la Fédération de Russie].

Федеральный закон №374-ФЗ от 6 июля 2016 года о внесении изменений в Федеральный закон "О противодействии терроризму" и отдельные законодательные акты Российской Федерации в части установления дополнительных мер противодействия терроризму и обеспечения общественной безопасности, 2016, [réf. 20/10/2017], v.: http://www.consultant.ru/cons/cgi/online.cgi?req=doc&base=LAW&n=201078&fld=134&dst=1000000001,0&rnd=0.4244291263166815. [Loi fédérale N374-FZ du 6 juillet 2016].

G. Entretiens

Entretien avec M. MIKHAIL KUSHNIR, le conseiller auprès de la Ligue de l'enseignement. Moscou. 13/05/2012.

H. Articles de presse

БИЛЕВСКАЯ Элина, « Точка зрения народа формируется в Единой России », *Gazeta ru*, 08/07/2008. [réf. 20/10/2017], v.: http://www.gazeta.ru/politics/2008/07/08_a_2777274.shtml. [Elina BILEVSKAYA, Le point de vue du peuple se forme au sein de la Russie Unie].

ВАСИЛЬКОВ Андрей, « Конец приватности для 1/6 населения планеты », *Компьютерра*, 22/09/2015. [réf. 20/10/2017], v.: https://www.computerra.ru/180759/encryption-policy-in-india/. [Andrei VASSILKOV, La fin de vie privée pour 1/6 de la population de la planète].

ГОЛУБИЦКИЙ Сергей, « О цензурном тоталитаризме Google », *Computerra*, 06/09/2013. [réf. 20/10/2017], v.: http://www.computerra.ru/82007/o-tsenzurnom-totalitarizme-google/. [Serguei GOLUBITSKI, Sur le totalitarisme de censure de Google].

ЗАКАТНОВА Анна, « А с языком беда », *Российская газета*, 20/06/2013. [réf. 20/10/2017], v.: http://www.rg.ru/2013/06/20/yazik.html. [Anna ZAKATNOVA, Et le problème de la langue].

ЗИГАНШИНА Наталья, « "Людей волнуют государственные гарантии". Закончилось общественное обсуждение законопроекта "Об образовании" », *Газета*, 01/02/2011. [réf. 20/10/2017], v.: http://www.gazeta.ru/education/2011/02/02_a_3513350.shtml. [Natalia ZIGANSHINA, "Les gens sont préoccupés par les garanties étatiques". Le débat public sur le projet de loi relative à l'éducation est clos].

ЛИСИНА Анна, « Теперь вы можете стать электронным гражданином Эстонии. Что это значит ? », *Apparat*, 04/04/2014. [réf. 20/10/2017], v.: http://apparat.cc/world/e-estonia/. [Anna LISSINA, Désormais vous pouvez devenir résident électronique de l'Estonie, Qu'est-ce que cela veut dire?].

МОЛОТНИКОВ Александр, « Какой смысл выносить законы на общественное обсуждение? », *Форбс*, 22/03/2011. [réf. 20/10/2017], v.:

http://www.forbes.ru/ekonomika-opinion/vlast/65322-kakoi-smysl-vynosit-zakony-na-obshchestvennoe-obsuzhdenie. [Alexandre MOLOTNIKOV, Y a-t-il un sens de soumettre les lois au débat public ?].
МУРТАЗИН Ирек, « "Мертвые души"online », *Новая газета*, 15/03/2013. [réf. 20/10/2017], v.: http://www.novayagazeta.ru/politics/57208.html. [Irek MOURTASINE, "Les Âmes mortes" en ligne].
МУХАМЕТШИНА Елена, « Давление на непарламентскую оппозицию в 2014 году усилилось », *Ведомости*, 26/12/2014. [réf. 20/10/2017], v.: http://www.vedomosti.ru/politics/articles/2014/12/26/nevernoj-kolonnoj-idete-tovarischi. [Elena MOUKHAMETCHINA, En 2014, la pression sur l'opposition non parlementaire a augmenté].
ТИТОВ Сергей, « ФАС считает, что новый закон о госзакупках неэффективен », *Ведомости*, 04/08/2014. [réf. 20/10/2017], v.: http://www.vedomosti.ru/finance/articles/2014/08/04/borba-za-zakaz.
[Serguei TITOV, Le FAS estime que la nouvelle loi sur les marchés publics est inefficace].
ШКЛЯРУК Мария, ШИПОВ Савва, « Приложение вместо чиновника: как цифровизация изменит госуправление », *РБК*, 19/06/2017. [réf. 20/10/2017], v.:
http://www.rbc.ru/opinions/politics/19/06/2017/594783599a7947080264623e?from=center_17. [Maria CHKLIAROUK, Savva CHIPOV, Application au lieu d'un agent public : comment la numérisation va changer l'administration d'Etat].
X., « Следственный комитет отказался возбудить уголовное дело против Анатолия Сердюкова », *Каспаров ru*, 19/08/2013. [réf. 20/10/2017], v.: http://www.kasparov.ru/material.php?id=52119F4529492. [Kasparov.ru, Le comité d'enquête a refusé d'entamer des poursuites pénales contre Anatoli Serdioukov].
X., « Бизнесмен Сергей Михайлов воспользовался "правом на забвение" », *РБК*, 03/05/2016. [réf. 20/10/2017], v.: http://www.rbc.ru/technology_and_media/30/05/2016/574873bc9a79477bf8e5a75d. [RBK, Un homme d'affaires Sergueï Mikhailov a utilisé son "droit à l'oubli"].
X., « Японская полиция просит местных ISP-провайдеров блокировать работу Tor », *IXBT*, 23/04/2013. [réf. 20/10/2017], v.: http://www.ixbt.com/news/soft/index.shtml?16/76/29. [X, La police japonaise demande les FAI de bloquer le Tor].

I. Web-bibliographie

1. Articles, contributions numériques

АРХАНГЕЛЬСКИ Андрей, « Дырка от этики. Что не так с российской системой ценностей », *Московский центр Карнеги* 2017.

[réf. 20/10/2017], v.: http://carnegie.ru/commentary/63999. [Andrei ARKHANGELSKI, Un trou dans l'éthique. Qu'est-ce qui ne va pas avec le système de valeurs russe].

КОВАЧИЧ Леонид, « Большой брат 2.0. Как Китай строит цифровую диктатуру », *Московский центр Карнеги* 2017. [réf. 20/10/2017], v.: http://carnegie.ru/commentary/71546. [Leonid KOVATCHITCH, Big Brother 2.0. Comment la Chine construit une dictature numérique].

НЕМЦОВ Борис, Губернатор Ястребов, его дочь и лекарства для онкобольных, 2014. [réf. 20/10/2017], v.: http://b-nemtsov.livejournal.com/209164.html. [Boris NEMTSOV, Le gouverneur Yastrebov, sa fille et les médicaments pour les malades de cancer].

ПЕТРОВА Мария, « Веб-камеры сделали выборы прозрачнее? », *Право ru Красноярск* 2012. [réf. 20/10/2017], v.: http://krasn.pravo.ru/urgent/view/32775/. [Maria PETROVA, Les webcaméras, ont-elles fait l'élection plus transparente?].

ПЕТРОВА Мария, « Развитие процесса интернет-обсуждения законопроектов и легитимация законов », *Право ru Красноярск* 2012. [réf. 20/10/2017], v.: http://krasn.pravo.ru/urgent/view/32881/. [Maria PETROVA, Le développement du processus de débat public en ligne des projets de loi et la légitimation des lois].

X., Опрос "Россияне об Алексее Навальном и Михаиле Прохорове" *04/04/2013,* Левада-центр. v.: https://www.levada.ru/2013/04/04/rossiyane-ob-aleksee-navalnom-i-mihaile-prohorove/. [Sondage "Les russes s'expriment sur Alexei Navalny et Mikhail Prokhorov"].

2. Sites internet

edu.crowdexpert.ru, [réf. 20/10/2017], v.: http://edu.crowdexpert.ru/.

SMS-ЦИК. Предварительные данные от наблюдателей на выборах, [réf. 20/10/2017], v.: http://www.sms-cik.org/. [SMS-CEC. Les données préliminaires d'observateurs électoraux].

Vabariigi Valimiskomisjon, [réf. 20/10/2017], v.: http://www.vvk.ee/. [République d'Estonie. La commission électorale nationale].

Веб-выборы 2012. Depuis le 15 octobre 2012 le site est fermé, [réf. 20/10/2017], v.: http://webvybory2012.ru.

Единый портал для размещения информации о разработке федеральными органами исполнительной власти проектов нормативных правовых актов и результатов их общественного обсуждения, [réf. 20/10/2017], v.: http://regulation.gov.ru/. [Portail unique pour la publication des informations relatives à la préparation des projets d'actes des organes fédéraux du pouvoir exécutif et des débats publics].

Карта нарушений на выборах, [réf. 20/10/2017], v.: http://www.kartanarusheniy.org/. [NGO Golos. Carte des infractions électorales].

Личный взнос граждан в бюджет, Электронный бюджет. Единый портал бюджетной системы РФ. [réf. 20/10/2017], v.: http://budget.gov.ru/epbs/faces/p/Данные%20и%20сервисы/Калькуляторы?calcid=6&_adf.ctrl-state=anldoc6hy_4&_afrLoop=20690583754419&_afrWindowMode=0&_afrWindowId=null.[Contribution personnelle des citoyens au budget de l'Etat].
Общественное обсуждение законопроектов, [réf. 20/10/2017], v.: http://zakonoproekt2012.ru/. [Débats publics sur les projets de lois].
Общественное обсуждение законопроектов. Интернет Ассоциация Казахстана, [réf. 20/10/2017], v.: http://www.zakonoproekt.kz/. [Débats publics sur les projets de lois].
Портал закупок. Официальный сайт Российской Федерации в сети Интернет для размещения информации о размещении заказов на поставки товаров, выполнение работ, оказание услуг, [réf. 20/10/2017], v.: http://zakupki.gov.ru. [Portail des marchés. Le site officiel de la Fédération de Russie pour la publication des informations relatives à la passation des marchés publics sur les biens, travaux et services].
Счетная палата Российской Федерации, [réf. 20/10/2017], v.: http://www.ach.gov.ru/. [Chambre des comptes de la Fédération de Russie].
Условия оказания рекламных услуг, Google. [réf. 20/10/2017], v.: https://www.google.com/intl/en/adwords/select/TCRussiaForGoogleRussia.html. [Google Russie. Conditions de la fourniture des services de publicité].

3. Ressources audio-visuelles

ВОРОБЬЕВА Ирина, Особое мнение: Екатерина Шульман, Эхо Москвы, 2015. [réf. 20/10/2017],v.: http://echo.msk.ru/programs/personalno/1604390-echo/. [Irina VOROBIEVA, Opinion dissidente : Ekaterina Schulmann].

IV. Références en allemand et estonien

A. Documents officiels, rapports

Kanton Zürich, *Evaluation der E-Voting Testphase im Kanton Zürich 2008-2011*, 2011. [réf. 20/10/2017], v.: http://data.rrb.zh.ch/appl/rrbzhch.nsf/0/C12574C2002FAA1FC1257942004EB439/$file/Evaluation_E-Voting_Zürich.pdf?OpenElement.

B. Normes

Gesetz über die politischen Parteien (Parteiengesetz), [réf. 20/10/2017], v.: https://www.gesetze-im-internet.de/partg/.

C. Sites internet

EnqueteBeteiligung, Enquete-Kommission « Inernet und digitale Gesellschaft ». [réf. 20/10/2017], v.: https://enquetebeteiligung.de/.

LiquidFeedback-Entwickler distanzieren sich vom Einsatz ihrer Software in der Piratenpartei, Interaktive Demokratie. [réf. 20/10/2017], v.: http://www.interaktive-demokratie.org/news/2012/20120917-LiquidFeedback-Entwickler-distanzieren-sich-vom-Einsatz-ihrer-Software-in-der-Piratenpartei.de.html.

Osalusveebis saad, Osale.ee. [réf. 20/10/2017], v.: https://www.osale.ee/. [Chancellerie d'Etat d'Estonie, Le site Web de participation].

Präsentation der Teilhabeplattform P-voting, Piraten Berlin. [réf. 20/10/2017], v.: https://berlin.piratenpartei.de/allgemein/praesentation-der-teilhabeplattform-p-voting/.

Satzung des Landesverbandes Berlin der Piratenpartei Deutschland, [réf. 20/10/2017], v.: http://berlin.piratenpartei.de/partei/satzung/. [Statuts du Parti pirate Berlin].

Stellungnahme zur geplanten Klarnamenpflicht im LiquidFeedback-System der Piraten partei Deutschland Berlin, Piraten partei. [réf. 20/10/2017], v.: http://wiki.piratenpartei.de/wiki/images/1/12/Stellungnahme_LDSB.pdf.

Wahl-O-Mat, [réf. 20/10/2017], v.: https://www.wahl-o-mat.de/bundestagswahl2017/.

INDEX THEMATIQUE

Les chiffres renvoient aux numéros de pages

E

S

T

V

TABLE DES MATIERES

Seconde partie

La mise en œuvre encore fragile de l'e-démocratie

Structures éditoriales du groupe L'Harmattan

L'Harmattan Italie
Via degli Artisti, 15
10124 Torino
harmattan.italia@gmail.com

L'Harmattan Hongrie
Kossuth l. u. 14-16.
1053 Budapest
harmattan@harmattan.hu

L'Harmattan Sénégal
10 VDN en face Mermoz
BP 45034 Dakar-Fann
senharmattan@gmail.com

L'Harmattan Cameroun
TSINGA/FECAFOOT
BP 11486 Yaoundé
inkoukam@gmail.com

L'Harmattan Burkina Faso
Achille Somé – tengnule@hotmail.fr

L'Harmattan Guinée
Almamya, rue KA 028 OKB Agency
BP 3470 Conakry
harmattanguinee@yahoo.fr

L'Harmattan RDC
185, avenue Nyangwe
Commune de Lingwala – Kinshasa
matangilamusadila@yahoo.fr

L'Harmattan Congo
67, boulevard Denis-Sassou-N'Guesso
BP 2874 Brazzaville
harmattan.congo@yahoo.fr

L'Harmattan Mali
Sirakoro-Meguetana V31
Bamako
syllaka@yahoo.fr

L'Harmattan Togo
Djidjole – Lomé
Maison Amela
face EPP BATOME
ddamela@aol.com

L'Harmattan Côte d'Ivoire
Résidence Karl – Cité des Arts
Abidjan-Cocody
03 BP 1588 Abidjan
espace_harmattan.ci@hotmail.fr

L'Harmattan Algérie
22, rue Moulay-Mohamed
31000 Oran
info2@harmattan-algerie.com

L'Harmattan Maroc
5, rue Ferrane-Kouicha, Talaâ-Elkbira
Chrableyine, Fès-Médine
30000 Fès
harmattan.maroc@gmail.com

Nos librairies en France

Librairie internationale
16, rue des Écoles – 75005 Paris
librairie.internationale@harmattan.fr
01 40 46 79 11
www.librairieharmattan.com

Librairie l'Espace Harmattan
21 bis, rue des Écoles – 75005 Paris
librairie.espace@harmattan.fr
01 43 29 49 42

Lib. sciences humaines & histoire
21, rue des Écoles – 75005 Paris
librairie.sh@harmattan.fr
01 46 34 13 71
www.librairieharmattansh.com

Lib. Méditerranée & Moyen-Orient
7, rue des Carmes – 75005 Paris
librairie.mediterranee@harmattan.fr
01 43 29 71 15

Librairie Le Lucernaire
53, rue Notre-Dame-des-Champs – 75006 Paris
librairie@lucernaire.fr
01 42 22 67 13

www.ingramcontent.com/pod-product-compliance
Lightning Source LLC
LaVergne TN
LVHW011224061026
849535LV00001BA/176
* 9 7 8 2 3 4 3 1 9 0 6 4 8 *